多元文化教育
議題與觀點

James A. Banks & Cherry A. McGee Banks ■ 主編

陳枝烈、陳美瑩、莊啟文、王派仁、陳薇如 ■ 譯

Multicultural Education: Issues and Perspectives FIFTH EDITION

Editors：James A. Banks & Cherry A. McGee Banks

目錄

CONTENTS

第一部分　論點與概念

第二部分　社會階級與宗教

第三部分　性別

第四部分　種族、民族與語言

第五部分　特殊性

第六部分　學校改革

譯者
簡介

陳枝烈（譯第一、三、四、六、九、十章）

國立高雄師範大學教育學系博士

國立屏東教育大學退休教授

現為原住民族委員會部落學校輔導與評鑑計畫主持人

研究領域為多元文化教育、臺灣原住民族文化與教育

陳美瑩（譯第五、十二、十三、十五、十六、十七章）

1983～1996年屏東師專畢業後服務於台灣省、台北市國中小導師與英語教師共13年

1993～1994年利用寒暑假到泰國Yonok大學教中文

2001～2002年任教於西雅圖華盛頓大學

2003年畢業於華盛頓州大學Seattle校區

2003～2004年任教於科羅拉多州大學Boulder校區

現任教於國立嘉義大學教育學系

研究主題為多元文化教育、雙語教育、移民教育與多元文化全球世界觀教育，與友人合著有《國中英語電腦題庫》、《國中英語字典》、《國中英語參考書》、《肯定多樣性》

莊啟文（譯第二、七、八章）
高雄市鳳西國小退休教師
國立屏東教育大學教育學博士
曾任高雄市國教輔導團人權議題專任輔導員、國立屏東教育大學
　客家文化研究所兼任助理教授
論文曾獲教育部獎勵原住民民族文化研究著作佳作獎

王派仁（譯第十四章）
國立嘉義大學國民教育研究所博士候選人
台中市大肚區山陽國民小學校長
曾任靜宜大學、中台科技大學兼任講師

4

陳薇如（譯第十一章）
國立嘉義大學教育學博士
國立嘉義大學教育學系兼任助理教授
研究領域為比較教育、多元文化、性別研究、教育社會學

譯者序

　　自從1995年開始教授「多元文化教育」課程之後，十多年來一直苦於教科書一書難求。雖然在近十餘年來，國內也出版了幾本有關多元文化教育的書籍，但卻多因作者的學術研究領域之關係，每一本書總是無法涵蓋多元文化教育的各個層面。所以教科書的困擾一直未獲得解決，才開始激起個人翻譯本書的原始動機。

　　由於個人的研究領域是在台灣原住民文化與教育，多年來感受到原住民的遭遇：原住民學生不但受到刻板印象、偏見的待遇，有時更需面對歧視行為；原住民學生在學業成就方面也普遍低於主流社會的學生；原住民所面對的是一個不平等的社會、政治與經濟結構。這些遭遇多數的原因是來自於主流社會對原住民的誤解與偏見所致，所以個人認為解決這些問題的良方是要透過教育。一方面教導所有的國民認識原住民，使全體國民認識原住民文化的豐富與優美，進而消除對原住民的偏見與歧視，更從法律、制度與價值等方面改善這些結構的不平等。一方面也教導原住民恢復自己的自信心，強化其族群認同，提升其成功的機會。而這樣的教育正是多元文化教育的理想與目標。翻譯《多元文化教育：議題與觀點》一書正是想透過中文版的付梓，而使更多的國人有機會接觸到多元文化教育的概念與內涵，加速改善原住民當前的處境。

　　J. A. Banks與C. A. M. Banks二人所編的《多元文化教育：議題與觀點》是一本內容包含多元文化教育各層面的專書，其中不僅理論與實務兼具，更是從種族、民族、性別、社會階級、語言、宗教與特殊性等等層面來說明多元文化教育。在實務方面也探討多元文化課程、教學、評量、師資培育、親師互動與社區公共關係，是一本很適合「多元文化教育」課程的用書。個人曾於開始教授這門課程時即參考其第二版的著作，深覺書中許多理念與例子

頗契合多元文化教育的目標與需求。該書第五版更是新增了許多章節與修訂了不少內容，使全書的可讀性與學術性更高，因此認為是一本值得翻譯介紹的文獻。

　　本譯作之完成特別要感謝陳美瑩博士等人、莊啟文博士的共同參與及鼎力協助。其中由我負責第一、三、四、六、九、十章之翻譯，陳美瑩博士等人負責第五、十一、十二、十三、十四、十五、十六、十七章之翻譯；莊啟文博士負責第二、七、八章之翻譯，當然，本譯作能順利出版，心理出版社林敬堯總編輯對學術的熱心推展，更是值得推崇。譯者們才疏學淺，全書譯文疏誤在所難免，誠望各位先進不吝指正。

陳枝烈

2008年5月

於屏東

Cherry A. McGee Banks

是華盛頓大學Bothell校區教育學教授，為*Handbook of Research on Multicultural Education*的副編輯，*Multicultural Education: Issues and Perspectiveas*的共同編輯，以及*Teaching strategies for the Social Studies*的共同作者。1997年獲頒華盛頓大學Bothell校區的教學卓越獎，2000年獲提名為華盛頓大學傑出教授。

James A. Banks

Russell F. Stark 大學教授；也是華盛頓大學西雅圖校區多元文化教育中心主任。其著作包括*Educating Citizens in a Multicultural Society; Teaching Strategies for the Social Studies; Cultural Diversity and Education: Foundations, Curriculum and Teaching; Diversity and Citizenship Education*以及*Handbook of Research on Multicultural Education*。Banks教授曾任美國教育研究協會（American Educational Research Association, AERA）與社會研究國家協會（Nationl Council for the Social Studies, NCSS）主席；也是國家教育學院成員。擁有四所人學榮譽博士頭銜。

Jill Bevan-Brown

是紐西蘭Massey大學教育學院融合教育的資深講座。她承襲毛利人（紐西蘭原住民）的文化遺產，特別專注於毛利孩子的特殊教育需求，並致力於此一領域的寫作與研究。其最近的一本學校實務工作手冊是*The Cultural Self-Review: Providing Culturally Effective, Inclusive Education for Maori Learners*。Bevan-Brown博士曾經是自閉症與資優教育國家顧問委員會的成員，主持過兩個由毛利人組成的國家委託研究計畫，來評鑑紐西蘭的特殊教育與資優教育政策與規定。

Johnnella E. Butler

現任職於美國華盛頓大學西雅圖校區，並為該校研究所副主任及副院長，美國族群研究教授，英語與女性研究客座教授。Butler教授是非裔美國文學、美國族群文學與批評及多元文化研究的專家。她特別專注於美國各族群文學之間的關係、其理論與教育學。她是*Color Line to Borderlands: Ethnic Studies and the Matrix of Higher Education*的編輯及主要作者，也是*Encyclopedia of American Studies*的共同編輯。

Rodney A. Cavanaugh

紐約州立大學Plattsburgh校區特殊教育副教授，曾任教於密西根與俄亥俄州，教導學習與行為障礙學生。目前從事特殊教育與研究法的大學以上課程，並指導教學實務。曾任紐約州心智遲緩／發展障礙特殊學生之諮詢委員會分部主席，目前興趣在師資培育之有效教學策略與教師從事研究。Cavanaugh博士為卡內基基金會提名為1995年促進教學提升的紐約州年度教授。

Diana L. Eck

哈佛大學藝術與科學部門比較宗教與印第安研究教授，也是神學院的成員。Eck教授在印第安研究的專書包括了*Benares, City of light and Darsan: Seeing the Divine Image in India*，她亦從事宗教多樣性、基督神學議題以及美國多元主義脈絡下多種信仰的對話研究。自1991年起，她主持哈佛大學的多元主義計畫，發現美國新式宗教的多樣性。她最近的一本書是*A New Religious America: How a "Christian Country" Has Become the World's Most Religiously Diverse Nation*。

Frederick Erickson

是加州大學洛杉磯分校George F. Kneller教育人類學教授，任教於教育與訊息研究所。其著作包括了*The Counselor as Gatekeeper: Social Interaction in Interviews; Sights and Sounds of Life in Schools*，那是在質性研究方法上的一個篇章，收錄在*Handbook of Research on Teaching*（第三版）中。在族群性與民族誌描述的文章，也被收錄在*Sociolinguistics: An International Handbook of the Science of Language and Society*當中。曾任美國人類學學會之人類學與

教育協會主席，於1991年因其對教育人類學的卓越貢獻，獲得協會的斯賓德勒（George and Louise Spindler）獎。亦曾任*Anthropology and Education Quarterly*季刊的編輯，在1998至1999年成為行為科學高級研究中心的斯賓塞學會會員。

Sara C. Ernsbarger

2002年獲得俄亥俄州立大學特殊教育博士，目前是南加大正向行為改變計畫的教學專家，為家長提供行為管理課程。早先是一位與家長合作的青少年學習障礙的特殊教育教師。Ernsbarger博士的研究興趣包括協助有閱讀困難的讀者學習閱讀技巧，並將它一般化為有效教學策略與方法。

Donna Y. Ford

俄亥俄州立大學教育學教授，已經有兩本有關多元文化教育及資優教育的專書出版，以及超過七十五篇討論此一主題的文章。Ford教授和學區協議招募並聘用在資優教育上的文化多樣性學生，創造能在文化上回應的學習環境，並且促進文化多樣學生的成就。因其研究並在許多教育部門與社區服務而屢屢獲獎。

Geneva Gay

華盛頓大學西雅圖校區教育學教授，也是多元文化教育中心副主任。因其多元文化教育學術而享譽國內外，特別在課程設計、部門發展、教室教學以及文化與學習上。其著作有超過 ·百三十五篇的書籍專章、專書及文章，其中包括*At the Essence of Learning: Multicultural Education; Culturally Responsive Teaching: Research, Theory, and Practice*以及編輯*Becoming Multicultural Educators: Personal Fourney toward Professional Agency*。更獲邀參加加拿大、巴西、台灣、芬蘭、日本、英格蘭以及蘇格蘭等地的國際會議。

Carl A. Grant

威斯康辛大學麥迪遜校區的Hoefs-Bascom教授，編寫過十七本多元文化教師教育的專書，包括與Mary L.Gomez合作的*Making Schooling Multicultural:*

*Campus and Classroom; Educating for Diversity*和Christine E. Sleeter合作
的*Making Choices for Multiculiural Education; Research and Multicultural
Education*以及與Christine E. Sleeter合作的*After the School Bell Rings*。Grant教
授寫過超過一百篇論文與專章，其著作與指導的計畫屢屢獲獎。曾任教師與
行政工作。獲英國Fulbright學術獎，亦獲選為師資培育協會主席，曾為國家
多元文化教育協會（National Association for Multicultural Education, NAME）
主席。

Beth Harry

由於小孩腦性麻痺而進入特教領域，目前是邁阿密大學佛羅里達校區特殊教
育教授。研究興趣在於家庭與文化議題，其研究與教學聚焦於文化與社會地
位的影響，障礙孩子家庭的需求與觀點，以及少數族群學生在特殊教育中的
不相稱安置。她是三本有關文化多樣背景家長互動專書的作者或是共同作
者，也在重要教育期刊上發表文章。

William L. Heward

俄亥俄州立大學特殊教育教授及博士班課程指導，超過一百篇專業著作，包
括*Applied Behavior Analysis*第二版以及*Exceptional Children: An Introduction to
Special Education*。廣受超過四百位大學同仁的使用；亦被翻譯成西班牙文與
日文。Heward教授目前研究興趣集中在增加小組教學的效能、促進一般教室
中障礙學生的學習成就，並且提升其學習技巧的一般化與保留。

Charles H. Lippy

田納西大學Chattanooga校區宗教研究的LeRoy A. Martin客座教授。他的專
書包括了*Being Religious; American Style: A History of Popular Religiosity in
the United States; Pluralism Comes of Age: American Religious Culture in the
Twentieth Century*，以及即將出版的*Do Real Men Pray? Images of the Christian
Man and Male Spirituality in White Protestant America*。他也是*Encyclopedia of
the American Religious Experience*以及即將出版第二版*Encyclopedia of Religion
in the South*的共同編輯。

Luanna H. Meyer

紐西蘭Massey大學學術副校長助理，負責跨校區的學術事務，先前則在教育學院代理學術副院長。以其在特殊教育與融合教育的工作著稱國際。專書、期刊論文與專章超過兩百篇，並以其領域專業對政策與執行進行評論，曾獲邀在不同國家與國內三十個州演講。

Sonia Nieto

麻塞諸塞大學Amherst校區教育學教授，其研究集中於多元文化教育、拉丁美洲人教育、師資培育以及波多黎各兒童的文學。著作包括*Affirming Diversity: The Sociopolitical Context of Multicultural Education; The Light in Their Eyes: Creating Multicultural Learning Communities*以及*What Keeps Teachers Going?*，同時她也編輯*Puerto Rican Students in U.S. Schools*叢書。Nieto博士因其學術成就、行動主義與倡導而屢屢獲獎；在1999年獲提名為麻塞諸塞州劍橋Lesley學院人文榮譽博士。

Carlos J. Ovando

亞利桑那州立大學教育學院教授與副院長，曾於印第安那大學、奧勒岡州立大學、阿拉斯加大學安哥拉治校區以及南加州大學任教。Ovando教授學術專業在於雙語教育與多元文化教育，並在這些領域上有許多著作出版。他是*Bilingual and ESL Classrooms: Teaching in Multicultural Contexts*的資深作者；也是*The Politics of Multiculturalism and Bilingual Education*資深編輯。與Colleen Larson合著*The Color of Bureaucracy: The Politics of Eguity in Multicultural School Communities*。

Caroline Hodges Persell

紐約大學的社會學教授，曾任東方社會學社會的主席。獲卡內基學院教學與學習獎、國家科學基金會獎、Danforth基金會獎、後期中等教育促進基金獎以及美國教育當局獎。其著作包括與Richard Maisel合著的*How Sampling Works; Understanding Society: An Introduction to Sociology*與Peter W. Cookson, Jr.合著的*Preparing for Power: America's Elite Boarding Schools*以及*Education*

and Inequality。被提名為社會學年度教授,並於紐約大學獲金質教學十二人獎。

David Sadker

華盛頓特區美國大學教授,其研究及著述證明了從教室到會議室的性別偏誤。作品為*Harvard Educational Review; Education Leadship; Pi Delta Kappan; USA Today; Business Week; The WashingTon Post*;倫敦*Times; The New York Times; Times*以及*Newsweek*所報導。Sadker教授在1991年獲AERA研究獎、1995年獲研究成就獎、1995年專業服務獎以及1995年美國大學女性協會的羅斯福夫人獎。Sadker教授與人合著有*Failing at Fairness: How Our Schools Cheat Girls*與*Teachers, Schools and Society*。

Myra Sadker

華盛頓特區美國大學教育學教授,亦是藝術教育碩士課程指導,教育學院院長與師培計畫主持人。曾經是語言藝術教師的Sadker教授致力於眾多期刊及著書發表,並在四十州以上的地方提供性平衡工作坊。她和David Sadker共同出版了一系列的書籍,包括*Sex Equity Handbook for Schools*以及*Failing at Fairness: How our Schools Cheat Girls*。

Mara Sapon-Shevin

雪城大學教育學院教學與領導系的融合教育教授。在大學教授融合的基礎師資培育課程與特殊的師資培育課程,提供教師為融合於異質的教室中做準備。她活躍於與學校合作,促進完全融合所有的學生,並創立合作的學校社區。Sapon-Shevin教授曾任國際教育合作研究協會的共同主席,以及AERA「社會正義教學」盲人學院的召集人。最近的一本著書是*Because We Can Change the World: A Practical Guide for Building Co-operative, Inclusive Classroom Communities*由Allyn & Bacon出版。

Janet Ward Schofield

匹茲堡大學學習研究與發展中心的資深科學家及心理系教授,其著作*Black*

*and White in School: Trust, Tension or Tolerance?*得到心理學研究社會的社會議題Gordon Allport群際關係獎。她參與撰寫*Handbook of Research on Multicultural Education*，曾任美國心理協會理事，也是國家教育協會國際比較教育研究部門的一員。著有*Computers and Classroom Culture*以及*Bringing the Internet to School: Lessons from an Urban District*。

Christine E. Sleeter

加州州立大學Monterey Bay校區師資培育及多元文化教育教授，在國內外進行多元文化教育與多元文化師資培育。在多元文化教育上著作豐富，包含專書與論文。最近的專書是*Culture, Difference and Power; Multicultural Education as Social Activism*，與Carl Grant合著*Turning on Learning*，並與Peter McLaren合著*Multicultural Education, Critical Pedagogy and the Politics of Difference*。為紐約州立大學出版社編輯一系列的「教育社會脈絡」，也是1998年AERA年會的主辦人。

Mary Kay Thompson Tetreault

波特蘭州立大學學術副校長及院長，研究興趣在於女性主義教育學，白種性的建構以及知識與學習的認識論。她是第二版*The Feminist Classroom*的作者（另一共同作者是Frances Maher，由Rowman & Littlefield出版），也是*Duke Journal of Gender Law and Policy*中They Got the Paradigm and Painted It White: Higher Education Classrooms and Legal Discourse一文的作者，與Maher合寫Learning in the Dark: How Assumptions of Whiteness Shape Classroom Knowledge，刊於*Harvad Education Review*。

作者簡介

14

　　自從本書的第四版問世之後，許多美國國內與世界上的重大事件均指出社會正義與多元文化素養教學的重要。2001年911恐怖攻擊事件、2003年伊拉克戰爭、中東棘手的問題與恐怖主義在全世界引起的不祥威脅，也指出教導學生在此一困擾的世界中成為能做反省式決定的參與公民，應是當前民主與公平社會中學校教育的主要目標。

　　美國國內文化、種族、民族與宗教的多樣性，使學生能獲得在他們當地社區、國家與世界有效生活所需的多元文化的認識與技能，這些多樣性提供了卓越的背景脈絡。政治的邊變、世界性的移民與跨國的經濟連接，正增加美國國內與來自世界各民族接觸、文化互動與衝突的機會。

　　美國國內種族、民族、語言、階級與宗教的多樣性逐漸加深，正是全世界人口移動與具吸引力的美國夢推動的結果。美國人口中有70％為非西班牙裔白人（Non-Hispanic Whites），然而美國人口調查指出，美國非西班牙裔人口的百分比在未來的幾年將逐漸減少，而且種族、民族、文化、語言的多樣性將繼續加深。如果依目前的人口趨勢繼續發展，到了2050年非西班牙裔白人將只占美國總人口數的53％。

　　美國國內的多樣性正逐漸反映在公立中小學、學院與大學之中，在2003年，公立學校一到十二年級的在學學生中，有40％的學生是有色人種的學生。預估到了2020年，全國的學齡年輕學生將有48％為有色人種學生。2000年的美國人口調查指出，有18.4％的學齡青年的母語不是英語，因此，在公立學校中大量的學生是英語的學習者。另外，預估到了2025年，美國公立學校中將有20％到25％的學生是第二語言的學習者。

　　美國的許多學生是屬於貧窮階級，在2001年，美國有三千二百九十萬的學生是過著貧窮的日子，換言之，約有五分之一的學生。而貧富之間的差距

愈來愈大，1976年，美國前1％的富人擁有全國20％的財富，到了2001年前1％的富人則已擁有全國47％的財富。

　　這些人口統計、社會與經濟的趨勢對今日學校的教與學具有重要的啟示，雖然美國的學生愈來愈多樣性，但大部分的教師卻仍然是白人、中產階級與女性。在2002年，接近87％的美國教師是白人、74％為女性。這種現象所呈現的結果是，美國的學生與老師之間，在種族、文化與語言特徵上存在著寬廣的鴻溝。

　　美國學校中逐漸增加的多樣性產生了兩種機會與挑戰，多樣性的教室與學校使得去教導來自不同文化與族群的學生如何合作與成功地相處成為可能。然而，當不同族群聚在一起所產生的偏見與歧視也是一種挑戰。老師為了要擴大多樣性所提供的機會並縮小它的挑戰，就需要去獲得這些知識與能力。師資培育學程應幫助老師獲得這些知識與行為，而能有效地對不同的族群進行教學，同時也能幫助來自主流族群的學生發展出跨文化的知識、價值與能力。

　　第五版的《多元文化教育：議題與觀點》是在幫助目前與未來的教育人員獲得概念、典範與說明，而能在文化、種族與語言多樣性的教室與學校中成為有效能的實踐者。第五版也做了修訂，以反映近來產生的不同性別、文化、種族、民族與語言族群的學生之教育有關的研究、概念與論辯。因為特殊性也是多樣性概念的一部分，所以在本書所討論的每一族群中都有特殊性的學生。

　　第五版中的第四、五、十五章是新增的，而先前的其他各章也進行了修訂，以新增一些研究、理論、人口調查資料、統計、解釋與發展。附錄中的多元文化資源也已進行了大體的修訂並補充了最新資料。詞彙表也已修訂了，以結合新的人口調查資料與解釋。

　　本書共包含了六部分，第一部分中的各章討論種族、性別、社會階級與特殊性之間如何互動，而影響了學生的行為。第二部分的各章則是討論社會階級與宗教及其在教育上的效應。另外，第二部分也對美國的穆斯林的形貌有一些描述，這資料是取自哈佛大學比較宗教學教授Diana L. Eck所著的 *A New Religious America: How a "Christian Country" Has Become the World's Most Religiously Diverse Nation* 摘要版。

　　第三部分是描述男性與女性的教育機會是如何的不同，以及學校可以如何促進性別平等。第四部分是討論與有色人種學生及不同語言的學生有關的議題、問題與機會。第十一章從膚色盲的觀點強調種族的重要性，老師不具得有如此的認知。第五部分聚焦於特殊性，描述涉及增進殘障或資賦優異學生之教育機會均等的議題。最後的第六部分則是討論多元文化教育是學校改革的過程，是增進學生學業成就及與學生家長有效互動的方法。

　　附錄部分則包含有關進一步研閱多元文化教育的書單，詞彙表則是定義許多全書所使用的重要概念與名詞。

誌謝

　　非常感謝修訂《多元文化教育：議題與觀點》第五版各章內容的作者們，以及新增各章的作者們。

　　同時也感謝華盛頓大學多元文化教育研究中心的研究助理John J. Juelis、Caryn Park與Amrita Zahir等人對參考書目及引註等工作上的努力。尤其是Caryn Park仔細地去更新本書編者在各部分所引用的一些統計資料，在此致以特別的感謝。

　　來自於女兒Angela與Patricia持續地對編輯工作的鼓勵與鼓舞也致以感謝。

J. A. B.
C. A. M. B.

16

第一部分 論點與概念

　　在第一部分的這三章，是界定多元文化教育的主要概念與論點，描述文化的多樣意義，且描述種族、階級、性別與特殊性等變項，對學生行為的影響方式。將討論文化的各種不同層面與定義，文化被概念化為一種動力與複雜的建構過程，並強調其隱匿與內在的特質，也描述文化受到本質化所導致的問題。

　　多元文化教育是一種觀念、一種教育改革運動、一種過程，這種過程的主要目標是在改變教育制度的結構，使得男女性別的學生、特殊性的學生、不同種族、民族的學生、說不同語言的學生、各種文化背景的學生，都能在學校中擁有相同的機會，以達成學業上的成就。為了成功地實踐多元文化教育，我們有必要將學校視為一個社會系統，在學校中的每一個變項，包含學校的文化、權力關係、課程與教材、教職員的態度與信念，必須以各種方式加以改變，使學校能促進來自各種族群學生的教育均等。

　　為了轉化學校，教育人員應具有豐富的知識，以了解特定族群對學生行為的影響。本書這部分的三章在描述美國文化與族群的本質，也描述文化與族群對學生行為的交互影響。

PART 1 Issues and Concepts

多元文化教育：特質與目標

James Banks　著

陳枝烈　譯

多元文化教育的本質

　　多元文化教育最少指涉三件事：一個觀念（idea）或概念（concept）、一種教育改革運動（educational reform movement），與一種過程（process）。多元文化教育若為一種概念，係指所有的學生不論性別、社會階級、民族、種族或其他文化特質，均應擁有均等的機會在學校中學習。多元文化教育另一個重要的概念是：讓某些屬於其他團體或不同文化特質的學生，在學校中擁有較好的學習機會。

　　學校中的一些制度特質否定了某些族群的學生擁有相等的教育機會，例如，在低年級時，男女學生在數學與科學學科上的成就是相同的，但是隨著這群男女學生逐漸升上高年級，這些女學生的成就測驗分數就遠遠落在男生之後（American Association of University Women Educational Foundation, 1998; Clewell, 2002; Francis, 2000）。女孩子比男孩子較少有機會參與班級中的討論，而且也較少被老師鼓勵參與討論，女生可能比男生在教室中更安靜。然而，並不是學校中的所有事務對男生都是有益的；正如Sadker與Sadker在第六章中指出，當男生的行為與女生不同時，男生可能比女生較易受到處罰；他們也比女生較有可能被歸類為學習障礙者（Donovan & Cross, 2002）。有色人種的男性，特別是非裔美國男性，在學校中有更高的比例會面臨被懲戒或停學。有些作者甚至聲稱，非裔男性在美國社會中的處境是在「危機」中或「陷入險境」中（Gibbs, 1988）。

　　有色人種學生（例如：非裔美國人、西班牙裔美國人、美國印第安人）在低年級時，其學業成就與主流白人學生相近（Steele, 2003）。但是這些有色人種的學生留在學校愈久，他們的學業成就落後主流白人學生

就愈多。社經地位也與學業成就有高度的相關，Persell在第四章中指出，來自中高收入家庭的學生比低收入的學生擁有較多的教育機會；Knapp和Woolverton（2004），及Oakes、Joseph與Muir（2004）均指出，社會階級對學生的學習機會有強力的影響。

特殊學生──不論是身心障礙或是資賦優異的學生──經常發現，他們在學校中並沒有均等的學習機會。第五部分的各章將會說明特殊學生在學校中會經歷的問題，並對老師及教育工作者如何增進他們獲得成功的機會提出建議。

多元文化教育也是一種教育改革運動，它試圖改變學校及其他教育機構，使來自各種社會階級、性別、種族、語言與文化團體的學生，擁有相等的學習機會。多元文化教育要改變的是整體的學校與教育環境，而不僅限於課程的改革（Banks & Banks, 2004）。多元文化教育要轉化的學校環境變項，將於本章後面討論，並說明如圖1.5。多元文化教育也是一種過程，但是其目標從未被完全地了解。

4

因為教育均等就如同自由與正義，是人類努力但仍未達成的理想。種族中心主義、性別中心主義、對殘障人士的歧視，不論我們多麼努力地想將其消除，但它們在某種範圍上仍然會存在。當對某一族群的偏見或歧視降低了，則通常會轉移到另外的族群或轉變形式。不論何時，只要族群被認定且標定了，則分類（categorization）就發生了；當分類發生，則族群內的成員會偏愛己族的成員，而歧視族群外的成員（Stephan, 1999）。這種過程會發生在不具有衝突、憎恨與競爭歷史的族群中，同時，也發生在沒有身體上差異或其他重要差異的族群之中。社會心理學家稱此種過程為社會認同理論或最小族群範型（social identity theory or the minimal group paradigm）（Rothbart & John, 1993; Smith & Mackie, 1995）。由於多元文化教育的目標從未完全地達成，所以我們應該持續努力，為所有的學生提高教育的均等。多元文化教育必須被視為一持續的過程，而不是僅指某些我們要做的事而已。換言之，就是要解決這些多元文化教育改革的問題（Banks, 2001a）。

⭐高度風險的測驗：社會正義教學的挑戰

「不讓每一位孩子落後法案」（No Child Left Behind Act）在初期被廣泛了解及施行在測驗與評量方面。這種強調測驗、標準與績效的命令，在許多州變成強迫老師重視狹隘和基本的讀寫算能力（Heubert & Hauser, 1999）。在許多教室中，測驗正取代了教與學。Amrein與Berliner（2002）的研究指出，強調測驗與績效已對學生的學習產生創傷，因為所定義及施行的績效形式，已傷及且縮小了教師專業的角色。

廣博的文雅教育原是學生能在多元文化國家及世界中有效生活的需求，可是，全國的焦點卻從文雅教育轉成基本的能力與測驗。讓每一位學生獲得文學與數理的知識是重要的，然而，學生也需要各種知識、技能與價值，而能在不同的種族、民族、文化、語言、宗教等族群中與人互動並做決定。

所以，學校除了教導學生基本技能外，也需要教導學生有關社會正義的議題，教導學生社會正義是非常重要的，因為美國及世界正面臨此一危機。若教育只是被定義為狹隘的學業成就與測驗，將無法培育學生成為有用的公民以實踐社會正義。在這樣紛擾的世界中，我們應培育學生成為能反省、具有道德感、能關懷及主動的公民（Banks, 2004a）。世界最大的問題不是導源人類不具有讀寫的能力，而是導源於來自不同文化、種族、宗教與民族的人們無法和諧相處，並一起解決世界上的問題，例如：全球暖化、免疫系統功能缺乏的病毒／愛滋病毒感染（HIV/AIDS）、貧窮、種族中心主義、性別中心主義、恐怖主義、國際衝突與戰爭。像西方與阿拉伯國家之間的衝突、北韓與鄰近國家、以色列與巴勒斯坦的衝突都是例子。

⭐多元文化教育：一個國際的改革運動

二次世界大戰以來，許多移民及族群移往英國及歐洲大陸等國家，例如：法國、荷蘭、德國、瑞典與瑞士（Banks, 2004a; Figueroa, 2004）。一部分的移民（例如：英國境內的亞洲人、西印度群島人，法國境內的北非

人、印度支那人）是來自於殖民地。許多南歐與東歐的移民移往西歐與北歐各國，是希望尋找向上層社會流動的機會。另外，像義大利、希臘與土耳其也大量移往北歐與西歐各國，澳洲與加拿大於二次世界大戰後也有大量的移民人口（Allan & Hill, 2004; Joshee, 2004）。

歐洲、澳大利亞與加拿大的大部分移民所面對的問題，與美國的一些族群所經歷的問題一樣。例如，英國的牙買加人、法國的阿爾及利亞人與澳大利亞的原住民遭遇了學校中的學習成就問題，也遭遇了學校與社會中的歧視及偏見的問題。這些族群也面臨了取得完全公民權的問題（Banks, 2004a）。

英國、歐陸的各個國家、澳大利亞與加拿大推動了幾種不同的學程，以增進不同民族與移民學生的學業成就，而且幫助學生與老師發展更多對種族、文化、民族與語言多樣性的積極態度（Banks, 2004a; Figueroa, 2004）。

多元文化的歷史發展

多元文化教育起源於1960年代的民權運動，在這十年期間，美國的非裔美國人開始要求史無前例的權利。1960年代民權運動的主要目標之一是，消除對居住環境、僱用與教育的歧視。民權運動之結果在教育機構的明顯影響，即各民族（首先是非裔美人，之後是其他族群）要求學校或其他教育機構進行課程改革，使課程能反映他們的經驗、歷史、文化與觀點。各民族也要求學校僱用較多的黑人老師與行政人員，使學生有較多的成功楷模。各民族也在推動居家附近的學校由社區管理，並修訂教科書使能反映美國人口的多樣性。

學校與教育人員對於1960年代民權運動的第一個反應是感到焦慮，因為所發展的課程與學程並未深思或周密地計畫，以使這些要求能在教育系統內制度化。假日、特定的日子、民族的節慶及單一民族為焦點的課程，成了1960年代到1970年代早期之間，支配學校與民族及文化多樣性有關的改革特質。Grant與Sleeter在第三章中，稱此為「單一民族研究」的取向。這段期間所發展或推行的這類民族研究課程大部分為選修課程，而且基本上是本民族學生所選修的。

民權運動明顯的成就是增強了狂熱與自由的民族氣氛，刺激其他被邊緣化的族群採取行動，以消除加諸他們身上的歧視，並要求教育系統對他們的需求、抱負、文化與歷史做出回應。女權運動是二十世紀晚期最重要的社會改革運動之一（Schmitz, Butler, Rosenfelt, & Guy-Sheftal, 2004）。在1960年代與1970年代期間，對女性的僱用、收入、教育上的歧視是普遍與明顯的。女權運動明白宣示歧視與制度化的性別中心主義限制了女性的機會，而且對國家造成不利的影響。女權運動的領導者，如Betty Freidan與Gloria Steinem，要求政治、社會、經濟與教育制度應消除性別歧視，並提供機會給女性，以實現其才能及了解其企圖心（Steinem, 1995）。女權運動的主要目標包括同工同酬、取消歧視女性的法律、僱用更多的女性為領導階層、擴大男性參與家務及照顧孩子的事務。

當女性主義者（推動性別的政治、社會與經濟平等的人員）關注到教育制度，他們提出與有色人種所要求相似的問題，教科書與課程被男性支配，女性在教科書中經常是消失不見的。女性主義者指出，歷史教科書被政治與軍事的歷史所支配，而這兩個領域主要都是男性參與的（Trecker, 1973）。社會與家庭歷史、勞工歷史與凡夫俗子的歷史大部分被教科書忽視。女性主義者推動教科書的修訂，以包含較多在國家及世界發展中居重要角色的女性。在小學中，大部分的老師為女性，行政人員為男性，因此，他們要求有更多的女性被僱用為學校中的領導階層。

其他被邊緣化的族群受到1970年代人權的需求及社會動盪的刺激，也表達了他們的困境，並要求改革制度，使他們面對較少的歧視，且獲得較多的人權。殘障者、年老者、同性戀者等權利促進人員在這期間也組織起來，開始投入制度與法律的改革。殘障權利促進者在1970年代獲得法律上的勝利。1975年的「全體障礙兒童教育法案」（Education for All Handicapped Children Act, P. L. 94-142）要求殘障的學生應在最少限制的環境中接受教育，而且將教育中的主流制度化，本法案或許可說是爭取殘障學生教育權利運動，在法律上最明顯的勝利（見第十三與十四章）。

多元文化教育的發展

多元文化教育源於教育機構回應各種族群的需求、抱負而設計的課

程、學程與實務。結果正如Grant 與Sleeter在第三章所指出的,多元文化教育在現行實務中,並不是一種可辨認的課程或教育計畫。然而,實務的教育人員則引用*多元文化教育*這個名詞,以描述教育機會均等、女性、民族、語言少數族群、低收入戶族群與肢體殘障者有關的各種教育計畫或實務。在某個學區中,多元文化教育可以是統合各有色人種民族經驗的課程;在另一個學區中,它可以是同時包括民族與性別經驗的學程;在第三個學區中,它可以如作者和Nieto(2003)與Sleeter和Grant(2003)所言,是設計以增進各種文化、民族與經濟族群教育均等的「整體學校改革」。對多元文化教育較廣泛與綜合的主張,在之後的幾章中會加以討論,它不同於所限定的多元文化教育概念,被視為課程的改革。

8

美國文化的本質

正如英國、澳大利亞、加拿大等西方國家,美國也是一個多元文化的社會,美國是由共同核心文化與許多次文化所組成的國家。本書稱共同的核心文化為*巨型文化*(macroculture),而較小的文化,即核心文化的一部分稱為*微型文化*(microculture)。而區分巨型文化與各種不同的微型文化是重要的,因為主流的價值、規範與特質經常與各種微型文化連結,且在表達與解釋時也不同於微型文化。這些差異經常導致文化的誤解、衝突及制度化的歧視。

特定文化、宗教與民族背景的學生,有時在社會化過程中的表現與思考是依家庭的方式,而不同於學校的方式(Ogbu, 2003)。Heath(1983)在Trackton非裔美國學生與家庭之研究中發現,學生於學校中所使用的語言型態,與家庭中所使用的有相當大的不同。在家中,大部分的孩童與成人的互動是由命令所組成,但在學校師生之間的互動是由問題所支配。多元文化教育面對的挑戰是,協助來自不同族群的學生如何將他們的家庭、社區、學校之間的文化連結,學生應該能獲得在每一個文化場域中有效運作的知識、態度與技能;而且,也應具有能力在社會的各種微型文化、在國家的巨型文化及世界的社區中運作(Banks, 2004a)。

文化的意義

Bullivant（1993）認為，文化是一個族群在環境中求生存與適應的群體計畫（group's program），這個文化計畫（cultural program）是由族群中的成員經由溝通系統共同的知識、概念與價值所組成。文化也可由族群中共同的信念、符號與詮釋所組成。大部分的社會科學人員認為，文化主要是由人類社會的符號、觀念架構、精神層面所組成。文化的主體不是人工製品、工具或具象的文化元素，而是這個族群如何去詮釋、使用與知覺這些人工製品與工具。在現代化的社會中，區辨一個人與另一個人是根據其價值、符號、詮釋與觀點，而不是物質或其他具象的層面（Kuper, 1999）。同一文化群體的人，在解釋符號、人工製品與行為的意義時，經常採用同一或相似的方式。

認清與描述美國的核心文化

如同其他國家一般，美國有一套組成其核心文化的價值、觀念與符號，這個文化在某種程度上是由組成這個國家的各民族所共有的。要認清與描述美國的核心文化是困難的，因為這是一個多樣且複雜的國家。若要去認清一個未現代化社會的核心文化可能較容易，例如，在歐洲人未來到紐西蘭之前的毛利文化（Maoris）。但要認清像美國、加拿大、澳大利亞這類高度文化多元與現代化的社會就較困難了（Lisitzky, 1956）。

當要去認清美國文化的顯著特質時，我們就得了解反映這個國家某些核心價值的政治制度，而這些政治制度是深受英國所影響的。美國的政治理想與制度也受美國原住民政治制度與實務的影響，特別是那些與族群決定有關的制度，例如，伊洛克族印第安聯盟（League of the Iroquois）（Weatherford, 1988）。

平等

美國核心文化有一個重要的觀念，這個觀念是表達在1776年的獨立宣言之中，即「人人生而平等，創造者賦予不可讓與的權利，這些權利是生命、自由與追求幸福的權利」。這個觀念於1776年由美國憲法起草委員（nation's founding fathers）所提出，這是相當重要的。十八世紀時，社會

的普遍信念是，人並不是生而具有平等的權利，有些人只有少許的權利，而國王則具有上帝所賦予的神聖權利。當「人生而平等」這個觀念被視為美國文化的重要成分時，我們必須認識在觀念與事實之間的差別，即在1776年與現代之間所呈現的意義之差別。當美國憲法起草委員於1776年提出這個觀念時，他們的概念只限於那些擁有財產的白人男性（Foner, 1998; Ladson-Billings, 2004），至於沒有財產的白人男性、白人女性，及所有的非裔美國人與印第安人，都不包含在所謂「生而平等」的人口之中。

雖然1776年美國憲法起草委員所提出的平等觀念有一個限定的意義，但這卻是美國人尋求人權有力重要的證明。自1776年以來的整個美國歷史，那些被邊緣化的族群，例如：女性、非裔美國人、印第安人或其他文化族群者，應用此一觀念正當地防衛人權的不當擴張，並終止制度化的歧視，例如：性別中心主義、種族中心主義，及對肢體殘障者的歧視。所以在美國整個歷史中，人權逐漸擴展到不同的族群，這些權利的擴展既不是常數也不是線性的，這些權利的擴展期常隨著保守主義的消長而變動。Schlesinger（1986）稱這種型態為「美國歷史的循環」，雖然美國在了解1776年獨立宣言所表達的理想，是經過了一段滿長的路程，但這個理想仍是美國文化的重要部分，這個理想仍受到被邊緣化族群為爭取人權與平等奮鬥時所應用。

個人主義與個人機會

美國核心文化的另兩個重要觀念是個人主義與個人社會流動（Stewart & Bennett, 1991）。個人主義是美國核心文化的極端，個人的成功重於對家庭、社區與國家的獻身，個人被期望藉由自己獨自的努力以獲取成功。許多美國人相信，一個人在一代之中可以由赤貧變成富有，且每個男孩子均可以成為總統，雖然未必有意願。

個人被期望藉由辛勤的工作或靠自己的力量而獲得成功，這個觀念經由Ragged Dick這樣的小說人物呈現。Ragged Dick是由通俗作家Horatio Alger所創造出來的英雄，Ragged Dick英勇地克服貧窮與逆境而成功。與此相關的信念是，如果你未能成功，則是因為自己的缺點所致，例如：懶惰或沒有企圖心，所以失敗是自己的錯。在學校中，則是以一些故事來教導這些信念，例如，呈現George Washington、Thomas Jefferson與Abraham

Lincoln等美國英雄。美國文化中的個人主義信念事實上與新教工作倫理有關，因為個人的辛勤工作是道德上的善，而偷懶是惡的。這個信念是移居新英格蘭英國清教徒的遺產，對美國文化具有顯著及有力的影響。

個人機會的信念在美國社會被緊密地證明著，雖然個人向上層社會、經濟與教育流動，是高度與社會階級、民族、性別有關，但是此一信念仍強烈地深入美國人的心中（Knapp & Woolverton, 2004）。社會科學研究者的發現與本書其中幾章均證明，社會階層化與個人生活中的機會深受個人所屬群體的影響（Rose, 1992; Willis, 1977）。然而個人機會的信念仍深植在美國社會中。

個人主義與集體主義

在美國，雖然個人所屬群體對個人的生活機會有明顯的影響，但主流的美國人在其價值導向與行為上，仍是高度個人主義的。美國的核心家庭增強了個人主義。強烈的個人主義的結果是，已婚的孩子經常期望他們的父母獨自生活，而不是與他們住在一起。

美國的強烈個人主義文化與亞洲國家，如中國、日本的集體主義有明顯的對比（Butterfield, 1982; Reischauer, 1981）。在這些亞洲國家中，個人主義被認為是相當負面的，一個人常被認為首先應對家庭及團體奉獻，然後才想到自己。一些美國的社會科學家，如Lasch（1978）與Bellah、Madsen、Sullivan、Swidler及Tipton（1985）則悲嘆美國的個人主義，他們相信這對國家的文化是有害的。有些觀察家相信，中國與日本的集體主義影響力太過強大，個人主義在這些國家應該受到更多的重視。若在個人主義與集體主義之間找尋平衡點，或許對現代化、文化多元的國家是最好的。

擴張主義與自明的命運

社會科學家另外認定的美國重要價值，包括：喜愛征服或開發自然環境、唯物主義與消費精神、先天優越感等信念。這些信念正當化美國的一些行為，例如：自明的命運、向美國西部的擴張、於1848年併吞三分之一墨西哥領土等行為。這些較少顯露美國國家正向價值的觀察，已經受到那些對美國複雜社會本質有興趣的社會科學家所發展（Appleby, Hunt, & Jacob, 1994）。

在討論美國社會價值的本質時，Myrdal（1962）認為，美國社會存在著民族的不調和，他稱這個不調和是「美國的兩難」。他說這些信念的價值，例如：平等與人類尊嚴，存在於美國社會；然而，它也對美國社會的非裔美國人與其他民族文化群體存在著制度化的歧視。這種差異在美國人的心中產生兩難，因為美國人試著想去調和他們的民主理想及他們對受壓迫族群的態度，Myrdal說，這個兩難已成為強化族群有效對抗歧視的重要因素。當人權提倡者指出介於理想與行動之間的不調和時，美國是很努力地要解決他們的兩難。依Myrdal的說法，美國經常去消除與其民主理想或信條不調和的實務。一些學者則反駁Myrdal的假設，他們認為大部分的美國人並不會面對此種兩難（Ellison, 1995）。

美國的微型文化

像美國這樣一個文化多樣的國家，存在著一組主要的共同文化，同時也有一些微型文化（見圖1.1）。這些微型文化分享了大部分的核心價值，但是這些核心價值經常藉由各種微型文化來調解，同時，也在微型文化中有著不同的詮釋。有時微型文化的價值會與核心文化有某種程度的疏離。當然，有些核心價值與行為也與特定的微型文化有某種程度的疏離。

存在於巨型文化中的強烈個人主義信念，在某些民族群體中經常是不被贊同的，甚或與其疏離。例如，文化尚未高度被同化為美國主流社會的非裔美國人與西班牙裔美國人，則是比主流美國人更為群體導向的。美國的學校其學習式態或教學式態或是評量作業規範是高度個人主義的，但許多學生，特別是非裔、西班牙裔、美國印第安人，卻都是群體導向的（Irvine & York, 2001; Shade, Kelly, & Oberg, 1997）。這些學生在高度個人主義的學習環境中就遭遇了問題。老師能藉由Slavin（2001）與Gohen和Lotan（2004）所發展的合作教學策略和情境測驗，來增加這些學生的學習機會，這些學生經常又被稱為情境依賴型（field dependent）或情境敏銳型（field sensitive）學生。

某些理論和研究指出，女性學生所傾向的認知、思考與學習的方式，與男性學生的偏好是不同的（Goldberger, Tarule, Clinchy, & Belenky, 1996; Halpern, 1986; Taylor, Gilligan, & Sullivan, 1995）。Maher（1987）指出一

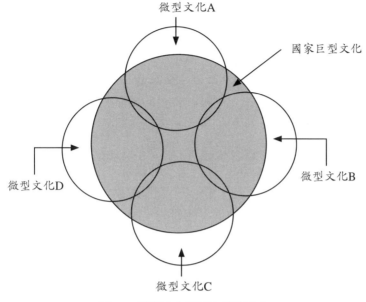

圖中的標示：微型文化A、國家巨型文化、微型文化B、微型文化C、微型文化D

圖1.1 微型文化與國家巨型文化

圖中陰影的部分代表的是國家巨型文化，而A、B、C、D則代表包含單獨
為其組成分子所共享、不具普遍性的某種特殊制度、價值體系和文化元素
的微型文化。而學校的主要目標就是協助學生，不僅能在整個國家的巨型
文化和本身所屬的微型文化當中有效地自我運作，還要能跨越並自我調適
運作於不同的微型文化之中。

資料來源：James A. Banks. *Cultural Diversity and Education:Foundations
Curriculum and Teaching*, 4th ed.（Boston: Allyn & Bacon），p. 73. Used With
permission of the author.

些社會科學的研究模式，大都為男性所支配或建構，所以，她主張應力
求其客觀性：「個人的情感、偏見與偏差被認為是無可避免的限制。」
（p. 186）女性主義教育學即是植基於對知識本質的不同假設產生出不同
的教學法。依照Maher與Tetreault（1994）的文獻，女性主義教育學能提
升女性的學習，並且能深化男性對事物的洞察力。在第七章中，Tetreault
就介紹了能激發學生、並強化其理解的女性主義教育學的技術。

　　Belenky、Clinchy、Goldberger與Tarule（1986）在研究女性認知方式
之後，對核心文化與教育制度中的知識與真理的概念提出了結論，他們認
為，這些概念都是「由男性支配的文化所形塑，男性從他們自己的觀點或
視野建構了優勢的理論、撰寫歷史及制定價值，而這些理論、歷史、價值
就成了男女遵循的原理原則」（p. 5）。

這些研究同時發現，女性感興趣的知識，與大部分教育機構中所強調的知識是不一致的，在研究中受訪的女性表示，個人化的知識、經由第一手觀察的知識是女性最有興趣的，但是，大部分的教育構構卻強調抽象及「遠離脈絡」的知識（Belenky et al., 1986, p. 200）。Ramírez與Castañeda（1974）發現，在其傳統文化中被社會化的墨裔美國學生，也對個人化及人性化的知識較有興趣，而對抽象的知識較沒興趣，他們也較容易對以人性化或故事形式呈現的知識做出積極的回應。

Gilligan（1982）的研究則提供更多的線索，協助我們了解Belenky與其同事的發現。Gilligan認為，關心、互相聯絡與對他人需求的敏銳度，是美國女性微型文化的重要價值；相對的，她發現個人主義特質是男性的價值。

多元文化教育的主要目標是去改變教學與學習的取向，使兩性的學生及來自不同文化、民族與語言群體的學生，能在教育制度中擁有均等的學習機會。這個目標希望所做的改變是，教育的內容應是概念化的、有機化的、被教導的。換句話說，教育取向需要轉化。

Mercer（1973）在一項鑑別心理遲滯兒童的研究中發現，不成比例的非裔及西班牙裔美國學生被標定為心理遲滯，那是因為這個測驗是採用「反映美國核心文化的能力與技能」的智力測驗（p. 32）。Mercer認為，這個核心文化主要是來自優勢的白人、盎格魯撒克遜與中上階級的文化。她同時指出，普通智力測驗主要的題目大都與語言能力及知識有關，大部分非裔與西班牙裔的學生是在不同於美國核心文化的微型文化中社會化的，這些學生經常沒有均等的機會去學習心理測驗所欲測量的知識與技能。結果是，不成比例的非裔及西班牙裔的學生被標定為心理遲滯，而被安置於學習緩慢者的班級中學習（Donovan & Cross, 2002）。Mercer指出，心理遲滯是一種社會決定的狀態。當學生被安置於心理遲滯的班級時，則其自我實踐的效應就發展出來，學生所表現的行為及思考就會像是心理遲滯（Banks, 2000）。

族群與族群認同

本章已討論了美國社會的各種微型文化，個人係從其社會群體中學習到價值、符號與文化中的其他成分。族群是具有某一文化的社會系統，人

14

是屬於並生活在其社會群體之中的（Bullivant, 1993）。一個族群是一群人的集合體，具有一種特定的認同與情感；一個族群也是一個社會系統，是一個角色互相關聯的社會結構（Theodorson & Theodorson, 1969）。這個族群為了生存所進行的活動、價值、觀念與共有符號組成其文化（Kuper, 1999）。

族群是社會學研究的主要焦點，社會學家相信族群對個人的行為具有很強的影響力，因為這些行為是經由族群的規範而形成的，而且族群會塑造個人的行為組型，這些行為組型是個人在適應其生理、社會、形而上的環境時所需要的。社會學家也認為族群有其獨立的特質，而不僅是個人的聚集而已，群體擁有一種超越個人生命的繼續性。

社會學家也認定，有關個人所屬族群的知識，會對個人行為的解釋提供重要的線索。Goodman和Marx（1982）描述說：「像共同的宗教、民族性、年齡、性別、婚姻狀況與教育等等因素，已經證明了它們成為人類相信什麼、感覺什麼、做什麼的重要決定因素。」（p. 7）雖然某一性別、種族、民族、社會階級或宗教團體的身分能提供了解個人行為的重要線索，但卻無法讓我們預測他們的行為。認識某人之族群的根源，可能可以使我們描述此人特定形式的行為，具有某一特定族群的身分，並無法決定會產生什麼行為，但卻較有可能產生某類型的行為。

有關族群特質與型態的知識能增進我們預測個人行為的可能性，但卻無法掌握精確的行為，其有以下幾個重要的理由：部分原因是某一個個人同時會屬於好幾個族群（見圖1.2），某一個人可能同時是白人、天主教徒、女性、中產階級。他可能對這些族群中的某一族群強烈認同，而對另一個族群沒有任何認同。某一個人也可以是某一族群的成員，例如是某一天主教堂的成員，但他卻對天主教教條的信仰很薄弱，宗教認同可以是另一種強烈的個人族群認同。認同與對不同族群的依戀可能會是衝突的。一位對天主教有強烈認同的女性，也可能是一位女性主義者，但要順從某些天主教堂中的職位應是女性平等的這個信念卻是有困難的，例如，天主教禁止女性被任命為神甫。

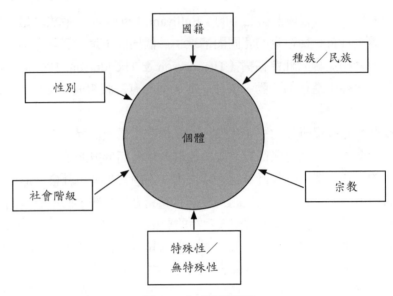

圖1.2　多元族群歸屬

個體同時歸屬於幾個不同的族群，本圖以本書所討論的幾個主要族群來說明。

　　我們愈知道學生對某一族群的認同程度，及其在該族群中社會化的程度，則我們愈能正確地預測、解釋、了解學生在教室中的行為。掌握學生在生命週期的特定時間所隸屬的團體，或特定的社會脈絡是重要的，它將能協助我們了解學生的行為。族群認同的行為對於一位先前曾屬於多數族群的人，後來變成少數民族的個人而言是重要的。許多自美洲大陸移往夏威夷的白人表述，他們已經增進了族群認同，而且他們也開始感覺被邊際化了。族群受威脅時，或是想發起社會運動以促進其權利，或是族群想去恢復其文化時，族群認同就會提高。

族群認同的教學涵義

　　當閱讀本書描述不同性別、社會階級、種族、民族、宗教、語言與特殊群體的各章時，要記住，在這些群體內的個人會以各種程度來呈現這些行為。而且要記得，每一個個別學生會同時屬於這些群體中幾個群體的成員。前述核心的美國文化是具有高度的個人主義價值與信念，然而

Gilligan（1982）的研究指出，與男性比較的話，女性的價值較常顯出關懷、互相聯絡，與對他人的需求敏銳性的特質。這個觀察指出，巨型文化中的核心價值常受不同性別、民族與文化群體的微型文化所調節。

族群身分或族群認同的教學涵義是什麼？前述，有一些研究人員已經發現，某些非裔和墨裔的有色人種美國學生是情境敏銳型的學習方式，所以較偏好個人化的學習取向（Ramírez & Castañeda, 1974）。想想這是什麼意思，這些研究是描述具有這種族群特質的學生，而不是特殊的非裔或墨裔學生特質，這些研究認為，這些學生比起中產階級盎格魯撒克遜裔美國學生，更傾向是情境敏銳型的學習方式，但是，各民族、種族與社會階級的學生則有不同的學習方式（Irvine & York, 2001）。那些族群的文化會交互地影響學生的行為，例如：學生們的學習方式。因為這些學生同時是幾個族群的成員，所以，學生所屬群體特質的知識、這些族群的文化對學生影響的知識、個人在每一族群中社會化程度的知識，都將成為老師了解學生行為的重要線索。

❋ 種族、階級與性別的互動

當要使用族群的知識去了解學生的行為時，我們也應該了解階級、種族與性別之間的互動，並了解這三者也會交叉影響學生的行為。中產階級和同化較深的墨裔美國學生，比下層階級和較未同化的墨裔美國學生更傾向是情境獨立型（field-independent）。非裔美國學生比白人學生更傾向為情境依賴型的（團體導向）。女性學生比男性學生更傾向情境依賴型。因此，若將非裔美國女性、非裔美國人、白人男性及白人女性四種人加以比較，非裔美國女性可說是最傾向情境依賴的，這是Perney（1976）的研究發現。

圖1.3說明了本書所討論的主要族群——性別、種族、民族、社會階級、宗教與特殊性，是如何單一或交互地影響學生的行為。該圖也顯示其他的變項，例如：地理區域、年齡，也會影響學生的行為。表1.1則是說明這些變項會影響該研究所選樣的學生行為。

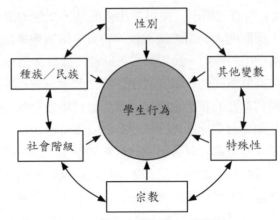

圖1.3 變項的交叉作用

主要變項如性別、種族／民族、社會階級、宗教、特殊性等等，單獨或交互地影響學生的行為。其他如居住區域、年齡等變數，也同樣影響著學生的行為。

表1.1 變項的單一與結合的效果

學生行為	性別效果	種族／民族效果	社會階級效果	宗教效果	聯合的效果
學習式態（情境獨立／情境依賴）	X^1	X			X
內在／外在			X		
對成功的恐懼	X	X			？
自尊	X	X			？
個人導向vs.團體導向	X	X			？

註1：X記號表示該欄位的變項會影響最左邊欄位所描述的學生行為。而最右邊一欄的X表示二個或二個以上的變項會結合影響所描述的學生行為。而？記號表示變項的結合影響尚不清楚。

類別的社會建構

本書所討論的主要變項和類別（categories），如：性別、種族、民族、階級與特殊性，是社會所建構的類別（Berger & Luckman, 1967; Mannheim, 1936），個人是否屬於其中一個類別的指標是由人所決定的，其結果是社會建構的。宗教也是一種社會類別，宗教制度、符號與人工製品也是由人創造，以滿足它們形而上的需求。

這些類別通常與個體生理的特質有關，例如：當個體有嚴重或明顯的生理障礙時，那麼，賦予該個體的標籤與其生理特質之間的關係是直接的，而且幾乎在任何文化與社會制度中都會產生。然而，用來區分個人所屬的類別與生理特質之間的關係通常是間接的、複雜的。即使是某人的性別（sex）基本上是依生理特質來決定（例如：生殖器、染色體型態），但性別（gender）其實是一種社會建構，是由個體與群體運作的社會所創造與形成的。

性別

性別是指在一個社會中，男性與女性被期望或認可的社會與心理的適當行為。性別角色期望因文化而有不同，且在同一社會的不同時間也有不同，在同一社會的微型文化內也有不同。傳統上，在主流美國社會、非裔美國人、美國印第安人、西班牙裔美國人，其男性與女性的常態行為是不同的。性別角色期望也因同一社會中社會階級的不同而有差異，例如，1940年代到1950年代的白人主流社會，對中上階級的女性在外工作時，常常給予負面的批評，然而，對勞動階級的家庭女性卻經常期望她們成為工資的賺取者。

性取向

性別角色的討論對與性取向有關的議題之檢證提供了適切的背景，在最近幾十年，美國與整個西方世界對同性戀人權與公民權的探求具有重要的發展。當討論人權與社會正義時，性取向就值得檢證，因為對個人

和群體而言，它是一種重要的認同，而且，許多年輕同性戀者因成為歧視的犧牲品及遭到憎恨而犯罪（*Harvard Educational Review*, 1996; Lipkin, 1999）。性取向也是班級中師生難以討論的議題，但是如果敏銳地來討論，則能對同性戀的學生增權賦能（empower），而且可使他們經驗到大學班級中的社會平等。因此，對同性戀的再認知是社會平等的重要表現（Gutmann, 2004）。

種族

種族是一個社會決定的類別，這個類別與生理的特質有複雜的關係（Jacobson, 1998; Roediger, 2002）。假設有兩個生理特質幾近相同的人，但可能在不同的社會被分類為兩個不同種族的成員（Nash, 1999; Root, 2004）。在美國，種族類別界定得很明確，而且很沒有彈性，一個擁有公開被認為是非洲祖先的人就會被認為是黑人（Davis, 1991）。一個看起來完全像高加索的人，他如果也有非洲的祖先，則仍然被歸屬為黑人；但如果這樣的人在波多黎各則會被認為是白人，因為在波多黎各，頭髮的結構、社會地位，以及在社區中著名的程度，在決定個人的種族或類別時，經常是與生理特質一樣重要。在波多黎各有一句俗諺「錢能照亮前途」（money lightens），意義就是向上層社會流動可以促進個人被歸類為白人的機會。在波多黎各及大部分加勒比海及拉丁美洲等國家，種族與社會階級之間具有密切的關係。

針對種族是一種社會類別的討論指出，決定某一特定種族的特質會依文化之不同而有差異，某一特定的人在某一社會可能被認為是黑人，但在另一個社會可能就被認為是白人，而種族的類別反映了社會中社會、經濟與政治的特質。

社會階級

社會學家們發現，要訂出眾所同意的社會階級指標是困難的，其問題之所以複雜是因為社會在不斷地變動。在1950年代，社會學家對下層階級所做的特質歸因，今日可能在中產階級中可以發現到，例如：單親、女性當家、高離婚率、物質濫用。今日，即使這些特質仍常見於下層階級的

家庭中，但現在也常出現於中產階級之間。在美國，收入、教育、職業、生活方式與價值觀等變項，已成為常用來決定社會階級的指標（Warner, 1949/1960）。然而，在社會學家之間有關決定個人或家庭的社會階級的最重要變項，仍未獲得相當程度的一致結論。

在美國，社會階級的指標在不同的種族與民族間仍然有些差異，在1950年代與1960年代，老師、牧師和其他服務專業的人員，在許多南方鄉下的非裔美國社區都被認為是上層階級，但在美國的主流社會，卻只是被認為中產階級。在主流社會或不同的微型文化中，社會階層化的系統不必然是同一的。

✸特殊性

特殊性也是一種社會類別，個人是否被認為殘障或資賦優異，其決定指標是由社會所發展的。Shaver與Curtis（1981）指出，殘障（disability）不必然是障礙（handicap），且這二者必須分清楚。他們認為：「殘障或多重殘障只有在殘障情況已限制了個人能力正常的運作時才稱之。」（p. 1）例如，某人可能是殘障的（只有一隻手），但卻能順利取得大學畢業的文憑，其在大學的成就並沒有碰到障礙，且光榮地畢業。然而他可能發現，當他想進入就業市場時，他的機會可能被嚴重地限制，因為僱主會認為他在某些情形下可能無法表現得很好，雖然事實上他可以表現很好（Shaver & Curtis, 1981）。這個人雖是殘障，但只有在就業市場上才被認為有障礙，而在念大學這方面卻沒有障礙。

Mercer（1973）研究個人被標籤為心理遲滯的社會過程時指出，個體即使因為生理特質增加了被標定為心理遲滯的機會，但是這二者並不完全相關。例如：兩個生物特質相同的人可能在某一社會系統中被認為心理遲滯，但在另一社會系統中就不會；或是某人在學校中可能會被認為是心理遲滯，但在家中卻不是。所以，她說：「心理遲滯並不是一種個體的特質，也不是天生的行為，卻是社會決定的情況。因為個體可能會存在於某一社會系統，但卻不在另一社會系統。」（p. 31）她認為，個體會藉由變換其所歸屬的社會群體，轉而改變他們的角色。

有不成比例的非裔與拉丁裔美國人，特別是男性，被學校歸類為學習障礙，這即顯示出特殊性是一種社會類別（Donovan & Cross, 2002）。

Mercer（1973）發現，學校比起其他機構標定更多心理遲滯的人，許多被標定為心理遲滯的非裔、拉丁裔美國學生，在家裡或社區中卻表現得很正常。男生比女生更常被標定為心理遲滯，如Mercer和其他的研究者指出，學校用來決定有色人種學生心理能力的指標，是與這些學生的家庭或社區的文化衝突的。一些在各種民族和文化族群中是心理遲滯的學生，需要接受特殊的教學、計畫與服務，就如Mercer等人在本書第五部分的建議，然而有色人種學生在這些計畫中的比例太高，每一族群被標定為心理遲滯的學生的百分比應與這些族群學生占學校中的總人數百分比是相同的。

資賦優異也是一種社會類別（Sapon-Shevin, 1994），社會建構出的資賦優異本質的重要結果是，各專家在界定這個概念時非常不一致，而且在辨識資賦優異學生時也有不同的看法（Ford & Harris, 1999）。在比較主流的中產階級與中上階級學生，與低階層學生和有色人種學生（如非裔、拉丁裔美國人、美國印第安人），被歸屬為資賦優異學生的比例，也有不相稱的現象，正好可以說明資賦優異是社會建構的證明。

許多被歸類為資賦優異的學生具有各種特殊的才能，且需要特殊教育。然而，有些學區歸類資賦優異學生的政策，卻使那些擁有知識、政治技能及力量的父母得以迫使學校，將他們的孩子歸類為資賦優異者，而提供這些孩子特殊的教學與豐富的教學資源（Sapon-Shevin, 1994）。

學校應該滿足這些具有特殊天資與才能的學生之需求，也應確立來自不同社會階級、文化、語言與民族的學生有相同的機會，去參與學校為具有學術性與創造才能的學生所辦理的學習計畫。如果學校或學區的資賦優異計畫學生人口不能代表不同文化、種族、語言與民族的人口時，就要擬定步驟去檢驗用來辨認資賦優異學生的標準，以及發展出作業程序以修正此不成比例的現象。質言之，卓越與均等應是多元文化社會主要的教育目標。

多元文化教育的面向

當許多老師想到多元文化教育時，他們只想到與民族、種族、文化有關的內容。概念上，多元文化教育若僅限於與各種民族和文化有關的內

容，那會是有問題的。那些不能輕易了解他們教學的內容如何與文化議題有關的老師，將很容易排除多元文化教育，因為他們認為它與他們任教的學科沒有關係，尤其是中學的數學及科學老師最常有如此的行為表現。

　　當多元文化教育僅被概念化為內容時，這種「內容上的無關」會變成一種抗拒多元文化教育的合法形式。數學與科學的老師經常會這樣說：「多元文化教育對社會科與人文學科的老師是好的，但跟我們就沒什麼關係，數學與科學是不變的，對不同的文化及小孩來說都一樣。」多元文化教育要更寬廣地來界定和了解，使各學科的老師以更適切的方式去反應，並縮小對它的抗拒。

　　多元文化教育具有寬廣的概念，並具有不同和重要的面向（Banks, 2004b）。在實踐多元文化教育時，教育工作者可以採用以下幾個面向作為學校改革的引導，包括：(1)內容的統整；(2)知識建構的過程；(3)降低偏見；(4)均等的教學；(5)增能學生的學校文化與社會結構。以下將說明每一面向的定義。

內容的統整

　　內容的統整係指老師在他們的任教科目中，透過各種文化與族群的例子和內容，來說明重要的概念、原則、推論與理論，在各學科領域內符合邏輯，而不是故意注入各民族與族群的文化內容。

　　在許多學科中有較多的機會去統整民族的文化內容，尤其是在社會科、語言、音樂等學科，老師更有機會用民族與文化的內容去說明概念、主題與原則。當然，也有機會去統整多元文化的內容於數學及科學的學科中，但是其機會就不像社會科、語言科與音樂科那麼多。

知識建構的過程

　　知識建構的過程關係到老師在幫助學生了解、探討、做決定時，學科中內隱的文化假定、參照架構、觀點與偏差如何影響知識的建構（Banks, 1996）。

　　學生可藉由智力理論、達爾文主義及優生學，來研究科學中何以長久以來一直存在種族中心主義，以進一步分析科學的知識建構過程。在《偏

誤評量了男性》（*The Mismeasure of Man*）一書中，Gould（1996）描述了科學種族中心主義的發展，及在十九、二十世紀所發生的影響。科學的種族中心主義已經對美國的心理能力測驗的解釋持續產生了重要的影響。

由於《常態曲線》（*The Bell Curve*）一書的出版（Herrnstein & Murray, 1994），廣泛並熱切公開地接受不同的智力論點，且由研究知識建構的學生提供了一個卓越個案研究來討論和分析（Kincheloe, Steinberg, & Gresson, 1996）。針對Herrnstein與Murray爭論低收入群體與非裔美國人的認知能力比其他群體偏低，而且這些差異是天生的論點。學生就能檢驗相關作者們所提出的爭論、他們的假設，以及他們所得到的結論與社會及政治背景的關係。

Gould（1994）認為，Herrnstein與Murray的爭論反映出當時的社會背景：「一個史無前例的卑劣歷史運動，當時有意大幅削去社會計畫，而這個想法被一個論點強而有力地唆使著，這個論點是說基於先天的認知限制（如智力分數）的受益人不能獲得幫助。」（p. 139）學生也應該研究由受尊敬的科學家所提出的《常態曲線》的反面主張。有兩本很好的著作是：《常態曲線的爭論：歷史、文件、意見》（*The Bell Curve Debate：History, Documents, Opinions*）是由Jacoby和Glauberman（1995）所編輯的；以及《測量的謊言：被檢證的常態曲線》（*Measured Lies：The Bell Curve Examined*），由Kincheloe、Steinberg和Gresson（1996）所編輯。

當學生研讀歐洲人發現新大陸及西進運動的單元時，學生也可檢視社會科知識建構的過程，老師可以問學生歐洲人發現新大陸這個概念的潛在意義，學生可討論這些概念對歐洲人到達之前就存在美洲大陸四萬年的印第安文化具有什麼意義。當研讀西進運動時，老師可以問學生：「這樣的概念是反映了誰的觀點或想法，是歐裔美國人或蘇族人？誰西進？蘇族歷史學家如何描述這段期間的美國歷史？對於西進運動有沒有其他的思考或描述方式？」

降低偏見

降低偏見是指老師採用一些單元和活動，幫助學生對不同種族、民族與文化群體發展出正向的態度。研究指出，小孩會帶著對不同種族和民族群體負面的態度與註解來到學校（Banks, 2001b; Stephan, 1999）。研究也

24

指出，在單元教材的內容中，若能包含不同種族與民族群體的內容，且在教學情境中又存在一些特定的條件，就能幫助學生發展較正向的群際態度（Banks, 2001b）。這些條件包括教材中提供民族的正面意象，以一系列的方式採用多民族的教材等等。

Allport（1954）的*接觸假設*（contact hypothesis）提供了幾個有用的引導方針，使學生在接觸情況時，能幫助學生發展較正向的種族間的態度與行為。他提到能改善群際關係的互動接觸具有以下四種特質：(1)平等的地位；(2)合作而不是競爭；(3)由權威者（如老師和行政人員）核准；(4)學生關係變成熟悉時的人際互動。

均等的教學

每一學科的老師都可分析其教學的過程及方式，以了解他們反映多元文化議題的程度，當老師修正其教學而能促進不同種族、民族、性別、社會階級學生的學業成就時，均等的教學就存在了（Banks & Banks, 1995）。其中包含採用適於各文化群體學習式態的各種教學式態，例如：對美國原住民、阿拉斯加的學生，就應採取個人化導向的教學；對有色人種的學生，在數學與科學的教學上，就應採合作學習的方法以提高學業成就（Cohen & Lotan, 2004; Slavin, 2001）。

本書有幾章會討論一些老師為增進來自不同文化群體與不同性別的學生之學業成就，而修正自己教學的方式，包括第三、四部分的那幾章。

增能學生的學校文化

多元文化教育的另一個面向是，促進性別、種族、社會階級均等的學校文化與組織，學校的文化和組織必須由學校中全體的教職人員來檢證，所有的人都必須參與改造。編班的實務、運動參與、成就的不均衡，接受資賦優異與特殊教育學生的不成比例，不同種族、民族的教職員與學生的互動等等，都是重要的變項，都應加以檢視，以創造能使來自不同性別、種族的學生增能的學校文化。

圖1.4是總結前述多元文化教育的面向，下一節則是在認識一些學校中應該改革的主要變項，為了使學校文化制度化，以促進來自不同文化、種族、民族與社會階級群體的學生增能。

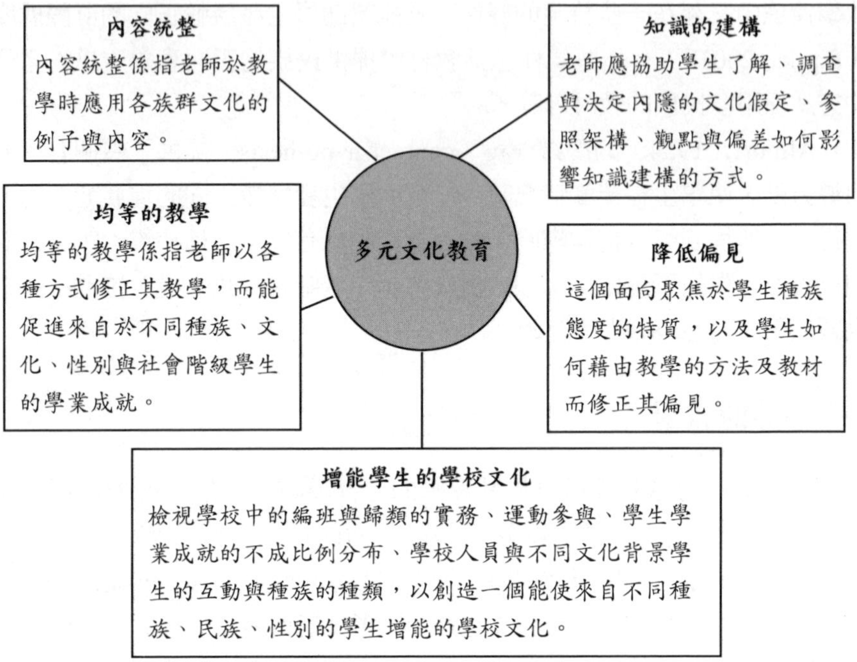

內容統整
內容統整指老師於教學時應用各族群文化的例子與內容。

知識的建構
老師應協助學生了解、調查與決定內隱的文化假定、參照架構、觀點與偏差如何影響知識建構的方式。

均等的教學
均等的教學係指老師以各種方式修正其教學,而能促進來自於不同種族、文化、性別與社會階級學生的學業成就。

多元文化教育

降低偏見
這個面向聚焦於學生種族態度的特質,以及學生如何藉由教學的方法及教材而修正其偏見。

增能學生的學校文化
檢視學校中的編班與歸類的實務、運動參與、學生學業成就的不成比例分布、學校人員與不同文化背景學生的互動與種族的種類,以創造一個能使來自不同種族、民族、性別的學生增能的學校文化。

圖1.4 多元文化教育的面向

學校是一社會系統

　　為了成功實施多元文化教育,我們必須將學校視為一個社會系統,而它的一些主要變項是互相關聯的。將學校視為一個社會系統時,我們必須創造一種變革的策略,以改變整個學校的環境來實踐多元文化教育。圖1.5是學校中應改革的主要變項。

　　改革圖1.5中的任何一個變項(例如:課程或教材)是必需的,但並不足夠。只提供多元文化教材給那些對不同文化背景、種族、民族學生有負向態度的老師來說,是不會有什麼效果的,因為這些老師不大可能去使用多元文化教材,甚或可能會偏頗地去使用它。因此,在實施多元文化教育時,幫助老師及學校中的其他人員獲得各文化族群的知識及民主的態度與價值是重要的。

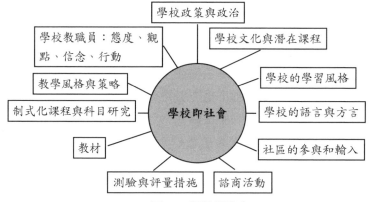

圖1.5　學校即社會

整體學校環境包含著許多可辨認的變項與因素，如學校文化、學校政策與
政治、制式化課程與科目研究等等。而任一因素都可以是學校改革的初步
著力之處，然而，所有因素最終都必須有所變革，以支援有效的多元文化
學習環境。

資料來源：Adapted with permission from James A. Banks (Ed.), *Education
in the 80s: Multiethnic Education* (Washington, DC: National Education
Association, 1981), Figure 2, p. 22.

　　為了在學校中實踐多元文化教育，我們必須改革學校中的權力關係、
師生的語言互動（Beykont, 2000）、學校的文化、課程、課外活動、對少
數民族語言的態度、測驗的計畫、編班的工作等等。對於制度規範、社會
結構、歸因說法、價值與學校目標，也應被轉化與重新建構。

　　主要注意的焦點應該在學校中的潛在課程和內隱的規範與價值，學校
中有顯著課程（manifest curriculum）與潛在課程（hidden curriculum），
顯著課程包含教學指引、教科書、教學綱要及課程計畫。學校環境的這些
層面是重要的，且應加以改革，以創造增進對各族群正向態度的學校文
化，並協助各族群的學生得到學習上的成功。然而，學校的潛在課程比顯
著課程更重要，潛在課程可定義為一種不是老師明確去教導，但卻是所有
學生會學習到的課程，它是一種有力的學校文化，是向學生傳達學校對一
些議題或問題（包括學校對待學生、對女性、對男性、對特殊學生、對來
自不同宗教、文化、種族、民族群體的態度）的看法。Jackson（1992）稱
潛在課程為「非教導的單元」（untaught lessons）。

在規劃多元文化教育時，教育人員應將學校認為是像其他社會系統一樣，是一個具有規範、價值、地位與目標的微型文化。學校有支配的文化，也有幾種微型文化。在美國，幾乎所有班級都是多元文化的，因為白人學生、黑人學生、棕色人種學生都在多樣的文化中社會化。老師也是來自許多不同的群體，許多老師不是在盎格魯主流文化中社會化的，雖然這些可能受到遺忘和壓制。老師會接觸他們自己的文化，並且將他們所獲得的觀點作為與學生建立關係並了解學生的載具。在老師與學生的互動中，應相互調適一些觀點與思維。

學校應是一個產生涵化（acculturation）的文化環境，老師與學生藉由這個過程將會愈加充實，來自不同族群的學生其學業成就將會提高，因為他們的觀點在學校中會成為合法的，老師與學生將在文化分享與互動過程中更為充實。

摘要

多元文化教育是一種觀念的陳述，不論學生所屬的群體，例如：性別、民族、文化、語言、社會階級、宗教或特殊性，是所有學生在學校中都應享有教育的均等。有些學生因為擁有特定的特質，而比來自其他群體的學生擁有較好的成功機會。多元文化教育也是一種改革運動，這種運動是在轉化學校，使來自不同性別、文化、語言與民族的學生，都能在學校中有同等的機會獲得成功。多元文化教育將學校視為一個社會系統，而其中的各部分和各變項是高度相關的。因此，為了轉化學校以產生教育均等，學校中的重要部分都應改變，若只聚焦於學校中的任一變項，例如：課程，那將無法實踐多元文化教育。

多元文化教育是一個持續的過程，因為它想實現的理想目標——教育均等與各種形式歧視的根絕，在人類社會中是無法徹底實現的。多元文化教育是源起於1960年代與1970年代的社會抗爭，也是一種存在於世界各國的國際運動（Banks, 2004a）。多元文化教育的主要目標，在於協助學生發展能在其所屬的微型文化、美國巨型文化、其他微型文化、全球社區中順利生活所需的知識、態度與技能。

❊❊ 問題與活動

1. 多元文化教育的三個成分或元素是什麼？

2. Banks如何定義多元文化教育？

3. 從本書附錄的「議題與概念」類別所列的幾本參考書目中，發現多元文化教育的其他定義。在這幾本書中所做的多元文化教育的定義，與本章所提出來的定義有哪些異同？

4. 1960年代與1970年代的民權運動與女權運動如何影響多元文化教育的發展？

5. 請教幾位老師與教育實務工作者，了解他們對多元文化教育的看法是什麼？根據他們的反應，你能做出什麼推論？

6. 拜訪當地的一所學校，藉由觀察幾個班級並訪談幾位老師和校長，然後描述學校中實踐了哪些與多元文化教育有關的課程與實務，與你的同學或同事分享你的報告。

7. 何謂巨型文化？微型文化？

8. 文化的定義是什麼？在現代化社會中，文化的最重要成分是什麼？

9. 列出並定義幾個美國巨型文化的核心價值與特徵，這些價值和特徵與美國實際情況的一致程度如何？他們的理想與美國社會的實體不一致的程度如何？

10. 美國、中國與日本對個人主義的看法有何不同？為什麼？這些對個人主義不同的主張，其行為表現是什麼？

11. Myrdal所定義的美國兩難說法是什麼？這個概念對美國社會的價值正確描述的程度如何？請解釋之。

12. 女性與有色人種學生較喜愛的學習與認知方式，如何影響他們在學校中的經驗？學校可以如何改革，使學校的環境與女性及有色人種學生的學習和認知方式更一致？

13. 心理遲滯學生的鑑別標定過程是如何地歧視非裔與拉丁裔美國人群體？

14. 族群的特質如何幫助我們了解個體的行為？又族群的特質如何限制我們對個體行為的解釋？

15. 種族、階級、性別如何交互影響學生的行為？請舉出能支持你的說法的例子。

16. 「類別」（categories）的社會建構是什麼意思？性別、種族、社會階級與特殊性等社會類別的概念是如何形成的？

17. 列出並定義多元文化教育的五個面向？如何採用這些面向來促進學校改革？

參考文獻

Allan, R., & Hill, B. (2004). Multicultural Education in Australia: Historical Development and Current Status. In J. A. Banks & C. A. M. Banks (Eds.), *Handbook of Research on Multicultural Education* (2nd. ed., pp. 979–995). San Francisco: Jossey-Bass.

Allport, G. W. (1954). *The Nature of Prejudice*. Reading, MA: Addison-Wesley.

American Association of University Women Educational Foundation. (1998). *Gender Gaps: Where Schools Still Fail Our Children*. Washington, DC: Author.

Amrein, A. L., & Berliner, D. C. (2002). High-Stakes Testing, Uncertainty, and Student Learning. *Education Policy Analysis Archives, 10*(8). Retrieved February 14, 2003, from http://eppa.asu.edu/eppa/v10n18/.

Appleby, J., Hunt, L., & Jacob, M. (1994). *Telling the Truth about History*. New York: Norton.

Banks, C. A. M., & Banks, J. A. (1995). Equity Pedagogy: An Essential Component of Multicultural Education. *Theory into Practice, 34*(3), 152–158.

Banks, J. A. (Ed.). (1996). *Multicultural Education, Transformative Knowledge, and Action*. New York: Teachers College Press.

Banks, J. A. (2000). The Social Construction of Difference and the Quest for Educational Equality. In R. Brandt (Ed.). *Education in a New Era* (pp. 21–45). Arlington, VA: Association for Supervision and Curriculum Development.

Banks, J. A. (2001a). *Cultural Diversity and Education: Foundations, Curriculum, and Teaching* (4th ed.). Boston: Allyn & Bacon.

Banks, J. A. (2001b). Multicultural Education: Its Effects on Students' Racial and Gender Role Attitudes. In J. A. Banks & C. A. M. Banks (Eds.), *Handbook of Research on Multicultural Education* (pp. 617–627). San Francisco: Jossey-Bass.

Banks, J. A. (Ed.). (2004a). *Diversity and Citizenship Education: Global Perspectives*. San Francisco: Jossey-Bass.

Banks, J. A. (2004b). Multicultural Education: Historical Development, Dimensions, and Practice. In J. A. Banks & C. A. M. Banks (Eds.), *Handbook of Research on Multicultural Education* (2nd ed., pp. 3–29). San Francisco: Jossey-Bass.

Banks, J. A., & Banks, C. A. M. (Eds.). (2004). *Handbook of Research on Multicultural Education* (2nd ed). San Francisco: Jossey-Bass.

Belenky, M. F., Clinchy, B. M., Goldberger, N.R., & Tarule, J. M. (1986). *Women's Ways of Knowing: The Development of Self, Voice, and Mind*. New York: Basic Books.

Bellah, R. N., Madsen, R., Sullivan, W. M., Swidler, A., & Tipton, S. M. (1985). *Habits of the Heart: Individualism and Commitment in American Life*. New York: Harper & Row.

Berger, P. L., & Luckman, T. (1967). *The Social Construction of Reality: A Treatise in the Sociology of Knowledge*. New York: Doubleday.

31

第一章 多元文化教育：特質與目標

Beykont, Z. F. (Ed.). (2000). *Lifting Every Voice: Pedagogy and Politics of Bilingualism.* Cambridge, MA: Harvard Education Publishing Group.

Bullivant, B. (1993). Culture: Its Nature and Meaning for Educators. In J. A. Banks & C. A. M. Banks (Eds.), *Multicultural Education: Issues and Perspectives* (2nd ed., pp. 29–47). Boston: Allyn & Bacon.

Butterfield, F. (1982). *China: Alive in the Bitter Sea.* New York: Bantam.

Clewell, B. C. (2002). Breaking the Barriers: The Critical Middle School Years. In *The Jossey-Bass Reader on Gender in Education* (pp. 301–313). San Francisco: Jossey-Bass.

Cohen, E. G., & Lotan, R. (2004). Equity in Heterogeneous Classrooms. In J. A. Banks & C. A. M. Banks (Eds.), *Handbook of Research on Multicultural Education* (2nd ed., pp. 736–750). San Francisco: Jossey-Bass.

Davis, F. J. (1991). *Who Is Black? One Nation's Definition.* University Park: The Pennsylvania State University Press.

Donovan, M. S., & Cross, C. T. (Eds.). (2002). *Minority Students in Special and Gifted Education.* Washington, DC: National Academy Press.

Ellison, R. (1995). An American Dilemma: A Review. In J. F. Callahan (Ed.), *The Collected Essays of Ralph Ellison* (pp. 328–340). New York: The Modern Library.

Figueroa, P. (2004). Multicultural Education in the United Kingdom: Historical Development and Current Status. In J. A. Banks & C. A. M. Banks (Eds.), *Handbook of Research on Multicultural Education* (2nd ed., pp. 997–1026). San Francisco: Jossey-Bass.

Foner, E. (1998). *The Story of American Freedom.* New York: Norton.

Ford, D. Y., & Harris, J. J., III. (1999). *Multicultural Gifted Education.* New York: Teachers College Press.

Francis, B. (2000). *Boys, Girls and Achievement: Addressing the Classroom Issues.* London: Routledge/Falmer.

Gibbs, J. T. (Ed.). (1988). *Young, Black, and Male in America: An Endangered Species.* Dover, MA: Auburn House.

Gilligan, C. (1982). *In a Different Voice: Psychological Theory and Women's Development.* Cambridge, MA: Harvard University Press.

Goldberger, N., Tarule, J., Clinchy, B., & Belenky, M. (Eds.). (1996). *Knowledge, Difference, and Power.* New York: Basic Books.

Goodman, N., & Marx, G. T. (1982). *Society Today* (4th ed.). New York: Random House.

Gould, S. J. (1994). Curveball. *The New Yorker, 70*(38), 139–149.

Gould, S. J. (1996). *The Mismeasure of Man* (rev. & exp. ed.). New York : Norton.

Gutmann, A. (2004). Unity and Diversity in Democratic Multicultural Education: Creative and Destructive Tensions. In J. A. Banks (Ed.), *Diversity and Citizenship Education: Global Perspectives* (pp. 71–98). San Francisco: Jossey-Bass.

Halpern, D. F. (1986). *Sex Differences in Cognitive Abilities.* Hillsdale, NJ: Erlbaum.

Harvard Educational Review. (1996). Lesbian, Gay, Bisexual, and Transgender People and Education. Vol. 66 (2) [Special issue].

Heath, S. B. (1983). *Ways with Words: Language, Life, and Work in Communities and Classrooms.* New York: Oxford University Press.

Herrnstein, R. J., & Murray, C. (1994). *The Bell Curve: Intelligence and Class Structure in American Life.* New York: Free Press.

Heubert, J. P., & Hauser, R. M. (Eds.). (1999). *High Stakes Testing for Tracking, Promotion, and Graduation.* Washington, DC: National Academy Press.

Irvine, J. J., & York, E. D. (2001). Learning Styles and Culturally Diverse Students: A Literature Review. In J. A. Banks & C. A. M. Banks (Eds.), *Handbook of Research on Multicultural Education* (pp. 484–497). San Francisco: Jossey-Bass.

Jackson, P. W. (1992). *Untaught Lessons*. New York: Teachers College Press.

Jacobson, M. F. (1998). *Whiteness of a Different Color: European Immigrants and the Alchemy of Race*. Cambridge, MA: Harvard University Press.

Jacoby, R., & Glauberman, N. (Eds.). (1995). *The Bell Curve Debate: History, Documents, Opinions*. New York: Times Books/Random House.

Joshee, R. (2004). Citizenship and Multicultural Education in Canada: From Assimilation to Social Cohension. In J. A. Banks (Ed.), *Diversity and Citizenship Education: Global Perspectives* (pp. 127–156). San Francisco: Jossey-Bass.

Kincheloe, J. L., Steinberg, S. R., & Gresson, A. D., III (Eds.). (1996). *Measured Lies: The Bell Curve Examined*. New York: St. Martin's Press.

Knapp, M. S., & Woolverton, S. (2004). Social Class and Schooling. In J. A. Banks & C. A. M. Banks (Eds.), *Handbook of Research on Multicultural Education* (2nd ed., pp. 656–681). San Francisco: Jossey-Bass.

Kuper, A. (1999). *Culture: The Anthropologists' Account*. Cambridge, MA: Harvard University Press.

Ladson-Billings, G. (2004). Culture versus Citizenship: The Challenge of Racialized Citizenship in the United States. In J. A. Banks (Ed.), *Diversity and Citizenship Education: Global Perspectives* (pp. 99–126). San Francisco: Jossey-Bass.

Lasch, C. (1978). *The Culture of Narcissism*. New York: Norton.

Lipkin, A. (1999). *Understanding Homosexuality: Changing Schools*. Boulder, CO: Westview.

Lisitzky, G. (1956). *Four Ways of Being Human: An Introduction to Anthropology*. New York: Viking.

Maher, F. A. (1987). Inquiry Teaching and Feminist Pedagogy. *Social Education, 51*(3), 186–192.

Maher, F. A., & Tetreault, M. K. (1994). *The Feminist Classroom*. New York: Basic Books.

Mannheim, K. (1936). *Ideology and Utopia: An Introduction to the Sociology of Knowledge*. New York: Harcourt Brace.

Mercer, J. R. (1973). *Labeling the Mentally Retarded: Clinical and Social System Perspectives on Mental Retardation*. Berkeley: University of California Press.

Myrdal, G., with Sterner, R., & Rose, A. (1962). *An American Dilemma: The Negro Problem and Modern Democracy* (anniv. ed.). New York: Harper & Row.

Nash, G. B. (1999). *Forbidden Love: The Secret History of Mixed-Race America*. New York: Holt.

Nieto, S. (2003). *What Keeps Teachers Going*. New York: Teachers College Press.

Oakes, J., Joseph, R., & Muir, K. (2004). Access and Achievement in Mathematics and Science: Inequalities That Endure and Change. In J. A. Banks & C. A. M. Banks (Eds.), *Handbook of Research on Multicultural Education* (2nd ed., pp. 69–90). San Francisco: Jossey-Bass.

Ohgu, J. U. (2003). *Black American Students in an Affluent Suburb: A Study of Academic Disengagement*. Mahwah, NJ: Earlbaum.

Perney, V. H. (1976). Effects of Race and Sex on Field Dependence–Independence in Children. *Perceptual and Motor Skills, 42*, 975–980.

Ramírez, M., & Castañeda, A. (1974). *Cultural Democracy, Bicognitive Development and Education*. New York: Academic Press.

Reischauer, E. O. (1981). *The Japanese*. Cambridge, MA: Harvard University Press.

Roediger, D. R. (2002). *Colored White: Transcending the Racial Past*. Berkeley: University of California Press.

Root, M. P. P. (2004). Multiracial Families and Children: Implications for Educational Research and Practice. In J. A. Banks & C. A. M. Banks (Eds.), *Handbook of Research on Multicultural Education* (2nd ed., pp. 110–124). San Francisco: Jossey-Bass.

Rose, S. J. (1992). *Social Stratification in the United States*. New York: The New Press.

第一章　多元文化教育：特質與目標

Rothbart, M., & John, O. P. (1993). Intergroup Relations and Stereotype Change: A Social-Cognitive Analysis and Some Longitudinal Findings. In P. M. Sniderman, P. E. Telock, & E. G. Carmines (Eds.), *Prejudice, Politics, and the American Dilemma* (pp. 32–59). Stanford, CA: Stanford University Press.

Sapon-Shevin, M. (1994). *Playing Favorites: Gifted Education and the Disruption of Community*. Albany: State University of New York Press.

Schlesinger, A. M., Jr. (1986). *The Cycles of American History*. Boston: Houghton Mifflin.

Schmitz, B., Butler, J., Rosenfelt, D., & Guy-Sheftal, B. (2004). Women's Studies and Curriculum Transformation. In J. A. Banks & C. A. M. Banks (Eds.), *Handbook of Research on Multicultural Education* (2nd ed., pp. 882–905). San Francisco: Jossey-Bass.

Shade, B. J., Kelly, C., & Oberg, M. (1997). *Creating Culturally Responsive Classrooms*. Washington, DC: American Psychological Association.

Shaver, J. P., & Curtis, C. K. (1981). *Handicapism and Equal Opportunity: Teaching about the Disabled in Social Studies*. Reston, VA: Foundation for Exceptional Children.

Slavin, R. E. (2001). Cooperative Learning and Intergroup Relations. In J. A. Banks & C. A. M. Banks (Eds.), *Handbook of Research on Multicultural Education* (pp. 628–634). San Francisco: Jossey-Bass.

Sleeter, C. E., & Grant, C. A. (2003). *Making Choices for Multicultural Education: Five Approaches to Race, Class, and Gender* (4th ed.). New York: Wiley.

Smith, E. R., & Mackie, D. M. (1995). *Social Psychology*. New York: Worth.

Steele, C. (2003). Stereotoype Threat and African-American Student Achievement. In T. Perry, C. Steele, & A. Hilliard III, *Young, Gifted and Black: Promoting High Achievement among African-American Students* (pp. 109–130). Boston: Beacon.

Steinem, G. (1995). *Outrageous Acts and Everyday Rebellions*. New York: Holt.

Stephan, W. G. (1999). *Reducing Prejudice and Stereotyping in Schools*. New York: Teachers College Press.

Stewart, E. C., & Bennett, M. J. (1991). *American Cultural Patterns: A Cross-Cultural Perspective*. Yarmouth, ME: Intercultural Press.

Taylor, J. M., Gilligan, C., & Sullivan, A. M. (1995). *Between Voice and Silence: Women and Girls, Race and Relationships*. Cambridge, MA: Harvard University Press.

Theodorson, G. A., & Theodorson, A. G. (1969). *A Modern Dictionary of Sociology*. New York: Barnes & Noble.

Trecker, J. L. (1973). Teaching the Role of Women in American History. In J. A. Banks (Ed.), *Teaching Ethnic Studies: Concepts and Strategies* (43rd Yearbook, pp. 279–297). Washington, DC: National Council for the Social Studies.

Warner, W. L., with Meeker, M., & Eells, K. (1960). *Social Class in America* (reissued ed.). New York: Harper Torchbooks. (Original work published 1949).

Weatherford, J. (1988). *Indian Givers: How the Indians of the Americas Transformed the World*. New York: Fawcett Columbine.

Willis, P. (1977). *Learning to Labor*. New York: Columbia University Press.

社會與教育實務中的文化

Frederick Erickson　著

莊啟文　譯

　　加州柏克萊有一群一年級的學生與他們的老師正在閱讀課中，學生們正一齊大聲地念著讀本：

1. 老師：好的，全班念課文並記得斷句結束。
2. 學生們：小鴨看見什麼？（What did Little Duck see？）（"What"最後的 t 音沒念出來。）
3. 老師：What（強調後面的 t 音）。
4. 學生們：What（第二次最後的 t 音還是沒念出來）。
5. 老師：我仍然沒聽到這個可憐的小"t"。
6. 學生們：What did—what did—what—（每一個what最後的 t 音都沒念出來）。
7. 老師：What。
8. 老師和學生：小鴨看見什麼？（What did Little Duck see？）（"What"最後的 t 音終於念出來了。）
9. 老師：好，很好。

（Piestrup, 1973, pp. 96-97）

　　在這幅景象中，文化是什麼？那些文化層面與多元文化教育有怎樣的關係？本章要藉由思考文化被認定的形式、不同的文化定義，與一般教育及多元文化教育有怎樣的關係，來回答前述的問題。本章首先以概覽的方式廣泛地探討一些議題，接著，會以適切引用的方式，密切地再來回顧這些議題。

文化：概覽

　　在某種意義上，教育的每一件事都與文化的獲得、傳播與創造有關。文化就如同我們所呼吸的空氣一般，存在我們的內在及周圍。若依它的範圍與分布而言，它是個人的、家庭的、社區的、機構的、社會的與全球的。

　　然而，若把文化視為一個觀念，常常很難掌握。我們在日常生活中學習並使用文化，因為它是習慣。我們的習慣最常變成視而不見的部分，因此，文化是在我們的知覺內在與外在變動。當我們使用它時，對文化的結構與特質並沒有思考很多。假如我們鎚打一些事物，我們並不會去想鐵鎚的精確重量與化學成分，特別是我們真的在鎚打的當下。當我們與熟識的人談話時，我們也不會去深思語言習慣中的聲音系統、文法、字彙與修辭，特別是我們正一邊做事一邊談話時。

　　正如同鐵鎚與語言是我們做事時的工具，文化也是如此。事實上，文化可以視為人類的成套工具。文化是人類創造行為的產物，一旦擁有它，文化能使我們擴展活動。如果認為文化是人類活動的產物——一種人工製品，此時它就不像我們所呼吸的空氣。以電腦這種資訊工具來類推，文化可被視為軟體，是產生意義及執行連續工作的編碼系統，是我們人類心理與認知硬體能運作的軟體，它是能使我們在日常生活中有知覺及產生行為的軟體。文化結構了人類每天實務上的「預設」情況（default, conditions）。

　　文化的另一種思考，是將文化視為人與各種社會團體（如核心家庭、親屬、性別、民族、種族與社會階級）歷史經驗的一種沉積，這些團體在社會中都有不同的權力。我們漸漸了解文化創造與分享（它的製造與再製）的發生過程，是透過深奧的政治過程及必須處理而進入的過程，且是社會權力分配的過程。在這些文化製造與再製的過程中，社會面對面關係的這種當前的親密政治會與較公開的政治相結合，這種較公開的政治是在社會力量、經濟與社會的過程之中。歷史經驗的沉積是如何發生的？文化被學習與創造的微型與巨型的情境是什麼？相同與相異、團體內與跨團體、代與代之內或之間的文化如何被分配？

這對社會科學家或社會哲學家在說明時是問題，對引起教育學者去思考的議題也是問題。不論文化的使用者看見一些或者沒看見，文化會深深牽涉到教育的過程與內容。在家庭、學校教室、社區與工作場所等等我們生活中所面對而被視為學習環境的教育場所中，文化形塑了發生在日常生活實際行為中的教與學，文化也被發生在日常生活實際行為中的教與學所形塑。已有一些證據顯示，人類在子宮中就開始學習文化，直到死亡前，我們都還一直在學習新文化。人類學習不同的主文化與次文化，也能不學習文化——只脫去及採用文化。在個人與團體的層次，某些文化的層面會經歷變化，有些層面則會歷經數代仍維持相同。

教育工作者每次在教學與設計課程時，就會處理這些議題，教育工作者有時是有意識地明確處理這些議題，有時是無意識隱含地在處理這些議題。但是，每當執行教育實務時，文化的議題與選擇就成為問題。本章將使某些議題與選擇更清楚。

前述的討論隱含了兩個重要的假設：第一，每一個人都具有文化，雖然沒有證明顯示，本質上某一特定的文化是比其他的文化有價值，先天上較優或較劣，但是，在美國或其他國家的所有文化，在權力與聲譽上並不是平等的，這是一個清楚的政治事實。每個人及社會團體擁有並使用文化這個工具來處理人類的活動，這表示文化並不是個人的財產或異國的特質，而是我們所支配與被支配的。換言之，較粗率地說，美國社會的白人與有色人種都是文化的（事實上，*白人*與*有色人種*的文化都是社會所建構的文化類型）。另外，白人盎格魯撒克遜清教徒（White Anglo-Saxon Protestants, WASPs）與猶太教徒、羅馬天主教徒也都是文化的，男人與女人也都是文化的，成人與年輕人也都是文化的，北方人與南方人也都是文化的，講英語與講其他語言的人也是文化的，美國出生的與從其他國家移民進來的也是文化的。這就是說，非裔、歐裔與亞裔的美國人與居住在非洲、亞洲及歐洲的人也都是文化的。總之，世上的每個人都是具有文化的，即使不是所有文化在權力與聲譽上都相等。

第二個假設是，每個人都是多元文化的，每個人及團體都會同時擁有文化與文化多樣性。例如，墨裔美國人在文化上與居住在美洲大陸的波多黎各人並不是同一的，即使是鄰居、讀同一學校、上同一教堂，墨裔美國人或波多黎各人也不一定是文化同一的。同一家庭的成員也會是文化多樣

的。事實上，就像面對個別差異一樣，我們也常面對文化差異，我們也面對一些機構化的文化，例如，學校讀寫能力、法律系統或傳播媒體。我們面對文化的重要方式是在我們日常互動特定的人之中。

一個人若沒有學習次文化而要在複雜的現代社會中成長是不可能的，這種次文化就如同在不同的人類活動使用不同的套裝軟體。透過核心家庭、先後的學校教育、同儕的網絡、生活，我們面對與學習、創造不同的微型文化與次級文化。正如每個人學習不同的語言風格，所以每個人都是多語言的（即使是有些人只說英語），所以每個人也都是多元文化的。不論在人的生活中，文化是如何被隔離，在現代社會中的每個人都會帶有相當的文化多樣性。這樣的洞見在1976年Goodenough的論文──〈多元文化主義是一般人的經驗〉（Multiculturalism as the Normal Human Experience），就說得很清楚了。

如果每個人與團體都真的會同時是文化與多元文化的，則教育目標與行為的多元文化觀點就非常重要了，這個假設引導了本章的描述。首先，它考慮了各種文化的定義。接著，它討論在社會中，文化如何被組織與分配，以及這些議題與教育的特殊關係。按照先前討論的文化概念，再去討論多元文化教室中的教學與學習。本章的結論則討論存在社會與個人之中的文化多樣性，及多樣性對多元文化教育的啟示。

文化的各種定義與概念

要嘗試提出文化的正式定義並不容易。即使是專家，對文化是什麼也無法有一致的看法。對文化的某些思考逐漸變得不適當且是誤導的，而其他的則是較有用的。以下所提出來的定義，是在各種定義下強調文化的不同概念，首先是兩個初期的定義，第一個是使用於十八世紀，而第二個是在十九世紀流行的。之後，我提出五個屬於當代的文化概念。

文化即培養

所有的文化概念隱含著文化與自然之間的區別，培養是以一種社會知覺轉化自然，正如農業是以生物和化學的知覺轉化自然。耕作土壤使其雜

草較少（事實上，雜草與農作物的區別是一件文化的事），需要培養努力與方法，它喚起這樣的印象：一畦一畦的農田、田裡工作，以及計畫著未來的收成。

文化的農業隱喻使家庭與藝術相似，在精緻的藝術中，培養也涉及訓練到自然而然——用手指學習尋找鋼琴上的按鍵；畫家的眼睛和手以及舞蹈家的腳，都被藝術的習慣所教育。因此在平常的用法，文化已被定義為高階的文化——如我們在博物館、交響樂廳、劇院、圖書館中所發現的。在那些機構，我們發現文化的產物是被精英的嗜好所定義，而這些文化產物反過來又定義了精英的嗜好。

相對於那些有聲譽的高階文化，也有一些低階的文化——流行文化，文化的名詞又呈現另一種感覺。有些美國流行文化的人工製品，例如藍色牛仔褲、流行音樂，已經被全世界所採用。在流行文化的範圍，時尚會隨不同的時間、不同的社會團體、社會尺度而變遷，這種現象正如高階文化的範圍一般。我們有各種流行文化的人工製品與實務，例如古典搖滾樂、饒舌音樂、鄉村音樂、卡津音樂（Cajun music），我們有西部牛仔靴、摩托車靴、徒步旅行靴、高地狩獵靴、耐吉籃球鞋，每一種都在美國社會的次級團體中有不同的共鳴，每一種都能成為個人或團體認同的標記。

在社會科學中，文化這個名詞比那些所謂的高階文化較不神秘，也比那些流行文化較不迎合時尚。在社會科學中，文化被認為是不分社會地位的每個人日常例行所做的事，它是指有意義的一些型態，這些型態是日常生活行為組織的一部分。

平等主義者對文化的主張是起於啟蒙時代的西歐（Vico, 1744/1968），而其發展則在羅馬時期的早期，Rousseau開其端，Grimm兄弟與Humboldt繼續發揚。Grimm兄弟從德國的鄉下農夫那裡蒐集了民間傳說，早期這些農夫的語言與傳說被貴族所取笑。這種對平凡人生活方式的較多尊敬，是到了十八世紀中葉與十九世紀早期才有了改變。

文化即傳統

到了十九世紀早期，文化開始被視為傳統——是被一代一代傳下來。十九世紀的人類學，文化被視為社會遺產的總和。1871年，人類學家Edward Burnett Tylor（1871/1970）提出這個定義：「文化或文明……是包含個人

在社會中所獲得的知識、信仰、藝術、道德、法律、習俗,與其他能力和習慣的複雜全體。」(p. 1)

隨著遺傳理論的發展,文化被認為是一種存在於社會象徵與意義層次的基因庫。到了1917年,一位美國人類學家稱文化是「超機體的」(superorganic)意義,它是觀念構成(ideational)的存在,而不是物質的存在(Kroeber, 1917)。在Tylor與其他人之後,Kroeber認為,文化是有交互關係的各部分之整體體系,不只是一個真正的生命有機體,而且在隱喻上也是一個近似的有機體。

文化的主張在社會科學家之間是模糊的,Kroeber在生涯的晚期與Kluckhohn合作,針對人類學與社會學數百篇引註*文化*這個字的不同意義加以回顧(Kroeber & Kluckhohn, 1952)。從此之後,沒有學者更進一步對文化一詞提出單一而權威的意義。

40

❖文化即訊息位元

現在轉到當代的文化定義,文化的概念與電腦的位元相似,也與繁殖人口的遺傳訊息相似。依此觀點,文化可被視為由存在於某一社會團體內的資料庫的許多小片知識所組成(參見Goodenough, 1981)。團體中沒有人能學得這個團體所擁有的所有知識,訊息的量與種類非常廣,包含團體中所有個人與次級團體的訊息。

這種變化可以從語言來了解,我們所謂的*語言*,包括聲音系統(發音)、句法(文法)和詞彙(字彙)。那些了解發音系統、句法與詞彙的人,就是同一*語言社群*的成員,各語言次團體被稱衍生語言,他們是全體語言社群的次團體。衍生語言在母音與子音的發音、文法、字彙等各層面是不同的,但任何衍生語言和其他各種衍生語言是同樣可理解的。在某一語言社群中的每一個人說一種獨特的語言,這叫作*個人方言*(idiolect)(就是說,沒有哪一個人是說道地的「英語」,所有個人會因衍生語言的現象,在發音上有些微的差異,且在文法與字彙上也會有區別)。從這種類比而言,整體的文化=語言,則衍生語言=次文化、個人方言=微型文化,這種類比可視為次文化或整體文化在個別或地方的變異。

文化即符號系統

另一個概念是將文化視為較受限制的知識——被社會團體的成員組成實體（reality）的概念結構（Geertz, 1973）。所組織的中央結構——核心符號，是團體中所有成員所具有的。團體成員用來覺知與行動的例行方式，傾向一再重複這種主要的結構形式，這正如在音樂作品中，許多變奏曲可以由一些強調的主題元素來寫成。這種文化的概念強調形式的緊密組織、整體意義系統的凝聚、符號的同一理解，與社會團體成員對這些符號的共同情感。

文化即動機與情緒

另一個流行的取向是思考文化的認知與動機／情緒的力量（Lutz, 1990），我們學習習俗，但我們為什麼情緒性地依戀它們？我們為何開始想要目的而且為目的而工作？甚至為達成文化所承載的目的而使用一些方法？我們不遵行文化所定義的目標，僅因為這些目標被迫如此。雖然不平等力量的情境會假造它，他們可能對文化的規範假裝得比真正感受到的更忠誠，例如禮貌、勤勞。如果文化所定義喜愛的對象是被盼望的，則文化所定義的生涯會變成真正渴望與奮鬥的目標；但若文化所定義的習俗變成令人厭惡的，就像吃海參會激起強烈作嘔的情緒反應，即使那些食物在其他的社會被認為是正常或非常可口的。

當代神經科學顯示，從事例行活動不但活化與認知學習有關的神經網絡（即對大腦皮質的神經聯結），而且對最初學習時的情緒狀態會活化神經聯結（即對周邊系統的神經聯結）。因此，我們重複特定的習慣活動時，會激起並增強情緒、思想與技能（D'Andrade & Strauss, 1992）。透過持續參與日常生活，我們需要那些與情感、認知行為有關的文化模式。未被早期的認知心理學承認的一個重要訊息，那就是我們所有的認知是「強烈感情的認知」（hot cognitions），學習是一件情緒的活動，也是一件認知的活動。

文化即社會權力的分配

文化的第六個概念是將權力的分配與現代社會中的文化視為糾結的（Bourdieu, 1977; Bourdieu & Passeron, 1977; Williams, 1983）。文化的第四與第五個概念可被應用於小規模的傳統社會與大規模的現代社會，第六個概念試著解釋在大規模的現代社會或正在現代化的社會之文化的製造、分配與再製。這個概念認為基本的社會單位是國家。

此一潮流的作品強調國家之內文化知識的多樣性（Barth, 1969, 1989），文化差異被視為依循國家之內各次團體與機構的地位、權利與政治興趣。現代社會中，文化差異的變化形式被類比為天氣圖中的氣壓與溫度的差異，地球大氣的溫度變化是非隨機的分布，人類社會文化的變化也是非隨機的分布，與不同的權力分配、社會威望、社會階級、種族、民族、性別、語言與宗教有密切關係。對許多採取此一文化觀點的人而言，社會階級差異與文化差異之間的聯結是根本的。

持第六種看法的其中一派認為，文化是日常生活例行行為的認知模版，同時也存在日常生活本身（Bourdieu, 1977; Ortner, 1984）。這個行為被視為是實務、例行活動、目標引導的（Connell, 1982），這些實務是日常與習慣的，也會朝向計畫的結果，雖然「計畫」的目標可能不完全是意識的。因此，人們所從事日常的實務行為，不但被認為是遵循文化的「法則」，或以相同的方式對文化符號做反應（先前所說明的第二、三種文化概念），而且也被視為是策略的——利用文化作為工具，當要達成可欲的目標時所採取的新方法（第四種文化概念）。

第二、三、四、五種的文化概念將人視為受社會環境形塑的被動容受器，且一旦透過學習而獲得文化，人就變成「自動的飛行員」，不但能遵循一般的文化法則與劇本，且不會在特定的地方情形下演出。這些觀點認為，這個文化演員是機器人或「社會傻子」（Garfinkel & Sacks, 1970），他們沒給人類留下餘地。另一方面，這派實務理論採實際的解釋，認為我們的日常行為是多麼習慣與保守，但人不是僅僅遵循文化法則，這派理論對於人能在實務中適切知覺的這個假定留下餘地。

有些學派認為，文化先天上就與社會結構及權力有關，這些學派也認為文化因社會衝突而發生，其衝突可能是不同的興趣團體，在不同的時間產生的文化差異所形成，雖然他們曾有持續的接觸。

整體而言，第六種文化的概念強調以下三點：(1)文化的系統變化與社會中的權力分配有關；(2)社會衝突是一種基本的過程，在過程中，文化的變化受到組織，傳統文化不但在競爭也同時強加在人身上，新文化持續被發明；(3)人類生活在文化這個工具的使用中，這個文化工具透過傳統而承襲，也透過在變遷的環境中使用而發明（Giddens, 1984）。

文化即存在於在地的社群實務中

第七種文化的概念認為，文化是人與社區實務互動所產生的特定行為集合。依此觀點，文化不但是指人所做的，而且還包含人們因相互影響而產生的行為。一個特定的家族就是一種地方社群實務，這些家族成員擁有豐富的知識（Moll, 1998; Moll & Greenberg, 1990）。一個特定的教室也是另一個地方社群實務，一群宗教的會眾也是一個地方社群實務，一個特定的工作場合也是一個地方社群實務。不是因為教室或工作場所被抽象地認為是社會組織，而是這群特定聚集的人被認為是特定的社群實務。個人在這些社群實務中扮演徒弟的角色，但因新人參與社群實務中的重要事務而逐漸變成高手，其角色也隨著時間而改變。從這個觀點，學習可以界定為個人因在不同的時間參與社群實務，而在個人型態上的變化（參見Lave & Wenger, 1990; Rogoff, 2003; Wenger, 1999）。

實務的資源有部分是非地方的，有部分是地方的。某些實務起於社會中個人與團體的社會階級、種族、民族、語言與性別等背景（如文化的第六個概念）。但是，這些實務的形式有其在地性的區別，實務一部分是地方創造的獨特結果。一個家庭的階級實務並不等同於另外的家庭，這些家庭之間的實務有微妙而重要的差異。另外，在不同的生涯階段，個人會參與多重社群的實務，獲得屬於他們自己文化的多重微型文化目錄（repertoires），個人的目錄與相同社會背景（如：階級、種族、性別）的人的目錄是不同的。換言之，文化的第七個概念在解釋個人文化的獲得（個人內在文化多樣性的啟示，將在本章稍後加以討論）。一個人的個人文化是藉由顯露特定的實務行為而獲得，而不是顯露其他的實務行為。個人顯露社群實務之所在與頻率，提供其文化學習的機會。這些機會是因人因場合不同而有差異，且是獨特的。

這個文化的概念也解釋了「由下而上」的文化變遷，透過地方社群實務內部的分享與創造，而產生不同的地方實務形式。因此，地方社群實務被認為是文化革新所在。當一個新成員加入團體中，或一個原來的成員開始在團體中表現得不一樣時，其他成員就會互相影響，團體的社會生態就改變，結果是學習與微妙的文化革新就產生了，成員的行為就明顯地改變了。在社會與文化變遷的過程中，某些革新會被其他的地方社群實務所採用（Rogoff, 2003）。在一般情形下，我們並不十分了解源起於地方社群實務的文化革新，如何被社會廣泛地採用。但是，由下而上的文化變遷確已發生，且文化革新也常在地方社群實務中。也就是說，在日常的工作（地方實務）行為中，策略性的革新是固有的（循此觀點的一些討論，可參見Erickson, 2004）。

從這個觀點而言，不是在強調文化是一個統整的系統，而是在強調個人與團體特殊生活情況內的知識與實務，這些知識被持有，這些實務被實行。這個立場認為，新文化不論是被視為小如訊息位元，或是大如概念與活動的結構，新文化應是在特定個人生活所經驗的矛盾中不斷被轉換。這些新的文化型態不是被接受、學習與記憶，就是被拒絕、疏忽與遺忘，這些新文化也依靠所處的社會秩序及新文化被創造的特定情境。

摘要討論

自從Kroeber與Kluckhohn對社會科學家使用文化這個名詞加以評論之後，已超過了四十年，現在雖有一些正式的定義，彼此雖有重疊，但卻未獲確切的同意（Kuper, 1999）。然而，一般而言，文化被視為人類活動的產物，也被視為從長輩處所習得及留傳的東西，更被視為透過實務情境中即興而作的發明（擴大變換）。在可辨識的人類團體之間有多少文化，或文化以什麼方式被擁有，長久以來一直是爭論的議題。文化被學習、擁有與變遷的過程中，都會涉及權力與政治，換言之，文化具體化了人類歷史的負擔。文化的某些層面是顯明的，某些則是隱含的，有些是在意識之外而學習到或擁有的。我們的情緒、慾望與思想都是文化的建構。

文化可以被視為一種建構，它建構我們，我們也建構它。換言之，所有的想法、感情與人類活動不僅是自然的，也是歷史與個人經驗的結果。

某種程度而言，從一個人或團體到其他都會使文化產生變化。因為我們的主觀世界——我們所看、所知與所想的，是文化的建構，因為文化的變異，即使人們想占據著相同的主觀世界，但他們還是無法這麼做。即使我們之中的一些人想顯露那些似乎相同的事件，但那些互動地結合在一起的個人如何經驗這些事件卻從不相同。因此，沒有單一或決定的人類世界是一個固定的參照點。我們既是個別地也集體地在創造文化世界，且這些世界是多重的。這一點對教育工作者有很深的啟示，將在以下的節次來討論。

　　人類不但使自己居住在我們所創造的意義、憂慮與慾望的網絡中，那些意義、憂慮與慾望也創造了我們，同時，這些網絡也在社會盤踞著（Geertz, 1973）。在這些網絡之內，我們的所有活動歸屬在歷史的負擔之下，換句話說，在一個不平等的世界中，所有運動不是上就是下。較早的文化概念描述它，就如存在一個無重力的宇宙之中，人類的行為受它所引導及架構，運動因此不受拘束。在這樣的文化世界中，沒有努力，也沒有強迫，沒有支配，沒有附屬，沒有抵抗，也沒有順從。近來，文化的概念是讓我們活在一個有重力負擔的社會與文化的宇宙，我們常有負擔。我們被文化建構，也建構存在，這樣的建構我們一直沒停過。

教育、社會與人群中的文化議題

　　先前的討論對以下四個與教育工作者密切相關的議題提供了一個架構：(1)文化的主張既隱匿又明顯；(2)學校與社會中文化差異的政治；(3)在人類社會團體中，文化與次文化的先天多樣性；(4)個人中的文化多樣性——多元文化所建構的自我觀點。

不可見的文化

　　可見與不可見（visible and invisible）文化的區別也被稱為顯明／隱匿或公然／私下（Hall, 1959, 1976; Philips, 1983）。有些文化不但無法以意識知覺掌握，而且也在意識之外被學習或教導。因此，文化的局內人或新手都無法完全了解他們文化的各層面。當多元文化教育與討論文化多樣性

更一般化時，就開始聚焦於顯明的文化，例如語言、服飾、飲食習慣、宗教與美學。這雖然重要，但這些被有意教導和學習（至少對某些程度而言）的顯明文化層面，卻只是文化冰山的一角而已。

文化的隱匿層面也是重要的，一個人遲到多久才算不禮貌，一個人如何知覺或經驗其情緒或身體的痛苦，一個人如何以行為表現其痛苦，在對話開始之時應避免哪些話題，一個人如何透過聽覺以顯現興趣或注意，在說話時應多大聲，說話時怎樣是太大聲，怎樣是聲音不夠大，一個人如何顯現他希望說話者轉移到下一個話題——這些都是我們已學習且使用的文化層面，但卻是我們還不了解的文化面向。當我們遇見一些人時，這些人的隱匿文化假定與行為型態，不同於我們已習得和期望的文化假定與行為型態，我們通常不知道他們行為的文化原意；所以，我們會認為他們是粗暴的、不合作的，進而就應用了一些臨床的標籤貼在其他人身上，例如：被動的、攻擊的或低自信心的。

隱匿文化的差異會是群際衝突的麻煩，其困難在於我們無法了解其他人在文化行為上的差異，我們傾向以自然的方式去解釋（naturalize）其他人的行為並責難他們——歸因於意圖、判斷力，卻不知道我們是正在經驗文化而不是在經驗自然。

現代社會正在加重這些源於隱匿文化差異的困難，正式組織與制度，例如：醫院、工作場所、法定系統與學校，變成隱匿文化差異的匯集場所。如果這些差異是較顯明的，我們可能較不會歸因錯誤，而能減少群際衝突。例如，假如我們在醫院急診室遇見一位穿著異文化的服裝、不是說英語的婦人，而且帶著看起來或聞起來怪怪的食物，我們就不會假定我們了解她的想法與情感，或者她也需要了解我們。然而，當這個人穿著與我們一樣，說英語，且在其他外觀上與我們沒有明顯不同，我們就無法認出她與我們不同的隱匿文化，而接下來相互的誤解可能就開始。

研究語言與認知方向的人類學家已確認了隱匿文化的面向（Gumperz, 1982; Hymes, 1974）。他們在語言社群（language community）與說話社群（speech community）之間做了一些有幫助的區別。相同語言社群的人具有同一語言的聲音系統、文法與詞彙的知識，但在相同語言社群內，存在多種說話社群——同一社群的人在說話目的、禮貌形式、興趣話題、對人的反應方式具有相同的假定。即使在一個一般層次，所有人都說同一種

語言，但是，那些文化假定還是會相當關心不同的說話方式。換言之，語言社群差異是顯明的，但說話社群差異則是隱匿的。

　　然而人與人之間，顯明和隱匿的文化差異並不常導致麻煩，這些差異在某些情境下會比在其他情境產生更多的麻煩，這就導致要考慮不同文化接觸時的情境。

文化差異的政治：邊界與界限

　　以下的概論說明政治差異，特別是支配的文化差異，以天氣圖來比喻，文化差異的邊界可視為社會中權力、階級與聲望的等壓線。我們可以繪製出擁有各種文化知識的成員所形成的網狀邊界，例如：語言、社會意識型態與價值、宗教信仰、工藝知識，以及美學喜愛——如運動和休閒、個人服飾與流行音樂嗜好、精緻藝術品的嗜好烹調風格、文學。因為這些偏好有不同的聲望價值，學者們稱此為文化資本（Bourdieu, 1977; Bourdieu & Passeron, 1977）。這些偏好也變成符號、群體認同的標記——民族、宗教、性別與社會階級的標記。

　　在社會中，文化差異的出現並不必然產生衝突，也不必然造成教育的困難。衝突的出現在於文化差異是否被視為一種*邊界*（boundary）或*界限*（border）（Barth, 1969; Giroux, 1991; McDermott & Gospodinoff, 1981）。*文化邊界關係到某種文化差異*，如前所述，文化邊界是傳統與現代人類社會的特質；而*界限是一種社會建構且在根源上是政治的*，權力會跨越一個界限運作，而在兩個國家間的政治界限中。

　　當文化的邊界被視為文化的界限，權利與義務的差異是充滿權力被附屬在特定文化知識的顯現或缺席。例如，美國與墨西哥之間的政治／文化界限，在界限的兩邊都有說英語和說西班牙語的人。換言之，語言社群的邊界是橫越國家的國民。但是在界限兩邊，說流暢的西班牙語——文化知識，一邊是被獎勵，一邊則是被處罰。在墨西哥這邊說流暢的西班牙語，在法定、教育與日常生活中是一種優勢；但是在美國這邊，相同的文化知識——西班牙語卻是不利的，事實上，在德州南部的部分地區，說西班牙語仍會受到污名化。

當一個人處在文化界限時，他的文化知識會被提出來檢視——停止和檢查。一個來自聖經〈士師記〉的例子，大約在西元前800年，希伯來尚未完全統一於一個君王之下，而且未完全占領迦南時，他們有一個不甚緊密的氏族聯盟，定期在一起對抗共同的敵人。分屬不同氏族的兩個士兵（一個是Ephraim人，一個是Gilead人）發生爭吵，在與共同敵人Ammonites戰爭失敗後，Ephraim的這位士兵試著要涉水越過約旦河而逃跑，兩邊的河岸有希伯來人警戒——河的一邊是為Gilead所占領，Gilead人檢查撤退士兵的氏族身分是以他們的文化知識：「當任何Ephraim逃兵說：『讓我過河。』Gilead的人就會對他說：『你們是Ephraim的人嗎？』當他說：『不是。』他們對他說：『請說Shibboleth這個字。』他就說：『Sibboleth。』因為他不能發出正確的音，所以他們逮捕了他，而且在約旦河岸就趕回那位逃兵。」（Judges 12:5b-6a, RSV）（按：Shibboleth是聖經中用以測驗一個人能否發/ʃ/音的測驗詞句，用以識破或辨別國籍、階級。因為Gilead的人要Ephraim的士兵說出Shibboleth，但Ephraim的士兵卻說成Sibboleth，無法發出/ʃ/的音，所以，Ephraim的士兵就被辨識出不是Gilead的人而被驅回。）希伯來的這兩個氏族，他們的差異在於Shibboleth這個字的齒擦音/ʃ/的發音。Gilead人使用子音/sh/的音素，Ephraim人使用/s/的音素。Gilead的士兵知道這種文化知識，而且使用它在政治與地理邊界上編造成一個社會語言的測驗。因為測驗的限制，它也變成文化的界限。

在現代社會中，當一個人進入醫院的急診室對著受理人員說話，或對餐廳的服務生說話，也會發生相同的事，這樣的事也會發生在學校的教室中。然而文化邊界（文化差異的客觀存在）卻不一定得被視為文化的界限，它是被社會建構的。

文化差異成為一種界限或邊界，會隨時間的流逝而產生變化，變化有時是非常快速的，例如以下的例子（Fanon, 1963）。阿爾及利亞在法國放棄統治前不久，國家廣播電台廣播員的發音，被獨立運動者塑造為一個文化界限。有人控告阿爾及耳電台不僱用阿爾及利亞本國人，這件事被視為另一種殖民壓迫的符號。阿爾及耳電台送出一篇聲明，聲稱他的廣播員真的是阿爾及利亞人，獨立運動者問為什麼電台廣播員說法語而不說阿爾及利亞語言。關於廣播員的控告，在獨立取向的媒體上逐漸變得愈來愈尖

銳，直到獨立紀念日那天後。阿爾及耳電台廣播員繼續使用法語，但公眾的控告立即結束。控告的理由已消失，如此一個小小的文化差異，曾在某一個時間是文化界限，後來成為文化邊界。

這兩個例子指出，文化差異應較適切地被視為衝突的資源，而不要被認為是社會（教育）衝突的成因。假如人有理由去找麻煩，文化差異——特別是變成社會認同標記的文化差異，會被用來發起戰爭，但是，這個戰爭的原因是超越文化差異本身的。

文化差異是政治的過程

當某些特定的文化差異被視為界限議題時，會發生什麼？從語言的例子，使我們想起差異在每一邊變成較極端的。從隱匿與顯明上而言，政治衝突是文化變遷的主引擎，這個衝突產生文化抗拒。Labov（1963）發現，位於麻塞諸塞州海岸的一個小島上，當是夏天時，停留在島上的遊客逐漸增加，Martha的葡萄園的島民方言的特定聲音，逐漸變得與夏天遊客所說的英語有分歧，但島民並不知覺這種情形正在發生。對島民而言，與標準的美國英語的接觸機會正逐漸增加，但不同的世代，這裡人的說話與美國大陸的人愈來愈不同。

一個分歧的相似過程，發生在以半小時為循環的訪談實驗情境之中（Giles & Powesland, 1975），說英國不同地區方言的人被配對為兩人一組的討論。在某些討論中，依實驗需求導入了一些輕微的不愉快與衝突，但在其他的討論則沒有導入衝突。有衝突與不愉快的討論這組，在半小時之後，每個人會比討論之前說更廣於自己地區方言的語言。換言之，假如一個約克郡的人正對一位多塞特郡的人談話，他的發音會變得與約克夏郡的人有區別，且多塞特郡的人其發音會變得更像多塞特郡人。相反的，若沒有製造衝突且兩邊的人說話很愉快，則說兩種不同方言的人發音會較少有區別，他們在說話風格上是較集中而較不分歧。

這個例子說明了文化分歧是社會衝突的結果而不是原因。Bateson、Jackson、Hally與Weakland（1972）稱這種次系統傾向逐漸涉入不同方式互補的*分裂源頭*（complementary schismogenesis），像是一種藉由持續的文化抗拒導致文化變遷的過程。我們應該強調一件事，這樣的變遷會完全

發生在那些人的意識知覺之外，而那些人是在較顯明的情境之中涉入變遷，這些人的意識知覺又是他們特意關注努力製造的變遷所造成的。

社會科學對文化的典型觀點是統合各部分的整體系統，其運作是朝向維持穩定的狀態。但如我們所見的，如今的文化是比以前更易變化。這就引發我們如何知覺文化變遷的這個問題——是流失、獲得，或是得與失的混合，或變得較沒價值。我們也必須思考文化如何被人類群體所擁有，我們通常認為民族與種族（或許也有性別）必須認同文化的邊界。我們可能認為，這些族群是因分享他們成員之間的文化而被定義，但Barth（1969）認為，文化分享並不是族群成員的決定性歸因，反而是將民族與種族認為是經濟與政治的興趣團體更適當。雖然文化會被認為是認同的標記，指稱族群的成員，但依Barth的說法，文化擁有並不是重要的，因為在同一類別的族群中應有許多文化的多樣性。他以住在印度西北國境的阿富汗人〔Pathans，有時也稱普什圖（Pashtun）〕為例，在某一界限而言，阿富汗人是住在巴基斯坦與阿富汗之間的少數民族，但在另一界限而言，他又是多數民族。有些阿富汗人是游牧者——較屬於阿富汗的界限這邊，其他的阿富汗人是農人——較屬於巴基斯坦的界限。但由於牧者與農人都認同於阿富汗，而且在界限兩邊的其他民族也都如此認為，他們的族群認同至少就像認同於他們所住的國家界限那樣堅定，在2002年阿富汗戰爭期間變得更明顯。

文化變遷是文化流失——或者不是

當我們認為，民族／種族群體與文化群體是具有相同的邊界——傳統的觀點，我們有時也認為文化變遷是文化的流失。一個民族的成員可能因語言、宗教、家族的流失而責備自己。例如，美國原住民悲傷古老文化的流失，並且傷心地自我責備，認為他們比祖先更不像印第安人。北美阿拉斯加Koyukon 阿薩巴斯卡人現在使用機動雪車，而不再是由一群狗拉雪橇，這是否意味他或她比以前更不像Koyukon 阿薩巴斯卡人。若依Barth的分析，就不必然如此。對民族的維繫，什麼是重要的？民族認同並不表示成員實踐某些特定的文化特質，而是民族在社會中的經濟與政治評價。評價民族的一些特定方面會變遷，但是如果繼續有民族的經濟與政治的效果，特別是如果這是成員們的利益，則這個族群會維繫下去。

典型的看法是，將文化作為民族認同的歸因，就很容易將文化變遷視為文化流失。這會被認為是對文化變遷一種有漏洞的觀點——彷彿文化就是人放在水桶中的水，這時變遷就是水桶中的洞，當一個人帶著這個水桶，隨著時間與空間的經過，水就逐漸流乾。換個角度想，我們可以將文化的水桶看成總是滿的，空氣會取代水，但水桶從未是空的。當代的Koyukon 社會產生了機動雪橇的這個事實，也能看成是在雪橇與狗的日子時期的Koyukon 社會，其文化是一樣的滿。現在在水桶中的東西是不一樣了，但是水桶仍舊沒有空。夏季裡，加拿大北安大略省的Odawa人是穿著T恤、駕著鋁製的機動船捕魚。他們不再穿鹿皮衣，用樺樹獨木舟。他們繼續捕魚，但卻在加拿大白人的漁權之下捕魚。另外，他們仍然認為自己是Odawa人，而與鄰近村落的加拿大白人有所不同，這些白人也是在捕魚時穿著T恤、駕著鋁製的機動船。

文化與集體認同的形成

有些文化事項本質上具有政治的啟示，因為很多文化層面對其使用者在使用時是透明的，所以一般而言，我們不會注意到這些文化。但是，在複雜多樣的現代社會，如民族、種族、宗教與性別認同，在認同的群體之間變成是自我知覺，他們開始注意自己的習俗，並認同自己的文化。關於民族認同，文化的認同總是相關的、比較的——會提到其他民族。例如，在十九世紀初期，德國人的*文化*（Kultur）開始為德國的知識分子所籲求，與法國人及義大利人興趣於文學、音樂、建築、服飾相對比，而且先前已訂出上層階級社會所欲求的標準，缺少出現法國與義大利的模式作為競爭，德國可能未對他們自己的國家變得如此了解。這個了解在發明之外也有進展，例如，德國知識分子著名的作曲家Wagner就創造德國的文化遺產，而為德國社會所支持。由於這種群體內部知覺與團結的引發，增加了與非條頓人邊界的知覺。就某個程度而言，這種群體外部的知覺是惹人厭的，原來的邊界就變成界限了。

今天我們看到一個相似的現象產生，就是宗教國家主義和民族與種族的國家主義，由於群體內在的認同，常常會有將邊界視為界限的可能性。特別是當文化知覺與認同的增加，被視為是改變社會中的權力關係或法定

國界或殖民擴張的政治策略時，族群內在的團結與認同會變得似魔鬼般。正如Said（1978）在評論歐洲與東方國家的殖民關係，那是一個歐洲本身的文化創造物。當較有權力的國家或團體認定他者（Other）是異文化或不同的，就會傾向對這些已建構的他者策劃他們的分裂、矛盾與敵意。這些策劃被那些在形成共同界限的過程中已是他者化（Othered）的報復，透過這些策劃為他者（Othering）的過程，負面的文化刻板印象使知覺不同文化間和多元文化的促進成為一種真正難處理的事務。

民族認同不必然對他者導致負面的感覺，與那些跟我們（Us）不同的族群比較，不必是惹人厭的。文化差異會形成邊界，而不會是界限，即使這些邊界是須努力去維持的。然而，我們應該注意，增進深思熟慮與文化知覺強度必定會牽涉到一種比較的知覺。群體內部的認同是一個相關的過程，這個過程是透過他者與自我（Self）的定義、他們（Them）與我們的定義——論及附屬群體對立面向的特殊認同，將會成為意識知覺的焦點。

52

多元文化的教學與學習

強調可見與不可見的文化

學校會支持或阻礙健全認同與族群之間知覺的發展，以下則討論教室中的教學與學習（參見Wills, Lintz, & Mehan, 2004）。本章將強調文化的重要性，並批判我們將它本質化的傾向。當我們將文化本質化，即認為在一個社會類屬（category）之中的所有人具有文化相同性，且聚焦在不同他者的文化單一性，而未能反映在我們自己的文化及他們的多樣性之上，我們為了做負面歸因的機會而打開了潘朵拉的盒子。有時社會科學對文化的主張，特別是認定文化為統一系統，及以文化定義族群的成員，而我們會對族群之間的刻板印象認為正當。當這些刻板印象被社會科學認為正當，我們稱它們是新刻板印象（neostereotypes）。

多元文化的教育目標是，對他人文化的教學沒有刻板印象或解釋錯誤，以及對自己文化的教學沒有不公平地呈現他人文化特徵。在群際衝突的情境中，以上目標是難以達到的理想，教育工作者應面對這些現實的困難。

多元文化課程與教學的一個問題是，過度強調可見的文化，而犧牲了不可見的文化，若大部分聚焦在顯明文化會造成誤導。即使當我們尊敬地面對他人的生活方式，聚焦於可見文化，則會容易不知不覺地陷入過度的立場去思考其他人——文化浪漫或文化觀光旅行的立場。

顯明文化的特質常被隔離對待，已經變成學校教導文化多樣性的基礎。某些教育工作者批評了這個模式的「piñata課程」、「雪鞋課程」、「假日與英雄」的特徵，當文化被視為靜態事實的集合，則我們把文化平庸膚淺化了，而且我們好像把文化認為是不變遷的。如果墨裔美國人辦一個集會活動且沒有piñata，不知會怎樣？他們會比較不像墨西哥人嗎？假如我們採取文化的本質觀點，就會把文化變遷想像成漏水的水桶。

不會過度概化（overgeneralizing）其他人的生活方式而教導顯明文化的方法，就是強調社會團體中的文化變異、文化變遷持續存在，與文化會隨著時間而繼續。不幸的是，已出版強調本質論的多元文化資料並沒有好好地提供這個方法。在每一個教室中，有項資源以研究群體內文化的多樣性及群體間的多樣性，這項資源就是老師與學生自己的日常生活經驗與文化實際（這是在獨立自主的教室中最容易做到的，而且這討論是對小學教學最相關的，先前已提到的許多議題與模式則能被高中與學院的老師採用）。

批判性的自傳既是課程也是行動研究

由學生進行自傳的批判反省與口述家族歷史——一種社區行動研究，會成為多元文化課程的重要部分，即使在一個學生人口因種族及社會階級而呈現隔離的教室，由學生對自己的生活、家庭與當地社區歷史的反省調查，將會顯出多樣性與相似性（hooks, 1993; Skilton Sylvester, 1994; Torres-Guzmán, 1992; Wiggington, 1986; Witherell & Noddings, 1991）。並不是所有教室中的義大利裔美國學生都有相似的移民家庭經驗，並不是所有祖先從南方農村移到大城市的非裔美國學生都有相同的都市化經驗。由於不同的生活經驗，在家庭之間就會有不同的文化知識，雖然這些家庭在人口背景的表面上是相似的——但在家庭的微觀文化上是不同的（參見Moll, 1990, 1998）。

正因學生能進行批判性的自傳，所以老師需要透過對那些學生的觀察與對話，以確認個別學生的特定文化。個別學生獨特文化的指標就是學生獨特的*每日慣常活動*（daily round）──學生出現的地點、在那裡發生什麼、學生在學校內外、社區投入的範圍與結果。藉由學習，學生所接近的社區及學生在那些社區的參與，老師能了解每一位學生的個別文化──把學生看成是「文化」的，而不是過分單純地以刻板印象來看待學生是「英國人」或「非裔美國人」、「低階級」或「中上階級」、「男孩」或「女孩」。為了發展對學生這種非刻板印象的了解，老師應該花時間在學校外學生所住的社區，並且應在學期期間注意這些社區的適當學習地點，而不是僅有自己的教室。教學時，學生每天在互動情境中的第一手知識是無法取代的，沒有這些知識，老師就會對學生採用刻板印象的、類屬文化的標記，因為這些標記是太一般性，以致無法正確解釋這些特定的學生正在發展的真實生活及個人文化。

更密切來看特定的家庭與日常習慣活動，可以發現一些相似性及區別性──一些共同生活經驗的變異，例如，非裔美國人的種族中心主義經驗，或是說西班牙語但在美國生長的人的語言偏見。即使是某一種族群體的種族中心主義，也不是所有經驗都是一樣的，因此，在人類的真實故事中，多樣性與相似性常相互伴隨著。這些故事會投入努力去改變，也會抗拒。就如學生透過地方性的社區研究，當代的社區議題提供學生採取行動以改變他們生活情境的機會，而且在過程中，看到他們自己及他們的家庭不僅是受社會與文化影響的被動容受器，而且也是創造感覺與生活的主動者。

學生在教室外的日常生活與在歷史、社會、文學的教學內容之間的直接關聯，可以使前述的課程成真。這些聯結也提供老師學習他／她所面對的學生的文化背景及文化多樣性的機會。如稍早所述，現代社會的正式組織變成文化多樣性的集合場，這已真實地顯現在每一學校的教室中。每一新組成的學生都代表著一獨特的樣本，這樣本來自於學區中地方文化多樣性的聯合。在一個班級中，若僅知道有三個海地學生、四個柬埔寨學生，或十七個女學生、十一個男學生，這並不能告訴老師任何有關的那些學生和他們家庭的特殊文化背景的事，也不能告訴老師，有關於學生民族、種族、性別的假定等任何事。老師的工作不僅要知道一般的海地人及柬埔寨

人，或有關男孩女孩的一般事情，也應該知道這些學生特殊的事情。藉由編造特定的學生文化與家庭歷史，作為教室中所有學生要研究的目標，老師會學習到許多有關他／她為了敏銳、有力、睿智、感性地教這些學生而需要知道的事。

依我們的標準而言，學生需要學習從低階的精熟事實與簡單技能，到高階的理解與個人的有意義知識建構（換言之，是從課程、教學、學習的精粹主義的理解到建構主義理解），在多元文化教育中，我們對文化的概念也需要變得較建構主義的，而較不是精粹主義的。將文化視為社會建構與持續變遷的這種教學，是符合當代優良教育學（good pedagogy）的定義，也符合文化理論與社會理論的最新發展。

在教室中將界限重構為邊界

架構文化多樣性的模式將在教室中被發現，是以文化邊界而不是文化界限的字眼，即使當文化差異與族群認同在廣泛的社會中是高度政治化時，藉由直接接近教室中學生的文化，學生能被去政治化（depoliticlized）到一個良好的程度〔或許可以認為是再政治化（repoliticized）為正面的而不是負面的〕。

有一個問題隨著教第二文化技能（second-culture skill）而來；知識是一種道德，而不是一種獲取生存與成功的實用技能。Delpit（1995）觀察發現，對美國有色人種學生而言，學校中的第二文化常以異國的、支配的形式出現。主流文化的說話與寫作方式代表一種「權力的語言與文化」，少數族群的學生必須精熟才能在社會中成功，但是，這種權力的文化以兩種方式來教是無法成功的。第一種，老師試著以道德化的方式——正確的行為方式與應該的方式來教第二文化技能，這種方式可能刺激學生抗拒，而且會是一種使學生拒絕學習的教學策略（想想ain't這個字，在上道德課時，好幾代的老師已經教工人階級的學生不要說ain't，但是不論教室內外，學生仍然在說ain't）。

依Delpit的觀點，另一種不成功的方式是潛隱地去教第二文化技能，她觀察發現，在善意的中產階級白人老師之間，某些權力語言的層面是老師自己的不可見文化的一部分。他們自己將此視為當然，他們不顯明地教授工人階級的非裔美國學生第二文化技能。

Delpit（1995）建議一個變通的模式——應以顯明且謹慎但非教化的方式來教第二文化技能，學校的權力語言與文化可以一種情境對話的方式呈現，實用地在特殊情境中使用，例如：工作晤談、正式寫作、學院入學晤談。當結合學生使用於家庭、同儕、鄰居之間的語言反省式自我研究——學生探究他／她在不同情境使用不同的說話風格，權力語言的顯明教學與學習能架構出文化的邊界，而不是文化的界限。為了生存理由，這種取向會採取多元文化的批判與策略觀點。

多元文化教育學是解放

其他的多元文化教育工作者建議一種批判宰制文化以及宰制現象的取向。Ladson-Billings（1994）描述非裔以及白種教師能有效影響非裔學生，他們使用多變的風格來教學生，但是一個共同取向是在課程以及學生報告日常經驗當中，直接與清楚地處理不正義與壓迫議題，以及主流知識及觀點的優勢。Trueba（1994）、Nieto（1999）、McCarthy（1993）、Perry和Fraser（1993）、Sleeter和Grant（1993）、Apple（1996），以及Giroux（1991）都建議了類似的取向，有時稱為批判教育學、反霸權教育學，或是解放的教育學。

文化霸權訴諸事物的已成立觀點——一種為那些社會中優勢人種利益服侍的共識，解釋著這是什麼與為何發生。當學校提出一個順眼的已然成立的美國社會本質以及善的觀點，與學校知識和文學的先天權利，那就是霸權。那些不被這類已成立事實所證實的生命，直覺上不能接受霸權的內容以及教學法，他們往往是有意無意、既私下又公開地抗拒它。

多元文化教育是反霸權的一個機會與挑戰，當種族主義、階級優勢以及男性至上主義，這樣的議題在教室裡沉默時，它對有色學生的隱含訊息是教師與學校未能知悉那壓迫經驗的存在。如果只有標準語言、標準的美國歷史，以及白人在課程中呈現的聲音與生活，這裡更深遠而幽暗的訊息就是，唯一的文化主流及支持它的意識型態形成了真正的美國、真正的學校。這個取向特別會排斥來到學校的有色學生的生活經驗，以及其族群或種族社區被排除的歷史經驗。這樣的霸權取向也排除了女性學生（Sadker & Sadker, 1994）。排除是疏離的，人對疏離的反應是抗拒——對學生與他們的教師而言，這是使教學與學習變得更加困難的首要因素。

很諷刺的，因為教師是列舉與告知困難的社會議題，而不是轉而讓學生來對抗學校與教師，這使經驗過壓迫的學生更可能親近教師與學校學習。藉由這種抽出圖像，將文化霸權特質化的教學，重新架構作為策略工具，而非是固有權利的第二文化學習。教師因為學生的非主流背景，在第二文化的學習上更得心應手。透過這樣的教學，文化界限被重新架構為邊界，宰制文化的政治以及文化本身，至少在某個程度上，會在教室中去政治化。受到霸權課程與教學所引發抗拒與分裂源頭（schismogenesis）的循環就不會再出現。

學生抗拒宰制文化的角色使其脫離學校學習，這是美國、加拿大、澳洲、英國、歐洲各國公立學校教育的基本議題（Apple, 1996; Giroux,1983; Willis, 1977）。Ogbu（1987）對美國少數族群學生的「類種姓」（"caste-like"）背景提出質疑（有著被污名歷史經驗以及經濟機會受到限制的族群，例如非裔、墨裔、波裔，以及美洲原住民），因為族群歷史的效應，使得他們抗拒學校幾乎是必然的。Fordham（1996）也表示，華盛頓特區的非裔高中生將學校成就定義為「像個白人」，其他學者（Erickson, 1987; Foley, 1991; Trueba, 1994）也在觀察學生抗拒時，發現Ogbu的真知灼見：抗拒可能來自壓迫的族群歷史，也可能來自學校本身教學與學習環境的壓迫與異化。依照Ogbu的論點，另一個困難在於學校沒有變革的可能性空間。

這裡的一個主題是當學校漫不經心的時候，學生的抗拒就源自於此，這如同學生受到大社會的影響一般。簡言之，我們不能改變大社會，但我們可以使學校學習環境不那麼異化。多元文化教育——特別是批判的或是反種族論的多元文化教育，是改變這種漫不經心學校的途徑。當這發生時，如同Ladson-Billings（1994）及其他學者所表示：少數背景學生就更容易被類屬化為類種姓。尊重的對待與技巧性的教學，學生會親近學校而有成就。如同之前所提，Moll和Greenberg（1990；也可參考Moll, 1998）表示：少數族群學生的家庭仍保有他們的文化實務的*知識庫*，在教師學習這些實務及其知識種類與什麼是流傳下來的技巧的時候，可以善用於課程中。Gutierrez在一系列教室教學的比較研究中（Gutierrez, Baquedano-López, Alvarez, & Chiu, 1999; Gutierrez, Baquedano-López, & Tejeda, 1999; Gutierrez, Rymes, & Larson, 1995）發現，當教師在教室中使用學生家庭與

流行文化的語言及語氣來論述時，會提高學生的學習（因為此時學生有想學的氣氛）。這個在學校官方知識與非官方知識架橋的教育學，創造了一個中介的「第三空間」——這是個混血的對話；在他們開始親近學校聲音與論述時，允許學生使用他們帶來教室的聲音，並適當的表現他們自己。在這樣的教室中，學校成功的代價不是某人放棄自身與聲音來採納另一新奇自我與聲音；而是學生將新的聲音及論述加到那些已被控制的聲音及論述上，教師透過自己的語言使用，來尊敬那些學生熟悉與新奇的聲音。

一個群體的壓迫歷史，無疑會使學生及家長對學校與其宣稱的「標準教法對你有好處」產生警戒。信任學校的善意，特別是有色的學生與家長，那不會是自動的。但是，彼此尊重信任的關係可以在教室裡的師生之間建立。敏感的多元文化教育學是這類信任的基礎。

傳統教法是文化界限的戰爭

相反的，對採取文化界限而非文化邊界來處理宰制文化的教師而言，他可能讓教室成為一個對學生不安的地方。這使教室學習環境不被信賴，引起學生抗拒。這種文化衝突的一個生動例子，就如同這一章前面一開始就引註的，在一年級的閱讀課中：

1. 老師：好的，全班念課文並記得斷句結束。
2. 學生們：小鴨看見什麼？（What did Little Duck see？）（"What"最後的 t 音沒念出來。）
3. 老師：What（強調後面的t 音）。
4. 學生們：What（第二次最後的 t 音還是沒念出來）。
5. 老師：我仍然沒聽到這個可憐的小 "t"。
6. 學生們：What did—what did—what—（每一個what最後的 t 音都沒念出來）。
7. 老師：What。
8. 老師和學生：小鴨看見什麼？（What did Little Duck see？）（"What"最後的 t 音終於念出來了。）
9. 老師：好，很好。

（Piestrup, 1973, pp. 96-97）

58

這個例子來自加州柏克萊的一年級教室，教室裡有一半的非裔勞工階級學生，另一半則是中產階級白人學生；一些教師是非裔，其他則是白人教師。

　　Piestrup（1973）發現在衝突狀態下，隨著時間過去，學生的語言風格更加分歧。Labov（1963）、Giles和Powesland（1975）的報告亦是如此，在學年開學之初，很多非裔的孩子講黑人方言（有時稱為黑人不標準方言），在這個教室中——無論是非裔或白人，負面的制止孩子使用黑人方言，在學年結束，學生講方言的形式要比學年剛開始更加廣泛，這個反轉事件的確發生在Piestrup的發現當中。無論教師是非裔或是白人，如果教師沒有公開制止孩子說方言，在學期結束，這些孩子的教室語言會更接近標準英語。

　　這個改寫的例子呈現了Piestrup所發現一些教室中制止某一語言風格的景象，這裡教師正在進行更正非裔孩子非標準的發音，另一教學的焦點可能是在於理解——理解故事在講什麼？但教師選擇去注意最後一個常常漏掉的發音（What裡面的最後一個/t/）。這麼做的時候，教師正在製造語言風格文化風貌的一個文化界限議題——就好像很久以前Ephraim人處理Shibboleth這個字的最後一個發音一樣。但是，孩子不能清晰發出what的最後一個/t/，可能已經被當成是一個文化邊界議題。

　　用這個方式來架構語言風格差異（在字彙的理解，指定的意義上很可能並不會影響教師聽見孩子說話），並不一定用這種方式來討論，寧可教導孩子以及團體中其他孩子繼續考慮小鴨看到什麼。現在這裡有可觀的證據，用非標準方式對字彙發音不影響孩子在書寫標準英語的解碼能力，或是以句子或段落理解一段書寫的水準能力。

　　為什麼教師要堅持最後一個/t/？一個可能解釋是階級偏誤或是來自族群中心主義。就官方學校識字能力的宰制文化風格而言，最後一個刪去是不對的。也有可能是其他相關的解釋，去掉最後一個/t/，也冒犯了一個關鍵的假設，一個教育工作者的專業次文化——來自行為主義者學習理論對次級技巧的假設（例如發出最後一個/t/），它對進入精熟下一個更複雜技巧是必須的（例如，在字或句的層次上理解這個字）。這個教育工作者技巧階梯的文化信念，是日漸受到提倡全語言學習取向的識字，以及社會語言學者和認知心理學者閱讀學習過程的研究所挑戰。

　　這兩組信念都可以視為加大彼此共識效力的霸權。標準英語更正的一般文化價值，似乎被技巧階梯取向教育學的專業文化信念所確定。當然，教師應該更正錯誤，那是教師的工作，這理由行得通。然而，我們發現一種族群與社會階級的標記是如何在說話風格（標準英語）上開始的。它以一種似乎是一個專業而負責任的教育學，在文化界限上進行社會語言學式的檢驗。這種教育學證成的教學方式，導致對那些不同於文化上宰制群體，而帶著方言來到學校孩子的文化偏誤，以及對學校的不必要疏離。

　　如同這個例子，在教師與學生之間這種交替出現的不愉快，每天重複出現。根據Piestrup所述，一年後，導致學生部分的方言分歧。考慮到這是一年級，不是青少年，我們可以了解在學生方面，方言分歧不是一個蓄意的抗拒形式，而是在他們意識知覺之外的。這些師生之間退步的社會關係，會以很多理由而變得更負面，而不只是因為文化差異。當教室裡的文化差異被當成文化界限來處理，它就變成師生之間持續衝突關係的豐沛來源（McDermott & Gospodinoff, 1981）。

　　在之前的例子中，標準教育學之後的文化假定，大部分可視之為不可見文化面向的專業共識。教師也許會說：「我沒有做任何文化的事，我只是在教導孩子讀得正確。」孩子的缺乏合作也許不會被視為文化抗拒，而是文化議題可能會被病理化。不合作的孩子可能被視為被動—攻擊，或是陷於低自尊；如果他們在位子上動個不停，他們可能被視為過動。

　　不可見文化面向往往被當成臨床上顯著的診斷因子，特別在更早的年級。例如，如果孩子來自家長不會固定像老師那樣提問已知訊息問題（成人已經知道答案的問題）的家庭，由教師問她這樣的問題，可能一開始會困惑或是嚇到孩子（Heath, 1983）。「這是什麼顏色？」幼兒園教師拿著一張紅色色紙，在一位媽媽領救助金的非裔孩子面前問她或他。孩子回答："Aonh-oh"（我不知道），教師這時心想，這孩子應該有點頑皮，因為大家都看得到這是紅色。教師這麼想，在孩子的永久紀錄上寫下「缺乏閱讀準備度」，將孩子分派到閱讀能力最低的組。

　　再一次，我們發現自己隨著Ephraim人在約旦河河岸目睹那文化界限測驗的結果。然而，因為我們不認為知道教師式的問題是一個區分文化的技巧，我們就不會了解教師非正式的準備度測驗是文化的或是文化上的偏誤。來自與學生同樣族群以及語言社區的教師，也如同來自主流背景教師

一樣，偶然將文化差異架構為一個界限。回顧Piestrup（1973）發現，非裔學生的語言風格分歧是來自那制止方言的教室中的標準風格，不論教師是白人或是非裔。問題不在於教師的種族，而在於教師的教育學是文化感應或是文化冷感的。

教室學習環境中的文化反應性或相關性，可以區分出可見文化面向與不可見文化面向的矛盾方式。例如，在同樣的多種族幼稚園或一年級教室，教師運用非正式準備度測驗處理不可見文化知識與技能，當成是文化界限（例如，教師問題的認知，以及如何回答他們）。教師也許已經放了一張Frederick Douglass的照片在牆上，讀著他的生平，以正面角度陳述西非的資訊，並且教導基本的Yoruba或是Swahili字彙。然而，如果非裔學生溝通文化實務的不可見的面向仍然受到不公平的方式對待，高舉一張非裔廢奴主義者Douglass的照片，牆上緊鄰著的是白人蓄奴者George Washington的照片，或是介紹學生一種非洲語言，這都不會使教室具備豐富的多元文化。

這種正式與非正式文化的矛盾必定迷惑且疏離學生，即使這個疏離可能是他們外在蓄意知覺所經驗。這是為什麼對多元文化教育成功的嘗試，注意不可見、非正式文化議題，與那些可見、正式文化議題都一樣重要。就這個工作的整體而言，我們必須批判地調查我們對成功失敗本身的觀念。「學校成功」與「學校失敗」都是學校本身的文化建構，漸漸從社會到在地的每間教室（參見Varenne & McDermott, 1998）。

總結：論語言多樣性與其教育潛能

作為代間傳遞與當下發明的文化，俄國文學批評家Bakhtin（1981）提供我們一個考量其連續性與多樣性的最終方式。他研究十六世紀與十八世紀在西班牙、法國以及英國各自出現的小說，以及十九世紀在英國、法國、俄國發展的小說。Bakhtin注意到，古典小說敘述著跨越階級、性別以及宗教間，各種不同角色說話方式的變異。他稱這一多樣性為*眾聲喧嘩*（heteroglossia），來自希臘語「不同的多種聲音」。他相信一本小說被寫成的時候，好的小說會封存住當下歷史社會中語言風格整體多元性的關鍵概念。為了生產具說服力的文本，作者必須納入當代社會的多樣聲音。

　　Bakhtin（1981）也觀察到，在小說角色中，貼近作者個人心中的眾聲喧嘩。例如，在Cervantes的《唐吉訶德》（Don Quixote）中，Bakhtin注意到有著布爾喬亞身分的善人Don，往往以一種仿造的浪漫文來述說。然而，有時他的說話風格聽起來像個西班牙貴族。Sancho Panza，一個常常帶著下層階級說話風格的鄉巴佬，卻有時在跟隨著Don或是對他的經歷進行反思的時候，漸漸更趨向西班牙貴族風格的說話方式。這個明顯來自現代小說開端的傾向，在十九世紀法國與俄國小說中更加清晰。例如，俄國農奴就被描述為多種語言風格，Bakhtin稱之為「社會語言」──一部分是活力與行動的，一部分又是從屬且消極。如同小說中角色的語言風格一般，其世界觀、個人地位以及行動力，看來好像是變遷的。

　　受到社會與個人的組織與分配的文化，Bakhtin提供理解其多樣性的洞見，那是社會的眾聲喧嘩。區分社會類屬以及社會網絡的成員多半以不同的方式在發聲（回想稍早討論的語言社群觀念）。男性談話真的傾向於跟女性不同、非裔與白人不同、勞工階級與上層中產階級不同、男同志與男異性戀者不同、基本教義派基督教信徒與一神論者不同、醫生和律師（以及醫生和護士）不同。這些說話的方式是相對地連續分布在各種社會群體中；它們成為這樣區分的認同標記；而且以最主要的社會類屬，例如：階級、性別、種族，以及族群與宗教；這些社會語言傾向跨世代的持續著。換言之，社會區分以及文化與語言多樣性似乎是跨時代在社會中持續再製著。

　　再者，正如女性主義者的口號「個人是政治的」，伴隨不同觀點的不同語言方式，是說話者不同生活經驗的結果。因此，一個群體的歷史經驗及其特定的政治利益，在假定事情正是如此而非其他──當這個群體的特定成員這麼說的時候，伴隨這個群體社會語言而來的是他們的意識型態。說話的方式，這時是論述了──有關這個世界的完整假設設定，以及那些被以一種創造性口傳及書寫文本方式所限定繼承的特定角色（Foucault, 1979; Gee, 1990）。更多是涉及語言風格之外的。對各種群體利益以及他們涉及社會權力分配論述的程度範圍而言，在說話及思考方式上，會如同社會區分一樣存在著衝突與矛盾。就某種意義來說，一個論述是社會制度或是次文化。

然而，文化再製的持續性不是一元或絕對的，在人群當中，它也是眾聲喧嘩的。每個人的生命經驗多少都與其他人不同，而每個人每天都生活在一個變動不居的社會狀態中。不同的社會狀態提供與其他人不同的關係生態，它們引起了因人而異全然不同說話方式的不同面向。有人說話的差異，對母親要比家人差異更大，對老師來說這個差異又比母親大。有時在複雜的關係中，例如在僱員及上司之間他們是朋友，或在配偶間同時是愛人、父母，以及家務資源管理者，短時間看來似乎相同的社會情境，卻引起了多變相互關係的聲音。Bakhtin宣稱，對話中的個人發言是依賴其他人相互影響著。因此，說話（及論述）方式的現象天生就是穩定且變動的。在群體層次的文化，當他們發現自己處在不同的社會情境中，這個文化會因個人在其他人之間以及他們自身之間，而有部分的變化。換句話說，在文化現實當中有著天生的雜種性（參見Arteaga, 1994; Gutierrez, Baquedano-López, & Tejeda, 1999; Valle & Torres, 1995）——一種來源與聲音的混合，在持續製造新、舊元素重新組合與再組合之中。

　　由於多樣的個人在日常生活所表現的景象，帶著他們的眾聲喧嘩。跨文化間的同盟與衝突都會存在，論述可能是競爭的，可能是中斷或質問的。當它發生了，論述的假設就呈現出來可資批判。如果個人或群體在衝突中改變了論述，那將在這世界裡採取不同立場。他也許會覺得好像是不被允許的，或者那是他的權利。

　　由於這個論述是因人或群體而異，因此在其中，無論是衝突或是結盟，它都為性格所經歷。這意味存在於個人之中的語言及聲音多樣性，有著深刻的情感成分，以及深刻的個人認同與整體的顯著性。

　　學校是聲音與認同多樣性的集中站，學校要求學生試著新的論述、新的說話與思考方式、新的自我，以及作為他們自己的合適方式。在學生最佳狀況時，學校亦對教師如此要求，為了他們可以更貼近且投入在他們學生的聲音之上，更在學生的生涯上要求他們更多的各種論述及社會上的識字能力，以利其知性的發展。對學生及教師而言，那都是個人式的冒險任務，當論述或是文化在社會中是衝突的，就會在自我嘗試的論述上經歷衝突。

　　當我們看到來到學校的學生與教師已經擁有適當的多元聲音及文化，教育的一個任務可被這個聲音反映出來。多元文化教育，特別是將不可見

文化與可見文化一起考慮，可以促進個人與群體的反映過程。藉由檢視自身，教師與學生可以發現每個人都是文化的與多元文化的，包括他們自己。藉由傾聽周遭及其自身的論述，以及測試這些論述感受如何──比較像自我、像他人，擁有或疏離，學生與他們的教師可以平衡地評價許多論述，以天生的均衡價值來對待他們，就算在教室外面的世界，在權利與聲望上不是同等對待所有的論述及文化時，如果學校是嘗試新文化與聲音的安全地帶，如果文化多樣性能以邊界而非界限來處理，那麼，學生與教師可以建立安全的「第三空間」，來發現新、舊文化之間的成長關係。這個第三空間的教育學（Gutierrez, Baquedano-López, Alvarez, & Chiu, 1999）使學生與教師帶進教室文化的雜種性成為合法。

最後，處於複雜多元文化社會中的個人，會在投入聲音及文化多樣性的協議中變得成熟。這在已經處於文化與聲音衝突的大社會，而個人又是被宰制群體的成員時，特別如此。與一個人自己的多樣性達成協議，意味著與這些內在的聲音達成絕對的和平。例如，在每個男性那裡存在著女性的聲音，而在每個女性那裡存在著男性的聲音。這些聲音是在個人當中不相容與衝突著，還是它們已經被自我安頓好了？一個女性聲音可以與男性聲音達成協議，而不默許男性霸權以及接納一個疏離的自我嗎？因為我們的歷史經驗，在美國每一個白種人當中，都不只有白種人的聲音，也有黑人聲音。是什麼可以讓這些聲音更相像──Amos與Andy或者是Frederick Douglass？Aunt Jemima或是Alice Walker？這些聲音如何在個人當中安頓，學校在促進這個過程中扮演什麼角色？在每個非裔美國人當中，不只是黑人聲音，也有白人聲音。非裔美國人如何與白種美國人聲音達成協議，原諒他們並且與其謀求和平，懷著一種對持續種族主義持續不正義的感受，在宣稱並擁有黑人聲音的同時也可以擁有他們？非裔美國人必須做所有變為成熟的成人要做的事（Cross, 1991; Helms, 1990）。

對社會、個人以及學校而言，與多樣聲音達成協議，在這當中是一個教育的任務，它是多元文化社會以及多元文化世界成長的結果。當學校的課程及其教學都充滿著多元文化的聲音，專屬多元文化聲音──尊嚴而無高壓，保有批判立場而不絕望的，才有可能對所有學生展現。對多元文化教育而言，這是一個高尚的目標，它是如此難以達成，但又如此必要！當我們在學校、社會中更深刻地思考文化、文化的些微差異與其多樣性，它

才會對教育工作者更加明朗。

後記

　　我們所談論的是關於創造一個新的傳統，「新的故事」是由那些在歷史上受壓迫的人，他們假定建構的完全不同角色來述說。這對重新定義美國文化是重要的，雖然不是全面，而是在一種課程過程中常常浮現的意義磋商。它存在於每天的師生互動中，來處理一種變換的課程，並且試著去開創一個變換的民主教室，在這裡，新的共同文化將被創造而且持續重新創造。（Perry & Fraser, 1993, pp. 19-20）

第二章　社會與教育實務中的文化

問題與活動

1. 作者所描述的七個文化概念：(1)文化即培養；(2)文化即傳統；(3)文化即訊息位元；(4)文化即符號系統；(5)文化即動機與情緒；(6)文化即社會權力的分配；(7)文化即存在於在地的社群實務中。從你班上的小組或是工作坊來發現文化的多元意義，在每一個小組中詢問一位學生或學員，成為研究作者所提供的某一文化概念的專家。討論文化概念的差異如何既相似又不同，舉例解釋每一個定義。

2. 作者所談的「隱含與不可見文化面向」是什麼？在哪些方面，這些面向會變得重要？針對不可見文化方面舉些例子，會不會找不到例子？

3. 在哪些方面，不可見的文化差異也許會引起衝突？舉出特定的例子。

4. 根據作者所述，當教師聚焦於可見的（明顯的）文化，犧牲了不可見的（不明顯）文化，將產生什麼問題？當教師聚焦於可見與有形的文化面向，會產生什麼樣的教育現實？

5. 作者如何區分文化邊界與文化界限？為何這個區分是重要的？解釋文化邊界常常是文化界限嗎？

6. 根據作者所述，文化變遷是否就必須意味著文化流失嗎？解釋為什麼？

7. 作者陳述我們有時候在將文化精粹化，他是什麼意思？依其所見，文化被精粹化之後會有什麼後果？

8. 作者這樣陳述：「在多元文化教育中，文化的概念必須變得更多建構主義論而較少精粹論」，解釋其意涵及其對教育的啟示。

9. 作者陳述：「多元文化教育是反霸權的機會與挑戰」，解釋其意義，並舉例說明學校教師可以怎麼做。

References ••

Apple, M. W. (1996). *Cultural Politics and Education*. Buckingham, UK: Open University Press.

Arteaga, A. (1994). *An Other Tongue: Nation and Ethnicity in the Linguistic Borderlands*. Durham, NC: Duke University Press.

Bakhtin, M. M. (1981). *The Dialogic Imagination* (M. Holquist, Ed; C. Emerson & M. Holquist, Trans.). Austin: University of Texas Press.

Barth, F. (1969). *Ethnic Groups and Boundaries: The Social Organization of Culture Difference*. Boston: Little, Brown.

Barth, F. (1989). The Analysis of Culture in Complex Societies. *Ethnos, 54*, 120–142.

Bateson, G., Jackson, D., Haley, J., & Weakland, J. (1972). Toward a Theory of Schizophrenia. In G. Bateson, *Steps toward an Ecology of Mind* (pp. 201–227). New York: Ballantine.

Bourdieu, P. (1977). *Outline of a Theory of Practice* (Cambridge Studies in Social Anthropology No. 16). New York: Cambridge University Press.

Bourdieu, P., & Passeron, J. C. (1977). *Reproduction: In Education, Society and Culture*. Beverly Hills, CA: Sage.

Connell, R. (1982). *Making the Difference: Schools, Families, and Social Division*. Sydney, Australia: Allen & Unwin.

Cross, W. E. (1991). *Shades of Black: Diversity in African American Identity*. Philadelphia: Temple University Press.

D'Andrade, R. G., & Strauss, C. (Eds.). (1992). *Human Motives and Cultural Models*. New York: Cambridge University Press.

Delpit, L. (1995). *Other People's Children: Cultural Conflict in the Classroom*. New York: New Press.

Erickson, F. (1987). Transformation and School Success: The Politics and Culture of Educational Achievement. *Anthropology and Education Quarterly, 18*(4), 335–356. (Reprinted in E. Jacob & C. Jordan (Eds.), *Minority Education: Anthropological Perspectives*. Norwood, NJ: Ablex, 1992.)

Erickson, F. (2004). *Talk and Social Theory: Ecologies of speaking and listening in everyday life*. Cambridge, England: Polity Press.

Fanon, F. (1963). *The Wretched of the Earth* (C. Farrington, Trans.). New York: Grove.

Foley, D. E. (1991). Reconsidering Anthropological Explanations of Ethnic School Failure. *Anthropology and Education Quarterly, 22*(1), 60–86.

Fordham, S. (1996). *Blacked Out: Dilemmas of Race, Identity, and Success at Capital High*. Chicago: University of Chicago Press.

Foucault, M. (1979). *Discipline and Punish: The Birth of the Prison*. New York: Random House/Vintage.

Garfinkel, H., & Sacks, H. (1970). The Formal Properties of Practical Actions. In J. C. McKinney & E. A. Tiryakian (Eds.), *Theoretical Sociology* (pp. 331–336). New York: Appleton-Century-Crofts.

Gee, J. (1990). *Social Linguistics and Literacies: Ideology in Discourses*. Philadelphia: Falmer.

Geertz, C. (1973). *The Interpretation of Cultures*. New York: Basic Books.

Giddens, A. (1984). *The Constitution of Society: Outline of the Theory of Structuration*. Berkeley: University of California Press.

Giles, H., & Powesland, P. F. (1975). *Speech Style and Social Evaluation*. London: Academic Press.

Giroux, H. A. (1983). Theories of Reproduction and Resistance: A Critical Analysis. *Harvard Educational Review, 53*, 257–293.

Giroux, H. (1991). *Border Crossings: Cultural Workers and the Politics of Education*. New York: Routledge.

Goodenough, W. (1976). Multiculturalism as the Normal Human Experience. *Anthropology and Education Quarterly, 7*(4), 4–7.

Goodenough, W. (1981). *Culture, Language and Society*. Menlo Park, CA: Benjamin/Cummins.

Gumperz, J. J. (1982). *Discourse Strategies*. New York: Cambridge University Press.

Gutierrez, K., Baquedano-López, P., Alvarez, H., & Chiu, M. (1999). Building a Culture of Collaboration through Hybrid Language Practices. *Theory into Practice, 38*(2), 87–93.

Gutierrez, K., Baquedano-López, P., & Tejeda, C. (1999). Rethinking Diversity: Hybridity and Hybrid Language Practices in the Third Space. *Mind, Culture, and Activity, 6*(4) 286–303.

Gutierrez, K., Rymes, B., Larson, J. (1995). Script, Counterscript, and Underlife in the Classroom: James Brown versus *Brown* vs. *Board of Education. Harvard Educational Review, 65*(3), 445–471.

Hall, E. T. (1959). *The Silent Language*. New York: Doubleday.

Hall, E. T. (1976). *Beyond Culture*. New York: Doubleday.

Heath, S. B. (1983). *Ways with Words: Language, Life, and Work in Communities and Classrooms*. New York: Cambridge University Press.

Helms, J. (1990). *Black and White Racial Identity*. New York: Greenwood.

Hooks, B. (1993). Transformative Pedagogy and Multiculturalism. In T. Perry & J. W. Fraser (Eds.), *Freedom's Plow: Teaching in the Multicultural Classroom* (pp. 91–98). New York: Routledge.

Hymes, D. H. (1974). *Foundations in Sociolinguistics: An Ethnographic Approach*. Philadelphia: University of Pennsylvania Press.

Kroeber, A. L. (1917). The Superorganic. *American Anthropologist, 19*, 163–213.

Kroeber, A. L., & Kluckhohn, C. (1952). *Culture: A Critical Review of Concepts and Definitions*, Vol. 47(1). Cambridge, MA: Peabody Museum of American Archaeology and Ethnology, Harvard University.

Kuper, A. (1999). *Culture: The Anthropologists' Account*. Cambridge, MA: Harvard University Press.

Labov, W. (1963). The Social Motivation of a Sound Change. *Word, 19*, 273–309.

Ladson-Billings, G. (1994). *The Dreamkeepers: Successful Teachers of African-American Children*. San Francisco: Jossey-Bass Publishers.

Lave, J., & Wenger, E. (1990). *Situated Learning: Legitimate Peripheral Participation*. Cambridge: Cambridge University Press.

Lutz, C. A. (1990). *Language and the Politics of Emotion*. New York: Cambridge University Press.

McCarthy, C. (1993). After the Canon: Knowledge and Ideological Representation in the Multicultural Discourse on Curriculum Reform. In C. McCarthy & W. Crichlow (Eds.), *Race, Identity, and Representation in Education* (pp. 289–305). New York: Routledge.

McDermott, R. P., & Gospodinoff, K. (1981). Social Contexts for Ethnic Borders and School Failure. In A. Wolfgang (Ed.), *Nonverbal Behavior: Applications and Cultural Implications* (pp. 175–195). New York: Academic Press.

Moll, L. C. (Ed.). (1990). *Vygotsky and Education: Instructional Implications and Applications of Sociohistorical Psychology*. New York: Cambridge University Press.

Moll, L. (1998, February). *Funds of Knowledge for Teaching: A New Approach to Culture in Education*. Keynote address delivered to the Illinois State Board of Education, 21st Annual Statewide Conference for Teachers of Linguistically and Culturally Diverse Students, Springfield, IL.

Moll, L., & Greenberg, J. (1990). Creating Zones of Possibilities: Combining Social Contexts for Instruction. In L. C. Moll (Ed.), *Vygotsky and Education* (pp. 319–348). New York: Cambridge University Press.

Nieto, S. (Ed.). (1999). *The Light in Their Eyes: Creating Multicultural Learning Communities*. New York: Teachers College Press.

Ogbu, J. U. (1987). Variability in Minority School Performance: A Problem in Search of an Explanation. *Anthropology and Education Quarterly, 18*(4), 312–334.

Ortner, S. B. (1984). Theory in Anthropology since the Sixties. *Comparative Studies in Society and History, 26*(1), 126–166.

Perry, T., & Fraser, J. W. (Eds.). (1993). *Freedom's Plow: Teaching in the Multicultural Classroom*. New York: Routledge.

Philips, S. U. (1983). *The Invisible Culture: Communication in School and Community on the Warm Springs Indian Reservation*. New York: Longman.

Piestrup, A. M. (1973). *Black Dialect Interferences and Accommodations of Reading Instruction in First Grade*. Washington, DC: National Institute of Mental Health. (ERIC Document Reproduction Service No. ED 119113).

Rogoff, B. (2003). *The Cultural Nature of Human Development*. Oxford: Oxford University Press.

Sadker, M., & Sadker, D. (1994). *Failing at Fairness: How America's Schools Cheat Girls*. New York: Scribner's.

Said, E. W. (1978). *Orientalism*. New York: Pantheon.

Skilton Sylvester, P. (1994). Elementary School Curricula and Urban Transformation. *Harvard Educational Review, 64*, 309–331.

Sleeter, C. E., & Grant, C. A. (1993). *Making Choices for Multicultural Education*. New York: Merrill/Macmillan.

Torres-Guzmán, M. (1992). Stories of Hope in the Midst of Despair: Culturally Responsive Education for Latino Students in an Alternative High School in New York City. In M. Saravia-Shore & S. F. Arvizu (Eds.), *Cross-Cultural Literacy: Ethnographies of Communication in Multiethnic Classrooms* (pp. 477–490). New York: Garland.

Trueba, H. T. (1994). Reflections on Alternative Visions of Schooling. *Anthropology and Education Quarterly, 25*(3), 376–393.

Tylor, E. B. (1970). *Primitive Culture: Researches into the Development of Mythology, Philosophy, Religion, Language, Art, and Custom*. London: Murray. (Original work published 1871).

Valle, V., & Torres, R. (1995). The Idea of Mestizaje and the "Race" Problematic: Racialized Media Discourse in a Post-Fordist Landscape. In A. Darder (Ed.), *Culture and Difference: Critical Perspectives on the Bicultural Experience in the United States* (pp. 139–153). Westport, CT: Bergin & Garvey.

Varenne, H., & McDermott, R. (1998). *Successful Failure: The School America Builds*. Boulder, CO: Westview.

Vico, G. (1968). *The New Science of Giambattista Vico* (rev. ed.) (T. G. Bergin & M. H. Frisch, Trans.). Ithaca, NY: Cornell University Press. (3rd ed. published 1744).

Wenger, E. (1999). *Communities of Practice*. New York: Cambridge University Press.

Wiggington, S. (1986). *Sometimes a Shining Moment: The Foxfire Experience*. Garden City, NY: Anchor.

Williams, R. (1983). *Culture and Society*. New York: Columbia University Press.

Willis, P. E. (1977). *Learning to Labor: How Working-Class Kids Get Working-Class Jobs*. New York: Columbia University Press.

Wills, J. S., & Lintz, A. & Mehan, H. (2004). Ethnographic Studies of Multicultural Education in Classrooms and Schools. In J. A. Banks & C. A. M. Banks (Eds.), *Handbook of Research on Multicultural Education*, (2nd ed., pp. 163–183). New York: Macmillan.

Witherell, C., & Noddings, N. (1991). *Stories Lives Tell: Narrative and Dialogue in Education*. New York: Teachers College Press.

第二章 社會與教育實務中的文化

教室中的種族、階級、性別與特殊性

Carl A. Grant & Christine E. Sleeter　著

陳枝烈　譯

　　學校已成為爭辯的聚焦之處,例如:應教些什麼?課堂上應如何安排與組織學生?教師應如何培育?應制定什麼可接受的標準?這些標準由誰制定?進入二十一世紀後,社會的一些發展與緊張,已使得這些學校教育上的爭辯更火上加油了。

　　首先,911攻擊事件與對伊拉克的戰爭,讓愛國意識逐漸抬頭,並厭惡那些批評美國文化與政策的人士。作為一種改革運動,多元文化教育批評美國國內與全球的種族中心主義、性別中心主義與社會階層化的其他形式。但在繼911與伊拉克戰爭之後,「美國站起來」(United We Stand)的標語到處張貼於汽車、牆壁、圍牆與建築物內部等等,而那些常常提出質問的人變得沉默了。例如,竭力主張世界貿易中心(World Trade Center, WTC)救援行動人員應是包含不同種族,所以聲援WTC紀念碑的雕像應包含多民族的救援者,而不是全為白人。但是,這件事被以「政治正確」(political correctness)的理由反對而終告失敗。美國信託人與畢業校友協會(American Council of Trustees and Alumni)出版了一份報告,指責美國大學人員對恐怖攻擊事件所做的回應是軟弱的,這種指責是因為大學人員對美國的政策提出了許多質疑(Gonzalez, 2001)。像加州的國會女議員Barbara Lee與演員Danny Glover等人就被強烈批評,批評他們質疑公民素養與美國對恐怖行動所發動的戰爭。在美國國內與國外,同時有對恐怖行動的譴責及質疑美國政策的兩種聲音,尤其是這些質疑會被烙印為在幫助恐怖行動。這種兩難的情況使許多人只好保持沉默了。

　　其次,美國因為移民的關係,其國內的民族與種族多樣性已面臨大幅成長,而且有愈來愈多公開的辯論,討論所謂多樣性的意義應是什麼?在2000年,美國有75%的人口為白人、12%為非裔美國人、4%為亞裔與太

平洋島嶼居民、1％為美國原住民、2％為混種、6％是其他的種族。大約
有12％的人口將自己歸類為西班牙裔（U.S. Bureau of the Census, 2000）。
在許多城市，白人不再是多數族群，在加州與夏威夷的公立學校中，沒
有哪一種族或民族是多數族群，1990年代移入美國的人口中，約有一半是
來自中南美洲及加勒比海地區，最大的數量是來自墨西哥（"Foreign-Born
Population", 1998）。雖然有86％的美國人口在家只說英語，但也有14％的
人在家是說英語以外的語言。

在911之後，公眾對多樣性的意見已快速地變成負面的，特別是對阿
拉伯血統的人，依據蓋洛普（Gallup）的調查，有58％的美國人認為，阿
拉伯裔美國人比其他國民更應接受較嚴格的安全檢查；49％認為，應對阿
拉伯裔美國人製作特別的身分證。其他調查也發現，有31％的回答者認
為，應把阿拉伯裔美國人放在臨時收容所中（Sen, 2002）。另一方面，許
多日裔美國人的社區則主動地支援阿拉伯裔美國人，因為他們記得六十年
前日本人所受的待遇。

第三，學校的工作正逐漸受到快速成長的標準與測驗運動所控制，這
股運動源於《國家在危機之中：教育改革的必要》（A Nation at Risk: The
Imperative for Educational Reform）報告書，這本報告書是由美國國家卓越
教育委員會（National Commission on Excellence in Education, 1983）所撰
寫的，它警告說，美國在世界的傑出地位已經被教育機構的平庸表現所吞
蝕。所以，提高學生成就水準的呼籲，促使1989年George Bush總統於維
吉尼亞州Charlottesville召開教育高峰會議，而公布了國家2000年的教育目
標。其中規定在2000年時，美國的每一位兒童在學業成就方面應達到一個
嚴謹的標準。在1990年代初，訂定全國的標準經過短暫的發展之後，寫作
能力的標準很快地發展到各州。在州的層級方面，任務小組在全國各州
寫下並詳述老師與學生應達到的表現，而且特別將測驗的系統引進到地
方。在聯邦層級則是激勵了「不讓每一個孩子落後」法案（No Child Left
Behind Act）的通過。正如一位副校長告訴我們說：「在我們學校中的每
一件事都受到測驗的掌控。」許多多元文化教育的倡導者發現，多樣性與
均等很快被關注標準與學生的測驗分數所取代。同時，大學卻逐漸主動致
力於促進多樣性，由於多元文化研究與課程的數量也快速成長（Banks &
Banks, 2004），推動了一些與重要政治及經濟領導者顯著不同的觀點。

第四，學歷的逐漸提升並未伴隨著生活品質的提升，跨國性的企業為了降低薪資，把工作機會出口到第三世界國家，使得許多美國中產階級與工人階級面臨了生活水準的下降，造成貧窮人口上升，特別是女性與兒童。與戰後經濟繁榮的情形比較，1980年代與1990年代，美國人必須學習到因物資缺乏而移居、工作機會減少了、物價上漲、許多人的收入下降，白人中產階級家庭面臨了過去貧窮家庭所必須承受的辛苦日子（Newman, 1993; Rivlin, 1992; Shor, 1986）。

在1983到1995年之間，雖然收入的後95％人口的平均所得下降，但美國前1％最富有家庭的平均淨所得卻成長17％，美國最貧窮的40％家庭下降到1983年的79％（Collins, Leondar-Wright, & Sklar, 1999）。在1970到1987年之間，白人與非裔美國人之間的教育落差從二‧三年縮短到三個月（U.S. Census Bureau, 1989），而且持續維持在三到四個月之間（U.S. Department of Education, 1998）。然而，在此同時，貧窮與失業對有色人種社區的衝擊卻遠大於白人社區（U.S. Census Bureau, 2000），有色人種社區面臨了法律保護的挫敗，例如，加州通過187議案（目標在抑制移民人數）、209議案（目標在取消獎勵僱用少數民族）、227議案（目標在取消雙語教育）。監獄變成一種成長的企業，興建監獄的數量遠多於醫院和學校（Zukin, 1995）。

許多有色人種領導人認為，監獄人口的暴增是一種新的奴隸形式，是有色人種年輕失業男性的倉庫。事實上，在1977到1985年之間，監獄的人口幾乎成長了三倍，其中有70％的新囚犯是非裔美國人、拉丁人或其他非白人的少數民族，這就是不重視將拉丁人歸為白人的事實（Chanse, 2002, p. 3）。即使是亞裔美國人，雖然過去被標定為模範族群，但也不是如媒體所稱，都是一律成功的。過去常認為日裔美國人是少數群體中最常成功的模範這種刻板印象，現在也引來了一些直率的批評（Jiobu, 1988; Omatsu, 1994; Suzuki, 1989; Takaki, 1989）。

另外，美國殘障人士的遭遇也是有得有失，雖然特殊教育的服務已擴展到學校中的學生，但除了受經濟衰退的嚴重衝擊外，也受學校中標準提升的威脅。而美國殘障者法案（Americans with Disabilities Act）通過的勝利，使得殘障人士免於被歧視。於此同時，大部分殘障成年人不是失業就是被僱用為兼職員工，其所得常是低於貧窮水平。例如，在1998年，只有

三分之一的殘障高中畢業生被僱用（McNeil, 2000）。

更甚者，國內的社會問題（例如，藥物使用與青少年懷孕）似乎集中在對福利事業的依賴。美國的中產階級逐漸流為只在關心他們是否能維持自己的生活水準，而較少去關心那些貧窮的人。當學校教育逐漸把學生的就業當成首要的任務時，對取得好工作的競爭卻愈來愈熱衷，似乎已較少關心教育的最終目標。

以上所說的現象可能不會在你的班級之中，但是，那些父母遭遇此處所討論的緊張經驗的學生卻在你的教室中，而且社區與企業領導人和受壓迫群體的發言人等都表示，他們堅信學校應去討論這些議題。你也可能在媒體上接觸到環繞這些議題的報告，例如，當加州與紐約州正在力戰多元文化的課程應是什麼，而且大學也開始要求多元文化課程之際，卻有一些評論指控少數民族團體正在企圖分化自己的國家（Schlesinger, 1992）。多元文化教育學者則批評大部分的課程只是在粉飾多元文化（Sleeter & Grant, 1991），而且藉著支持歷史的不公平態度，掩飾了對弱勢團體真正的關心。

學校教育的爭辯主軸在於，學校的目標到底應在培育學生就業或是培養公民，這兩個目標孰重孰輕。學校本應兩者兼重，但是近來有更多的談話卻認為，學校應強調職業培養與測驗分數。國家應為我們自己和孩子做些什麼，我們正面臨挑戰與問題。有限的資源應如何分配，才能實現我們的多樣性，並提供每個人想要的美好生活。我們應如何對學生說明，不是每個人都能找到好工作的這個事實？而且，誰能決定教導來自不同背景孩子的最有效方式？

若問學生為什麼想當老師，學生們最常回答的理由不外以下三者之一：(1)愛小孩；(2)想幫助學生；(3)想使學校變得比他們當學生時更有活力。假如你是因這三個理由之一而選擇了教學專業，則希望你能了解以上所描述的人口與社會趨勢，而且也要了解你的愛與幫助不只是滿足部分學生，而是要滿足全部的學生。

本章將討論種族、階級、性別、語言與特殊性在班級生活上的重要性，並且提供在教室中處理這些議題的模式。

　　試問自己，你知道關於種族、階級、性別、語言與特殊性如何在班級生活中應用？關於這些概念的意義，你能寫出一、兩段文字來說明嗎？你的同學所寫的內容與你的有什麼異同？你認為這些社會組織影響你的教學有多大？如果你與你的同學組成小組進行討論，當你密切地去聽每一個人的談話，你將發現，這些動力的重要性或許有些明顯的差異。這個練習並不再顯示你有不同的觀念與解釋，而是希望你清楚地想想你對學生進行教學時，如何進行均等與卓越的教學，你的觀點與解釋是什麼？

　　種族、社會階級、性別是常被用來建構人類社會類別的概念。例如，在你的大學申請表中，你會被要求寫出你的種族、民族、性別、特殊性與父母的工作地點，大部分的機構都想知道這些訊息，它提供這些機構有能力去分析並報告任何或所有與你的特質有關的資料。社會學家在研究學校的實務時，經常依照種族、階級、使用的語言、性別而提出報告結果。身為老師，去了解種族、階級、語言、性別與殘障的動力會如何影響你的知識與認識你的學生，是很重要的事。同時，對你而言，整體而不是個別地思考這些動力也是重要的。因為你的每一位學生都具有多重族群的身分，而這些同時的身分，在社會中會具有交互的動力，而影響學生的知覺與行動。

　　例如，在班級中，某個男孩不只是位亞裔美國人，也是男性、中產階級、說本土的英語，但不是一位殘障者。就民族而言，他是一位邊緣族群的成員，而從性別與階級族群方面而言，他曾是壓迫者。所以，他的觀點與植基此觀點的行為，就會與一位中產階級而說韓文的亞裔女性美國人不同，也與一位下層階級而第一語言為苗語的亞裔美國男孩不同，這個男孩同時也患有脊柱裂（先天性椎骨背側閉合不全）的病徵。老師若不能統整地思考種族、社會階級與性別聯結的影響力，將導致過度簡化或曲解學校中所發生的事情，而且，也會在執行教育均等與卓越的學校工作上產生一些不適當或簡化的策略。例如，你可能發現，老師會假設（經常是錯誤地）墨裔美國學生對彼此會產生強烈的認同，且會以較相同的方式去看待一些議題；或是假設非裔美國男學生與非裔美國女學生具有相同的目標與觀點。

對於師資培育機構的學生，我們通常在一開始上課時，就要他們自我檢視在接受學校教育、信仰宗教與工作過程中所接觸過的社會文化團體。因為你若愈能坦誠地去思考對那些不同背景孩子的熟悉度，就愈能準備好開始向那些你較不熟悉的人學習。如果你自己假設對不同背景的學生已經了解很多（但實際上你卻了解得很少），那就會限制你的能力，而不易獲得成功的教學。所以，如果你願意去認識那些你不熟悉的人，那麼在認識的過程中，你就是在學習。

多元文化教育的模式

依照多元文化教育的五種模式之一，教育工作者常會與有色人種學生、低收入背景學生、白人女性學生在一起。當我們簡略地解釋這些模式時，應先問問自己，哪一種模式最適合你教學時使用。在開始這部分的討論前，應了解兩個重點。第一，篇幅並不允許對每一個模式做完全的討論，若要完全了解這五種模式，請讀者參考《多元文化教育的抉擇：五種對於種族、階級與性別的模式》（*Making Choices for Multicultural Education: Five Approaches to Race, Class, and Gender*, Sleeter & Grant, 2003）。第二，如果發現自己是一個不折不扣的折衷主義者，或者發現沒有哪一種模式能適合你的教學風格，這都沒有關係，只要你不是騎牆觀望就好了，因為優柔寡斷、不知滿足、挫折的教學風格與技巧，都可能使學生感到混亂。想成為一位學生心目中有動力的老師，則需要認真想出一套教學哲學以激勵學生，好的教學就得完全了解自己在教室中做什麼，為什麼這樣做，以及你將如何做。

特殊的與文化差異的教學

如果你認為，老師的首要責任是在於培養所有學生能適應現有的學校與社會，並能獲得成功，則此一模式便能適合你。如果有色人種的學生、特殊教育的學生、白人女性學生、說少數民族語言的學生，或低收入學生，在傳統課程的主要學科中是跟不上的，則這個模式特別適合。此一模式的目標在於培養學生擁有傳統美國社會中所需要的認知技能、概念、訊

息、語言與價值，最終能找到一份工作，並在社會制度與文化中發展得很好。老師在採用此一模式時，常藉由先了解學生的成就水準之後才決定是否開始，也就是把學生的成績與成績常模進行比較之後，再努力地幫助落後的學生，使他們迎頭趕上。

許多研究有關不同社會文化族群學生的學習優勢的文獻認為，如果老師能學習去確認並建立學生的優勢，則學生就能更有效率地學習；反之，若老師假定學生就是學不好，則學生的學習就不會成功。例如，有一個以優異表現（high-performing）的西班牙裔學校為研究對象的研究，Reyes、Scribner與Scribner（1999）發現，這些學校具有四種特質：(1)學校積極涉入家庭和社區；(2)學校採合作式的管理與領導，並清楚地聚焦於學生的成功；(3)廣泛地採用文化回應教學（culturally responsive pedagogy），教師認為學生是具有高學業成就能力的，同時認為學生的文化背景是一項有價值的資源；(4)學校採用支援導向的評量方式，即藉由提供可改善教學的資訊，透過這些資訊以採用支援高成就表現的評量。語言敏銳度是這個過程的一部分，這些了解如何建立學生的文化與語言的老師，將會正確地判讀這些孩子的教室行為，然後再調整他們的教學過程，而不會降低他們對學習的期望。

另一個例子是，有關數學成就的性別差異，研究發現，其差異的原因可能是老師提供了適合男性的教學風格。Fennema與Peterson（1987）認為，採取合作而非競爭的方法進行教學時，女孩的數學會學得比較好。最近，Pearson（1992）的研究發現，在大學階段，大部分的女學生較喜歡合作及親密的學習環境。根據對雙語教學的研究評析，Snow（1994）的結論認為，若能把兒童的語言基礎打好，就能對兒童的讀寫能力與認知能力的成長提供一個穩固的基礎。若有一個計畫是把非英語的語言視為一種問題而去矯正它，卻不把該語言視為一種資源去發展，則這個計畫會截斷了說少數民族語言的兒童其入學以後的語言能力。

以學生目前的能力為起點，應用學生所熟悉的教學技術與概念，這是重要的。例如，有一位老師使用這個模式去幫助兩個從大城市來到小型大學城的非裔美國學生，他的方法是讓這二個學生寫信給還留在大城市但成績落後的朋友，以趕上他們的寫作能力。另有一位老師是把她九年級的學生編組，這些學生在代數方面的學習是有問題的，老師允許他們一起合

作，可以彼此支援，而不受班上男生的威脅，經過這種方式社會化的學生，就成為數學成績很好的學生。第三個老師提供二個有學習障礙的學生一些依其閱讀程度而編寫的教材，這些教材含有班上其他學生正在閱讀之教材中的概念。第四個老師將二位英語說話能力有限的拉丁裔學生安置在過渡的雙語教育計畫中。老師們可能認為在班級中只有一或二位學生需要這種模式，但也有可能所有的學生都需要這種模式，特別是如果這個學校是位在內城區。

總之，這個模式的重心是在為學生建立一座橋梁，幫助他們獲得跟一般白人中產階級學生相同的認知技能與知識。這個模式認為，有一個所有學生都應該學習的知識體，所以，老師應該採取任何一種學生可以理解和學習的方法來教導那些知識。

人群關係模式

假如你相信學校的主要目的，是在幫助學生學習和諧地一起生活在這個愈來愈小的世界，如果你相信學生能無視於種族、階級、性別或殘障而相互尊重，以獲致較大的社會平等，則這個模式就特別適合你。因為這個模式就在促進人與人之間的和睦、容忍、接受：「我好，你也好。」

運用人群關係模式可在學生之間產生正向的情感、會促進族群認同、以有色人種的學生為榮、降低刻板印象、消除偏見。例如，一位四年級的老師，他的班級是多種族且是主流的，他在每學期的前兩星期花了相當多的時間，去增進班級中學生的良好人群關係。在學期剛開始時，他採用一種社會活動，去了解學生的友誼型態，並確信每一位孩子都有一個夥伴，他也採用這種活動以發現男孩－女孩的關係是正面或負面的，他應用句子完成活動，以發現學生對他們自己與他們家庭成員的情感。他把這些資料統整在課程的概念中，例如，社會接納與為人處事，降低和消除刻板印象，或提供可以幫助學生喜愛自己或朋友的訊息。而且，他也經常邀請社會中代表各種群體的演講者，來告訴學生他們也是可以成功的。

人群關係模式的課程可說明個體的相異性與相似性。這個模式包含說明學生所屬團體的貢獻，學生曾對各種不同民族、種族、殘障、性別或社會階級等群體持有刻板印象，但這個模式可以提供正確的訊息。教學的方

法包含合作學習、角色扮演、替身或真實經驗，幫助學生發展欣賞他人的態度。這個模式的倡導者認為，它應是綜合、統整幾個學科，而且是普及於學校的各種校務之中。例如，學校在促進性別平等就要有跨目標的作法，如果語文課在教學生認識性別刻板印象，但是在科學課時，女孩子卻不被期待表現得像男孩子那樣好，因而不被鼓勵表現，這種矛盾態度只會再肯定了性別刻板印象。

前述特殊的與文化差異的教學模式，所強調的是幫助學生在傳統的課程中獲得認知技能與知識。而人群關係模式則聚焦在學生對自己與他人的態度和情感。

單一族群研究的模式

我們使用*單一族群研究*這個詞，所指的是針對特定的人類群體進行研究，例如，亞裔美國人研究或美國原住民研究。單一族群研究所企求的是，藉由幫助年輕的一代檢視該族群在歷史上是如何被壓迫，以及該族群所具有的能力與成就，然後來提升目標族群（target group）的社會地位。此一模式與前兩個模式不同，此一模式認為學校知識是政治的，而不是中立的，而且呈現的是當前的歐洲中心、男性支配的課程。此模式在某一特定時間內只專注一個族群，關注它的歷史、觀點和世界觀的整體發展，而不是零散的發展。此一模式也在檢視該族群的現在社會地位、過去與當代的行為及其興趣。此模式的倡導者希望學生發展出對該族群更多的尊敬，而且也承諾為改善該族群的社會地位而付出。

單一族群的研究是導向政治行動與解放。例如，在亞裔美國研究課程的討論中，Omatsu（1994）解釋道：

〔亞裔美國人經驗〕的再定義是要從美國社會的權力與支配的分析開始，它提供了一個方式，以了解圍繞在我們周圍的歷史力量；更重要的是，它代表一種為改變我們的未來的策略與挑戰。（p. 33）

依照Westkott（1983）的論點，女性研究之目的在於「改變男性至上主義者的世界」。女性研究修正了過去僅由白人男性所寫關於白人男性的

歷史。女性研究教導學生關於女性所面對的壓迫，提供女性學生關於她們自己的正確知識、目的與理解。對有色人種的學生而言，民族研究提供了明智的攻勢，這個攻勢是為爭取解放與文化完整所做的社會與政治的抗爭（Cortada, 1974）。學生致力於發展Freire（1973）所謂的「批判意識」（critical consciousness）。同樣的，同性戀者、變性者的研究是在幫助學生發展一種意識，而這種意識是關於性取向抗爭的歷史與現代地位。殘障者的研究聚焦於重新架構殘障的意義，就是從缺陷導向轉變為差異導向。

從1960年代後期到1970年代早期以來，學者對於各個受壓迫族群所做的研究，已經累積了相當可觀的數量，也試圖藉由這些研究重新勾勒各學科的概念架構。例如，非洲中心主義學者就將非裔美國人的歷史時間起點由黑奴時代重新定義為古非洲，並著手改寫非裔美國人的歷史故事。歷史的起點若由某一特定族群開始，而不是由歐洲白人開始，就會使人以非常不同的角度看歷史事件。某一族群的故事可能由亞洲開始，然後向東遷移；或由中南美洲開始，然後向北遷移；或從歐洲開始，然後向西遷移；或就是從此地幾千年前的美洲大陸開始。進一步說，看待一個族群若從其優勢的立場開始〔例如：非洲文明（Gates, 1999）〕，之後被征服，現在則要重建該優勢；而不是從其弱勢的立場開始（例如：奴隸），而現在正要興起。這兩個立場所看到的歷史是不同的。

單一族群研究的課程應包含與該族群〔例如：非裔美國人的歷史、奇卡諾（Chicano）文學、殘障研究等〕相關的歷史與文化的單元。單一族群研究的課程會教導學生該族群成為受迫害者的原因，如何奮鬥以爭取尊敬，和這個族群目前所面臨的議題。很重要的是，這個課程的內容應植基於曾對該族群有深度研究的人所發表的學識，而不是依老師個人認為重要性與否而加以取捨。

自1980年代後期開始，有相當多的報導和討論是關於非洲中心主義的課程與學校。如《教育週刊》（*Education Week*）的報導：

> 在亞特蘭大、印第安納波里、密爾瓦基、匹茲堡、華盛頓，與其他城市的學區，正以不同的階段採用令人鼓舞的非洲中心主義計畫。而在奧瑞岡州的波特蘭學校系統中，則是藉由課程開發來進行。
（Viadero, 1990, p. 11）

因為學校無法成功地教育非裔美國兒童，所以，非洲中心主義學校進行了一連串的嘗試，以實踐單一族群研究模式。在1990年代，非洲中心主義的學校受到相當多的報導。Ratteray（1990）指出，目前有超過四百所獨立的非裔美國人學校，但只有少數是超過一百年的校史。這些學校的主要主張是：「即使在廢止對黑人歧視的地區，當前的實務是將非裔美國男性排除在主流文化之外」（Leake & Leake, 1992, p. 25）。Pollard與Ajirotutu（1999）在密爾瓦基的非洲中心主義的中學所做的一項五年研究中也指出，某個程度而言，非裔美國女性也遭到排除，他們發現最大的問題是頻繁的人員重組，使得一連串學校改革的實踐產生困難。在過去五年，學生就學率改善了，休學與曠課率下降了，學業成就有進步也有退步。他們所做的主要建議是，這類學校需要有穩定的人員，需要有一貫的人員發展計畫，並由一個視野清晰的行政團隊領導。

這樣的發展已引起許多論戰，許多非裔美國教育學者堅持認為，他們是「西方殖民歷史與學術模式」的矯正者，他們使非裔的美國學生發展了強烈的自我概念；反對者則堅持認為，這些課程太政治化而且曲解了真實（Leo, 1990）。從我們的觀點而言，所有課程與學校計畫都是政治化的，而且試著要教一些從某人的觀點而言是真實的內容。至少非洲中心主義的課程比起傳統的歐洲中心，男性支配的課程是較直接的。

雖然單一族群研究的主要焦點是集中在課程層面上，但是，對於目標族群有益的教學方法也是他們所關注的。例如，女性研究計畫已發展出著名的「女性主義教育學」（feminist pedagogy）（參見第七章）。這種教學模式是想讓學生增權賦能。其主要的觀念是因為在傳統的教室中，女性是接受其他人的觀念而社會化。藉由閱讀那些主要是由男性所編寫的教材，並提供了一些男性對世界的解釋，女性所學習到的就不是從自己的觀點去解釋世界。在女性主義觀點的班級中，女性學習到相信並發展她們自己的見解。女性主義的老師會提供一些閱讀的教材，並鼓勵學生進行討論，以反省教材中的內容。「從自己、老師、知識的仲裁者變成是學生與老師、教材的互動」（Tetreault, 1989, p. 137）。在此過程中，這種討論與個人的反省是重要的。

總結而論，單一族群的模式其目標是朝向社會變遷，它挑戰了學校中正常所教的知識，此一模式聲稱，這些知識受到有財富的白人男性所控

制。此模式係對受壓迫族群的深度研究，其目的在於對該族群的成員增權賦能，並使他們發展出以族群為榮的意識，另外也幫助支配團體的成員了解他們自己的歷史。

多元文化教育的模式

多元文化教育已成為教育學者在描述文化多元主義教育最常被採用的名詞，我們採用此名詞為一特定的模式，此模式是多元文化教育理論家最喜愛的，此模式綜合了許多來自前三種模式的觀念。

這個模式的社會目標是在降低對受壓迫族群的偏見與歧視，為所有族群的均等機會與社會正義而努力，並完成不同文化族群成員之間權力的平等分配。多元文化教育模式是要為所有的孩子改革整個學校教育的過程，不論這個學校是全白人的郊區學校或是多種族的市區學校。依文化多元主義及均等的原則加以改革的學校，將促進更廣泛的社會改革。

當學校中的各種實務與過程被重建，則學校就塑造了均等與文化多元。例如，課程是依每一學科的概念為基礎加以組織，但是，評述這些概念的內容則是取自幾個不同的美國族群的經驗與觀點。如果你是教文學的，你就選擇由不同族群成員所寫的文學作品，這不但可以教導學生了解非白人族群也有文學作品，而且可豐富文學概念，因為如此可以使學生學到不同的文學形式，對所有的作品而言這些形式是相同的。例如，藉由閱讀《菲莉塔》（*Felita,* Mohr, 1990）中的波多黎各女孩、《龍翼》（*Dragonwings,* Yep, 1975）中的中國女孩、《蠍子》（*Scorpions,* Myers, 1990）中的非裔美國男孩、《偉大的霍普金斯》（*The Great Gilly Hopkins,* Paterson, 1987）中的歐裔美國女孩，與《來自伊朗青少年難民營的吶喊》（*Teenage Refugees from Iran Speak Out,* Strazzabosco, 1995）中的伊朗年輕人，就可以檢視各民族在白人支配社會中，為了自我發現與文化連接所做的奮鬥。

當你想描寫所選擇之族群的貢獻與觀點時，則需要由該族群描寫他們自己，且主動呈現該族群，這一點是相當重要的。這需要學習不同族群的知識，並且知道該族群重要及有意義的文化是什麼。例如，某個老師想教幾個著名的美國原住民人物，那麼他就須先徵詢不同部族成員的意見，了解他們最希望哪些人物是被傳頌的，而不要一味地把Pocahantas、Kateri

Tekakwitha或Sacajawea介紹給學生。因為以原住民的觀點，這些人物對白人利益的服務遠大於對原住民利益的貢獻。另外，非裔美國人也逐漸受到關心，因為我們常認為該族群的英雄是非裔美國運動員和娛樂界人士，而不是那些在科學或文學已表現得很好的非裔美國人。

　　採取這個模式的教學前提，要假設學生們有能力學習複雜的技巧，及以高層次的技巧來表現。教師教學時，應發現並建立每一個學生擁有個人獨特的學習風格。教師應採用學生帶到學校的概念基模（思考方式、世界觀知識），應鼓勵採合作學習方式，而且在一個非男性中心的班級管理理念下，平等地對待男孩和女孩。盡可能僱用各種族群的人員，而且要以無刻板印象的態度交付給他們責任。不要只教一種語言，所有學生至少應是雙語的。多元文化教育模式倡導整體學校的改革，使學校反映出族群的多樣性，而且倡導在學校中公平地對待各種文化族群的學生，而不分是否為特殊族群。

多元文化教育與社會重建主義者

　　回顧本章先前已提到的各種社會不均等的形式，多元文化教育與社會重建主義者比起其他的模式，在處理植基於種族、社會階級、性別、殘障的壓迫及社會結構不平等時更直接。它的目的是在培養未來的公民重建社會，所以，它就對人類所有族群做出更大的利益，特別是有色人種、窮人、女性與殘障者。Grant（1978）解釋多元文化教育這個名詞時認為，整個教育計畫是設計來反映對各種族群（種族、階級、性別與殘障者）的關心，它的方向與焦點是在整個教育過程。社會重建主義企求重建社會，在種族、階級、性別與殘障者中創造更多的平等。這個模式也探討隱藏在全球經濟下的民族與權力的關係。它引用George Bernard Shaw具穿透性的見解，他宣稱：「以你所見，你們說：『為何如此？』但我所夢，卻從未如是，我要問：『有何不可？』」

　　如前所述，這個模式擴充了多元文化教育的模式，在課程與教學方面，這兩種模式非常相似。然而，多元文化教育與社會重建主義卻有四項獨特的作法。

　　第一，學校應主動地實施民主。使學生閱讀美國憲法及聆聽有關行政、立法、司法三個政府部門業務有關的演講，只是學習民主的一種被

動方式。學生要學習民主，就必須生活在其中，其意義就是，學生在教室中應有機會去管理（direct）他們的學習，並且學習如何對該管理（direction）負責。這並非意味教師放棄管理教室中的學生，而是教師在引導學生使其學習如何學習並發展明智做決定的技能。Shor（1980）說，這是在幫助學生使其成為教室中的主體而不是客體。Freire（1985）說，此舉將培養出這樣的個體：「將自己塑造成具有反省行動的個體，而不是被動的男人（和女人）。」（p. 82）

第二，學生學會如何分析在他們生活情境中的制度性不平等。Freire（1973）區分出三種意識：批判意識（critical consciousness）、神奇意識（magical consciousness）和素樸意識（naive consciousness）：

> 批判意識依其經驗的存在來解釋原因，以及與環境相關的事物與事實；素樸意識自認能超越事實、操控事實，因此就讓素樸意識自在而不須去理解現實；相對的，神奇意識僅去理解事實，並將事實歸因於至高無上的權力，所以神奇意識會被控制而且必須順從。（p. 44）

換言之，具有批判意識的人希望知道世界真正是如何運作的，而且願意為他（她）自己仔細地分析這個世界。而具有素樸意識的人就不會那樣做。若具有神奇意識的人，就會假定人是無法理解或影響這個世界，而就任由事情發生。具有素樸意識的人就會假定一些因果關係，這些因果關係是人想去假定的，或已經存在的，但卻不會去調查或批判思考這些因果關係。

Freire（1973）論稱，在一個階層化的社會，大部分的大眾是具有素樸或神奇意識，就如精英分子希望他們這樣子去認識世界。這些人不是相信他們沒有力量去改變世界運作的方式，就是相信他們的問題與所處的權力階層位置沒有關係。例如，學生被教導一些觀念：教育是通向成功的路徑，如果學生遵從教師的教導，並完成他們的工作，他們就會成功。然而，研究指出，許多順從學校校規與老師要求的有色人種學生，仍然沒有接受到可以讓他們成功的生涯輔導與學校教育（Grant & Sleeter, 1986）。尤有甚者，白人男性的教育結果都優於其他族群的學生。例如，在1997年，四年高中畢業的白人男性全職工作者，平均薪資為29,298美元，但是，具有相同教育水準的黑人與拉丁裔男性全職工作者，其平均薪資則為22,440

美元和22,253美元。在女性全職工作者方面，其數字分別為17,166（白人女性）、15,789（黑人女性）與15,949美元（拉丁裔女性）（U.S. Bureau of the Census, 1989）。這個模式會教導學生去質疑他們從其他的資源所聽到這個社會是如何運作的，去分析像他們這樣的人的經驗，以便更完全了解真正的問題是什麼，而能培養他們自己去改變不公平的社會過程。

第三，使學生學到能使用社會行動的技能。Bennett（1990）解釋，「社會行動技能是身為公民主動參與所需的知識、態度與技能。」（p. 307）在此模式中，學校被認為是一個實驗室或訓練場，以培養學生更具有社會主動性。Banks（1994）說，受壓迫的民族

> 也必須發展政治效能感，也應由教師教他們如何不用暴力與排斥，去爭取從權力的社會行動策略中學得實務……設計來幫助解放邊緣化民族的課程應強調社會行動的機會，使學生具有獲得和使用權力的經驗。（p. 216）

例如，有些提供給小學生閱讀的故事，就會處理到歧視與壓迫的議題，也會建議一些處理這些問題的方法。應教導各種年齡的學生辨識，在他們的社區當中所販售的男性中心的產品叫作廣告，以及如何採取行動以鼓勵廣告商停止這類廣告。這個模式的倡導者並不期待兒童能重建世界，但是，他們希望學校教導學生如何去盡自己的本分，幫助這個國家在各個生活層面達成卓越與均等。

第四，為各種受壓迫族群架構互通的橋梁（如窮人、有色人種、白人女性），使他們能一起工作，促成其共同的利益，這是重要的，因為此舉可以增強對壓迫的抗爭。然而，讓各種族群一起工作是困難的，因為各族群的成員常認為他們必須建立一些目標，而這些目標對其他族群來說是其次的。進一步而言，許多種族發現，他們自己在區分性別與階級時，所有有色人種的中產階級男性都無法真心地關心自己族群中的女性和低階層的成員。Childs（1994）敘述到「跨團體」（transcommunal）組織，例如，在洛杉磯的非裔美國人／韓國人聯盟就是由不同族群一起去認同於共同關心的事務。Albrecht與Brewer（1990）的《權力的橋梁：女性的多元文化聯盟》（*Bridges of Power: Women's Multicultural Alliances*）一書提到，女性在聯合跨種族與社會階級的族群時所面臨的事務與議題。

現在，你對於這幾個可用來教導多元文化教育的模式應有一些想法了。哪一個最適合你的教學哲學和風格？同等重要的問題是，哪一種模式最能幫你促成教育的卓越和均等？本章接下來將提供一個例子，說明一個老師如何在她的班級中促成卓越與均等。

Julie Wilson 女士與她的教學模式

以下的例子描述Julie Wilson女士幾天的教學生活，Julie Wilson是第一年在中大型的城市擔任教師。你認為，Julie Wilson女士正使用哪一種多元文化教育的模式？你同不同意她的教學行為？假如分派到她的班級，你會做什麼？

5月23日

Julie Wilson女士剛考完她在州立大學的最後一次考試，但這一切卻令她既喜且憂。當她走回她的公寓時，她對於明年的這個時候應身在何處開始猶豫起來。到目前為止，她至少申請了十個教職，且面試了三次。當她走進公寓大樓，她停了下來，並查看了一下信箱，發現了一個寫給她的厚大白色信封，塞進那小小的信箱中。她迫不及待地將信封拆開，快速地讀了信上的第一個句子：「我們很高興能提供你一個教職的機會。」Julie興奮地跳起來，一步跳三個台階，飛奔地進入公寓，揮舞著信封對著她的室友說：「我找到工作了，我要去Hoover小學教書了，這是我第一份工作，是一個五年級的班級！」

Hoover小學是廢除種族隔離計畫的一部分，它集合了來自城內幾個不同地區的學生。Hoover小學坐落在都市新興區，是一所市政府投資了相當多的時間、精神和經費的學校。市政府希望把白人從郊區遷回市區，並鼓勵有色人種的中產階級留在城內，他們也希望改善窮人的生活機會。因為校長希望聘請曾有與各種族群學生成功互動紀錄的老師，所以Julie就被聘請來了。Julie的畢業平均成績是3.5分，且在她實習的經驗中曾服務過各族群的學生，她實習期間的合作老師與大學督導教授，在推薦函中給她很好的評語。Julie也曾在大學最後兩個暑假，在一個學生來源多樣化的夏令營中，充當輔導員。

🧩 8月25日

Julie對於自己的教室滿意極了，她花了暑假的最後三天時間，充分地準備開學第一天的工作。她溫馨準備了盆栽、壁報、金魚缸，還有一張舊搖椅，以增添這間具吸引力的教室。教室裡還寫著一張大標語：「歡迎五年級的小朋友。」明天可真是個大日子呢！

🧩 8月26日

Julie的班上總共來了二十八個小朋友：十五個女生、十三個男生。他們當中有十個白人小朋友、二個苗族小朋友、六個拉丁裔小朋友、九個非洲裔小朋友、一個波西尼亞裔小朋友。三個小朋友有學習障礙，還有一個坐著輪椅。來自中產階級的小朋友有十一個，九個來自勞工階級，剩下的八個小朋友則來自非常貧窮的家庭。小朋友一走進教室，Julie便露出了一個大大的微笑，並且向他們熱情地說哈囉打招呼。她問清楚了每個小朋友的名字，也向小朋友介紹自己的名字。之後，Julie要所有小朋友按照桌上的名牌找到自己的位置坐好。

上課鐘聲響了，Julie向全班的小朋友介紹自己，她告訴小朋友，大部分的夏天時間她人在英國，那時她常想像著自己會有這麼一天，真正當上老師的第一天。Julie簡短地跟小朋友說著自己到過英國的哪些地方，還在地圖上把這些地方指出來。她藉著介紹幾件有關她家庭的事情，作為自我介紹的結語。Julie的父母親在威斯康辛州擁有一個酪農場，她還有一個哥哥叫Wayne，兩個妹妹，分別叫作Mary與Patricia。Julie問到是否有學生是新到這個學校來的。Lester，一位非裔的小男生舉起了他的手；另外還有一位苗族的小女生，Mai-ka；一位波西尼亞裔的小女生，Dijana；兩個拉丁裔的學生，Maria與Jesus。Julie問Mai-ka是否願意告訴大家她的全名，她暑假是怎麼過的，及一件她最喜歡做的事。接著，Julie問了四個小朋友相同的問題。在這五個小朋友完成了自我介紹之後，Julie邀請其他小朋友也做相同的事情。Julie在小朋友的自我介紹之後，請Lourdes向Mai-ka、Maria、Dijana、Jesus與Lester等小朋友介紹Hoover小學。在聽了小朋友的自我介紹之後，Julie才知道，Dijana與Jesus兩個人都是剛移民到美國，而且兩人的英語都說得不是很流利。為了幫助他們，Julie找了另兩位小朋友

作為他們的夥伴。另外，Julie也了解在他們學習英語時，她需要想出一個好的夥伴制度，而且也需要幫助，以使她的教學容易接近學生。

在開場的自我介紹結束之後，Julie開始與小朋友討論五年級的重要性，以及五年級是如何特別。她說，在五年級與這個班將會學到許多知識，而且也有許多趣事。當Julie在說明時，小朋友們也都很專心聽，Julie散發出溫馨與權威。當Julie說到困難的工作時，有些小朋友面有難色地看著彼此，但是當她提到「許多有趣的事」時，全班就恢復精神，而且互看著對方，臉上也露出燦爛的笑容。

Julie在大學上教育概論課程時，建立了她自己的教育哲學。雖然她不斷調整自己在教學方面的方法，但是她最基本的哲學信念卻仍未曾改變。她的主要信念之一是，學生應主動參與計畫並形塑自己的教育經驗。她相信，這個信念對五年級和十二年級來說都是一樣重要的。

Julie問班上小朋友，是否準備好要來制定一些班級管理的規定，例如：班規、小幫手紀律守則、班會時間等等。班上小朋友熱切地回應著，對小朋友而言，第一件想做的事是決定班規，幾個小朋友馬上自願提供規則：

「不准偷東西。」

「不准向遊戲場丟石頭。」

「不准在鐘聲響後削鉛筆。」

「不准打架。」

當小朋友提供了一些意見，Julie就把這些意見寫在黑板上，在提出了十六個意見之後，小朋友們就終止討論。Julie就說：「這些規定似乎都是非常重要的」，之後，她問班上小朋友應如何處理這些規定。有一個名叫Richard的小朋友建議，這些規定應寫在壁報板，並把它掛在教室裡比較高的角落，讓所有小朋友都看得到。另一個小朋友說：「是的，我們去年四年級就是這樣做的。」然而，Willian卻說：「是的，我們去年是這樣做，但在開學的第一天之後，我們就很少遵守這些規則。」Julie向小朋友保證，今年的情況絕對不會再如此，而且班上每個星期都會開一次班會，班會是由小朋友所選出的幹部來運作。Julie接著問小朋友，如果把這些規定用正面的敘述，而不用「不准」或負面敘述，是不是會更有幫助。班上的小朋友同意這種作法，並立即加以修改，例如：「不准偷東西」改成「在借用

東西之前先詢問別人的意見」、「不准丟石頭」改成「丟石頭會嚴重地傷害朋友」，在完成這些班規的制定後，小朋友們就開始選舉班上的幹部。

當班級的管理事務都就緒後，Julie就問小朋友想不想聽老師講故事，小朋友馬上熱切地表示願意。Julie看了一下時鐘，隨後從書桌上拿起了一本書，名為《打破寂靜》（*To Break the Silence*, Barrett, 1986）。這本書蒐集了一些由不同種族背景的作者所寫的各種短篇故事，特別是給年輕的讀者。現在時間已是十一點三十五分了，她很難相信今天早上這麼快就過了。所有小朋友都沉浸在故事之中，除了Lester和Ben這兩位非裔美國小男生以外。Lester與Ben正在畫圖，而且相互地擠眉弄眼，完全不理會班上的其他同學。因為他們兩人都很安靜而且沒製造擾亂，所以Julie就不理會他們了。

午餐之後，Julie給小朋友設計了兩個社會性與學術性的活動，以幫助小朋友互相認識，她讓小朋友進行一個自我概念的活動，透過句子完成活動，要求小朋友表達他們對自己的感覺。之後，Julie讓小朋友玩數學與閱讀的遊戲，藉此非正式地評量他們的數學與閱讀技能。這些活動花掉了整個下午的時間，當學校放學時，Julie與小朋友都很愉快。

當Julie回到宿舍以後，她覺得筋疲力盡，她很快地吃過晚餐及沐浴之後，就疲憊地爬上了床，她把鬧鐘訂在晚上七點，然後就很快地睡著了。

在晚上十點半之前，Julie已經檢查過學生的自我概念活動，並且將她收到的非正式評量的數學與閱讀成績資料，與學校的學生個別追蹤紀錄卡的資料做比較。她仔細思考每個學生的學習表現紀錄、社會背景、種族、性別，以及特殊性。她大聲地說：「我需要趕快做好計畫，來與每一個家長見面，我需要了解學生在家的生活、父母的期望；還有，我得找到一些義工家長。」

Julie於晚上十一點四十五關掉了桌上的檯燈準備就寢，她躺在床上讀了幾頁由Anne Fadiman（1997）所寫的《當魔鬼抓到你，你就完蛋》（*The Spirit Catches You and You Fall Down*）。這本書是描寫一位苗族的小孩與一位美國醫生所經歷的文化衝突的故事。之後，Julie就關上燈，比起前一天晚上，今晚她總算比較輕鬆自在地進入夢鄉。她對今天所發生的一切非常滿意，而且期待明天的到來。當Julie睡著後，她夢到自己的班級，小朋友的臉、名字與背景資料一一地浮現在她的心頭。

十個白人小朋友中，有八個是來自Briar Greek，那是一個中產階級獨棟建築的社區，這些小朋友在所有學科中的表現都至少達到年級水準，甚至超過；而且，每一個小朋友在一些核心科目的表現，至少都達到六年級的水準。因為三年前的一場車禍而坐輪椅的Charles，在閱讀與數學的成績甚至已到八年級的程度。但是，Elaine與Bob在自我概念的活動時，卻屬雜寫了正向與負向的形容詞來描寫自己，這件事令Julie擔心。她必須更加留意這兩位小朋友，以找出問題的原因。

Estelle與Todd是另外兩位白人小朋友，他們大部分的學科成績都落後年級水準半年到一年之間。Estelle已被診斷為學習障礙（LD），但是，他的個人綜合紀錄卡上的資料，對引起此問題的紀錄似乎模糊不清。Julie甚至懷疑，Estelle被鑑定為學習障礙的原因是不確定的。她看過一篇論文，討論到學習障礙的鑑定是社會建構的，而不是醫學條件。

兩位苗族小朋友在各學科的成績表現均能達到年級水準或很接近，但是，Mai-Ki與Chee均在說英語的能力上有些困難。Chee的家在附近開了一家餐廳，聽說他們家的餐廳生意不錯，所以最近在城區又開了一家餐廳。那六個拉丁裔的學生有五個是墨西哥裔美國小朋友，但都在美國出生。Maria、José與Lourdes會說兩種語言，Richard與Carmen則只會說一種語言，日常生活中是以英語為主要語言，Jesus主要是說西班牙語；Maria、José與Lourdes是來自勞工階級，Richard、Jesus與Carmen是來自非常貧窮的家庭。Lourdes、Carmen與Richard的學業成績落後於年級水準至少兩年，José是到達年級水準，Maria與Jesus是落後年級水準一到兩年，Jesus是一年前剛移民到美國。

Lester、Ben、Gloria、Sharon與Susan這五位非裔美國學生，在所有的核心學科成績的表現都落後年級水準兩年。這五個學生也都住在Wendell Phillips的廉價出租住宅區。另外兩位非裔美國學生Shelly和Ernestine則住在Briar Creek，他們兩人所有學科上的表現都在年級水準之上。來自勞工階級的Dolores與Gerard則住在Chatham，一個以非裔勞工階級占多數的地區。Dolores所有學科的表現都在年級水準之上，Gerard的數學成績是落後的，而且，在自我概念的活動中也填寫了幾個負面的形容詞。

最後，最近才剛從波西尼亞移民到美國的Dijana並不能流利地使用英語，所以就無法完全參與日常的活動。令Julie高興的是，Shelly似乎很樂於協助Dijana。不過Julie也了解到，她必須注意Dijana，以確定她是否能跟

得上來；同時，也需要確定Dijana與Jesus兩人應接受測驗，以了解是否要參加「以英語為第二語言」（English as a Second Langnage, ESL）的學習計畫。

Julie班上的小朋友看起來都還聽話順從，而且其家庭態度也非常鼓勵孩子接受教育。

✿5月25日早上7：30

Julie喜歡早到學校，當她到校後，技師Mike總是會泡好一壺咖啡。這段時間是Julie準備一天教學活動的時間。她在這個學校即將教滿一學年，而且對於過去的每件事情，她都覺得榮耀與滿意。校長Griffin先生曾三次正式到她班上拜訪，並且告訴其他人說：「Julie是一位很傑出的老師。」校長也常常給Julie一、兩個小建議，例如：「不需要每天點名，只要靜靜地用眼睛掃瞄就可以了。」或是「博物館有一個以食物及人體為主題的精采展示，你班上應該會很有興趣。」

Julie對於學校中的一些事情也會感到奇怪，例如，學校有許多老師在放學之後就很快地離開，她就覺得好奇。全校有二十位老師，只有五到六位是提早到校或留在學校稍晚一點。更令她感到奇怪的是，她自己或是那些早到或晚退的老師，卻遭到其他人的非議。她也對大量採用學習單和習字單，及多數老師遵照教學指引卻不考慮學習需求的行為而感到詫異。她也注意到了，在學校的人員之中有一個普遍的想法，認為她的教學風格遲早會有問題。

Julie已經在課程上做了一些改變，她採取圖書交換的閱讀辦法，並把語文的知識統整在閱讀教學之中。她會讓小朋友廣泛接觸各種書籍，這些書籍是以不同種族、特殊性與社會經濟階級的人物為主角。在某些故事中，男生和女生都是傳統和非傳統活動中的人物。有些故事則描寫城市和郊區的事情，有些則是以殘障小孩為人物主角。Julie為了蒐集這些書給學生看，花了好幾個月才完成，而且也花了一些費用。但是，一看到學生看書時的喜悅之情，Julie覺得時間與經費的付出都是值得的。Julie確信，她教給小朋友的，都是日後小朋友會被評量的閱讀與語言的技能，她拒絕為了「考試準備」而犧牲了文學課程的豐富性。值得慶幸的是，她的校長支持這樣的作法。

Julie也在教室中弄了幾台電腦，雖然電腦教室就在走廊的另一端，但Julie希望她的學生在平時就有機會使用電腦。當她發現Richard的爸爸經營了一家電腦商店時，她說服了Richard的爸爸借給班上兩台電腦，而且也說服校長Griffin同意以學校的經費買了六台電腦。居住在Briar Greek的幾個學生家裡就有電腦，而Julie發現，Charles與Elaine是電腦高手，就鼓勵他們能幫助其他同學（包含她自己——因為她在州立大學只修過一門電腦課）。這兩人非常喜愛這個任務，而且在放學後，經常有一小群的同學留下來接受他們的幫助。Julie對於Charles與Elaine能擔負這個責任而感到高興。Lester與Ben是Charles最要好的朋友，他們都喜歡電腦，但是Julie相信，他們更喜愛Charles和他的電動輪椅。Julie也常在一些偶然的機會聽到Charles很「酷」（cool）。Lester與Ben兩人的功課都有穩定的進步，Charles也因有這兩個好朋友而雀躍不已。Julie相信，他們之間的友誼讓這三個孩子受益，就連她本人也受益不少。

Julie的數學科教學是建立在兩個原則上：其一是，她建立在學生的思考與經驗上；其二，她尋求社會中的各種脈絡讓學生了解數學所扮演的角色。就是這兩個數學教學的原則指引著她日常的教學。Julie經常帶著她的學生到超級市場、銀行、工程公司等。她也會先確認她所選的公司都會僱用有色人種的男性和女性及白人女性為領導階級。她也請託這些族群的代表能花些時間為她的學生說明他們的角色與責任。在某個場合中，Julie的學生向聯邦政府官員提出了有關美國人口調查的目的，其中一個混血兒就問到：「你們是如何進行人種分類？」

Julie會帶學生到城裡不同區域的超級市場做實地戶外教學，使學生比較市區與郊區產品（例如：水果、肉類、蔬菜）的價格與品質。有兩次，學生還發起了寫信活動，寫信給食品連鎖店的老闆，請他解釋他們的發現。學生們也覺得奇怪，為什麼郊區的瓦斯價格比城內便宜。這就形成結合數學、社會與語文的單元，學生透過寫信與執行訪談，以確認從城內與從郊區運送瓦斯的成本差異，並確認在城內設置加油站的土地租金費用與郊區費用的差異。運用數學的運算技能，使學生了解在考慮租金費用與運送費用之後，城內與郊區瓦斯價格不同的必要性。

Julie也運用報紙和雜誌上的廣告和社論，幫助學生看到真實生活中，男性中心主義、正義、公平等概念的使用情形。Julie通常會給學生補充社

會科課程，她在幾個學科的教科書中發現有偏差的情形，所以，她會在學校所指定的課程資料中，統整一些來自不同種族和民族的歷史與文化。例如，當教到很多年以前地方社區形成時，她會邀請美國女性原住民史學家與白人史學家表達他們對人口遷入的情形，及與此有關的議題及問題的觀點。她邀請非裔美國史學家與拉丁裔史學家來討論目前社區所發生的事情。Julie也讓學生辨識由第三世界國家所做的玩具，她與小朋友們探討許多跨國公司利用童工與廉價工資的手段，藉以創造公司的最大利潤。

在社會科單元中，Julie常鼓勵學生努力進行不同的研究計畫，以提供廣泛的觀點。研究計畫的選擇是依學生的志願，但是Julie會對學生的研究計畫寄予厚望，並堅持學生必須在每一個工作步驟做到最好。她確認在學期之中，每位學生都是計畫的領導人。她也確認要男孩、女孩一起合作。例如，Julie知道，Ben、Lester與Charles經常緊密地膩在一起，而在他們這組中卻一個女生也沒有。她也知道Carmen是獨斷的人，而且擁有一些可用於他們正在執行的這個計畫的知識，所以，Julie就把Carmen與Charles放在同一組。

在年度結束之前，Julie的班與其他五年級的學生比較，她的學生在學區所要求的成就測驗上的平均分數非常漂亮。最令她特別高興的是，班上的新移民同學的傑出表現——Jesus與Dijana，因為他們終於學會如何和班上其他同學在課業上一起學習。在本學期開始時，他們是沉默又害羞的，但是，現在他們已經變得很多話且很好問了。

不過，Julie班上仍然有兩個她尚無法解決的問題，Shelly與Ernestine無法與其他非裔美國小朋友中的任何一位和睦相處，特別是Ben和Lester。來自Briar Greek的兩位白人男孩George與Hank，很難與José和睦相處，而且對Lourdes與Maria，他們的態度更惡劣。Julie對George與Hank的行為大為不解，她不認為這是種族的因素，因為這兩位男孩與Shelly相處得很好。她因這個問題而困擾不已，而且也與學校的諮商員討論過。她懷疑，George、Hank與José、Lourdes、Maria之間的問題，有可能是因種族、階級與性別三種意識所交織的結果。而且Julie也認為，班上的非裔學生之間似乎存有社會階級的問題。

於是Julie決定與這些學生個別談話，在經過談話之後，她發現，Shelly、Ernestine與Ben、Lester的問題是與社會階級及膚色有關。Shelly與

Ernestine的皮膚非常白皙，她們也在白人中產階級為主的社區長大，過去很少與非裔美國學生相處。Ben與Lester是有著深色黑皮膚的小男孩，而且住在很貧窮的地區。Julie覺得，如果她的假設是真的，這個問題的解決就需要別人的幫忙。Julie曾成功地邀請一位非裔美國兒童精神醫師到班上來演講，此舉是在一個藝術課單元中與小朋友談「顏色、態度與感覺」的問題。醫師的演講讓Julie能繼續與Shelly與Ernestine談話，使他們檢視自己的偏見。

在幾次談話之後，George與Hank向Julie承認，他們對任何女孩並不會太在意，但是穿得很好笑而且吃一些非美國正統食物的西班牙裔女孩，總是令人厭煩。Julie為此花了幾個月的時間，使用不同的閱讀教材，並使他們在Julie的指導下，與其他人同一組進行研究，以減低George與Hank的偏見。直到學期結束，Julie仍然認為這個問題尚未完全解決。因此，她與六年級的老師分享了這個難題。

學年結束了，Julie對她的第一年教學生涯感到滿意，她認為她已經成長了，而可以勝任一位教師的工作。她相信，她的大學教授、實習的合作教師、督導教授會給她一個很棒的分數。他們鼓勵她成為一位反省型的老師——承諾、負責任、全心投入教學工作。Julie相信，她有能力成為這樣一位反省型的老師，她以熱切的心盼望第二年的到來。

Julie了解她對不熟悉的事務的敏銳度已經成長了，她計畫在整個暑假都投入一些學習。她逐漸感覺到低收入家庭的學生會對高收入家庭的學生產生怨恨，所以，她懷疑市政府在面對貧窮的問題到底做了什麼。她聽說，美國國家有色人種促進協會（National Association for the Advancement of Colored People, NAACP）與一些拉丁社區領導人、遊民收容所的負責人，正與市議會要去面對這個問題。Julie也想要了解這些團體對城市中的貧窮問題有什麼看法，於是她加入了NAACP，以便能更熟悉這個組織的活動。她也想花些時間與一些拉丁家庭接觸，因為在她教學之前，她從未與拉丁裔成人交談過。她學校的校長建議她應去見見Luis Reyes，他是當地社區中心的管理者，而且能幫她做到這些。另外，對於許多她未學習過的美國境內不同族群的大量背景資訊，她也感到有點無法負荷，所以她決定開始去閱讀這些資料。因為她喜歡小說，像Toni Morrison、Louise Erdrich、James Baldwin與Maxine Hong Kingston等人的作品，她都喜歡。

她也讀Sylvia Plath的《遠鐘》（*The Bell Far*）。

　　從你對Julie的了解，你認為她採用了哪一種多元文化教育的模式？你願意像Julie那樣做嗎？與你的同班同學討論Julie的教學，你會做怎樣的改變？

總結

　　在Julie的班級中，也就如你的班級中，種族、階級、性別與特殊性等特質，是學生天生俱來而無法忽視的特質。為了教學更優異，Julie必須去肯定學生的多樣性，其中的道理何在？

　　第一，Julie必須對學生的身分付出關注，以便幫助他們獲得成功。她必須知道非裔美國男性對美國生活的重要性，才能掌握Lester與Ben的興趣；她需要知道Mai-ka、Chee、Jesus、Dijana先備的學習經驗，才能幫助他們學習英語與學校教材。她必須熟悉學生的學習風格，她的教學效能才會最好。

　　第二，Julie必須對學生的個人與社會需求付出關注，幫助他們把學校視為正向的經驗。有些學生不喜歡其他的學生是因為偏見和刻板印象。有些學生不知道如何與坐輪椅的學生建立關係，或與身體外型、語言使用不一樣的人建立關係。有些學生對自己的能力持負面的態度。這些態度不但影響學生的成就，而且個人的生活品質也受到影響，不論是今日的學生還是日後長大的成人，都會受到影響。

　　整個年度下來，Julie了解學校與社會脈絡的聯結，她記得大學修過一個課程叫學校與社會，但當時並不了解為什麼需要這門課，也記得讀過加諸學校的壓力。這一年期間，她也目睹社會壓力轉化成直接影響其班級資源及課程方針的基金、計畫，與地方上討論的議題。另外，她也了解班上學生與他們自己文化脈絡的聯結程度。例如，非裔美國學生強調他們的非裔美國認同，且不希望被認為是白人，膚色盲的老師認為這是一個困擾的問題，但是對於那些視社區多樣性為一種益處的老師，則認為這是一項優勢。從另一個角度而言，若不去思考移民家庭移民的動機以及學生們所遭遇的壓力，就無法了解這些移民學生在適應環境上的辛苦。

　　Julie也知道，美國的未來是要依靠這些多樣族群的學生，不管他們所接受的教育品質，這些學生將來都會成為美國成人，但是這些人會成為什麼樣的成人，Julie希望他們能成為各領域學有專精的人，是一位思考清晰與具批判力的成人，也是一位具社會正義感及能關心他人的成人。對此，Julie仍有些個人自私的想法：她知道，若要在年老時有很好的生活，就要直接依賴現在這些小孩在他們變成成人時，具有照顧老人的能力。她也知道，自己下一代所賴以生長的社會，也將由這一群小朋友所打造。Julie希望這些小朋友能盡早做好準備，而能成為具良好社會視野的、有生產力的公民。她在不同的時間，選擇運用不同的教學模式，來處理在班級中所看到的問題和需求。Julie所強調也是引導她進行各種教學計畫的模式，就是多元文化教育與社會重建主義模式。

　　在你的班級教學中，你將如何接近卓越與均等？我們可以保證：你的學生在形成自己的身分認同時，各有一部分是依他們的種族、社會階級、性別因素而形成；所有的人都會注意與他們自己不同的人，也會以各種方式來回應那些與自己不同的人；所有人也將在社會中長大，這個社會仍會是有種族中心、男性中心、階級中心的形式。但可以確信的是，你是唯一會去改變這一切的人。

✤✖ 問題與活動

1. 為什麼老師努力讓他的學生達到卓越與均等是重要的？在你的教學中，為了達成這兩個目標，你會做什麼？

2. 在班級生活中，你認為以下這些名詞的意義是什麼？*種族、語言、階級、性別*與*殘障*。你對於這些概念的主張，與你的同班同學有哪些異同？

3. 舉例說明種族、語言、階級與性別交互影響學生的行為？

4. 說出Grant與Sleeter所提出的五種多元文化教育模式的名稱，其每一種模式的假定與教學目標是什麼？

5. 多元文化教育與社會建構模式與其他四種模式比較，有哪些明顯的不同？當教師要在班級中實施該模式時，會遭遇什麼問題？如何減少或解決這些問題？

6. 拜訪一個你所在社區的學校，向幾位老師和校長訪問一些學校實踐多元文化教育的活動和計畫。應用作者所描述的多元文化教育分類法，說明學校採用了哪一種多元文化教育的模式，或結合哪幾種多元文化教育的模式。然後，與你的同班同學或工作夥伴分享你的發現。

7. Julie採用哪一種多元文化教育的模式？你最喜歡她教學的哪一層面？你會改變哪一層面？

8. 你最喜愛採用作者所描述的哪一種模式的多元文化教育？為什麼？

References

Albrecht, L., & Brewer, R. (1990). *Bridges of Power: Women's Multicultural Alliances*. Philadelphia: New Society Publishers.

Banks, J. A. (1994). *Multiethnic Education: Theory and Practice* (3rd ed.). Boston: Allyn & Bacon.

Banks, J. A., & Banks, C. A. M. (2004). *Handbook of Research on Multicultural Education*. San Francisco: Jossey-Bass.

Barrett, P. A. (Ed.). (1986). *To Break the Silence*. New York: Dell.

Bennett, C. E. (1990). *Comprehensive Multicultural Education* (2nd ed.). Boston: Allyn & Bacon.

Chanse, S. (2002). Racefile. *Colorlines, 5*(1), 3.

Childs, J. B. (1994). The Value of Transcommunal Identity Politics. *Z Magazine, 7*(7/8), 48–51.

Collins, C., Leondar-Wright, B., & Sklar, H. (1999). *Shifting Fortunes: The Perils of the Growing American Wealth Gap*. Boston: United for a Fair Economy.

Cortada, R. E. (1974). *Black Studies: An Urban and Comparative Curriculum*. Greenwich, CT: Xerox Publishing Group.

Fadiman, A. (1997). *The Spirit Catches You and You Fall Down*. New York: Noonday.

Fennema, E., & Peterson, P. L. (1987). Effective Teaching for Girls and Boys: The Same or Different? In D. C. Berliner and B. V. Rosenshine (Eds.), *Talks to Teachers* (pp. 111–125). New York: Random House.

Foreign-Born Population Tops 25 Million. (1998, April 9). *Monterey County Herald*, p. A7.

Freire, P. (1973). *Education for Critical Consciousness*. New York: Seaburg.

Freire, P. (1985). *The Politics of Education: Culture, Power, and Liberation* (D. Macedo, Trans.). Boston: Bergin & Garvey.

Gates, H. L., Jr. (1999). *Wonders of the African World*. New York: Knopf.

Gonzalez, R. J. (2001, December 13). Lynne Cheney–Joe Lieberman Group Puts Out a Blacklist. *San Jose Mercury News*. Retrieved May 29, 2003, from http://www.commondreams.org/views01/1213-05.htm.

Grant, C. A. (1978). Education That Is Multicultural—Isn't That What We Mean? *Journal of Teacher Education, 29*, 45–49.

Grant, C. A., & Sleeter, C. E. (1986). *After the School Bell Rings*. Philadelphia: Falmer.

Jiobu, R. (1988). *Ethnicity and Assimilation*. Albany: State University of New York Press.

Leake, D. O., & Leake, B. L. (1992). Islands of Hope: Milwaukee's African American Immersion Schools. *The Journal of Negro Education, 61*(1), 24–29.

Leo, J. (1990, November 12). A Fringe History of the World. *U.S. News and World Report*, pp. 25–26.

McNeil, J. M. (2000). Employment, Earnings, and Disability. Paper presented at Annual Conference of the Western Economic Association International. Vancouver: British Columbia.

Mohr, N. (1990). *Felita*. New York: Bantam.

Myers, W. D. (1990). *Scorpions*. New York: Harper Trophy.

National Commission on Excellence in Education. (1983). *A Nation at Risk: The Imperative for Educational Reform*. Washington, DC: U.S. Department of Education.

Newman, K. S. (1993). *Declining Fortunes: The Withering of the American Dream*. New York: Basic Books.

Omatsu, G. (1994). The "Four Prisons" and the Movements of Liberation: Asian American Activism from the 1960s to the 1990s. In K. Aguilar-San Juan (Ed.), *The State of Asian America* (pp. 19–70). Boston: South End Press.

Paterson, K. (1987). *The Great Gilly Hopkins*. New York: Harper Trophy.

Pearson, C. S. (1992). Women as Learners: Diversity and Educational Quality. *Journal of Developmental Education, 16*(2), 2–4, 6, 8, 10, 38–39.

Reyes, P., Scribner, J. D., & Scribner, A. P. (Eds.). (1999). *Lessons from High-Performing Hispanic Schools*. New York: Teachers College Press.

Rivlin, A. M. (1992). *Reviving the American Dream: The Economy, the States, and the Federal Government*. Washington, DC: Brookings Institution Press.

Schlesinger, A. M. (1992). *The Disuniting of America*. New York: Norton.

Sen, R. (2002). Durban and the war. *Colorlines, 5*(1): 7–9.

Shor, I. (1980). *Critical Teaching and Everyday Life*. Boston: South End Press.

Shor, I. (1986). *Culture Wars*. Boston: Routledge & Kegan Paul.

Sleeter, C. E., & Grant, C. A. (1991). Textbooks and Race, Class, Gender, and Disability. In M. W. Apple & L. K. Christian-Smith (Eds.), *Politics of the Textbook* (pp. 78–110). New York: Routledge, Chapman & Hall.

Sleeter, C. E., & Grant, C. A. (2002). *Making Choices for Multicultural Education: Five Approaches to Race, Class, and Gender* (4th ed.). New York: Wiley.

Snow, M. A. (1994). Primary Language Instruction: A Bridge to Literacy. In C. F. Leyba (Ed.), *Schooling and Language Minority Students: A Theoretical Framework* (2nd ed., pp. 133–164). Los Angeles: Evaluation, Dissemination and Assessment Center at California State University, Los Angeles.

Strazzabosco, G. (1995). *Teenage Refugees from Iran Speak Out*. New York: Rosen.

Suzuki, B. (1989, November/December). Asian Americans as the "Model Minority." *Change*, pp. 13–19.

Takaki, R. (1989). *The Fourth Iron Cage: Race and Political Economy in the 1990's*. Paper presented at the Green Bay Colloquium on Ethnicity and Public Policy, Green Bay, WI.

Tetreault, M. K. T. (1989). Integrating Content about Women and Gender into the Curriculum. In J. A. Banks & C. A. M. Banks (Eds.), *Multicultural Education: Issues and Perspectives* (pp. 124–144). Boston: Allyn & Bacon.

U.S. Census Bureau (1989). *Statistical Abstract of the United States, 1989*. Washington, DC: U.S. Government Printing Office.

U.S. Census Bureau (2000). Statistical Abstract of the United States, 2000. Washington, D.C.: U.S. Government Printing Office.

U.S. Department of Education, National Center for Education Statistics (1998). NAEP 1996 Trends in Academic Progress (NCES 97–985). Retrieved August 16, 2002 from http://nces.ed.gov/quicktables/Detail.asp?Key=345.

Viadero, D. (1990, November 28). Battle over Multicultural Education Rises in Intensity. *Education Week, 10*, 11.

Westkott, M. (1983). Women's Studies as a Strategy for Change: Between Criticism and Vision. In G. Bowles and R. D. Klein (Eds.), *Theories of Women's Studies* (pp. 210–218). London: Routledge & Kegan Paul.

第三章 教室中的種族、階級、性別與特殊性

Yep, L. (1975). *Dragonwings*. New York: Harper & Row.

Zukin, S. (1995). Whose Culture? Whose City? In R. T. LeGates & F. Stout (Eds.), *The City Reader* (2nd ed., pp. 131–142). London: Routledge Taylor & Francis Group.

第二部分 社會階級與宗教

在第二部分的這兩章是討論兩個對學生行為、信念、學業成就強有力的影響變項：社會階級與宗教。在美國社會，社會階級這個強力的變項蔑視侵害個人機會的信念。例如，第四章Persell所指出的，就讀富裕的中上階級的學校之學生比就讀低收入城內學校的學生，會擁有較多的資源、較好的師資、較好的教育機會。來自於低、中、高不同階級的學生通常就讀不同的學校，而老師們對他們的學業成就也有不同的信念與期望。教育制度的結構也對中上階級的學生較偏愛，這些結構，例如，分流（tracking）、智力測驗、資賦優異學習計畫，與心理遲滯學生等等，都非常偏愛中上階級的學生。

在一些宗教家庭或社區內社會化的學生，常會擁有一些與學校衝突的行為和信念。信奉基督教的人經常會挑戰學校所教導的「人類的起源」的科學。他們也攻擊老師所指定的一些教科書和小說，因為他們認為這些資料是冒瀆並牴觸他們的教義。在學校關於祈禱的權利之衝突，有時會造成社區分裂。學校應協助學生調和家庭文化與學校文化的衝突。在第五章中，Lippy描述了美國社會中宗教的多樣性及其對教育的啟示。

PART 2 Social Class and Religion

第四章
社會階級與教育均等

Caroline Hodges Persell　著

陳枝烈　譯

　　想像三個同時出生的小嬰兒，但他們的父母卻是不同的社會階級背景。第一個小孩是出生在富有、受過良好教育或專業的家庭；第二個小孩是出生在中產階級，父母都大學畢業，擔任中級管理或社會服務的工作；第三個小孩是出生在貧窮家庭，其父母既沒有完成中學教育，也沒有一份穩定的工作。這三個小孩會接受相同的教育嗎？雖然美國這個國家是保證每個人擁有均等的機會，但是，這三個小孩的教育境遇可能相當不同。

　　美國的教育制度並不是單一、統一的，對每一個兒童採相同的制度。事實上，不同社會階級的兒童可能就讀不同型態的學校、接受不同的教學方式、學習不同的課程，而且，也以不同的速率和時間完成學校的學業。所以，當學生完成學校教育時，他們的差異比起剛入學時還要大。而這些差異可能被社會用來正當化成人的不平等。如果我們更了解學校具有建構不平等的助力，那麼，我們更要扮演改變這些不平等的角色。

　　社會階級的本質和意義經常是社會學家爭辯的議題，美國的研究者在測量社會階級時，常採問卷調查個人或家庭的教育水準、職業、職位與收入。有一些研究則包含家庭所有物與資產的測量。美國國內社會階級的特質是值得特別討論的。美國社會中，社會階級不平等的情形遠大於世界上其他工業或後工業社會。德國、日本、義大利、法國、瑞士、英國、瑞典與荷蘭等國家，它們的社會階級不平等都比美國輕微。瑞典和荷蘭的教育不均等是最不受階級影響的國家，而且，這兩個國家也是家庭社會階級背景與學生學業成就最沒有關係的（Blossfeld & Shavit, 1993）。另外，最近二十年，美國貧富差距的擴大正逐漸加大兒童間的不均等（Lichter & Eggebeen, 1993; Mayer, 2001）。

美國國內經濟不平等現象的擴大，影響其國人接受教育的多寡。在家庭高低收入鴻溝較大的州（即收入較不相等的），高收入家庭的年輕人接受較好的教育，低收入家庭的年輕人所受的教育較差；而家庭高低收入落差較小的州，家庭收入與兒童接受教育的多寡，其關係較不強（Mayer, 2001）。這些差異的解釋是對學校教育經費的較多說明，同時，也是對收入較不相等的州有較多高的經濟轉向學校教育的解釋（Mayer, 2001）。另外的原因是，美國有一個歷史信念，即機會是全民所有的而不論你的社會背景。

逐漸擴大的不平等與機會是全民所有的矛盾現象，在美國產生了一個特殊的問題，換句話說，就是「野心的管理」（management of ambition）（Brint & Karabel, 1989, p. 7）。有更多的人在追求高薪資的事業，但實際能獲聘的機會卻沒那麼多，結果就是教育文憑主義的重視，其意義就是各行各業都需要受過較多教育的人，尤其是專業和管理的職業（Collins, 1979）。其意義是在將人排進不平等的成人職位過程中，教育正扮演一個累加（ever-increasing）的角色，然而，這種排序卻不是隨機進行的。

社會階級與教育成就的一致關係，隨著時間的加長，愈來愈密切（Coleman et al., 1966; Gamoran, 2001; Goldstein, 1967; Grissmer, Kirby, Berends, & Williamson, 1994; Hanson, 1994; Mare, 1981; Mayeske & Wisler, 1972; Persell, 1977）。雖然有一些例外，但許多高社會階級背景的學生比低社會階級背景的學生獲得較高的成績，也受較久的教育。為什麼會產生這種情形？教育制度一直以來對於這種教育結果的擴大是為什麼？如果確實如此，則應該改變些什麼？如何改變？我認為，有三個教育特質影響美國教育不平等：

1. 美國的學校結構
2. 美國社會許多人所持的信念，當然包括許多教育人員 •
3. 美國國內學校的師資、課程與教學實務

*學校結構*是指在都市、鄉村與郊區學校之間的差異，以及公立與私立學校之間的差異；*教育信念*包括智商（IQ）的信念與測驗的信念；*師資、課程與教學實務*包括教師訓練與招生、學生進入特定課程的進路、教師對

不同背景學生學習的期望，以及教學內容質與量的差異。

　　本章將評論一些呈現教育結構、信念與實務差異的研究，檢視這些差異如何與學生的社會階級背景產生關係，思考其在學生成就上所造成的結果，並分析這些差異如何影響個別成人的生活。為避免受此敘述的影響而顯得沮喪，在本章的最後，我會提出一些方法，提供給老師、教育人員、父母用來改善教育。

教育結構

　　前述提到的三個嬰兒，即使是住在同一地區，也不可能就讀相同的學校。在美國，就讀同一所學校的大部分學生，其社會階級背景是相當類似的。會有這種現象的一個理由是，具有相似的種族和階級的美國人傾向於居住在同一地區，所以，如果他們是就讀鄰近的學校，那麼學生的背景就會相當相似。如果學生分別居住在大城市、郊區或鄉村，那麼他們就較不可能就讀相同的學校。例如，私立學校最多的州，就是都市最集中的州（Coleman, Hoffer, & Kilgore, 1982）。如果碰巧，不同背景的學生就讀同一學校，那麼，他們很有可能會因分流與能力編班的緣故，而接受了不同的學習計畫。

　　在較老的郊區或城市，高社會階級家庭的兒童較有可能就讀同質的鄰近學校，可能會是公立學校，也可能是私立學校，而且是進入高能力的分流教育計畫。反之，低社會階級的孩子也可能就讀同一所學校。中產階級家庭的孩子會就讀特殊的公立學校、教區學校，如果他們負擔得起學費的話，可能就讀私立學校。

　　私立的日校與住宿學校的學生，雖然提供了一些獎學金，但他們的社會階級也非常相似。例如，探討精英分子就讀的住宿學校的研究發現，在1980年代早期有46％的學生家庭，其年收入超過十萬美元（Cookson & Persell, 1985）。毫無疑問的，今天一定有超過一半以上的家庭到達此收入。

　　更密切地來了解精英的私立學校（elite private schools）與獨特的郊區學校（exclusive suburban schools），其學生絕大多數是來自上層或中上層的家庭；就讀教區學校的學生則是中產階級與勞工階級；就讀大部分市區

公立學校的學生則是來自低階級的家庭。雖然各主要型態的學校其區別會因上述的描述而被掩飾,但是,卻也調查出存在於美國教育這支大傘之下的許多差異。

上層與中上層階級的教育

在大部分的上層與中上階級學生就讀的高中,其土地面積規模很大,且有很好的維護;電腦、實驗室、語言、運動設備也很好;師資優良,同時也常與學生、家長互動;班級人數少;幾乎每個學生都是接受大學的預備課程;而且會分派相當的家庭作業。

在私立學校,這些傾向也是被強烈需求,學校相當小,很少有超過一千兩百個學生。老師很少被終身聘任,且不隸屬於教師團體,所以,如果老師被認為與學生及家長互動不良時,就會被校長解聘。班級學生人數少,通常不超過十五人,有時甚至更少。許多進階的安置課程也提供了大學學分。學生說他們「並不十分熱衷於學校周遭的事務」(Cookson & Persell, 1985, p. 95)。大部分的學生在學校期間很少看電視,且要做許多作業(Cookson & Persell, 1985)。他們有較多的機會參與課外活動,例如:辯論、戲劇社、出版與音樂等等,也學習大學中認為有價值的運動,例如:划艇、冰上曲棍球、回力球、曲棍球。研究指出,學生若能參加一至二項課外活動,則會提高學生就學的興趣。學生有學業與人際方面的輔導員,以督導他們進步的情形,幫助他們解決問題,並幫助學生擁有成功的學校經驗。

富裕的郊區社區有一筆經常性的稅金用來支持每一年的費用,在2000年代,有好多年,每一位學生的支出都超過15,000美元。學校董事會的董事均由社區居民選舉他們所認識的人,私立學校是由常設的理事會經營,許多的理事是學校的校友,學校的校長是由理事會選舉產生,如果理事會不滿意就會解聘校長。

私立教區學校

私立教區學校彼此之間有許多差異,一般而言,這些學校相對都很小。在這些學校中的大部分高中學生都接受學術性課程,而且比就讀公立

學校的同儕做更多的作業，這些學校也被認為有較嚴格的校規（Coleman et al., 1982）。然而，班級學生人數通常會比精英的私立學校、郊區學校或城市學校的班級人數多，有時大約每班有四十或五十個學生，有些非天主教、中層與勞工階級的家長，特別是住在城市的，會把孩子送到教區學校上學（Coleman et al., 1982）。

教區學校的學費相對上是低的，尤其與私立學校相比，因為這些學校會得到宗教團體的資助，這些學校教師的薪水較低，且沒有教師會。現在有較多的世俗人士擔任教師，較少修女、神父和修道士擔任老師。這些學校由宗教當局來經營。

城市學校

城市學校的規模通常都比較大，它們會是一所較大學校系統的一部分，這個學校系統是一個不變的高度階層化的官僚體制。學校通常提供多種課程供學生學習，包含學術、職業及一般課程的進路。大城市和舊的郊區學校系統常缺少政治與經濟的資源。這些系統是高度的中央集權化，常由全市選出的學校理事會來管理。學校理事會成員常是關心社區的成員，他們都將自己的孩子送到私立學校，他們對於公立學校系統的日常運作權力稍有了解。專業教育人員的自主權常需官僚的程序與教師、行政人員的聯盟來支持（Persell, 2000）。有些研究者（Rogers, 1968; Rogers & Chung, 1983）認為，這個系統是一種無力的組織，而不是能管理的組織。

在經濟上，大城市的學校系統相對上也較無力，因為學校是由當地貧乏的稅收來支持，又因為有許多居住區是依社會階級與種族而實施隔離，所以，居住在低收入區域的學生非常有可能是就讀學生單位經費低的學校。有些學生單位經費高的學校，甚至有附設的私人基金會提供豐富的稅金來支持學校。因此，這些基金會能給就讀這些學校的學生提供額外的教育資源。

不平等的教育經費對學校建築、圖書館、實驗室、電腦設備、課程的豐富度、聘用有經驗與有證照老師的能力、班級人數多寡、課外活動的提供等等，有明顯的影響。這種教育機會的不相等，會影響兒童的學習量、學生接受教育時間的長短、畢業率、大學升學率。雖然，經費是否造成教育成就的差異這個問題已經爭論多時（Coleman et al., 1966; Hanushek,

1989, 1996），許多最近的研究已經重新調整了這個問題，而是把經費看作是一種門檻條件，換言之，是教育成就的必要條件但不是充分條件。也就是注重經費要花在刀口上的事務（Elliott, 1998; Gamoran, Secada, & Marret, 2000; Wenglinsky, 1997）。這類問題將把經費與有效學習的機會（Gamoran et al., 2000）、擁有優秀教師（Darling-Hammond, 2001）、探究本位的教學方法（Elliott, 1998），與優良的設備（特別是科學設備）（Elliott, 1998）相聯結。

因為資金公平的重要，已有二十個州要面對法院的審理，最後法院決定要求學校提供所有的學生相等的教育品質（Dively & Hickrod, 1992; "A Truce in New Jersey's School War," 2002）。其中最廣泛與最嚴苛的訴訟是於1981年在紐澤西州*Abbott v. Burke*的訴訟案。法院對此訴訟案做了八項判決，下令城市與鄉村學校的財政應平等、對貧窮學區提供高品質的學前教育計畫，修正一些標準，以縮減富裕與貧窮學生在學業成就上的差距。在延遲了幾年之後，到了2002年1月，新當選的紐澤西州州長James McGreevey宣布他將遵從這些法院的判決。這個案例被認為是「將近五十年來，最高法院廢止對黑人歧視的判決後，最重要的教育案例」（"A Truce in New Jersey's School War," 2002）。這個案例影響紐澤西州三十個處於貧窮的學區，且對其他各州面對如此的法院訴訟時，有一些啟示的作用。

一般而言，兒童的社會階級背景，與所就讀的學校、學校大小、學校可利用之政治與經濟資源、學校提供的課程，及因而產生的教育機會等等，都有關係（Persell, Cookson, & Catsambis, 1992）。

教育信念

自從上一世紀以來，評量學生的觀念已瀰漫教育界，近幾十年，測量智力或智力測驗的概念，在教育領域中扮演著主要的角色。IQ的觀念已被用來解釋有些學生何以學習得比其他學生慢、非裔美國兒童為什麼在學校中學得比白人兒童差。對此的爭辯，最近的例子是Richard Herrnstein和Charles Murray（1994）所出版具高度爭議的書。通常的判斷是因為有些

人的智力高於其他人，他們因此而擁有較多的機會、報酬，這包含了課程進路的安置、接受特別的教育計畫與資源。

IQ測驗的批評者提出許多關於測驗準確的卓見。例如：IQ測驗無法測量到像創造力、擴散思考、邏輯與批判推理等重要的智力特質。由Howard Gardner（1983）在《心靈的架構》（*Frames of Mind*）中所發展的多元智力，以及Stephen Jay Gould（1981）的《偏誤評量了男性》（*The Mismeasure of Man*），可說是對IQ測驗最具批判性的分析。

在最近幾十年，逐漸強調採用大範圍的成就測驗，所謂高風險的測驗（high-stakes testing）已經被採用作為決定學生教育進路的基礎，判斷學生是否可以升上下一個年級，判斷學生可否自高中畢業。這些測驗也被作為要求教育人員、學校與學區負責任的工具。本節的焦點在於說明測驗的使用如何影響個人，以及對某些特定社會階級背景的學生而言，它是否是一種歧視或不公平。

使用這些測驗的目的包含：為學生的學習訂定高的標準，並提升學生的成就，然而，當某些學生在測驗上表現較差時，學校或老師會以幾種方式加以回應。他們可能對這些成績落後的學生教得更認真，對個別學生更加注意、給予單獨的輔導，或提供額外的學習經驗，以改善他們的成就測驗分數。這些回應措施通常需要另外的資源，對許多學校而言，尤其是那些目前已是缺乏資源者，是沒有這些資源的。另外，可能有些學校的回應是藉著鼓勵學生輟學或轉學，或透過其他的方法，以排除低成績的學生。很清楚的，高風險的測驗所衍生的結果是不令人期待的，它嚴重影響了最需要教育及最易受傷害的學生。有一批研究者發現，那些廣泛採用測驗評量學生和根據學生的績效表現而減少所有學生學習機會的州，貧窮學生與富裕學生的教育成就的差距已逐漸擴大（Schiller & Muller, 2002）。所以，應有更多的研究來探討學校如何在回應績效制度（Schiller & Muller, 2002）。

同樣的情形是，Amrein與Berliner（2002）的研究也發現，「當學生在州的測驗所表現的成績逐漸在進步，但他們在學業成就的獨立測量（independent measure）的表現，卻與標準化測量的成績相反。」（引自Winter, 2002, p. A1）。而且，「一旦有些州是以標準測驗的成績來判斷學生是否畢業，那麼，獲得文憑的學生就更少」（Winter, 2002, p. A15）。

另一方面，Winter指出，像Carnoy和Loeb與Raymond和Hanushek等人的研究發現，「實施影響重大的考試（do-or-die exams）的措施……給學生在學業上帶來很少的進步，尤其是對那些不被注意的少數民族學生。」（Winter, 2003, p. B9）

我們應謹記，所有這些結果僅是相關的，而且沒有足夠的證據顯示，測驗會*產生*其中一種結果。雖然許多老師不反對訂定高的標準，但是老師們說，如果強制地採取測驗，「就會產生一些與他們教育實務的觀念相矛盾的教學方式」（Winter, 2003, p. B9）。

在1997年，美國國會請國家科學研究院（National Academy of Sciences）執行一項研究，而且提出一些建議，希望採取適當的方法，以確定測驗「不會以一種歧視的方式，或對學生的進步、進路、畢業不適當的方式來採用」（Heubert & Hauser, 1999, p. 7）。這個委員會的其中一些建議如下：

- 因為測驗分數不一定正確，所以，「高風險的教育決定不應只依單一測驗分數為基礎就做出決定，而是也應採用其他相關的資料」，例如：年級成績、發展因素、出席率與教師的評語（p. 6）。
- 「這種高風險決定的測驗只能用在想要了解個人面對教學與課程實踐改變時，對所教的知識與技能之精熟度如何。」（p. 6）換言之，學生應該在被教導了一些內容後才能接受測驗。
- 涉及教育的每一個人，包括父母、教育人員、公務員都應了解「測驗分數的本質與解釋」（p. 5）。
- 測驗分數低的學生應被提供一些變通的計畫，例如：有效的補償教育，不僅只是社交進步或留級的其中一種[1]。
- 適切的測驗內容應適當地超過學生所準備的，而且學生不應預先看過測驗的題目，老師的教學也不應狹猛地只去針對測驗的內容，而缺乏「去改進測驗所企圖評量的較廣泛的學業技能」（p. 7）。
- 殘障的學生與學習英語的學生需要特殊的考量，以確認學習的有效性與公平性。

---

1 與相同成就水準但被鼓舞的學生比較，那些留級生的成就與社會情緒分數產生了下降的趨勢（Holmes & Matthews, 1984; Shephard & Smith, 1986; 這兩份文獻均引自Darling-Hammond, 2001, p. 475）。這些留級生也較可能中報（Darling-Hammond, 2001）。

- 最後，是否採取特定的測驗是要「以學生在教育上的利益為考量，例如：增進學業成就或降低輟學率，就這一點是有必要研究的」（p. 8）。

教師、課程與教學實務

近年來，由於學校採用高風險測驗的情形愈來愈普遍，結果導致偏頗地去注意那些影響學習的重要特質。教育均等不只需要檢視教育資金，而且也要檢視資金的使用，及其對教育的影響。三種學校的主要內涵強化了學生的教育經驗，會與他們的社會階級有關，這三種主要內涵是學校所擁有的師資、課程進路與教師期望。

師資

學校中若有愈多低收入家庭的學生，則學校愈有可能聘請不具任何證照的老師，或學校的老師愈有可能所教非所學（Ingersoll, 1999）。最近幾年，紐約都會區大量缺乏具證照的老師的情形，已經產生了幾種變化。學校的校長發展了一種變通、縮短的途徑，針對那些變換職業者，或大學剛畢業而不具教學經驗者，提供取得暫時性證照的機會，這種暫時性證照的變通途徑，是要接受一個月短期密集的教育專業課程。在結束的時候，這些老師被安置在一百所前一年表現最不好的學校。2002年秋季時，在紐約有30％的新老師是以這種途徑取得證照的。另外，紐約與其他城市接受來自「為美國而教」（Teach for America）這個非營利組織（non-profit organization）的新成員，他們都是大學剛畢業，之後，提供給這些新成員一個暑期的密集訓練，訓練之後，再把他們安置在一些有問題的學校。

與紐約市一樣，美國國內有許多學區，包括洛杉磯、華盛頓特區、亞特蘭大，都採取了這種變通的證照學程，努力解決具資格的老師不足的問題。然而，對此變通途徑的證照所牽涉的縮短訓練學程有相當多的爭論。哥倫比亞大學師範學院（Teachers College at Columbia University）的校長Arthur Levine就指出，所謂有證照教師的定義已被改變，但是，最終的結果是，「在今年秋季班，我們仍然有許多學生是被未經師資培育的老師來教導」（引自Goodnough, 2002, p. 83）。另一方面，美國教育部長Rod

Paige已經摒棄了這些由教育學院（像師範學院）所提供的教學課程，因為他認為這些課程是累贅且沒有用的（Goodnough, 2002, p. B3）。Gomez與Grobe所做的研究（1990，引自Darling-Hammond, 2001 p. 472）發現，變通途徑的教師候選人與那些經過合格訓練的新老師比較起來，其素質與表現是較不穩定，尤其是在教室管理與教學技術的知識這兩方面。當學生的最初成就水準是控制恆定時，這些候選人的學生，在語文科的分數也明顯比經過完整師資培育的新老師的學生低（Gomez & Grode, 1990，引自Darling- Hammond, 2001 p. 472）。

如Darling-Hammond（2001）所言：「政策訂定者幾乎經常以降低標準來回答師資不足的問題，所以，那些未經培育或只是略加培育的人就可被聘用。」（p. 471）值得注意的是，在一些較富裕的郊區公立學校，這個議題並未顯露出來，因為這些學校不具資格的教師比例非常低，而且也很少有所教非所學的情形（Ingersoll, 1999）。這些地區比較能吸引或持續擁有具證照的老師，其主要的理由是學校能支付較高的薪資。

在2002年，紐約改善其條件以吸引更多具正式證照和變通證照的老師來申請任教，其作法是提高新進老師的年薪起薪從31,910到39,000美元，也提高年薪以聘用來自其他學區的具正式證照老師，其最高年薪起薪可從43,370到61,000美元。1986年，康乃狄克州也採提高與平衡新任教師薪資的方式，來解決師資不足的問題（Darling-Hammond, 2001）。

問題是，紐約市與其他市區學校能否將聘用的新老師留任，在低收入與都市學區，教師的流動率遠高於富裕的學區（Darling-Hammond, 1990, 1992; Grissmer & Kirby, 1987; Wise, Darling-Hammond, & Berry, 1987）。因此，如果要達成教育均等，那麼，顧問老師的制度、專業發展與支持留任等重要議題就要處理。有效的教師專業發展已進行開辦，以促進學生的學習（Gamoran et al., 2000）。

然而，教師在教育結構中的作為卻導致了不均等的學習機會，這種情形在課程分流的教育實務中尤其真實。

課程分流

有關課程分流第一個有紀錄的例子，是於1867年在聖路易（St. Louis）所實施的Harris計畫。自此之後，課程分流在美國就成了一個奇特

的形式，時而流行，時而停辦。在1920年代與1930年代，當許多外國人移民到美國之後，課程分流就快速地增加。之後，又開始衰退，直到1950年代後期才又復甦，其原因明顯是在回應蘇聯發射史潑尼克（Sputnik）人造衛星，與美國關注資賦優異學生的鑑定與教育需求（Conant, 1961; Oakes, 1985）。那個時期也正是南方鄉村的非裔美國人大量移民到北方的城市，以及波多黎各人與墨裔美國人移民美國的時期。Darling-Hammond（2001）指出，「與其他國家比較，美國是課程分流制度最密集的國家。」（p. 474）這個觀察激發我們去探討情況為什麼會如此。在美國與歐洲國家之間有兩項差異，或許可以解釋這個差別。其一，美國比歐洲的其他國家擁有較多的種族，且經濟較不平等。其二，教育的成就與學歷對一個人的職業、所得與其他生活機會的重要性，美國是超過其他的歐洲國家。

今天課程分流是廣泛實施的，特別是在較大規模、較多樣的學校系統中，以及主要是低社會階級學生就讀的學校。在中上階級的郊區與私立學校、教區學校較少流行這種制度，如果有實施，其制度較不僵化（Jones, Vanfossen, & Spade, 1985）。低收入學生就讀的學校較少實施學術分流，反而有較多的補償性和職業學程，富裕家庭學生就讀的學校則只有學術分流學程，而沒有職業或補償性的學程（Oakes, 1992）。學生所修的課程，特別是在數學、科學與外國語文等學科，會在成就測驗分數上有懸殊的差異（Darling-Hammond, 2001）。

何謂真正的課程分流？為了說明這個問題，我們需要檢視能力分班與課程分化之間的差異。能力分班的支持者強調彈性的學科分派。其意義是，學生是以其背景及某一學科的成績為基礎分派到不同的班別學習，而且，學生的技能與知識之評量是很頻繁的。已顯現學習成果的學生就會很快地變換到另一班進行學習。學生們也可能因不同的學科能力而在不同的班別中學習，主要是依據他們在每一學科的進步速度來加以分班。能力分班的實施是認為，所有學生應上相同的課程，因為學生的混合能力是不同的。能力分班也認為在學習這些課程時，教給各組學生的教材也應相同。

事實上，學生一經分班之後，就會固定下來，而且在所有的學科，學生也都被編在相同程度的班級。雖然課程相同，但不同能力班級會有不同

的教學，這種情形尤其是在大規模、科層體制與都市的公立學校中更常發生。不同能力班級經常是接受不同的學習課程，所以，就導致以課程和能力兩個變項同時來進行編班。Rosenbaum（1976）曾說，雖然能力分班與課程分班在某些教育人員看來是不同的，但事實上，它們具有幾種社會的相似性：(1)學生被分派到和自己能力相似的團體，而與自己不同能力的成員隔離；(2)能力分班是以學生的能力或那種不公平評估的畢業計畫為指標而進行分班。因此，能力分班的學生在階層制度中立即被排出等級，正式地說就是，有些學生比另外一些學生優秀（Rosenbaum, 1976）。依Rosenbaum的說法，*課程分流*這個名詞是同時用在能力分班與課程分班這兩種編班型態上。

學生的分班是以什麼為基礎？在文獻中提到了三種主要的指標：(1)標準化測驗的分數；(2)教師對學生所評定的成績、建議與意見；(3)學生的種族與社會經濟階級。測驗分數常是以大型的團體性向測驗為主，測驗提供者認為這個方法是最沒效的。教師對學生的意見則受測驗分數、學生社會階級或民族等因素的影響，以下將針對此進行討論。即使能力及教師的評語是相似的，但有些研究發現，社會階級、民族與分流安排是有直接的關係（Brookover, Leu, & Kariger, 1965）。造成此種現象，部分是因為先前的教育安置與經驗，部分是諮商員的建議（受他們對學生的未來之看法的影響），部分是因為高社會階級的父母，在分流作業時強力的介入（Darling-Hammond, 2001）。

所以，學生的社會階級背景，與學校中普遍存在的分流制度、分流的本質、分流作業的方式，是有關係的。另外，雖然測驗的分數與分流安置是有相關，但是卻有很多缺點（Dreeben & Barr, 1988; Pallas, Entwisle, Alexander, & Stluka, 1994）。

一旦學生被分派到不同的進路，那他們會怎麼樣呢？有些研究指出，經由至少三個機制（mechanisms）會顯現出分流的效果。這三個機制是教學的、社會的和制度的，而且這三個機制也可能一起發生作用。依據不同的分流安置中所觀察到的教學過程，包括：教育資源的不均衡分配、教學提供、師生互動、學生間的互動。Dreeben與Barr（1988）發現，在不同的進路中，有多種教學內容、教學進度與教學分量。依據Gamoran（1984, 1986）的研究發現，高階級的閱讀班比低階級的閱讀班教（學）較多的單字。

Hallinan（1987）在三十四個小學的班級中研究班級內的能力分組，由於能力分組的措施，影響了不同組的學習機會、教學氣氛與學生性向，所以就影響了高低能力組的學習結果。高能力組的學生在上課時花較多的時間在學習上，換言之，較多的上課時間是真正在進行教學活動，老師也應用較活潑有趣的教學方法與教材。當然，老師對學生抱持較高的期望，高能力組的學生也支持應學多一點的內容。結果，高能力組學生比低能力組學生的性向發展得較好。

在中學裡，被分派接受升大學學習進路的學生，經常比那些低能力進路的學生，擁有較好的師資、較多的上課材料、較充實的實驗室設備、較常實施實地旅行與訪問的教學活動（Findley & Bryan, 1975; Goodlad, 1984; Oakes, 1985; Rosenbaum, 1976; Schafer, Olexa, & Polk, 1973）。Oakes觀察發現，高能力組的老師撥出更多的時間讓學生學習，並且將更多的上課時間花在學習活動上。這些班級較少有學生會去從事一些與功課無關的活動（Oakes, 1985, p. 111）。Oakes（1985）也發現，「學生被傳授的知識和行為，不論在教育或社會性方面都有不同。最優秀的學生被教導一些在我們的文化中有較高價值的知識，及一些被認為是『有教養的人』所有的知識。」（pp. 91-92）同樣的，也教導這些學生批判性思考、創造力與獨立。而能力差的學生則被否定去接觸這些教育及社交的重要經驗（Oakes, 1985）。

Freiberg（1970）的研究發現，高能力組學生比低能力組學生獲得更多的同理心、讚美，老師也較常採納他們的觀念，而比較少以指揮或批評的方式帶領他們。Oakes（1985）也發現，老師花在管理低能力組學生紀律的時間，比高能力組來得多。

從社會性方面而言，課程分流會創造一些環境，這些環境則塑造了學生在學業表現上的自信與期望。例如，Rosenbaum（1976）指出，超過三分之一的低能力組（非升大學學程）學生提到：「他們曾直接受到來自老師及行政人員的侮辱，『老師經常告訴我們，我們是很笨的學生』。」（p. 179）有一位普通能力學程的學生，在他的學習報告中曾說，他曾尋求得到老師在學業上的幫助，但老師卻告訴他，他不夠聰明，所以無法學習這些教材。也有幾位學生曾說，有一位低能力組的學生曾請求輔導員能讓他調換班級，但這位學生所得到的回應不僅被禁止調班，同時也因提

出這項不禮貌的要求而受到侮辱（Rosenbaum, 1976）。一位老師曾告訴
Rosenbaum：「向這些小孩問這些意見，真的是在浪費你的時間，他們任
何一個人的腦袋中都不會有什麼想法。」研究者的註記中寫道：「這項評
論不是在隱秘的教師休息室中說出來的，而是在一間相當安靜且坐滿學生
的教室中，以正常音量說出來。」（p. 180）

　　我們已經觀察發現到，負面的評價伴隨著低能力組的學生，他們常
對這些低能力組的學生開玩笑，給他們取難聽的綽號，停止與他們結交
（Rosenbaum, 1976）。因此，課程分流的一個主要結果是，來自老師與同
儕的差別尊重，而在教學與自信兩方面同時產生作用。

　　從制度性方面而言，課程分流創造了一些學生團體，這些學生被老師
和父母認為是擁有某些特質和能力，這些能力是超過他們真正擁有的技
能之上。所以，課程分流象徵性的價值形成了老師與父母的期望，而這
些期望與學生的表現無關。這些期望會影響教育系統中隨後的安置層級
（Gamoran, 1984）。能力分班局限老師去了解在不同的進路中，哪一個
等級是適合學生的（Reuman, 1989）。即使孩子最初的表現水準與父母對
孩子先前的能力之信念是一致的，父母與老師認為，在高閱讀能力班的
孩子比低閱讀能力班的孩子較有競爭力，而且在未來也可能表現得較好
（Pallas et al., 1994, p. 41）。課程分流的一些後果是，學生因社會階級與
民族而隔離（Esposito, 1973; *Hobson v. Hansen*, 1967; New York Education
Department, 1969; Oakes, 1985），以及在不同進路中的學生接受了不平等
的學習機會（Findley & Bryan, 1970; Oakes, 1985; Rosenbaum, 1976; Shafer
et al., 1973），以及就讀大學機會的不平等（Alexander, Cook, & McDill,
1978; Alexander & Eckland, 1975; Jaffe & Adams, 1970; Jones, Spade, &
Vanfossen, 1987; Rosenbaum, 1976, 1980）。學術學程學生的百分比，是不
同類型學校最明顯的結構差異，非升大學的預備學程可能因為不能提供高
等教育機構所認可或特定大學主修專業的課程或訓練，而提早關閉了年輕
人未來的機會（Hallinan, 1987; Oakes, Joseph, & Muir, 2004）。

　　Darling-Hammond（2001）表示，課程分流會持續地存在，是因為
只有少許的老師「被培育來有效地管理異質的班級所致」（p. 474）。在
1980年代，課程分流受到相當多的攻擊，而且有一波「去課程分流」（de-
tracking）運動受到支持（Braddock & McParland, 1990; Oakes, 1985, 1992;

116

Wheelock, 1992）。但是，即使老師有股很強的去課程分流的意識型態，並且成功地在一些社區中停止了課程分流的制度，他們仍然面對了來自家長的嚴厲抵抗與反對。在一項針對十所種族與社會經濟背景混合的學校所進行去課程分流改革的三年縱貫研究中，Oakes、Wells、Jones與Datnow（1997）等人發現，去課程分流是一項「高度規範與政治的努力，它要面對深層的文化信念與意識型態，也要面對當地社區在物質與政治利益嚴厲的保護安排」（p. 507）。例如，為了大學認可的競爭，授予一種榮譽課程的益處。當具政治見解的老師在實施去課程分流的過程中，能以有意義的方式與有影響力的家長交涉時，去課程分流就有可能被推動（Oakes et al., 1997）。

教師期望

社會經濟同質的學校所形成的教育結構，標準化成就測驗逐漸被應用，課程分流的實施，都會使老師對學生塑造出某些期望。師資培育與教科書傾向於將教育上的失敗歸因於學生的缺陷所造成。這些缺陷常常被認為是寄附在學生的社會性特質，例如，他們的社會階級背景、民族、語言或行為，而不是寄附在社會結構之中。針對近年來研究文獻的回顧，Persell（1977）發現，當其他因素如種族等不是那麼顯著時，或期望是因小孩的真實能力而產生，或老師有機會去勾勒學生的社會階級，而不是僅僅被告知他（她）的背景時，學生的社會階級與教師期望是有關係的；甚至當兒童的IQ與成就相比較時，社會階級與教師期望有時也是有關係的。換言之，教師對低階級的兒童比對中產階級的兒童持較低的期望，即使是那些兒童的IQ與成就是相近的。

教師期望也可能受兒童的行為及身體外表的影響（Ritts, Patterson, & Tubbs, 1992）。社會階級會透過測驗分數、外表、語言形式、工作表現的速度、行為等等變項，直接或間接地影響教師對學生的期望。所有這些特質都是由他們自己的文化所定義，而且與其階級職位有關係。另外，教師期望更受一些與學生特質有關的負面訊息的影響，而較少受正面資料的影響。了解這些關係是很重要的，因為老師得自於低收入學生的許多訊息似乎多是負面的。

另一個影響教師期望與學生表現的因素是,高社會階級家庭所擁有的文化資本的作用。此處所用的*文化資本*（cultural capital）這個名詞,是與學生的家庭與學校、人員互動的文化資源及資產有關聯。憑藉著他們所擁有的教育文憑（educational credentials）和教育機構的知識,家長（尤其是母親）能協助他們的孩子獲得恰當的師資與課程,或是在家做一些額外的學習活動（Baker & Stevenson, 1986; Grissmer et al., 1994; Lareau, 1989; Useem, 1990）。

假如教師期望常受到學生的社會階級背景的影響,那麼,這些期望對學生會有什麼明顯的後果呢?針對這個問題,已有一些研究獲得矛盾的結果。這個矛盾起於《教室中的比馬龍》（*Pygmalion in the Classroom*）一書的出版（Rosenthal & Jacobson, 1968）。該書認為,教室中的教師期望對學生的學業成就具有很大的影響力。從該書出版之後,已進行了數百篇針對「期望效應」（expectancy effects）可能性的研究（見Cooper & Good, 1983）。有一點是很清楚的:只有教師真正相信的期望才可能會影響學生的行為。

當老師對學生有較高的期望時,這種期望會如何影響學生的行為?這些期望會影響教師與學生互動的次數,和他們對不同孩子所顯現的行為類型。老師會花更多的時間與那些有較高期望的學生們互動（Persell, 1977）。例如,Brophy和Good（1970）發現,當學生回答正確時,老師經常讚美高期望的學生,當高期望學生回答錯了或沒有反應時,老師卻很少批評他們,但對較低期望的學生卻剛好相反。

Rosenthal（1974）相信,老師至少採用四種方法傳達他們的期望。他根據二百八十五篇有關人際影響的研究,而提出這樣的說法,這些研究至少有八十篇是在教室或其他場合中進行。首先,他發現存在於老師對兒童所顯現的全面溫暖的一般氣氛因素（general climate factor）,教師對高期望的學生所表現出的溫暖氣氛較多。第二,當高期望的學生做對某件事情時,得到老師的讚美多於受低期望的學生。第三,Rosenthal發現,高期望的學生所受到的教導多於低期望的學生,這和其他人所做的研究及Persell（1977）的結論是一致的。第四,Rosenthal指出,期望可能受反應機會因素所影響。換言之,高期望的學生較常被叫到名字,並且有較多的機會回答老師的問題,以及時常回答較困難的問題。

Rosenthal並沒有描述第五種老師傳達期望的方法，但是其他人的觀察認為，在不同類型的課程中，老師會對兒童呈現不同的期望。有一個研究發現，老師在自我的描述中說，他們對不同認知能力的小孩教授完全不同的經濟學知識（Keddie, 1971）。另一個研究發現，老師對最優秀的閱讀班使用較多的閱讀讀本，及較難的閱讀讀本（Alpert, 1975）。很明顯的，有證據指出，有些老師對不同期望的小孩展現不同的行為。繼續存在的批判問題是：這些期望和行為真的能影響學生嗎？學生對自身的不同思考或學習，會成為老師期望的一種結果嗎？其中心點在於「比馬龍效應」的爭論。

學生們表示，他們知道老師對他們有不同的期望，而且他們也注意到，老師對待他們的方式也有不同。例如，Ferguson（2001）指出，那些研究樣本的學生曾表示，當他們問老師問題時，老師只是簡短地用一句話回答他們，但是，當其他學生（老師對他們有高期望的學生）問相同的問題時，老師卻很詳細地回答他們。

當老師抱持著明確的期望，並且當老師將這些期望反映為對兒童的行為時，即使當控制學生的IQ和成就時，這些期望與學生的認知變化有關係。此外，負面期望只可能在自然情境下被觀察到，因為在實驗上誘導出負面的期望是不道德的，負面期望比正面期望較有影響力。還有，在社交方面易受傷的孩子們（年輕人、低階級、少數族群的小孩），似乎對低的教師期望更敏感（Rosenthal & Jacobson, 1968）。

社會階級與教育不均等的結果

在美國，教育中的社會階級差異的剖面圖被過度簡化。但是，大量的證據顯示，此處所描述的一般形式確實存在。社會階級背景影響學生就讀哪裡的學校，以及在那裡會發生的事情。結果，低階級的學生所碰到的老師大都是未受正式管道培育的師資，接受有價值課程的可能性也較低；以及一旦他們進那所學校，不管他們學習什麼課程都會被教得比較少，和在教室內、教室外被期望做較少的功課。所以，他們學得比較少，而且在為下一階段的教育做準備時也較不利。

雖然學生有許多輟學的原因，但是他們在學校的遭遇，對於他們要離開或繼續留在學校就學有影響作用。Coleman 等人（1982）發現，有24％公立高中的學生輟學（dropped out），而天主教學校的學生只有12％，私立學校的學生只有13％。依據Hanson（1994）的研究發現，社會階級是一個重要的因素，比性別、種族等因素，更易對美國就讀中學後期或大學期間的年輕人造成才能喪失。

同樣的，就讀大學也與幾個原因有關，包括需要經濟來源。儘管如此，會令人想起學生在不同學校的生活是多麼的不同。自私立高中畢業的學生，比來自公立高中的畢業學生更有機會進入四年制的學院（Falsey & Heyns, 1984），及就讀高度選擇性的學院（Persell et al., 1992），並且，在成年時賺取較高的薪資（Lewis & Wanner, 1979）。即使在同一所學校，課程分流也與就讀大學有關（Alexander et al., 1978; Alexander & McDill, 1976; Jaffe & Adams, 1970; Rosenbaum, 1976, 1980）。接著，就讀大學又與成人時的職位及收入有關（Kamens, 1974; Tinto, 1980; Useem, 1984; Useem & Karabel, 1986）。在1999年，擁有大學學歷的女性平均收入超過30,000美元，擁有高中學歷的女性其收入則只有16,000美元；然而，擁有大學學歷的男性平均收入為46,000美元，而擁有高中學歷的男性其收入則有30,000美元（U.S. Department of Commerce, 1999）。所以，教育的不平等促成社會經濟不平等的合法化。

但是，多數教育工作者不希望社會不平等被促進且合法化。因此，提出「他們能夠做些什麼以改變這些模式？」這樣的問題是可理解的。

行動建議

老師、教育人員及關心的市民們可以考慮以下的行動：

1. 推動一些政治性和法律性的活動，以增加對所有兒童有助益的教育資源，而不只是對富裕學區的兒童和資賦優異的兒童有益。藉由加入一個為促進社會上不利成員的利益而工作的政黨，藉由出席政治性的會議，藉由支持那些對其教育立場負責的候選人，藉由支持為教育均等而進行的階級行動訴訟等策略，來推動這些關心的事。我們也能結合其他人以檢視候選人支持教育的紀錄，或提供時間、金錢以幫助候選人的競選活

動，以打敗那些不支持為所有兒童提供有品質教育的現任者。

2. 致力於減少社會中經濟不平等的活動，此舉可藉由支持全國性的所得稅改革，它對勞力工作者、低收入與中收入的家庭有利，或藉由反對對富人減稅，藉由支持合理工資的職務計畫，支持對那些勞工者的健康照顧計畫，藉由對那些無法工作的貧窮家長提供幫助。

3. 致力興建統合不同經濟階級和種族的社區。此舉可藉由選擇居住在這類型的社區，藉由支持居住在混合所得（mixed-income）地區的低收入者之聯邦補助計畫，藉由反對限制特定收入與民族的族群進入特定社區的行為。這種限制可能採區域劃分的形式，禁止為低收入團體建造高樓建築，或限制房屋用地必須是大的尺寸，例如要二英畝，或銀行拒絕提供在鄰近地區的抵押貸款。

4. 致力於支持對所有懷孕婦女的產前照護，在1989年時，約有四分之一的懷孕婦女未接受產前的照護。對所有懷孕婦女的協助，能減少或消除所有學習疾病的三分之一（Hodgkinson, 1989）。

5. 致力於支持全部有資格兒童的起頭計畫（Head Start programs），在1988年，只有16％的低收入四歲兒童有機會就讀學前教育計畫，儘管起頭計畫有一個被證實的追蹤紀錄。調查指出，起頭計畫的效益是，在有品質的學前教育每一美元可產生4.75美元的效益，若與之後在特殊教育、公共援助與犯罪者的入獄比較，其成本是更低的（Children's Defense Fund, 1988; Weikart & Schweinhart, 1984）。

6. 測驗是用來診斷學生，而不是開除學生的。例如，不要以低的測驗分數來證明兒童是不能學習的，而是要去檢視某一特定測驗的哪些部分對孩子而言是困難的。如果有必要，應進一步以個別測驗去確認及分析孩子應發展什麼技能，並設計一些可以用來教導這些特殊技能的策略。我們可以嘗試各種適合每一位兒童的教學策略，直到發現可用的策略。例如，若兒童有閱讀發音上的學習困難，我們應試著教給孩子不同的方法，可能是視覺上的方法。我們可以幫助具有各種學習障礙的孩子一些學習方法，以彌補其困難。例如，預先安排他們的工作，並把這些工作組織起來，使孩子有足夠的時間完成所需的每一步驟，並且允許其他人有時間去檢查他們的拼法等等，所有這些補救策略都能被孩子採用來增加效果，克服各種學習障礙。

7. 致力於發現孩子所擁有的能力,而不是決定孩子沒有什麼。例如,具有優異的運動、音樂藝術、聽覺天賦的學生,可能在語文或數學能力方面是不擅長的,我們就可以幫助他們,透過他們的優點發現可以幫助其學科的方法。

8. 支持「去課程分流」的一些努力。

9. 學習並採用合作教學技術,例如,由Elizabeth Cohen和她的同事在史丹佛大學所發展的方法,那些方法在異質性的班級中有很好的效能(Cohen, 1994, 2000; Cohen & Lotan, 1997; Sharan, 1980)。

10. 承諾使用各種教學技術、課程分派、計畫而能解決個別兒童的學習需求。

11. 期望與要求學生多一些的努力、思考與工作,藉由教導學生知道第一流的工作是什麼,幫助學生對自己本身和他們的工作感到光榮。老師或學校所提供的教材及教室和走廊的布置,應該傳遞一種關心、有品質、有價值的感受。同時,要仔細檢查學生所做的工作,提供他們可能改進的建設性方法,期待他們下次做得更好。

12. 教導學生學習內容和教材,讓學生知道我們很看重他們及他們的學習,此舉是藉由將上課時間致力於教學有用的活動,而不是將上課時間浪費在無謂的活動,並試著張貼每一年的課程說明一覽表。

13. 也可以藉由召集畢業生返校,幫助學生了解教育與他們的生活是有關聯性的,而且是有用的,因為這些學生已將學校、教育作為改善自己或世界的跳板。學校可以將成功的畢業生名冊建檔,並張貼一些關於他們的照片與故事給現在的學生看。也可以藉由聯結學習與生活的例子,使學生了解學校教育與生活之間的聯結。例如,可以邀請經營自己企業的老闆來談論如何使用數學,或是邀請社會服務組織工作者來說明他們如何運用寫作於日常的工作之中。

總結

本章在探討教育結構、信念與實務如何影響不均等的教育結果。為了達成較高的教育均等，教育人員必須了解在這些結構、信念與實務中，存在著哪些不同的社會階級。了解這些差異，才能造就各種社會階級的學生擁有更相似的學校經驗。

一個人的社會階級背景愈高，就愈有可能就讀資源豐富的小型學校，這些資源包括優良的師資、班級人數較少，及學術性的課程。所謂達成較高的教育均等，其意義就是使所有學生不論其社會階級背景，都可以得到這些學校經驗。

對教育測驗的廣泛信任及高風險的測驗逐漸地被使用，這兩項制度正冒著風險去歸咎學生失敗的原因，也轉移學校這個社會組織如何協助造成失敗的注意。取而代之的是，我們應檢視不同社會階級的孩子所就讀的學校中，其教師、課程與教學實務如何影響學生的學習。

課程分流的教育過程會把學生隔離成不同的學習或課程組別，這些組別是被一種具威信的階級制度不均等排成等級。不論是能力分班或課程分班，這些課程分流容易減少低階級學生的學習機會，而增加高階級學生的學習機會。結果是，這種教育實務促成了教育的不均等。去課程分流運動代表著一種為達成較高的教育均等的努力，但它已經面對一些特定家長的抗拒。

教師可能會無意識地對來自不同社會背景的學生形成不同的學習期望，當老師對學生持有較高的期望時，老師就會花較多的時間與這些學生互動，鼓勵他們、多教他們一些，較常叫他們的名字，且提供較具社會性價值的課程給學生。當老師對學生持有較高的期望，而且這些期望很明顯地表現在他們的行為當中時，就會提升學生的學習。因此，達成較高的教育均等的其中一個意義就是，老師要提高對低階級學生的期望。

本章所檢視的教育結構、教育信念與教育實務三者，會與不平等的教育學歷有關，而且，因為教育的成功又與日後生活中的職業及所得有關，所以減少教育不均等就非常重要。本章建議一些關心的教育人員及公民能採取的步驟，以促進教育與社會的均等。

123

第四章 社會階級與教育均等

問題與活動

1. 依Persell的看法，學校以哪些方式造成了不均等？作者根據了哪些證據支持了她的立場？

2. 舉例說明下列每一種因素對教育不均等造成的影響：(1)教育結構；(2)財政的不均等；(3)測驗實務；以及(4)師資與課程。

3. 下列每一類型學校的主要特質是什麼：(1)精英就讀的私立學校，和獨特的郊區學校；(2)教區學校；與(3)大型的市區公立學校系統？

4. 為什麼來自不同社會階級背景的學生常就讀不同的學校，或當他們就讀同一所學校時，卻被分派到不同的課程進路？學生的社會階級背景如何影響他們所接受的教育類型？

5. 前往以下的三類學校拜訪並進行觀察：(1)一所當地的精英分子就讀的學校；(2)一所中上階級郊區的學校；(3)一所城市的學校。請勾勒這些學校的形貌。它們之間有什麼差異？根據你個人的拜訪與觀察，你對教育、社會階級與不均等的暫時性推論是什麼？你的推論與Persell的論點有哪些異同？

6. 當解釋標準化成就測驗時，教師、校長、政策訂定者與家長應記得哪些注意事項？

7. 何謂「自我實踐的預言」（self-fulfilling prophecy）？它如何影響教師期望？

8. 何謂「課程分流」？為什麼你認為在大規模、多樣性的學校系統中，和在主要是低階級學生就讀的學校中，其課程分流的普及性高於中上階級學生就讀的郊區、私立與教區學校？

9. 在低能力組與高能力組的進路中，學生的學校經驗有何不同？課程分流如何造成教育不均等？何謂「去課程分流」？

10. 為什麼課程分流要繼續存在？

11. 與社會階級有關的因素如何影響教師對學生的期望？

12. 教師期望如何影響師生互動、教學的內容與學生的成就？

References ••

參考文獻

Alexander, K. L., Cook, M., & McDill, E. L. (1978). Curriculum Tracking and Educational Stratification: Some Further Evidence. *American Sociological Review, 43*(1), 47–66.

Alexander, K. L., & Eckland, B. K. (1975). Contextual Effects in the High School Attainment Process. *American Sociological Review, 40*(3), 402–416.

Alexander, K. L., & McDill, E. L. (1976). Selection and Allocation within Schools: Some Causes and Consequences of Curriculum Placement. *American Sociological Review, 41*(6), 963–980.

Alpert, J. L. (1975). Do Teachers Adapt Methods and Materials to Ability Groups in Reading? *California Journal of Education Research, 26*(3), 120–123.

Amrein, A. L., & Y Berliner, D. C. (2002). High-Stakes Testing, Uncertainty, and Student Learning. *Education Policy Analysis Archives, 10*(18). Retrieved February 14, 2003, from http://epaa.asu.edu/epaa/v10n18/.

Baker, D. P., & Stevenson, D. L. (1986). Mothers' Strategies for Children's School Achievement: Managing the Transition to High School. *Sociology of Education, 59*(3), 156–166.

Blossfeld, H. P., & Shavit, Y. (1993). Persisting Barriers: Changes in Educational Opportunities in Thirteen Countries. In Y. Shavit & H. P. Blossfeld (Eds.), *Persistent Inequality: Changing Educational Attainment in Thirteen Countries* (pp. 1–23). Boulder, CO: Westview.

Braddock, J. H., II, & McPartland, J. M. (1990). Alternatives to Tracking. *Educational Leadership, 47*(7), 76–79.

Brint, S., & Karabel, J. (1989). *The Diverted Dream: Community Colleges and the Promise of Educational Opportunity in American, 1900–1985*. New York: Oxford University Press.

Brookover, W. B., Leu, D. J., & Kariger, R. H. (1965). *Tracking*. Unpublished manuscript (mimeo), Western Michigan University, Kalamazoo, MI.

Brophy, J. E., & Good, T. L. (1970). Teachers' Communication of Differential Expectations for Children's Classroom Performance: Some Behavioral Data. *Journal of Educational Psychology, 61*(5), 365–374.

Children's Defense Fund. (1988). *A Call for Action*. Washington, DC: Author.

Cohen, E. G. (1994). Restructuring the Classroom: Conditions for Productive Small Groups. *Review of Educational Research, 64*(1), 1–35.

Cohen, E. G. (2000). Equitable Classrooms in a Changing Society. In M. T. Hallinan (Ed.), *Handbook of the Sociology of Education* (pp. 265–283). New York: Kluwer Academic/Plenum.

Cohen, E. G., & Lotan, R. A. (Eds.). (1997). *Working for Equity in Heterogeneous Classrooms: Sociological Theory in Practice*. New York: Teachers College Press.

Coleman, J. S., Campbell, E. Q., Hobson, C. J., McPartland, J., Alexander, M., Mood, A. M., Weinfeld, F. D., & York, R. L. (1966). *Equality of Educational Opportunity*. Washington, DC: U.S. Government Printing Office.

Coleman, J. S., Hoffer, T., & Kilgore, S. (1982). *High School Achievement*. New York: Basic Books.

Collins, R. (1979). *The Credential Society*. New York: Academic Press.

Conant, J. B. (1961). *Slums and Suburbs*. New York: McGraw Hill.

Cookson, P. W., Jr., & Persell, C. H. (1985). *Preparing for Power: America's Elite Boarding Schools*. New York: Basic Books.

Cooper, H. M., & Good, T. L. (1983). *Pygmalion Grows Up*. New York: Longman.

Darling-Hammond, L. (1990). Teacher Quality and Equality. In J. Goodlad & P. Keating (Eds.), *Access to Knowledge: An Agenda for Our Nation's Schools* (pp. 237–258). New York: College Entrance Examination Board.

Darling-Hammond, L. (1992). Teaching and Knowledge: Policy Issues Posed by Alternate Certification for Teachers. *Peabody Journal of Education, 67*(2), 123–154.

Darling-Hammond, L. (2001). Inequality and Access to Knowledge. In J. A. Banks & C. A. M. Banks (Eds.), *Handbook of Research on Multicultural Education* (pp. 465–483). San Francisco: Jossey-Bass.

Dively, J. A., & Hickrod, G. A. (1992). Update of Selected States' School Equity Funding Litigation and the "Boxscore." *Journal of Education Finance, 17*(2), 352–363.

Dreeben, R., & Barr, R. (1988). Classroom Composition and the Design of Instruction. *Sociology of Education, 61*(3), 129–142.

Elliott, M. (1998). School Finance and Opportunities to Learn: Does Money Well Spent Enhance Students' Achievement? *Sociology of Education, 71*(3), 223–245.

Esposito, D. (1973). Homogeneous and Heterogeneous Ability Grouping: Principal Findings and Implications for Evaluating and Designing More Effective Educational Environments. *Review of Educational Research, 43*(2), 163–179.

Falsey, B., & Heyns, B. (1984). The College Channel: Private and Public Schools Reconsidered. *Sociology of Education, 57*(2), 111–122.

Ferguson, R. F. (2001, December 13). Talk presented at New York University. "Closing the Achievement Gap: What Schools Can Do."

Findley, W. G., & Bryan, M. M. (1970). *Ability Grouping: 1970–1 The Impact of Ability Grouping on School Achievement, Affective Development, Ethnic Separation and Socioeconomic Separation*. Athens: University of Georgia Center for Educational Improvement. (ERIC Document Reproduction Service No. ED 048382).

Findley, W. G., & Bryan, M. M. (1975). *The Pros and Cons of Ability Grouping*. Bloomington: Phi Delta Kappa.

Freiberg, J. (1970). *The Effects of Ability Grouping on Interactions in the Classroom*. (ERIC Document Reproduction Service No. ED 053194).

Gamoran, A. (1984). *Teaching, Grouping, and Learning: A Study of the Consequences of Educational Stratification*. Unpublished doctoral dissertation, Department of Sociology, University of Chicago.

Gamoran, A. (1986). Instructional and Institutional Effects of Ability Grouping. *Sociology of Education, 59*(4), 185–198.

Gamoran, A. (2001). American Schooling and Educational Inequality: A Forecast for the 21st Century. *Sociology of Education, 34*, 135–153.

Gamoran, A., Secada, W. G., & Marrett, C. B. (2000). The Organizational Context of Teaching and Learning. In M. T. Hallinan (Ed.), *Handbook of the Sociology of Education* (pp. 37–63). New York: Kluwer Academic/Plenum.

Gardner, H. (1983). *Frames of Mind*. New York: Basic Books.

Goldstein, B. (1967). *Low Income Youth in Urban Areas: A Critical Review of the Literature*. New York: Holt, Rinehart & Winston.

Goodlad, J. I. (1984). *A Place Called School*. New York: McGraw-Hill.

Goodnough, A. (2002, August 23). Shortage Ends as City Lures New Teachers. *New York Times*, pp. A1, B3.

Gould, S. J. (1981). *The Mismeasure of Man*. New York: Norton.

Grissmer, D. W., & Kirby, S. N. (1987). *Teacher Attrition: The Uphill Climb to Staff the Nation's Schools*. Santa Monica, CA: RAND.

Grissmer, D. W., Kirby, S. N., Berends, M., & Williamson, S. (1994). *Student Achievement and the Changing American Family*. Santa Monica, CA: RAND.

Hallinan, M. T. (1987). Ability Grouping and Student Learning. In M. T. Hallinan (Ed.), *The Social Organization of Schools: New Conceptualizations of the Learning Process* (pp. 41–69). New York: Plenum.

Hanson, S. L. (1994). Lost Talent: Unrealized Educational Aspirations and Expectations among U.S. Youths. *Sociology of Education*, *3*(3), 159–183.

Hanushek, E. A. (1989). The Impact of Differential Expenditures on School Performance. *Educational Researcher*, *18*(4), 45–51.

Hanushek, E. A. (1996). School Resources and Student Performance. In G. Burtless (Ed.), *Does Money Matter?* (pp. 43–73). Washington, DC: Brookings Institution Press.

Herrnstein, R. J., & Murray, C. (1994). *The Bell Curve*. New York: Free Press.

Heubert, J. P., & Hauser, R. M. (Eds.). (1999). *High Stakes: Testing for Tracking, Promotion, and Graduation*. Washington, DC: National Academy Press.

Hobson v. Hansen. (1967, June 21). *Congressional Record* 6721–16766.

Hodgkinson, H. L. (1989). *The Same Client: The Demographics of Education and Service Delivery Systems*. Washington, DC: Institute for Educational Leadership.

Ingersoll, R. M. (1999, August). *Teachers Teaching Out of Area of Certification*. Paper presented at the American Sociological Association annual meeting, Chicago.

Jaffe, A., & Adams, W. (1970). *Academic and Socio-Economic Factors Related to Entrance and Retention at Two- and Four-Year Colleges in the Late 1960's*. New York: Bureau of Applied Social Research, Columbia University.

Jones, J. D., Spade, J. N., & Vanfossen, B. E. (1987). Curriculum Tracking and Status Maintenance. *Sociology of Education*, *60*(2), 104–122.

Jones, J. D., Vanfossen, B. E., & Spade, J. Z. (1985, August). *Curriculum Placement: Individual and School Effects Using the High School and Beyond Data*. Paper presented at the American Sociological Association Annual Meeting, Washington, DC.

Kamens, D. (1974). Colleges and Elite Formation: The Case of Prestigious American Colleges. *Sociology of Education*, *47*(3), 354–378.

Keddie, N. (1971). Classroom Knowledge. In M. F. D. Young, (Ed.), *Knowledge and Control* (pp. 133–160). London: Collier-Macmillan.

Lareau, A. (1989). *Home Advantage*. Philadelphia: Falmer.

Lewis, L. S., & Wanner, R. A. (1979). Private Schooling and the Status Attainment Process. *Sociology of Education*, *52*(2), 99–112. .

Lichter, D. T., & Eggebeen, D. J. (1993). Rich Kids, Poor Kids: Changing Income Inequality among American Children. *Social Forces*, *71*(3), 761–780.

Mare, R. (1981). Change and Stability in Educational Stratification. *American Sociological Review*, *46*(1), 72–87.

Mayer, S. E. (2001). How Did the Increase in Economic Inequality between 1970 and 1990 Affect Children's Educational Attainment? *American Journal of Sociology*, *107*(1), 1–32.

Mayeske, G. W., & Wisler, C. E. (1972). *A Study of Our Nation's Schools*. Washington, DC: U.S. Government Printing Office.

New York Education Department. (1969). *Racial and Social Isolation in the Schools*. Albany: New York State Education Department.

Oakes, J. (1985). *Keeping Track: How Schools Structure Inequality*. New Haven, CT: Yale University Press.

Oakes, J. (1992). Can Tracking Research Inform Practice? Technical, Normative, and Political Considerations. *Educational Researcher*, 21, 12–21.

Oakes, J., Joseph, R., & Muir, K. (2004). Access and Achievement in Mathematics and Science: Inequalities That Endure and Change. In J. A. Banks & C. A. M. Banks (Eds.), *Handbook of Research on Multicultural Education* (2nd ed., pp. 69–90). San Francisco: Jossey-Bass.

Oakes, J., Wells, A. S., Jones, M., & Datnow, A. (1997). Detracking: The Social Construction of Ability, Cultural Politics, and Resistance to Reform. *Teachers College Record*, 98(3), 482–510.

Pallas, A. M., Entwisle, D. R., Alexander, K. L., & Stluka, M. F. (1994). Ability-Group Effects: Instructional, Social, or Institutional? *Sociology of Education*, 67(1), 27–46.

Persell, C. H. (1977). *Education and Inequality: The Roots and Results of Stratification in America's Schools*. New York: Free Press.

Persell, C. H. (2000). Values, Control, and Outcomes in Public and Private Schools. In M. T. Hallinan (Ed.), *Handbook of Sociology of Education* (pp. 387–407). New York: Kluwer Academic/Plenum.

Persell, C. H., Cookson, P. W., Jr., & Catsambis, S. (1992). Family Background, High School Type, and College Attendance: A Conjoint System of Cultural Capital Transmission. *Journal of Research on Adolescence*, 2(1), 1–23.

Reuman, D. A. (1989). How Social Comparison Mediates the Relation between Ability-Grouping Practices and Students' Achievement Expectancies in Mathematics. *Journal of Educational Psychology*, 81(1), 78–89.

Ritts, V., Patterson, M. L., & Tubbs, M. E. (1992). Expectations, Impressions, and Judgments of Physically Attractive Students: A Review. *Review of Educational Research*, 62(4), 413–426.

Rogers, D. (1968). *110 Livingston Street: Politics and Bureaucracy in the New York City School System*. New York: Random House.

Rogers, D., & Chung, N. H. (1983). *110 Livingston Street Revisited: Decentralization in Action*. New York: New York University Press.

Rosenbaum, J. E. (1976). *Making Inequality*. New York: Wiley-Interscience.

Rosenbaum, J. E. (1980). Track Misperceptions and Frustrated College Plans: An Analysis of the Effects of Tracks and Track Perceptions in the National Longitudinal Survey. *Sociology of Education*, 53(2), 74–88.

Rosenthal, R. (1974). The Pygmalion Effect: What You Expect Is What You Get. *Psychology Today Library Cassette, #12*. New York: Ziff-Davis.

Rosenthal, R., & Jacobson, L. (1968). *Pygmalion in the Classroom*. New York: Holt, Rinehart & Winston.

Schafer, W. E., Olexa, C., & Polk, K. (1973). Programmed for Social Class: Tracking in American High Schools. In N. K. Denzin (Ed.), *Children and Their Caretakers* (pp. 220–226). New Brunswick, NJ: Transaction Books.

Schiller, K., & Muller, C. (2002, August). *Raising the Bar: State Policies and Students' Mathematics and Science Course-Taking*. Paper presented at the American Sociological Association annual meeting, Chicago.

Sharan, S. (1980). Cooperative Learning in Small Groups: Recent Methods and Effects on Achievement, Attitudes, and Ethnic Relations. *Review of Educational Research*, 50, 241–271.

Tinto, V. (1980). College Origin and Patterns of Status Attainment. *Sociology of Work and Occupations*, 7(4), 457–486.

"A Truce in New Jersey's School War." (2002, February 9). *New York Times*, p. A18.

U.S. Department of Commerce, Bureau of the Census (1999). *Money Income in the United States: 1999.* (Current Population Reports, Series P-60). Washington, DC; U.S. Government Printing Office. Retrieved from: http://nccs.ed.gov/pubs2002/digest2001/ch5.asp August 31, 2003.

Useem, E. L. (1990, April). *Social Class and Ability Group Placement in Mathematics in the Transition to Seventh Grade: The Role of Parental Involvement.* Paper presented at the annual meeting of the American Educational Research Association, Boston.

Useem, M. (1984). *The Inner Circle: Large Corporations and the Rise of Business Political Activity in the U.S. and U.K.* New York: Oxford University Press.

Useem, M., & Karabel, J. (1986). Educational Pathways to Top Corporate Management. *American Sociological Review, 51*(2), 184–200.

Weikart, D., & Schweinhart, L. J. (1984). *Changed Lives: The Effects of the Perry Preschool Program on Youths through Age 19.* Ypsilanti, MI: High Scope.

Wenglinsky, H. (1997). How Money Matters: The Effect of School District Spending on Academic Achievement. *Sociology of Education, 70,* 221–237.

Wheelock, A. (1992). *Crossing the Tracks: How "Untracking" Can Save America's Schools.* New York: New Press.

Winter, G. (2002, December 28). Rigorous School Tests Grow, but Big Study Doubts Value. *New York Times,* pp. A1, A15.

Winter, G. (2003, April 23). New Ammunition for Backers of Do-or-Die Exams. *New York Times,* p. B9.

Wise, A. E., Darling-Hammond, L., & Berry, B. (1987). *Effective Teacher Selection: From Recruitment to Retention.* Santa Monica, CA: RAND.

第四章 社會階級與教育均等

基督教國家或多元文化：美國的宗教

Charles H. Lippy　著

陳美瑩　譯

　　美國的宗教文化就如同綴錦畫般的錯綜複雜，看似令人困惑。即使不是互相矛盾：

1. 美國是以基督教為主的國家，其實最主要是從聖經獲取一些宗教原則，而這些也是生活中法律原則的來源。即使其他宗教團體得到基督教的承認，但基督教仍然是美國生活中最具優勢和影響力的宗教。

2. 宗教自由在美國相當盛行，因為「教堂和州分離的原則」。因此，美國人可以自由地相信他們欲信仰的宗教，並且崇拜他們想崇拜的對象。因此，在美國存在著各類型的宗教和信仰，而這些宗教皆互相影響，並沒有哪一支宗教較占優勢。

　　以上兩種觀點長期存在美國的歷史當中，並能了解二十一世紀早期美國宗教動態的重要因素。

歐洲人將基督教深植於北美洲

　　在1776年，從大英帝國獨立出來的十三個殖民地成為美國時，居住在這些地區的殖民者歷史可追溯至一百七十五年前左右。這些大都從英格蘭來的移民，帶著基督教新教的精神（Lippy, Choquette, & Poole, 1992）。譬如，在維吉尼亞州這些南方地區，雖然有許多不同的信仰，但殖民地認定的合法建築仍以英式的教堂居多。這些英式教堂和少數神職人員多仰賴公共納稅生活，而住在這些地區的居民，依理論而言，都是屬於教區的一分子。

　　對北方而言，英國式教堂深度地約束著殖民，不論普利茅斯（Plyouth）

或是日後的麻薩諸塞州這些地區。然而，他們對於所見的景象並不滿意，尤其是英國教堂對於羅馬天主教之間的協議更是難以苟同。而這些抗議者慢慢地來到新英格蘭地區建立教堂，反映他們對宗教的了解。一般來說，我們稱他們為清教徒（Puritans），而這些其實是源自新教徒（Protestant Christianity），只是比他們在英格蘭所設立的新教徒更具有純潔的形式。但這其中存在著差異性，這些英國清教徒（Pilgrims）移民者在1620年來到普利茅斯，認為英國教堂已被宗教上錯誤的影響給吞沒了。唯一確定能拯救他們的方式是：離開英國教堂，並且脫離自己所屬的宗教機構。大部分定居在新英格蘭地區的清教徒仍然認同英國教堂，但他們相信，他們其實是拋棄了原先仰賴的英國國教，而尋求較為簡單更純潔的形式來促成宗教活動。

這兩類宗教人士皆認為：移民到北美洲會帶給他們宗教上的自由，而不經意地醞釀出美國是宗教自由的國家。事實上，不論是普利茅斯的英國清教徒或是其他的清教徒皆相信，那些反對者也應享有宗教自由。不過，如此觀點也有可能是危險的。比方說，麻州當局在1630年代放逐的Roger Williams是個宗教狂熱者。稍後，他宣布宗教自由的堡壘，這一觀點影響了浸信會的發展。Roger Williams後來被認為是一個危險的異教徒，他所需要做的就是從羅德島附近移居幾英里就可以了，因為麻州當局並沒有管控他，使他能自由自在地在他思想的教堂。

然而，在十七世紀結束之前，因英國的政治變遷，對於新教徒有了更寬容的態度，不過那是因為這些新教徒沒有迫害到公共秩序和和平。雖然羅馬天主教仍未給予正式的承認，但他們在馬里蘭州早有一席之地。他們日後蓬勃發展，尤其是在賓州，在當地所謂的貴格會教徒（Quaker）掌控的政府，支持William Penn這個創作者所謂的：「聖靈的實驗」。也許無論任何宗教都可加入，只要他們支持公共福祉。

多樣性早期的徵兆

即使如此，在英國殖民的部分地區，移民的形式產生了比公共政策承認的多樣性更高。從1619年在維吉尼亞州的第一個奴隸被運送到美洲，非

洲部落的影響便促使南方生活增加多樣性，而且在當時很多都已是雙種族的現象。剛開始時，白種基督徒其實不願意和這些奴隸分享他們的宗教信仰，因為他們唯恐如此的混雜，會使得奴隸制度崩解。因此，從十八世紀中期開始，更多力量與精神就放在對非裔美國人傳授基督教教義與精神，使得許多英國新教徒的教義受到非洲的影響。這些歌曲、讚頌和舞蹈主要都包含著非裔美國人基督教的一種十分特殊表現方式，而且，這些也是隨著歐洲基督教的根基發展而來的。這些從非洲被運送到美國當奴隸的非洲人，首先被運送到加勒比海。當時，這些黑奴將他們原先的巫術精神移植在美洲的土地上。歐裔美國人和非裔美國人皆由奴隸制度中獲得傳教的禮讚。然而，少部分白種人認為，基督傳教士呼應非洲部落的施妖術者，而融合在非裔美國人的基督教精神中，即使在奴隸制度被放棄之後，仍存於非裔美國人的支派中。除此之外，早期有些奴隸是穆斯林，奴隸制度使這些穆斯林無法在非裔美國人當中急速擴張或持久。

　　民族文化同時也對文化多樣性有很大的貢獻。荷蘭人原來居住於紐約（也指 New Netherlands），他們帶來喀爾文教派（Calvinistic Reformed），即使在英國人控制紐約後，他們在總人口中依然占有很大的比例。而現在的紐澤西、Scandinavian北歐移民聚集的地方，就有路德教派。而在德國移民區則有不同的現象。首先搬到賓州的移民，其身上帶有強烈的宗教標籤，而至今仍屬於基督教新教徒。另外，猶太移民者仍保留許多殖民時代的宗教生活，但他們有自己的猶太式教堂，散居在南卡羅萊納、喬治亞州Savannah、紐約和羅德島新港地區（Newport, Rhode Island），這些通常沒有獲得認可，因為基督徒無法了解他們。同時，他們也是這一塊多樣性大地中的一部分。

　　十八世紀中期，這些愛爾蘭（Scots-Irish）移民就植下長老教會的種子，尤其是在殖民地當中，他們日後慢慢隨著東部的阿帕拉契山逐漸南移。在十八世紀中期，這些較偏向衛理公會（Methodism）漸漸在英格蘭地區（新宗教）發展，即使如此，1790年，新美國從事第一次全國人口調查時，約只有10％的人口屬於特定宗教團體。然而，這項調查結果其實是被誤導的，因為調查人員低估了在殖民地和早期國家生活中，教堂對人民生活的影響，而未考慮到人民其實漸漸加入教堂；事實上，成為一個宗教成員是一項很嚴肅且重要的步驟。這些經常性參加教堂禮拜或藉由教堂作

為道德、行為指標的人民，其實並沒有成為特定的宗教成員。

英國的掌控並未擴張到日後成為北美領土的所有區域。從佛羅里達州到德州，從西南部到加州，都屬於西班牙移民區，這也豐富了美國宗教的多樣性。1776年，西班牙公會於舊金山成立，同年間，英屬殖民地從大英國協中分離並獨立。此外，法國天主教教義在紐奧良到南部的密西西比河流域也相當盛行，並蓬勃發展。當這些地區都變成美國的一部分時，強化了美國宗教的多樣性，尤其是西班牙和法國的天主教加入英國清教徒教義後。

共同主題

長老會和衛理公會、路德教派和波蘭改革教派、清教徒和浸信會——這些都是新教徒的一部分，源自於十六世紀歐洲基督教改革後的新教徒教派。然而，這些教派之間存在著差異性和相似點，這些在最早期的半世紀左右愈來愈明顯。當美利堅合眾國還在為所謂「共和國」——一個代表性的民主時代掙扎時，可能最重要的特質是：這些宗教的活力是基於個人的經驗，其中也有相當大的差異性，是決定於個人的意志力，或信仰意欲改變而獲得解救的信念。在這些宗教裡，唯一的決定者就是上帝。公理教教派、長老教派和荷蘭的路德教派，這些最主要是源於十六世紀的John Calvin，主要是將一切歸功於上帝。而衛理公會教派則相信，所有人類須接受「是上帝賜與人類自由意志這項禮物」方能獲得救贖。在浸信會教派中，有些強調自由意志；而另外的則是認為上帝早已選定可以被拯救的世人。英國國教徒（Anglicans）——這些都是英格蘭教會的一部分——和路德教派在同時也展現了多樣性，雖然很多人將上帝的解救視為只供給虔誠禮拜並且接受教育的人們。

十八世紀中期，個人宗教經驗的核心有些蓬勃發展，尤其是當復甦的浪潮橫掃這些英國殖民地區時，我們將之稱為「大覺醒」（Great Awakening）。雖然有些人質疑，這些是否是歷史學家所創造出的現象和標籤。約在1740年的十年後，人們似乎展現出對宗教的新興趣。許多人談論到關於宗教性能的改變，有些是他們已信服：上帝已給予他們暗示，他

們是被上帝選定的子民；而有些則是他們有意願相信上帝將拯救人類的憐憫與賜與。這些復甦的現象，使得基督教雙種族的特質在南方殖民地展現出來，而基督教新教派的傳教士是在非裔美國人（當初的黑奴）中尋找教徒人士。

雖然教會的成員在總人口中依然屬於少數族群，但是新教徒教派強調個人意志則在十九世紀前半期影響最為廣大。即使是那些強調上帝選擇性拯救的人，也開始從這種想法中脫離。自由意志和選擇似乎與民族議題互相呼應，而深植於美國政治中。由於這樣的傾向，所有人都是平等的，無論是犯罪者或是選擇要獲得拯救的人。正如同財富和階級在一個民族社會當中，不應該是一個社會排序的決定因素，因此，他們在基督教新教派中，也就沒有像衛理公會教派和浸信會的負面印象，而願意拯救所有的世人。這些社群——與長老教會同步成長，也隨著長老教會慢慢地植入上帝早已決定拯救的人選——會較積極地向普通百姓傳遞他們的訊息。

隨著美國人口的成長和西移的現象，基督教新教派是營區會議中最主要的推動者，並將西征前線分離居住的人們聚合起來傳教的新區。隨著工業城鎮沿著北方的河流及運河發展（在紐約的Erie運河），就是最主要的例子，他們將城市地區的基督教新教派加以商業化，並接受西征前線的營區會議的技巧，且將之擴展為基督教新教派復甦的主要工具。這些復甦主義者和巡迴的基督教新教派贏得許多讚賞，因為他們的傳教改變了聽眾的思想和情緒，而非因為新英格蘭清教徒神學理論的影響。希望自己的傳教士有受過正式訓練的教派了解到，他們的影響逐漸萎縮，只有少部分有時間或金錢準備這一類的神職教育。表5.1呈現基督教團裡從1650年到1996年的相對成長。

表5.1 各宗教信仰的人員

	1650	1750	1850	1950	1996
Baptist（浸信會）	2	132	9,375	77,000	98,228
Congregationalist（公理會）	62	465	1,706	5,679	6,748
Episcopal（英國國教）	31	289	1,459	7,784	7,517
Presbyterian（長老教會）	4	233	4,824	13,200	14,214
Methodist（衛理公會）	0	0	13,328	54,000	51,311
Roman Catholic（羅馬天主教）	6	30	1,221	15,533	22,728
Jewish（猶太教）	0	5	30	2,000	3,975
Holiness／Pentecostal（聖靈降臨教派）	0	0	0	21,705	52,868
Lutheran（路德教會）	4	138	1,217	16,403	19,077

資料來源：Adapted from Gaustad and Barlow (2001), p. 390.

新教派的擴展

這些潮流幫助新教派成為美國在內戰期間最受歡迎的教派。即使有成千的羅馬天主教徒在1830到1840年代從愛爾蘭來到美國，但這並未削減新教派在美國的影響，對於基督教新教信徒而言，他們常負責教會發展事務，也常被指定為政治官員。基督教新教徒的特質深深植入美國文化，而當美國公立教育在1830年代啟動前，就更加微妙地深入民心。非常著名的《麥加菲課本》（*McGuffey Readers*）（Westerhoff, 1978; Williams, 1980），其實在國小教育中是標準菜餚。如果我們快速地一瞥這些讀本，它們所顯現出來的主要假設是，學生應該共享基督教新教派的背景，而使這些日益浮現的公立學校成為各種基督教新教派信仰的融合，包含道德價值觀和學習方面。因此，即使還有其他的社群：愛爾蘭的天主教、德國天主教、猶太教及其他，基督教新教派仍廣泛而深遠地影響每個人的生活，而強化了美國是基督教國家的形象。

在美國內戰和第一次世界大戰爆發的這幾十年當中，當歐洲的移民達到最高峰時，相對的他們也握有霸權。這些數以百萬計來到美國海岸的人

們，並非來自於新教徒或西北歐的天主教區，而是來自東歐、中歐和西歐，這些人絕大部分不是新教徒，而是羅馬天主教、東正教基督徒和猶太教。許多天主教教堂設立了天主教學校，主要是因為基督教新教徒的思想瀰漫在公立學校教學課程裡。這些握有社會、經濟和政治力量的核心人物，並不只回應出這些移民的宗教取向，也包含其文化與民族的生活模式。然而，將這些移民美國化的召喚，大部分是相當清楚地要將他們改變成基督教新教徒，而強迫他們接受這些宰制的宗教信仰，因此，也就使得美國成為基督教新教徒的國家。

但是，公理教派教徒Josiah Strong在基督教新教派聯盟的跨派中工作時，在1880 年代中期，在其所著的《我們的國家》（*Our Country*, 1886/1964）指出，確定移民的宗教，隨著人口集中於城市以及快速的工業化後，這些移民在工作場所的能見度增加，而成為美國認同的最主要威脅。但是，只有假定美國認同是基督教新教派的時候，這些移民的新宗教才會成為美國認同的威脅。

在*事實*（de facto）中的多樣性另外一個層面是：有關於非裔美籍新教派的持續成長，大部分是衛理教會和浸信教會的傳統結合。這些團體在本土領導力發展這方面是相當舉足輕重的，最主要是專注在教堂中，而能夠讓二十世紀的公民權力運動實踐有關。在南方，其實大部分都已用奴隸制度代替，教堂通常為非裔美籍奴隸所能擁有的財產，而服務他們的傳教士大都受過高等教育。而教堂日益成為宗教中心重要的地方；尤其在南方的郊區，已經成為社區活動中心和許多社會福利方案的醞釀場所，以抗拒種族主義。

話雖如此，基督教教會的主要支派在商業和政治事務上，仍具有相當大的影響力。因此，在第一次世界大戰之後，當美國國會制定第一個限制移民的法律時，其實許多法令已影響到移民至加州的中國和日本籍移民，及其他西部地方的移民。新的分配額確認每一年能移入美國的人數，並且須同意天主教新教派的信仰，也因此保留了美國是個基督教國家的形象。表5.2呈現1830到1990年的宗教團體。

表5.2　各宗教團體比例

	1830	1890	1990
Baptist（浸禮會）	25.0%	18%	20%
Congregationalist（公理會）	12.3	2.5	1.5
Episcopal（英國國教）	5.0	2.6	1.8
Presbyterian（長老教會）	17.0	6.2	2.7
Methodist（魏理公會）	23.4	22.3	11.8
Roman Catholic（羅馬天主教）	4.2	30.2	38.9
Jewish（猶太教）	＊	＊	4.4
Holiness/Pentecostal（聖靈降臨教派）	＊	＊	4.4
Lutheran(路德教會)	3.4	6.0	6.0

取自Gaustad and Barlow (2001)。p. 389

宗教自由以及教堂和國家的區隔

　　反抗的力量總是洶湧而有力的，這些暗流其實是在挑戰美利堅合眾國作為基督教國家的真實情況，並持續控訴宗教的多樣性和多元主義在美國文化中蓬勃發展。由此觀點出發，美國本身並不是一個基督教國家，而只是一個宗教自由瀰漫卻無一個像基督教一樣的宗教團體來掌控美國的宗教。那些高唱宗教自由的人都指向憲法中的第一修正案（First Amendment to the Constitution）：「國會將不制定任何教派作為國家的宗教，或禁止宗教自由。」自從採用權利法案後，法庭和專家學者已達成如何定義那些字彙真正涵義的共識。

　　在美利堅合眾國的早期，將宗教全國性是有實用價值的考量。假如美利堅合眾國大部分的公民皆認同基督教派系的其中之一，主要是新教徒的派系，那麼將沒有一個支派可以有最多的擁護者。目前的浸信會、衛理教會、長老教會、貴格教派，以及其他不同民族的路德教派、英國國教派和其他教派已經學習到如何和平共處。這樣的多樣性其實是在讚頌多元主義，但是這也有可能暗指不公平（不民主），而將某一團體特別標示而獲得政府的支持。另外一個支持這種多樣性想法的是：無論是被貼上哪一種

標籤，所有社群都有同樣的信念、道德、價值觀，於是他們追隨著這些目標而成為良好公民。而神學教育的差異性就在這種倫理取向中，顯得較微不足道。

同時，許多前衛政治思想家也擁抱著理性和自由的想法，而將哲學上的啟蒙思想結合。在革命的時代（Age of Revolution）亦即理性的時代（Age of Reason），Thomas Jefferson、Benjamin Franklin、George Washington，以及其他遵從啟蒙思想的偉人都相信啟蒙的概念。而有異於後來的觀念指示，他們並非二十一世紀基本教義派，卻被偽裝成十八世紀的政治領導者，他們也非臣屬稍後的人道主義者。他們大部分接受這樣的觀念：神道其實是為了人類事務而服務，確切地說，神道就是所謂的上帝。所以相信宗教教義是有用的，因為教義可幫助雕塑人們變成有道德的公民，因此就會支持和平以及社會秩序。所有的懷疑有時是無法以邏輯的基礎來展現的。然而，邏輯和推理同時也賦予人類有權利思辨，並追隨由自我心智發展而探索出的真理。

理性主義者強調十八世紀波士頓的牧師Jonathan Mayhew（1749）所謂「私人判斷的權利」，和新教徒所強調的個人信仰改變的經驗，其實是銅板的兩面。兩者在許多方面有差異：既不是教堂、牧師，或聖經中的文句，而是以個人信仰和宗教實踐為主。就如同沒有人可以完全改變另外一個人的信仰，所以，只有個人能夠決定我們心智中的思慮正確與否。大部分將推理視為引導的人，都非常具有自信，甚至有些是過於樂觀了。對於這些人而言，每個人都是美麗的，卻沒有保證絕對是如此。因此，一個民族的社會秩序只能根據公民的信仰做依據，如果不同的心智發展出不同的真理，那就承認它吧。而主要也是因為這些差異性對於公民秩序絲毫沒有影響。

從推理的觀點而論，有政府支持的特定信仰系統或是任何宗教團體有一定的官方地位，無論其影響有多深遠，其實這都只是潛在的暴政，而這個信仰或團體可能就會有操弄他人的慾望。假設一個宗教團體使用高壓性的脅迫力量驅使人類信服，同時，其也喪失了本身的合法性，這種宗教就沒有辦法以理性來呈現真理，或幫助其信仰者獲得救贖。

在公民權利法案修正前，維吉尼亞州早已採用接近完全宗教自由的條例。自從憲法規定只有國會才可以制定宗教條例之後，受到Thomas

Jefferson的啟示，維吉尼亞州條例就成為其他州的典範。採用公民權利後，有些新英格蘭州仍採用宗教教士的薪水是由公共基金支付。在1833年，最後由麻薩諸塞州捨棄這種條令。

隨後有關於*將教堂和州法令區隔*的發展是相當相似的，並非嚴格地討論關於憲法或美國這國家的法定傳統。反而是Thomas Jefferson在1802年任職總統時，寫給康乃狄克州的浸信會的信件中提到：「一個區隔教堂和州的牆。」Jefferson和那些寫信給他的浸信會者意見相同，他們都相信：「宗教其實只存在於人類和上帝之間，而對於祂的信仰或禮拜並沒有其他因素能夠影響。」並且說明：「立法的力量只能伸展到行動層面而已，而非意見層面。」（引自Wilson, 1965, pp. 75-76）要了解，Jefferson認定上帝存在的事實，但是他希望避免政府干預個人的信仰選擇和實踐。

然而，這些宗教自由的法令條件並不代表所有夢想都能在美國實現，雖然有許多個人嘗試張揚他們特定的觀點，在歷史的脈絡下，有些結果並行於歐洲曾發生的啟蒙時代，也就是說，要確認猶太認同沒有受到政治的影響。幾世紀以來，猶太人被迫居於貧民區（ghettoes），甚至連行業都被限制，也禁止他們參與政治方面的活動，限制他們受教育的機會。這些將教堂和州區分的概念，就是使用一個基督教的名詞（*教堂*），作為所有宗教的象徵，這在美國理應不可行，雖然這樣的作法沒有將美國文化中的反閃族主義（anti-Semitism）從根拔起。

這樣法令上的決定並不等同於美國已搖身一變，成為在宗教上具有多樣性的國家，即使基督教新教徒中有很多教派早已成為人民生活的重心。例如，在1830年代，紐約的北部地區，Joseph Smith就報導了耶穌基督末世聖徒教會（Latter-Day Saints）的成立，日後較為人熟知的是稱之為摩門教（Mormons）。雖然摩門教徒因其教義似乎是減弱新教徒教派的教義，而在一開始沒有被廣泛地接受，但他們卻有辦法在各地遷徙。最後他們凝聚了許多信徒，並居住在鹽湖（Great Salt Lake）附近，諷刺的是，這個時間點為猶他州剛由墨西哥轉由美國政府管轄。這些聖徒代表的意義是在美國脈絡中新興的宗教。

約在同一時間，John Humphrey Noyes 從佛蒙州搬到紐約北部的Oneida，以自己的福音形式傳教，並吸引了數十個男女實行共產企業和複雜的婚姻制度。在1830年代，雖然震顫教派（Shakers）的領導者Ann Lee

在美國革命之前，將他的信仰深植在北美洲的土地上，在這段時間也達到最高點。約莫有六千個男女過著極為儉樸的生活，希望能獲得解救。這些約是二十多個不同的社群組成，其中有幾個是居住在紐約和新英格蘭的北部地區。而其他無法計數的團體皆有其安身立命之地，因為政府不干涉個人的信仰和實踐。其實許多是在實驗共同生活的理念，例如，在菜市場中的每一個團體都試圖說服其他男女，藉此獲得更多的信徒。

十九世紀初期，美國也成為猶太人口的主要居住地。雖然在英國殖民時，有少數的猶太社群居住於所謂的十三州，就像羅德島的Newport和南卡羅萊納的Charleston地區，猶太教會其實是從歐洲德國移民到美國的，並且帶著他們希伯來的傳統來到美洲。因為迫切希望能在公共生活中達到參與社會生活的目的，許多猶太人便積極地在啟蒙時代之後，那段受到排擠的時間裡得到啟示，進而決定改革猶太教（Reform Judaism）。這樣的改革運動等同於放棄猶太人不需要的特質，才能呈現一些較現代的面貌。

稍後的猶太移民則臆測，這樣的改革運動是否過於激烈，以至於使他們放棄太多源自中東的文化傳統。這些最堅持的人也就是東正教猶太人（Orthodox Jews），也就是保守猶太，在當時擁有最多的信仰人數。他們願意將傳統做一些改革以適應現在的生活，而接受宗教多元文化的現象，但他們認為改革的變動太大了。雖然基督教的各種形式一直持續掌控美國的宗教生活，但在十九世紀中期，猶太文化明顯是一個動態、很有活力的選擇之一。

十九世紀的前半期，也可一窺其他宗教的師徒宣揚他們在中西部前線營區會議中所了解到的真理。他們也有演講、馬戲團，因而在大城市中成為受歡迎的娛樂項目。例如，隨著中西部前線的發展，有些傳教士試著保留他們認知的第一世紀的新約基督教傳統（New Testament Christianity）。這也表示，他們將捨棄支派間的架構，而在某些情況下，也改變神職人員專業人才的運用。由這種取向出發，漸漸地結合了許多派別而形成所謂的基督會（Christ）和基督教堂。

類似紐約這樣的城市，William Miller 吸引了許多群眾來觀看他對於聖經預言的呈現。Miller 以他預言耶穌基督復活而著名；他甚至將耶穌基督復活的日子都已敲定。但是，當預言的復活日耶穌基督沒出現時，他則不止一次地修改他計算的方式。雖然大部分的追隨者都因極度的失望而

離他遠去，不過，他的論述日後就成為耶穌基督第七天再生論教派（Seventh-Day Advenstist）早期的領導者Ellen G. Harmon White 傳教時的經典。

十九世紀末有許多宗教出現。有一些持續反映移民者的宗教型態，其他則是因為作家和舌燦蓮花的演講者鼓動而來的。這其中比較為人熟知的應該算是安曼教派（Amish）和他的表兄弟門諾教派（Mennonites）。他們追尋的是不與大社會同流合污的簡樸生活，並且他們也將現代化視為絕望的根源。他們主要都是在美國內戰之後的數十年移民到美國和加拿大。當時對於科學和科學技巧應用於宗教表現的興趣逐漸提高。譬如，Mary Baker Eddy就曾經訴求用她個人信仰的心智力量，發展出能夠治療心靈的基督教科學（Christian Science）；隨著將其觀念集成書冊出版及她以信仰療法者的身分在全國各地發表傳播，其影響力日益增長。

這些少數的例子帶來的真實多樣性和多元性，開始將美國的宗教生態添加不同的色彩，憲法第一修定案將這些多樣性和多元性具體合法化，具有不可磨滅的功勞。其他種種因素也增加了宗教的實驗性。持續擴張的領土表面上意涵著，在美國的領土上還有給形形色色宗教導師和團體，可以在不影響周遭人事物的情況下從事宗教活動。因此，美國的經驗有助於打破西方宗教文明認為宗教必須具有統一性的迷思——歸宗於單一宗教的傳統是穩定政治和社會和諧所必須的。

多樣性、宗教自由與法庭

同時，以新教派為主的一些宗教團體，對很多美國人而言，似乎將宗教自由的限度推得太廣了。最後，他們就成為廣大宗教文化中的邊緣團體。可是，如果他們的信仰和實踐方式與多數的宗教團體差異性太大時，在他們損害主流的宗教方式之前，他們難道不應該有所控制嗎？就某方面而言，最基本的問題就是：在多樣性實踐有害社會之前，我們應該容許到如何的地步呢？政府應該介入多少才不至於成為專制政權呢？

當耶穌基督末世聖徒教會的創造者Joseph Smith倡導一夫多妻時，他相信是上帝的旨意告訴他一夫多妻是可行的，而且這是根據聖經上記載的古希伯來人的方式。然而，當猶他州地區試圖向美國聯邦政府尋求將一夫多妻（polygamy）合法化時，大部分的美國人對於如此行為相當畏懼，同時在大部分的州別也都受到禁止。如此的情況是相當迂迴的，而歷史學家

也眾說紛紜，無法知道摩門教徒是什麼時候開始禁止一夫多妻制。可是，一直到猶他地區將一夫多妻制視為非法之後，猶他州才正式成為美國的一州。在此過程中，美國的最高法庭處理兩件有關一夫多妻制的問題：1878年的*Reynolds v. United States*和1890年的*Davis v Beason*（Miller & Flowers, 1987）。即使一夫多妻在猶他州也受到限制時，有許多摩門教徒仍然實施一夫多妻制。進入二十一世紀之際，仍然有零星案子受到媒體的注意。不過，因為這些個人基本上都居住在偏僻地區，加上他們的行為對公共秩序也沒有太大影響，因此也就沒有引起太多騷動。

法律保障安息日禮拜回到殖民時代的規定。最早期時，維吉尼亞州根據在1610年頒布的「達爾法令」（Dale's Laws）有一項建議，不僅要求在星期日一定得參加教堂禮拜，同時也禁止私人以及公共場所的娛樂活動。隨著猶太人口在美國的成長，這些對星期五日落一直到星期六日落有嚴格規定的東正猶太教，卻認為如此的法令是具有歧視意味。然而，因為猶太人的人口數少而且相當分散，因此這些凌亂的抗議對現況並沒有太大的影響。

星期天法令同時也影響到耶穌基督第七天再生論者（Seventh-Day Adventists）。就如同他們的教名顯示的，他們依舊將第七天／星期六視為神聖的一天。大部分的基督教團體，無論是新教徒、天主教或是東正教，他們代表的是美國主流的基督教方式，而把星期天／第一天視為最神聖的一天，而壓抑第七天為安息日的方式。到了二十世紀，有許多限制星期天可做哪些事情的法令，包含能夠買賣的物品和從事的娛樂活動。最熟知的就是「藍色法令」（blue laws）——人們傾向將第一天視為最神聖的，而忽略其他有不同信仰的方式。如此一來，那些將星期天視為神聖的團體要怎麼辦？

有關於耶穌基督再生論者和東正教猶太人的抗議，仍然停留在地方和州立法庭的階段。其實這些議題是和宗教相關，但是早期對於性歧視的藍色法令曾經到達美國的最高法庭，卻與宗教團體無關。比方說，*McGowan v. Maryland*（1961）的案例中，就將星期天出售打折物品的店員逮捕，而在*Two Guys from Harrison-Allentown, Inc. v. McGinley*（1961）的案例中也有相似的情況。但是因為事實依據不同，因此需要不同的決定。在兩個案例中，法庭從歷史的觀點來支持星期天的藍色法令，並且堅持即使藍色法

令原來是支持基督教規定，但是為了要提倡將第七天視為休息日，使得大部分的藍色法令可能會被撤銷。

在戰爭的年代裡，每一個階層的法庭都在爭辯視為拒絕從事軍事行動，以及支持軍事行動的活動。雖然已經有數百人入獄，不過一般來說，隸屬於貴格會教派、門諾教派、同修會（Church of Brethren），以及其他在歷史上是屬於和平的教會（peace churches）等等教派的成員就可以倖免，即使有些人可能需要從事替代役。在反對越戰的期間，無論是否屬於宗教團體，這些有良知的抗議行為就擴展到保護個人信仰的意識上。

過去的那些年，法庭的案例也會有關於某些像耶和華見證會、基督教會等宗教團體拒絕一些類似輸血的醫療程序，因此尋求能夠自由選擇的可能性。一般來說，法庭支持已達法定年齡的個人，因為宗教而拒絕某些醫療。可是，如果是父母基於宗教理由而幫他們的孩子拒絕某些醫療程序，這些情況就比較複雜了。這就關係到，政府是否有權以守護弱勢國民利益的前提加以介入。

政府在提升人們的福利和宗教自由當中，何處與如何劃下界線，可以透過許多案例來了解，其中有很多是在州立的層次，這些包含在意識當中使用，並吞下類似像番木鱉鹼之類的有毒液體。其實，這個在〈馬克福音〉第十六章當中有記載，而且這也是聖經所要求的。但是，如果被蛇咬而致死的話，難道我們的政府就沒有責任來禁止這樣的習慣嗎？既然使用時，在祭典當中的團體都是集中於阿帕拉契山脈，而這些把使用蛇在祭典中視為不合法的州，其實也是此種風俗相當流行之處。但是，這些法令卻很少被強制執行，而大部分則在二十世紀末期就被廢止了。

最熟悉的案例就是宗教習慣是否受到法定的約束，尤其是影響到公立學校的教育。早期最受到關注的，就是耶和華見證會（Jehovah's Witnesses）的一些小孩子。它基於宗教的定義有，耶和華見證會的小孩子拒絕向國旗敬禮，並堅持將歌頌美國國家誓約（Pledge of Allegiance）先於他們對上帝的忠誠，則是褻瀆上帝的。耶和華見證會受到控訴的案例，在1954年由國會裁決在對國家忠誠宣誓時，「以上帝之名」是否意味著在憲法之外支持宗教。一直到耶和華見證會獲得法令的保護之前，他們的小孩常常被逐出學校。雖然剛開始，最高法庭不願意接受不讚頌國家誓約是屬於宗教自由。不過，在*Minersville School District v. Gobitis*（1940）的案例中，法

庭下令應該要求學生去歌頌國家誓約。不過，三年之後，在 *West Virginia State Board of Education v. Barnette* 的案例中，法庭推翻早期的裁決，建立了前所未有的宗教自由，一直流傳至今。

綜上所述，當公立學校在十九世紀開始成為美國的行為準則之後，大部分的學生其實都是來自基督教新教派，而課程教材基本上都是翻印這些社區的信仰和習慣。那些像聖誕節或者復活節的基督教節日，有時候就會停課。而猶太教的聖日沒有受到這樣的特殊待遇，但猶太教的小孩在猶太教節日缺課也不會受到處罰。在許多學區中，學校校舍常常都給基督教新教派社群使用，以作為傳教之用。1948年，在 *McCollum v. Board of Education* 的案例中，最高法庭裁決不可使用學校設備和上課時間來傳教，即使成員是自願參加的。

有些相關的規定是在1952年的 *Zorach v. Clauson* 案例中達成，當時的最高法庭裁決學生可以早一點離開學校去參加校外的宗教活動。在 *Zorach v. Clauson* 案例二十年之後，新教徒教派極力爭取為不能進入教區學校的羅馬天主教小孩，一星期一天一小時提早離開學校，以接受宗教課程。不過，在二十世紀的最後三十年，愈來愈難徵選志工從事這類的課外活動，而有些到最後就解散了。

然而，最大的爭議應該是有關在公立學校聖經閱讀和祈禱的活動，是否體現出有特別偏好某一個特定的宗教傳統。在當地社區已經出現其他案例，大部分都是挑戰在運動會時從事祈禱，譬如是在美式足球比賽前或者運動會開始以前。在1960年代早期，控訴到最高法庭的案例可能是最著名的。1962年時，最高法庭在 *Engel v. Vitale* 的案例中，否決了紐約州的裁決，並裁示必須在學校開始一天的活動之前，就要學習教導一般性而無特定教派的經文。這個軒然大波還沒平息之前，最高法院在 *Abington v. Schempp* 的案例中則宣布，學校學生沒有義務參與基督教祈禱或誦讀經文等活動。

四十年之後，學區和州立法院仍然為這些決定在糾纏著。接下來的案例常常是在最高法院下的單位來決定，而這些已經拋開完全禁止的型態，而允許有些學生發動的活動之中，或者其他志願參與、課外活動中可以有宗教的行為和祈禱。不過，這些爭議常常忽略了最高法庭並沒有禁止在公立學校中開設有關於宗教的課程，而這些課程其實並不是針對某一個特定

信仰或教派而設。同時，這也並不代表著我們不能從文學或者歷史的觀點來欣賞聖經。而這些課程或研究，其實是有別於將這些宗教傳統的文本用於提倡個人信仰的形式。然而，在現實生活上，許多公立學校系統仍然拒絕開設宗教的學術課程，以避免被誤導，因此，這類課程教材發展其實是相當有限的，而只有少數幾位老師能夠以學術的觀點來教授宗教。

在二十一世紀初，必須將宗教和國家政體區隔以及如何確認宗教自由的辯證持續發展。有些人回應一些早期的議題，譬如自然宗教（Santeria）是否是一個宗教，因此，他們在儀式當中犧牲雞群是否應該受到保護。其他則碰觸到宗教和教育可能在法令上是可以互相連接的，譬如，這些國家政體或者社區是否能夠提供憑證給公民，使他們能夠去支付教會教育的費用。然而，其他則專注於創造論是否為一種科學，而是不是應該放入生物課本，以及演化論是否也應該在學校教授。

回顧早期的案例似乎集中於如何保障宗教少數團體的權益，可是有些後來卻演變成將宗教少數團體的規定加諸宗教多數團體之上。無論如何，即使早期受到基督教新教派的影響甚大，這些法律案例其實都提供了美國宗教深層與永續的多樣性。

多元主義成為準則

1960年代那些有關於祈禱和閱讀聖經的爭議性案例，即使在美利堅眾和國成為基督教國家時就已經很明朗了。遠在1955年時，身兼工會召集人和在衛理公會的德魯神學院教授社會學的Will Herberg，在他《新教、天主教、猶太教》（*Protestant, Catholic, Jew*, 1960）的著作中就強調，大部分美國人相信基督教新教派、羅馬天主教和猶太教。最重要的是，有著宗教信仰的標籤就好像有社會價值的徽章，而不管標籤是哪一類。對Herberg而言，負面的影響就是宗教文化的產生──他所謂的「美國式生活的宗教」，而這觀念卻對聖經的承諾而強調物質主義以及大量的消費。而這無意識的推波助瀾，卻降低各個教派之間的特殊性，而這也就是Eisenhower總統常說的：美國政府「除非是根基於深層的宗教信仰，否則就是沒有意義的──而我不在乎是什麼（宗教信仰）」（引自 Herberg, 1960, p. 95）。

二次世界大戰期間的軍役使得數以千計的美國人更能接受其他的宗教，他們在戰場上的共同經驗降低了信仰的差異性。當二次世界大戰結束之後，這些退役的軍人重新回到平民生活中，而他們的工作常常是必須要遷居。這種現象就打破了美國長期以來生老病死都是在同一社區的狀況。遷居代表的是，必須要去尋找新的教堂以及新教會標籤。如果出生地附近沒有教堂，那麼自然而然就會去加入另一教堂。

教區的擴散使得宗教的熱誠也降低很多。主要的基督教新教派趕緊在新興的郊區設立教堂，同時他們也會彼此互相幫助，以免在特定的地區設立太多小教堂。教堂行政系統其實都知道，無論何種教派，家庭其實都傾向於能夠有年輕家庭適合的方案。而在各種教派中，轉移似乎成為準則了。沒有任何教派可以確保教徒會終身認同某一個教派，即使是在其教派中出生長大的。因此，也造成許許多多的個人失去對於某一特定傳統的深層聯繫關係，而形成他們只是對於禮拜的特定教堂有關聯。那些對於傳統沒有深耕的教徒，常常就無法讓他們的下一代對於那樣的傳統有緊密的聯繫關係。

第二次世界大戰之後的幾年，由於著名的G. I.法案（G.I. Bill）中，使得許多參加戰爭的退役軍人蜂擁地升學到大學，而這也是削減對於宗教熱誠的不同方式。就好像是戰爭的經驗一樣，大學的環境帶來宗教的不同面向。就像有些人害怕的，並不是大學企圖要迫害宗教信仰。反而，那些持續和其他不同信仰接觸的人，甚至是其他基督教新教派的個人，也漸漸不擔心信仰其他宗教的可能性。結果，他們了解各種不同的信仰團體其實都有類似的功能，而這其中並沒有任何教派可以聲稱是完全的真理。不過，有些基督教新教派確實相當地抗拒，因為他們相信這樣的接觸機會其實是錯誤的，並且會污染真實信仰。

在國家走向冷戰階段時，流動、軍役和大學的經驗，其實都是跨宗教婚姻急速成長的催化劑。跨越基督教新教徒各種教派的婚姻其實早就很普遍了。現在是基督教新教派徒、羅馬天主教徒和猶太教徒之間的婚姻急速成長，而這些疆界其實比基督教新教派之間各種派別的差異大多了。不過，也有數以百計的基督教新教派美國軍人在太平洋地區服役之後，就帶回亞洲的配偶，而這些移民來的配偶基本上也想要保留原有的文化傳統。當每個家庭漸漸繪出自己的宗教認同時，每個家庭成員的宗教信仰也可能

有差異。有些則必須妥協，去認同其他的宗教團體；有時候，丈夫和妻子隸屬於不同的宗教，而小孩子則接受父母親雙方的宗教，或者只接受其中一個，而常常是雙方面都沒有。很多人就這樣悄悄地從有組織的宗教中脫離了。

　　然而，每個家庭也都必須要去面對這種多元的宗教傳統，多元主義的新面向其實對於數百萬人的生活慢慢具有重要性。這種基督教新教派之間的新興運動也有一些影響。透過各種教堂委員會的共同努力，1980年代南方和北方的長老教會，以及在1960年代初期成立的教堂聯盟，似乎創造出令人覺得所有基督教新教派都很類似的印象；而以教派本身而言，並沒有什麼差異，因此，對哪一個教派特別重視似乎就沒有任何差別了。為了要在基督教新教派之間提倡團結合作，基督教統一運動無形當中就將對於某一特定教派的忠誠連根拔除了。

　　除此以外，美國的公民權利運動所造成的社會壓力，以及日後由於越南戰爭引起的反戰運動，其實都是在挑戰美國生活中的各種權威形式，這包含對於宗教團體以及他們的領導者。而嬰兒潮出生的小孩長大之後，卻面臨著動亂的時代，因此，他們對於社會機構的信任度，也比他們的父執輩或祖父輩多，這包含在宗教方面的心聲。當他們是在對教會忠誠度降低的年代成長，他們就比較不認同組織性的宗教。雖然早一代的人士會從青少年末期和成年早期慢慢地遠離宗教社區，但他們通常在有自己家庭之後，反而要讓他們的子女能夠有道德或宗教上的薰陶以為人生準則。然而，許多人士就將自己定位成靈性的，即使他們不願被標籤為太宗教化了。

　　Robert Wuthnow（1998）已經強調，二十世紀的後半部，美國人將會由根深柢固的宗教傳統或「家」的概念，轉化成比較有個人主義傾向的宗教「探索」。有一篇很有名的期刊論文就標示著：「設計你自己的上帝」（Design Your Own God）（Creedon, 1998）。比方說，在嬰兒潮出生的婦女就會探索各種資源，而且也因女性的經驗來尋求靈性的生活。有些人則將異教徒或者基督教前的宗教形式描繪出來，而認為這些女性主義的靈性其實影響到教會的團結。隨著在組織性的宗教機關團體之外的幾個特質象徵靈性的活力，描述如下：

1. 這些聚集在森林草叢中進行儀式，代表著婦女從出生一直到停經的歷程。

2. 那些極少參加禮拜但卻宣稱非常靈性的人，因為他們有時候會參加有禪道打坐的聖經讀書會。

3. 那些在家中流行安置祭壇的人，可能也會在新世紀的水晶旁放著十字架。

4. 那些喜歡展示WWJD〔耶穌基督會做什麼？（What Would Jesus Do?）〕手鍊的人，將前人視為十字架的聖品，轉變為庸俗的珠寶。

5. 那些喜歡在靜默當中漫步於曼陀羅城和迷宮之中的人，是因為覺得組織性的宗教已經太吵雜了。

　　同時，那些基督教團體已經慢慢傾向反對靈性的私人化。在公民權利運動和反戰運動最高潮時，那些專家學者認知到，基督教新教派在獨立的智慧當中，其實是比較傳統，而且傾向基本教義主義者和聖靈降臨教派的方式持續成長（Kelley, 1977）。幾個世代以來，這種形式的基督教其實已經被認為是屬於邊緣性的。學者早就誤認基督教基本教義派和聖靈降臨教派只是吸引那些政治經濟較弱勢的族群。

　　基督教基本教義派、聖靈降臨教派，以及其他的基督教派在受到邊緣化的時候，他們彼此之間就已經發展出良好的溝通網絡，並且提供資源來建立教會機關扎實的基礎（Carpenter, 1997）。他們從堅定的信仰中得到力量，並且堅信真理是不容置疑的。因此，得以保護基督教信仰與實踐在二十世紀後半部時，免於受到文化侵襲。假如基督教新教派和天主教是被公民權利運動、越戰和女性主義分裂的，那麼，這些基督教的表現情緒提供了方向，而能夠以理性和安全的方式來看待世界──一個不會被社會爭議所撕裂，但是卻仍然能夠由「基督教義」而得到穩定。

　　省思主要的宗教氛圍時，有些人討論到「猶太─基督教傳統」（Judeo-Christian tradition）最多也只不過是人為的建構。在二十一世紀開始的那些年，尤其是2001年由恐怖分子所引起的911事件之後，許許多多呼籲十誡應該豎立在法庭、學校和其他公共建築的現象，說明了其實基督教精神仍然是社會凝聚的根。不過，他們的努力卻受到宗教多元主義──美國社會的特徵──的消遣，也就是說，伊斯蘭教、佛教和印度教在美國的信仰人口急速增加。

多元主義新氣象

1965年的移民法使得從拉丁美洲和亞洲來的移民人口急遽增加，這也將這些地區的宗教帶入美國，同時也連接了民族性和宗教風格。在二十世紀的最後十年，從拉丁美洲、中東和亞洲來的移民都湧入了美國南方和西南方的陽光地帶（Sun Belt）。根據報導，1990年和1998年之間，喬治亞州的二十五個郡至少增加了50％的移民人口。比方說，喬治亞州地毯生產中心Whitfield 郡有50％是墨西哥裔美國人，而在低年級的學生人口，則有超過50％的學生是墨西哥裔（Mahoney, 2002）。

橫跨美國各州，市區大部分的羅馬天主教堂其實都已經增加西班牙語的禮拜，並且承認墨西哥天主教其實與美國的天主教產生新的融合，而這其中常常反映出拉丁美洲的文化。比方說，在邁阿密地區的古巴移民，其實豎立聖母瑪利亞（Our Lady of Charity）的神像來代表特殊的宗教認知和古巴的國家主義（Tweed, 1997）。就某方面而言，這些移民所做的就是在一個多世紀以前，義大利和愛爾蘭以及其他天主教徒所做的──這些移民帶來他們自己的節慶方式、守護神、宗教和民族性的融合，而產生他們自己的認同感和文化凝聚。

當許多聖靈教派模仿他們的羅馬天主教提供適合西班牙裔信徒的宗教禮拜時，有些基督教新教派已經指派特別的牧師到西班牙美國人的地方。以神學上來說，墨西哥裔美國人──無論是基督教新教派或者羅馬天主教派──其實在思想方面都比較傳統和保守，即使他們的宗教實踐具有許多的融合特質。而在基督教傳統方面，已經無法以盎格魯撒克遜的風格作為準則。

從亞洲來的移民帶來了印度教、佛教和伊斯蘭教。長久以來，美國人對亞洲的宗教文化有極高的興趣。在十九世紀的時候，透過傳教士所出版有關於亞洲宗教的雜誌和書信，看似非常令人嚮往並具有異國風味，而使得如先驗論派（Transcendentalist）作家Ralph Waldo Emerson，對亞洲宗教非常沉迷。可是，除了在西海岸有許多中國和日本來的少數移民，很少人能夠對這些宗教有直接的親身經驗，實踐這些宗教的就更少了。

1893年在芝加哥，世界宗教聯盟（World's Parliament of Religions）與

芝加哥世界博覽會（Columbian Exposition）共同舉辦，以慶祝哥倫布四百年前發現了美洲。包含印度教和佛教的許多宗教代表，都被邀請到芝加哥；而有些像印度教哲學家Vivekananda之類的，就在展覽會後仍留在美國，在大城市與知識分子分享這些宗教背後的哲學概念。由於美國在第二次世界大戰、韓戰和越戰中有軍事武力的介入，使得數以千計的美國人有機會直接接觸亞洲的宗教方式。有些人將他們的配偶帶回美國之後，他們也仍然想要實踐以前在亞洲的宗教方式。

1960年代同時也見證了，亞洲宗教先驅們極力尋找美國的信仰者，尤其是那些脫離美國傳統宗教並且見證了種族主義的壓榨和美國政府對越南戰爭失策的美國人。國際「印度神話牧牛神克里希納」覺醒運動組織（International Society of Krishna Consciousness或者 Hare Krishna）在大城市和大學受到盛大歡迎；而數以千計的人則選擇去練習Maharishi Mahesh Yogi所提倡的「超覺靜坐」（Transcendental Meditation），而這也像Beatles一樣成為時尚。一世紀後，Dalia Lama由於受到Richard Gere這些明星的崇拜，而成為藏傳佛教在美國的象徵。

當這些不同形式的佛教和印度教吸引很多美國信徒時，美國佛教、印度教和伊斯蘭教的家庭其實是在從事美國人幾世紀以來所做的事——實踐第一代移民所帶給他們的宗教，即使經過修改來融入美國的社會脈絡。在二十世紀的第一個十年，改變多元主義面貌的因素是：日益成長的移民人口帶來的傳統文化。表5.3說明了成長的情況。

表5.3　亞洲宗教信徒估計

	1900	1970	2000
佛教	30,000	200,000	2,000,000
印度教	1,000	100,000	950,000
伊期蘭教＊	10,000	800,000	3,950,000

＊不包含伊斯蘭國家。

本表人數按照美國人口普查而得

這些估計提醒我們，1900年時，美國只有三萬名佛教徒，可是一世紀之後，卻有兩百萬人；印度教徒則由原來的一千人增加到九十五萬人；回教徒則是從一萬人增加到二百五十萬至四百萬之間（U. S. Census Bureau, 2000）。印度教的傳統從來就沒有積極爭取信徒的取向；在其他文化脈絡中，佛教和伊斯蘭教反而比較積極尋求信徒。然而，在美國的脈絡中，提供各種不同形式佛教的佛教社群和中心，其實彼此之間很少聯繫。因為國際上將恐怖分子與伊斯蘭教做連結，因此，美國的伊斯蘭教基本上對於吸收新教徒非常低調。已經信仰伊斯蘭教的那些美國人，比較有可能是非洲裔；他們加入也是伊斯蘭教的非洲移民團體。

這些宗教團體的成長象徵著美國宗教愈來愈多元化，而且愈來愈不可能挑出單一宗教傳統作為準則，或者作為二十一世紀的主宰宗教。

★ 總結和教育啟示

從移民時代到二十一世紀，美國的宗教景觀是有史以來最多元化的。由最早期的歐洲侵入者帶來的基督教新教徒，他們戮力將基督教文化深植在美國的情況一直都受到許多挑戰。這些挑戰包含從美國印第安人原有的部落宗教，以及非洲奴隸試圖保留他們原有的非洲宗教精神。他們本身同時也來自許許多多不同的宗教團體。美國的宗教傳統從開始以來，就是非常多樣性的。

宗教的多樣性在公民權利法案通過之後，在憲法之前擁抱了宗教自由，可是也帶來許多問題。比如說，所謂的宗教自由是何意義？那又如何在優勢族群與少數族群之間取得平衡呢？二十世紀的時候，許多挑戰其實與宗教在公立教育中所扮演的角色相關。

幾世紀以來，移民其實是提升宗教多樣性的主要力量。移民使得羅馬天主教和猶太教在十九世紀的時候在美國出現。二十一世紀初期時，佛教、印度教和伊斯蘭教徒蜂擁至美國，這些許許多多不同的宗教信徒就將美國當作家鄉了。

公立學校在1835年到1870年時，假設了大部分的學生都有基督教新教派的背景，但在十九世紀末期時，這些想法則不能適用。不過，二十世紀

末期，宗教主義多元化的結果，使得公立教育或者其他公家機關很難去確認是否大多數的人有共同的信仰和價值觀——或者甚至是否有共同的宗教觀念。研究美國的宗教馬賽克現象已經愈來愈難，因為他們沒有對特定的信仰傳統有完全的忠誠度，或者賦予任何信仰社群優勢的地位。

★資源

有幾個網站可對美國宗教情況再深入了解的，其中包括

1. Jon Butler和Harry S. Stout（1998）編輯，由牛津大學出版社出版的十七冊有關天主教、猶太教、摩門教、新教、伊斯蘭教、佛教、印度教、錫克教和美國印第安人信仰等等，適用於中等學校階段。

2. 加州大學在奇科的宗教與民眾教育資源中心網站：www.csuchico.edu/rs/rperc。

3. 專精於美國宗教的Wabash 中心：www.wabashcenter. wabash.edu。

4. 哈佛大學的Pluralism Project（多元計畫）最主要偏向於近五十年來佛教、印度教和伊斯蘭教的多樣性風貌。其網站包含了各州地圖，宗教中心通訊方式，新聞摘要，各團體簡介及教學資源：http://www.pluralism.org。

5. 非裔美國人的宗教歷史，則見：http://northstar.vassar.edu。

6. Notre Dame大學的Cushwa 中心則提供美國天主教生活和歷史：www.nd.edu/~cushwa。

7. 美國猶太歷史社群（American Jewish Historical Society）見提供了美國猶太人的經驗：www.ajhs.org。

問題與活動

1. 教堂和政府的主要原則是美國的宗教自由，調查教堂和政府是如何緊密相關。比方說，教堂可以接受聯邦政府的補助嗎？如是，有哪些條件限制？教會學校可以得到公立學校的支持嗎？如是，那他們可以得到怎樣的支持，以及符合的條件又是如何呢？

2. 許許多多的非裔美籍和歐裔美籍人士是屬於基督教新教派的成員，並享有共同的宗教傳統。然而，非裔美籍和歐裔美籍的教堂禮拜形式和服務項目可能性差異很大。拜訪衛理教教堂和非裔衛理英國國教教堂，比較他們的儀式時間長短、音樂和牧師的熱誠有沒有差異？和你的同學討論你的發現。這個活動的重要參考書目是《非裔美國人、經歷的黑人教會（*The Black Church in the African American Experience*, Lincoln & Mamiya, 1990）》。

3. 媒體已經成為散布宗教理念的重要力量，而且和政治傾向緊緊相連。成立約有五個學生作為一組的團體，並且指定他們去觀賞五個不同的宗教電視節目超過一個月。記錄節目中重要的主題，並且分析夢中的主題和概念，以決定是否有特別的政治理念傾向。同時，由此出發來討論在本章最開始Lippy所宣稱的，宗教已經被媒體污染的矛盾情況。

4. 在美國，大部分的宗族和族群團體是主要的信仰社群。然而，美國的大部分信仰社群是隔離的。調查在你自己社區裡的教堂、清真寺和廟宇，以了解信仰社群到底是如何隔離的。訪問這些宗教團體的領導者，並且請問他們，為什麼他們認為信仰社群傾向於只由單一種族或族群團體所組合。先問他們是否有試圖努力去參加他們的信仰社群統合。

5. 英國基督教新教派教堂之間仍然有許多的敵意。上網查詢看看到底有多少不同的教派，他們是在哪裡舉行、他們的目標以及吸引的觀眾。這些現代的教派紛爭如何體現Lippy所謂的多元文化新面貌？

6. 美國的宗教常常會讓人聯想到，男人在雕塑宗教理念和機構時有舉足輕重的角色，然而，婦女對於美國的宗教生活則有相當大的貢獻。閱讀下列女性宗教領導者的傳記，譬如Mary Baker Eddy和Ellen G. Harmon White。同時，也閱讀《正義的憤懣：黑人教會中的女性運動，1880-1920》（*Righteous Discontent: The Women's Movement in the Black*

Church, 1880-1920, Higginbotham, 1993）。討論性別對於教會中女性生活的影響。

7. 社會階層和宗教如何交織呢？是不是同一社會階層的人會聚集在同一個教會呢？不同的宗教組織機構如何對待低收入的人？你的低收入鄰居對於教會有什麼看法呢？將班上分成幾組，研究以上問題。

第五章　基督教國家或多元文化：美國的宗教

References

Butler, J., & Stout, H. S. (Eds.). (1998). *Religion in America: A Reader*. New York: Oxford University Press.

Carpenter, J. A. (1997). *Revive Us Again: The Reawakening of American Fundamentalism*. New York: Oxford University Press.

Creedon, J. (1998, July–August). God with a Million Faces: Design Your Own God. *Utne Reader*, pp. 42–48.

Gaustad, E. S., & Barlow, P. L. (2001). *New Historical Atlas of Religion in America*. San Francisco: Harper.

Herberg, W. (1960). *Protestant, Catholic, Jew: An Essay in American Religious Sociology* (rev. ed.) Garden City, NY: Doubleday.

Higginbotham, E. B. (1993). *Righteous Discontent: The Women's Movement in the Black Church, 1880–1920*. Cambridge, MA: Harvard University Press.

Kelley, D. M. (1977). *Why Conservative Churches Are Growing* (2nd ed.). New York: Harper.

Lincoln, C. E., & Mamiya, L. M. (1990). *The Black Church in the African American Experience*. Durham, NC: Duke University Press.

Lippy, C. H., Choquette, R., & Poole, S. (1992). *Christianity Comes to the Americans, 1492–1776*. New York: Paragon House.

Mahony, P. (2002, July 26). Study Says Hispanic Buying Power Rising. *Chattanooga Times Free Press*. Retrieved May 16, 2003 from www.timesfreepress.com/2002/july/26jul/disposableincomehispanic.html.

Mayhew, J. (1749). *Seven Sermons*. Boston: Rogers & Fowle.

Miller, R. T., & Flowers, R. B. (Eds.). (1987). *Toward Benevolent Neutrality: Church, State, and the Supreme Court* (3rd ed.). Waco, TX: Baylor University Press.

Strong, J. (1964). *Our Country* (J. Herbst, Ed.). Cambridge, MA: Harvard University Press. (Original work published 1886).

Tweed, T. A. (1997). *Our Lady of the Exile: Diasporic Religion at a Cuban Catholic Shrine in Miami*. New York: Oxford University Press.

U.S. Bureau of the Census. (2000). *Statistical Abstract of the United States*. Retrieved May 1, 2003, from www.census.gov/statab/www/.

Westerhoff, J. H. (1978). *McGuffey and His Readers: Piety, Morality, and Education in Nineteenth Century America*. Nashville, TN: Abingdon.

Williams, P. W. (1980). *Popular Religion in America: Symbolic Change and the Modernization Process in Historical Perspective*. Englewood Cliffs, NJ: Prentice-Hall.

Wilson, J. F. (Ed.). (1965). *Church and State in American History*. Boston: Heath.

Wuthnow, R. (1998). *After Heaven: Spirituality in America Since the 1950s*. Berkeley: University of California Press.

美國穆斯林教徒簡介：表兄弟與陌生人

全世界的穆斯林超過十一億（Hajar, 2003）。在2000年，大約只有五百八十萬美國人是穆斯林（Watanabe, 2001）。即使伊斯蘭教在全世界都有信徒，但是在美國一直到2001年9月11日才受到注意。美國政府當局證實Osama Bin Laden與Al-Quaeda是轟炸的元兇。Osama Bin Laden與Al-Quaeda是伊斯蘭教的極端分子。這次事件引起美國對伊斯蘭教和穆斯林的注意。

自從911之後，美國人對於伊斯蘭教有很多疑問，這包含了：伊斯蘭教到底是什麼樣的宗教？這些宗教極端主義者是為了他們的政治利益而破壞伊斯蘭教的形象嗎？穆斯林婦女所披戴的頭巾是象徵她們受到壓迫，還是與頭巾情結有關係呢？為了要避免扭轉和誤解，教育者應該要去回答來自美國各地有關於伊斯蘭教和穆斯林的各種問題。

〈美國穆斯林教徒簡介：表兄弟與陌生人〉是Diana L. Eck（2001）所著的《一個新宗教的美國》（*A New Religious America*）中的一章。Eck教授任教於哈佛大學比較宗教和印度研究所，也是該計畫的主持人。這章節最主要是對美國伊斯蘭教提出概括性介紹，並討論美國穆斯林與全世界穆斯林之間的關係。*伊斯蘭教*相信世界上只有唯一的上帝——阿拉真神的宗教信仰，而穆罕默德是阿拉的先知。穆斯林則是信仰實踐伊斯蘭教教義的人士。雖然大部分的阿拉伯人是穆斯林，但是實際上大概只占有全世界20％的伊斯蘭教人口，約十一億人口（Hajar, 2003）。

本章主要是描述各種不同種族、族群、語言文化背景的穆斯林共同分享豐富的宗教傳統。然而，穆斯林是個非常多元文化的社群。本章企圖去描繪其複雜性與差異性，這包含什葉派教徒（Shi'ite）和伊斯蘭教正統遜尼派（Sunni）。

伊斯蘭教在美國有長久的歷史。本章描述伊斯蘭教在美國的狀況，討論的議題包含歧視、偏見以及美國穆斯林所面臨的種種議題。

Eck教授在本章所提出的觀念和見解能夠使你的教學更豐富。這些認知也能夠幫助我們了解穆斯林學生家長與其同儕的文化宗教傳統。本章有關於伊斯蘭教和穆斯林的訊息，也能夠帶領我們去了解、關心甚至抵制對於伊斯蘭教或對其他宗教、文化、語言與族群的歧視與偏見。

Reference •••••••••••••••••••••••••••••

Eck, D. L. (2001). *A New Religious America: How a "Christian Country" Has Become the World's Most Religiously Diverse Nation*. New York: HarperCollins.

Hajar, P. (2003). Arab Americans: Concepts, Strategies and Materials. In J. A. Banks, *Teaching Strategies for Ethnic Studies* (7th ed.). Boston: Allyn & Bacon.

Watanabe, T. (2001, October 15). For Muslims, War and Peace Open to Interpretation. *Seattle Times*, p. 2.

Recommended Bools ••••••••••••••••••••••

Barber, B. R. (1995). *Jihad vs. McWorld: How Globalism and Tribalism Are Reshaping the World*. New York: Ballantine.

Bayoumi, M., & Rubin, A. (Eds.). (2000). *The Edward Said Reader*. New York: Vintage.

Eck, D. L. (2001). *A New Religious America: How a "Christian Country" Has Become the World's Most Religiously Diverse Nation*. New York: HarperCollins.

Esposito, J. L. (1998). *Islam: The Straight Path* (3rd ed.). New York: Oxford University Press.

Esposito, J. L. (1999). *The Islamic Threat: Myth or Reality* (3rd ed.). New York: Oxford University Press.

Haddad, Y. Y., & Esposito, J. (Eds.). (2000). *Muslims on the Americanization Path?* New York: Oxford University Press.

Joseph, S. (Ed.). (2000). *Gender and Citizenship in the Middle East*. Syracuse: Syracuse University Press.

Zeliknow, P. D., & Zoellick, R. B. (Eds.). (1998). *America and the Muslim Middle East: Memos to a President*. Queenstown, MD: Aspen Institute.

第三部分 **性別**

　　自從1960年代與1970年代屬於民權運動之一的女權運動，已經對女性的社會、經濟與政治情況有了非常大的改善。然而在學校與社會中，仍然廣泛存在性別歧視與不平等。在1998年，女性全時工作者收入的中位數只有男性全時工作者的73%，比1988年的70.2%上升一些。在美國，近二十年來，女性的地位也已大大改變了。比較以前，有更多的女性在外工作，更多女性是家庭中的一家之主。在1997年，有83.6%的女性在外工作，占總工作人力的46.2%。1998年，美國有21.7%的家庭是由女性負責。女性與她們的依賴者成為國家的窮人的百分比正逐漸上升，有些作者使用*貧窮的女性化*（the feminization of poverty）這個名詞描述此一發展。1996年，在美國，61%的貧窮家庭是由女性擔任一家之主。

　　本書第三部分的三章是在描述美國女性的地位、長久以來存在學校的性別歧視的形式、教育人員用來創造男女兩性學生均等的教育機會的策略。在第六章，Sadker與Sadker指出，男女性均受到性別刻板印象與性別歧視的傷害。第七章，Tetreault描述學校中的知識是如何受到男性觀點的支配，以及老師如何以兩性的觀點影響他們的課程，藉以擴展學生的思考與視野。第八章，Butler討論了有色人種的女性常受到婦女運動的忽視，因為這個運動是由白人與中產階級居控制的地位。她所描述的一些觀點和內容，將可使老師以有色人種女性的經驗與文化來統整他們的課程。

PART 3 Gender

第六章

性別偏見：從美國殖民時期到今日的教室當中

David Sadker& Myra Sadker　著

陳枝烈　譯

　　人類學家Margaret Mead曾說：如果魚也是人類學家，那麼對魚而言，最不容易去發現的事就是水。而我們就如同魚一般，悠游於性別歧視的大海當中，很少人「看到」水，我們已被性別偏見所淹沒，我們對於這種偏見的短視是如此的普遍與令人苦惱，所以就創造出*性別盲*（gender blindness）以捕捉這種文化意涵上的短視（Bailey, Scantlebury, & Letts, 1997）。性別盲幾乎影響了我們生活中的每一層面，包括我們如何教學與學習。

　　在《公平性的弱點》（*Failing at Fairness*）一書中（Sadker & Sadker, 1994a），Myra與Sadker提到在學校中所發現的性別盲，「如性別偏見是難以捉摸的，所以大部分的老師和學生完全不知道它的影響」（p. 2）。現在它仍然是難以捉摸的，所以許多老師還是未覺察到它。師資培育或人力發展計畫都很少去培育老師「看見」這個不易覺察、無意的、傷害的性別偏見且正在欺騙兒童。許多教育人員有一種錯誤的認知，以為性別偏差是一個「女性的」議題，與男性沒什麼關係。全國各地學校中的暴力與槍擊事件提供了令人印象深刻的事，這些正是男性角色刻板印象所付出的成本。不幸的是，到了今天，許多男孩與女孩並不知道發動這項努力是在爭取女性的基本教育權利，甚至他們都還在鄙視*女性主義者*（feminist）這個字，也缺乏要面對學校中的性別歧視所引起的挑戰之願景與手段。

　　本章提供了了解性別偏見的脈絡，內容包括：(1)女性爭取教育機會的奮鬥之歷史回顧；(2)推動學校中性別平等所獲得的成果與進展的最近資

1　1995 年，Myra Sadker 雖然經過治療，但仍死於乳癌之病。本文是她與共同作者多篇作品之一，若要對 Myra Sadker 的生活、工作與組織 "Myra Sadker Advocates" 有更多的了解，請光臨她的網站：www.sadker.org。

料；(3)課程中性別偏見的分析；(4)與教學中的性別偏差有關的最近研究發現；(5)與性別議題有關的趨勢及挑戰之預告性評述；(6)增進教室中的性別平等之十二項建議。

★ 被隱藏的一場民權奮鬥

在殖民時期，美國女性的教育受到極大的限制，當時僅有約三分之一的女性寫得出自己的名字。幾個世紀以來，女性為打開學校這扇門一直在奮鬥中。雖然在新英格蘭有一位婦女捐出了一小塊土地，設立了一所免費學校，但女性兒童仍未獲允許就讀這所學校。事實上，女性普遍被認為在心智與道德上都比不上男性，所以，只能被貶低去學習家政這類的技能（domestic skills）。直到1970年代和1980年代，她們才贏得權利，被允許進入全部為男性的常春藤聯盟（Ivy League）前身的大學就讀。而且到了1990年代，女性才衝破西點（Citadel）與維吉尼亞軍校（Virginia Military Institute）的圍牆，而能進入這兩所軍事學校就讀。但是這一場歷時既久、卻恍如昨日，影響廣泛的紀念性民權戰鬥，卻很少留下痕跡而消失於無形。現在，就讓我們簡略地回顧這場大多數美國人都不知道的被隱匿的民權奮鬥。

在殖民時期，婦女學校（dame schools）是由一群有教學意願及閒暇時間的婦女，在家中教育年紀較小的男孩和女孩（*白人男孩和女孩除了少數例外*）所形成的學校。很幸運的女孩才能就讀這類學校，並學習家政技能與閱讀（這樣，這些小女孩才能在將來讀聖經給她們的小孩聽）。這類學校則讓這些男孩們受較正式的教育，教導他們如何寫作及為將來生活做準備的技能。女孩們逐漸學到廚房與縫製衣服的技能，目的是要在將來做一位好母親和好妻子。

新的民主思潮帶來了新的觀念，允諾女性有更多的教育機會，小學逐漸敞開它們的大門，歡迎女性入學就讀，但也僅限家庭經濟條件許可者；而在中等學校方面，則是以*女性修院*（female seminaries）首開其端。女性修院是在保護與監督的氣氛之中，提供了融合宗教與學術的課程。在紐約有Emma Hart Willard努力爭取設立了Troy女性修院；在麻塞諸塞州有Mary Lyon創設了Mount Holyoke，這所女性修院後來變成一所著名的

162

女子學院（women's college）。女性修院通常是強調自我否定與嚴苛的紀律，並顧及一些重要的因素，以塑造一位全心奉獻的妻子與信奉基督教的母親。到了1850年代，由於貴格教派的協助，Harriet Beecher Stowe與Myrtilla Miner在首府創設了有色人種女子師範學校（Miner Normal School for Colored Girls），提供給非裔美國女性新的教育機會。雖然這些修院有時會提供一些較好的教育，但是，他們也會陷入一些矛盾而從未完全解決：這些修院是為某一個世界而教育女孩，而不是在準備接受那些受過教育的女性，修院有時會意想不到地在調解這個衝突。Emma Willard的Troy女性修院專心致力於「專業化母職」（professionalizing motherhood）的訓練（而誰不支持母職呢？）。但是在培養的歷程中，一旦重塑了母職，修院就重塑了教學。

對教學專業而言，修院成為新觀念與新成員的來源。修院的負責人，如Emma Hart Willard與Catherine Beecher等人就編寫了教科書，介紹如何教及如何教得比以前更人性化，她們公開批評體罰，並推動更合作的教育實務。因為學校被認為是家庭的延續，也是教養兒童的另一個場所，所以，修院的畢業生就被允許成為老師──至少在她們決定結婚之前。超過80％的Troy女性修院與Mount Holyoke的畢業生成為老師，一般學區特別喜歡聘請女性教師，不只是因為她們教學的效能較高，而且她們的薪資也只有男性教師的三分之一到一半。

就在美國內戰結束時，一些學院或大學在經費上是很拮据的，特別是那些靠稅款支持的學校。由於內戰的傷亡，一些高等教育機構遭遇學生嚴重短缺，此時女性入學就讀就成為學校籌措經費的來源，但是女性的就學（學費）並無法換得校園的平等。因為女性經常接受的是隔離的課程，且常面對男性學生與教授的敵意。像密西根大學這類州立大學，當女生進入教室時，男性學生就會跺腳以表示抗議，某些教授還很賞識這種作法。

雖然許多大學都有經費上的需求，但是女性接受教育並不是廣為接受的觀念，甚至有些人認為那是危險的作法。哈佛大學醫學院教授Edward Clarke（1873）博士發表了《教育中的性別》（*Sex in Education*）一書，他在書中提到女性就讀高中、大學會有醫學上的危險。依照Clarke博士的看法，血液原本是用來維持卵巢的發展與健康，但若遭到學習的壓力，將使血液轉而指揮腦部的運作。「接受太多的教育將使女性腦部變得像怪物

一樣、身體變得很微小……思想浮動、腸子變得遲鈍」（pp. 120-128）。
Clarke博士建議，應該提供女性要求較不嚴格的教育、較容易的課程、不
要有競爭，及「休息」課，使她們的生殖器官得以發展。女性的頭腦太
小，身體太容易受傷，所以無法面對這些心理的挑戰。他堅持表示，如果
讓女性就讀像哈佛那樣的學校，將會對女性的健康有嚴重的威脅，會帶來
貧血與歇斯底里的潛在後果。著名的心理學家G. Stanley Hall（1905）同意
這位哈佛教授的看法。經過一世紀，哈佛與其他著名的男性大學最後才允
許女性入學就讀。

　　Clarke博士的觀念對女性造成強烈的恐懼。曾任Bryn Mawr 學院校
長，且是美國第一位獲得博士學位女性的M. Carey Thomas寫到，像Clarke
等作者所寫的恐懼，「我記得常對此事而祈禱，向上帝祈求說，假如這
種事是真的，因為我是女孩子，我就無法精熟希臘文，也無法進入大學
就讀，理解一些事情，那麼就殺了我吧」（引自Sadker & Sadker, 2000, p.
438）。1895年，維吉尼亞大學的教授曾表示：「女性在面對學習的壓力
時，身體方面常失去性別特徵」（引自Sadker & Sadker, 2000, p. 438）。
父母們因為擔心自己女兒的健康，所以常讓女兒就讀要求較不嚴格的學
程，這些學程是保留給女性，且不希望她們再接受進階的教育。即使到了
今天，Clarke警告的仍不乏回響——有些人仍認為受良好教育的女性較不
吸引人，或認為進階的教育對女性而言是「壓力太大了」，或相信教育對
男性的重要性遠高於女性。

　　在Clarke的文章中，也清楚地呈現種族差別主義的弦外之音。由於就
讀大學的女性以白人女性占絕大部分，而受教育也造成晚婚與生育率降低，
結果是，有色人種的女性正以令人驚恐的速度在生育，富裕的白人女性卻
選擇追求更高的教育而放棄養兒育女。白人所樹立的危險是很清楚的。

　　到了二十世紀，女性已獲得更多的機會進入各階段的教育學程，雖然
在1970年代已有很好的成果，但是仍有性別隔離學程（gender-segregated
programs）的法律。雖然女性與男生是就讀同一所學校，但女性通常接受
較低價值的教育，「商業課程」只是在培育女孩成為秘書，雖然有「職
業學程」（vocational programs）引導她們進入美容業和其他低薪資的職
業。在二次世界大戰之後，大學通常會要求已婚的女性提交一份她丈夫同
意她入學就讀的信，才能被學校允許入學。在1972年，教育修正案第九章

（Title IX of the Education Amendments）的通過，女性獲得進入教育的機會才有明顯的進步，但是仍然不平等。

1972年的教育修正案第九章成為法律後，使女性運動獲得更大的動力。第九章開宗明義這樣說：

> 美國國民在性別的基礎上，當他們入學就讀任何接受聯邦財政補助的教育計畫或活動時，沒有人會遭到排除參與、拒絕利益，或遭受歧視。

雖然大部分人已聽聞第九章與運動的關係，但是它所觸及的絕不止於運動的領域。每一所公立學校及大部分的國立大學都在第九章的規範之下，在學校的入學許可、輔導諮商、運動競賽中、與學生有關的各種法規、各種課程或計畫（包括職業教育和體育）中，都禁止有性別歧視。第九章的規定也適用於聘僱實務中的性別歧視，包括：面談與招收新成員、聘用與晉升、賠償、工作分派、福利等等。雖然這項法律只是偶爾會使用到，但這項虛弱的教育權利還成為1990年代保守派政治運動刪除的目標。

在Susan Faludi（1991）所出版的《反挫》（*Backlash*）一書中，記錄到這項在1980年代與1990年代的保守派政治成果對女性產生的負面影響。制定來幫助女孩和婦女的大部分聯邦教育計畫被取消，第九章本身也常受到攻擊，在高中和大學，那道「玻璃牆」（glass wall）仍然隔離女性進入最有利的生涯，也隔離男性進入傳統「女性的」工作。在某些特定的職業領域，例如工程、物理、化學、資訊科學，都很少有女性從事；但在護理、教師、圖書館管理、社會工作等領域，也很少有男性從事。甚至在高社會地位的事業，例如醫師、律師，仍然繼續存有第二代的偏見。在這兩種專業中，女性發現，她們自己最難進入這種具威望且有利益的專業。在了解了這些歷史脈絡，及女性進入特定的專業管道，以及女性學生與僱員的價值貶低之後，才能幫助我們去除在今天仍然存在而不易覺察的（和不是不易覺察的）偏見。

在1990年代中期，一些政治的保守派好戰幹部宣稱，女性主義運動已經不復存在很久了，而且也宣告男性才是性別歧視的受害者。他們指出，男生接到較低分數的成績單，較多被分派去接受特殊教育、常受訓誡，也

較有可能中途輟學。雖然他們有許多對教育研究的批評是政治的動機，但他們也真的提醒我們男性所面臨的問題。雖然今日性別偏見已不像過去那般造成那麼多問題，但是這種偏見仍然是充滿敵意的。以下將提供一些顯著的統計說明這種情形。

★ 成績單：學校性別歧視的代價

以下這張成績單是你無法在任何中小學發現的，這些統計記錄了男女兩性因社會與教育中的性別偏見所遭遇到的損害。在第九章通過後的近幾十年來，性別不平等仍繼續滲透在學校之中，且繼續地欺騙兒童（American Association of University Women, 1998a; American Psychological Association, 1999; Levante, 1996; Mid-Atlantic Equity Center, 1999; National Coalition for Women and Girls in Education, 2002; Sadker & Sadker, 1994a; Women's Educational Equity Act, 1999）。

✿學業層面

女生

- 在入學的前幾年，女生的語文能力是優於男生，她們在數學方面的學業表面與男生是相同的，在科學方面則是大部分與男生相同。然而，隨著入學時間的逐漸增加，許多女生在高風險成就測驗的分數〔例如學術性向測驗（Scholastic Assessment Test, SAT）〕則逐漸下滑，女生是我們社會中唯一在剛入學時擁有測驗方面優勢的族群，但在畢業離開學校時，反而是一種測驗上的不利。

- 男生在學術性向測驗（SAT）的數學與語文兩部分的成績是勝過女生。雖然女生是在語文成績方面表現較好，男生在數學方面表現較好，但是兩性在美國大學測驗計畫的考試（American College Testing Program Examination, ACT）卻很少指出具有性別差異。

- 最近幾年，女性報名選讀數學與科學課程的人數有顯著增加。然而，男生選修進階課程的人數仍然比女生多，尤其是在三個核心的科學課程——

──生物學、化學與物理；而且在競賽的測驗上，男生的分數也高於女生，例如在進階安置測驗（Advanced Placement tests）。

- 資訊科學與工程技術等新興的領域，仍然繼續顯現性別（與種族）不均衡的現象。在這些課程當中，不僅選修這類課程的男生多，在選修進階課程的也是男生較多。女生則是較多選修文書處理與辦公室工作支援的課程，在離開學校之後，女生也比較少使用電腦。各民族的女生在工程技術方面的能力明顯低於男生。當前的一些軟體產品更可能增強這些性別刻板印象，而不會減低這些性別刻板印象。

- 雖然女生在許多標準化成就測驗上的表現是逐漸下滑，但是，女生在學校中的成績經常優於男生，這可能是她們在教室中表現得較安靜與溫順所得到的其中一種獎賞。然而，她們的沉默反而可能是為成就、獨立與自信所付出的代價。

- 在教室中，女生較少經歷到學業方面的接觸，她們較少被點到名字、較少被問到複雜與抽象的問題、獲得較少的讚美與建設性的回饋，而且很少人指導她們做事情的方法。簡言之，女生較容易成為教室中被忽略的成員。

- 那些在數學及科學方面表現資優的女生，較少有機會參與特殊和加速的計畫，以發展她們的天賦才能，這種情形在非裔美國人與西班牙裔的女生更是如此。那些面臨學習障礙的女生也比有學習障礙的男生少有機會被鑑定或招收到特殊教育學程中。

- 留級（repeat grades）的女生比男生更可能中途輟學，女生總體的輟學率（十六到二十四歲未在學與未完成高中學歷女孩的百分比）是接近11％，而非裔美國女孩的輟學率接近總體的兩倍，拉丁裔的女孩有三倍，美國印第安女性幾乎達到五倍。

- 到了1996年，美國二十五歲以上的人口中，大約有24％的比例至少就讀了四年制的大學，這個族群包括達24％的白人女性與29％的白人男性，但非裔美國女性只有14％，非裔美國男性是12.5％，拉丁裔女性是10％，拉丁裔男性是11％（資料沒有統計美國印第安人）。只有16％的殘障女性有機會接受大學教育，但殘障男性則有28％接受大學教育。

- 雖然全部大學生的比例是女生高於男生（男女之比接近44％到56％），但是，獲得博士學位與專業學位的比例，女生則落在男生之後。

男生

- 男生在學校中容易被責罵或懲罰，即使他們的犯行與女生一樣，男生比女生容易因紀律上的行為而涉及到學校當局。

- 男生較容易被鑑別為具有學習障礙、閱讀問題與心理遲滯。所以，他們就較有可能被送到學習障礙班或情緒困擾的班級。

- 從小學到大學，男生的成績多比女生低，而從小學到高中，男生也比較會被留級。

- 男生在受處罰時，比女生更嚴厲、更公開、更頻繁。男生休學的比例占全校的71%。

- 男生的成績常模與學校的成績常模之間有落差，所以造成男生的中途輟學，男生比女生更有可能輟學。

- 男生比女生更少選修英文、社會學、心理學、外國語文與純藝術的課程。

- 非裔美國男生參加進階安置考試的比例只有非裔美國女生的一半。

- 在各種課外的領域，男生都落後於女生，例如：學校學生自治組織、文學活動，及在藝術方面的表現。

- 國家教育進步評量協會（National Assessment of Educational Progress）的統計指出，男生在寫作成就測驗的成績明顯低於女生。

- 申請入學就讀大學與研究所的學生，男生是少數（44%），而且在副學士、學士、碩士學位的獲得方面，男生落後於女生，分別是副學士39%、學士44%、碩士44%。雖然白人男性與女性就讀大學的機會是非常公平的，但非裔與西班牙裔的男性卻在各教育階段的就學比例都是較低的。

🧩 心理與生理層面

女生

- 五分之一的女生受到性傷害與生理傷害，雖然這些事件並不常被通報到學校當局。
- 女生比男生較常受到性騷擾，而且所造成的結果是較嚴重且傷害性較大。
- 接近一半的青少年女性有節食的行為，她們的目的大部分是為了「外表漂亮」。
- 每一年有約一百萬的美國十幾歲女孩懷孕，這個百分比相對高於大部分的西方國家，在1991年到1996年之間，十幾歲的非裔美國青少女的生育率降低到17％，而非西班牙裔的白人則是9％，西班牙裔的生育率則沒有下降。
- 青少女懷孕與許多因素有關，其中包括：貧窮、低自信、學業失敗、不知道做生活的選擇，43％的女孩將結婚或懷孕作為學校輟學的理由。
- 四分之一的女孩未接受必要的健康照護。
- 男孩與女孩都相信在達成自己的抱負水準時，女孩的困難度遠高於男孩，而且青少女所面對的壓力與憂鬱較大，自信心較低。在中學到大學期間，女生所表現的自信比男生低。
- 雖然女生在學校的運動領域方面已跨出不容易的一大步，但是女生的活動仍遠少於男生的活動，而且女生運動計畫所收到的經費（學費）只有男生的一半。

男生

- 男生在較早的年紀時，就被教導一些刻板印象，而且比女生嚴厲，此舉的較大理由是，這些刻板印象的行為將伴隨著他們的生活。
- 社會將男孩社會化為主動、獨立與攻擊的角色，但此一角色行為卻與學校強調溫順、安靜的行為不一致，此一結果導致男孩的角色衝突，特別是在小學階段。

- 男孩被評估為過動（hyperactivity）的比例是女孩的九倍之多，男生也較常被認定為有情緒的困擾，統計資料指出男性有較高的自殺率。

- 順應男性性別角色刻板印象時，男性也付出心理上的代價，性別適當行為測驗（sex-appropriate behavior tests）分數高的男性，在焦慮測驗上的分數也高。

- 男生比較少被診斷為憂鬱，但較常涉及酒精與藥物濫用。

- 男性比女性少有親密的朋友，當問及親密的朋友時，男性通常會將女性視為最親密的朋友。

- 關於學校暴力方面，攜帶武器的男生是女生的三倍，遭受威脅的男生是女生的二倍，被武器傷害或打架受傷的男生也是女生的二倍。一般而言，非裔與拉丁裔美國男孩比其他人更容易涉入學校財產方面的犯罪與暴力。

- 男生加入幫派的人數與女性的比例約是十五比一。

- 在美國的某些地區，十五到二十五歲的黑人男性較有可能成為殺人案件的受害者，這種情形比美國士兵在越南執行任務而被殺更嚴重。

- 八分之一的異性約會關係涉及凌辱，直到最近，聚焦於青少年性教育及青少年懷孕的課程才開始推動，但卻幾乎排除女性參加。男性被忽視，以及允許「男孩應像個男孩」（boys will be boys）的態度轉換成對性的不負責任。

- 男性較易因嚴重疾病而死，而且也易成為意外事件或暴力的受害者；男性的平均壽命約比女性短八歲。

生涯與家庭關係

女性

- 一般而言，不論任何種族、民族、社經地位或能力的女性大學畢業生，其薪資仍然低於白人男性大學畢業生。

- 男性每賺1美元，女性只賺到0.74美元，而拉丁女性則只賺0.54美元，非裔美國女性則賺0.63美元，白人女性賺0.72美元，亞裔女性賺0.8美元。

- 雖然現在的女性比以前更多的人投入工作行列中，但是性別刻板印象仍限制了女性的選擇。女性成為電器人員或電子工程人員只占16.9%，工

程師占11.1％，建造工人是2％，機械人員是4％，消防隊員是2.5％，輕金屬工作人員是4.1％。

- 女性仍然集中在少數的職業類別中，且因種族的因素而存在職業隔離的現象。例如，非裔美國女性最集中在護理助理、出納員與秘書；美國原住民女性則集中在社會福利助理、兒童照顧工作人員、衛生人員與助手、職能治療師。相反的，白人男性最集中的三種職業是執行與管理工作人員、飛行員，及提供技術指導和技術服務的業務員。
- 大學的學程也是高度隔離，75％的女性是獲得有關教育、護理、家政、圖書館管理、心理學與社會工作方面的學位。女性只有16％獲得工程的學士學位，11％獲得工程的博士學位，而獲得有關數學與物理科學博士學位的更少，不到2％。28％獲得電腦與資訊科學的學士學位，15％獲得電腦與資訊科學的博士學位。
- 在1970到1996年之間，女性獲得一流專業學位的百分比有令人驚奇的增加，例如，在牙醫學方面從不到10％增加到36％，醫學方面從不到10％增加到41％，法律方面從到10％增加到44％。
- 中小學的女性教師占73％，但女性校長只占35％。

男性

- 即使是出於好心，老師與諮商人員常建議男生選擇符合性別刻板印象的生涯，限制他選擇像幼稚園教師、護士或辦公室工作等職業。
- 許多男生所定下的生涯期望常高於他們的能力，這會導致後來的妥協、失望與挫折。
- 性別隔離繼續限制了所有學生在選擇學業與生涯上的主修學程，男性大學生只有12％主修小學教育，11％主修特殊教育，12％主修圖書館管理，14％主修社會工作。
- 當前的教養方式增強了男性的刻板印象，許多家庭接受青少年男孩本質上是富攻擊性的、內向的、不善於表達情緒的主張，而且他們支持這些特質是一種正常的發展。
- 男子氣概角色模範的限制，導致男孩容易將自己定位為與他人對應的角色，不是「非女性」（nonfemale）、「非同性戀」（nonhomosexual）的角色，就是「反權威」（如學校、父母）。特別的是，青少年男孩認

為女性特質是無法為男性接受的,結果就造成「反同性戀」(antigay)與「反女性」(antifemale)的性格。

- 不論在學校或在家,男性被教導要掩藏或壓抑他們的情緒;不論身為丈夫和父親,他們發現要對自己的妻子和小孩表達正面的情感,是一件很困難或不可能的事。

- 男性和女性對父親角色的信念是不同的,男性強調父親必須能賺取很好的收入,並能解決家庭的問題。另一方面,女性則強調父親必須幫助照顧小孩,且要回應家庭的情感需求。這些對父職的不同知覺,增加了家庭中的緊張與焦慮。

- 學校很少提供課程鼓勵男生了解並培育擔負教養的角色。結果,由於這類課程的缺乏與冷漠,許多男性就變成與其稱之為父母,不如說是狀況外的父母(transparents)。

- 男性的暴力傾向常顯現在家庭生活中,因父親和丈夫對妻子與小孩進行身體上的凌辱。

研究總結

　　這份成績單反映了學校內外性別平等的多變狀況,雖然有些性別障礙正在消失,其他的卻似乎不受影響而未改變。在過去二十年,數學、生物學、化學及法律、醫學等專業生涯方面的性別鴻溝已縮小。事實上,這些快速的變化強調學校與社會的巨大力量能激烈地改變舊時代的文化規範(Hyde, Fenneman, & Lamon, 1990; Hyde & Lynn, 1988)。但是,其他的領域卻抗拒改變:電腦科學、工程技術、物理學、工程方面仍然由男性支配,小學及幼稚園的教師則以女性占優勢。而使這些事情更複雜的是,一些與性別有關的心理及生理動力,正以非常不同且有害的方式同時在影響男生與女生。性別平等正面臨一個新的階段,有些過去所存在的公開偏見和歧視已較少出現,但一些敏感與充斥各處的偏見卻仍繼續困擾學校,並欺騙著女生與男生。

　　對一般教室而言,性別平等至少在兩個層面上將持續成為老師所面臨的挑戰。其一,在缺乏女性貢獻與經驗的課程中,性別通常是一個看不見的議題。其二,一般來說,女性學生較少有機會接受來自老師的主動教學。老師們把他們的時間及能力專注在男性學生,造成的結果是女生

努力地希望在書本中的內容、教室中的聲音被聽到（Hahn, 1996; Loewen, 1995）。為了幫助老師梳理出這些仍存在於教室中的敏感偏見，我們把焦點放在一般教室生活所包含的兩個核心領域——師生互動與課程。

今日教室中的性別偏見：課程

不論低科技層次的教科書或高科技的電腦，今日的課程通常已決定了教室教學的步驟與風格，研究（Woodward & Elliot, 1990）指出，學生在課堂中有80％到95％的時間是在使用教科書，老師在教學時所做的大部分決定是依據教科書。近年來，網際網路與多媒體選擇，如光纖與衛星電視廣播已經提供給學生比以前更多的課程資源。今日，印刷式與電子式的課程資源決定了美國學校教室內老師教授的內容。

在1970年代與1980年代，教科書出版公司與專業協會，例如美國心理協會，為了無種族歧視與無性別歧視的教科書，而共同發表了一份準則，在準則中建議如何能在課程當中包含不同的族群，並對其做公平的描述。因此，教科書就對它們所描述的族群變得較平衡，但是教材中偏見的問題仍然存在。在科學教科書中，有三分之二到四分之三的描述是男性，而且被檢視的教科書中，不到五分之一是有描述女性科學家（Bazler & Simons, 1990）。研究發現，學校的教科書中與音樂有關的人物，其中有70％為男性（Koza, 1992）。一種於1989年出版的語文教科書，男性出現的比例是女性的兩倍，而且更多的故事是以男性特質為主題（Sadker & Sadker, 1994b; Women's Educational Equity Act, 1999）。1991年Addison-Wesley出版公司所出版的《世界歷史：傳統與新方向》（*World History: Traditions and New Directions*）一書中，男性的圖片是女性的五倍，書中的索引列舉了四十一位女性、五百九十六位男性，全書八百一十九頁只有一頁討論到女性。1992年Prentice-Hall出版公司出版了《美國歷史》（*History of the United States*），該書作者為Daniel Boorstin與Brooks Mather Kelley，書中對男性的描述是女性的四倍，而且書中與女性的生活、經驗、貢獻有關的內容不到3％（Sadker & Sadker, 1994b, pp. 130-131）。何其不幸，性別偏見仍然存活且茁壯於今日的課程之中。

　　老師如何能覺察這些偏見呢？或許第一步是在於能了解偏見的不同顯示。以下所描述的七種偏見形式，能作為評估教材的依據，這些偏見的形式不僅可作為性別、種族與民族的基礎，同時也可以幫助認定是否是對老人、殘障人士、不是說英語的人、同性戀，與只會說一點英語的人的偏見。簡言之，任何族群都有可能透過這七種偏見形式中的一種或更多種而遭到錯誤的描述。

隱匿

　　女性對美國的成長與發展曾做出重大的貢獻，但在許多的歷史教科書中大部分忽略了這些貢獻。這種偏見（隱匿或忽略）的特質不只在歷史書籍中出現，同時也在閱讀、語言、數學、科學、拼音與職業教育中出現。

　　一份1970年對歷史教科書的研究發現，學生讀了超過五百頁的教材，可能其中才有一頁描寫到有關女性的內容（Trecker, 1977）。1990年代所出版的新的歷史教科書，也依然只提供了2％或3％的篇幅是有關女性的貢獻與經驗（Women's Eduational Equity Act, 1999）。當女孩與女性被系統性地排除於課程材料之外，就等於是剝奪學生接觸全國一半人口的訊息。所造成的結果是，使男女兩性減少了認識女性在美國創建過程中的重要性。例如，要請學生舉出美國歷史中二十位著名的女性，大部分學生都做不到。他們常常都列不到五位（Sadker & Sadker, 1994b）。相同的例子是要學生舉出在教養子女任務中缺席的男性，或其他非傳統的性別角色名單，學生也做不到。

語言偏見

　　採用陽性名詞和代名詞是最早被發現的性別偏見形式，作者與出版者會很快地把這種語言修正過來。所以，新的教科書就較少使用*穴居人*（caveman）、*祖先*（forefather）或*警察*（policeman）這類名詞。但是有些語言偏見繼續存在，特別是在形容詞的選用上。十九世紀保守派的外交官Klemens von Metternich在最近廣被採用的歷史教科書，被描述為擁有與「優雅的女士」（elegant ladies）合作無間的「魅力」（charm）──採用了一些可疑的歷史意義的文字和事實，但卻沒有好色的興趣（Beck, Black,

Krieger, Naylor, & Shabaka, 1999）。德國人採用*祖國*（fatherland）這個詞代表德國，俄國人採用*祖國*（motherland）這個詞代表俄國，就是提供了解不同國家意識的性別名詞的例子，但是，這種性別與語言的了解在教科書中卻常未做解釋。

除了在新教科書中仍然存在這些微妙的語言偏見形式，更多公開的語言偏見繼續出現在教室生活之中。許多財政貧窮的學區被迫採用十年、二十年甚至三十年前的教科書，這些書充滿了性別偏見。教師本身經常不經意地從他們所編的教材與所說的話犯下了語言的偏見。教師也太常採用他們過去自己所學的性別歧視文字，例如，使用*他*（he）這個代名詞或人*類*（mankind）這個名詞來指稱所有的人，或是採用非必要的修飾語，例如*女性醫師*（female doctor），反而強化了性別歧視的假定。語言偏見在今日的教室中確是較為少見，但絕不是不存在。

刻板印象

當一種性別被描述以呈現一套價值系統、行為與角色，而另一種性別則具有另一套的價值系統、行為與角色，則刻板印象就存在了。從傳統的發音讀本到現在的電腦軟體，男孩慣例上被形容為聰明的、具創造力的、勇敢的、愛運動的、有成就的、好奇的，而男人則被認為是歷史的變革者、有成就的科學家、政治領導人。在課程中，並不是所有男性人物都是正向的，因為男性也被描寫為歷史上的壞人，或是家庭中的暴力者與難以控制的人。

女孩則常被描寫為依賴的、被動的、害怕的、易駕馭的，甚至是受害者，其角色是有限的，其對世界的影響也是有限的。在一項針對1980到1982年所出版，到目前仍被一些班級所使用的七十七種基礎讀本的研究，Britton與Lumpkin（1983）發現，當中所描寫的5,501種職業當中，64％專屬於盎格魯男性、14％專屬於盎格魯女性、17％屬於有色人種男性、5％則屬於有色人種女性。

盎格魯男性所從事最普遍的事業有軍人、農夫、醫生與警察等；有色人種男性最常出現的典型角色是工人、農夫、戰士、印第安酋長與獵人等；白人女性最常出現的事業是母親、老師、作家、公主；至於有色人種

女性則是母親、老師居首位,其次是奴僕、工人、挑伕與藝術家(Britton & Lumpkin, 1983)。令人遺憾的是,甚至在最近出版的教材中,性別刻板印象仍然存在。一項對1990年代小學數學軟體的研究顯示,當呈現了可識別的性別特質(當時約為40%),但只有12%是屬於女性的特質,為了增強刻板印象,女性特質被描述為被動的角色,例如:母親、公主,但男性特質卻被描述為主動的角色,例如「重裝備的操作者、工廠工人、店主、登山者、飛滑翔機者、汽車修護員,與提供指導語的精靈」(Hodes, 1995-1996)。

不平衡

教科書常藉著對一個議題、情境或一群人只呈現一種解釋,避談其精細處與複雜性,所以就繼續存在偏見。有時造成不平衡的理由是簡化困難的議題,或把複雜的主題擠壓在有限的篇幅之中。另外,有另一種觀點是在於避免潛在的爭論,或是確保這些內容不會冒犯學校董事會的委員、教育行政人員、老師或家長。

歷史教科書中爭取選舉權運動就是一個不平衡的例子,爭取半數人口的選舉權,而且由Elizabath Cady Stanton等女性所做的努力,卻被描述為女性被「給予」投票權的一段歲月(Sewall, 1992)。有些教科書描寫這些最後「贏得」投票權領導人的勇敢與貢獻。

不符實際

教科書這個世界擁有最普遍的偏見形式稱為不符實際,藉由這種手法,對於一些如歧視、偏見等具有爭議的主題,喜歡以國家歷史或當前議題較喜愛、較奇特、較傳統的觀點來註解。與不平衡一樣,不符合實際的描寫也是在避免冒犯那些決定購買教科書的成人。例如,美國近50%的婚姻是以離婚收場,且有三分之一的兒童將生活在單親家庭之中(U. S. Department of Education, 1996)。有些教科書針對這些統計實際能提供較敏銳與正確的描述,有些就難以去處理。例如,有教科書報告說:「在某些文化當中,社會組織的基本單位是核心家庭,也就是由媽媽、爸爸和他們的小孩所組成。這種家庭型態在一些像美國、英國、德國等工業國家是

最普遍的。」（Jacobs, LeVasseur, & Randolph, 1998）當這些麻煩的議題出現在教科書中的時候，學生們被排除去接受那些在真實社會的挑戰要面對與解決的資訊（Noddings, 1992）。

片斷分離

你是否曾閱讀過一些教科書，把女性議題的討論分散到不相聯結的章節或段落中？這種情形就稱為片斷（或分離），這種手法想要傳達給讀者的就是，雖然女性是一個有趣的偏離話題，但她們的貢獻並不是構成歷史、文學與科學的主流。片斷形式的偏見也發生在族群的成員被描述為只對他們自己有興趣，及對整體社會沒什麼影響時，例如，教科書中對女性主義的討論常提及她們如何受當代運動的影響，但卻很少分析這些女性運動對男性、政治、商業社群的影響。

粉飾

粉飾形式的偏見會提供一些說明，使教科書看起來更合乎時代潮流、更平衡；但是在其表象之下，偏見依然存在。有些科學教科書出現了粉飾的偏見，它們以幾張體面的女性科學家的照片為特徵，但卻對女性在科學上的貢獻少有描述。另一個例子是，有些教科書以引人注目的、多民族為封面，並編選了世界各地的歌謠和交響樂曲，但在封面背後，卻是傳統的白人作曲家支配了全書的內容。這種公平的錯覺其實是市場的策略，企圖想要引導那些隨意翻翻內容而被引誘去採購表面看起來是符合時代的、多樣族群的、平衡的教科書的採用者。

最近的進展

近三十年來，已目擊到創造公平的教科書的不均衡進展。在1970年代，專業協會與出版商發布了一些準則，希望發行非性別歧視的教科書（NCTE Committee, 1973）。這些準則建議教科書中應包含女性的成就，女性與女孩應與男性及男孩受到相同的尊重，教科書中所描述的能力、

特質、興趣與活動，不應以男性或女性的刻板印象來分派，且應避免帶有性別歧視的語言。今天，大部分教科書出版商都在為性別歧視的語言修訂教科書，讓教科書中包含對女性及有色人種更平等的呈現。例如，一項針對1930年代中期到1980年代後期數學教科書中的故事型問題所做的研究發現，1980年代使用的教科書中，與女性有關的故事型問題篇幅，比起1970年代所使用的教科書，已有大幅增加（Nibbelink, Stockdale, & Mangru, 1986）。一項針對1970年代到1980年代紐伯瑞獎（Newbery Medal Award）獲獎作品的研究發現，對女性與女孩的描述已較少刻板印象，而且以女性和女孩為主要特點的數量也確實增加（Kinman & Henderson, 1985）。另外，一項針對七所小學系列科學教科書的研究發現，出現女性兒童的次數高於男性兒童，這個發現與先前的發現有所不同（Powell & Garcia, 1985）。不幸的是，進展是緩慢的，而且大部分歷史教科書中所描述的女性貢獻仍然很少（Crocco, 1997; Davis, Ponder, Burlbaw, Garza-Lubeck, & Moss, 1986; Sadker & Sadker, 1994a）。簡言之，今日的教材是較少偏見的形式，但這些教材尚未到達沒有偏見，教師在選擇與應用教材時仍然要非常謹慎。

選擇性別公平教材的教育人員能鼓勵學生的正向成長，無偏見的教材能擴展學生改變性別角色的知識，而且能鼓勵男女兩性對所謂的適當行為態度展現出更大的彈性。性別公平的數學與科學教材能鼓勵女性選擇傳統上是男性領域的生涯發展。這樣的課程能教導男孩去思考他們未來在家庭中要扮演的角色，以及他們要扮演一位能照顧子女的父親的重要性。但是，性別公平課程材料本身在創造無性別歧視的教育環境是不夠的，我們還必須留意教學的過程。

今日教室中的性別偏見：教學

接下來是一個當前的音樂教室所呈現的實際場景，在這場景中，反映了性別偏見微妙地持續存在教學過程之中（Carter, 1987）。

鐘聲響後，學生都回到座位上，女生們聚集在教室右邊與前面的位置，男生則占據教室其他的區域及後面的座位。這些座位的安排並不會困

擾學生，因為他們可以依自己的意願選擇座位；而且也不會困擾他們的老師，Howe太太認為學生應有權坐在自己所選的位置上（當然，除非有種族的隔離，Howe太太就會對此有一點點的忍耐）。每一個人對男孩與女孩們選擇自己的座位似乎都覺得沒問題。

Howe太太在課堂一開始先用光碟機播放Mazart的一首交響樂協奏曲。在播放了五分鐘之後，她轉而向學生們發問。

Howe太太：誰能告訴我這首曲子的作曲者的名字？

（有一些同學舉起手，正當此時，John卻大聲地喊出："Ricky Martin."。全班哄堂大笑，在笑聲漸漸平息時，Howe太太點名要Mitch回答。）

Mitch：Haydn。

Howe太太：為什麼你會這麼認為呢？

Mitch：因為你昨天播放了Haydn的音樂。

Howe太太：答案很接近了，Enrique，你認為呢？

Enrique：我不曉得。

Howe太太：不會吧，試試看！Enrique。過去兩個星期，我們已經聽過多位古典時期作曲家的作品了。在我們所聽過的這些作曲家當中，你認為是誰寫了這首曲子？（全班寂靜無聲）

Howe太太：John，你能幫Enrique回答嗎？

John：貝多芬。

Howe太太：不是Beethoven，Beethoven是稍後浪漫時期的作曲家，再想想吧！

（Howe太太最後只好點名Pam來回答，Pam在這個問題開始討論時，就一直半舉著手有一段時間了。）

Pam：我不是很確定，應該是Mazart嗎？

Howe太太：啊哈！還有誰同意Pam的答案呢？

Mitch（大聲宣布）：就是Mazart，這首作品跟昨天你播放的協奏曲非常類以。

Howe太太：很好，那麼你能否告訴我們，這是Mazart所寫的另一首協奏曲嗎？

Mitch：是的，而且是一首小提琴協奏曲。

Howe太太：差那麼一點點就答對了。這是一首以兩種樂器為主所寫的一首特殊的協奏曲。為了讓你們能說出另一種樂器的名稱，我們再多聽一會兒。

（Howe太太接著又播了一小段，然後點名Mitch回答這個問題。）

Mitch：是另外一種小提琴。

Howe太太：Peter，你說呢？

Peter：是大提琴。

Howe太太：你的答案很接近了，這是另一種弦樂器，但它既不是另外一種小提琴，也不是大提琴。

Ruth（大聲喊出）：那麼是中提琴吧？

Howe太太：Ruth，課堂上不准大聲喊叫，這你該知道吧，下次記得要先舉手。Peter，你說呢？

Peter：是中提琴。

Howe太太：很好，這是Mazart用小提琴及中提琴兩種樂器為主所寫的一首很特別的協奏曲，曲名叫小提琴與中提琴的交響協奏曲（Symphony Concertante）。我希望你們聽這首曲子的其中一個理由是，要你們注意小提琴與中提琴之間的差異。我們來聽聽它的旋律吧，一開始是小提琴，之後才是中提琴，聽聽這兩種樂器的相似與不同之處。

這段情節說明了幾種重要的互動型態。在這個性別隔離的班級，Howe太太點名男生的次數多於女生，而且會問他們高層次與低層次的問題。她給男生較具體的回饋，包括讚美、建設性的批評、糾正。研究（Sadker & Sadker, 1985）顯示，從小學到研究所的各個階段，大部分的教室都出現相似的教學型態。

一項針對四個州和哥倫比亞學區的四、六、八年級的一百多個班級所做的研究發現，老師對男孩的課業關注比女孩來得多。老師較常問男孩問題，而且對他們的回答也給予較確切與清晰的回饋，老師所給的回饋與學生的回答的特點有關。相反的，女孩則較被忽視，或是對女孩在課業方面的表現給予較含糊的評價（D'Ambrosio & Hammer, 1996; Sadker & Sadker, 1994a）。其他的研究也顯示，相同的型態普遍存在於中學與大學層級的班級之中（Sadker, Sadker, & Klein, 1991）。

男孩會得到老師較多關注的理由是，因為他們需要老師這麼做（Altermatt, Jovanovic, & Perry, 1998）。由於他們想要支配教室的氣氛，所以他們常會大聲地問問題或回答問題。可是當他們大聲喊叫時，老師卻也都接受他們如此表達意見；相反的，如果女孩們大聲喊叫時，老師通常會斥責她們，告訴她們「在課堂上，說話前要先舉手」。

　　另一個允許男孩支配教室中互動的因素是，普遍性別隔離教室中的特性。有時候，老師會依性別將班級分組進行學習或遊戲，或是座位的安排也依性別而劃分。更常見的是，學生們自己也會做性別隔離，將教室劃分成幾區，而一些較有主張的男孩就聚在那一區，老師就會在那個位置與男性學生互動。

　　有關教室師生互動的大部分研究的結論是，老師會給男性學生較多關注（有正向的、負向的、中立的）。然而，也有一些研究發現，低成就的男性學生得到的，大部分是負向的關注；而高成就的學生得到較正向與建設性的課業關注（Babad, 1998）。但是，不論是高成就或是低成就，女性學生較容易被忽略或看不見（Brophy & Good, 1974; Francis, 2000; Jones & Gerig, 1994; Sadker & Sadker, 1994b; Sadker & Sadker, 1994c）。

　　在班級溝通中的性別差異不是只有去計較誰得到老師較多的關注，誰沒有得到老師的關注。教師的關注是對學生的一種高度期望與承諾的表示。近幾十年來的研究顯示，參與愈多的學生，其成就愈好，對學校與學習的態度也愈正向（Flanders, 1970; Good & Brophy, 1994）。

　　大部分的老師並不知道這些偏見，但當他們發覺時，他們願意採取較為公平的策略。但不幸的是，很少有資源可用來協助他們變得更公平合理。原來規劃消除教室中的偏見的聯邦計畫，現在則因聯邦經費的刪除而停止了。師資培育學程也很少在修正這些問題。在一項針對二十三種師資培育的教科書所進行的分析，Zittleman與Sadker（2002）發現，入門的師資培育教科書，其篇幅只有7％是觸及與性別有關的議題，而且許多內容是描述一些重要的女性教育人員的成就。因為女性前輩們的故事訊息遠少於男性，所以這樣少量的論述是會產生問題的；至於教學法的教科書是聚焦在提供老師一些教學上的技巧和資源，這些教科書更只有1％的篇幅會觸及女性議題。尋找有關男孩遇到閱讀、女孩遇到科學這類特殊問題的資訊的老師，在未來可能都不會讀到有這類問題的存在。而且，假使他們發

現少數有討論這些問題的教科書，這些老師想從當中得到一些策略、資源以解決這些疑惑，也是不可能的。雖然今日師資培育的教科書大聲疾呼支持性別公正的目標，但是，其中卻很少強調實務的步驟，以及如何達成這些目標。這是令人惋惜的，因為許多研究都已顯示只要擁有課程資源，並有自覺的意識，以及受過訓練，教育人員在他們的教學過程中，就能消除性別偏見（Campbell & Sanders, 1997; Sadker, Sadker, & Shakeshaft, 1992; Zittleman & Sadker, 2002）。

趨勢與挑戰

二十世紀初期與末期，性別與教育都是國家關注的焦點（Sadker, 1999）。在1900年代初期，由於一般民眾害怕婦女在接受教育後，在生理上可能導致負面的後果，所以，基於「為她們本身好」的理由，許多女性被排除在學校的大門之外（Sadker & Sadker, 1994a）。到了1990年代，一些教育工作者則繼續關心校園當中的性別問題，但他們發現了一個可以解決這個問題的方法：隔離（separation）。許多公立學校因而開始進行單一性別教育的實驗，其目的就是希望學校運作能對男女兩性都有益處。在此同時，學校暴力事件卻成為報紙的頭條新聞，例如，校園中爆發的打架、欺凌、性騷擾、反同性戀行為與槍擊事件等例子，都是男性所犯的罪行，而其中最多的就是白人，所以，有些研究者就開始探討學校暴力事件與男性刻板印象的關聯性。然而，對許多美國人而言，性別與暴力的關聯，仍然是視而不見的，可是卻非常看重男性的學業成就。雖然男生的校園問題早已不是什麼新鮮事了，但是，當時有些人為這些費勁的事找到了一個容易達到的新目標：女性主義者。批評者聲稱，婦女所創辦的「女性」（feminine）學校已形成傷害男生的氛圍，一場「性別的戰爭」正式宣戰了。學校中所產生的性別議題已經被資訊時代所轉換了，例如，在課程中已經增加了位元組（bytes）與位元（bits）等概念。但是，這個嶄新的電腦世界仍然使我們想起過去已經存在的性別鴻溝，例如，男性在科技訓練、生涯選擇與薪資方面都已遠遠超過女性。現在就讓我們來瀏覽當前的幾個課題。

✿❀反對聲浪

　　1990年代中期，極端保守主義的時事評論者認為，性別公平與女性主義是似是而非的遊戲，這些評論者不但攻擊這個運動，而且也認為學校中若有問題，女生的問題會很少。他們聲稱，如果性別偏見仍然存在的話，那麼真正的受害者是男生。衛斯理學院與美國女子大學協會（American Association of University Women, AAUW）曾共同發表一篇文獻，這份文獻是回顧與性別研究有關的資料，這些研究資料都論及在學校中性別偏見是如何地傷害女性。然而這份文獻馬上受到反擊，認為它是一種偏見，並指控這根本不是一份研究報告，而是這個組織藉以提升其政治地位的資料（Sommers, 1995）。雖然那份報告引述的研究超過一千篇，但其中只有一些被真正地批評，大部分的批評是不足採信的，民眾與政治上支持的性別平等計畫被弱化。到目前為止，性別平等的研究被描述為是偏見而且是有政治意圖的，甚至被低估為「偏袒性質的研究」（advocacy research）。那些閱讀這些評論的人並不知道這一強烈抵制的批評本身，並不是獨立的研究，而是由極端保守主義基金會撥款補助的。由此可見，那些在責難「偏袒性質的研究」的批評，事實上也是五十步笑百步罷了。一個例子就是本章的作者曾接到屬於強烈抵制的一名作家的電話，他要求我把一份篇幅高達數百頁的十五年的報告影印郵寄給他。當我向他提議，請他直接到圖書館借閱這份報告，這位持反對意見的作者並沒有去借閱，而是發表了一些文章宣稱我之所以沒有把他要的資料郵寄給他，是因為這份資料根本不存在（Kleinfeld, 1999）。那個「神秘失蹤的報告」（mysterious missing report）的錯誤故事，其他人也說過（Sommers, 2000），而且很快也在《標準週刊》（Weekly Standard）和《大西洋月刊》（Atlantic Monthly）中發現。對一般民眾而言，他們並不知道這些策略，這似乎證實了缺少學校中性別偏見的證明。其實這些批評、抵制的故事充滿了錯誤與疏漏，而且這些故事缺少同儕對最後報告的審查，也很少媒體通路曾追究這些調查的意見（Sadker, 1996）。

　　儘管這些報導多屬不實，其對學校被女性主義者所把持，而且犧牲了男生權益的指控卻引起許多人的共鳴，尤其是那些因女性運動帶來社會變遷而感到不舒服的人。雖然已有一些證明顯示，男生和女生在學校中都會面臨問題與挑戰（本章已經記錄了一些男生所面臨的問題），這些強烈抵

制的爭論要點是，女性主義教育人員正在提高反男性的意圖，以及學校中用在提高女性成就的資源是來自於犧牲了男生的資源（Sommers, 2000）。

　　仔細研究美國學校的演變歷史，將反映出一張非常不同的圖像。事實上，它是女性教師長期堅定不移的鬥爭，以改善全校兒童（特別是男孩）的生活，當女性成為老師，她們對在學校中發現的許多事情的實務感到震撼與失望。女性老師所抗爭的對象並不是學校的男生，而是體罰以及用來「控制」男性行為的獨裁教學風格。事實上，橫躺在女性教師門前的抵制批評的問題，在女性成為教師之前是更為嚴重的。反觀，許多由抵制批評所提出來的建議本身是可疑的。例如，他們聲稱為了更能滿足男生的需求，學校應採用更嚴厲的紀律，也應舉辦更多的比賽活動，在學校中藉由使用更多「戰爭」的詩詞，教導男生如何閱讀（Sommers, 2000）。有一點是明顯的，那就是對性別的爭論已逐漸超過對女性性別角色的爭論，以及社會如何看待男性的爭論。

單一性別的學校與教室

　　從1960年代到1990年代早期，美國單一性別的初級中學與高級中學的數量驟減，女子大學的數量也從三百所減到不及一百所。單一性別的高級中學統計數字也反映了相同的下降趨勢。對於這種現象，普遍的看法是認為單一性別教育是落伍的產物，所以，導致了許多學校改為男女合校或關閉。

　　到了1990年代的早期，單一性別教育又再度風行起來，女子學校與女子大學又有了復甦的趨勢（Stabiner, 2002）。為什麼有這樣的轉變？許多作者、研究者與保守主義、自由主義的政治領導人以不同的理由，考量單一性別學校的選擇，而且發現它是吸引人的。保守主義者聲稱，性別隔離的教育比男女合校的教育更有成效，因為它消除了學生受荷爾蒙的驅力（hormone-driven）所造成的社會紛亂，創造出使學生更容易專注於課業表現的學習環境。另一方面，許多自由主義者認為，性別的偏見是男女同校無可避免的問題，所以只有在單一性別的學校，才能提供女生一個公平的教育機會。結果是，來自不同政治光譜（political spectrum）的個人都轉向支持單一性別的教室和學校，作為面對性別挑戰的解決之道。事實上，到了1990年代晚期，加州政府就以經費支援幾所當地的單一性別學

校進行實驗。但是因為缺乏資源，缺乏一個清楚的目的，又有來自多方的壓力，最後，大部分的學校就在幾年之內關閉了（Herr & Arms, 2002）。雖然加州的實驗失敗，但是，這股單一性別教育的推進力卻在逐漸地增加（Woody, 2002）。

然而，對於單一性別教育這個議題，研究報告方面所給的答案又是什麼呢？令人遺憾的是，研究發現並沒有一致的結論。有些研究指出，單一性別教育對於女性至少較具優勢，這其中包括能提升學業成就、自信與卓越的生涯，並能減低性別角色刻板印象（Cairns, 1990; Hollinger, 1993; Tyack & Hansot, 1990）。另一項研究指出，就讀美國女子學校的女生比就讀男女合校的女生對數學與英語表現出較高的興趣，選修比較多的數學課程，完成較多的家庭作業，而且對學業成就表現較正向的態度（Lee & Bryk, 1986）。就讀單一性別學校的女生比就讀男女合校的同儕，對女性主義運動表現較高的興趣，而且較不具性別刻板印象（Lee & Marks, 1990; Riordan, 1990, 2002; Sadker & Sadker, 1994b）。然而，其他對女生的研究就較少有引人注目的結果，而且有幾位教育人員聲稱，單一性別學校的成效與這些學校學生的性別本質沒有太大、甚而根本沒有任何關係。他們認為，這些學校之所以成功，是因為它們以有效能學校的實務為典範，包括班級學生人數少、聘請具有數學技能的師資、學業導向的學習社區、家長的承諾與涉入等因素（Datnow & Hubbard, 2002）。

其他人也提出警語，缺乏過渡到單一性別教育的清晰目的，缺乏與此新取向有關且意義明顯的師資訓練，以及強烈的刻板印象的威脅等問題，應該在放棄男女合校教育前被考量（Campbell & Sanders, 2002; Sadker, 2002）。雖然女子學校的成效缺少一個令人安心的共識，但隔離男生的問題卻引起愈來愈大的疑問。有一些研究發現，某些男生（特別是低社經地位的男生）卻能從單一性別的學校和教室中獲益（Riordan, 2002），其他的研究則顯示，對男生只有一點點的益處，甚至根本沒有益處（AAUW, 1998b）。截至目前為止，雖然單一性別學校的效能缺少結論性的證據，但並不能減緩它們的推動。布希政府發起了一項對第九章法條的評述，確認了反對單一性別教育的法律限制將不會干擾這類學校的創設，但是有些學者相信，公立的單一性別即使在第九章法條未修正前依然是合法（Salomone, 2002）。

教育法案修正案第九章

眾所皆知，對於1972年教育法案修正案第九章的應用是在體育界，但它也在很多方面嚴禁性別歧視，其中包括：諮商、管教、測驗、就學、醫療設施、學生待遇、財政支援、各類教育活動。截至目前為止，許多人希望第九章已經消除了性別偏見，因為它成為這塊土地的法律已超過三十年了。實際上，雖然第九章的實踐有些亮麗的進展（美國女子足球隊與女性就讀大學人數的增加，就是兩個很好的例子），但是第九章的法律效力卻有可能逐漸被削減。在本書付印的同時，第九章的其中幾個條文正受到批評。布希總統成立了兩個委員會，考慮取消修正案第九章對設立單一性別學校的禁令，以及想減少對女性運動的經費援助（Suggs, 2002）。在2001年，參議院攔阻個人提出反對第六章的訴訟案——與第九章公民權利的法律相同；而且在2002年1月，美國摔角教練協會聯合其他團體，在一個聯邦的訴訟案中質疑第九章中有關運動的法條。有愈來愈多的可能，在未來幾年內，第九章的法律效力將逐漸被削減。即使過去幾年來沒有什麼改變，實際上，第九章也從來沒被好好地貫徹執行，現在的需求也常被忽略（National Coalition for Women and Girls in Education, 2002）。具性別歧視的學校之所以常常存在，是因為家長與學生不了解第九章所賦予他們的權力，而學校行政人員則是消極地缺乏回應或是以不變應萬變，以及公民權力局（Office of Civil Rights）並不熱切地執行此一法令。由於缺乏資金提供以提高對第九章的認識，或是執行第九章相關的事務，性別偏見繼續成為學生與老師在學校生活中的一部分。

暴力與男性刻板印象

研究指出，雖然大部分的男性不是暴力的犯罪者，但是大部分的性別暴力犯罪者卻多為男性（Foulis & McCabe, 1997; Schwartz, 1997）。暴力與生理性格似乎都在男性早期就開始。研究指出，小學入學的前三年，所有的嘲弄與欺凌事件幾乎都是由小男生所挑起的，而老師與成人卻常常疏忽這些事件，男生與女生同時成為被欺凌與性騷擾的目標。對男生而言，性騷擾事件是在挑戰他們的異性戀取向。男生對於此類的性騷擾，其典型的反應是以身體行為來回應這類的語言挑釁，然而這也助長了暴力的

循環。男性關於性取向的語言挑釁，加強了男性年輕人心中對同性戀者的厭惡和恐懼（AAUW, 1993）。對女生而言，對性騷擾或欺凌事件較常是以語言來回應，且其效果通常也較不明顯（Froschl, Sprung, & Mullin-Ridler, 1998）。對同性戀或雙性戀的學生而言，辱罵與身體攻擊通常是來自男性，而且也已成為常見的事。在一項調查中發現，十個同性戀青少年當中，有九個曾受到言語或肢體的攻擊。而這些個案中，有15％的個案所受到的攻擊是嚴重到需要醫療救助（Safe Schools Coalition of Washington, 1995）。

信奉傳統性別角色刻板印象與看法的男性，比較容易對人產生騷擾及暴力攻擊，比較容易認為這些行為是符合規範的，而且對他們的行為較不會負責任（LeJeune & Folette, 1994; Perry, Schmidtke, & Kulik, 1998）。在美國學校中，大多數的槍擊暴力事件是男生所犯下的。教育人員與心理學家正在探討男性的社會化型態，不只在尋找社會化與暴力聯結的理由，同時也在尋找阻止這些事件的策略。一個真實的感覺，過去較常在學校課程中讀到或在教室中聽到男性的聲音，現在反而是在國家的舞台上聽到。

在1990年代晚期，討論男生相關的書籍充斥著各書店，這些大部分的書在品質與內容取向上的參差是令人驚訝的。有些書希望父母要了解男孩所面對的壓力，並強調應給男孩更多的愛，及成人與男孩之間的溝通。有作者指出，為了創造一項未說出的「男生符碼」（boy code），文化會施加給男性一些壓力，這個符碼就是一套規則或社會期望，以推動男孩進入受限的、不符實際的、夢幻的角色（Pollack, 1998）。另有一些書則關注男生的「危險因子」（risk factors），責難當代認為男生是暴力元兇的說法，及斥責男生同儕團體中的「殘忍的文化」（culture of cruelty）（Garbarino, 1999; Gilligan, 1997; Kindlon & Thompson, 1999; Miedzian, 1992）。有幾本書則將焦點放在較關切與實際的策略上，建議家長與教育人員應關注去培養懂得關懷且擁有正直人格的男性（Kivel, 1999; Salisbury & Jackson, 1995; Silverstein & Rashbaum, 1995）。然而，不幸的，仍然有些作者將矛頭指向女性，認為某種意義上，男性攻擊行為的存在，是藉由以女性作為攻擊的目標，才會引起男生所面對的問題。這些書聲稱不適當的照料、女性教師及女性權力的驅使等因素，干擾了正常的男性生理。其他的作者則仍然是以男性荷爾蒙的原因來解釋性別差異、解釋男生與女生

從出生的那一刻開始就被設定為不同的模式,解釋傳統的男性侵略行為必須被認識,而且最好由其他的男性加以疏導(Gurian, 1997)。當我們瀏覽本書所建議的目標及不同的人所做的論證,對男性角色的興趣再生同時提供了承諾與陷阱。

科技

電腦、網際網路、高科技革新的快速到來,已驚人地影響了美國的經濟、文化與學校。今天,許多學生都正在為資訊時代的這些變遷做準備,有些學生則已蒙受其利。然而,一些令人難過的統計資料顯示,這項新科技大部分是由男性所主宰。在大學,要求學生於獲取學分之前所做的進階安置測驗就顯示,不到20%的高中女生參加了入門的測驗檢定,而參加進階電腦測驗的則剛好超過10%(National Coalition for Women and Girls in Education, 2002)。只有在資料輸入的電腦課程才是女生占優勢,而這些課程在未來就成為低所得的文書人員職業(AAUW, 1998a)。女生在離開學校之後,也比較少從事接觸電腦的工作,來自所有民族的女生對她們的電腦能力的評估低於男生非常多。可以肯定的是,這些情況並無法從現有的軟體產品中得到,因為這些產品更增強了性別刻板印象與偏見,而不能減低偏見或刻板印象。如果缺少適當的師資訓練,及缺少設計來建立女生的科技自信與能力公平的軟體計畫,二十一世紀的婦女工作者將會面臨因科技鴻溝的擴大,而加深了所得收入的鴻溝(AAUW, 1998a)。

創造性別公平教室的十二項策略

最近這些的趨勢是令人灰心的,但這些趨勢並不是最後的結果,因為教師能在學生的生活中創造極大的差異。以下的建議可以使你的教室成為一個非性別歧視的教室(AAUW, 1998a; Sadker, Sadker, & Klein, 1986, 1991)。

1. 假如你使用的教科書和軟體是有偏見的,希望你去面對這些偏見,而不是去忽略它。與你的學生直接討論這個議題,承認教材不會總是完美的,這是非常適當的觀念。藉由讓你的學生參與一個有關課程省略與刻

板印象的對話，你就能介紹給他們一些重要的社會議題，並幫助他們發展批判的技能。

2. 補充教材能彌補那些受限制的教科書影響，學校、大學、當地圖書館與網際網路都能提供有關婦女和其他族群的生活和貢獻的資料。

3. 讓你的學生協助你布置布告欄、架設網站和其他的教學展示項目，教導他們各種偏見的形式，並確定這些展示、呈現與成果沒有偏見。

4. 分析你班級的座位圖，看看是否有種族或性別區隔的現象，確定你不會只對著教室的某一區域教學，不會把時間和注意力只放在一個組別而忽略了其他人。當你的學生在進行分組學習時，你的分組要反映族群多樣性。監督各組的學生要能公平合理地參與及做決定。

5. 角色模仿是學習的重心，教導學生時少用說教的方式，而應多採用給學生看的方式。這一點在教室中特別真實，老師的說教常會引起反抗的行為。會烹煮與編織的男性老師、主動運動與有機械技能的女性老師，才能教導學生可相信的、有效的性別行為。

   教育人員可藉由邀請多元文化的來賓到課堂上演講，以擴展課程的內容，演講者能表現出打破刻板印象界線的興趣和能力。對幼小的兒童而言，老師若能邀請男性護士與女性醫師到教室來，就可以擴展學生對兩性生涯的選擇。即使是對較大的兒童，能敘述他們真正的工作內涵（常為成人所避開的細節）的工程師或畫家，都能使男孩與女孩對工作選擇的可能性有驚人的啟發。

6. 科技的承諾會被課程與教學偏見影響而喪失功能，老師應公平地為所有的學生安排電腦時間，安排時間表比聽起來好像較民主的*自由時間*更好，否則會導致鍵盤一直被那些侵略性的學生霸占著。排定時間表能創造較公平的機會。除此之外，也應去分析所制訂的電腦使用規則及軟體需求。新的科技並不保證破壞性的舊偏見不會再出現於其中。老師與學生需要確保新科技不會增強種族、民族、性別，或其他形式的破壞性偏見。

7. 同儕教學與合作學習能鼓勵正向的性別與種族關係。另外，這些教學技術不但能增進被幫助學生之學習成就，也能增進幫助別人學生的學習成就。當學生在接受如何建設性地與他人工作的訓練時，同儕教學與合作學習的技術會是較有效的。這些訓練不是指定的，因為男孩會較易去支配合作學習的團體。

8. 正增強的措施對增進男孩與女孩在共同教育情境中一起學習與遊戲的時間是有效的，某些研究（Holden, 1993; Petersen, Johnson, & Johnson, 1991; Schmuck & Schmuck, 1992）發現，老師持續努力去讚美同心協力一起學習與遊戲的男孩和女孩，則男孩與女孩同心協力學習與遊戲的時間就增加了。

9. 大部分的老師發現，要能追蹤自己教學時發問問題的形式是困難的，所以最好是請其他人為你做這個工作。可以安排在你的教室中進行專業的評價回饋並觀察，這些工作可請數學督導、校長或其他老師擔任。你的觀察員可以告訴你，你對男孩問了多少問題，對女孩問了多少問題，你對不同種族和民族的學生問了多少問題。然後，你就可以考慮在你的班級中，那些活潑的學生與沉默的學生的種族與性別，判斷是否有些組的學生比其他組的學生吸引你更多的時間和關注。

10. 因為老師可能會發現，請一位專業的觀察員進到教室中是困難的，所以也有許多的發現認為，請學生追蹤互動的形式也是有幫助的，其方式就是計算誰有機會回答問題，誰沒有機會回答問題的次數。在你做這些工作之前，你可能想去說明這個工作對班上所有學生有多麼重要，所以可以放在班級中討論。分享你對學生的公平承諾這件事本身，就是一項重要且誠實的技術，這可以促進在教室之內或教室以外的公平信念與行為。

11. 教室中不要容忍有害的文字、欺凌弱小的人、性騷擾的存在。不要說「男孩就是要像個男孩」這樣的話，而原諒那些有性別歧視的意見和行為。不要讓那些種族歧視與反同性戀的意見被忽略、嘲笑或容忍。作為一個老師，你是模範與規範的判定者：假如你不容忍那些傷害性的偏見，你的學生就會學到以別人為榮及尊重別人的態度。

12. 因為教育方面有關性別的研究是快步地在發展，所以，延續你在這個領域文獻的閱讀與專業的發展是重要的。隨時留意這個主題的論文及其他出版品，並且留意你自己的權利不因為性別歧視而受到否決，記得出版的論文是較不受政治議程的影響，但比較會受流行報導及政治撥款的影響。

🧩 問題與活動

1. 本章的作者列出你可以用於評鑑教材中七種性別偏見形式：(1)隱匿；(2)刻板印象；(3)語言偏見；(4)不平衡；(5)不符實際；(6)片斷分離；(7)粉飾偏見。請用你自己的話對此七種偏見加以定義。以你自己的教學科目中幼稚園到高中的教科書為樣本，檢視其中是否包含這些性別偏見的形式？有沒有偏見形式在任何族群中反映出來？與你的同學或工作夥伴分享你的發現。

2. 舉三個例子說明老師可以補充教科書以消除題目1所列出的七種性別偏見的形式，現在上網蒐尋可以補充資源的公平網站。

3. 這幾世紀以來，女性想獲得教育權利所做的努力為什麼沒被注意與認識，這些經驗與非裔美國人、拉丁裔和其他族群推動的民權運動有什麼差異？有什麼相似之處？

4. Howe太太在音樂課中與男女學生的互動指出了哪些性別偏見形式？你如何幫助Howe太太改變她的行為，而使得她的教學更具性別公平？

5. 到幾個包含男生、女生及不同種族和民族學生的教室，觀察各班所教的課程，畫出一張座位圖，並統計老師與每一位學生的互動次數。老師與男性和女性學生的互動方式有什麼不同？如果有不同，那麼互動的方式是什麼？老師與不同民族學生的互動方式有什麼不同？如果有不同，那麼互動的方式是什麼？你是否注意到性別與民族一起影響老師與特定學生的互動方式？如果有，請加以說明。

6. 你如何使用技術去補充教室的材料以促進性別公平？你能為你的學生蒐尋一些有用的公平網站，以增加教科書中不足的資料。

7. 女生在剛開始入學時，說話、閱讀、計數的成績都在男生前面，男生在國中之前，數學科的表現也都勝過女生，你認為這是怎麼回事？最近的研究指出，男生與女生在學業成就上的差異已慢慢緩和，你認為這個成就的鴻溝為什麼正逐漸縮小？

8. 依本章作者之見，單一性別學校對女性有哪些方面的益處？你認為，為什麼全為女生的學校正再度流行？為什麼針對男性學校效能的研究較不具說服力？你認為朝向單一性別的學校教育的趨勢，應該停止或支持？為什麼要或為什麼不要？

9. 在讀完本章之後，你認為有哪些方面是你可以改變你的行為或使你的行為更趨性別公平？如果是如此，有哪些方面？如果不是，為什麼不是呢？

10. 同性戀學生的權利如何與性別公平的議題有關？對同性戀者的厭惡會如何危害所有學生的權利？老師可以做些什麼，為所有的學生創造安全有效能的教室氛圍？

11. 確認六種教室策略可以鼓勵女孩發展工程技術的信心與能力。

12. 檢查第九章法條的必要條件，準備一張簡表以提醒自己記得，法律是制定來確保性別公平的（在蒐尋這方面的資訊時，網際網路是一種很好的資源。可瀏覽網站：www.nw/c.org）。

13. 根據本章成績單的發現提出一些問題，想想性別偏見如何影響男性，訪談不同年齡的男生，並蒐集他們對男性與女性角色的意見。你的受訪者如何知道男性刻板印象的危險？他們如何描述他們作為一位成年男性的角色？

References

Altermatt, E. R., Jovanovic, J., & Perry, M. (1998). Bias or Responsivity? Sex and Achievement-Level Effects on Teachers' Classroom Questioning Practices. *Journal of Educational Psychology, 90*(3), 516–527.

American Association of University Women Educational Foundation (AAUW). (1993). *Hostile Hallways: The AAUW Survey of Sexual Harassment in America's Schools*. Washington, DC: Author.

American Association of University Women Educational Foundation (AAUW). (1998a). *Gender Gaps: Where Schools Still Fail Our Children*. Washington, DC: Author.

American Association of University Women Educational Foundation (AAUW). (1998b). *Separated by Sex: A Critical Look at Single-Sex Education for Girls*. Washington, DC: Author.

American Psychological Association, APA Public Policy Office. (1999). Is Youth Violence Just Another Fact of Life? In *Raising Children to Resist Violence: What You Can Do*. Washington, DC: Author.

Babad, E. (1998). Preferential Affect: The Crux of the Teacher Expectancy Issue. In J. Brophy (Ed.), *Advances in Research on Teaching: Expectations in the Classroom* (pp. 183–214). Greenwich, CT: JAI Press.

Bailey, B. L., Scantlebury, K., & Letts, W. J. (1997). It's Not My Style: Using Disclaimers to Ignore Issues in Science. *Journal of Teacher Education, 48*(1), 29–35.

Bazler, J., & Simons, D. (1990). Are Women Out of the Picture? *Science Teacher, 57*(9), 24–26. [See also Potter, E., & Rosser, S. (1992). Factors in Life Science Textbooks That May Deter Girls Interest in Science. *Journal of Research in Science Teaching, 57*(9), 669–686.]

Beck, R., Black, L., Krieger, L., Naylor, P., & Shabaka, D. (1999). *World History: Patterns of Interaction*. Evanston, IL: McDougal Littell.

Britton, G., & Lumpkin, M. (1983). Females and Minorities in Basal Readers. *Interracial Books for Children Bulletin, 14*(6), 4–7.

Brophy, J., & Good, T. (1974). *Teacher-Student Relationships: Causes and Consequences*. New York: Holt, Rinehart & Winston.

Cairns, E. (1990). The Relationship between Adolescent Perceived Self-Competence and Attendance at Single-Sex Secondary School. *British Journal of Educational Psychology, 60*(3), 207–211.

Campbell, P. B., & Sanders, J. (1997). Uninformed, but Interested: Findings of a National Survey on Gender Equity in Preservice Teacher Education. *Journal of Teacher Education, 48*(1), 69–75.

Campbell, P. B., & Sanders, J. (2002). Challenging the System: Assumptions and Data behind the Push for Single-Sex Schools. In A. Datnow & L. Hubbard (Eds.), *Gender in Policy and Practice: Perspectives on Single-Sex and Coeducational Schooling* (pp. 31–46). New York: Routledge/Falmer.

Carter, R. (1987). Unpublished class paper. American University, Washington, DC. Used with permission.

Clarke, E. H. (1873). *Sex in Education: Or, a Fair Chance for Girls*. Boston: Houghton Mifflin.

Crocco, M. S. (1997). Making Time for Women's History: When Your Survey Course Is Already Filled to Overflowing. *Social Education, 6*(1), 32–37.

D'Ambrosio, M., & Hammer, P. S. (1996, April). *Gender Equity in the Catholic Elementary Schools.* Paper presented at the annual convention and exposition of the National Catholic Education Association, Philadelphia.

Datnow, A., & Hubbard, L. (Eds.). (2002). *Gender in Policy and Practice: Perspectives on Single-Sex and Coeducational Schooling.* New York: Routledge/Falmer.

Davis, O. L., Jr., Ponder, G., Burlbaw, L., Garza-Lubeck, M., & Moss, A. (1986). *Looking at History: A Review of Major U.S. History Textbooks.* Washington, DC: People for the American Way.

Faludi, S. (1991). *Backlash: The Undeclared War against American Women.* New York: Crown.

Flanders, N. (1970). *Analyzing Teaching Behaviors.* Reading, MA: Addison-Wesley.

Foulis, D., & McCabe, M. P. (1997). Sexual Harassment: Factors Affecting Attitudes and Perceptions. *Sex Roles: A Journal of Research, 37*(9–10), 773–798.

Francis, B. (2000). *Boys, Girls, and Achievement: Addressing the Classroom Issues.* London: Routledge/Falmer.

Froschl, M., Sprung, B., & Mullin-Ridler, N. (1998). *Quit It! A Teacher's Guide on Teasing and Bullying for Use with Students in Grades K–3.* New York: Equity Concepts; Wellesley, MA: Wellesley College Center for Research on Women; Washington, DC: NEA.

Garbarino, J. (1999). *Lost Boys: Why Our Sons Turn Violent and How We Can Save Them.* New York: Free Press.

Gilligan, J. (1997). *Violence: Reflections on a National Epidemic.* New York: Vintage.

Good, T. L., & Brophy, J. E. (1994). *Looking in Classrooms.* New York: HarperCollins College Publishers.

Gurian, M. (1997). *The Wonder of Boys.* New York: Tarcher/Putnam.

Hahn, C. L. (1996). Gender and Political Learning. *Theory and Research in Education, 24*(1), 8–35.

Hall, G. S. (1905). *Adolescence: Its Psychology and Relations to Physiology, Anthropology, Sociology, Sex, Crime, Religion, and Education.* New York: D. Appleton.

Herr, K., & Arms, E. (2002). The Intersection of Educational Reforms: Single-Gender Academies in a Public Middle School. In A. Datnow & L. Hubbard (Eds.), *Gender in Policy and Practice: Perspectives on Single-Sex and Coeducational Schooling* (pp. 31–46). New York: Routledge/Falmer.

Hodes, C. L. (1995–1996). Gender Representations in Mathematics Software. *Journal of Educational Technology Systems, 24,* 67–73.

Holden, C. (1993). Giving Girls a Chance: Patterns of Talk in Co-Operative Group Work. *Gender & Education, 5,* 179–89.

Hollinger, D. (Ed.). (1993). *Single-Sex Schooling: Perspectives from Practice and Research.* Washington, DC: Office of Educational Research and Improvement, U.S. Department of Education.

Hyde, J., Fenneman, E., & Lamon, S. (1990). Gender Differences in Mathematical Performance: A Meta-Analysis. *Psychological Bulletin, 107,* 139–155.

Hyde, J., & Lynn, M. (1988). Gender Differences in Verbal Activity: A Meta-Analysis. *Psychological Bulletin, 104,* 53–69.

Jacobs, H., LeVasseur, M., & Randolph, B. (1998). *Western Hemisphere Geography, History, Culture* (Prentice-Hall World Explorer Program). Upper Saddle River, NJ: Prentice-Hall.

Jones, G. M., & Gerig, T. M. (1994). Silent Sixth-Grade Students: Characteristics, Achievement, and Teacher Expectations. *The Elementary School Journal, 95*(2), 169–182.

Kindlon, D., & Thompson, M. (1999). *Raising Cain.* New York: Ballantine.

Kinman, J., & Henderson, D. (1985). An Analysis of Sexism in Newberry Medal Award Books from 1977 to 1984. *The Reading Teacher, 38,* 885–889.

Kivel, P. (1999). *Boys Will Be Men: Raising Our Sons for Courage, Caring, and Community*. Gabriola Island, B.C., Canada: New Society Publishers.

Kleinfeld, J. (1999). Student Performance: Males versus Females. *The Public Interest, 134*, 3–20.

Koza, J. E. (1992). The Boys in the Band: Sexism and the Construction of Gender in Middle School Textbook Illustrations. *Educational Foundations, 6*(3), 85–105.

Lee, V., & Bryk, A. (1986). Effects of Single-Sex Secondary Schools on Student Achievement and Attitudes. *Journal of Educational Psychology, 78*(5), 381–395.

Lee, V., & Marks, H. (1990). Sustained Effects of the Single-Sex Secondary School Movement on Attitudes, Behaviors, and Values in College. *Journal of Educational Psychology, 82*(3), 578–592.

LeJeune, C., & Folette, V. (1994). Taking Responsibility: Sex Differences in Reporting Dating Violence. *Journal of Interpersonal Violence, 9*(1), 133–140.

Levante, R. (1996). New Psychology of Men. *Professional Psychology Research and Practice, 27*, 259–265.

Loewen, J. (1995). *Lies My Teacher Told Me*. New York: New Press.

Mid-Atlantic Equity Center. (1999). *Adolescent Boys: Statistics and Trends (A Fact Sheet)*. Chevy Chase, MD: Author.

Miedzian, M. (1992). *Boys Will Be Boys: Breaking the Link between Masculinity and Violence*. New York: Doubleday.

National Coalition for Women and Girls in Education. (2002, June). *Title IX at 30: Report Card on Gender Equity*. Washington, DC: Author.

NCTE Committee on the Role and Image of Women in the Council and in the Profession. (1973). Guidelines for Publishers. *Elementary English, 50*(7), 1019.

Nibbelink, W., Stockdale, S., & Mangru, M. (1986). Sex Role Assignments in Elementary School Mathematics Textbooks. *The Arithmetic Teacher, 34*(2), 19–21.

Noddings, N. (1992). Social Studies and Feminism. *Theory and Research in Social Education, 20*(3), 230–241.

Perry, E. L., Schmidtke, J. M., & Kulik, C. T. (1998). Propensity to Sexually Harass: An Exploration of Gender Differences. *Sex Roles: A Journal of Research, 38*(5–6), 443–460.

Petersen, R., Johnson, D., & Johnson, R. (1991). Effects of Cooperative Learning on Perceived Status of Male and Female Pupils. *Journal of Social Psychology, 131*, 717–735.

Pollack, W. (1998). *Real Boys: Rescuing Our Sons from the Myths of Boyhood*. New York: Random House.

Powell, R., & Garcia, J. (1985). The Portrayal of Minorities and Women in Selected Elementary Science Series. *Journal of Research in Science Teaching, 22*(6), 519–533.

Riordan, C. (1990). *Girls and Boys in School: Together or Separate?* New York: Teachers College Press.

Riordan, C. (2002). What Do We Know about the Effects of Single-Sex Schools in the Private Sector? Implications for Public Schools. In A. Datnow & L. Hubbard (Eds.), *Doing Gender in Policy and Practice: Perspectives on Single-Sex and Coeducational Schooling* (pp. 10–30). New York: Routledge/Falmer.

Sadker, D. (1996, September 4). Where the Girls Are? *Education Week*, Commentary, pp. 49–50.

Sadker, D. (1999). Gender Equity: Still Knocking at the Classroom Door. *Educational Leadership, 56*(7), 22–26.

Sadker, D. (2002). At Issue: Should Federal Regulations Make It Easier for School Districts to Establish Single-Sex Schools or Classes? *Congressional Quarterly Researcher, 12*(25), 585.

Sadker, M., & Sadker, D. (1984). *Year 3: Final Report: Promoting Effectiveness in Classroom Instruction*. Washington, DC: National Institute of Education. ED257819.

Sadker, M., & Sadker, D. (1985, March). Sexism in the Classroom of the 80s. *Psychology Today*, pp. 54–57.

Sadker, M., & Sadker, D. (1994a; updated for this chapter). *Failing at Fairness: How America's Schools Cheat Girls.* New York: Scribners. (The Report Card copyright of David & Myra Sadker. All rights reserved; no part may be reproduced or transmitted without permission from the authors.)

Sadker, M., & Sadker, D. (1994b). *Failing at Fairness: How America's Schools Cheat Girls.* New York: Scribners.

Sadker, M., & Sadker, D. (1994c). Sex Equity: Assumptions and Strategies. In *International Encyclopedia of Education* (pp. 5441–5445). Oxford, UK: Pergamon.

Sadker, M., & Sadker, D. (2000). *Teachers, Schools, and Society* (5th ed.). Boston: McGraw-Hill.

Sadker, M., Sadker, D., & Klein, S. (1986). Abolishing Misperceptions about Sex Equity in Education. *Theory into Practice, 25,* 220–226.

Sadker, M., Sadker, D., & Klein, S. (1991). The Issue of Gender in Elementary and Secondary Education. In G. Grant (Ed.), *Review of Research in Education* (Vol. 17, pp. 269–334). Washington, DC: American Educational Research Association.

Sadker, M., Sadker, D., & Shakeshaft, C. (1992). Sexuality and Sexism in School: How Should Educators Be Prepared? In S. S. Klein (Ed.), *Sex Equity and Sexuality in Education* (pp. 363–375). Albany: State University of New York Press.

Safe Schools Coalition of Washington. (1995). *1995 Seattle Teen Health Risk Survey.* Seattle, WA: Author. (Reprinted from the *Third Annual Report of the Safe Schools Anti-Violence Project.*)

Salisbury, J., & Jackson, D. (1995). *Challenging Macho Values: Practical Ways of Working with Adolescent Boys.* London: Falmer.

Salomone, R. (2002). The Legality of Single-Sex Education in the United States: Sometimes "Equal" Means "Different." In A. Datnow & L. Hubbard (Eds.), *Doing Gender in Policy and Practice: Perspectives on Single-Sex and Coeducational Schooling* (pp. 47–72). New York: Routledge/Falmer.

Schmuck, R., & Schmuck, P. (1992). *Group Processes in the Classroom* (6th ed.). Dubuque, IA: Brown.

Schwartz, M. D. (1997). *Sexual Assault on the College Campus: The Role of Male Peer Support.* Thousand Oaks, CA: Sage.

Sewall, G. (1992). Do Textbooks Shortchange Girls? *Social Studies Review: A Bulletin of the American Textbook Council, 11,* 3–9.

Silverstein, O., & Rashbaum, B. (1995). *The Courage to Raise Good Men.* New York: Penguin.

Sommers, C. H. (1995). *Who Stole Feminism? How Women Have Betrayed Women.* New York: Simon & Schuster.

Sommers, C. H. (2000). *The War against Boys: How Misguided Feminism Is Harming Our Young Men.* New York: Simon & Schuster.

Stabiner, K. (2002). *All Girls: Single-Sex Education and Why It Matters.* New York: Riverhead.

Suggs, W. (2002, September 6). Federal Commission Considers Reinterpreting Title IX. *The Chronicle of Higher Education, 49*(2), A54.

Trecker, J. L. (1977). Women in U.S. History High-School Textbooks. In J. Pottker & A. Fishel (Eds.), *Sex Bias in the Schools: The Research Evidence* (pp. 146–161). Cranbury, CT: Associated University Presses.

Tyack, D., & Hansot, E. (1990). *Learning Together: A History of Coeducation in American Schools.* New Haven, CT: Yale University Press.

U.S. Bureau of the Census. (1997). *Current Population Reports.* Washington, DC: U.S. Government Printing Office.

U.S. Department of Education. (1996). *Youth Indicators.* Washington, DC: Author.

Women's Educational Equity Act. (1999). *1999 Fact Sheet on Women's and Girls' Educational Equity.* Newton, MA: Educational Development Corporation.

Woodward, A., & Elliot, D. L. (1990). Textbook Use and Teacher Professionalism. In D. L. Elliot & A. Woodward (Eds.), *Textbooks and Schooling in the United States*, 89th Yearbook of the National Society for the Study of Education (pp. 178–193). Chicago: University of Chicago Press.

Woody, E. (2002). Constructions of Masculinity in California's Single Gender Academies. In A. Datnow & L. Hubbard (Eds.), *Doing Gender in Policy and Practice: Perspectives on Single-Sex and Coeducational Schooling* (pp. 280–303). New York: Routledge/Falmer.

Zittleman, K., & Sadker, D. (2002). Gender Bias in Teacher Education Texts: New (and Old) Lessons. *Journal of Teacher Education*, *53*(2), 168–179.

第六章 性別偏見：從美國殖民時期到今日的教室當中

Multicultural Education: Issues and Perspectives

面對多樣性的教室：課程與教學的重新思考

Mary Kay Thompson Tetreault　著

莊啟文　譯

如果他們告訴你，關於這些事你不需要知道，其實這就是你學習的時刻到了。是開始去學習關於我自己，而不是關於他們的時刻到了；是開始去學習關於她，而不是關於他的時刻到了。使教育成為屬於學生的教育，這就是一種聯結。（一位祖先來自歐裔與非裔的學生）

這位學生對她的教育方式反省呈現了雙重的轉變，此種轉變推動我們重新思考傳統的教學方式。首先我們要了解，教室中的學生正逐漸愈來愈多樣了，其次是傳統的課程內容，因為女性研究、文化研究與多元文化教育等新的學術知識關係而變得更豐富。這些轉變交會於教室中，它需要依賴老師，才能使得這個女學生的教育，以及大部分是各種背景的女性、有色人種，以及因社會階級低下弱勢男性的教育聯結一起，過去這些人所受的教育並不是為他們而規劃設計的。當前對班級教師的挑戰，不僅是要把多元的觀點併入課程，同時也要老師將學生帶入的聲音當成一種學習資源，投入於教學實務之中，而不是去管理或控制他們。

女性主義的階段論

雖然在過去三十年，也同時引起了一些改革，但我發現，為了創造一個架構以展望性別平衡、多元文化課程，最有效方式是以女性主義的階段劃分理論。女性主義階段論，概念上是源於女性主義學術，它是一種思想演變的分類系統，把女性的傳統、歷史與經驗融入選定的學科中。所發展的模式指出在思考女性的課程方面，有五個共同的階段：*男性定義的課程*

（male-defined curriculum）、*貢獻課程*（contribution curriculum）、*雙焦點課程*（bifocal curriculum）、*女性課程*（women's curriculum），與*性別均衡課程*（gender-balanced curriculum）。性別均衡課程是源起於女性主義學術知識，同時考慮到女性與男性的經驗、觀點與聲音；它檢視女性與男性的相似性與差異性，也考慮到性別與民族、種族、文化與階級等因素的互動。

這個系統或基模的語言特別是*階段*（phase）這個詞，以及一個階段到另一個階段的描述，表明了一個階段取代另一個階段的一連串階層。回顧這個基模之前，應避免從線性的方式去思考這些階段；而應把它們視為一系列交錯的循環，或被褥上的補綴，或掛毯上的絲線，是與另一階段出現變化互動的。如果把這些階段視為並存於女性主義研究的不同強調，應是更正確的。更重要的是，教師、學者與課程發展者在每一階段所提問與回答的那些特定的問題。

以下各段落將說明每一階段最初呈現的關鍵概念與問題，並從歷史、文學與科學方面舉出一些例子。接著討論這些階段在回應另一階段所產生的互動變化。本章的最後一部分，在呈現教師正努力設法解決的各科交叉變化及學生人口的變遷，以及呈現出四個分析的主題：精熟、聲音、權威與位置。在本章的結論則是在K-12社會科、語文科與科學課程中，併入女性內容所提出的具體目標、實務與教學。

男性定義的課程

男性定義的課程所仰賴的假定是，男性經驗是普同的，是人類經驗的代表，而且這些經驗可以推論到所有人類。這些被報導以及被研究的知識是學生學習的主體，是被男性所表達的更有關他們的知識，這種知識將女性族群的存在視為一反常現象，所以不會有意識去要求更廣泛的知識定義。女性經驗是歸入男性經驗之中的，例如，女性主義的科學家舉出一些關於性別差異的研究方法論問題，她們認為，這些研究只根據男性為實驗對象或使用有限的實驗對象（通常為白人中產階級），科學家就做出所有男性與女性的結論。

將女性融入課程之中，不只教導學生了解女性的生活，也導引出我們對男性生活不平衡的問題。我們注意公開世界中的男性，而隱藏了他們在

私下世界的生活。例如，歷史學系裡提出一系列有關男性歷史的有趣問題，關於男性的歷史，我們需要忘卻的是什麼？我們需要重新思考的關於男性歷史被視為當然的真實是什麼？男性自我定義的最初自我感覺只和公開的層面有關係嗎？男性的自我感覺如何與青少年時期、青春期、家庭生活、娛樂與愛有什麼關係？這些問題的答案對歷史的教學暗示了什麼？

就像非裔、美洲原住民、拉丁裔與亞裔的學術知識一樣，女性主義的學術知識也顯露著受到男性定義系統性與爭論性的排除。當我們透過這個學術的鏡頭去檢視它，我們被迫去重新思考對知識最基礎性概念化的理解，以及重新思考與社會的關係。我們會以一種新的方式來理解知識是一種社會建構，是被在一特定時間與特定社會架構下生活或思考的個體所記錄下來。例如，在文學、科學與歷史的所有作品中，都有一位作者。可能是男性，也可能是女性；可能是白人，也可能是少數民族；可能是精英分子，或是中產階級或是貧窮者。他們帶著不同的動機與信念。例如，科學家的問題和活動，通常是在無意識之情況下，被當代重大的社會議題所塑造而成（見表7.1）。在相同學科中的不同觀點，將改變所覺察的型態。

貢獻的課程

早期重新宣稱女性在課程中合法的位置所做的努力，是希望在男性的架構中尋找失落的女性地位。雖然確認了女性缺席的事實，但是，男性仍持續成為普遍標準與一般人類的代表。傑出的女性之所以會出現，是因為她們符合了卓越或偉大男性的規範，或是順應關於出門在外工作女性適當角色的一些隱含假定。在文學方面，那些女性作家是加入男性傳統才表現優異的，她們內化了男性藝文標準和社會角色觀點；女性科學家之所以在男性的科學世界中偉大，例如，最常被提到的居禮夫人（Marie Curie），也是外加的。

探討貢獻歷史的例子，可在美國的歷史教科書看到，它們現在納入了在公領域中表現傑出的美國女性貢獻。他們是戰爭或改革運動中的統治者或貢獻者，夏威夷第一位統治女王，也是一位民族主義者，Liliuokalani女王就包含在王國合併的故事中。Molly Pitcher與Deborah Sampson被描寫為美國革命戰爭的貢獻者，正如Clara Barton對南北戰爭的努力。有些作者也已納入那些順服被接受的假定，這個假定認為，女性外出從事一些家庭

表7.1　男性定義的課程

階段的特質	歷史學科中常問到的關於女性的問題*	文學科目中常問到的關於女性的問題*	科學科目中常問到的關於女性的問題*
不記錄女性的缺席。 沒有覺察男性的經驗是一種特定的知識，這種知識是選自廣大的知識與經驗世界。這種知識是有價值的、值得重視的，且被認為是最值得擁有的知識。	誰是特定歷史的作者？ 她或他的種族、民族、宗教、意識型態、社會階級、發源地與歷史時期是什麼？ 在課程中融入女性經驗如何導致重新了解社會關係、制度與權力安排的最基本秩序？ 我們如何定義歷史的內容與方法論，而能使歷史成為所有人的歷史？	具有統整的自我與誠真的生活觀點，傳統人文主義何以事實上仍有部分的父權意識型態？ 客觀主義者的錯誤觀念如何被消除？ 「偉大的文學」作品的標準觀念如何被挑戰？ 如何書寫與閱讀政治的行為？ 種族、階級與性別如何與這些實體所出現的衝突、痛苦及熱情有關？ 我們如何把語言的研究視為具體明確的論述，換言之，在特定的情境採取特定的語言策略，而不是視為普通的一種語言？	科學研究如何顯露文化的價值？什麼文化的、歷史的與性別的價值會被投射在物理與自然的世界？ 性別因素如何是一種偏誤而影響科學問題、假設、實驗設計，或理論形成的選擇？ 價值客觀性、合理性與支配科學的潛在哲學是什麼？ 如何能縮短實驗對象與科學觀察之間的距離，使科學家對有機體能帶有一份情感與同情？ 在轉化科學過程中，性別如何扮演這關鍵的角色？

*由女性主義學者而產生的新問題。

教養延伸角色的活動是可以接受的。例如，像Dorthea Dix、Jane Addams、Eleanor Roosevelt和Mary McLeod Bethune等人（Tetreault, 1986）。

　　理解早期這些探討貢獻歷史的限制所能學到的，並非不顧那些著名女性的研究，而是要涵蓋那些以女性主義價值去重塑這個世界而努力的人。這包括努力經由女性主義者對家的轉變、增加女性的自我決定、增加教育機會、政治權力與女性控制自己身體的權力，以及改善她們的經濟地位。以女性為中心的歷史將注意力從照顧公領域中不幸的人以及特殊女性，超越到如何影響一般女性的生活（見表7.2）。正如Mary McLeod Bethune在新政（New Deal）的角色，是值得教給學生學習的，經由她在黑人女性協

表7.2 貢獻的課程

階段的特質	歷史學科中常問到的關於女性的問題	文學科目中常問到的關於女性的問題	科學科目中常問到的關於女性的問題
女性的缺席是顯著的。 依照偉大、卓越或是人性的男性規範對失落女性的尋找。女性被視為是特殊的、異常或其他的。當歷史內容與觀念的重要性不會被挑戰時，女性才被加入歷史課程中。	誰是那些自歷史上消失的有名女性，在傳統上以男性為優勢的領域或運動中，他們與一般女性的貢獻，例如，在戰爭與改革運動（廢奴運動或勞工運動）中的貢獻是什麼？ 在女性傳統角色的延伸領域中，有名的與一般女性的貢獻，例如，照顧窮人與病人，是什麼？ 如何在主要的經濟與政治的變遷（如工業化或選舉權的擴大影響）影響女性時，在公領域上表現？著名的女性與一般的女性如何回應那加諸她們身上的壓迫，特別是透過女權組織？ *誰是那些傑出的女性，透過增加教育、增加掌控自己身體的權力、增加自己的政治權力、改善自己的經濟地位等方式，提倡女性主義對家庭的轉變，誰對女性逐漸擴增的自我決定有貢獻？ *在開拓定居與勞工運動中，女性的貢獻是什麼？	誰是那些題材及語言與形式的使用上為了滿足男性所謂的傑出作品規範而消失的女作家？ 有關主要的女性作家，什麼是初級的生物學事實與詮釋所失落的？	誰是對主流科學很有貢獻的著名女性科學家？ 荷爾蒙、大腦橫向思考以及社會生物學，女性的不同（較差的）本質如何與這些相關？ 科學實驗中，女性在哪裡消失不見？ 在科學專業中，女性當前的地位是什麼？ 在科學史中加入少數民族的女性以顯露排除的形式，以及重新定義從事科學與做一位科學家的意義會是如何？ *在有關科學進行與教導的方式中，女性是如何被排除於科學之外？ *女性從事科學的慣常形式是什麼？它與著名女性的形式之異同又如何？ *我們對科學的定義應如何擴大評鑑女性對科學的貢獻？科學的制度需要再重塑以適合女性嗎？如果是，怎麼做？

*由女性主義學者而產生的新問題。

會的工作與創辦《非裔美國女性期刊》（*Afro-American Women's Journal*）等進取的工作，確立了黑人女性對這個國家的正面形象。

雙焦點課程

在雙焦點課程中，女性主義學者做了重要改變，從一個以男性為規範

的觀點到以女性眼光去打開世界的可能性。這雙重的視野或雙焦點的觀點，就產生了與女性或男女兩性之間差異的全球性問題。歷史學家調查公領域與私領域之間的切割並提出問題，在這樣的分割之間如何解釋女性的生活。有些歷史學家費心發現家務層面女性權力競逐場的建構。文學批評的目標在於對獨特的傳統女性文學提供新的理解，以及新型文學創作的理論。他們希望去提供一些模式，以了解女性文學回應男性文學的主張與威脅的動力。科學家掌握女性與男性本質的定義，來提問公開與私人、生物學與文化、個人與非個人，彼此是如何影響，以及如何影響到男性與女性、科學與自然。

學者們已經以雙焦點知識來指出一些問題，考慮男性與女性是雙重的與二分的，女性與男性被認為具有不同的層面，對生活中的價值有不同的主張，對人類狀態有不同的想像方式，以及對自然與文化有不同的聯想，但這兩種觀點都是有價值的。簡言之，女性被認為是與男性互補但平等的一個族群，這對男性而言部分是真實的，對女性而言也有部分是真實。對男性與女性經驗的一般分析，常會危險地重複那學者們正想去克服的刻板印象。因為許多人相信，公領域比私領域有價值，因此，這是一種回到女性較差且附屬的思考傾向。

在雙焦點課程占有優勢的男性與女性的一般化觀點，往往不允許去辨別像男生和女生那樣複雜的大群體。像歷史時期、地理位置、結構的障礙、種族、父權、性取向與社會階級等重要因素，會明顯的存在差異。

雙焦點課程其他的共同強調是女性的壓迫以及該壓迫的探討。揭露那歷史與文學中的憎恨女性（woman-hating）是共同的，強調人類經驗中厭惡女人（憎惡女性），特別是男性利用此一手段來促進其威權，並主張或暗示女性是劣等的。女性存在的自相矛盾有時會忽略了對壓迫的強調。例如，雖然女性被排除在權力的職位之外，但是有些女性在豪門之中，卻是有影響力的妻子和女兒，往往比男性更接近真實的權力。如果有些女性不滿意她們自己的地位與角色，大部分的女性會調適並抗拒來努力大幅改善她們的命運。太強調女性的壓迫維繫著一個家長式的架構：女性基本上是被動的，只與性別偏差的社會的壓力反應。基本上，這是在強調男性思考，而女性卻是被思考的。

從1970年代到1990年代的女性主義學者（Collins, 1998; Goldberger, Tarule, Clinchy, & Belenky, 1996; Schmitz, Butler, Rosenfelt, & Guy-Sheftall, 1995），已經協助我們看到了解女性的壓迫，比我們一開始所想像的還要複雜。我們尚未有足夠的概念，以解釋建立在勞力與性別不對稱之上的性別系統。為了了解性別系統應採取一種結構和經驗的觀點，這個觀點是從女性的觀點去問，在什麼地方我們是代理人而什麼地方不是，在什麼地方與男性的關係是平等主義的，在什麼地方又不是了。這個疑問可以引領解釋，何以女性對其世界的經驗與解釋可以這麼不同於男性。

再者，對於我們的分析概念是需要被質問的，人類學家已經指出我們看待世界的方式——例如，女性（私領域）與男性（公領域）互補的觀念，其實是我們在西方、現代、工業與資本主義國家特定歷史的經驗結果。我們把自己的世界觀強加在其他社會系統，扭曲對其他社會系統的理解。女性主義的批判呼籲不但要重新思考家庭領域相對於公領域，以及製造與再製，相對而言，甚至也要重新思考性別類屬的本身。

女性主義學者已協助我們看到追問與分析種族、民族、階級與性別壓迫互動本質的急迫性（Collins, 1998），提醒我們不能再以自由主義改革者的取向，而不去追問經由壓迫而被滿足的系統需求。我們必須嚴肅地採取女性主義學術分析女性在社會、文化、歷史、政治、經濟脈絡中地位的模式，屆時性別議題與男性宰制及支持這種壓迫資本主義的經濟需求關係才能被理解。

學習雙焦點觀點最重要的一件事是，關於過度類推的危險，憧憬女性歷史取代了女性歷史的書寫。我們必須留意反對建立女性觀點的偉大文學，並抗拒任何對它的修正或添加。我們業已學習到傳統學科限制了他們洞悉性別複雜性的能力，而且因為這樣跨學科觀點的需求變得更明顯（見表7.3）。

女性的課程

女性學術出現的最重要觀念是，女性諸多行動具有測量的顯著性，而不是男性。先前被貶抑的女性每日生活內容，在學者進行女性儀式、家務工作、懷孕、育兒、女性性慾、女性友誼的調查，以及生命循環的研究中，被假定具有新的價值。例如，科學家調查最初對女性有興趣的研究領

表7.3 雙焦點課程

階段的特質	歷史學科中常問到的關於女性的問題	文學科目中常問到的關於女性的問題	科學科目中常問到的關於女性的問題
人類的經驗基本上是以男性與女性、公領域與私領域、能動性與共有的雙元類目來思考。 強調互補但平等而概念化地對待男性與女性領域與個人品質。 聚焦於女性的壓迫與厭惡女人。 女性在克服這些壓迫所做的努力被呈現出來。 納入女性引領的對傳統內容、結構以及學科方法論之洞見，是更適合於男性經驗的。	在公領域與私領域之間的區分是如何解釋女性的生活？ 誰壓迫女性以及她們如何被壓迫？ *女性世界的價值與權力的形式是什麼？ *女性的權利與價值如何在男性領域中被排除與剝奪？ *性別系統如何在例如性別上創造區分，使其世界的經驗與詮釋明顯與男性不同？ *對於公領域和私領域、製造與再製、性與性別等類別，我們如何重新思考？	那些被遺漏的少數女性作者是誰？它們的書沒被找到？誰的生活沒被書寫？誰的作品最後被仔細研究？ 文學如何成為父權制度的集體意識紀錄？ 男性文學中如何呈現女性的迷思與刻板印象？ 我們可以如何批評傳統文學史中的精英主張？ 相對立的性別如何在文學中配對成為理解女性與男性差異的文本？ 文學如何是女性伴隨男女領域分割區別而發展的次文化表達形式？ 對於建立自身偉大文學法典及其任何添加，女性主義文學批判者要如何抗拒。	科學如何定義（與錯誤定義）女性本質？為什麼女性科學家那麼少？有什麼社會或心理上的因素，迫使女性處於低階甚至完全的被摒除在科學之外？ 女性如何才能適合於科學史研究與健康照護？ 原本實踐在男性的科學發現如何在女性實踐後產生改變？ 社會生物學的理論與解釋如何需要持續的檢證，以及如何去改變以適應關於競爭、性別、選擇與殺嬰的男性和女性理論？ 科學／性別的系統——公領域與私領域、個人與非個人、男性氣概與女性特質之間的聯結與分離的網絡，如何讓彼此了解並影響男性與女性、科學與自然？ *對女性而言，科學的結構性障礙是什麼？
*由女性主義學者而產生的新問題。			

域——月經、懷孕、更年期，是如何挑戰既有的科學理論。歷史學者對女性以一種女性活動而非男性活動，努力突破其家庭傳統層面，提出顯著的測量證據。這些行動包括了女性教育、有薪工作，以及家庭之外的志願性工作，特別是在女性社團與協會中。集體女性知覺所發展的同等重要性，

這是女性對其自身在社會區分角色的女性知覺。從雙焦點層面開始的分析，持續探索著對大多數女性而言，性與性別意味著什麼。

當學者更密切注意到女性生活的複雜形式時，他們發現女性多元概念化的需求。雖然將女性視為一個單一群體，提供了有關延續形式以及女性生活中最中心區域變遷的有價資訊。但是，將廣大及多樣的女性一般化為一個群體，會導致不真實。性別以及其他變項的微妙互動受到調查，歷史學者提問種族、族群、社會階級、物質地位，以及性傾向的特殊性，是如何挑戰女性經驗的同質性。第三世界女性主義學者批評霸權的西方女性主義以及其公式化的自主，在地理、歷史與文化上基於女性主義的關懷及策略（Mohanty, Russo, & Torres, 1991）。

有關性與性別的問題是設定在歷史、意識型態以及文化的脈絡中，包括文化對生物發展事實的定義，與這些對個人又意味著什麼？研究者提問，例如，在人的歷史中，為什麼有這些禁慾的態度？在這些性的語彙、類別以及意識型態中，它們以什麼方式來反映出整體社會的組織？造成這些的社會經濟因素是什麼？現代的身體概念如何反映著社會的經驗與專業的需求？

生命史與自傳洞悉社會對女性的知覺與女性自身知覺，藉由這些故事及來自此一女性觀點對人類經驗形成的貢獻，女性個人經驗得以顯露。

學者發現，當個人每天生活都處於社會結構及社會文化中，利用其他學科來發現一個較清楚的視野是必需的。同樣的，也呼籲新的統整的架構及不同的方法，來思考歷史與文學的時期，以指定符合女性歷史及傳統概念，也會有一個歷史時期更複雜的概念化。很多歷史所強調的是事件，一個人簡單的時間單位無法提供一種結構變遷感，人們關於他們自身真實與其他真實可能性思考方式的變遷。法國的L'Ecole des Annales（一群率先在歷史分析使用出生率、婚姻以及死亡證明的歷史學者）區分了事件以及他們所命名的longue durée（Letters to the Editor, 1982）。藉由longue durée，它意指緩慢冰河式移動的變遷，需要一百年才能完成，以此作為人類思考方式變遷的代表。

這個概念向女性歷史領域借用例子，女性在家庭中傳統角色要朝向平等主義觀點，並轉化到現在的妻子、母親以及在外工作的有薪角色，那必須是男性宰制的結構性變遷。再者，在每一女性生孩子數與懷孕年齡的平

均數，從1800年的七個到1990年的低於兩個來看，這個統計變遷亦是重要的（見表7.4）。

性別均衡的課程

這個階段接續許多在女性課程階段開始的要求，它明確說出了有關女性與男性是如何的相關聯與彼此互補。研究者知悉孤立看待女性的限制以及性別的關係角色，尋找女性及男性經驗交錯的節點。歷史學家與文學批評提問，私領域的生命面向是否如同公領域一般，也是女性與男性經驗中的一個連續體。

在女性課程階段中浮現的多元與多焦點女性概念是延伸到人類的。這個階段的中心概念是*位置*（positionality）（Alcoff, 1988; Haraway, 1997; Harding, 1991），位置意味著我們認同的重要面向（例如，我們的性別、我們的種族、我們的階級、我們的年齡等等），是相對位置的標記，而非本質。其效果與啟示隨著脈絡變遷，最近女性主義思想家已經看見知識在它來自任何脈絡下知識者的特定位置才有效，而它往往為性別、種族、階級以及其他變項所定義。

科學家對自然的創造與再創造提出清楚的問題，例如，他們提問有關猴子以及人猿行為及社會生活的意義，與動物間的雄雌關係，並且探究這些變因如何以年齡、物種以及個別的變異，來挑戰目前的理論。他們也探索現代科技——其故事及夢想、事實與錯覺、制度與政治，以及科學進展（Haraway, 1991, 1997）。

結合這個特定文化觀點的是更大的脈絡，例如情境、意義、經濟系統、家庭組織，以及政治體系間的相互作用。因此，歷史學家提問性別不平等是如何與經濟、家庭組織、婚姻、儀典以及政治聯結的。研究科學家探索男性／女性身體是如何差異，已經被用來證成男性在經濟、社會以及政治上優勢的社會議程。在這個階段，存在那傳統上被視為嚴肅的、主要是男性公領域活動的事物，以及在之前那些被視為是瑣碎的、被命名為私領域女性活動的事物，兩者之間出現了革命性的關係。

這個新的關係導致學科知識的再中心化，從男性中心觀點到納入女性與男性觀點的變遷。這個知識的再概念化運作朝向一個人類經驗的更全貌觀點。如同之前階段知識的概念化，是被多元學科思考所特色化的。

208

表7.4　女性的課程

階段的特質	歷史學科中常問到的關於女性的問題	文學科目中常問到的關於女性的問題	科學科目中常問到的關於女性的問題
學術的調查尋求能洞悉女性傳統、歷史、文化、價值、視野與觀點顯著性的新問題、新類別與新觀念。 多元論的女性概念浮現的是知識的多樣性，並認知性別之外形塑女性生活的變因，例如，種族、族群以及社會階級。 女性經驗被允許說出自身。根植於個人與特殊的女性主義歷史是來自一般的基礎上。 公與私被視為是女性經驗的連續體。 以社會、文化、歷史、政治以及經濟脈絡來分析女性經驗。 努力進行重新概念化知識以納入女性經驗。知識的概念化並非以規訓的思考來特質化，而是成為多重學科。	在歷史上的特定時期，女性主要在做什麼？ 在親屬、母親、女兒以及朋友之間的女性友誼，可以如何被一種女性與其他人的整體關係觀點來分析？ 女性在什麼情境中，從事著那種有薪以及無薪的生產性工作？ 女性的再製活動是什麼？她們如何再製美國家庭？ 種族、族群、社會階級、物質地位以及性傾向等變因，如何影響女性經驗？ 什麼新類別需要被加入歷史研究中，例如，家務、懷孕以及育兒？ 在歷史上不同種族與階級的女性曾經如何互動？ 組織或分期女性歷史的適當方式是什麼？例如，在生命軸上的每一個階段要如何檢視女性經驗，來協助我們以女性自己的語彙了解女性經驗？	女性層面例如專心家務以及家庭、教育、婚姻、性慾以及變異，如何顯露我們的文化？ 我們可以如何將文學小說中的女性形象，與真正生活中的工作者、主婦、改革者、母親、愛人等各種女性個人角色相對照？ 如何能在文學中顯露特定的種族、族群、社會階級、物質地位以及性傾向，來挑戰大部分同質的女性經驗？ 由於種族、族群、社會階級、物質地位以及性傾向，是什麼將女性綁在一起，又將她們分開？文學如何描繪它？ 文學作品如何洞悉社會與歷史的脈絡？	男子氣概與女性特質聯結的文化雙元主義，如何能滲透入科學的思考與論述？ 在比較診斷式的分析或是科學理論時，女性真實的經驗如何挑戰科學與健康照護系統的傳統範例？ 女性領域研究的最初興趣，例如更年期、分娩以及月經／發情，是如何挑戰既有的科學理論？ 性及性別之外的變因，例如年紀、種族以及個人變異，是如何挑戰當前理論的？ 女性靈長類動物的經驗以及靈長類之間的變異，例如女性競爭、女性性慾的能動性以及殺嬰，是如何考驗傳統派典的？

　　女性主義學者正注意不讓女性課程太快轉向性別均衡課程，如同歷史學者Gerda Lerner在1980年代的觀察，相較於世紀級古老的男性定義歷史

傳統，我們以十年為單位的女性歷史調查，只是地平線上的一小點而已。轉移太快來研究性別，會冒著女性研究在重要方向上短路的風險，而再度使女性主義歷史及經驗被男性納入。當女性對持續的男性宰制存在進行反動時，她為女性主義者防衛女性提醒著政治的重要。法國哲學家Julia Kristeva（引自Moi, 1985）以及最近Judith Butler（1990, 1993）推動我們朝向新的考慮，在他們力勸女性（以及男性）來認知男子氣概與女性特質的虛假本質，以發現男性或女性事實是如何產生的，決定一個人相對於權力關係的位置，以及決定一個人相對權力關係的位置，並預見更多有潛力去解放女性和男性更充足人性的流動性別認同（見表7.5）。在Barry Thorne（1993）的作品中，教師的特定興趣是開始她的教室與遊戲場的每日觀察，來呈現孩子在學校如何建構性別與經驗性別。

⭐ 改變傳統的教學方式

女性主義的學術已協助我們了解，所有的知識都是一種社會的建構，因而所有教室中的知識也是一種社會建構。這樣的洞見申明了知識逐漸演變的本質，以及教師和學生在知識建構過程中的角色。對我而言，*教育學*這個名詞不只是應用於教學的技術，而且還關係著整個教室中知識的製造。教學包含了教材、教師與學生之間的全部關係，如此廣泛的教育學概念，挑戰著一般人所抱持的假設——這些教授是冷漠的，專業內容天生就是「客觀的」，其傳遞的方法與訊息之間並無相關（hooks, 1994）。為了教導學生參與這麼一個複雜、多元文化、多種族的世界，我們需要納入那些傳統上未被納入的人的觀點與聲音——各種背景的女性、有色人種，以及那些認為教育不是為他們設計的男性與女性。

女性主義的教師正在展示她們如何透過對文化民族及性別多樣性的注意，來轉化課程，並對爭取知識、機會、權力的複雜性提供具體的形式（hooks, 1994; Maher & Tetreault, 1994, 2001; Weiler, 1988）。在《女性主義教室》（*The Feminist Classroom*）中，Frances Maher與我（Maher & Tetreault, 2001）呈現了所有的學生如何從他們教授對文化、民族與性別多樣性的注意所轉化的大學課程中受益，以及一些學生是如何被激勵的。我們發現，在遍及六個大學校園十七個班級中，用來分析教學與學習的主題，

表7.5 性別平等課程

階段的特質	歷史學科中常問到的關於女性的問題	文學科目中常問到的關於女性的問題	科學科目中常問到的關於女性的問題
一種多焦點性別平等的觀點，能將女性與男性經驗交織於人類經驗的多層組合中。在這個階段，學者對地位是有知覺的。地位代表著所有女性與男性都落腳於歷史脈絡中，此脈絡是一種族、階級、文化、年齡以及性別定義的，而且他們從其特定狀況中得到知識與權力。學者開始去定義眾多人性中什麼可以連結一起，什麼又是分離的？學者對私有與公有如何在個人經驗上形成一個連續體有著深刻理解。他們尋找一個節點，在這個節點上，對男性女性的經驗做相當的處理是可能的。重新概念化知識被努力進行著，來反映這個多層次組成的女性男性經驗。知識的概念化不是被學科思考特質化，而是成為多學科思考。	什麼是認識者在歷史脈絡中的特定位置？性別的不對稱性如何連結到經濟系統、家庭組織、婚姻、儀典以及政治系統？我們如何可以在女性與男性全面的生活上比較，以揭露性別歷史決定的嚴重？以女性及男性的經驗而論，私有與公有在歷史觀點的陳述上是連續的嗎？性別如何是一個社會建構？「受到社會特別建構的性別」能在「受到性別特別建構的社會」上告訴我們什麼？性別建構與權力結構之間有什麼樣的複雜關係？我們可以如何擴展我們對多元論歷史時期的重新概念化，來知覺結構、傾向，以及事件等三個歷史層次嗎？如何可以使所有社會科學及歷史知識取向及型式趨於一致，以此作為在探究相關歷史特定問題的工具？	在以性別、種族、階級定義時，作者的特殊位置如何影響其文學作品？透過文學對人類經驗任何面向的洞見，而非它如何被事先決定的法典來選擇文學。我們可以如何承認人類表達的全景？私領域如同公領域，對女性與男性經驗的陳述是連續的嗎？我們可以如何在文學文本中，將相反的性配對成一種理解女性與男性角色如何經驗作為人性連續體的「男性」及「女性」？種族、族群、社會階級、婚姻地位以及性傾向，這些變項如何影響女性男性文學角色的經驗？我們可以如何重新思考一種輪迴的概念，來強調生命延續，而納入許多先前忽視的文學作品對性的脈絡及其結果？例如，取代清教徒。我們如何可以解構男性氣概與女性特質之間的對抗？	有關發明自然以及再造自然必須提出什麼清楚的問題？動物的雄雌之間關係是什麼意思？年齡、種族及個人變異，這樣的變因如何挑戰目前的理論？超越有限樣本資料蒐集的一般化，對其他性別、種族以及實驗計畫中狀況外的取樣有何限制？性別差異是如何被用來設定男性和女性在社會階層中的特殊角色？男女之間身體的差異如何被用來證成經濟、社會以及政治上男性優勢的議程？

211

第七章 面對多樣性的教室：課程與教學的重新思考

也能應用於中學與小學的班級上，這四個主題是——*精熟*（mastery）、*權威*（authority）、*聲音*（voice）、*位置*（positionality），都與出現在今日教室中的議題有關。儘管這四個主題是在處理重構新學生與新學科架構之間的關係，但是，精熟與權威的主題是聚焦於知識與它的資源上，聲音與地位則是聚焦於學生本身。

　　*精熟*在傳統上的意義是指個別學生理智地理解教師與專家教材的名詞。當女性（與其他邊緣團體）想精熟優勢文化名詞時，通常必須放棄自己的聲音。我們發現，班級正經歷一種從單一面向的專家資源，轉變為多樣資訊。學生不再去精熟一種特定的教材，也不去強調排斥主觀經驗的風險，這種經驗認為學生沒有豐富的知識。學生反而努力地爭取或統整教科書、科學研究與社會問題中的各種解釋。這些老師們重新將精熟定義為解釋、定義為逐漸對手邊的主題有複雜的討論、定義為不限制學生將教材與他們自己的經驗連接而受啟示的學習。例如，日裔的學生重新閱讀Emily Dickinson關於沉默與消失的詩，然後對她的性別與民族的邊緣性進行評論：

　　　　我不禁想起在優勢文化中不出聲文化的觀念，一個「無足輕重」的人知道她與宰制文化不同而保持沉默……但卻想成為重要的人！那是多麼令人沮喪呀！那是多麼公開的呀！所以，當你變成一位重要的人物而且信從宰制文化時，你必須活在他們的角色之中。

　　　　一個可笑的例子：就像看到迪士尼電影，Hayley Mills與其他女孩在舞會前跳舞與妝扮時，有一個小孩唱著「婦女特質」這首歌。一位外表漂亮、笑容甜美、行為愚蠢的女性是多麼吸引男性。作為一個小孩，我是被它餵大的，至少它似乎是親切的，但是一旦你的眼光探出去，你會了解到這個視野是如何扭曲著你。它劈開你的心，讓你難以嘗試再相信它，最後死心。

　　藉由擴大解釋的架構，學生就能發揮全部的本領，而且真正成為他人權威，同班的白人男生說：

　　　　我能讀Dickinson的作品一千次，從未與他的作品發生關係，這是因為它從未令我印象深刻。但是，班上的那個女孩對此一特定主題有興趣時，「那個主題與作為一個女性的我有什麼關係？」之後，我坐

回原來的地方且想著，那真是一個很好的問題。儘管我是男性，我能學到女性如何對女性文本加以反應，或許該方式與我的反應方式或老師的反應方式是相對不同的。

在我們的研究中，教師有意的使用他們的*權威*，讓學生對他們自己的學習負責（Finke, 1993）。學生與教授互為彼此的權威，在他們自己作為社會或是政治行動者的時候，其對文本或議題的尊重程度是清晰的（Tetreault, 1991）。由於教授們在傳統上作為獨占專門知識的代表位置，已被一些新的知識質疑，教師亦以他們自己的權威基礎，在教材與學生身上，努力重新概念化。這些教授根據自己的經驗，以及他們投入女性主義的學術與相關領域來分享他們的權威感。

與重新思考這些學科同樣重要的是，來自學生問題與給予女性與那些沉默的團體新議題的新知識形式的表達權力。我們經由發聲的主題探討其對學生的效果。*聲音*經常被定義為對學生自己反應的喚醒，然而，當學生製造了相關經驗來形塑一種呈現自我的述說時，我們會把這些教室思考成教師與學生製造聲音的競技場，而非「發現」他們的競技場。

在性別均衡課程中，我們的第四個主題定義為*位置*。位置協助我們看見那來自外界社會卻有力地在教室運作的差異，與不平等複雜動力的多重方式。我們強調很多過去三十年來男性至上主義與種族主義，對女性以及有色學生所形成的結果，我們學到很多有關普遍化男性位置是如何導致智識上的宰制。

一些教育工作者及理論家主張，要在相似的、有關白種性位置的普遍化上變得更有知覺（Frankenberg, 1993, 1997; Mclntosh, 1990; Morrison, 1993; Tatum, 1992）。例如，白種性（Whiteness）或男性的規範是如何在教室裡形塑知識建構的？這些假設如何促成群體智識的宰制？當我們思考學生的種族認同發展時，為什麼我們一開始就想到有色學生而非白種學生？當白種性在教室被標記顯露其位置時，會發生什麼？在我們的文化中，藉由普遍化的宰制位置，藉由讓他們「位置」的自由浮動，白種性或是男性的預先設想正對壓制的聲音作用。

Frances Maher與我重新檢視《女性主義教室》裡陳述的資料，來檢驗白種性的假設如何形塑知識的建構，當它在教室中生產知識與受到抗拒時（Maher & Tetreault, 1997）。我們看見宰制聲音是如何持續高唱著——

保持概念及意識型態的架構，透過它受壓制的聲音將被扭曲或者聽不清楚。我們看得更清楚，一個徹底的位置教育學必須在白種性的許多面向及複雜性上，承擔挖掘的工作。理解位置形塑學習的所有方式是一個漫長而互動的過程。

以下嘗試去示範的教學課程，是建構來顯露人類經驗的特定與共同起源。這些示範課程是以語言藝術、科學、社會研究等學科領域組織而成，它們也可同時為其他學科採納。

語言藝術

分析兒童文學

建議活動

要求學生選出五本他們最喜愛的童書，一再閱讀，寫下他們對這些童書的反應。在黑板或紙張上都可以記錄學生（與你的）選擇，根據書單的相似性喜好，在班上分組，要學生分享他們對這些書反應的書寫。要小組記錄出現在小組討論中最有價值的觀念。讓小組聚在一起，每一組都發表討論中最有價值的觀念。出現的觀念可能如下：

第一次閱讀和現在相比非常不一樣

不同與相似可以分為女孩的書與男孩的書

多元文化或是國際觀點的重要性

什麼故事中所顯露的文化是設定好的

緊接著的活動可能是訪問祖父母、父母、教師以及其他成人，有關他們自孩提以來記得的角色與故事，包含問問題。他們對回憶這些故事的感覺如何？在孩子故事中的男性與女性行為或期望的形象改變了嗎？對種族或族群有類似或是不同的處理嗎？

將女性與男性自傳配對

建議活動

將男性與女性作家的自傳與小說配對起來，對學生的多焦點、人類經驗關聯的理解助益很大。我所發現，非常具有洞悉性的兩個配對是

Richard Wright（1945/2000）的《黑人男孩》（*Black Boy*），以及Maxine Hong Kingston（1976）的《女戰士》（*Woman Warrior*）。其他有趣的配對是Maya Angelou（1969）的《我知道籠中鳥為何歌唱》（*I Know Why the Caged Bird Sings*）與Mark Twain（1912/1985）的《哈克歷險記》（*The Adventures of Hackleberry Finn*）；Douglass（1994）的《弗雷德里克・道格拉斯自傳》（*Frederick Douglass*）與Jacobs（1861/1988）《奴隸女孩的意外人生》（*Incidents in the Life of a Slave Girl*）；Mark Twain（1910/1996）的《湯姆歷險記》（*The Adventure of Tom Sawyer*）與Alcott（1880/1995）的《小婦人》（*Little Women*）。

我們在Lewis與Clark學院所觀察的一位使用教學日誌的教授Dorothy Berkson，藉由學生對文本情感與智識分析的聯結，對這個詮釋過程解密。她要學生選出一些深深困惑、或吸引、或觸動他們反應的一段文字，想像一些最佳的批判會從這些反應開始。她要學生改寫這段文字來理解它意味著什麼，或是就某種意義而言來掌握它。再讀一遍來知覺什麼是改寫所掌握不到的，以及之前跑走的關注或是問題是什麼。最後使用以下幾個問題，把段落放回整個文本的脈絡中：它在哪裡發生？有其他訊息和它相關嗎？相互矛盾嗎？還是更確定？引起更多問題嗎？在這個程序上以摘要下結論，期末交來日誌。Berkson評論後再還給學生，這時日誌成為學生正式報告的基礎，這個過程強迫學生重新投入文本，投入與文本的一再互動，而非認為他們已經到達某種熟練。

科學

科學的恐懼：事實或是幻象？

建議活動

對科學、數學的恐懼以及科學家的意識型態，促使一些學生（往往是女性）有限地參與數學及科學課程。他們的不充分參與，只靠高中三年的最少數學，限制了他們大部分的大學主修。David E. Drew（1996）在《重探性向：為美國人的下一世紀重新思考數學與科學教育》（*Aptitude Revisited: Rethinking Math and Science Education for America's Next Century*）中主張：我們的社會最不鼓勵那些最無力的人去學習數學與科

學，特別是窮人學生、少數族群學生，以及年輕女性。政策制定者、教師甚至父母往往因為全然錯誤的理由，而引導著特定學生遠離數學及科學。Drew爭辯著，這個結果不只是受到不恰當的訓練工作作用：這個教育的矛盾還擴大了我們社會有產者與無產者之間的鴻溝。他挑戰傳統觀點：對很多學生而言，科學與數學不是太無聊就是太難的主張，實際上所有學生都能掌握這些學科。

以下的活動是由Lawrence 科學館（Fraser, 1982）[1]的「女性數學與科學教育計畫」所設計。活動目的在於減少女性與男性學生對學習科學的恐懼，為他們增能以成為能定義問題並解決問題的研究者。

要學生用十五分鐘以手寫方式完成以下句子：

當我想到科學，我……

當他們完成時，學生以五至六人為一組，討論他們對提示的反應。詢問每一組成員陳述這當中學到的最重要的事。和班上同學討論科學的恐懼，以及女生與男生對科學感受的差異。這些差異或相似的某些理由是什麼？當這個活動的發現明朗化，建議學生擴展他們的研究來納入學校中其他的學生及教師。讓每一組對可能出現在科學態度問卷上的題目進行腦力激盪，把這些問題寫在黑板上，分析問題，選出十個最佳問題。

和班上一起決定你想研究哪一組學生與教師，你將如何進行，例如，其他科學班級、所有九年級的科學班級，或是全校的第二學期。獲得涉及你研究計畫的行政與其他教師或班級的允許，來進行這個調查。讓班級進行這個調查或問卷作為先導行動，分析六個不同的問題，並且在提出調查與問卷給你的研究小組之前做些校正。分配調查或進行訪問，讓學生決定如何分析資訊。讓每一個小組決定他們將如何呈現發現與資訊。當前在生物、化學、物理以及其他科學領域的男性與女性科學家統計資料，可以在NSF「科學與工程指引」中發現，其網址是www.nsf.gov/sbe/srs/seind98/start.htm。

---

1 引自 *Fact or Fantasy* (adapted from *Spaces: Solving Problems of Access to Careers in Engineering and Science*). Sherry Fraser, Project Director. Lawrence Hall of Science, Regents of University of California. Used with permission.

其他有價值的資源是Sue Rosser（1997）的《重新設計女性友善的科學》（*Re-Engineering Female Friendly Science*）。

讓每一組得到：(1)一份給班上的報告，上面使用圖表來分析調查資訊看看發現什麼；以及(2)在學校減少科學焦慮的建議。將完整的學生研究計畫放在圖書館、主要辦公室或是體育館，讓學校的其他人都能看到這個成果，請一位學生將它摘要，寫成文章投到校刊上。

做科學

建議活動

Barbara McClintoch的傳記《一種有機體的情感》（*A Feeling for the Organism*, Evelyn Fox Keller, 1983），允許學生探索在科學異議興起的狀態、功能，及其反應的價值多元性及目標。在她的故事中倡導的問題是：什麼樣個人與集體的角色，真的影響科學知識的演化？所有科學家都尋找同類的解釋嗎？他們問同類的問題嗎？不同學科支流之間，方法論的差異曾經允許同類的答案嗎？女性與男性科學家從事不同取向的研究嗎？這本書對高中生或大學生來說是困難的，不過，小心而謹慎地閱讀還是可行。我所發現最好幫助他們的方式是，讓他們讀一章或是一段，帶著問題來到班上，提出一些答案。

社會研究

我的家族工作史

建議活動

在農業、工業以及後工業經濟當中，不同社會階級、族群團體以及地理位置的女性與男性，已經進行了各種家內工作或者外出工作。在介紹學生工作史之前，我藉由要他們完成一個家庭工作表（見表7.6）來引起他們的興趣。當他們的表格完成時，學生與我建立一個從1890年迄今的工作年表，我們的工作年表包含了蒐集自教科書及圖書館裡的有關重要新發明、法律、人口統計資料以及勞工史等資訊。

然後在一個表格上重製這個工作年表，以便他們能以關鍵歷史事件比

較他們家庭的歷史。在我們集體的工作歷史中，藉由觀看他們家庭的歷史，隨著主要事件的發生，學生發現他們的家庭如何與社會相關。我們的表格中一個項目就如同以下這樣（Chapman, 1979）：

表7.6　家庭工作表

	工作經驗		
	出生年	婚前	婚後
			孩子幼年期　　孩子成年期
你的母系			
母親			
外祖母			
外祖父			
外曾祖母			
外曾祖父			
外高祖母			
外高祖父			
你的父系			
父親			
祖母			
祖父			
曾祖母			
曾祖父			
高祖母			
高祖父			

這個活動由Carol Frenier所發展。Reprinted with permission from the Education Development Center from Adeline Naiman, Project Director, *Sally Garcia and Family Resource Guide,* Unit 3 of *The Role of Women in American Society* (Newton, Mass.: Education Development Center, Inc., 1978, p. 62)。

歷史事件　　　　　　　　　　　　　　　　　　　　你的家庭歷史

1890年　女性占有17％受僱勞動力

1915年　紐約與舊金山電信連接

1924年　限制移民入境

學生在這一個單元中，以書寫有關他們家庭工作史的主題來下結論，他們也許聚焦於女性在家庭中的生活，如何與男性不同。他們也許會聚焦於家庭的種族或族群如何形塑他們的工作歷史。

公共領域與私人領域的統整

建議活動

戰爭時期如同和平時期一樣，人類生命也活在公、私領域之間。藉由有知覺地要求學生去檢驗個人作為公民、工作者、家庭成員、朋友、社群成員以及個人的生活。他們在兩個層面的這些角色互動中學習更多，戰爭是一個國家在假設這些角色而面臨考驗的非常時期，讓學生檢驗戰爭時期這些角色的互動，他們可以看見一些我們對有關角色所強調的假設。為了戰爭目的，它們如何被巧妙操作，透過研究他們家庭的歷史，以及閱讀最初來源的紀錄、觀看影片以及閱讀教科書，他們將會看到美國二戰時期人類經驗的複雜與多變。

學生研究二戰時期的家庭史，藉由蒐集家庭文件及人工製品，與至少訪談一個與二戰期間相關的成人，事先提出問題來發現個人社會角色如何受到戰爭影響。這兩週當中，學生對小組同伴發表口頭報告。

有關二次大戰，適合的讀本及影片可被廣泛使用，Studs Terkel的《良善的戰爭》（*The Good War, 1984*），因為其訪問人群的多樣性，而特別有用。例如，學生可以讀到有關拘留日裔美國人，而且能角色扮演的閱讀紀錄，他們的教科書也可以提供好的背景資訊。由一位被拘留的日裔美國人Yoshiko Uchida（1982）所寫的遷移紀錄《流放荒漠：日裔家庭的根絕》（*Desert Exile: The Uprooting of a Japanese-American Family*）。我的學生在這個單元回答兩個問題：二次大戰被描述為「良善的戰爭」，從你檢視的材料當中，對個人作為公民、工作者、家庭成員、朋友、社群成員的生活而言，它是良善的戰爭嗎？他們的經驗是如何與你的親戚相似或是不同？

摘要

　　這一章描繪了女性研究如何挑戰男性對課程內容的宰制，經由理解男性定義、貢獻、雙焦點、女性的以及性別平衡等課程共存差異的強調，洞悉了這個挑戰的演化。我們現在有了一個能將性別議題與種族、文化、階級交織在一起的課程概念架構，這個架構知悉且提倡一種人類經驗多焦點的相關觀點。

　　這個女性主義學術階段的觀念，可視為是一系列有趣的循環，或者是被褥的補綴，或者是掛毯的織線，它建議採取平行的方式來思考班級的學生。每一個學生都帶著知覺方式的特殊位置進入你的教室，作為一位教師，你的挑戰是將個人的真實交織入課程內容，成為合理化學生聲音的複雜理解。

　　這個相關的知識由於有學校在後面支持它的權威，自有潛力來協助學生分析其社會、文化、歷史、政治以及經濟的脈絡。這個相關知識的目標是要建立一個世界，一個由民主社會批判的公民來挑戰那受到種族、性別和階級壓迫，以及資本主義與部分依賴的世界。

✣✤✣ 問題與活動

1. 什麼是性別平等、多元文化的課程？

2. 什麼是女性主義階段論？

3. 對以下幾個作者所發展及描述的女性主義階段論加以定義並舉例：(1)男性定義課程；(2)貢獻課程；(3)雙焦點課程；(4)女性課程；(5)性別平等課程。

4. 貢獻課程與雙焦點課程有什麼問題？女性課程與性別平等課程能如何協助解決這些問題？

5. 作者稱知識是「社會的建構」，這是什麼意思？新的女性學術與族群在什麼方法上是相似的？它們以什麼方式挑戰教科書所呈現及社會中已成立的宰制知識？試舉例。

6. 檢驗社會研究、語言藝術、數學或科學教科書（或結合兩種教科書）對女性樣本的處理。作者所提出女性主義階段論的哪一階段，最能描述你在教科書中所檢視到的對女性的處理？

7. 什麼叫作 "longue durée"？為何它對社會歷史，特別是女性歷史研究是重要的？

8. 研究你的家庭史，對家中傳奇的女性角色、生涯以及影響力特別注意。描述你的族群遺產，以及族群對你家的過去及現在的影響。與班上小組或是工作坊學員分享你的家庭歷史。

References

參考文獻

Alcoff, L. (1988). Cultural Feminism versus Post-Structuralism: The Identity Crisis in Feminist Theory. *Signs, 13*, 405–436.

Alcott, L. M. (1880/1995). *Little Women*. New York: Scholastic.

Angelou, M. (1969). *I Know Why the Caged Bird Sings*. New York: Bantam.

Butler, J. (1990.). *Gender Trouble: Feminism and the Subversion of Identity*. New York: Routledge.

Butler, J. (1993). *Bodies That Matter: On the Discursive Limits of "Sex."* New York: Routledge.

Chapman, A. (Ed.). (1979). *Approaches to Women's History*. Washington, DC: American Historical Association.

Collins, P. H. (1998). *Fighting Words: Black Women and the Search for Justice*. Minneapolis: University of Minnesota Press.

Douglass, F. (1855/1994). *The Autobiography of Frederick Douglass*. New York: Penguin.

Drew, D. E. (1996). *Aptitude Revisited: Rethinking Math and Science Education for America's Next Century*. Baltimore: John Hopkins University Press.

Finke, L. (1993). Knowledge as Bait: Feminism, Voice, and the Pedagogical Unconscious. *College English, 55*(1), 7–27.

Frankenberg, R. (1993). *White Women, Race Matters: The Social Construction of Whiteness*. Minneapolis: University of Minnesota Press.

Frankenberg, R. (Ed.). (1997). *Displacing Whiteness: Essays in Social and Cultural Criticism*. Durham, NC: Duke University Press.

Fraser, S. (1982). *Spaces: Solving Problems of Access to Careers in Engineering and Science*. Berkeley: University of California, Lawrence Hall of Science.

Goldberger, N., Tarule, J., Clinchy, B., & Belenky, M. (Eds.). (1996). *Knowledge, Difference, and Power*. New York: Basic Books.

Haraway, D. J. (1991). *Simians, Cyborgs, and Women*. New York: Routledge.

Haraway, D. J. (1997). *Modest-Witness@-Second-Millennium*. New York: Routledge.

Harding, S. (1991). *Whose Science? Whose Knowledge? Thinking from Women's Lives*. Ithaca, NY: Cornell University Press.

hooks, b. (1994). *Teaching to Transgress: Education as the Practice of Freedom*. New York: Routledge.

Jacobs, H. (1861/1988). *Incidents in the Life of a Slave Girl*. New York: Oxford University Press.

Kingston, M. H. (1976). *Woman Warrior*. New York: Knopf.

Letters to the Editor. (1982). *Social Education, 46*(6), 378–380.

Maher, F., & Tetreault, M. K. (1994). *The Feminist Classroom*. New York: Basic Books.

Maher, F., & Tetreault, M. K. (1997). Learning in the Dark: How Assumptions of Whiteness Shape Classroom Knowledge. *Harvard Educational Review, 67*(2), 321–349.

Maher, F., & Tetreault, M. K. (2001). *The Feminist Classroom* (2nd ed.). New York: Rowman & Littlefield.

McIntosh, P. (1990). White Privilege and Male Privilege. In M. L. Andersen & P. J. Collins (Eds.), *Race, Class and Gender* (pp. 70–81). Boston: Wadsworth.

Mohanty, C., Russo, A., & Torres, L. (1991). *Third World Women and the Politics of Feminism*. Bloomington: Indiana University Press.

Moi, T. (1985). *Sexual/Textual Politics*. New York: Methuen.

Morrison, T. (1993). *Playing in the Dark: Whiteness and the Literary Imagination*. New York: Vintage.

Rosser, S. V. (1997). *Re-Engineering Female Friendly Science*. New York: Teachers College Press.

Schmitz, B., Butler, J. E., Rosenfelt, D., & Guy-Sheftall, B. (1995). Women's Studies and Curriculum Transformation. In J. A. Banks & C. A. M. Banks (Eds.), *Handbook of Research on Multicultural Education* (pp. 708–728). New York: Macmillan.

Tatum, B. (1997). *"Why Are All the Black Kids Sitting Together in the Cafeteria?" and Other Conversations about Race*. New York: Basic Books.

Terkel, S. (1984). *The Good War: An Oral History of World War II*. New York: Pantheon.

Tetreault, C. (1991). *Metacommunication in a Women's Studies Classroom*. Unpublished senior honors thesis, Vassar College, Poughkeepsie, NY.

Tetreault, M. K. T. (1986). Integrating Women's History: The Case of United States History Textbooks. *The History Teacher, 19*(2), 211–262.

Thorne, B. (1993). *Gender Play: Girls and Boys in School*. New Brunswick, NJ: Rutgers University Press.

Twain, M. (1910/1996). *The Adventures of Tom Sawyer*. New York: Oxford University Press.

Twain, M. (1912/1985). *The Adventures of Huckleberry Finn*. New York: Collier.

Uchida, Y. (1982). *Desert Exile: The Uprooting of a Japanese-American Family*. Seattle: University of Washington Press.

Weiler, K. (1988). *Women Teaching for Change: Gender, Class, and Power*. South Hadley, MA: Bergin & Garvey.

Wright, R. (1945/1983). *Black Boy*. New York: Harper & Brothers.

第七章　面對多樣性的教室：課程與教學的重新思考

課程轉化：有色人種女性的教學

Johnnella E. Butler　著

莊啟文　譯

　　納入女性及性別議題的許多努力，成了所謂聚焦在美國及其他國家與文化的白人女性身上，漸漸的，在檢視及談論女性生活時，我們已將白種中產階級女性的經驗視為常模。縱使在美國有著大量由有色人種女性談論自身的跨學科文本（Collins, 1998），在我們想要知道不同於此一常模的女性生活時，我們才擁有全球的經驗（Gross, 1987）。

　　在處理其他國家文化時，我們似乎能抓住一些之前在這些文化中所擁有的適宜理解，我們必須小心地採用一種多元文化的觀點。以一種跨族群、多元族群觀點來考慮種族論、階級論、我族中心論、性別論以及異性戀之結構，與再現其對女性生涯目標及生活經驗影響的必要。對我們來說，要理解美國女性的生活似乎較不明顯，這樣的觀點是基於對人類認同各個方面相互聯結的再認定，以及在結構中隨之而來敵對這些認同的相互聯結性。基於顯露美國有色人種女性究竟是相似或者相同，甚至是不同或者差異，這一章提供了一種研究取向來探索當中的動力聯結。

　　談論研究分析種族論的努力往往讓人沮喪，光譜的一端是許多學者質疑種族論已是前塵往事，我們需要朝向階級分析，回到更具活力的性別分析，或是分析其他與權力磋商的差異形式。參與此一觀點的人更質疑美國作為一個多元文化社會的檢視智慧，以及隨之而生的學術部門。另一方面，很多人質疑當種族真正是一個社會建構時，對所有美國人而言，它是*制度上的種族論*（種族論是整合在我們各種人類社會、政治、文化以及經濟組織的結構當中），同時也是*個人的種族論*（種族論顯示在個人行為之上，為種族論者的信念所支持），來形塑其存在及行動。要參照這些不同立場，這裡實在難以枚舉，Michael Omi 與 Howard Winant（1994）在其《種族形成在美國》（*Racial Formation in the United States*）中，提供了一個理解這些立場來源及其演進的絕佳基礎。

這一章所提供的例子，在於避免讓理論顯得抽象，而與投入教學過程的人——學生與教師無關。雖然本章不包括對幼稚園以及一至十二年級的建議活動，它的確提供了資訊與進行這些活動適當起點的概念架構。書後附錄包括了有關有色人種女性生活內容的書目來源，這些資源可以提供一個起點，要讓這個資訊對大多數教師有用，還有很多工作尚待進行。

認同、知識以及經驗

關於認同，Paula Moya（2000）在其《實在理論與後現代的困境》（*Realist Theory and the Predicament of the Postmodern*）中，做了簡明的表達，今天我們發現自己的困境：

> 在文學以及文化研究上，「認同」仍是最迫切與最被爭論的主題之一，最近二十年來，在領域區分上，從後殖民以及族群研究，到女性主義與酷兒理論，它成了精神分析、後結構論者以及文化唯物批判的爭論中心。奇特的是，這個時期所寫下的有關認同的文本，往往是在尋找去合法化，有時是在去除這個概念所顯示其本體論、認識論，以及政治上的限制。當認同作為政治行動的一個基礎，行動主義者以及學術界似乎都下了結論：（社會或文化的）認同有著理論上的無邏輯性，且在政治上具有危險性。（pp. 1-2）
>
> 本質論者在認同概念上被批評的第一個難題是，它有著單方面認定的傾向（例如：性別），視之為唯一的原因或是構成個人經驗社會意義的決定因素。批評者指出，這個困難來自於認同是在不同的歷史脈絡下被不同的建構而成……他們提醒，目前為止每一個女性多少都和其他女性有著明顯不同。要決定（種族、階級、文化等等）「完備的女性」認同，並且在女性此一意符之下來統一不同的女性，那是不可能的。（p. 3）

2003年，一位英國的行動主義者Simon Woolley，也是黑人投票運動（Operation Black Vote）的領導人，在倫敦的美國大使館一個午餐會中，討論有關認同議題。他的評論是：這樣的一種認同取向，反而模糊其特

性；在引導人們一起結盟時，讓認同「難以從A移動到B」。*有色人種女性*這個重要的字眼能夠衍生並指出結盟的可能性、文化與美學的表達，以及基於分享經驗與價值的社會政治行動。在這一章裡，釐清認同取向很重要，此外，對於將女性及有色人種女性特質化為單一向度或單一邏輯的還原論者或是本質論者而言，運用*有色人種女性*這一字眼，單單在第一眼就能引人注目。

認同非有固定本質，不是一種不隨時間變遷統一而均質的方式，非女則男，非拉丁美洲人即浸信會人。相反的，認同至關重要，它反映且顯露有關世界的知識，如同Hames-García（2000）所指出認同是多重的：

> 那是各種社會群體的資格，會去聯結並且相互變換成彼此。在某一群體的資格（例如：女性），在脈絡中會同時意味著一些不同的東西（例如：比較是黑人而非母職）。這些關係的整體在他們的相互建構中組成自身，這個事實的一個重要結果是：一個人不能將自我視為許多分立部分的總合來理解（例如：女性＋黑人＋母職）。完整的自我是由相互互動以及部分和其他的關係所組成。在政治上，自我表現在幾個方面，例如：種族、民族、性傾向、性別以及階級，基本上它們是彼此聯結，層層相因。（p. 103）

這一章試圖展示有關如何教導有色人種女性，以便轉化我們對認同如何在經驗上、在生產知識上作用的理解。在他們個人以及集體的複雜經驗上，有色人種女性對Hames-García所描述的多重性做出最直接的回應，也因此可以照見關鍵於課程的概念。那不只是認定社會文化多樣性，亦致力於生產有關知識，並且從此一多樣的方式來學習，確保將我們從A移動到B。

為何是有色人種女性？

*有色人種女性*此一字眼，在1970年代逐漸被使用，很快地引起關注於種族與文化的差異，它也釐清了非裔女性並不是國家中唯一的有色人種女性。而這個國家有著歷史上的黑人經驗，而其合法運作的種族動力，亦

同時定義且模糊掉了白種人與其他種族化的群體（參見，例如：Brodkin,
1998）。更進一步的，在一個民主化結構的社會中，存在著被種族與階級
優勢意指的龐大權力不均衡，要再現權力外圍人們真實的符號標記是難以
決定的。這個權力的形式同時是文化與政治的，也因此更加難以標記。許
多女性美國有色群體選擇*有色人種女性*這個字眼，部分原因是來自於她們
參與美國女性運動中所致力被認定的人性尊嚴、種族遺產與文化遺產。這
個有色人種女性為其自身命名的努力，類似於非裔美國人與其他族群，在
定義其種族、民族的尊嚴，以及反對許多外加給她們刻板名稱的嘗試。因
為我們傾向使用*女性*這個詞來全部含括且一般化，我們往往同時模糊掉了
存在女性當中的差異性與相似性。

　　1960年代之後公民運動式微，二十世紀下半，女性運動仍在進行，不
久，非裔美籍女性開始以她們所經驗的非裔美藉女性來發出異議，不只是
來自女性運動的種族論或是非裔美國人社區的性別論，亦來自她們那非常
不同的歷史真實。由Toni Cade Bambara（1970）開創式的文集《黑人女
性》中（The Black Woman）所提出一個主要問題是：「黑人女性」仍是
正確的，它與事實、經驗、白人女性對黑人女性的發現是如何關聯的？女
性終究只是女性嗎？Bambara所回答的這個問題，今天仍然適用：

　　　　我不知道我們的優先順序是相同，我們的關注與方法是相同的，
　　或者甚至相似到足夠供給那依賴此一新興領域的專家（白種女性）。
　　很明顯的我們不要，很明顯的我們是轉向彼此。（p. 9）

這個文集成為非裔美籍女性經驗的一個轉捩點。

　　很明顯的，大部分的情況下，白人男性已經詮釋了她的真實、她的活
動，以及她的成就。1965年的《黑人家庭：國家行動的個案》（*The Negro
Family: The Case for National Action*）其原作者Daniel Patrick Moynihan，
是此一學術圈裡最著名的例子，廣為美國讀者注意且接受，書中譴責非裔
美國人的社會與經濟問題是來自黑人家庭。Moynihan質疑由女性主導的黑
人家庭，不但慢慢生出病態更成病灶。其學術論點與Billingsley等其他學
者的論點恰恰相反，後者所展現的是黑人家庭與白人家庭單位存在著組織
上的差異。黑人家庭存在一種重要的非裔美國人文化，在這文化上，難題

獲得基本的解決，並影響著種族論、性別論、階級論，以及種族中心論所形成的黑人真實、政府政策，以及社會對此真實的態度（Billingsley, 1968; Ladner, 1973; McAdoo, 1981; Moynihan, 1965）。Bambara（1970）的文集直接回應了這樣的攻擊，並且影響那需要黑人女性直接參與定義問題並尋求解決的政策。

　　雖然我們超越了完全無視且扭曲有色人種女性的女性運動學術分枝（女性研究），如同他們在1970年代所做的那樣，非裔女性美國人必須持續要求被聽見，必須堅持那有色人種女性經驗的觀點要被處理。正如平裝本《黑人女性》的書背上所介紹的：「黑人女性發聲；一種嶄新且挑戰的集體聲音要求被聽到。」在1970年代末期，有色人種女性間的對話邏輯變得理所當然，我們發現Bambara的《黑人女性》對另一本出版品發聲，例如，《狀態，五：黑人女性議題》（*Conditions, Five: The Black Women's Issue,* 1979）以及有色女性的先聲《這橋在呼喚我回去：激進有色人種女性的作品》（*This Bridge Called My Back: Writings by Radical Women of Color,* Moraga & Anzaldúa, 1981）。學術社群開始認知到，美國有色人種女性同時在祖先遺產以及有關殖民狀態與第三世界打成一片，在1980年，例如，我們看到Dexter Fisher的文集出版《第三女性：美國的少數族群女性作家》（*The Third Woman: Minority Women Writers of the United States*），這是另一個更朝向美國有色人種女性前進的里程碑。不幸的，如同之前所論以及持續的種族論對結盟的政治分裂下，這個對話相當程度在後現代對認同的批評中衰微了。不過，二十世紀末以及二十一世紀初，對混種認同的興趣，Gloria Anzaldúa的作品《邊界／前鋒》（*Borderlands/ La Frontera,* 1987）與Gloria Anzaldúa和其同事的《名為家的橋：變換的激進觀點》（*The Bridge We Call Home: Radical Visions of Transformation,* Anzaldúa & Keating, 2003），還有文集《我之所以為女人：當代有色人種女性文學與文化》（*The Woman That I Am: The Literature and Culture of Contemporary Women of Color,* Madison, 1994）等，都還在活絡地對話著。

　　最相似的有色族群是亞裔、非裔、西裔以及美洲原住民。雖然每一群體都有著文化階級以及種族的區分，這些族群能被進一步描繪成：亞裔由華裔、日裔、菲裔、韓裔以及更多來自東南亞的移民組成，非裔由美國非裔以及西印度群島或非裔加勒比海移民組成，後者因數量少又多樣而難以

被視為一個族群,然而他們的存在必須被知悉。西裔或拉丁裔——一些人喜歡這麼稱呼,大部分是波多黎各、墨裔以及古巴裔。美洲原住民由許多部族組成,例如:Sioux、Apache、Navajo以及Greek。

*有色人種女性*的語彙有助於這些群體女性知悉她們個人族群性,以及她們作為美國種族少數族群成員的種族團結,讓世界上的有色民族也成為一種多數。這個概念亦提醒著歷史經驗的相似性,以及相關於白種美國人的位置。進一步來說,使用*"有色人種女性"*這個字眼及概念,意味著種族的存在以及白種女性的族群,對她們而言,*女性*這個詞大部分是用來指陳一個對所有女性的假定常模,或者是用以排除其他女性。

從有色人種女性我們學到什麼

當我們研究有色人種女性,我們提高了自我知覺,並且理解無論是隱含或者直接的女性經驗,相當明顯的,因為白人女性及有色人種女性之間權力關係的不均衡,有關某一群體的資訊相較於另一群體的經驗,傾向於製造得更加明顯。眾所周知的,例如,在美國理想的美女基本上是金髮碧眼的典型。在與有色人種女性談論到這一典型經驗的反應上,在其族群團體當中,以及她們和白人女性的關係之上,最終同樣都顯出白人女性往往用這個美的典型來判斷自身。白人女性亦同時服膺此種信念,或是以此一完美典型對有色人種女性再現,很常見的,對她們自身來說,那是此一典型下的敗筆。

另一個我要提出的是,研究被壓迫者是個理解壓迫者的途徑。準此,當我們研究有色人種女性,我們來到另一層次的知覺與理解。我們清楚看到作為女性時,白人女性既分享那特定類似於有色人種女性的經驗,她們同時也是有色人種女性的壓迫者。這是最難處理以及在女性教學與研究工作上,仍在繼續生產與引起對話的現實之一。證成自身被白人男性壓迫的白人女性,發現她們難以將自身與白人男性分割,她們受到後者影響且又分享權力。白人女性與白人男性分享一種族群性、一種祖先遺產、種族的宰制,以及階級、種族、民族優點而來的特定權力與優勢,如果不是階級而在種族與民族上,那往往是白皮膚的優越(Brodkin, 1998; Frye, 1983; Lipsitz, 1998; McIntosh, 1987; Roediger, 1991, 1994)。

愈來愈多的有色人種女性學者提供我們教導有關女性生活、女性喜悅與慶典，以及她們所受壓迫的教材。我不能開始敘述這個內容，要了解女性生活，你必須自己處理。然而，書後的附錄可以提供一個開始，方便你熟悉有色人種女性的歷史與文化。當我們研究有色人種女性，我們提升了對所有女性的知覺與理解，不管是直接或是暗示的。曾經我們認識到所有的女性都不是白種人，我們也曾理解這個認識的意涵，在考慮性別的同時，很快的，我們看到了種族、民族以及階級的重要性。有趣的是，大部分試著要去描述並分析階級動力的學者，都無視於種族及民族的動力。與此相似的風格是，很多學者描述並分析種族及階級動力，亦看不見民族動力。其他學者則是暫不理會，或者甚至是忽視階級。現在，我們已經開始掌握這四大主義的關聯性：種族主義、男性至上主義、階級主義，以及我族中心主義。

　　女性研究有很多學術成果，也或多或少在程度上彼此進行修正著，然而，還是無法進入種族、階級、民族與性別，及其相關主義的脈絡中工作。Elizabeth V. Spelman（1982）舉例說明了種族主義者如何將黑質（Blackness）視同為西方文化中的好色，而將男性至上主義調向了非裔美國女性。造成此一刻板印象的原因之一是，非裔女性擁有一種獸性，而且由於此一獸性，她們活該或者期望被強暴。受到種族中心論調整的種族主義更進一步地貶低非裔女性價值，來證成男性至上主義。

　　如果犯罪者比大多數非裔美國女性有更高的階級地位，階級主義亦調整此一男性至上主義。若是這論點無法宣稱，那麼種族主義與種族中心，或是兩者也能在制度或社會上提升其他民族的地位來凌駕非裔女性。雖然如此，前面列舉的每一種，還是可以在某個程度上運作。低階白人或是與非裔美國人有著相同經濟地位的白人，他們可以訴諸膚色的優勢，在同一階層上還是有所區分。種族、階級、民族以及性別等類別，是彼此連結而相互關聯的，與它們相關的主義及措施也是如此。

　　關注種族使我們知悉女性所擁有的關於種族、膚色的不同觀點──對於什麼是美、是醜、吸引人或是惹人厭的知覺，以及什麼是女性生活，女性運用何種標準來判斷外表上的自我。關注種族亦使我們了解白種女性也成了外表及行為上刻板印象的種族成員。在女性生活中注意種族，特別是理解到種族同樣對白人女性作用，從這一觀點來看被壓迫者與壓迫者，或

是因為道德優勢而參與壓迫的人，都能將種族的壓迫顯露出來。

在其他事物上，注意種族顯露出因為不同歷史經驗，階級對不同群體是意味著不同的事情。階級地位的變異，常常被用各種近似中產階級以上，盎格魯美國人的常模方式來測量，而那是一種不必要的財務地位、鄰里，以及教育水準的調查。在此同時，我們的社會堅持以經濟手段做正式階級地位的調查，在美國市場／消費者，對人的再現上，驅策人的目標及自我價值概念，以及1980年代贏得流行的各種再現，迄今仍在持續變異的主題，例如《朝代》（*Dynasty*）電視劇以及雅痞與黑痞的流行文化形象。然而，如同對有色人種男性一般，對有色人種女性而言，社會階級的動力成了特別危險的成功測量，它威脅著將摧毀族群力量的親近感，而此一力量又和一個有生產力的自我認同息息相關。例如，華裔美國人擁有了高學歷，也許會搬出唐人街。這時，努力獲得成功和參與美國社會就彼此衝突了，當他依附於盎格魯美國人標準所指定的衣著、食物以及生活型態的同時，一股盎格魯價值的優越感也油然而生，這時和家庭及朋友的緊密聯繫將被質疑，曾經提供力量泉源以回應白人世界的重要傳統與理解，也許會被貶低與丟棄，而非變換且融入美國脈絡。

族群作為一個分析的類屬，顯露著文化傳統、觀點、價值，以及形塑女性生活及其社會位置的選擇，從髮廊與珠寶裝飾，到祈禱方式與知覺神力的方法，從知覺女性角色與男性角色的價值，都是依次排序的。民族是我們的文化及歷史遺產，形塑了我們對種族與種族主義、性別與男性至上主義、階級與階級主義的概念。

權力有無的元素極大部分是利用種族與族群優劣。這類似階級主義的例子，為一族群團體脈絡所支持的族群傳統、血統以及價值，也許在與多數族群或是主流社會互動中，是個無能為力的負債；然而，另一方面，那卻使少數族群在自身族群認同中得到安全，這無能為力的負債以及各個層次的成功遷移（靠著有限的力量），可以經由這些力量的變異來磋商。例如：血親網絡對有色人種在文化理由及生存上是最重要的。女性友誼就非常顯著，特別是年輕女性和老一輩女性的友誼。美國大社會結構並不允許這樣的友誼，我們大部分不住在延伸家庭或者是近親相鄰的鄰里中。就算距離再遠，有色人種女性往往堅持她們仍保有這樣的關係，將時間花在家庭，特別是延伸家庭，必須在一年的各個時間中排出優先。分享一個老祖

先的秘方，不是為了傳統的因素，而是為了保有一種歸屬感，一個你是誰的均衡感，而且往往只是為了媽媽或祖母愛你的親近感。有色人種女性在種族中心主義以及其他主義的受害者角色之外，族群認同在知覺上提供了慶賀身分與其原鄉的基礎。

　　族群性在女性生活中是重要的，特別重要的是，族群性顯露在一般最常被認為是歐裔美國人之外，白人盎格魯撒克遜新教徒就是一個族群團體。甚至它是一種民族，誇耀著一種定義上的宰制，使其不須為自己命名。它是一個民族，那是許多白人所同意的、常常讓人迷惑的一個民族，不管他們屬於哪一血統。而就因為這個理由，它還是一個民族。

　　在有色人種族群性中出現的盎格魯美國人族群性，往往是讓人困惑的。然而，多年來的融合，美國有色群體，如華裔、日裔、非裔、墨裔、美洲原住民以及波裔，顯現的族群性是持續的平衡、整合以及綜合。那西方歐洲盎格魯美國人的價值成為目前類似的風貌，來自英格蘭的人在這個大陸上綜合了英國人帶來的價值，而成了英格蘭美國人。他們保有權力位置，因此，其他歐洲人綜合他們的英格蘭性或是殖民美國文化，最後被稱為美國人。族群知覺開始於1970年代，受黑人權力運動啟發，導致各種歐洲遺產在同化的白種美國人之間流動，被公開稱頌。

　　宗教與民族密切相關，也以類似方式來定義女性經驗，其價值有時和民族價值難以區辨。民族作為一個分析的類屬，它顯露了認同、支持與稱許的來源，在此同時亦形塑女性經驗的文化力量，它凸顯了多元論女性觀的必要性。

　　由於我們多元地看待女性，性別角色開始假設各種程度的重要性。藉由對其他類屬調整的優點，女性也許視性別、性認同、男性至上主義以及對同性戀的恐懼多少有了重要性。有色人種女性的性別角色如何被民族、種族以及男性至上主義調整、指定與決定，變得更明顯。因此，我們設定首要對付的是作為壓迫力量的種族主義，非裔女性在工作場所受到惡意對待，是因為她那複雜的辮子與非洲風格的衣著，這是因為種族主義而非性別主義。種族主義亦造成非裔女性的投票權，在白人女性獲得之後，仍被否定。由於族群與／或宗教價值的結果，性別、性認同以及種族成為相關的歧視目標，這時，性別角色的個別概念化也許會與其種族／族群群體有所衝突。因此，當女性認同的幾個關鍵面向既連接又彼此關聯時，衝突與和諧是同時存在的。

有色人種女性：轉化的媒介

在處理女性之間共同性與差異性（在有色人種女性教學上是必要的）之上，我想起Paula Giddings（1984）討論非裔美籍女性的作品，其中摘錄了Anna J. Cooper的觀察：「每當我進入一個空間那時整個……種族就對著我紛至沓來。」（p. 82）自十九世紀為投票權奮鬥到今天的婦女組織，有色人種女性以各種形式重複著這個事實，最終包含著課程轉化的目標：一個能反映我們全體、平等主義的、社群的、非階級的，以及多元論的課程。因為族群性以及傳統，也因為共同的壓迫狀況，有色人種女性無可避免地與有色人種男性相關聯。因此，在最低限度上，對性別中心主義以及種族主義的鬥爭是同時進行的。有色人種的經驗與命運是聯結在一起的，這個現實對有色女性與白人女性的關係，提出了一個更強調白種人共同優勢的特定問題：有色人種男性與白人男性、有色人種女性與白人男性、有色人種女性與白人女性之間的壓迫關係——所有Anna J. Cooper的觀察，有色人種女性的教學是在提供多元論的、多向度的自然催化劑，就其本身而言，有色人種女性即是轉化的媒介。

在這個小節中，我們要定義轉化，並提供教學與方法學上的理論架構；最後一小節則緊扣著理論架構，以非常具體的方式來討論有色人種女性教學的諸多面向。

概覽二十年來的女性主義教學，顯示出一種來自多焦點、多面向、多元文化、多元論與各學科觀點的呼籲，這個呼籲在教育學與方法學上，和目前這一章是一致的，可以經由*轉化*來完成。儘管很多理論家與教師們現在了解這個論點，這個術語用在描述這個過程仍是正確的。事實上，我們常常交替使用*主流*、*均衡*、*統整*以及*轉化*。這意味著，將女性放到一個被確定可接受而且是不可改變知識體上，這經驗由白人中產女性的常模所提供，而後者又來自於白人盎格魯美國男性族群性規範。所有其他女性的經驗都被加入，並且被這些種族、階級、民族以及性別的角色與經驗加以測量。

強調認同多樣性的轉化，讓我們了解到女性生活的許多層面，這個採取多元論過程來處理女性生活的行動，我們將它命名為轉化；理解其重要性能引領女性研究與族群研究的匯聚。對提供資訊來解釋女性生活與性別

關係中種族、階級與民族的功能與內涵而言，這個匯聚是必要的。同樣的，透過一個多元論的過程來處理有色人種的生活，亦引領著相同的匯聚，解釋有關少數族群美國人的生活與族群中種族、階級與民族的功能與內涵。

我們仍需要精確地理解，這所謂多元論的、多元面向的、學科之間的學術與教學意味著什麼？大部分甚至常常是有色人種女性寫成的學術，系統性地無視或抹去她們的或者某一部分的經驗。白種、中產、男性以及盎格魯美國人，正代表著民族、階級、性別以及族群性的外加規範。和拓荒者既對立又競爭的經驗中，例如，當白種人在處置美洲原住民時，常說「男性」、「女性」以及「印第安人」。莫名其妙的，那些不同的民族與種族被當成男性。因此，女性與男性印第安人的經驗，同樣都被觀看與扭曲了。就好像要擁有一個更完整的拓荒者經驗，白人男性與白人女性的經驗必須既分別且同時來加以研究一樣；女性與男性印第安人的經驗，也必須既分別且同時地加以看待，以便得到較為完整的觀點。因此，如果我們不了解類別之間的互動與先前所解釋四個主義的互動，在我們嘗試要從其他常模中來更正一個源自單一常模測量的錯誤資訊時，錯誤資訊反而會更加擴大。

為什麼外加的這些規範可以輕易而有效地抹去他者經驗？我認為，經驗並非被刻意抹去，然而，它起因於西方文化規範中的個別性、單一性、合理性、男子氣概與白色種性的宰制，以犧牲社群的、多元論的、直觀的、女性的以及有色人種為代價。概覽Elizabeth Spelman（1982）的初步研究〈種族與性別的理論：黑人女性的抹殺〉（Theories of Race and Gender: The Erasure of Black Women）中，解釋了抹殺從何而來的重要面向。於是，一種轉化的深思熟慮告訴我們，我們的思考可以如何實現它，同樣也可以阻止它發生。

Spelman提供了幾個類似本章所提抹殺黑人女性的例子，她分析那假定性別主義優先於種族主義的概念，更進一步拒斥了分析性別中心論的外加取向，那是一種假定女性都同樣被白人、中產、盎格魯女性所調整的取向。Spelman凸顯此一取向的不成熟，質疑男性至上主義以及種族主義既是彼此相反，全然地倚賴對方，而且是互為因果。她討論女性如何在種族、階級、文化或民族上被區分。最重要的是，她展示了黑人特質不只意味著受害者，黑人特質意指非洲人離散的文化認同——在美國是非裔美國

人認同。她建議我們所提出的女性研究應以一種女性多樣性已成事實的方式，在壓迫經驗以及參與美國文化中具有明顯的多樣性。用這個方式教導有關女性議題，我們的過程不該是附加的課程，而是統整、主流或是平衡的課程。更確切地說，*轉化*就是導向此一目標的過程。

本質上，轉化既是顯露人類及其世界的一致性與重要差異，轉化意味著從相似性及多樣性群體與個人的關係中知悉與獲益，有一句西非諺語能貼切地支持這種變換的原則：「我為團體而存，團體也因我而存。」諺語中暗示著人類整體社群論，運用一種非洲傳統（哲思的）──知識的種類、思考方式與存在方式來考量人類及其他生命（Davidson, 1969; Mbiti, 1975）。傳統非洲人思考和歐洲人思考是相對的，以西方中心德目而言，其所統整、平衡以及主流（透過白種性、中產階級、盎格魯的美國規範來表現），支持的是笛卡兒的「我思故我在」。

傳統非洲人的思考和多元論多元向度過程是一致的；西方歐洲優勢則是獨大、單一向度的過程。簡潔的西非諺語「我就是我們」，能提供為種族、階級、性別以及族群等類屬、各自衍生的主義、客體與主體、理性與直觀、陰性與陽性──那些所有西方人認為彼此相對又單獨固定存在的東西做出互動與調整。當其結局是理解與投入文化、階級、種族與性別多樣性，朝向不再容忍，而是一個基於人性的社群關係平等世界時，這個觀點可稱作女性主義教育學的破解或是多元焦點的教學。如同Hames-García之前所提的，它指向由個人與社群、文化的、社會的、政治的，以及經濟制度對話發展而來的多重複雜認同。Elsa Barkley Brown（1989）在非裔美國女性歷史教學上，以一種持續轉化的方法，提供我們一個既具洞察力又有用的討論。「在個人與社群並非競爭的本質上」，這個教學法創造了「一個多種旋律的、『非對稱的』非線性結構」（p. 926）。

為了了解這個轉化，我們必須定義類屬，並置換那作為規範的規準，以便帶來以下的生命脈絡（規範與價值）：

1. 為人類制度儀典與行動所用的非階層字眼與脈絡。
2. 一種多樣性與相似性是同時存在且互動的尊重（去除那種讓他者、沉默，並抹殺規範的測量）。
3. 一種平衡個人、群體以及其間的互動。
4. 發出一種來自人類與其自然環境、人為環境彼此互相依賴的人性概念。

5. 發出一種人性概念，它不是全然抽象與完全是個人所定義的自我意識（我思，故我在），而是既抽象且具體的，既個別又是共同定義的（我就是團體，我為團體而存，團體也因我而存）。

在所有學科及領域知識的傳播與組織上，應用這種脈絡於教學與學術研究。在此一脈絡下（一種真正運作並反對那些受到西方個人單一人性概念影響的），它使我們能夠理解rap這種流行音樂形式，是因為明顯不同的文化及社會理由而來的美國化的、西化的非洲頌歌。它使我們得以理解來自天主教與約魯巴宗教文化融合而成的海地voudon、古巴santería，以及巴西的candomblé音樂。它使我們可以理解當一位日裔學生難以調和佛教價值進入美國生活時發生了什麼，它使我們理解Maxine Hong Kingston（1976）所謂*女戰士*，實質上是在談論融合中國方式進入美國的奮鬥，而後者是那宰制的文化，以其強加的白人、中產階級的一致性，貶低並強力反對融合。

相對於美國主流思考，這種思想是陌生的，雖然它在美洲原住民傳統哲學、道家哲學、非洲傳統哲學與非裔美國人的民俗當中活得好好的。它是這麼的陌生，事實上，我了解到為了帶來這個脈絡，我們必須承認所謂特定的原罪。哲學家Elizabeth Minnich提議將這些原罪特色視為異端，也許會更加適切，因為它們在思考與價值形式上是非常不一樣的（參見如Minnich, 1990）。

以下的異端挑戰而且最終要取代西方心靈所指揮世界的方式（相關的討論參見Freire, 1969, 1973; Hord & Lee, 1995; Yancy, 1998; Young, 1990）。這些異端源自於有色人種的經驗、他們的壓迫本質，及其世界運轉的方式。採納這些對教導有色人種女性是必要的，當我們運用這些異端來教導女性研究、教導所有女性的生活，我們研究有色人種女性就自然多了，它更導致了多元論、平等主義、多元向度的課程轉化。

- 異端＃1　既是融合亦為對立與差異的認定，這樣的人類互動目標、行動及觀念必須被看見。無論這些對立與差異能否被解決，透過相似性的認定，以及最終朝向解決的張力，它們能夠一起運作。
- 異端＃2　我們可以提倡一種不帶中立或宰制中心的多樣性關注、取向以及主題。在真實被知覺為對立的同時，亦反映其重疊部分。純然而區分的對立是不存在的，人類的經驗有著多重而相互關聯的中心。

- 異端＃3　它並非將性別、種族、階級與文化還原地看待成彼此互動、多重構成、複合整體的部分。有愈多不同的聲音，我們就更接近整體。
- 異端＃4　轉化要求一種能將不同文化連續性（在美國，那是西方歐洲人、盎格魯美國人、非洲人、亞洲人、美洲原住民）及其相似性列入考慮的民族理解。
- 異端＃5　在融合與具備既對立又相似功能的動力中，轉化要求撤銷性別、種族、階級或文化，以及理論、方法論、教育學、制度化，以及行動上所互動族群性的初步決定。這個異端存在一個變異，此變異是即使所有主義不盡相同，他們仍以他們的改善法來相互關連且運作。
- 異端＃6　盎格魯美國人最終仍是西方的，其規範不只是許多規範之一，亦是擁有優勢與權力來殖民，而且可能會繼續殖民其他常模的規範。
- 異端＃7　感情有助於達到更好的思考，直觀與理性同樣是投入經驗過程的一部分，而且在獲得知識上能將熟悉轉向不熟悉。
- 異端＃8　知識即是認同，認同即是知識。所有的知識都直接或間接涉及了我們是誰。既是個人的，也是群體的（此一論點的進一步討論，參見Mohanty, 2000）。

透過這八個異端投入的轉化，意味著在人與人、人與環境，以及經驗、認同類別上提出聯結。意味著運用直觀與認知，置換宰制的常模規範，同時發現那諸多規範中比較的、相關的以及相互衝突的部分，並且知悉知識在定義自我、他者以及經驗上的力量。這時的轉化就提供了一個教育學的基礎，這個基礎來自教導有色人種女性的經驗，既致力發現有色人種女性是如何被建構成一個客體，也間接理解到學生是如何被建構成一個客體的。

這樣的取向對教導今天的後現代青年其他內涵上或許是有效的，他們是Henry Giroux（1994）所描述的「跨界限青年」，這些青年具有「多元性與偶發性——不管是經由媒體或是經濟系統冷落的錯置，新社會運動的興起或是再現的危機，都導致了一個心理學、經濟學或是知識標記者的危險世界……〔他們〕漸漸存在於由多重語言與文化所標示的易變文化與社

會階層中」（p. 355）。如同本章一開始所陳述的，有關美國有色人種女性教學的內容、脈絡以及教育學，是現代主義與後現代主義對話的必要部分。與有色人種女性教學有關的內容與方法，其在有色人種女性議題間的破裂與斷層，往往反映並折射出學生的客體化，當我們採用灌輸教學法的時候，這正好符應著Freire（1969）的囤積概念。

　　作為人文與社會科學主體內容的有色人種女性，提供了一個絕佳的點來涉入我們現代／後現代的衝突，成為轉化的媒介。轉化對一個具生產力的教育學，也提供一種哲學觀點：透過基於學生、教師與教學內容的相互連接，以及涉入那來自多重中心與相關脈絡力量的衝突，來生產知識與理解。

有色人種女性的教學

　　上面提到的前六個異端，本質上是提出內容與方法論來聚集並詮釋內容。它們告知了這樣的決定：

1. 不要以Linda Brent的《奴隸女孩的意外人生》（1861/1973）作為十九世紀非裔美國女性奴隸經驗的單一例子來教導，而是提出它是一個發生在矛盾與弔詭世界中，非裔美國女性奴隸生活的一個代表。故事中有著自由的黑人女性Charlotte Forten Grimke以及非裔的奴隸解放者Sojourner Truth。這個浮現的黑人女性圖像闡釋著她們經驗的複雜性，與其和白人不同的互動，而非是一個異常或單一向度的經驗。

2. 不單是教導西方的女性先鋒者，也要教導美洲原住民女性。或許透過她們代代相傳的故事，使用字眼來促進這些對文化存活重要的概念。清楚地對學生提出不同觀點與權力關係，讓西方設定的圖像變得更平衡。讓美洲原住民成為一個主體——一個行動與互動的人，而非一個被白種人描繪的客體。

3. 不要選擇一種單一的傳記，個別為每一個孩子選擇閱讀白種女性、亞裔女性、非裔女性，反而要透過傳記、詩詞以及說故事，找出方法來介紹不同女性的經驗——根據種族、階級、民族，以及性別角色與性認同的不同，同時也對照著討論女性生活。

最後兩個異端直接討論過程，在準確的內容之後，過程是教學的最重要部分。在環境中學習的學生，其感情是敏感的，這支持並鼓舞他的知識追求，在必須的開放與人類發展及進步的理解中，持續接觸新知識與新情境。如果這聽起來像是在說教，我們必須記得這裡所陳述與意味的是批判教育學與女性教育學目標，同時也是在有關女性與族群性課程內容的努力。這是在提供一種轉化，更準確地反映歷史及世界組成的教育，它展現了我們學習如何生活的關係，以及間接、直接顯露出來的知識與社會行動之關係。在幫助學生透過其教育到達最接近的近似真實，朝向更好、更民主的人類狀態的彼岸當中，這是最重要的。

從轉化是一種目標的觀點來看，在任何教導有關有色人種女性的教室中，這個教學過程的關鍵是，認知到內容影響著所有學生的自我知覺。首先，他們開始了解到，我們可以不再用*女性*來談所有的女性，我們必須在內容及理解上將這個字做特別的妥適處理（例如：白人、中產階級女性；華裔、較低階級女性；墨裔、中產女性）。再者，學生開始了解到使用白人、中產女性作為常模會是扭曲的還原。很快的，白人女性的族群、地域、階級以及性別的共通性與差異性會變得明顯。其在外加的盎格魯美國人族群壓迫角色一致性會凸顯。最後，學生開始了解經驗形塑認同，而認同形塑經驗（Hames-García, 2000; Mohanty, 2000）。

學生的反應或許是從驚訝、產生敵意且憤怒都有，因為激動而學習更多，在《性別主體》（*Gendered Subjects*）中，Margo Culley（1985）詳列出會發生什麼。其論點摘錄如下：

教導性別與種族可以創造出教室的競技場。學生進入教室時，充滿著宰制文化的價值：他們相信成功是個普通語彙，大部分是來自意志力問題，沒有意志力的人都經歷了失去意志力。在法人化的或公司化的美國與高等教育日漸密切的聯結上，更高一階的學生團體中更加聽不到那來自學院邊緣的聲音。將這些聲音帶入教室中心，意味著對意識型態做組織上的破壞，並使個人迷惘。有時會如同萬花筒突然重新安排，全然地改變其圖像，我們的工作影響了學生的存在基礎（而且甚至是我們自己），當這發生了，教室就成為爆發轉化的對話競技場。（p. 209）

儘管Culley的觀察已經將近二十年了，在大學生的報告與我主導的各種全國性的工作坊當中，它仍然成立。

在每一個層面做某些程度的「改變存在基礎」，白人女孩的幼兒園孩子在發現女英雄不見得要長得和她一樣時，她對世界的感官就常常被挑戰。孩子受到周遭世界對她知覺方式的規範，比我們所能想像的更早發生。我的姪女將近四歲，當我們進入一個遠離她家鄉教區的教會時，她用一種肯定語氣告訴我：「外公！這是黑人教會。」我們從未這樣描述過教會，但是很清楚的，這個教會裡黑人占大多數，而這個女孩家鄉的教會白人占多數。她那三歲的妹妹指著她的棕色手背告訴媽媽，她就讀日間學校裡的孩子和她不一樣。小孩子注意到差異，我們引導他們對差異的作為與思考。

教導幼兒有色人種女性給所有背景的男孩、女孩們一種感受，感受那人種多樣性、在美國文化中女性所扮演的各種角色、有色人種女性的歡喜與悲傷，以及她們所遭遇的光榮與奮鬥。在男性與女性之間、種族之間、民族之間，以及階級群體中，對權力關係的知覺種子會因此播下與成長。

在學生的學術經驗中，初步的教導有色人種女性，允許這樣的聲音被聽見，成為現實矩陣的一部分。教導有色人種女性顯露那作為人類認同的重要成分：種族、民族、性別以及階級，也質疑那意識型態及存在的方式。對於差異與相似，對於好奇所必須的陌生與熟悉，對於無論在什麼科目上，對於那想對學生有所啟發，但又被知識所束縛的心態，它鼓舞著一種理解的開放性。再者，它強調人與人、人的經驗，以及人在行動中所顯露關係之間的連接。

Culley（1985）也觀察到，「憤怒是媒介損害到整體的變換能量」，能損害這些既存於宰制文化中的價值及觀點，而這些是基於嚴重裂痕又偏頗的美國歷史與當下的詮釋所形塑的主張（p. 212）。特定反應的出現，這也是教導有色人種女性的部分過程。在其主題上尋找變異是有用的，因為它們或多或少在所有層次上出現。

認知這些發生在師生期望脈絡中的反應是重要的，學生在意分數；教師在意上司及學生的評價。往往一些學生對女性主義觀點的恐懼、不屑或是猶豫，會產生一種緊張、敵對的氣氛。同樣的對於研究那些與你不同（特別是白種學生）或是相同的人（特別是有色或是文化相關的有色學

生）而言，恐懼、不屑或是猶豫，也會產生一種緊張、敵對的氣氛。學生對教師的期望會從教師的族群性、種族、階級與性別來調整，讓學生推定教師所採取的特定位置。教師激發學生優秀表現的需求，其所呈現的材料可能會以一開始就困惑學生或是挑戰其觀點為代價。將這些反應與教學過程等量齊觀，視之為表現形式、考試以及內容是重要的，事實上，他們就是重要的。更進一步來說，它們有助於教導有關有色人種女性材料的成功。

明確的，這些反應是將熟悉轉移到陌生完整過程的一部分。如同異端#7告訴我們的「感情直接走向更好的思考」。對內容的情感反應，例如：憤怒、內疚以及置換的感情，當為了它們是什麼而認知，導致渴望的認知反應——在最逼近到事實的時候，事實的概念化讓知識變得有用。當日裔女性學生第一次讀到Issei（第一代日本移民）女性有關她們的「照片新娘」經驗。起初學生的反應是混雜的，這引起十九世紀晚期日裔移民來到美國的議題，她將不只是挑戰日裔女性的異國刻板印象，也因為學生不完整的接觸歷史，對日本男性生出憤怒。而白人學生會為那白人與盎格魯取向組成的政府政策反應著內疚或者冷漠。日裔男性學生也許會變得防衛，渴望聽到有關照片新娘婚姻故事的日裔男性說法。非裔男性與女性學生也許會在日裔經驗與非裔經驗之間劃分，這樣的類似可能討喜或者被其他學生嫌惡。當然，來自各種不同背景的學生，對學習Issei女性的反應，可能會對日裔祖先更感光榮或者與有榮焉，或者是對移民歷史帶著一種新發現的興趣。

教師以照片新娘再現Issei女性經驗時，應該納入討論有關男性Issei移民在二十世紀前二十五年移民到美國經驗的內容、演講、讀本、影片、錄影帶——當年他們提供廉價勞力，更因工資低廉而回不了日本，讓這個世紀裡的日裔男女比例轉變及其在日本安排婚姻的傳統。然而，再現亦應事先考慮到學生只能基於資訊貧乏或是有限的一般學科知識來反應。討論與分析學生對Issei女性的初步觀點，對這些觀點如何在所提供歷史、文化與社會學的資訊裡變遷，讓Issei女性紀錄的學習與閱讀，變成一個表達內疚、羞愧、憤怒、光榮、興趣與好奇的機會，並為這些情感找理由。

理解這些情感而一起奮鬥，轉變學生從熟悉的、外加的、傷害性的錯誤資訊，甚至是頑固到平衡的理解，特別當憤怒或內疚是直接朝向一個特

定群體——其他學生、教師，更或許是自身時，有時它會成為這個課程內容的主要部分。這時，教師使用我所說的「壓力釋放時段」就顯得重要了，這種時段的需要可以用很多方式來說明。

> 一種被同儕或是教授視為種族論者、性別論者，或是「政治上的不正確」的恐懼，會極端化一間教室。如果教師無知覺地參與這個恐懼及情緒上的自我保護，教室經驗將會惡化成絕望的極端，甚至是公然的敵對。教師必須不斷站在教室外圍經驗且參與這種動力……當教師在教室裡直接知悉且喚起注意這個張力時，「壓力釋放」時段會運作得最好。教師會以她或他感覺最舒服的方式，來引起討論或讓它發生。（Butler, 1985, p. 236）

敵意、恐懼以及猶豫「可以被轉換成深刻學術經驗的沃土，深刻因為學生的知識是受這樣的題材挑戰、擴展或是增強的」——一種在形式及內容上與生命的人性共鳴，既是情感也是認知的題材（Butler, 1985, p. 236）。由於無論追求什麼，他們必須在生命中學習達到均衡與和諧，學生從這樣的壓力釋放時段來學習——弔詭與矛盾有時可以解決，有時又各據一方一起運作（記得異端＃1）。

教導有色人種女性可以引起對教師的抗拒，或者導致學生質疑科目的真實。例如：學生通常被教導十九世紀後半以及二十世紀初是美國的擴張時期——進步的年代。學習美洲原住民與墨裔女性經驗，在美國西進時，他們受到特別恐怖的對待，或是閱讀有關不准中國移民女性進入美國的管制，對照中國男性被引入用來提供建築鐵路的奴工勞力」。學生開始了解這個時期除了進步與擴張之外另有故事。

教導有關Ida Wells-Barnett，她是在十九世紀末進入二十世紀時，從事反私刑聯盟的非裔女性，亦使那個時期不那麼「進步」。Ida Wells-Barnett使我們面對那非裔男性、女性以及孩子對私刑的恐懼，包括對一部分黑人男性進行閹割的非人性私刑。那種對非裔男性、女性的刻板印象觀念，如同Giddings（1984）提醒的：「比共和國本身還要古老的——形塑美洲而源自歐洲的心態。」（p. 31）此外，一種對十九世紀運動政見中的種族主義映照，Wells-Barnett的生命工作凸顯了二十世紀初，婦女參政運動中白

人女性的種族主義。

長久存在的種族主義與男性中心主義之互動，將非裔男性、女性刻板印象化為野獸，無根據地標示非裔男性為尋找白人女性對象的強暴者，以及所有這些來自各個生命位置的白人男女的可怕參與，都造成教師教學與學生學習歷史的困難。對建國國父與自由女神的完美版本而言，這個威脅是明顯的。這樣的內容常為非裔學生抗拒，白人學生也是。也許是為了不同理由而有不同反應，包括憤怒、生氣，或是羞愧於這樣的暴行是由像他們這樣的人承受，表面上對事實冷漠，因為這樣的事不會再發生了，以及因其種族理應對這樣的暴行負責感到憤怒、內疚或是羞愧。再者，所有學生也許會怨恨那攪亂他們包裝好的美國歷史及其世界的理解。

教師必須知道教學內容，而且樂於促成壓力釋放時段，這是一定要的。壓力釋放時段必須幫助學生從感情中挑出事實，而且最重要的是，必須澄清教材對理解我們生活世界與避免這類暴行再出現的關聯性。同樣的，在教導有關Issei女性以及有關Ida Wells-Barnett的傳記時，教師必須讓班級看見，那些女性曾經如何處理她們生活中的歡樂與悲傷、光榮與奮鬥、在自己種族以及整個美國生活的貢獻。同樣的，最重要的是提醒學生記得許多白人鬥士的貢獻，例如：絞刑廢除者John Brown，或是被謀殺的義裔民權工作者Viola Liuzzo，或是堅定的民權律師Morris Dees。在不同甚至衝突經驗中人群結盟的可能性，常常可以作為我們檢驗人類敗德的範本。

在有色人種女性的學習當中，除了憤怒、內疚以及信任度挑戰等變異之外，學生變得更能覺知種族以及族群性的正面觀點，而且更常為其認同自豪。如同異端＃8所說的：「知識即是認同，認同即是知識。所有知識或明顯、或暗地裡在個人和群體上與我們是誰相關。」然而，教師必須小心隨著個人族群或種族認同而來的過熱驕傲與未被承認的不愉快，特別是白人學生，可能會有出乎意料的反應。有些可預期的是宣稱他們的祖先來自愛爾蘭，其他也許會對其族群性感到迷惑，因為之前他們認同盎格魯美國人，但是他們祖先其實來自德國以及蘇格蘭。然而，盎格魯祖先的學生可能猶豫於接受這個術語，因為在這個有色人種女性與男性的經驗脈絡中，會使人聯想到權力濫用與「這個國家的每件事都糟透了」——一個沮喪的學生這樣向我訴苦。在這裡，教師不只必須傳達事實，亦得解釋文化、種族、性別與族群性在記錄與詮釋歷史事實的效應。教師也必須能夠

傳遞給學生我們的全部：美麗與醜陋兩者都有。因此，非裔教師會發現在解釋文化價值時，盎格魯美國人或是洋基式幽默、洋基的精通園藝、洋基人的儉樸、開國先祖們的價值衝突，在某方面，我們又如何共享了這個遺產。無論這發生在幾歲人的身上，學生必須被協助以理解這過去的分歧、階層化認同，並且在一個多元脈絡下轉向表達他們的知覺。

現在，我們已經發現了為何是*有色人種女性*字眼的理由，確定了研究有色人種女性時所學重點為何，討論變換理論及其異端，以及認定並討論此一學科教材中學生最常見的反應。在結論這一節，我們將針對教師。

總結

教導有色人種女性必須來自課程中傳遞關於一個隱性族群的資訊，以一種鼓勵學生尋找進一步知識，並且在最後開始去更正及重新規範基於種族主義、男性至上主義、階級主義以及種族中心論的主流世界知覺，這樣做並非為了沽名釣譽。重新定義一個人的世界，涉及的不只是納入之前忽視的內容，而是根據失落與忽視的內容，來校訂、刪除並更正被接受的內容。就其本身而言，它需要歷史時期的重新命名、文學時期的重新命名，以及全然改弦更張的社會學方法論，來反映那正在作用的族群和文化準則。根本上，它要求對認同的重新聲明與思考，以及它在有關世界與知識發展理論化的多元、複雜而重要的角色。

這一章本質上是旅程的介紹，教師必須開始提供學生反映過去真實的課程，讓學生準備好處理並理解現在，以及開創一個更人性、更有生產性、更加關懷未來的基礎。教導有色人種女性涉及很多人的不同能力而影響深遠，大學生需要新的教科書，師資教育必須更改結構，不只包括變換內容，也要教育學能夠反映我們國家與世界是如何的文化多元、族群多元、種族多元、觀點多元，以及角度多元。大學的教科書、孩子的書籍以及其他教材，需要被設計來協助教授此一課程。學校行政、當局、家長及教師都需要參與，而且要用所有能影響孩子學習的方法來促成這個轉化。

對教師以及那些要當老師的人來說，當前轉化課程的影響將是無可抵擋的。轉化是一個超過我們生命長度的過程，目前，我們處於理解彌補損害朝向整體必須先做什麼的形成階段。我建議要從小處做起，這是說今年

決定在班上納入有色人種女性議題，開始在每一單元中加入一些主題的面向，密切注意著這樣的加入如何和你已經教過的內容相關聯。主題擴展了嗎？在這個擴展中，它呈現了你所傳遞過的資料嗎？你可以刪掉一些被接受的、重複的教材，而且仍然符合你的目標嗎？新教材和舊教材之間有衝突嗎？如何衝突？這個衝突對你的學生是有價值的學習資源嗎？回答這些問題將會促使你從簡單的附加，轉向校訂與轉化。每一年都這麼做，漸漸的，有色人種男性、白人男性、白人女性、階級、種族、民族以及性別，這些主題都會浮現。一開始研究有色人種女性，接著課程將會演化成真正的多元論。

這一章最關注學生，教師在這長途旅程中必須有成功的決心。為什麼？因為所有衝突的情感，有時是從熟悉到陌生的痛苦運動，同樣也會是教師要經歷的。我們也被如同學生所具備的損害、誤導的世界觀所形塑，往往當我們試著要解決他們的衝突時，我們也在處理自身。總之，在成功之前，我們必須要求對自己誠實。

在我們試著去改變學生成為一個接受訊息建構的客體時，教師的另一個重要任務是如何改變已經建構的疏遠、理論、抽象的學生主體。John Shilb（1992）中肯地描述了我們如何將學生建構為主體，意味著改變了什麼：

> 改變學生如何被建構為主體，需要一些相關的教學實務。它意味著社會差異如何能影響學生帶來教室的興趣、背景、學習式態，以及自信程度。它意味著檢驗權威是如何在那裡以及在大社會中運作的，分析當教師與學生相遇時，傳統權力關係是如何被重新思考或者只是擴大。它意味著考慮學生他們自己的經驗，至少在朝向知識時有潛在的正當性。它意味著認知這樣的學習可以深及直觀與情感，而非只是冷硬的邏輯。總之，它意味著在學習過程中，教室的核心目標是使學生增權賦能為知覺的、動態的主體，他們會因此而提升能力，發展出一個更民主化的世界。（p. 65）

變換過程的困難度是維繫地位說的一個因素。

往往，我們尋找最簡單的出路，教一些學生學起來不會迷惑的、不會關心的，或是不會干擾的內容會比較簡單。作為教師的我們，必須願意承

認我們不能知道所有的事，但是，我們真的知道如何以一種可以達到最接近真實的方式來學習。我們能力所及的必須超過我們所能掌握的，而且這麼做的時候，我們將能鼓舞那創造宏偉學術，鼓舞學生思考、開放心胸、關懷與博學所必須的卓越、熱忱、尊重以及愛。

247

第八章　課程轉化：有色人種女性的教學

🧩 問題與活動

1. 在Butler使用*有色人種女性*這個語彙時，她所訴求的是哪個特定族群？為何出現這個語彙？其目的何在？

2. 有色人種女性的研究如何能協助擴展我們對白種女性的理解？對一般女性又是如何呢？

3. 根據Butler所述，透過什麼方式，族群性才能成為女性生命的重要變項呢？請舉例來支持你的回應。

4. 種族主義是如何聯合男性至上主義，來影響人們看待有色人種女性的方式，並對其反應？

5. 作者所指的*轉化及轉化的課程*是什麼？轉化的課程和主流或是平衡的課程有何不同？

6. 有色人種女性的內容如何能成為轉化學校課程的載體？

7. 有關全然不同於宰制常模規範的思考與價值，作者列出了八個異端或是假設，為何她相信這些異端對有色人種女性教學是重要的？

8. 作者提出教導有色人種女性議題，也許會引起學校、學習主體或者兩者都有的抗拒。她提到了哪些引起學生抗拒的例子？在處理學生抗拒上，她提供給老師們什麼提示？

9. 當你使用這一章所提到的轉化取向，納入有色人種女性課程內容，來發展一個教學單元時，在附錄中，你可以發現有用的參考資料（「性別」部分）。

References ∙∙∙

參考文獻

Anzaldúa, G. E. (1987). *Borderlands/La Frontera*. San Francisco: Spinsters, Aunt Lute.

Anzaldúa, G. E., & Keating, A. (Eds.). (2002). *The Bridge We Call Home: Radical Visions of Transformation*. New York: Routledge.

Bambara, T. C. (Ed.). (1970). *The Black Woman: An Anthology*. New York: New American Library.

Billinglsey, A. (1968). *Black Families in White America*. Englewood Cliffs, NJ: Prentice-Hall.

Brent, L. (1861/1973). *Incidents in the Life of a Slave Girl* (L. M. Child, Ed.). New York: Harcourt.

Brodkin, K. (1998). *How Jews Became White Folks and What That Says about Race in America*. New Brunswick, NJ: Rutgers University Press.

Brown, E. B. (1989). African American Women's Quilting: A Framework for Conceptualizing and Teaching African American Women's History. *Signs: Journal of Women in Culture and Society, 14*(4), 921–929.

Butler, J. E. (1985). Toward a Pedagogy of Everywoman's Studies. In M. Culley & C. Portuges (Eds.), *Gendered Subjects: The Dynamics of Feminist Teaching* (pp. 230–239). Boston: Routledge & Kegan Paul.

Collins, P. H. (1998). *Fighting Words: Black Women and the Search for Justice*. Minneapolis: University of Minnesota Press.

Conditions, Five. (1979). The Black Woman's Issue, *2*(3).

Culley, M. (1985). Anger and Authority in the Introductory Women's Studies Classroom. In M. Culley & C. Portuges (Eds.), *Gendered Subjects: The Dynamics of Feminist Teaching* (pp. 209–217). Boston: Routledge & Kegan Paul.

Davidson, B. (1969). *The African Genius*. Boston: Little, Brown.

Fisher, D. (Ed.). (1980). *The Third Woman: Minority Women Writers of the United States*. Boston: Houghton Mifflin.

Freire, P. (1969). *Pedagogy of the Oppressed*. New York: Seabury.

Freire, P. (1973). *Education for Critical Consciousness*. New York: Seabury.

Frye, M. (1983). On Being White: Toward a Feminist Understanding of Race and Race Supremacy. In M. Frye (Ed.), *The Politics of Reality: Essays in Feminist Theory* (pp. 110–127). Trumansburg, NY: Crossing Press.

Giddings, P. (1984). *When and Where I Enter: The Impact of Black Women on Race and Sex in America*. New York: Morrow.

Giroux, H. (1994). Slacking Off: Border Youth and Postmodern Education. *Journal of Advanced Composition, 14*(2), 347–366.

Gross, S. H. (1987). Women's History for Global Learning. *Social Education, 51*(3), 194–198.

Hames-García, M. (2000). "Who Are Our Own People?" Challenges for a Theory of Identity. In P. Moya & M. Hames-García (Eds.), *Reclaiming Identity: Realist Theory and the Predicament of Postmodernism* (pp. 102–129). Berkeley: University of California Press.

Hord, F. L., & Lee, J. (1995). *I Am Because We Are: Readings in Black Philosophy*. Amherst: University of Massachusetts Press.

Kingston, M. H. (1976). *The Woman Warrior: Memories of a Girlhood among Ghosts*. New York: Random House.

Ladner, J. (Ed.). (1973). *The Death of White Sociology*. New York: Vintage.

Lipsitz, G. (1998). *The Possessive Investment in Whiteness: How White People Profit from Identity Politics*. Philadelphia: Temple University Press.

Madison, D. S. (1994). *The Woman That I Am: The Literature and Culture of Contemporary Women of Color*. New York: St. Martins Griffin.

Mbiti, J. (1975). *Introduction to African Religion*. London: Heinemann.

McAdoo, H. (Ed.). (1981). *Black Families*. Beverly Hills, CA: Sage.

McIntosh, P. (1987, June). *Understanding Correspondence between White Privilege and Male Privilege through Women's Studies Work*. Paper presented at the annual meeting of the National Women's Studies Association, Atlanta, GA.

Minnich, E. (1990). *Transforming Knowledge*. Philadelphia: Temple University Press.

Mohanty, S. P. (2000). The Epistemic Status of Cultural Identity: On *Beloved* and the Postcolonial Condition. In P. Moya and M. Hames-García (Eds.), *Reclaiming Identity: Realist Theory and the Predicament of Postmodernism* (pp. 29–66). Berkeley: University of California Press.

Moraga, C., & Anzaldúa, G. E. (Eds.). (1981). *This Bridge Called My Back: Writings by Radical Women of Color*. Watertown, MA: Persephone Press.

Moya, P. (2000). Introduction: Reclaiming Identity. In P. Moya & M. Hames-García (Eds.), Reclaiming Identity: *Realist Theory and the Predicament of Postmodernism* (pp. 1–26). Berkeley: University of California Press.

Moynihan, D. P. et. al., (1965). *The Negro Family, the Case for National Action*. Washington, D.C: U.S. Government Printing Office.

Omi, M., & Winant, H. (1994). *Racial Formation in the United States, from the 1960s to the 1990s* (2nd ed.). New York: Routledge.

Roediger, D. R. (1991). *The Wages of Whiteness: Race and the Making of the American Working-Class*. London: Verso.

Roediger, D. R. (1994). *Towards the Abolition of Whiteness: Essays on Race, Politics, and Working-Class History*. London: Verso.

Shilb, J. (1992). Poststructuralism, Politics, and the Subject of Pedagogy. In M. Kecht (Ed.), *Pedagogy Is Politics: Literary Theory and Critical Teaching* (pp. 62–85). Urbana: University of Illinois Press.

Spelman, E. V. (1982). Theories of Gender and Race: The Erasure of Black Women. *Quest: A Feminist Quarterly*, 5(4), 36–62.

Yancy, G. (Ed.). (1998). *African American Philosophers: 17 Conversations*. New York: Routledge.

Young, R. (1990). *White Mythologies: Writing History and the West*. New York: Routledge.

250

第四部分　種族、民族與語言

公立學校中有色人種學生與說少數民族語言的學生百分比的急遽增加，是最近幾十年來教育領域中最顯著的發展。公立學校中這兩類學生人數百分比的成長導源於幾個因素，包含起於1968年之後的新移民潮與白人人口的老化。自從二十世紀初，公立學校的教室中遭逢大量移民學生的湧入，美國每一年接受約一百萬的移民，這些移民大部分來自亞洲與拉丁美洲的國家。根據美國移民署（Immigration and Naturalization Service）在2001年的報告中指出，有16.5%的合法移民來自歐洲，這些移民大致上是來自蘇聯。在1990到1996年之間，每年幾乎有一百萬的移民進入美國。另外，在2000年1月到2002年3月之間，則有高達三百三十萬的移民進入美國。

根據人口統計的預測，如果這個趨勢繼續下去，到了2020年時，公立學校中將有46%的學齡人口是有色人種的學生。在2002年時，公立學校一到十二年級的學生總數中，有40%是少數民族的學生，自1976年以來，這類學生數量已經增加了16%。這些少數民族的學生在加州與西雅圖、洛杉磯、芝加哥、華盛頓特區等大城市的學生占多數。今日學生另外的重要特質是，有很高的比例是貧窮的，且生活在女性當家的家庭中，每五個家庭中有超過一個是貧窮的家庭。

雖然公立學校的學生已愈來愈多樣化了，但是公立學校的老師卻依然為白人（占87%）、女性（占74%）與中產階級，有色人種的老師所占的比例依然偏低。在2002年時，公立學校的老師只有13%為有色人種。老師與學生在種族、文化與所得方面的鴻溝逐漸增大，這凸顯了老師必須發展出對來自不同種族、民族、社會階級與語言族群的學生進行有效教學的知識、態度與技能。本書第四部分的四章內容是在呈現一些概念、知識與策略，這些內容有助於所有老師與來自不同族群的學生一起工作。

PART 4　Race, Ethnicity, and Language

有色人種學生的教育均等

Geneva Gay　著

陳枝烈　譯

　　在美國對教育均等普遍的了解是指，非裔美國人、拉丁裔、亞裔美國人與美國原住民都與中產階級歐裔美國人進入相同的學校就讀，並接受相同的教學計畫。盛行的教育均等的假定是，當這些族群都成為大部分學校的學生時，相等的教育機會就達成了。直到最近，才有少數的關注，將課程內容的品質與教學的過程列為教育均等的關鍵因素。

　　對接受法律條文規定的人而言，教育不均等的議題是到了廢除種族隔離的法律通過之後，才算是獲得解決。畢竟，他們宣稱美國聯邦和州的法律規定，目前是禁止因種族、膚色、宗教信仰、性別、民族與社會階級之不同而產生的教育歧視。對這些人而言，有色人種的學生與歐裔美國學生在學業成就、學校生活品質與其他代表在學校表現良好的指標之間的差異，並不是教育機會差異所產生的結果。他們認為，這些差異的造成是因為個人的能力、抱負與責任的問題。有色人種的學生與貧窮的學生在學校中表現得不像中產階級的歐裔美國學生那麼好，是因為個人的缺陷，而不是因為那些已系統性地對他們造成傷害的學校中所存在的機會之差異。

　　法律上的規定只保證所有的學生可獲得學校教育，但並不保證其品質，除非機會的本身是站在相等的地位（Astin, 1985）。而且在此情況下，是無法確認對每一個族群和個人（不論是在階級、種族、民族、國族，或其他個人特性方面）的教育機會是均等的。學生的多樣性就需要有多變的對待，如此，來自每一族群的學生才有最好的機會表現出他們最大的潛能。所以，教育機會均等應解釋為：依據對不同個人與族群的診斷結果，提供教學上的*公平*（equity）、*平等*（parity）與*同等*（comparability）。而我們應如何達成教育均等呢？我們應更加注意*學校教育的過程*（process of schooling），努力為有色人種的學生達成教育均等

嗎？或是如Grant與Sletter（1985）所說的，假如要使有色人種的學生能獲得教育均等，那麼「在學校放學之後」（after the school bell rings）應該做些什麼？回答這些問題應視對目前存在的各種不均等情況的理解而定。針對這些議題與不均等及可能的解答，將在本章隨後的各節中加以討論。

有色人種學生的教育取得

美國國內大部分的中小學仍然實施種族隔離（Orfield, Eaton, & the Harvard Project on School Desegregation, 1996），以下的一些人口統計資料，對提供各民族的學生能否公平地接受高品質的教育機會與獲得高品質的教育結果上，具有深層的意義。

入學人數的分布與持續就學率

在1996年（可使用的最近資料），全國最大的一百三十個學區（有學生三萬六千人或以上）中，其中有色人種學生占絕大多數的學區有七十個之多，而這個分布正在逐年增加中（U. S. Department of Education, 1999a）。各學區的有色人種比例範圍，從俄亥俄州Toledo的50.7％，到德州Brownsville的96.9％。在這七十個學區中的三十七個，有色人種的學生達75％，甚至更高；其中又有六個學區的有色人種學生達95％以上（德州的聖安東尼奧、密西根州的底特律、路易斯安那州的紐奧爾良、華盛頓特區、加州的聖塔安娜、德州的布朗斯維爾）。除了這些有色人種學生人數占絕大多數的最大學區之外，另外有九個學區，其有色人種的學生人數也在45.0％到49.9％之間。學生人數為一萬五千人或以上的四百四十九個學區（總學生人數幾乎是一千八百五十萬人）中，有色人種的學生總額占總學生數的54.7％，各民族學生的百分比分布是：非裔美國學生占26.9％、拉丁裔學生占21.4％、亞裔／太平洋群島裔學生占5.7％、美國／阿拉斯加印第安學生占0.7％（U. S. Department of Education, 1999a）。

另外，各族群學生未必與其他族群就讀同一所學校，在有色人種學生比例最高的學區，占絕對多數的不是非裔的學生就是拉丁裔的學生。有色人種學生占多數的最大學區中，有四十一個學區是以非裔學生占絕對多

數。如果加上那些有色人種學生不是占多數的學區，則非裔學生是最大的族群的學區已增加到七十五個。在七十個有色人種學生占多數的大學區中，有二十五個學區是拉丁裔學生占絕大多數一百三十個；而在最大學區中則占八個。在有色人種學生占多數的最大學區中，只有六個學區是亞裔學生占絕大多數，這些學區是加州的薩克拉門都（Sacramento）、華盛頓州的西雅圖、明尼蘇達州的聖保羅、加州的Elk Grove、夏威夷州與舊金山。在一百三十個最大的學區中，只有四個學區是非裔、拉丁裔與亞裔學生的比例接近相等〔維吉尼亞州的Fairfax、馬里蘭州的Montgomery、加州的San Juan、科羅拉多州的Cherry Creek。但是，在這四個學區中的任何一個，這三種學生合起來的總數都沒有超過該學區學生人數的一半。美國／阿拉斯加印第安學生只有在阿拉斯加州的Anchorage這個學區是最大的族群（只占入學人數的11.3％）。學生人數較多的其他學區有Tulsa占8.2％、Minneapolis占6.3％、Oklahoma City占5.3％（U. S. Department of Education, 1999a）。在美國，有色人種學生的分布也有地理上的不均等：非裔美國學生多聚集在東南部與五大湖區；拉丁裔的學生多在西南部；亞裔學生則多在太平洋沿岸；美國印第安則在大草原、西北部的太平洋沿岸、阿拉斯加等地區。

　　但是，這些學區中的有色人種老師、行政人員、決策者的人數比例卻恰好顛倒，所有學校中的領導與教學的職位，歐洲裔美國人的比例遠多於有色人種的教育人員。事實上，在近十五年中，有色人種的老師與行政人員的人數穩定地下滑。非裔老師的百分比從1970年的12.0％降到1987年的6.9％。在1996年，這個百分比微微地上升到7.3％。在美國國內所有中小學的老師，只有4.9％為拉丁裔的老師，印第安裔的老師0.9％，亞裔與太平洋群島的老師只占1.1％（U. S. Department of Education, 1999a）。傳統上，都市學校（大部分是有色人種學生就讀的學校）的經費較少，資源也較不足、設備較差、較多缺乏經驗的老師、較多學校管理上的問題、教師、行政人員與學生的流動率較高（見第四章有詳細的討論）。所有這些因素對有色人種學生的教育機會與結果有負面的影響。

　　1997年，二十五到二十九歲的歐洲裔美國人有92.9％具有高中畢業的學歷，而非裔美國人只有86.9％、拉丁裔的只有61.8％（U. S. Department of Education, 1999b）（沒有有關美國／阿拉斯加印第安人與亞裔／太平

洋群島島民的高中畢業率的資料）。這些資料指出，除了歐裔美國學生以外，各民族學生的中輟率已逐漸降低，從1990到1997年之間，十八到十九歲非裔學生的中輟率從16.6％降到14.9％，而歐洲裔學生的比例仍然接近相同（11.1％和11.2％）。十八到十九歲的拉丁裔學生的中輟率，從1990年的34.2％降到1997年的25.2％，不論34.2％或25.2％的中輟率，比起歐裔學生都超過兩倍以上，比起非裔學生則是一又三分之一倍。對所有的民族而言，在1997年時，男性學生的中輟率遠高於女性學生，但是十八到十九歲的非裔學生中，男性學生的中輟率為15.5％，女性卻為17.6％。這種男女顛倒的情形，拉丁裔的學生在1995年時就已發生了，當時女性學生的中輟率（35％）超過男性學生的中輟率（27％）有八個百分點（U. S. Department of Education, 1999a）。

另一個影響有色人種學生教育不均等的因素是*學習延遲*（school delay）。依Nielsen（1986）對學習延遲的定義是：「學生所達到的教育水準與對應於學生年齡的常模水準之間的差異」（p. 79），非裔、拉丁裔、印第安裔的學生比歐裔與亞裔的學生有更高的比例是學習延遲。非裔、拉丁裔與印第安裔這三個族群的學生留級（repeat grades）和延長修業年限的情形較常見。自從1980年以來，有色人種學生在某一特定年齡就讀較低年級的情形正在逐漸增加（該年級是大部分的學生在某一特定年齡所就讀的），非裔男性學生就讀較低年級的比例高於平均數，幾乎有一半十三歲的非裔男性學生、三分之一的拉丁裔學生至少曾經留級過（Miller-Lachmann & Taylor, 1995）。

學習延遲對有色人種學生的教育均等會有嚴重後果的影響，這些學生會產生一連串累積的過程，最後的結果就是完全離開學校。學習延遲的學生較易被宣告為學習不適應，然後就被歸類為特殊學生、低學業成就的類別，被建議去選修職業進路的課程。當這些學生落後於他們同年齡的學生時，在學校中就對成為學習緩慢者感到羞恥，同時在社會交際方面就產生隔離。老師也會對這些學習延遲的學生產生低成就期望，這些情境就增加了學習失敗學生的比例，也增加這些受影響學生輟學的機會。

❖❖ 學術性向測驗分數

對那些仍留在學校中的有色人種學生而言，他們的學業成就仍然顯著低於歐裔學生，這些差異存在於針對全國各地、各社會經濟地位、各階段學校教育中每一年齡層的所有測量（College Board, 1999, 2002; Gougis, 1986）。這種型態對某些亞裔的學生（日裔、韓裔、華裔）是例外的。

針對高中學生而言，最有力且最常參考的學業成就指標，就是他們在大學入學測驗的表現，特別是在「學術性向測驗」（SAT）與美國大學測驗（ACT）的成績。SAT分數的趨勢同時提供了關於有色人種學生學業成就的激勵與沮喪的消息。好消息是，所有SAT受試者的語文與數學綜合平均分數，自1991年的999分上升到2001年的1020分，參加SAT的受試者在種族、民族與經濟背景方面也愈來愈多樣化。依據美國大學入學考試中心（College Board） SAT的行政人員指出，在2002年時，有超過三分之一的有色人種學生參加了SAT的考試，而自1989年以來，已增加了25％的學生參加考試。具體的民族分布包括：非裔學生11％、亞裔學生10％、美國原住民學生1％、墨裔學生4％、波多黎各學生1％、其他拉丁裔學生4％。這些不是以英語為第一語言的學生，其中有39％是亞裔學生，墨裔與波多黎各學生各占25％（College Board, 2002）。

不好的消息是，長期針對族群在SAT的表現型態所建立的資料顯示，雖然有色人種族群的分數有點進步，但是一直以來都沒有很大的變化。如表9.1的資料顯示，各民族在自1991到2002年的近十年之間進步最多的分數，依序是：亞裔／太平洋島民（語文－數學合併進步37分）、波多黎各（32分）、歐裔（30分）、美國原住民／阿拉斯加人（24分）、非裔（11分）。進步最少分數的是拉丁裔的學生（2分），墨裔學生是近十年來唯一在SAT分數上表現下滑的民族（總共退步了10分）。除了波多黎各以外的所有各民族，在進步分數的分布方面，數學的表現均優於語文的表現，波多黎各學生近十年的語文進步分數是20分，數學進步12分。墨裔學生雖然在SAT的語文與數學的分數雙雙下降（數學下降2分、語文下降8分），但他們的表現與其他各民族的表現型態是一致的。歐裔學生在SAT數學與語文進步分數的差別是最多的，數學的進步分數高過語文的進步分數有12

表9.1　1991至2002年各民族學生的SAT分數統計表

民族別	語文分數			數學分數		
	1991	2002	差數	1991	2002	差數
非裔美國人	427	430	＋3	419	427	＋8
亞裔美國人／太平洋島民	485	501	＋16	548	569	＋21
歐裔美國人	518	527	＋9	513	533	＋21
墨裔美國人	454	446	－8	459	457	－2
美國原住民／阿拉斯加人	470	479	＋9	468	483	＋15
波多黎各人	436	456	＋20	439	451	＋12
其他的拉丁裔	458	458	0	462	464	＋2

資料來源：College Board, 2002; U. S. Department of Education, 2002c.

分之多。對亞裔／太平洋島民、非裔與美國原住民與拉丁裔學生而言，過去十年來，在數學的優勢是較小的，分別只有5分、5分、6分與2分而已（College Board, 2002）。

　　那些在SAT及其他大學入學測驗表現得較好的拉丁裔、非裔與印第安學生，他們在以白人為優勢的大學中的成績，也是明顯低於歐裔及亞裔的學生。這種現象對那些就讀高聲望的學校，例如哈佛、耶魯、史丹福等大學也是如此（College Board, 1999）。

　　有色人種各族群間的SAT分數落差仍然很明顯，非裔學生是所有民族中分數最低的，在2002年，他們的語文與數學綜合分數比波多黎各的學生低50分，他們的數學與語文的綜合分數比墨裔的學生低46分，這兩個民族的分數與非裔學生最接近。非裔學生與亞裔及歐裔學生在語文與數學綜合成績的差數達到213分和203分。若以單一科目的成績而言，在2002年時，SAT分數最大的差數是發生在有色人種學生的數學成績，他們的數學成績與亞裔學生相差142分。雖然亞裔學生在語文與數學綜合成績方面獲得最高分（1070分），但卻也是語文（501分）與數學（569分）相差最大的差數，其差數達68分。若從SAT分數的趨勢而言，有色人種各民族與歐裔學生，或他們各民族之間的分數鴻溝卻沒有明顯地愈來愈小。除了墨裔學生之外，所有族群的總分在最近十年是增加的，但是主要的差異仍然存在（College Board, 2002; U. S. Department of Education, 1999a, 1999b）。

依各民族在SAT分數上的證明所得到的成就型態,與在ACT上的型態幾乎是同樣的,ACT是測量英語、數學、閱讀與科學的推理能力,大部分的學生是在就讀大學時參加這項測驗的。該測驗最高的總分是36分。2002年對各民族學生依學科別所做的成就測量的結果,就如表9.2所呈現的。非裔學生的成績又是在所有的民族中表現最低的,而且其落差也是明顯的(綜合的平均分是16.8分)。他們在科學方面的成績最高(17.1分),在英語方面的成績最低(16.2分)。歐裔與亞裔學生的分數最高,而且他們的表現是相當的。例如,歐裔學生的英語平均分數是21.2分,數學是21.3分,閱讀是21.1分,科學是21.6分。亞裔學生在相同學科上的分數分別是20.5分、22.9分、21.2分和21.3分。印第安學生、波多黎各學生與墨裔學生的分數表現也是相當的,但是波多黎各學生的成績除了科學之外,其他各科均略高於其他兩個民族學生的成績。在科學這一科目的成績上,印第安學生的成績是19.0分,墨裔學生是18.5分,波多黎各學生是18.9分("ACT National and State Scores," 2002)。

表9.2　2002年各民族各學科的ACT平均分數統計表

民族別	學　科				
	英文	數學	閱讀	科學	綜合
非裔學生	16.2	16.7	16.8	17.1	16.8
亞裔學生	20.5	22.9	21.2	21.3	21.6
歐裔學生	21.2	21.3	21.1	21.6	21.7
墨裔學生	17.1	18.4	18.3	18.5	18.2
印第安裔學生	17.6	18.4	19.1	19.0	18.6
波多黎各裔學生	17.9	18.9	19.1	18.9	18.2

資料來源:"ACT National and State Scores," 2002.

另一項各民族間的成就落差指標是,SAT受試者的高中年級平均分數(grade point average, GPA),這些分數與其他表現的測量是同時進行的。依照大學入學考試中心於2001年所提出來的資料顯示,亞裔與歐裔的SAT受試者有最高的GPAs(分別是3.41與3.35),非裔的學生是2.94,波多黎各學生是3.06,這兩個民族的GPA是最低的;其他有色人種學生的GPAs,從最高到最低的順序是墨裔學生3.21,印第安學生3.14,其他拉丁裔學生為3.13(College Board, 2002)。

美國國家教育進步評鑑的成績單

美國國家教育進步評鑑（NAEP）所進行的能力精熟測驗（proficiency test），是對學生成就的另一種高風險（high-stake）、高地位（high-status）的測量。這些測驗上的分數說明了不同民族在教育品質上的主要差異。NAEP呈現了九、十三、十七歲（或四、八、十二年級）學生在八種學科上的成就資料。在這份「成績單」中，閱讀與數學的精熟度每兩年評鑑一次，科學與寫作每四年評鑑一次，地理與美國歷史每六年評鑑一次。在1997年時，第一次針對學生的音樂、戲劇、視覺藝術進行評鑑；而且只有十三歲的學生參加；1998年時，則三個年齡組的學生全部參加公民科的評鑑；在2004年時，將針對十二年級的學生加入外國語言的評鑑；在2006年時，將加入經濟學的評鑑（U.S. Department of Education, n. d.）。

學生的成就分數通常會依性別及民族（歐裔、非裔、拉丁裔、美國原住民／阿拉斯加原住民、亞裔／太平洋島民）之不同而分別列出其分數。印第安與亞裔學生的成績只有在最近的評鑑才詳列出來，在較早的報告之所以排除這兩個民族是因為樣本數小。依照美國國家教育統計中心的資料顯示，是因為這兩個民族的學生只占全國入學學生的1％，在全國性的教育研究中，此一數量的代表性不夠，而無法可靠有效地推論他們的特性（U.S. Department of Education, 1995）。

有色人種學生與歐裔學生在所有學科的成就落差，隨著年級的增加逐漸在縮小，但是不同民族的進步情形各有不同。然而，非裔學生與其他民族學生的差異仍然是顯著的，而且在逐漸擴大中。不同民族在十個學科（數學、科學、寫作、閱讀、地理、美國歷史、公民、音樂、視覺藝術、戲劇）中所獲得的分數，將以圖表的方式說明，在1997到2001年NAEP測驗施測的結果總結在表9.3，各學科的各種資料顯示他們在整套測驗中的落點。

表9.3 不同學科、年級與民族之最新NAEP成績統計表

學科與民族	四年級	八年級	十二年級
地理，2001			
歐裔學生	222	273	291
非裔學生	181	234	260
拉丁裔學生	184	240	270
亞裔／太平洋群島學生	212	266	286
印第安學生	199	261	288
美國歷史，2001			
歐裔學生	220	271	292
非裔學生	188	243	269
拉丁裔學生	186	243	274
亞裔／太平洋群島學生	213	267	295
印第安學生	197	249	277
數學，2000			
歐裔學生	236	286	308
非裔學生	205	247	274
拉丁裔學生	212	253	283
亞裔／太平洋群島學生		289	319
印第安學生	216	255	293
科學，2000			
歐裔學生	160	162	154
非裔學生	124	122	123
拉丁裔學生	129	128	128
亞裔／太平洋群島學生		156	154
印第安學生	140	134	139
閱讀，1998／2000*			
歐裔學生	226	272	298
非裔學生	193	243	270
拉丁裔學生	197	244	275
亞裔／太平洋群島學生	232	271	289
印第安學生	196	248	276
寫作，1998			
歐裔學生	157	158	156

（續下頁）

學科與民族	四年級	八年級	十二年級
非裔學生	131	131	134
拉丁裔學生	134	131	135
亞裔／太平洋群島學生	164	159	152
印第安學生	138	132	129
公民，1998			
歐裔學生	159	159	158
非裔學生	132	133	131
拉丁裔學生	126	127	130
亞裔／太平洋群島學生	153	153	151
印第安學生	137	134	129
音樂，1997**			
歐裔學生		158	
非裔學生		130	
拉丁裔學生		127	
亞裔／太平洋群島學生		152	
印第安學生		—	
視覺藝術，1997**			
歐裔學生		159	
非裔學生		124	
拉丁裔學生		128	
亞裔／太平洋群島學生		153	
印第安學生		—	
戲劇，1997**			
歐裔學生		159	
非裔學生		120	
拉丁裔學生		139	
亞裔／太平洋群島學生		—	
印第安學生		—	

* 表示在2000年時，只有測驗四年級的學生。

** 表示在1997年的平均精熟分數，受測驗的每一年齡層的平均分數是150分，只有八年級的學生被測驗，測驗的學科是音樂、藝術與戲劇。

資料來源：U.S. Department of Education, n.d., 1999c, 2000c.

2000年時，四、八、十二年級的非裔學生在地理科的測驗，比歐裔學生分別少41、39、31分；而拉丁裔的學生分別是少38、33、21分；亞裔學生是最接近歐裔學生的表現，在四年級是低10分、八年級低7分；十二年級的印第安學生在地理科的測驗成績只低歐裔學生3分。當與歐裔學生或各民族相互比較時，有色人種學生們的成就落差會隨著年級的增加而縮小，例如，四年級的拉丁裔與歐裔學生在地理科的成績比較起來有38分的差距，到了八年級時則只有33分的差距，在十二年級時則只有21分的差距；拉丁裔與亞裔學生的比較，在四、八、十二年級則分別只有28、26、16分的差距；但是，在非裔與拉丁裔的比較則是呈現相反的結果，四年級地理科的測驗分數，拉丁裔學生高於非裔學生3分，八年級時是6分，十二年級時是10分。雖然印第安學生在四年級時是低於亞裔學生13分，八年級時是低5分，但是到了十二年級時卻高了3分。

2001年的美國歷史科的評鑑，有些成績分數的型態是與前述相似，但有些則有不同，歐裔與亞裔學生仍然是所有族群中表現最好的，且印第安學生不論在哪一年級，其成績都優於非裔與拉丁裔的學生，非裔學生在四、八年級的表現是高於與等於拉丁裔的學生，但是在十二年級就低於拉丁裔的學生了。歐裔學生在四年級時高於非裔學生32分，八年級時29分，十二年級時是23分。歐裔學生與拉丁裔學生比較，則是在四年級時高於34分，八年級時29分，十二年級時18分。亞裔學生在四年級時是低於歐裔學生7分，八年級時低4分，但是在十二年級時反而高於歐裔學生3分。印第安學生在四年級時是低於歐裔學生23分，八年級時是低12分，但到了十二年級只低3分。印第安學生在四、八、十二年級分別高於非裔學生11分、6分、8分。若與拉丁裔學生比較，印第安學生在四、八、十二年級分別高出11分、6分與3分（見表9.3）。

一般而言，各族群在美國歷史科的成績，其落差比地理科小，例如，拉丁裔學生在地理科的表現，這三個年級都高於非裔學生3到10分，但是在歷史科則只在0到5分之間。這種型態在比較印第安與亞裔學生時，則剛好相反，在地理科測驗的成績差異方面，亞裔學生在四年級高出13分，八年級高出5分，但在十二年級印第安學生反而高出2分。但是在歷史科測驗的成績方面，亞裔學生在三個年級都高於印第安學生，而且高過許多——四年級高16分，八年級與十二年級都是高18分。

非裔與拉丁裔各年級的學生其歷史成績均高於地理成績，但是印第安學生則是地理成績優於歷史成績，歐裔學生各年級這兩個學科的成績是相當的，亞裔學生在這兩個學科的成績，只有四、八年級的成績是相當的，十二年級的成績是歷史高於地理。十二年級的非裔學生在這兩個學科甚至同時低於八年級的歐裔學生，這種情形也發生在十二年級的拉丁裔學生的地理成績上。

1996到2000年間，各民族各年級的數學成績是波動的，最一致性的型態是發生在歐裔學生，三個年級均呈現下滑的趨勢；非裔與拉丁裔學生在四、八年級時是隨著年級的增加，分數逐年上升，但是十二年級時卻逐年下降；四年級的印第安學生在1996年和2000年的分數是相同的，但是在八、十二年級是逐年下降之趨勢。因為有些資料錯誤，所以導致2000年亞裔四年級的學生與1996年亞裔八年級的學生沒有數學分數，而十二年級的學生在1996和2000年之間是沒有上升也沒有下降。所有族群的三個年級學生，在數學知識（回憶與再認知的知識）與數學技巧（計算與操作的表現）的成績高於數學應用（推理與問題解決的能力）（U.S. Department of Education, n.d.）。

各民族之間其他科目的分數型態，與數學的分數型態是相同的，在2000年時，有色人種的成就表現從高到低的順序是亞裔學生、印第安學生、拉丁裔學生、非裔學生。亞裔學生在八、十二年級的表現高於歐裔學生分別是3分、11分，四年級是無法比較的。非裔學生在四、八、十二年級的分數，低於歐裔學生分別是31分、39分與34分。拉丁裔學生與歐裔學生的落差型態也與拉丁裔學生相似，也是頗為嚴重，分數的落差範圍分別是24分、33分、25分。印第安學生在數學的成就分數，與其他學科的分數位置是相同的。他們四年級學生的分數低於歐裔學生20分，八年級則增加到低31分，但十二年級則只低15分。2000年，各民族各年級的數學平均分數則呈現於表9.3之中。

各民族在1996與2000年的科學精熟表現分數是呈些微的下滑趨勢，除了八年級的歐裔與非裔學生是分別增加1分和4分，八年級與十二年級的亞裔學生則增加4分和5分外，其餘各有色人種的十二年級學生都呈現下滑的趨勢，學生的平均分數下滑了3分。印第安與拉丁裔的四年級學生也是下滑，歐裔與非裔學生也是相同的現象。科學分數下滑最嚴重的應是八年級

的印第安學生，自1996到2000年下滑了8分。次嚴重的是十二年級的印第安學生，下滑了7分，十二年級的歐裔學生也下滑了5分（U.S. Department of Education, n.d., 2002b）。各民族各年級的科學平均分數呈現如表9.3。NAEP在呈現這些受試年級的學生時，是以250分為基準線，而這些分數是表示不同年級的不同能力。

雖然在科學分數表現趨勢上有些明顯的裂痕，這種現象論及有些有色人種的科學成就分數的落差逐漸在縮小，是因為歐裔學生進步較小，但其他的差異仍然存在。歐裔學生與有色人種民族分數相同的只有一例，那就是十二年級的亞裔學生（見表9.3）。最大的落差是非裔學生與歐裔學生的成就分數，四、八、十二年級非裔學生分別低於歐裔學生36分、40分與31分。拉丁裔學生的表現則稍微好一些，但仍然低於歐裔學生，四年級低31分，八年級低34分，十二年級低26分。非裔與拉丁裔八年級學生在2000年NAEP科學評鑑的成績高於四年級與十二年級，這個落差的理由較難解釋。相同的型態也出現在印第安學生，他們的分數表現四年級低於歐裔學生20分，八年級低28分，十二年級低15分（見表9.3）。

這些科學評鑑分數表現的型態，藉由百分位數與能力水準的分布而更加確定，在1996和2000年所有百分位數（第10、25、50、75、90），在四年級是相同的，到了八年級則在前三個百分位數下降了，較高的兩個百分位數則些微地提升了，可是所有的十二年級的百分位數都下降了（U.S. Department of Education, 2002b）。另外，若以各族群學生人數在各種精熟水準的百分比來分析各民族在科學分數上的表現，十二年級則有接近三分之二（62％）的歐裔學生與59％的亞裔學生其成績在基本的成就水準之上。這個水準的意義是指學生能部分精熟該年級所需的科學知識與技能。達到這個成就水準的印第安學生（44％）、拉丁裔學生（30％）與非裔學生（22％）是顯著的低。隨著科學知識水準的提升，各民族學生到達這些水準百分比全部都下降了。所以在2000年的科學評鑑中，沒有任何一個民族任何一個年級的學生的測驗分數達到高級的表現。精熟水準的意義是指學生在該學科的知識、應用於真實世界情境的能力、分析的技能，所有民族達到精熟水準的百分比也急遽下降。2000年，NAEP十二年級學生達到精熟水準的最高百分比是亞裔的學生（26％），其次是歐裔的學生（23％），其他的三個有色人種民族其科學測驗都只有不到10％的學生達

到精熟的成就水準，印第安學生是9％、拉丁裔學生是7％、非裔學生是3％（U.S. Department of Education, 2002b）。

至於閱讀成就分數方面，表9.3所呈現的包括2000年的四年級與1998的八、十二年級，因為2000年時，八、十二年級並沒有參加測驗。大部分來說，各民族在閱讀的成績表現與其他學科的表現，其型態是相同的。非裔學生在所有年級的成績表現仍然是所有民族中最不好的。有色人種學生（除了亞裔學生之外）與歐裔學生之間的落差程度，隨著年級的增加而逐漸下滑，而且四年級學生的閱讀分數在1998和2000年之間也是呈現下滑趨勢，但拉丁裔學生（進步1分）與亞裔學生（進步7分）除外（U.S. Department of Education, 2002a）。雖然亞裔四年級在閱讀方面的成績高於歐裔學生6分，但這個優勢在八年級的學生就不再了，因為八年級的亞裔學生閱讀成績低於歐裔學生1分，十二年級則擴大到低9分。2000年時，印第安四年級學生高過非裔學生3分，但低於拉丁裔學生1分；在1998年時，印第安學生在閱讀的成績高於拉丁裔的學生4分，高於非裔學生5分。可是，十二年級的印第安學生與拉丁裔學生的差異掉回了只高1分，但與非裔學生則增加到高6分。

非裔、印第安與拉丁裔學生和歐裔學生在各年級閱讀成績方面的差異是很大的，即使是這個差異隨著年級的增加而有些微的降低。與四年級歐裔學生比較，非裔學生是低33分，印第安學生是低30分，拉丁裔是低29分，拉丁裔學生的分數高於印第安學生的分數的結果，在各民族的所有學科與各年級的情形是很少有的（見表9.3）。這幾個有色人種的成績分布型態在八、十二年級的學生方面，就又回到典型的型態了。這些民族的分數與歐裔學生的分數比較，若由最高到最低來排列，則其情形是：八年級時是非裔低29分、拉丁裔低28分與印第安裔低24分；十二年級時是非裔低28分、拉丁裔低23分、印第安裔低22分。

與科學成就情形一樣，各民族的大部分學生也都無法在閱讀科目上達到精熟的最高水準（U.S. Department of Education, 1999b, 2002b）。例如2000年時，四年級學生達到精熟成就水準的亞裔學生（46％）比歐裔學生（40％）多一些。這個意義表示，學生能藉由推論、做結論、聯結生活經驗等能力，擴展呈現於教科書中的觀念。至於另外三個民族的學生，能達到精熟的數量非常低——印第安學生是17％，拉丁裔學生是16％，非裔學

生是12%（U.S. Department of Education, 2002a）。

　　在報告1998年三個年級學生的寫作測驗分數結果時，NAEP使用了與科學和公民相似的量尺，這個量尺是以150分為基準分數。就大部分的分數分布情形而言，民族群體的寫作分數的分布型態，與閱讀、科學與數學是非常相似的，但是其落差的範圍並不相同（見表9.3）。亞裔學生在與歐裔學生比較時，在縮小成就落差上是進步最多的，他們的分數於四、八年級時，分別高於歐裔學生7分和1分，但是在十二年級時，就反而低於歐裔學生4分。印第安、非裔與拉丁裔學生的分數落差也比其他受評鑑的學科小，例如，八年級的印第安學生高於兩個族群學生1分，而拉丁裔與非裔學生的分數是相同的。十二年級的印第安學生的分數反而低於拉丁裔與非裔的學生——分別是6分和5分。這是與其他的分數分布型態有所背離的，四年級的印第安學生與非裔學生的成就分數落差是最大的，達到7分。而同一年級的印第安學生的表現卻高過拉丁裔學生4分。有色人種（亞裔學生除外）學生的寫作成就分數與歐裔學生做比較時，其結果是可怕的，四、八、十二年級的非裔學生低於歐裔學生分別是26分、27分與22分；拉丁裔學生低於歐裔學生分則是23分、27分與21分；印第安學生低於歐裔學生分別是29分、26分與27分。計算這些差異的分數呈現於表9.3。

　　1998年的公民科評鑑的成績單同時顯示出各民族的成就分數的型態之變異與延續。由於所呈現的測驗結果之變化，不同年齡學生的分數就無法比較。對所有受試的三個年齡組而言，歐裔與亞裔的學生繼續保持與其他學科成就相同的分數型態，他們的表現都優於其他民族。非裔學生在公民評鑑的成績表現與其他學科領域的成績型態不一樣，他們不再是所有民族中表現最不好的。他們四、八、十二年級學生的成績都比拉丁裔的學生好，也比十二年級的印第安學生好，四、八年級的拉丁裔學生是表現最不好的，但十二年級的拉丁裔學生的分數則高於印第安學生1分。雖然歐裔學生與亞裔學生的成就水準是接近的（歐裔學生在所有受試的三個年級的成績高於亞裔學生6到7分），但其他民族的分數，實際上是較低的。四、八、十二年級的非裔學生低於歐裔學生分別是27分、26分與27分；拉丁裔學生低於歐裔學生分別是33分、32分與28分；印第安裔學生低於歐裔學生分別是22分、25分與29分 （U.S. Department of Education, n.d.）。這些比較的分數是以表9.3所呈現的為基礎。

　　NAEP於1997年第一次呈現音樂、戲劇與視覺藝術的成績單。但是只有八年級的學生受測驗，而分數量尺是0到300分。所建立的各民族分數的分布型態在其他的年份與學科都一再被複製。從最高分到最低分，其成就的順序是歐裔學生、亞裔學生、拉丁裔學生、非裔學生。其中有兩個例外值得一提，其一是非裔學生在音樂的表現優於拉丁裔的學生；其二是亞裔學生只呈現音樂與視覺藝術，而沒有呈現戲劇。不同民族之間分數的差異，最低的是6分（歐裔學生與亞裔學生在音樂科的差異），最高的是39分（非裔學生與歐裔學生在戲劇方面的差異）。歐裔學生與非裔學生在音樂的差異是28分，在視覺藝術的差異是35分。拉丁裔與非裔學生的表現是接近的，在音樂方面是相距3分，在視覺藝術方面是相距4分，這兩個民族在戲劇方面的差異是較大的（相差19分）（見表9.3），以上兩個民族的差異，都以拉丁裔學生表現較好 （U.S. Department of Education, n.d., 1999a, 1999b）。

成就型態中的混合訊息

　　受測驗的三個年齡組的有色人種學生，其科學與數學成績的微量但穩定的進步是令人鼓舞的，但是閱讀與寫作分數型態的不真實，則令人沮喪與困擾。一般而言，雖然拉丁裔學生的中輟率是較高的，但拉丁裔學生似乎比非裔學生在學術上有較多的進步，事實的情形是，他們的成就水準與歐裔學生的成就水準的落差只有些微的降低，而非裔學生的成就水準仍然是相同的。最近有色人種學生在標準化測驗上的進步，顯示這些有色人種學生在低階（low-level）的認知能力有一些進展，如：譯解（decoding）、計算、事實認知（factual recognition）與回憶。但卻未發展高階（high-level）的技能，如：推論、批判思考、分析資料、綜合資料、邏輯推理，與創造力表現。

　　與這些成就分數有關的另一項好壞矛盾的訊息是資料非常聚集，前述討論所呈現的分數是龐大族群與群集能力的混合體。因此，他們不認為各種學科與技能的某些面向，對參與測驗的學生而言是困難或容易的，他們也不提供任何詳細的資料，去呈現各民族內的個人在各種測驗中各種能力的分布範圍。例如，想要從分數中去辨認墨裔、波多黎各或古巴

裔的學生是否在閱讀評鑑中的理解、字彙、推論，或其他能力有最大的問題是不可能的。各民族的個別成員如何被分派，與他們被放在什麼地方分析，都有可能曲解了一些成就的型態。非裔學生的教育成就資料也不以次類目（subcategories）的方式呈現他們的分布情形，例如各種非洲系的加勒比族群，像是牙買加（Jamaican）、千里達（Trinidadans）、蓋亞那（Guyanese）。亞裔學生（如日本、中國、韓國，或越南）與印第安學生，如納瓦荷族（Navayo）、查拉幾族（Cherokee）、雅卡瑪族（Yakama）的表現，也不是各民族具體清楚的呈現。另外，也不區分移民學生與美國出生的各民族學生的表現，如非裔學生中的奈及利亞（Nigerian）、衣索比亞（Ethiopian）、肯亞（Kenyan），相對於日裔與墨裔學生的日本與墨西哥的移民。

　　所有這些人口統計資料細節會影響分數的型態，也對改善各民族學生教育均等的教學改革有重大的啟示。例如，亞裔學生常被認為是模範的少數民族，被認為在學校教育中的各種測驗都有很高的成就，這種正面的刻板印象忽略了以下的一些問題：廣大的亞裔各民族的民族起源之多樣性；一些東南亞的新移民所面對的嚴重語言與社會適應問題；亞裔學生在語文與數學成就的巨大差異；許多高成就亞裔學生的自我概念的矛盾；個別學生的特殊教育需求；以及有些亞裔族群（如苗族、柬埔寨、越南）學生的高中輟率（Gibbs & Nahme-Huang, 1989; Igoa, 1995; Miller-Lachmann & Taylor, 1995; Pang, 2001; Pang & Cheng, 1998; Pang, Mizokawa, Morishima & Olstad, 1985; Yu, Doi, & Chang, 1986）。Osajima（1991）警告說：

　　　　在讚美與成就之下，埋藏著鬥爭、衝突與不確定性，而這些正顯
　　現出種族中心主義所潛藏與複雜的影響。亞裔學生平靜的行為舉止迄
　　今只是一種讚美，但事實上是有問題的，因為這個機制也可能使亞裔
　　學生疏離了對自己的認同與歸屬的疑問。（pp. 130-131）

🧩 了解混合成就的訊息

　　顯現於有色人種學生的成就檔案的混合結果（mixed results）能如何解釋？其中一種解釋是，教師或教學計畫仍然未認識與反映這些學生的獨

特文化導向、價值與學習風格。這種作法所導致的失敗，正負面地影響了學生的成就結果。正如Boateng（1990）的解釋，這種在學校中對有色人種學生的「去文化化」（deculturalization），干預了他們專注與精通學業活動的能力。

成就分數的型態可能是存在於中小學中有色人種學生與歐裔學生課程分化的直接結果。這些學生不必然進入相同的課程，也不是接受同等狀況的教學，然而，他們的學業成就卻有如此大的變異，這並不令人驚奇。另一個可能性是，所有的學生並沒有接受最好品質的教育，因為很少來自任何民族的學生在NAEP的測驗上獲得象徵精熟的進階水準分數，這種精熟進階水準就如在數學、科學、地理與歷史學科中的批判思考與複雜問題解決的能力。

成就差異的其他可能解釋可於學生的出席型態與輟學率中發現，大部分有問題的有色人種學生是在十七歲之前輟學，因此，那些仍留在學校中學習的有色人種學生會較像他們的歐裔同學，而且有相似的成就水準；然而，因為不相稱的低百分比的有色人種高中學生進入學術性課程，這個可能性就大為降低了。這些可能性的結合使「非裔、拉丁裔與印第安年輕人留在學校愈久，他們在學業上落後的情況愈嚴重」的主張更可信。Ralph、Keller與Crouse（1994）進一步地對此一現象加以解釋，他們指出，即使多了八年的學校教育之後，那些數學成績只到達第10百分位數，閱讀成績只到第25百分位數，科學成績只到九歲組程度的十七歲年輕人，仍然無法獲得等於十七歲組第95百分位數的成就分數。

另一種解釋是，有色人種學生所知道的遠多於標準化測驗所能測出的。雖然他們常採用這些標準化測驗，但是這些測驗在使用來決定不同民族與文化群體的學生的學業能力時，可能不是有效的，在內容與施測程序上，這些技術對有色人種學生的文化差異缺乏敏銳性，以至於對他們的總分有負面的影響。換言之，缺乏文化相關內容、應試技巧與其他的偏好表現風格，可能阻撓一些民族在SAT和NAEP的學術精熟測驗中有良好的表現。具有文化的敏銳性、採取多樣的技術、提供多面向的表現場域（例如，課程內容與教室中的教學互動）的成就測量，會產生非常不同的結果。

存在於美國學校中的不平等的課程與教學制度，無疑地解釋了許多存在於有色人種學生與歐裔學生之間的成就差異的原因。這種不均等已經

透過研究而獲得確立，例如，在1971到1974年所執行的《墨－美學生的教育研究》（*Mexican-American Education Study*），美國民權委員會（U.S. Civil Rights Commission, 1971-1974）認為，教育經驗的品質與均等，是由於不同的學生參與教室中與老師互動的機會不同。該研究發現，墨裔學生並沒有像歐裔學生那樣，得到許多參與教室互動的機會，其證據是學生較少被問問題，所問的問題層次也較低、學生的候答時間較短、老師針對學生的努力所給予的讚美與鼓勵也較少。Gay（1974）在一項針對非裔學生與非裔、歐裔老師互動的研究中，也發現相同的結果，不論老師的族群認同為何，老師們傾向對歐裔學生提供較令人喜愛的對待，較高品質的機會去參與教學的主要活動。

　　不同種族與民族的課程選擇與教學互動的不均等，Goodlad（1984）、Oakes（1985）、Persell（1977）與Harry（1992）等研究已經指出來了。這些研究者所做的研究指出，有色人種的學生進入特殊教育與職業教育的比例是不相稱的。另外，將有色人種學生安置於職業課程的時間也比較早，其學程的類別與內容也與歐裔學生有很多的不同。有色人種的學生也常被分派到一些課程，這些課程是專門在訓練低地位的職業（例如：美容業、磨粉工廠、倉庫、建築維護、電視修理、零售業、辦公室工作）。若與歐裔學生做比較，他們通常進入提供管理訓練、商務與財務技能、一般工業技藝的課程。為了接受各種職業的訓練，有色人種學生要比歐裔學生更常離開學校，因此，他們就疏離了許多社交的活動與學校中的「文化資本」（Oakes, 1985），這些文化資本能幫助有色人種的社會化，而學會應試的風格與社會團體中的道德觀。

　　有色人種學生參與高風險、高地位的學術學程的機會也是不相等的，他們很少接受大學預備課程、資賦優異課程、導向較高的教育成功的學程途徑（例如：微積分、化學，與進階的安置）。雖然進入大學的非裔學生與拉丁裔大學畢業班的學生，都能像歐裔學生一樣接受三年以上的數學課程，他們也能選修代數、幾何、三角學與微積分，且更有可能選修普通和商務數學（U.S. Department of Education, 1994）。在財務較不足的學校，或有色人種小孩占多數的學校，學生接近電腦的機會較少，這類學校的老師也較少具有電腦專業訓練資格，在使用電腦時也偏向基礎技能實務，而較少電腦概念知識與程式的教學（College Entrance Examination Board,

1985; U.S. Department of Education, 1999b; Winkler, Stravelson, Stasz, Robyn, & Fiebel, 1984）。在1997年的統計，有接近61％的歐裔高中生在家使用電腦，而拉丁裔與非裔學生卻只有22％。從1993年以來，有色人種學生的電腦使用數字已增加了100％，歐洲裔的學生也增加了75％。至於小學方面，在家使用電腦的小學生通常也很少，但是過去以來，其增加的情形明顯地也與大學生一樣（U.S. Department of Education, 1999b）。

透過課程分流制度以組織不同能力的學生進行教學，是一種拒絕有色人種學生教育均等非常有效的方法。這些不均等包括過度讓拉丁裔、非裔、印第安或來自各民族的貧窮學生接受低進路（low-track）、低地位（low-status）的教學學程。這些學程偏向於提供低品質的教學，且強調順從的行為與態度、教室管理、紀律，與一些程序的事務。然而，高進路（high-track）的學生則是經由參與一些被認為是高地位的學科與課程而受益。他們透過有良好的師資、設備、教材、較吸引人的學習經驗而受益；也透過教導領導才能與高層次的智能（如批判思考、問題解決）而受益；透過接受來自老師的高成就期望而受益；而且，也透過有較多的教學時間分配在學業活動上而受益（Goodlad, 1984; Grant & Sleeter, 1985; Morgan, 1977; Oakes, 1985; Oakes & Guiton, 1995; Persell, 1977; Verdugo, 1986）。以上這些差異均曾在第四章詳細討論過。

因為非裔、拉丁裔與印第安學生被過度地分配去接受低進路的課程，所以，他們被持續、系統性地拒絕有均等的機會接近有品質的教育。*事實上，分流是一種存在大社會中的社會不均等的合法化過程*，它提供了社會選擇的工具性功能，在學生之間創造了階級，而且關閉了低地位學生進步的路徑（Morgan, 1977）。透過了這種實務，學生學到了去接受社會中不平等的社會與政治參與型態，也學到了去接受所有的社會制度就是事情的常態。

在最後的分析中，所謂的教育均等，是提供高地位的知識與師生之間高品質的教學互動，這些過程會決定教導哪些學生智能上的嚴密（rigor）、個人的自我決定與社會增能（empowerment），也會決定訓練哪些學生去過順服制度的生活，或成為經濟上的依賴者，或成為社會的下層階級（College Entrance Examination Board, 1985）。美國國內有色人種學生的教育現狀，說明了許多有色人種學生被教育為社會的下層階級。

為什麼教育不均等存在於有色人種學生之中

教育過程中所採用的各種資源，對學生的成就水準與品質有直接的影響，當不同族群的學生被提供不同品質的資源，則他們的成就也會不同。在教育均等的爭辯中，在準確的測量、技術的品質、相關性與適切性上，至為關鍵的問題是，用在有色人種學生的教學資源是否與用在歐裔學生的資源是相當的，這些資源包括設施、人事、財務、教學材料與計畫，以及環境場所等等。

教學資源的相對價值的決定，無法不受環境背景、預期的使用者、期望的結果之影響，即使是有色人種學生與歐裔學生是接受相似的教育資源，但效果也不會相同，有時對歐裔學生的學業成就有益的資源，卻會阻礙或延遲有色人種學生的教育發展。這要怎麼辦呢？其中的一個方式是，學校系統如何去看待很受有色人種學生駐足的課程與教學，是與表現期望及資源分配有關的。有色人種的學生獲得較少的實驗設施、較少的室外學習的經驗、較少具資格的老師、較少來自老師的承諾、關心與努力（Oakes, 1985; Oakes & Guiton, 1995）。

雖然有色人種的學生過度地接受低進路的、非學術的、特殊教育的學程，但是，大部分的有色人種學生會進入一個寬廣光譜的*正規*課程，包含一般教育、學術性的課程，與大學預備的課程。教育資源是否依學程來分配，而且如果這些學程接受公平的資源，則何以有色人種學生會被拒絕在相當的機會之外？這種情形有幾種可能：第一，提供給不同個人與族群的相同教育資源，並不能算是同等的品質或機會，而相信他們所做的，就是認為非裔、拉丁裔、印第安裔、亞裔與歐裔的學生，他們在個人、社會、文化、歷史與家庭特質的起源是相同的。

第二，平常師資培育學程的畢業生，大部分並不太知道不同的有色人種學生帶到教室中的文化特質、行為、價值與態度，以及這些文化特質、行為、價值與態度如何影響學生對教學情況的反應。大部分的老師並不知道如何去了解並運用這些學生在學校中的行為，以幫助自己的教學，這些學生常是那些與老師的規範期望不同的學生。因此，這些老師經常誤解這些學生是偏離常軌的，並且苛刻地對待學生。因為大部分老師的文化背景與價值導向是高度符合中產階級與歐裔美國人的文化，他們應用這些文化

聯結與參照架構去促進白人學生的學習，但是，在日常的班級教學中，因缺乏有色人種學生的文化聯結，就會使有色人種學生處在學習不利的情況。

第三，就像師資培育一樣，大部分的課程設計與教材也是歐洲中心的，當在學習學術任務時，歐裔學生不會因為與文化無關的教材與方法而需要額外的工作負擔，歐裔學生大部分的努力與能量就可以直接去精通教學的主體。但有色人種學生通常則會面臨雙重的學業危險，有色人種學生必須把他們的努力與能量分開，分別去處理與他們的文化沒有相關的教材與方法，並且還得去精通老師教導的學術知識與任務。由於努力與能量的分割，打散了他們在學習任務上的專心一致，他們就無法像歐裔學生那般，擁有相同的教育機會以學習教學上的主體。

第四，學生所生活與學習的學校環境，對多數族群與少數族群而言並不是相當的，當學生與老師來到學校，他們並不會把他們的文化背景留在家裡。這對大部分的歐裔學生而言並不是一個問題，因為學校的文化與行為的準則是他們家裡文化的反映與延伸，歐裔學生並不會經歷許多不相容的社會符碼（social-code），也不需要改變文化風格去適應學校的行為準則與期望。但是對有色人種學生而言，他們卻面對完全相反的另一面，在學校中為獲得成功的許多社會符碼是他們所不熟悉的，或者是與他們在家裡所學的符碼正好相反。當學習的情境不能反映學生的文化時，「學習脈絡與表現脈絡之間」（between the contexts of learning and the contexts of performing）的鴻溝就存在了（John-Steiner & Leacock, 1979, p. 87）。當學生來自於少數民族文化的社區，且完全沒有接觸主流文化時，這個鴻溝會最大，而這個鴻溝會對有效的教學和學習不利。因此，造成不同民族教育取得的許多差異的原因，被認為是文化、程序與脈絡的不相容（Gay, 2000）。

大部分的教育人員不認為應教導有色人種學生如何在學校生存與獲得成功的技能——例如，如何去研究泛民族的學習風格，如何去調整說話的風格以適應學校的期望，如何適切地與學校的行政人員及班級的老師互動，如何在不同的教室中去確認與適應程序上的規則而能順利地在班級中學習。取而代之的是，教育人員反而會假定學校的行為符碼是普遍且廣泛地被了解，而且從生活在學校周圍的文化中就可獲得。大部分的教育人員

忘記的是，許多有色人種學生是生活在主流文化的邊緣；另外，他們的父母也無法傳遞給他們如何成功地接受學校教育這個經驗，因為他們的父母本身並未有此經驗。

這些社會化的差異意味著，有色人種學生必須學習如何生存在學校之中，同時也要學習老師所教導的內容。如果他們無法精通這些社會符碼，他們就永遠沒有機會去嘗試學術的任務。如Holliday（1985）所言，社交禮儀與學校教育的管理程序的精通經常是一種必要條件，有此必要條件，才能獲得機會去參與主要的教學互動，並從事學業的學習。而且，有色人種學生在教室內獲得成功，通常是因為社交技巧（例如，順從機構的期望，與擁有令人愉快或能調適的人格特質）的精通而決定的，而不是因為學業表現而決定的。在評量有色人種學生的表現時，有些老師較少給予學業上的讚揚與認可，反而會給予一些非學業上的讚揚，例如：「很好，能合作，不是麻煩的製造者」、「為學生感到難過抱歉」、「做事要有要領，否則就不會有高的品質」。若比較於歐裔的學生，老師評量歐裔學生的表現時，較常給予學業的讚揚（「他很努力用功」、「她是一個思考優異的學生」、「他們在課堂上非常專注」、「她會問一些具爭論性的問題」、「他的作品條理清晰且令人肯定」）。

在探討仍然存在於有色人種學生中的教育不均等的問題時，與教材品質及教學資源這個議題密切相關的是教師態度、期望與能力的角色。這個議題的重點是：可能無法去評價，也可能令人害怕的，那些成長於與少數民族文化隔離的社區及種族中心主義的社會中的老師，如何能教導他們所不認識的學生？這個問題在等同看待教育均等時至關重要的，特別是當大部分的老師是白種人、是歐洲中心文化、是中產階級，而且是女性時，以及當這些老師的專業培育幾乎是全部植基在歐洲中心文化導向時。他們一進入教育專業，就會認為所有的學生能以教導歐裔學生的方式來教導。所以，接受相同專業社會化的有色人種的老師經常在任教職之初，也抱持著與歐裔老師相同的期望、態度與價值。研究顯示：

> 老師會根據學生的種族、社會階級……學生的測驗分數、語言風格、工作表現的速度，與老師本身的文化所定義的行為特徵，來建立對學生的期望。另外，教師期望較易受與學生特徵有關的*負面資訊*的影響，而較少受正面資訊的影響。（Persell, 1977, p. 112）

老師會透過他們在教室中的一言一行來傳送這些態度與期望，學生就會以自我實踐的預言（self-fulfilling prophecies）來回應老師的期望。許多有色人種學生會相信，他們是注定要失敗的，所以他們就相應地表現出失敗的行為。許多歐裔與亞裔的學生內化了老師對他們的高度期望，相信他們注定是會成功，最後就真的成功。

教育人員的行為表現反映出他們對不同學生的期望，例如，對有色人種學生不抱持高度學術期望的老師，就傾向問這些學生低層次的記憶、回憶與收斂的問題；不會像讚美歐裔學生那麼頻繁地讚美或鼓勵他們；採用較低的標準去評定學生工作的品質；而且不會常常點名請他們回答問題（Good & Brophy, 1994; Oakes, 1985; Oakes & Guiton, 1995）。不相信有色人種學生能精熟高層次的數學與科學技能的輔導諮商人員，就不會安排有色人種學生進入這些班級。認為有色人種學生有較多的紀律問題的行政人員，傾向以嚴厲的處罰來處理有色人種學生的犯規行為。一般而言，教育人員的低期望造成他們會提供給非裔、拉丁裔、印第安裔與一些東南亞裔（尤其是越南與柬埔寨）的學生學術性的糧食。

這些教育人員懷疑，為什麼有色人種學生無法在學校的標準化成就測驗表現很好，被教育人員抱持低期望的有色人種學生，當他們對抗老師的低期望而表現很好時，他們就會被懷疑不誠實或作弊。當對學生的低期望終而產生不好的表現時，老師就會發表意見說：「你還能對他們有什麼期望？」不遵從高期望的歐裔學生會被說成低成就者，超過期望的低表現的學生被稱為過度成就者。這些態度造成廣泛的不均等，這些不均等就是指教育人員在學校的日常生活中如何與歐裔學生與有色人種學生的互動，以及因此而存在的教育不均等。

還有一項議題是針對學生評鑑的內容與主體。所有的成就測驗是設計來測量學生所知道的內容，大概這些測驗就是在反映學校所教的內容。如果學校能對所有的學生平等地教一些與學生文化背景有關的課程，而且也能教得一樣好，這是一個合理的期望，同時就不會有民族不均等的爭議。但是學校並沒有那樣做，雖然最近三十年來，在使學校的課程包含更多民族與文化的多樣性這件事情上，已有了一些進步，但是所教的大部分知識與成就測驗仍然是歐洲中心的。

甚至在技能精熟方面的傳送也是透過歐洲中心的脈絡。例如，成就測驗會將一些技能埋藏在一些情境之中，但是，這些情境卻與有色人種學生的文化背景及生活經驗無關，這些學生為了推斷這些技能內容，就必須解讀那些歐洲中心的脈絡。例如，一群來自加勒比的移民學生從未經歷過下雪的生活，但卻被要求在一篇有關大風雪的挑戰與困境的文章中進行問題解決。他們可能知道問題解決的技巧，但卻不熟悉這個脈絡劇情（與雪有關的問題），終而干擾了他們有效地顯露問題解決的能力。大部分的歐裔學生就沒有這種脈絡干擾的問題（contextual-interference problems）。因為這些方式（formats）是選自這些學生與學校共有的文化導向，所以他們同時熟悉脈絡與表現的方式。如果他們知道技巧，他們在顯露他們所精熟的內容時就有助益。這並不是說有色人種學生不應參加成就測驗，也不是說他們的學校表現不應被評鑑，更不是說不應對他們有高成就水準的期望。

達成教育均等

　　大學入學考試中心（College Entrance Examination Board, 1985）提出它的總結報告《均等與卓越》（*Equality and Excellence*），據該報告的觀察指出：「對黑人學生而言，只有他們能在中小學中獲得豐富的課程機會，並獲得充分的財務協助以追求高等教育的機會，以及獲得具優良資格老師的教學時，卓越才能稱真正達成。」（p. 4）另一項最近的報告《達到優越》（*Reaching the Top*）（College Board, 1999）宣稱：「發生在國內的種族與民族組成結構的快速變化，帶來了一項新的急迫感」，以改善有色人種學生的教育機會與結果（p. 1）。這個需要已經成為：

　　　　一種道德上與實用上必要的事，〔因為〕當許多人——和整個族群的人——沒有真正的機會去完全地發展他們的學術天賦，對於他們的教育機會的缺乏時，我們的社會是更加貧窮了。基本上這是不公平的，這潛在地也是社會分裂的一項巨大能量。（College Board, 1999, pp. 2, 5）

Gay（1994）提到*對文化多樣性的學生而言，文化相關學習經驗中的可比較性*對達成他們的教育均等與高層次成就是重要的。

重新定義使用的機會（Access）

為了完成這個目標，改革的努力應將有色人種學生的教育均等重新定義，*為使用熟悉的種種教學過程，而且積極地對學生的文化導向與學習風格加以反應*。以可操作的名詞而言，這個意義聲明學習的問題不是完全落在學生的無能上，而是落在使用於學生所就讀的學校的不平等、漠不關心與支配的實務上。它也意味學校應該對人類的變異性更積極地反應，少花時間去操縱有色人種學生而使他們順從於制度的結構，實施一些計畫與過程，透過使用高品質、高地位、高影響力的知識、技能與經驗去增能學生（Fantini, 1979）。為了達成教育均等，我們應把上述的概念轉變成師資培育改革的實務，如課程設計、教室教學、編班實務、學校氛圍、如何診斷學生的需求、如何評量他們的成就等等，所有這些議題無法在此做詳細的討論。因為老師在決定學生於教室中所獲得的學習機會的品質扮演著關鍵性的角色，所以對師資的培育應予以更多的關注。

改變分流與測驗的措施

所有分流（tracking）的制度全都應廢止，即使是在最好的情況下，事實上分流會否決了有色人種學生與低成就水準學生均等的教育機會。分流措施封閉了學生社交與學業進步的通路，而不是打開通路，而且使得一些學生很早就成為教育與社會的底層。分流措施應彈性地更新，經常改變為合作與異質的編班，以達成各種特定的教學任務與技能發展的目的。例如，應把學生編在一起以學習地理方位，直到他們的技能都精熟時才解散；也應建立其他類型的安排，以處理新技能、新任務與新經驗的學習。

用來評鑑學生成就的常模參照標準化測驗（norm-referenced standardized tests）應少用，且要小心使用，最好能結合其他的評量。不要太強調評鑑學生他們自己的成績紀錄，反對在隔離的時間點看學生的表現，而*應專注在不同的參考點之間的進步範圍*。學校與班級需要採用多重的技術與程序，包含學術的、社會的、心理的、情緒的測量，也包含語文的、視覺的、觀察的、參與的、運動的方法，去評量學生的知識與技能。這種多樣性是必要的，才能防止任何一種對某一民族是有利的技術，卻不實施於其他民族。能力評鑑的*內容與程序*應同時修訂，以包含美國國內各民族更完

整的文化貢獻、經驗、導向與風格。

這些取向（approaches）通常應是*文化脈絡化的，且應是設計來作為診斷與發展學習與教學功能之用的*。換言之，應採用測驗措施來決定學生如何與為何繼續進行特定的學習任務，而且，這些取向所採取的方式應反映被評鑑學生的文化導向與差異。應該經常實施這類的測驗，而且教學的計畫就應該依所得到的結果加以改變。所以，有色人種學生應被放在自我參照與自我節奏的學程中去完成他們的學校教育。敘事性的報告、發展性的檔案、學生－老師－家長的會議，與軼事性的紀錄，應取代或補充字母和符號成績來說明學生的進步情形。

課程改革

如果要確定有色人種學生獲得平等的教育機會與結果，則學校的課程必須進行改革。但是，大量的內容依教育品質的評量而言，是不如人意的，學校中許多無關緊要的教材無法改善有色人種學生的教育品質與成就品質，如果拉丁裔、印第安裔、非裔的學生在科學的學習上已經面臨失敗，學校卻只採用更多的教材，而沒有把教材的內容與教學的技術多元文化化，則這些學生會面對更多失敗的機會。如果低進路的學生是修習與高進路學生不同的數學課程，當高進路的學生修習更高階的課程，而低進路的學生只修補救性的課程時，則低進路學生與高進路學生在所學習的重要內容上的落差會更擴大。

什麼是學校所認為的重要知識與技能而要所有學生去學習，以及這些技能要如何了解與教導，這些都要修正以包含文化的多元性。這些修正應反映*美國社會與世界的綜合性的人口資料，及社會的、文化的、語言的實體*，而不是只反映生活中科技的、經濟的與政治的面向。首先，這個意義是學校中的課程應顯現並努力趕上科際的性質，而*這種科際的性質是包含人類生活、知識、價值、技能與經驗各面向*。其次，學校應教導這個互賴的世界——這個世界中白人只是少數人口的族群，且這個世界的自然資源的控制、社會抱負與權力磋商正逐漸從西方往非西方、非白人的國家在改變。第三，應協議努力去達成*科技發展與人文關懷更大的平衡*，倫理學、道德準則、美學的技能與認知一樣重要。這幾種的課程改革會增進有色人

種學生更認同學校教育，以及與學校教育有更好的關係，進而改善他們的表現。

多元文化師資教育

有色人種學生在教室中所獲得的各種教育機會，教師是扮演中心的角色，所以教師的再教育與訓練，基本上是在提供教育均等。這種訓練有四個基本的重點：第一是，*自我的知識*（self-knowledge），教師、諮商人員、行政人員應更清楚他們自己的文化價值、信念，因為這些知識會影響他們對來自不同民族的學生的態度與期望，以及這些知識在學校行為中如何被表現出來。這些人員也需要了解他們的價值與信念對學生的影響，及與學生自我概念、學術能力、教育機會、成就結果的關聯。

Spindler與Spindler（1993）提供了一種模式，使老師能增進自我知識。這種模式稱為「文化治療」（cultural therapy），它是「一種過程，透過這種過程將個人自己的文化——假定、目標、價值、信念與溝通風格——形成知覺的層次，而允許個人能在社會互動及技能與知識獲得和傳送中知覺它是一種潛在偏見」（p. 28）。文化治療有三種元素：*自我反省*、*自我監控*與*自我超越*。這種文化意識是永遠存在的，「所以，在行為的知覺與解釋中會有潛在的衝突、誤解、盲點，是可以預料的」（p. 28），而且會詳細分析學校與大社會中不平等的權力關係。文化治療可以幫助老師確認、了解、分析一些原因，這些原因是他們發現各民族學生的價值與行為何以是令人不快的、令人震驚的、令人生氣的（Spindler & Spindler, 1993）。文化治療的最終目標在於增能教師，並實踐社會改革必須由個人開始的原則。

只告訴老師說，他們的文化假定會導致對有色人種學生的低期望與負面結果是不夠的，也不是只閱讀這方面效應的研究文獻就行了。取而代之的是，老師需要*看見並了解*他們對教室中文化多樣性的學生如何表現，這個問題可以透過鏡子影像投射或重演老師在教室中的行為、訓練老師成為教室動力學的參與觀察者（participant-observers）、系統化地使用不同的技術分析教師的教學行為等等措施來達成。利用不昂貴的技術，例如錄影機，就可以容易和合宜地完成這種訓練。教學行為的錄音帶和錄影帶對呈現老師教室中的實際作為是非常有用的，這些錄影帶比起外在的觀察員更

好，因為錄音機和相機不會解釋或歪曲真正發生了什麼事。採人種誌技術、互動分析、提問策略、架構分析、自我反省、回饋機制，以及參與式行動研究的訓練，能幫助老師系統化地看到這些記錄的行為，並能監控他們所做的變化的努力。

老師除了*學習如何*從內部人的觀點去*解讀他們的態度與行為*外，也需要學習從「他者」的觀點去分析這些態度與行為，特別是有色人種學生的觀點，這些技巧不會自動就獲得，它們必須有意地被教導。如果缺乏訓練，大部分的教育人員無法看見，他們在學校日常行為中的文化偏見。對他們無法公平地看待有色人種的學生與歐裔學生的聯想，傾向是與故意及公開的歧視行為有關。老師並不了解文化差異是如何徹底與微妙地滲透在他們的所有行為之中，而且會在教學行為中，對那些與老師文化架構與參照不同的學生產生負面的效果。

這些文化的影響需要透過發展使用於各民族學生的*批判意識與文化關聯教學*的技巧，加以抵制。《多元文化教育研究手冊》（*Handbook of Research on Multicultural Education,* Banks & Banks, 2004）、《文化、風格與教育的過程》（*Culture, Style, and the Educative Process,* Shade, 1989）、《多樣族群的教學》（*Teaching Diverse Population,* Hollins, King, & Hayman, 1994）等書的幾位作者，對印第安、非裔、拉丁裔與亞裔學生詳細清晰地解釋這個意思。他們的解釋包括：有關少數民族的文化遺產與貢獻的教學；發展師生之間的社交與人際關係，這種關係是表達一種人們的親屬關係、互賴、有關聯、照顧的感覺；應用文化參照架構使教學的內容對不同民族的學生更具有個人的意義；關心學生的情感、道德與認知的發展；培養社會的、文化的意識、團結與責任感。因此，文化適切教學或文化回應教學「藉由使用文化的參照對象去傳授知識、技能與態度，可以在智能、社會、情感與政治上對學生產生增能的作用」（Ladson-Billings, 1992, p. 382）。

為達成教育均等，教師再教育第二個要強調的是，*了解文化價值與行為符碼中的差異*，並了解教學過程如何重建以調適這些差異，這些差異是中產階級歐裔的老師與有色人種學生間的差異。老師並不會在一開始就平等地對待非裔、拉丁裔、印第安、亞裔與歐裔的學生，直到他們接受所有的這些學生都有相當的人類價值，且接受這些差異不意味著劣勢時，才能

平等地對待所有學生。要達到這樣的接受,在一開始時要先獲得有關不同民族的知識,以取代種族的迷思與刻板印象,這些知識包括:文化背景、生活經驗、互動型態、學習風格。一旦老師了解文化行為背後的結構與動機,就可以開始設計兼容更多文化的教學活動,因此,就能改善有色人種學生學習經驗的品質。Pai(1990)與Gay(1994)兩人的論點認為,文化多樣性的知識是在教育過程與結果中達成均等與卓越的重要基礎,而前述就是這個論點背後的邏輯。這些觀點在Foster(1989, 1991)、Allen與Boykin(1992)、Au(1993)、Lee(1993),與Losey(1997)的研究報告中有更詳盡的描述。這些發現一致指出,教育過程中的*文化關聯性*會改善有色人種學生的學業成就。

教師再教育應發展的第三個焦點是,適用於有色人種學生的*教學技巧*(pedagogical skills)。這項訓練的起點應是在了解不同教學風格與民族學生的學習風格的具體特質。這種知識應與以下幾種學習內容相結合:即學習如何將教學策略多樣文化化;學習如何創造更具文化多樣的支持性環境,以提高學習和表現的成就;學習如何在民族多元的班級中降低壓力、緊張與衝突;學習如何為不同的民族學生選擇具有高品質及吸引力的教材;學習如何發展並採用對有色人種學生是有意義、有關聯、能實現、會增能的學習活動。換言之,老師需要學習如何為教學而統整各民族的文化結構與課程材料;學習如何將他們的教學與評量策略多樣文化化;學習如何建構環境的民主以利學習。這些一般性的技能可藉由幫助老師學習如何對有色人種學生使用具體的教學策略而成為可操作的,這些教學策略包括:提問、回饋與增強、合作學習、歸納教學、社會脈絡學習、視聽學習。

使用於教師訓練中以發展這些技能的模式應是四個面向——包括:*診斷*、*發展與實踐*、*分析的詢問與反省*,與*改進*,使教師在職訓練主動地涉及每一層面。訓練的過程應以一項謹慎的評量作為開始,評量對有色人種學生使用各種教學策略所可能牽連的問題及其價值,例如,為了這個目的,真實教學行為的例子應該被使用。然後,這項訓練接著是要使老師發展包含文化多樣性的變通課程設計與教學策略,並把這些設計及策略在真實或模擬的教學情境中試驗,而且還能做好嚴謹的監督。發展這些技能所做的努力經過試驗及田野測驗後,就應該透過過濾器徹底地檢驗,以決定

它們的優點和缺點，這個過濾器在設計與實施上具有各種文化的標準。分析的首要應該是新教學策略的洞察特性，這些教學策略會促進或繼續防止有色人種學生教育機會和成就的改善。最後，得自這些經驗與分析的領悟，應該被用來進一步改進多元文化課程設計與教學策略。

　　為達成教育均等，教師、諮商人員與學校行政人員再訓練的第四個要強調的是，*公共關係技巧的發展*。主要的改革在於應培育教育人員與有色人種學生的家長溝通與互動，並能在教育的過程中調用他們的社區資源去幫助家長。近來，教育人員有一種強烈的趨勢去責備學校，認為學生的失敗在於家長缺少參與學校的事務。這種推諉責任的論點在改善學生的教育時是沒有效果的。那是一種責備與控告受害者的形式，同時也是教育人員在教育有色人種學生逃避自己責任的一種形式。

　　無疑的，有色人種學生的家長應更主動地涉入自己孩子的教育，但可以理解的是，他們為什麼是勉強的或是無法如此做，學校把他們的孩子教育失敗了，正如這些家長在當學生時，學校也把他們教育失敗了。教育人員只有在學生在學校中有麻煩了，才會找家長說說他們的孩子。這種懲罰式的、對立的處理方式，無助於教育人員與有色人種學生家長之間的合作。另外，老師與行政人員不能完全了解或重視一項事實，這項事實是這些家長缺乏時間、個人資源與技術來協助自己，依照傳統上老師所期望的方式來教育自己的孩子。家長如何能有效地督導他們孩子的功課，或如何能在有需要時來到學校，當他們不熟悉學校最近所使用的教學策略，以及當他們正在從事時薪或低薪資的工作時，就不允許他們花掉時間而沒有收入？不會說英語或是只會說一點英語的父母親如何了解他們孩子的語言作業，當然就無從督導與幫助孩子完成作業？教育專業發展的學程應幫助職前及在職的老師了解這些真實生活中的社會與文化因素，以及了解他們得自於家長的反應的效果，進而邀請家長成為教育的夥伴，並發展新穎的、文化敏銳的策略來克服這些障礙。

　　這項訓練過程應包含*文化適切公共關係技能的發展*，以應用於不同的民族社區，它應該是各階段專業培育的一部分，不論大學部和研究所、職前和在職。這項訓練的開始也是要先獲得以不同民族社區人員的文化動力學為基礎的正確知識，誰是這些社區之中的權力經紀人，彼此的互動與關係應如何磋商。這項訓練也應包含發展如何與不同民族的社區與家長建立

信任關係的策略和技能。特別是，應包含發展確認與接近具影響力的非正式社區網絡的技能；了解不同民族的社交禮儀；與家長及社區組織建立諮詢關係；與有色人種學生的家長及其他社區成員建立平等地位的關係；成為家庭與學校這個跨文化系統的文化經紀人或調停者；為有色人種學生的家長分散來自於學校的威脅或恐嚇；將教育的術語轉譯為對不同民族社會與語言背景的家長均有意義的語言風格；確認家長與教育人員能會晤、諮詢、會商與合作的範圍或場合。

所有這些*文化外交技巧*的元素，老師、輔導諮商人員與學校行政人員都應該精熟，以發展老師和有色人種學生的家長和社區之間更具建設性與合作的關係。像文化治療的成分、民族與文化多樣性的素養、文化回應教學等，這些元素都是改善有色人種學生教育機會與結果的品質的基礎。

284

總結

即使是在特意設計來改善有色人種學生的教育成就的法令改革與撥款政策之後的五十多年，許多有色人種學生之間的教育成就仍然是令人不安的偏低。有些改善是明顯的，但卻不是明顯到足以改掉長期建立起來的分數型態。不同的時間、地點與成就指標卻顯現出一致的結果，即非裔學生是所有民族中，學業精熟水準最低的民族，接著是拉丁裔學生和印第安學生。這些趨勢在NAEP每隔二、四、六年公布的數學、科學、閱讀、寫作、歷史與地理成績中更是明確。非裔學生在公民科的表現略佳，它的分數高於拉丁裔的學生。有色人種學生的學校入學率與畢業率正逐漸提高，這個事實使得他們的低學業成就更為麻煩。如果留在學校中，對調整教育、社會與經濟的不利條件有正面結果的話，則當有色人種學生的畢業率提高及中輟率下滑，學生就應該在學業上的成就要優於他們現在的表現。

大部分有色人種學生無法逐年顯著地改善教育的成就，這正確立了Miller-Lachmann與Taylor（1995）的論點，即雖然資金與法律是改善教育均等的必要變項，但卻不是充分條件。有些與*教學品質*顯著不同的事情就必須去做，以對有色人種學生提供更好的教育機會和結果。文化回應教學與多元文化教育提供了能促進這些改變的意識型態及策略。

當學生與老師的文化是不相稱時，就會有人喪失一些學習。一直以來，喪失的通常是學生，而且也喪失了他們的學習效能，特別是如果他們是非裔、印第安、拉丁裔與亞裔的學生。如果不去了解、接受或採用他們的文化作為教學的工具，則這些學生就沒有管道去獲得高品質的教育機會，及與歐裔學生相當的教學互動，此時，所存在的成就結果的差異就不令人驚奇了。當教育人員接受文化是有色人種學生獲得教育機會的品質，及他們達成學術表現的水準至關重要，但不是最終和調解的因素的這個事實時，前述的情況就會倒轉過來。正如Goodlad（1984）所說的，今日與明日教育的均等與卓越二者的中心問題是：「不再接近學校，而是去接近所有人的知識」（p. 140）。對有色人種的學生而言，這個管道並不是具有最大的可能，除非他們的文化導向被用為教學與學習的過濾器。因此，必須採用*文化回應教學*，以更合宜地教導來自於不同民族與文化背景的學生。

285

問題與活動

1. 教育均等的普遍概念與本章作者Gay所提出來的概念有何不同的看法？依據Gay的看法，有哪些不合宜的假定成了這些教育均等的普遍概念的基礎？

2. 在各種不同的成就評量中，有哪些關於有色人種學生的教育狀態的普遍型態是明顯的？這些趨勢要如何解釋？

3. 1990年代期間，有色人種學生教育地位下滑的情形為何？這種下滑的理由是什麼？

4. 關於亞裔學生被認為是模範少數民族的各參考文獻，如何過度簡化了他們的教育狀態？請由本章內容中舉出幾個具體的例子，以支持你的說法。

5. 學校與課程實務，如分流、職業課程與特殊教育班級，如何否決了有色人種學生相等的教育機會？

6. 作者聲稱，有色人種學生在學校經常被置於雙重危險之中，部分是因為他們的文化與學校的文化不同。說明作者對此概念的意義。在學校中，老師可以如何幫助降低有色人種學生所經歷的問題？

7. 依作者的看法，測驗如何促進低收入學生與有色人種學生的教育不均等？如何改變評量的計畫，使這些計畫能對所有學生的教育均等有所貢獻？

8. 依作者的看法，與民族多樣性有關的課程改革，對教育均等會有什麼貢獻？

9. Gay主張，有色人種學生的教育均等若缺乏「堅定的全校性改革」，是無法達成的。在學校環境與教師教育中，有哪些因素是她認為應改革的？為了達成這些改革，她提出了哪些建議？

10. 說明為什麼Gay認為，多元文化教育具有潛力去改善有色人種學生的教育均等與成就。

11. 依本章作者所發展的論點，對教育均等的概念建構出一份敘述性的側面圖。

12. 在一所有高百分比的有色人種學生的學校進行幾天的觀察，尋找本章所討論存在著不均等的證明。你的觀察結果如何證實Gay對於有色人種學生在學校所經歷的那些問題的論點？在你所觀察的學校中，曾推展什麼計劃、學校的政策與實務，以改善有色人種學生的教育狀況？以及其所獲致的成效如何？

Reference ••

ACT National and State Scores. (2002). Average ACT Scores by Academic Preparation for Different Ethnic Groups. Retrieved May 22, 2003, from http://www.act.org/news/data/02/data.html.

Allen, B. A., & Boykin, A. W. (1992). African-American Children and the Educative Process: Alleviating Cultural Discontinuity through Prescriptive Pedagogy. *School Psychology Review, 21*(4), 586–598.

Astin, A. A. (1985). *Achieving Educational Excellence: A Critical Assessment of Priorities and Practices in Higher Education*. San Francisco: Jossey-Bass.

Au, K. H. (1993). *Literacy Instruction in Multicultural Settings*. New York: Harcourt Brace.

Banks, J. A., & Banks, C. A. M. (Eds.). (2004). *Handbook of Research on Multicultural Education* (2nd. ed.). San Francisco: Jossey-Bass.

Boateng, F. (1990). Combatting Deculturalization of the African-American Child in the Public School System: A Multicultural Approach. In K. Lomotey (Ed.), *Going to School: The African American Experience* (pp. 73–84). Albany: State University of New York Press.

College Board. (1999). *Reaching the Top: A Report of the National Task Force on Minority High Achievement*. New York: Author.

College Board. (2002). 2002 College-Bound Seniors: A Profile of SAT Program Test Takers. Retrieved May 22, 2003, from http://www.collegeboard.com.

College Entrance Examination Board. (1985). *Equality and Excellence: The Educational Status of Black Americans*. New York: Author.

Fantini, M. D. (1979). From School System to Educational System: Policy Considerations. In D. A. Wilkerson (Ed.), *Educating All of Our Children: An Imperative for Democracy* (pp. 134–153). Westport, CT: Mediax.

Foster, M. (1989). It's Cooking Now: A Performance Analysis of the Speech Events of a Black Teacher in an Urban Community College. *Language in Society, 18*(1), 1–29.

Foster, M. (Ed.). (1991). *Readings on Equal Education: Qualitative Investigations into Schools and Schooling* (Vol. 11). New York: AMS Press.

Gay, G. (1974). *Differential Dyadic Interactions of Black and White Teachers with Black and White Pupils in Recently Desegregated Social Studies Classrooms: A Function of Teacher and Pupil Ethnicity*. Washington, DC: Office of Education, National Institute of Education.

Gay, G. (1994). *At the Essence of Learning: Multicultural Education*. West Lafayette, IN: Kappa Delta Pi.

Gay, G. (2000). *Culturally Responsive Teaching: Theory, Research, and Practice*. New York: Teachers College Press.

Gibbs, J. T., & Nahme-Huang, L. (Eds.). (1989). *Children of Color: Psychological Interventions with Minority Youth*. San Francisco: Jossey-Bass.

Good, T. L., & Brophy, J. E. (1994). *Looking in Classrooms* (6th ed.). New York: Harper Collins.

Goodlad, J. I. (1984). *A Place Called School: Prospects for the Future*. New York: McGraw-Hill.

Gougis, R. A. (1986). The Effects of Prejudice and Stress on the Academic Performance of Black Americans. In U. Neisser (Ed.), *The Achievement of Minority Children: New Perspectives* (pp. 145–158). Hillsdale, NJ: Erlbaum.

Grant, C. A., & Sleeter, C. E. (1985). Equality, Equity, and Excellence: A Critique. In P. G. Altbach, G. P. Kelly, & L. Weis (Eds.), *Excellence in Education: Perspectives on Policy and Practice* (pp. 139–159). Buffalo, NY: Prometheus.

Harry, B. (1992). *Cultural Diversity, Families, and the Special Education System: Communication and Empowerment*. New York: Teachers College Press.

Holliday, B. G. (1985). Towards a Model of Teacher–Child Transactional Processes Affecting Black Children's Academic Achievement. In M. B. Spencer, G. K. Brookins, & W. R. Allen (Eds.), *Beginnings: The Social and Affective Development of Black Children* (pp. 117–130). Hillsdale, NJ: Erlbaum.

Hollins, E. R., King, J. E., & Hayman, W. C. (Eds.). (1994). *Teaching Diverse Populations: Formulating a Knowledge Base*. Albany: State University of New York Press.

Igoa, C. (1995). *The Inner World of the Immigrant Child*. New York: St. Martin's.

John-Steiner, V. P., & Leacock, E. (1979). Transforming the Structure of Failure. In D. A. Wilkerson (Ed.), *Educating All of Our Children: An Imperative for Democracy* (pp. 79–91). Westport, CT: Mediax.

Ladson-Billings, G. (1992). Liberatory Consequences of Literacy: A Case of Culturally Relevant Instruction for African American Students. *The Journal of Negro Education, 61*(3), 378–391.

Ladson-Billings, G. (1994). *The Dreamkeepers: Successful Teachers of African-American Children*. San Francisco: Jossey-Bass.

Lee, C. (1993). *Signifying as a Scaffold to Literary Interpretation: The Pedagogical Implications of a Form of African American Discourse*. Urbana, IL: National Council of Teachers of English.

Losey, K. M. (1997). *Listen to the Silences: Mexican American Interaction in the Composition Classroom and Community*. Norwood, NJ: Ablex.

Miller-Lachmann, L., & Taylor, L. S. (1995). *Schools for All: Educating Children in a Diverse Society*. New York: Delmar.

Morgan, E. P. (1977). *Inequality in Classroom Learning: Schooling and Democratic Citizenship*. New York: Praeger.

Nielsen, F. (1986). Hispanics in High School and Beyond. In M. A. Olivas (Ed.), *Latino College Students* (pp. 71–103). New York: Teachers College Press.

Oakes, J. (1985). *Keeping Track: How Schools Structure Inequality*. New Haven, CT: Yale University Press.

Oakes, J., & Guiton, G. (1995). Matchmaking: The Dynamics of High School Tracking Decisions. *American Educational Research Journal, 32*(1), 3–33.

Orfield, G., Eaton, S. E., & the Harvard Project on School Desegregation. (1996). *Dismantling Desegregation: The Quiet Reversal of Brown v. Board of Education*. New York: New Press.

Osajima, K. (1991). Breaking the Silence: Race and the Educational Experiences of Asian-American College Students. In M. Foster (Ed.), *Readings on Equal Education: Qualitative Investigations into Schools and Schooling* (Vol. 11, pp. 115–134). New York: AMS Press.

Pai, Y. (1990). *Cultural Foundations of Education*. New York: Merrill.

Pang, V. O. (2001). Asian Pacific American Students: A Diverse and Complex Population. In J. A. Banks & C. A. M. Banks (Eds.), *Handbook of Research on Multicultural Education* (pp. 412–424). San Francisco: Jossey-Bass.

Pang, V. O., & Cheng, L. R. C. (Eds.). (1998). *Struggling to Be Heard: The Unmet Needs of Asian Pacific American Children*. Albany: State University of New York Press.

Pang, V. O., Mizokawa, D. T., Morishima, J. K., & Olstad, R. G. (1985). Self-Concept of Japanese American Children. *Journal of Cross-Cultural Psychology, 16*(2), 99–108.

288

Persell, C. H. (1977). *Education and Inequality: A Theoretical and Empirical Synthesis.* New York: Free Press.

Ralph, J., Keller, D., & Crouse, J. (1994). How Effective Are American Schools? *Phi Delta Kappan,* 76(2), 144–150.

Shade, B. J. R. (Ed.). (1989). *Culture, Style, and the Educative Process.* Springfield, IL: Thomas.

Spindler, G., & Spindler, L. (1993). The Processes of Culture and Person: Cultural Therapy and Culturally Diverse Schools. In P. Phelan & A. L. Davidson (Eds.), *Renegotiating Cultural Diversity in American Schools* (pp. 27–51). New York: Teachers College Press.

U.S. Civil Rights Commission. (1971–1974). *Mexican-American Educational Study* (Reports I–VI). Washington, DC: U.S. Government Printing Office.

U.S. Department of Education. (n.d.). NAEP: The Nation's Report Card. Retrieved May 22, 2003, from http://nces.ed.gov/nationsreportcard/sitemap.asp.

U.S. Department of Education. (1994). *NAEP 1992 Trends in Academic Progress.* Washington, DC: U.S. Government Printing Office.

U.S. Department of Education. (1995). *Characteristics of American Indian and Alaska Native Education.* Washington, DC: U.S. Government Printing Office.

U.S. Department of Education. (1999a). *Digest of Education Statistics, 1998.* Washington, DC: U.S. Government Printing Office.

U.S. Department of Education. (1999b). *The Condition of Education, 1999.* Washington, DC: U.S. Government Printing Office.

U.S. Department of Education. (1999c). NAEP 1998 Civics Report Card for the Nation. Retrieved May 22, 2003, from http://nces.ed.gov/pubsearch/pubsinfo.asp?pubid=2000457.

U.S. Department of Education. (2002a). *The Nation's Report Card: Fourth Grade Reading Highlights 2002.* Jessup, MD: ED Pubs.

U.S. Department of Education. (2002b). *The Nation's Report Card, 2000: Science Highlights.* Jessup, MD: ED Pubs.

U.S. Department of Education. (2002c). *The Condition of Education, 2002.* Washington, DC: U.S. Government Printing Office.

Verdugo, R. R. (1986). Educational Stratification and Hispanics. In M. A. Olivas (Ed.), *Latino College Students* (pp. 325–347). New York: Teachers College Press.

Winkler, J. D., Stravelson, R. J., Stasz, C., Robyn, A., & Fiebel, W. (1984). *How Effective Teachers Use Microcomputers in Instruction.* Santa Monica, CA: RAND.

Yu, E. S. H., Doi, M., & Chang, C. (1986, November). *Asian American Education in Illinois: A Review of the Data.* Springfield: Illinois State Board of Education.

第九章　有色人種學生的教育均等

多元文化課程改革的取向

James A. Banks　著

陳枝烈　譯

主流中心的課程

　　美國是由許多不同的種族、民族、宗教、語言、文化團體所構成的國家，在2000年時，有色人種——如非裔美國人、拉丁裔、亞裔美國人——占美國總人口數的28％，到了2050年時，這些團體將占美國人口的48％（Martin & Midgley, 1999）。雖然美國國內的民族組成成分有愈來愈深化的現象，但是，中小學、大學中的主流課程卻由反映主流美國人經驗的概念、典範與事件所組織（Banks, 1996, 2004b）。這種支配性、主流的課程在近三十五年來已受到挑戰與侵襲，這種挑戰始於1960年代與1970年代的民權運動。結果是，今日的主流課程與教科書已經比民權運動開始之際更具多元文化的特性。過去所努力而獲致的進步是應該被承認的，但是，這類的改革既不像它所需要的那麼廣泛，也不是那麼具制度性，所以這種課程轉化的過程應繼續下去。因為美國與整個世界的變遷是持續的，所以課程轉化是一個沒有終點的過程（Banks, 2004a）。

　　這種聚焦於主流美國人經驗但卻常忽略其他種族、民族、文化、語言、宗教團體的歷史、文化與經驗的課程，會對主流的美國學生與有色人種學生造成負面的後果。中小學、大學與社會中不斷地強化與持續地存在種族主義與民族中心主義，主要是因主流中心課程的影響。

　　主流中心的課程因為強化了錯誤的優越感，並誤導了主流美國社會與其他種族、民族的關係，否決了經由學習與經驗其他文化與族群而獲得的知識、觀點與參考架構而受益的機會，所以，主流中心課程對主流的學生會造成負面的後果。主流中心的課程也排拒主流美國的學生擁有從其他文化與族群的觀點來了解自己文化的機會。當個體能從其他文化的觀點來審

視自己的文化時，就能更完全地了解自己的文化，了解它與他族文化是如何的不同與獨特，並能更了解它與他族文化有如何的關係與互動。

主流中心的課程對有色人種的學生（如非裔美國人、拉丁裔與亞裔美國人）會有負面的影響，它將這些族群的經驗與文化邊緣化，而且不能反映這些族群的夢想、希望、觀點，主流中心課程無法在學校中提供這些族群的學生社會公平與民主制度的重要特質（Gutmann, 2004）。當學校的課程能反映所有學生的文化、經驗與觀點時，學生會學得最好，且動機最強。許多有色人種學生在學校中是疏離的，那是因為他們經歷了文化的衝突與中斷，而這種衝突與中斷是導源於學校與社區文化的差異（Delpit & Dowdy, 2002）。學校可藉由實施反映有色人種學生的文化的課程，來協助有色人種學生調解家庭與學校的文化。學校在教有色人種學生的寫作、語文、科學與數學等科目時，可以也應該有效地採用他們的社區文化（Delpit & Dowdy, 2002）。

在主流中心取向的課程內，其中的事件、主題、概念與議題，被認為主要是來自主流美國人與歐洲人的觀點。例如，歐洲人在美洲探險的事件與文化發展，以及美國音樂的發展，均被認為是來自盎格魯與歐洲的觀點，而且被評價為使用主流中心的指標與觀點（Bigelow & Peterson, 1998）。

當歐洲人在美洲的探險被認為是採歐洲中心的觀點時，美洲就被認為是因為歐洲人探險所「發現」，例如哥倫布和西班牙的國會（Loewen, 1995; Zinn, 1999）。美洲原住民被歐洲人所發現的看法，微妙地顯露出似乎印第安文化是不存在的，直到他們被歐洲人「發現」，以及美國印第安長久所居住的土地，於歐洲人移居之後被視為由歐洲人正當地擁有。

當美國文化（例如：音樂與舞蹈）發展的形式與本質被認為是來自於主流中心的觀點，這些藝術的形式只有在它們被主流的評論家或藝術系所認知或視為合法時，才會是重要及有意義的。非裔美國音樂家（例如：Chuck Berry 和 Little Richard）的音樂，直到白人歌手（如Beatles和Rod Stewart）公開承認他們的音樂的主要形式是深受這些非裔美國音樂家的影響時，才會被認為是傑出的。這種現象也發生在藝術方面，通常白人的藝術家公開承認時，亞裔、非裔、拉丁裔與原住民藝術家所創造的民族文化形式才被視為合法。

✿ 公開的場合與普遍的歷史

盎格魯中心的歷史不僅出現於美國中小學、大學的教學之中，而且也存在於國家公園、博物館與其他公開場所的普遍知識之中。Loewen（1999）就說，在各種國家歷史現場的公共歷史為了呈現正面的盎格魯美國人形象，常常扭曲了歷史的真相。他曾針對此出版了一本書，名為《遍及美國的謊言：我們的歷史現場怎麼錯了》（*Lies across America: What Our Historic Site Get Wrong*）。

我曾看過幾個在公開場所紀念碑的例子，它存在著盎格魯觀點的美國歷史。第一個例子是出現在華盛頓州Townsend要塞的殖民地，那是美國陸軍駐地所在，在那裡的聯邦公園中有一紀念碑，從其中的*殖民者*（而不用*侵略者*）、*失控*、*造反*等字眼，可發現作者認為取得印第安的土地是正當的，而且將印第安的抵抗認為是不可理喻的。

Fort Townsend

美國陸軍於1856年駐軍於此。在十九世紀中葉，Townsend港的發展引起印第安人的*失控*，*殖民者*開始組成自衛隊，而且不論何處有需要就前往該處作戰，在西雅圖的戰役中打敗了印第安人。1854年，政府強迫印第安人訂下條約，要求印第安割讓大部分他們的領土時，印第安人就*造反*。Townsend港是進入Puget Sound的繁榮港口，所以就要求美國陸軍的保護。

第二個例子是在阿肯色州的Marianna，該地是本章作者的故鄉，是Lee縣的縣城中心，這個場所是紀念Lee縣的聯邦軍人的生命與成就，以及紀念Robert E. Lee這位聯邦陸軍將軍的生命，他也是一位南方的英雄人物。這個紀念碑上寫著：「以敬愛之心緬懷Lee縣聯邦軍人，未曾有比Robert E. Lee更勇敢的人為美麗的土地流過血，未曾有比這裡更美麗的土地曾有過這種偉大的事件。」最後一個例子是在田納西州Memphis的聯邦公園中的紀念碑，這是紀念美國總統Jefferson Davis的生命，紀念碑上寫著：「在各州之間的戰爭開始之前，他是一位傑出的國會議員，而且二次當選參議員。他也曾任美國戰爭部長（Secretary of War），是一位真正的美國愛國者。」把Jefferson Davis描寫成「真正的美國愛國者」是受質疑的。

建立多元文化課程的努力

　　自從1960年代的民權運動以來，教育人員已從多種方式試著將多元民族的內容統整於學校課程之中，而且想消除主流中心與歐洲中心的課程（Banks, 2002）。有幾個複雜的理由已證明，這對學校而言是困難的目標，大部分美國教育人員抱持著強烈的同化意識型態是最主要的理由（Banks, 2001）。由於同化意識型態的關係，若要教育人員去思考美國社會與文化的發展有多麼的不同，以及要獲得承諾去編製多元文化課程是有困難的。具有強烈同化意識型態的人會相信，美國社會中的重要事件與發展是與這個國家的英國遺產有關的，而且相信其他民族與文化族群的貢獻其實並不是非常重要。只有當教育人員對美國文化擁有多元文化意識型態與概念時，他們才會將各種文化、民族、語言與宗教團體的經驗與貢獻，視為對美國的發展是重要的。

　　意識型態的抗拒是減緩多元文化課程發展的主要因素，但是，尚有其他因素也影響著多元文化課程的成長與發展。對多元文化課程的政治抗拒也與意識型態的抗拒密切關聯，許多抗拒多元文化課程的人相信知識就是力量，而且也了解美國社會中多元文化的觀點在挑戰現存的權力結構。他們相信，支配的主流中心課程是支持、強化且正當化現有的社會、經濟與政治結構，許多觀察者的看法認為，多元文化的觀點促進並合法化了社會的變遷與社會的重建。

　　在1980年代與1990年代間，對於課程應是西方與歐洲中心或是應反映美國文化、民族、種族多樣化，有一場激烈的辯論。在這次的辯論中，至少可確認三個立場：(1)西方傳統主義者強調，正如過去的定義和構思，西方應是學校或大學中課程的焦點，因為美國文化與西方文明的影響遍布全世界（Ravitch, 1990; Schlesinger, 1991）。(2)然而，非洲中心的學者則堅決主張，非洲與非洲人的貢獻應在課程中被強調（Asante, 1998; Asante & Ravitch, 1991）。(3)多元文化論者則聲稱，雖然在課程中應大部分強調西方觀點，但是西方也應被重新解讀，使其反映有色人種對西方所做的貢獻（Zinn & Kirschner, 1995）。另外，在教導西方的理想時，在西方理想與種族中心主義、男性中心主義與歧視實體之間的鴻溝也應教導（Dilg, 2003）。多元文化主義者也相信，除了學習西方之外，學生也應學習世

界其他的文化，例如：非洲、亞洲、中東，以及歐洲人未到之前的美洲（Gates, 1999）。

其他減緩多元文化課程制度化的因素，包括：在過去十多年所產生的高風險測驗與績效責任、許多教育人員對族群文化的知識認識不夠，及在教學時對教科書的嚴重依賴。許多研究顯示，教科書仍然是教學的主要資源，特別是在社會科、閱讀、語文等學科更是如此（Goodlad, 1984）。

教師必須對族群文化與經驗有深入的認識，才能將族群的文化內容、經驗與觀點統整於課程之中。許多老師告訴學生哥倫布發現美洲，且美洲是一個「新世界」，因為他們對於歐洲人於十六世紀移民來到美洲之前，已生活在美洲超過四千年的各族印第安的文化知之甚少。正如Gary Howard（1999）在他具說服力與資料豐富的《我們無法教我們所不知道的》（*We Can't Teach What We Don't Know*）這本書所說的。

多元文化課程內容的統整層次

貢獻取向

有四種統整民族與多元文化內容於課程中的取向（見圖10.1）。貢獻取向（contributions approach）（層次一）是一般學校或學區在剛開始嘗試統整多元文化內容於課程中較常使用的方式。

這種取向的特質是，選擇少數民族文化的內容所持的標準，與選擇主流文化的英雄／女英雄人物和文化器物的標準是相同的，然後將少數民族的英雄／女英雄人物和片斷的文化器物插入課程之中。所以，像Crispus Attucks、Benjamin Bannaker、Pocahontas、Martin Luther King, Jr. 與Cesar Chavez等人就會被加入課程之中。當主流的美國英雄／女英雄Patrick Henry、George Washington、Thomas Jefferson、Betsy Ross與Eleanor Roosevelt等人在主流課程中被探討時，前述的少數民族人物也會被討論。這種取向雖然個別地研究各種族群的食物、舞蹈、音樂和器物等文化元素，但卻較少關注這些文化內容在這些民族社區中的意義與重要性。

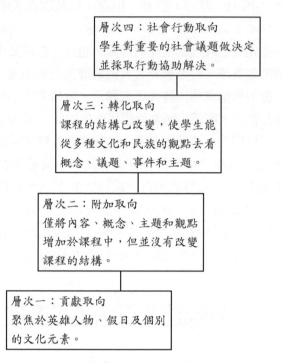

圖10.1　Banks的多元文化課程統整的四個層次

　　貢獻取向的另一特質是，主流課程的基本結構、目標與重要特質仍然沒有改變，實施此一取向的先決條件是很少的。這些課程包含了有關美國社會的基本知識，也包含各種民族英雄／女英雄的知識，及他們在美國社會與文化的角色與貢獻。

　　挑戰優勢社會的意識型態、價值與概念的人，及致力激進的政治、社會與經濟改革的人，也很少被包含於貢獻取向的課程之中，所以，像Booker T. Washington就比W. E. B. Du Bois更有可能被選入課程之中；Pocahontas也比Geronimo更有可能被選入。因為用以選擇少數民族英雄／女英雄人物的標準，或判斷他／她們是否成功的標準，是依據主流社會的標準，而不是依少數民族社區的標準。所以，採取此種貢獻取向通常導致只對代表少數民族社區的一種重要觀點的英雄／女英雄的探討；而那些較激烈或不順從的人，也就是說，那些真正在少數民族社區是英雄／女英雄的人物，卻經常在貢獻取向的教科書、教材與活動中被抹殺。

英雄／女英雄與假日取向是此貢獻取向的一種變形，在這取向中，民族的文化內容基本上受限於與族群的事件與慶祝活動有關的特定日子、週與月。例如：Cinco de Mayo、Martin Luther King, Jr.的生日、非裔美國歷史週，就是學校舉辦慶祝活動的民族日和民族週的例子。在這些慶祝活動中，老師讓學生上一些與這個被紀念的民族有關的單元、經驗，或請學生穿上民族服裝。應用這種取向時，班級中的學生在此事件或時機之前或之後，均很少甚至沒有研讀與這個民族有關的文化或內容。

貢獻取向（圖10.1的層次一）提供老師一種很快能統整少數族群文化於課程中的方式，因此，能了解一些少數民族對美國社會與文化的貢獻。許多被要求要統整民族內容於課程中的老師，卻很少對族群文化內容與課程改革有所認識，所以，當他們想教導有關民族文化時，就採貢獻取向。這些老師應被鼓勵、支持，並給予機會去獲得改革他們課程的知識與能力。這種課程改革是藉由採用本章之後所描述的一種或更多種的有效模式加以進行。

對於學校中將英雄／女英雄、貢獻與文化放入課程中，常有來自少數民族社區中的政治需要。因為主流的英雄（如Washington、Jeffonson、Lfincole）容易在學校課程中看見，所以，這政治的力量即採取需要英雄與貢獻的形式，有色人種的社區靠著主流社會而看到自己的英雄／女英雄與貢獻，這些貢獻會使他們認為自己被納入結構中，且是有效的、是社會平等的。課程中納入這些民族文化內容可以促進被邊緣化的族群及文化去探索增權賦能、功效與社會平等的感覺，學校應協助少數民族的學生獲得增權賦能及有效能的感覺，這些因素與學業成就是成正相關的（Coleman et al., 1966）。

對教師而言，要將少數民族文化內容統整於課程中，貢獻取向是一種最容易使用的方式。然而，這種取向仍有幾項嚴重的限制。第一，完成課程的統整基本上若僅透過插入少數民族英雄／女英雄人物和貢獻，則學生無法對美國社會中的民族與文化團體的角色獲得整體性的觀點。他們會把這些民族的議題或事件，視為僅是課程中的附加物，而且會被認為是這個國家發展故事中的配角，或是語文、社會、藝術與其他學科的核心課程的附屬品。

第二，當教導少數民族的議題時，若僅採取少數民族的英雄／女英雄

人物與貢獻，則會掩飾許多與少數族群被犧牲、壓迫有關的概念和議題，也會掩飾掉許多少數民族為爭取權利而反抗種族主義的奮鬥。貢獻取向的課程統整通常避開了種族主義、貧窮、壓迫的議題。這種取向傾向只關注小說作家Horatio Alger迷思的成功與效能，認為所有美國人都願意努力工作而能致富，且能「靠自己的力量而提升自己的地位」。

因為這些英雄人物（例如：Booker T. Washington、George Washington Carver與Jackie Robinson）成功的故事僅論及其成功的結果，而很少關注種族中心主義，他們所面對的阻礙及任憑障礙在前他們依然能成功，很少注意到他們成為英雄／女英雄的「過程」。學生應學習英雄／女英雄人物成功的過程，與成為英雄／女英雄人物的地位與角色。只有在學生學習這些過程，才能了解英雄／女英雄人物（尤其是有色人種的英雄／女英雄人物）如何成就及維持英雄／女英雄的地位，及成為英雄／女英雄的過程對他們的生活有什麼意義。

第三，貢獻取向常常導致少數民族文化的庸俗化，和對他們奇特的、異族特質的研究，及刻板印象和錯誤概念的增強。當只注意民族文化中的貢獻與獨特面向時，學生就無法將它們視為一個完整且動態的整體。貢獻取向也只注意到少數民族的*生活方式*，但未注意*制度的結構*」（例如：種族中心主義、歧視），因為這些制度的結構會明顯地影響他們的生活機會，使他們變成無力感與邊際化。

第四，貢獻取向的課程內容統整僅提供學生記得少數民族英雄／女英雄人物那一時期的經驗，但卻無法幫助學生了解這個英雄／女英雄人物在整個美國歷史與社會脈絡中所扮演的角色和影響。若此，僅從片斷或部分他們所生活和工作的社會與政治的脈絡中探討少數民族英雄／女英雄人物，學生就只能對他們在社會中的角色和重要性獲得部分的了解而已。例如，Martin Luther King, Jr.與Rosa Parks若是放在1940年代至1950年代美國南方制度化的種族中心主義的社會與政治脈絡之外來研究，而且忽略該時期北方的制度化種族中心主義的微妙形式，則他們成為一個社會改革者與活躍分子的重要性，不是顯現不出來，就是不為學生所了解。

附加取向

統整少數民族文化於課程中的另一種重要取向是，附加內容、概念、

主題與前途於課程中，但並沒有改變課程的基本結構、目的與特質。附加取向（additive approach）（圖10.1的層次二）通常是以增加一本書、一個單元、一個授課時數來達成，但其主體並沒有改變。此一取向的例子如：於英文課的單元中增加一本二十世紀出版的《紫色姐妹花》（*The Color Purple*）的讀本；或是在單元中提供一部描寫1960年代名為《珍瑰曼小姐的自傳》（*Miss Jane Pittman*）的影片；或是在美國歷史的課中，講解二次世界大戰時提供一捲錄影帶，如《月中玉兔》（*Rabbit in the Moon*），介紹日裔美國人被拘留。

附加取向允許老師將少數民族文化放入課程中，但並沒有重組它，在這個過程中將投入時間、努力、訓練，並重新思考課程的目的、本質與目標。附加取向可算是努力進行轉化的課程改革的最初階段，這種轉化課程是設計來重組全部的課程及統整課程，使其具有少數民族的內容、觀點與參照架構。

然而，這個取向卻有幾項缺失是與貢獻取向共有的，最大的缺失是因為這個取向並未涉及課程的重組，所以，會導致以主流的歷史學家、作家、藝術家和科學家的觀點來看少數民族的文化。選擇來學習的事件、概念、問題、議題是依主流中心與歐洲中心的標準及觀點。例如，在小學五年級的美國歷史課堂中教導「西進運動」時，老師可以藉由增加有關Oglala蘇族印第安的內容來統整課程。因為其觀點的緣故，所以這個單元仍然是一種主流中心的。

「西進運動」的單元是主流與歐洲中心的，因為它是聚焦於歐裔美國人從美國的東方向西方的移動，而Oglala蘇族印第安人早已在西部，所以並沒有往西移動。這個單元若白Oglala族的觀點，應名為「東方人的入侵」。Oglala蘇族的一位聖人──Black Elk哀悼他的族人所經歷的一場戰爭，在1890年12月29日的戰爭中最激烈的傷膝澗（Wounded Knee Creek）一役，有將近兩百名蘇族的男人、女人與兒童被美國部隊所殺。Black Elk說：「蘇族的保護籃被破壞了，且不再有領導中心了，聖樹也死了。」（Neihardt, 1972, p. 230）

Black Elk並認為西方不是他的家鄉，而是世界的中心。他很形而上地看這些重要的方向，偉大的神（Great Spirit）從西方送給他生命之水的杯子與聖弓，黎明的星辰與聖菸斗是源自於東方，蘇族的聖籃與開花的聖樹

是來自於南方（Black Elk's Prayer, 1964）。所以，當教導歐洲人橫越北美的移動時，老師應協助學生了解，不同的文化、種族、民族對於同一歷史事件、概念、議題、發展，經常會有不同與衝突的概念與觀點。尤其是勝利者與被征服者對同一歷史事件通常有衝突的概念（Limerick, 1987）。而且，勝利者的觀點常在學校與主流社會中成為制度化。這種情形之所以發生，主要是因為歷史與教科書是由戰爭的勝利者及獲得社會控制權者所撰寫的，而不是由受迫害和無權的失敗者所撰寫的。為了幫助我們完整地去了解我們的歷史、文化與社會，同時兼顧這兩個團體的觀點是必須的。

戰勝者與戰敗者所擁有的歷史與文化是交織且互相關聯的，他們必須學習彼此的歷史與文化，以完全地了解他們自己，美國白人在沒有了解美國印第安的歷史之前，以及在沒有了解他們的歷史與印第安的歷史相互關聯的方式之前，是無法完全了解自己在美國西部與在美洲的歷史。

300

James Baldwin（1985）曾指出，當美國白人扭曲了非裔美國人的歷史時，他們就無法學習他們自己歷史真實的一面，因為美國黑人與白人的歷史是緊密綁在一起的，這對非裔美國歷史與印第安的歷史也是相同的。Katz（1986）在他的《黑人與印第安人：潛藏的文化遺產》（*Black Indians: A Hidden Heritage*）一書中所說的，美國的非裔美國人與印第安人的歷史是密切關聯的。

正如Ball（1998）所指出的，當他描述他白人家中的非裔美國人的祖先，或是Gordon-Reed（1997）也指出，她描述Thomas Jefferson與Sally Hemings（他的女僕）之間的關係，都可發現非裔美國人與白人的歷史在文化與生物兩方面都是緊密關聯的。附加取向無法協助學生從多樣文化與民族的觀點來了解社會，無法協助學生了解這個國家之內的各個民族、種族、文化與宗教團體的歷史是互相關聯的。

多元文化的歷史可以幫助學生與老師了解美國的複雜性，以及美國國內各種不同族群是相互關聯的（Takaki, 1993）。Sam Hamod（引自Reed, 1997）指出，從多樣的民族觀點可以豐富我們的了解，而且能導引對美國社會更正確的視野：「我們對『民族』與美國的雙重視野，使我們看到主流作家常錯過的層面，我們的各種觀點常會給我們多樣的視野，引導我們去擴大歷史的真實性，這正是我們打開不同的眼睛的效果。」（p. xxii）

被附加的內容、材料與議題成為課程中的附錄，而不是成為教學單元中統整的一部分，這種作法會有問題的。當學生缺乏概念、內容背景與成熟的情緒去處理教材中的議題與問題時，於單元中增加《紫色姐妹花》一書或《珍瑰曼小姐的自傳》影片，可能就會發生問題。要有效地應用充滿情緒與複雜的教材，需要老師協助學生獲得內容背景，並以成熟態度去有效地處理。在不同班級與學校中要同時應用這兩種材料，已經導致了一些問題，社區已經對每一種教材的教學產生爭論。因為這些材料被使用在那些沒有內容背景或態度也不成熟的學生身上，以至於學生無法有適當的反應，所以問題就產生了。以零星和片斷的方式將族群文化內容附加於課程之中，會產生教學上的問題，對老師產生困擾，對學生會產生困惑，對社區會產生爭論。

✻ 轉化取向

基本上，轉化取向（transformation approach）不同於貢獻與附加取向，前述的兩種取向，少數民族的文化內容是附加在主流的核心課程中，但並未改變其基本的假定、本質與結構，但轉化取向則已改變課程的基本假設、結構與觀點。轉化取向（圖10.1層次三）改變了課程的基本假定，並使學生從幾種民族的觀點來看概念、議題、主題與問題，主流中心的觀點只是其中的幾個觀點之一。研究美國西進運動的一位歷史學家Richard White（1991）指出，若以轉化的觀點來正視美國西進運動，會對美國的歷史提供新的洞見。他寫道：「第一位穿越美國西部的歐洲人，既不是一位征服者，也不是一位探險者，正如許多其他歷史對發現者的描寫方式，他們僅僅是迷路了。」（p. 5）

轉化取向既不可能也不希望從每一個美國民族和文化群體的觀點去看每一個議題、問題和概念，其目標是使學生能從一個以上的觀點，或從最主動參與者的文化、民族與種族族群的觀點，或是受事件、議題、概念影響最強的族群的觀點，來看概念與議題。

有關多元文化課程改革所涉及的關鍵議題，並不是附加許多少數民族團體、英雄與貢獻，而是加入各種團體的觀點、參照架構與內容，以擴展學生了解美國社會的本質、發展與複雜性。當學生在研讀英國殖民時期的美國獨立革命，則盎格魯革命者、盎格魯的忠誠者、非裔美國人、印第安

人，以及英國人等等的觀點，對他們來說是重要的，因為如此才能對美國
歷史中的這一重要事件獲得全盤的了解（見圖10.2），學生必須探討這個
革命對多種族群的不同意義而完整地了解它（Gay & Banks, 1975）。

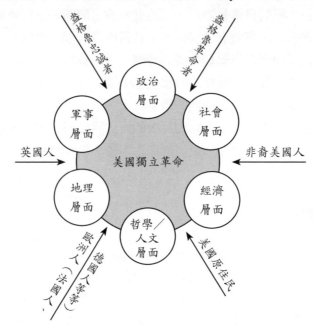

圖10.2　美國獨立革命教學的多元文化科際模式

資料來源：James A. Banks and Geneva Gay, "Teaching the American
Revolution: A Multiethnic Approach," *Social Education*, Vol. 39. No. 7
(November-December 1975): 462. Used with permission of the National Council
for the Social Studies.

在語言方面，當學生正在學習美國英語的本質及適當用法，則應當
協助學生了解美國在語言上的多樣性，以及各種不同的宗教、文化、民
族已對美國英語的發展產生影響。學生也應檢視標準語言在各種社會脈
絡、宗教與情境中的用法。黑人英語的使用在某些社會與文化脈絡中是
適當的，但在某些情境則是不適當的（Delpit & Dowdy, 2002）。這在標
準的美國英語中也是如此的。美國在語言與方言方面是豐富的，2000年美
國有三千五百萬西班牙裔的公民，西班牙語對這些人而言是第一語言。
三千四百六十萬的非裔美國人同時說標準英語和黑人英語。美國語言的多

樣性包括二十五種以上的歐洲語言；亞洲、非洲、中東的各種語言；及美國印第安的語言。自從1970年代以後，來自印度支那的各種語言，例如苗族、越南、老撾、柬埔寨等語言，則更豐富了美國語言的多樣性（Ovando & McLaren, 2000）。

當學習音樂、舞蹈與文學時，老師應使學生熟悉各種藝術形式，這些在美國各民族之間的藝術形式，已經影響並豐富這個國家的藝術與文學的傳統。當研究美國音樂的發展時，已經影響美國音樂發展與本質的非裔美國音樂家，例如：Bessie Smith、W. C. Handy與Leontyne Price等人，他們的表現方式應加以檢視。非裔美國人與波多黎各人已明顯地影響了美國的舞蹈。有色人種的作家，例如Langston Hughes、Toni Morrison、N. Scott Momaday、Carlos Bulosan、Maxing Hong Kingston、Rudolfo A. Anaya與Piri Thomas等人，不但明顯地影響美國文學的發展，而且也對美國社會與文化提供獨特的觀點（Gillan & Gillan, 1994; Rico & Mano, 1995）。

當學習美國歷史、語言、音樂、藝術、科學與數學時，不僅強調不同民族或文化對美國社會或文化的貢獻，同時，*也要強調普遍的美國社會與文化如何產生出這樣複雜的綜合體，及強調起源於組成美國社會的各種文化、種族、民族與宗教團體的多樣文化元素的互動*。我稱這個過程叫*多重的涵化*，並聲稱即使盎格魯撒克遜清教徒在美國是文化、政治、經濟上的優勢團體，但只將美國文化與社會描述為盎格魯撒克遜清教徒文化，這種行為或作法是誤導的且是不正確的（Banks, 2001）。其他的美國民族與文化已深深地影響、形塑、參與了美國社會與文化的發展與形成。例如：非裔美國人深深地影響美國南方文化的發展，即使他們只有很小的政治、經濟力量。有一句戰爭的諷刺話說，那些戰敗者常深深地影響戰勝者的文化。

美國社會與文化的多重涵化這個概念導引出一種觀點，這個觀點是將民族事件、文學、音樂與藝術統整為普遍與共有的美國文化，盎格魯撒克遜清教徒文化被認為只是較大文化整體的一部分。因此，若要教美國文學，卻未包括像Maxine Hong Kingston、Carlos Bulosan與Toni Morrison等有色人種的作家，則是對美國文學、文化與社會只是提供了部分與不完全的觀點。

社會行動取向

社會行動取向（social action approach）（圖10.1的層次四）除了包含轉化取向的所有內容外，並要學生對與學習單元中少數民族文化有關的概念、議題與問題做出決定，採取行動（Banks & Banks, with Clegg, 1999）。這種取向的主要教學目標在於教導學生了解社會的批評、社會的變遷，並教導學生做決定的技能。為了幫助少數民族學生增能與獲得*政治上的效力*，學校必須幫助他們在社會變遷之中，能成為反省的社會批評者與有技能的參與者。學校教育的傳統目標是使學生社會化，所以，學生可能毫無疑慮地接受社會與國家既存的意識型態、制度與實務（Banks, 2004a; Hahn, 1998）。

傳統上，美國的政治教育是在培養政治的被動性而不是政治的主動性。社會行動取向的主要目標在於幫助學生獲得參與社會變遷所需的知識、價值與技能，使得那些曾被邊緣化或排拒的種族、少數民族與文化團體，能成為美國社會中的完全參與者，並使這個國家更能接近地達成民主的理想（Banks, 2004a）。為了在民主社會變遷中能有效地參與，應教授學生社會批判，幫助他們了解我們的理想與社會實體間的不一致，為了縮小這個鴻溝，我們必須要做這些事，使學生不論個別或群體都能影響美國社會的社會與政治系統。在這個取向中，老師是社會變遷中提高民主價值與學生增能的代理人。應用社會行動取向所組織的教學單元，有以下幾項要點：

1. *決定出一個疑問或問題*（a decision problem or question）。例如：在學校中要減少偏見與歧視，我們應採取什麼行動？

2. *進行一些探究的工作以提供與所決定的問題有關的資料*。這種探究可能包含下列的問題：

   a. 什麼是偏見？

   b. 什麼是歧視？

   c. 什麼原因造成偏見？

   d. 什麼原因造成人會歧視？

   e. 在我們的學校、社區、國家與世界中，有哪些偏見、歧視的例子？

   f. 偏見與歧視如何影響較低層的族群？每一個族群如何看待偏見？如何看待歧視？每一個族群是偏見與歧視的受害者或加害者？

g. 每一個族群如何去處理偏見與歧視的問題？（族群包括：主流的白人美國人、非裔美國人、亞裔美國人、西班牙裔美國人、美國原住民）

對於偏見與歧視本質的探究是科際整合的，而且包含社會科學、生物、小說、詩歌、戲劇的讀物及資料。學生在調查歧視如何影響各不同族群的收入、職業、疾病的頻率與健康照顧時，就可以採用科學及統計的資料。

3. *價值探究與道德分析*（value inquiry and moral analysis）。提供學生機會去檢視、釐清與反省跟種族偏見與歧視有關的價值、態度、信念與情緒。老師們可從報章雜誌等各種資源中，提供個案研究給學生。在學生討論或角色扮演的情境中可採用個案研究，使學生表達與檢視他們對偏見與歧視的態度、信念與情緒。

詩歌、自傳、小說都是優良的個案研究資源，可被討論與角色扮演的教學活動所採納。Countee Cullen的詩〈意外〉（Incident）是描述一位叫nigger的男孩前往巴爾的摩之旅的痛苦記憶。美國黑人文學家Langston Hughes的詩〈我也〉（I, Too）沉痛地說，「膚色較黑的兄弟」當夥伴來的時候，如何被送到廚房。老師與學生可用語言或寫作的方式，去描寫那些與他們所看到或參與的偏見、歧視有關的意外。以下的描述是一個真實的生活情況，是作者寫來用在他的學生的教學中，學生於閱讀後可針對文末的問題加以討論。

想在Lakewood島買一個家[1]

大約在一年前，Joan Green和Henry Green這一對非裔美國人夫婦從西岸搬到中西部的一個大都市，他們之所以要搬遷，是因為Henry已經取得化學博士學位，而且在中西部的城市一所大型大學找到一份工作。自從他們到了中西部的都市，Green夫婦在市中心租了一間公寓，但他們還是決定自己買一間房子，因為他們的房子太小而無法放得下好多的書，及這一年來所累積的東西。除了希望有更大的空間，他們也希望有一間房子，可

---

1 Reprinted with permission from James A. Banks (2003). *Teaching Strategies tor Ethnic Studies* (7th ed). Boston: Allyn & Bacon, pp. 217, 219.

以省去所得稅，這項所得稅是在租公寓時無法減免的；而且Green夫婦也認為，買房子是比較好的財務投資。

Green夫婦決定搬到郊區的社區，那是因市區內的房子都比較舊，而且以他們的經費可以在郊區買到比較大、比較新的房子，他們已看了好幾個郊區的社區，最後決定最喜歡Lakewood島的社區。Lakewood島是一個絕大部分為白人的社區，主要是由中下與中產階級的居民所構成。在Lakewood島上並沒有很多有錢人家，但他們是一個例外。

Green夫婦想在Lakewood島買一間房子卻經歷到一些問題，他們已經變得有點挫折，在他們出去看房子之前，他們會仔細地看了報紙的廣告，當到達他們感興趣的第一間房子時，屋主告訴他們說房子剛剛賣了。一星期之後，他們請房地產經紀人協助，當他們試著去密切處理他們想要的第二間房子時，經紀人告訴他們，因為自從屋主把房子放在市場上之後，發現所訂的房價太低，經過估價之後，屋主已將價格提高了一萬美元。當Green夫婦準備在Lakewood島買第三間房子時，屋主告訴他們，不想要賣房子了，因為在他開始要賣掉這間房子時，他滿篤定可以在另外一個城市找到工作，而今他沒找到工作了。屋主說，一個星期之前，他已經告訴經紀人他不賣房子了，但經紀人卻沒把他的房子的廣告從報紙上卸下來。事實上，這位經紀人與屋主當時是在一起工作，而且幾天前才離開經紀公司。Henry覺得很痛苦，並覺得他們夫婦是種族中心主義及歧視的受害者。但Joan認為Henry太敏感了，他們只是一連串事件的受害者，而這一連串的事件是會發生在任何人的身上，但與種族無關。

問題：Green夫婦應該做什麼？為什麼？

4. *做決定與社會行動*（decision making and social action）（知識與價值的綜合）。透過上述的第二個活動，學生獲得待決定問題的知識。科際間的知識提供他們一些訊息，以供他們在學校和社區中對偏見和歧視做反省的決定。透過第三個活動，使學生們確認、釐清並分析他們對歧視與偏見的價值、情緒與信念。做決定的過程使學生能綜合自己的知識與價值，決定應採取何種行動，以減少在學校中的偏見與歧視。學生們可以把他們可能採取的行動與可能的行動後果列成一張表，然後，決定採取行動的計畫，並實施這個行動。

✦ 混合取向（Mixing and blending approaches）

　　這四種關於將多元文化內容統整於課程之中的取向（見表10.1），經常在實際的教學情境中混合使用。例如：貢獻取向可作為一種能順利地移轉到轉化與社會行動取向的手段。期望一位老師直接從主流中心的課程轉移到做決定或社會行動的課程是不切實際的，要從最初的取向轉移到最高層的取向是漸次的、累積的。

　　採主流中心課程的老師可以先在學校中，以Martin Luther King, Jr.的生日慶祝活動，作為統整少數民族文化課程的機會，並嚴謹地思考非裔美國人與其他民族文化的內容如何統整於現行課程之中。老師可以與學生在此一慶祝活動期間探究以下的問題：

1. 在Martin Luther King, Jr. 成為民權運動的領導者期間，其他民族的情況如何？
2. 其他民族對民權運動是如何參與和反應？
3. 這些族群對Martin Luther King, Jr. 的反應如何？
4. 為了改善各有色人種族群的民權，今日我們能做些什麼？
5. 為了發展更正向的種族與民族態度，我們能做些什麼？

　　在慶祝Martin Luther King, Jr. 的生日活動中，學生並無法回答有關少數民族的所有問題。但是，這些問題將能使學生在他們一整年學習有關家庭、學校、鄰近地區與城市的主題時，去統整少數民族的文化內容。當學生在學習這些主題時，他們可應用這些已提出的問題，進行調查各民族的家庭、他們的學校或其他城市的學校中的民族、鄰近地區的民族，在城市中的各民族機構，例如：教堂、廟宇、猶太教堂、清真寺、學校、餐廳、社區中心。

　　一年中的年終活動是老師可以帶學生到城市中的民族社區去旅行，但是，這樣的旅行活動在之前與之後應有一些活動，使學生能發展出具洞察力與同情心的課程，以了解各民族與文化的差異，並能敏銳地反應。假如學生在理解與關懷少數民族文化時，缺乏所需的知識與洞見，而前往民族社區進行田野的旅遊，就會增強學生對少數民族文化的刻板印象與誤解。理論和研究指出，與少數民族的接觸不必然產生正向的種族與民族態度（Allport, 1979; Schofield, 2004）。若要能產生正向的態度，真正重要的變項在於發生接觸時的情境，與接觸情境中的主動品質。

表10.1　Banks對多元文化課程內容統整的四種取向摘要表

取向	描　述	例　子	優　點	問　題
貢獻取向	在一些特定的日子、時機與慶祝活動中，增加一些與民族有關的英雄、文化要素、假日，與其他個別元素在課程之中。	1. 只在Cinco de Mayo（五月五日）那星期探討著名的墨裔美人。 2. 只在非裔美國人歷史月（二月）才研討非裔美國人的文化，但在全年的其他時間卻很少探討。 3. 在小學一年級時學習民族食物，但很少關注這些食物所隱藏的文化。	1. 提供一個快速且容易的方式在課程中編入民族文化的內容。 2. 在課程中提供民族的英雄以與主流文化的英雄並列。 3. 是老師和教育學者普遍採用的取向。	1. 導致對民族文化膚淺的認識。 2. 只關注一些民族的生活方式和人工製品，且增加了對少數民族的刻板印象和錯誤概念。 3. 應用主流文化的指標來選擇英雄與文化元素，以包含在課程之中。
附加取向	這個取向的組成是在課程中額外增加一些文化的內容、概念、主題和觀點，但未改變課程的結構。	1. 在文學課程中增加《紫色姐妹花》一書，但未對此單元重新形成概念，未給予學生了解此書的背景知識。 2. 在美國歷史課程中，增加日裔美國人被拘留的單元，但並未在其他單元討論日本人。 3. 仍然保存核心課程的完整性，但增加了對某一特殊民族的「民族研究」課程作為選修。	1. 使課程中增加民族文化內容成為可能，但並未改變課程的結構，即需要大量的課程改變與人員發展的訓練。 2. 這個取向在現行的課程結構中可以完成。	1. 增強了一些觀念，而認為這些民族歷史與文化並不是整體美國主流文化的一部分。 2. 學生從盎格魯中心和歐洲中心的觀點來看各民族團體。 3. 無法幫助學生了解優勢文化與少數民族文化是如何地互相關聯。

（續下頁）

308

取向	描　述	例　子	優　點	問　題
轉化取向	課程的基本目標、結構、本質已改變，以增強學生從多元文化、多民族、多種族的觀點來看概念、事件、議題、問題與主題。	1. 在「美國革命」單元中，描述革命對盎格魯革命者、非裔美國人、印第安人、英國人的意義。 2. 在「二十世紀美國文學」的單元中，納入William Faulkner、Joyce Carol Oates、Langston Hughes、N. Scott Momaday、Saul Bellow、Maxine Hong Kingston、Rudolfo A. Anaya與Piri Thomas等人的作品。	1. 增強學生了解多種族、多文化群體在參與美國社會與文化形成過程中的複雜性。 2. 協助學生減少對民族和種族文化的簡化。 3. 使不同民族、種族與宗教群體能在學校的課程中看見自己的文化、道德觀與觀點。 4. 給學生對美國文化與社會的本質與發展提供一個平衡的觀點。 5. 協助那些被迫害民族、種族和文化族群更能增權賦能。	1. 此一取向的完成需要對大量的課程加以修訂，對教職員施以在職訓練，且須從各種民族、種族的觀點來認識及發展已經編寫完成的教材。 2. 這個取向的制度化應使學校中的教師接受繼續的訓練。
社會行動取向	在此取向中，學生確認重要的社會問題與議題，蒐集有關的資料，釐清這些資料在議題上的價值，並做出決定，採取反省的行動，以協助解決此一議題或問題。	1. 在班級中探討學校中的偏見和歧視，並決定採取行動以改進學校中的種族關係。 2. 班級中探討地方新聞對民族的態度，且寫信給報社，建議在報紙中應如何改善對少數民族的態度。	1. 使學生能改進其思考、價值分析、做決定、社會行動的技能。 2. 使學生能改進蒐集資料的技能。 3. 協助學生發展出對政治效能的知覺。 4. 協助學生改進其在各族群中工作的技能。	1. 需要相當程度的課程計畫與對教材的認識。 2. 每單元的教學時間，比傳統的更長。 3. 可能會關注一些被學校某些成員、社區民眾認為有爭議的問題或議題。 4. 學生可以採取一些有意義的行動，而對這些社會議題或問題的解決有所貢獻。

教導多元文化內容的指導原則

以下有十四點指導原則，是用來協助老師更能統整不同種族、民族、文化、語言族群的內容於學校課程中，並在多元文化的環境中進行有效教學。

1. 在教導少數民族文化內容時，老師是非常重要的影響變項，當你面對教材中有種族中心主義的內容，或在學生的言詞與行為中有種族中心主義時，如果你具有必要的知識、態度與技能，就能應用這些情境去教導有關美國各民族、種族與文化族群經驗的課程。一項對種族中心主義方面有教育性功能的資源是Gary Howard（1999）所出版的一本書《我們無法教我們所不知道的：白人的老師，多種族的學校》（*We can's Teach What We Don't Know: White Teachers, Multiracial Schools*）。另一項在這個主題上有幫助的資源是本書第十一章的內容。

2. 為有效地教導少數民族文化的內容，具備有關少數民族的知識是必要的，至少閱讀一本主要在介紹美國少數民族歷史與文化的書籍，例如：James A. Banks（2003）所著的《民族研究的教學策略》（*Teaching Strategies for Ethnic Studies*），就是一本包含美國各民族的歷史觀點的書籍。

3. 自己在教室中對少數民族所呈現的種族態度、行為與言詞要很敏銳，例如：「坐就要像一位印第安人」，即是對美國原住民有刻板印象的言詞。

4. 確認你的班級表現對各種族群正向與複雜的印象，此舉可藉由公布欄、廣告海報展示美國社會中各少數種族、民族與宗教的文化。

5. 注意你的學生的種族態度，而且不要接受已被研究駁斥的「兒童眼中沒膚色的差異」的信念。自從Lasker在1929年的研究之後，研究人員已經知道幼童對種族的差異是有知覺的，而且也接受依廣泛社會的標準所認定的各少數民族的進化觀點（Van Ausdale & Feagin, 2001）。不要疏忽你所看到的種族與民族的差異，而應試著對此差異做正向、敏銳的反應。為避免膚色盲的態度，本書的第十一章提供了完整的指導原則。另一項可參考的資料是Walter Stephan（1999）出版的《降低學校中的偏見與刻板印象》（*Reducing Prejudice and Stereotyping in Schools*）。

6. 明智地選擇並使用教材，因為有些材料的內容會含有微妙與露骨的刻板印象。當某一民族、種族、文化與語言族群被賦予刻板印象，或從教材中被省略，或在教材中被以盎格魯與歐洲中心的觀點來描述時，老師就應指出來給學生知道。

7. 運用交換的書籍、影片、錄影帶、錄音帶作為對不同的民族、文化與語言族群教材的補充，並對你的學生呈現這些族群的觀點。許多這些資源對美國有色人種的經驗具有豐富與有影響力的意象。在James A. Banks（2003）所出版的《民族研究的教學策略》一書的註解中，就有許多的書目與錄影帶目錄，可作為這方面的參考。

8. 與自己的文化和民族遺產接觸，跟學生分享你的族群文化故事，如此將能創造出一種分享的班級氣氛，也能激勵學生對自己的族群尋根的行為，使學生得到優良的學習。

9. 對一些可能是爭議本質的族群研究材料要很敏銳，假如你在心中具有清楚的教學目標，就較不會為達到同一個目標而使用一些有爭議的書籍或讀物。Alice Walker（1982）所著的《紫色姐妹花》即是一本爭議的書。然而，老師若想要讓自己的學生獲得對南方非裔美國人的了解，就可以使用Mildred D. Taylor所著的《雷聲隆隆，聽我的哭泣》（*Roll of Thunder, Hear My Cry*）一書，來取代《紫色姐妹花》一書。

10. 當你選擇一些與不同種族、民族、文化與語言族群有關的概念、內容與活動時，一定要對自己的學生的發展階段很敏銳。為幼稚園、小學低年級的學生所設計的概念及活動應是明確具體的。在這些年級的學生應學習像*相似性*、*差異*、*偏見與歧視*的概念，而不是高層次的概念，如*種族中心主義*、*壓迫*。小說與自傳都是這方面教學的優良工具，可用來對幼稚園及低年級的學生介紹這些概念。當學生隨著年級增長時，就可以介紹較複雜的概念、例子與活動。

   （*如果是在一個多種族或多民族的教室或學校中教學，最好要記得以下的指引。*）

11. 將有色人種的學生看作是勝利者，許多有色人種的學生有很高的學術與生涯目標。他們需要老師相信他們能成功，且願意幫助他們獲得成功。相關的研究與理論指出，當老師對他們有較高的學業期望時，這些學生更可能有好的表現。

12. 即使父母們很少參與學校，記得大部分的有色人種的父母對教育很有興趣，而且也希望他們的孩子在學術上是成功的。不要把教育等同看待為學校教育，許多希望孩子成功的父母對學校有混合的情緒，老師應試著去獲得這些父母的支持，並使他們成為孩子教育的夥伴。

13. 使用合作學習方法與集體工作的方式，以激勵學校與班級中種族的統合，研究指出，當學習的團體是種族統合的組織時，學生更能從與其他種族發展友誼關係，改善學校中的族群關係。一項有幫助的指引是：Elizabeth G. Cohen所著的《設計團體工作：實施於異質班級中的策略》（*Designing Groupwork: Strategies for the Heterogenous Classroom*）。

14. 確定學校中的戲劇、露天劇、啦啦隊、出版品，與其他正式、非正式的團體，都是族群統合的，而且也確定不同的族群在學校中的表現與演出有相等的地位。在一個多元文化的學校，如果學校劇團中的領導角色都是白人演員充斥，那麼就會對有色人種的學生與父母傳達一種訊息，不論這個訊息是否有意。

摘要

　　本章描述主流中心課程的本質，與其對主流學生及有色人種學生的負面結果。這種課程增強主流學生錯誤的優越感，且使主流的學生無法去反省、確認與讚美有色人種學生的文化。許多因素已經減緩學校中多元文化課程的制度化，這些因素包括：意識型態的抗拒、老師缺乏少數民族的知識、教師嚴重地依賴教科書、專注於高風險的測驗與績效制度。中小學、大學課程中少數民族文化內容的制度化，在過去三十年中有顯著的進步，這種過程需要繼續下去，因為課程轉化是一種永無止境的發展歷史。

　　本章中提出了四種統整少數民族文化內容於課程中的取向，在*貢獻取向*中，與少數民族有關的英雄／女英雄、文化成分、假日，與其他個別的元素被附加在課程之中，但並未改變課程的結構。*附加取向*在課程中附加少數民族的內容、概念、主題與觀點，而它的結構仍然沒有改變。在*轉化取向*程中，課程的結構、目標與本質已經改變了，能使學生從各種不同的民族觀點去看待概念、議題與問題。

*社會行動取向*包含了所有轉化取向的元素，另外也包含了一些元素，例如：使學生能確認重要的議題，蒐集與這些議題有關的資料，釐清它們的價值，作出反省的決定，採取行動以實踐它們的決定等等。本取向企求學生做出社會批判與對變遷的反省。本章的最後一部分是提出了十四項指導原則，以協助老師教導多元文化的內容，並且能在多元文化的教室及學校中教得更有效能。

第十章　多元文化課程改革的取向

✽✽問題與活動

1. 何謂主流中心的課程？它主要的假定與目標是什麼？

2. 檢視幾本教科書，並且能發現一些主流中心取向的例子，將這些例子與你班級或工作中的同事分享。

3. 主流中心課程如何對主流與有色人種的學生產生影響？

4. 依照Banks的說法，有哪些因素會減緩學校中多元文化課程的發展？而克服這些因素的最好方法是什麼？

5. 以下四種課程改革取向的主要特質是什麼？貢獻取向、附加取向、轉化取向、社會行動取向。

6. 你認為，為什麼貢獻取向的課程改革在學校中（尤其是在低年級）會這麼普遍與廣泛？

7. 轉化取向與社會行動取向與前述的另兩種取向基本上有些什麼差異？

8. 四種課程改革取向的每一種各有什麼問題與承諾？

9. 作者所稱的「多重涵化」的意義是什麼？你認為這個概念有用嗎？為什麼是有用的？或為什麼是沒有用的？

10. 當一位老師想要實踐轉化取向與社會行動取向的課程時，會碰到什麼問題？這些問題要如何克服？

11. 假設你正在教社會科美國歷史的西進運動，而學生對美國原住民做出了一些種族中心主義、刻板印象或誤導的敘述，例如：印第安人敵視美國的殖民者。這時你將如何來處理這種情況？說出幾項理由以解釋你以如此特定的方式來處理。

12. 自從2001年9月11日的911事件與2003年美／英對伊拉克的戰爭之後，在美國的社會已逐漸強調愛國主義。有些團體也要求在學校中應更強調愛國主義的教學，何謂愛國主義？請說出幾種可採用多元文化內容來教導反省式愛國主義的方法。針對此一問題，可採用以下的參考資料《愛國者的手冊：讚美我們所愛的這塊土地的歌曲、詩詞、故事、演講》（*A Patriot's Handbook: Songs, Poems, Stories and Speeches Celebrating the Land We Love*），這本書是由Caroline Kennedy（2003）所編的，內容是作者編選自各種民族、種族與文化族群的相關資料，例如Gwendolyn Brooks、Thomas Jefferson、Langston Hughes、Gloria Anzaldúa、E. B. White與Paul Lawrence Dunbar，都是在該書的作者之列。

References ∙∙∙

Allport, G. W. (1979). *The Nature of Prejudice* (25th anniversary ed.). Reading, MA: Addison-Wesley.

Asante, M. K., & Ravitch, D. (1991). Multiculturalism: An Exchange. *The American Scholar, 60*(2), 267–276.

Asante, M. K. (1998). *The Afrocentric Idea* (rev. ed.). Philadelphia: Temple University Press.

Baldwin, J. (1985). *The Price of the Ticket: Collected Nonfiction 1948–1985*. New York: St. Martin's.

Ball, E. (1998). *Slaves in the Family*. New York: Farrar, Straus & Giroux.

Banks, J. A. (Ed.). (1996). *Multicultural Education, Transformative Knowledge, and Action: Historical and Contemporary Perspectives*. New York: Teachers College Press.

Banks, J. A. (2001). *Cultural Diversity and Education: Foundations, Curriculum, and Teaching* (4th ed.). Boston: Allyn & Bacon.

Banks, J. A. (2002). *An Introduction to Multicultural Education* (3rd ed.). Boston: Allyn & Bacon.

Banks, J. A. (2003). *Teaching Strategies for Ethnic Studies* (7th ed.). Boston: Allyn & Bacon.

Banks, J. A. (Ed.). (2004a). *Diversity and Citizenship Education: Global Perspectives*. San Francisco: Jossey-Bass.

Banks, J. A. (2004b). Race, Knowledge Construction, and Education in the United States: Lessons from History. In J. A. Banks & C. A. M. Banks (Eds.), *Handbook of Research on Multicultural Education* (2nd ed., pp. 228–239). San Francisco: Jossey-Bass.

Banks, J. A., & Banks, C. A. M., with Clegg, A. A., Jr. (1999). *Teaching Strategies for the Social Studies* (5th ed.). New York: Longman.

Bigelow, B., & Peterson, B. (1998). *Rethinking Columbus: The Next 500 Years*. Milwaukee, WI: Rethinking Schools.

Black Elk's Prayer from a Mountaintop in the Black Hills, 1931. (1964). In J. D. Forbes (Ed.), *The Indian in America's Past* (p. 69). Englewood Cliffs, NJ: Prentice-Hall.

Cohen, E. G. (1994). *Designing Groupwork: Strategies for the Heterogeneous Classroom* (2nd ed.). New York: Teachers College Press.

Coleman, J. S., Campbell, E. Q., Hobson, C. J., McPartland, J., Mood, A. M., Weinfeld, F. D., & York, R. L. (1966). *Equality of Educational Opportunity*. Washington, DC: U.S. Government Printing Office.

Delpit, L., & Dowdy, J. K. (Eds.). (2002). *The Skin That We Speak: Thoughts on Language and Culture in the Classroom*. New York: New Press.

Dilg, M. (2003). *Thriving in the Multicultural Classroom: Principles and Practices for Effective Teaching*. New York: Teachers College Press.

Gates, H. L., Jr. (1999). *Wonders of the African World*. New York: Knopf.

Gay, G., & Banks, J. A. (1975). Teaching the American Revolution: A Multiethnic Approach. *Social Education, 39*, 461–465.

Gillan, M. M., & Gillan, J. (Eds.). (1994). *An Anthology of Contemporary Multicultural Poetry*. New York: Penguin.

Goodlad, J. I. (1984). *A Place Called School*. New York: McGraw-Hill.

第十章　多元文化課程改革的取向

Gordon-Reed, A. (1997). *Thomas Jefferson and Sally Hemings: An American Controversy*. Charlottesville: University Press of Virgina.

Gutmann, A. (2004). Unity and Diversity in Democratic Multicultural Education: Creative and Destructive Tensions. In J. A. Banks (Ed.), *Diversity and Citizenship Education: Global Perspectives* (pp. 71–96). San Francisco: Jossey-Bass.

Hahn, C. L. (1998). *Becoming Political: Comparative Perspectives on Citizenship Education*. Albany: State University of New York Press.

Howard, G. (1999). *We Can't Teach What We Don't Know: White Teachers, Multiracial Schools*. New York: Teachers College Press.

Katz, W. L. (1986). *Black Indians: A Hidden Heritage*. New York: Atheneum.

Kennedy, C. (Ed.). (2003). *A Patriot's Handbook: Songs, Poems, Stories, and Speeches Celebrating the Land We Love*. New York: Hyperion.

Lasker, B. (1929). *Race Attitudes in Children*. New York: Holt.

Limerick, P. N. (1987). *The Legacy of Conquest: The Unbroken Past of the American West*. New York: Norton.

Loewen, J. W. (1995). *Lies My Teacher Taught Me: Everything Your American History Textbook Got Wrong*. New York: New Press.

Loewen, J. W. (1999). *Lies across America: What Our Historic Sites Get Wrong*. New York: New Press.

Martin, P., & Midgley, E. (1999). Immigration to the United States. *Population Bulletin, 54*(2), 1–44. Washington, DC: Population Reference Bureau.

Neihardt, J. G. (1972). *Black Elk Speaks*. New York: Pocket Books.

Ovando, C. J., & McLaren, P. (Eds.). (2000). *The Politics of Multiculturalism and Bilingual Education*. Boston: McGraw-Hill.

Ravitch, D. (1990, Spring). Diversity and Democracy: Multicultural Education in America. *American Educator*, pp. 16–48.

Reed, I. (Ed.). (1997). *MultiAmerica: Essays on Cultural Wars and Cultural Peace*. New York: Viking.

Rico, B. R., & Mano, S. (Eds.). (1995). *American Mosaic: Multicultural Readings in Context* (2nd ed.). Boston: Houghton Mifflin.

Schlesinger, A. M., Jr. (1991). *The Disuniting of America: Reflections on a Multicultural Society*. Knoxville, TN: Whittle Direct Books.

Schofield, J. W. (2004). Improving Intergroup Relations among Students. In J. A. Banks & C. A. M. Banks (Eds.), *Handbook of Research on Multicultural Education* (2nd ed., pp. 799–812). San Francisco: Jossey-Bass.

Stephan, W. (1999). *Reducing Prejudice and Stereotyping in Schools*. New York: Teachers College Press.

Takaki, R. (1993). *A Different Mirror: A History of Multicultural America*. New York: Little, Brown.

Taylor, M. (1976). *Roll of Thunder, Hear My Cry*. New York: Dial.

Walker, A. (1982). *The Color Purple*. New York: Harcourt Brace.

White, R. (1991). *"It's Your Misfortune and None of My Own:" A New History of the American West*. Norman: University of Oklahoma Press.

Van Ausdale, D., & Feagin, J. R. (2001). *The First R: How Children Learn Race and Racism*. Lanham, MD: Rowman & Littlefield.

Zinn, H. (1999). *A People's History of the United States* (20th anniversary ed.). New York: HarperCollins.

Zinn, H., & Kirschner, G. (1995). *A People's History of the United States: The Wall Charts*. New York: New Press.

學校裡的色盲觀點：案例與成果

Janet Ward Schofield　著

陳薇如　譯

前言

　　關於種族的議題，即便無法用科學縝密地架構其意義，仍是深刻影響著社會的脈絡，至少就美國的歷史而言是如此（Jones, 1997）。即使是正式廢除奴隸制度之後，種族、群體之分野即為個體是否被他人視為財產，並否決其基本的公民權之基礎。相關的公民權利法規在二十世紀中葉通過，其設計乃為消弭以種族為基礎的歧視——廢除二元的學校制度、確保政治上的權利、預防僱用與居所的歧視，及其他相關事項。然而，這些法規的通過卻造成了Jones（1998）所言的「新美國人的困境」——在《實現自由、平等的原則下（無論哪一族群）以及……將族群列入因所謂自由、平等的落實而漸增的族群偏見之間」（p. 645）的拉鋸。這個觀點最先從聯邦法院的法官John Marshall Harlan在他著名的判決案例*Plessy v. Ferguson*，表達了他對色盲觀點之社會的反對之意。色盲觀點之社會意味著將個體視為屬於不同族群是不恰當的（Rist, 1974）。支持色盲觀點政策的人們認為，針對族群差異性的決策是不合法的，因為這將會導致族群的歧視或是支持族群的歧視，並認為這些行為是有意的分化。這些人們認為系統化地損害非裔美國人的法規已在十幾年前被顛覆，現今呈現的是一個公平的系統，而此一系統僅在全然無視於族群差異的觀點之延伸時，才能真實地體現其公平性——將個體視為獨一的個體，完全忽視其族群與種族。

　　然而，另一方的人馬，如Bonilla-Silva（2003）及Levin（2003）認為，此種方式未能達到公平——正如同一個天性是富涵滋養、受訓良好的

引自Janet Ward Schofield, *Prejudice, Discrimination, and Racism*, pp. 231-253. Copyright © 1986 by Academic Press Company. Used with permission.

選手，以旁觀者的立場，來看待一個正從不人道的監獄裡釋放出來的、未
受過社會訓練的囚犯，去面對稀少的資源與機會。此一派的人士皆同意
Harry Blackmun法官的觀點，他在加州大學董事訴貝基案（*Regents of the
University of California v. Bakke*）中寫道：「為了真正消弭種族歧視，我
們必須先考慮到種族的差異。為了待他們平等，必須先待他們差異。」
（pp. 2806-2808）他們堅決主張此觀點為種族歧視的事實（Jones, 1997;
Sidanius & Pratto, 1999; Trent et al., 2003），如同繼續先前種族歧視的影
響，利用繼承大量白人價值的觀點，去打擊在白人與非裔美人二者的網絡
價值之差異性（Jaynes & Williams, 1989），讓政策的特別設計去促進包括
非裔美人在內的政治經濟生活的公平與明智。因此，他們傾向支持的行動
與政策是去明確的考慮族群的差異——相對於色盲觀點，是一個直接強調
差異的方式。

　　這種在族群關係之間的正向與負向不同觀點的張力之間的強烈爭論，
已影響教育系統的功能（Wolsko, Park, Judd, & Wittenbrink, 2000）。特別
是，在我們異質性漸增的社會中，其中一種教育的方式，是要求再加倍地
努力去教導所有的學生核心知識與價值，以便去加強一致性的美國人認同
感（Bennett, 1987; Hirsch, 1996; Schlesinger, 1992）。此種方式，本質上
即反對多元文化教育與雙語教育的方式，其實十分支持色盲觀點，尋求忽
視與漠視次群體之間的認同，亦非致力於創造一個一致的公民社會。相反
的，其他在本質上贊同與擁護多元文化教育的方式，認為回應異質素材的
要求，其中包括許多族群，是需要去提供學生相異的教學方式來認同異質
文化，並在學生彼此不同的背景中建立和諧與尊重（Banks, 2001; Nieto,
2004; Takaki, 1993; Yinger, 1994）。

　　有趣的是，Wolsko等人（2000）指出，在忽視與聚焦於群體關係兩
種觀點之間的張力，各自影響著其理論的立場，並運用於社會心理學上的
研究來改進群體內關係。特別的是，有些理論與研究指出，將個體分類至
群體，是導致角色僵化與歧視的基礎（Brewer & Miller, 1984, 1988; Tajfel,
1978）。從這個觀點出發，就邏輯上對這些歧視問題的解決，就是盡量
縮小差異或是用一種更概括的方式再定義族群，因此，舊的「族群外」
特性就被傲慢地整合成一種新的、更擴張、更具分享性的認同（Gaertner,
Davidio, Anastasio, Bachman, & Rust, 1993）。另一種觀點清楚地呈現與

前者不同的論調，並建議群體的關係可經由仔細、明確地聚焦於族群的相異而獲得改善（Lee & Duenas, 1995; Randolph, Landis, & Tzeng, 1977; Triandis, 1976）。

從新美國人的困境所燃起的這個議題，不僅繁複且難以解決。要解決這些問題必須考慮到各種不同的領域：哲學、歷史、心理學、法律、道德、經濟，及政治。因此，本章並非試圖去解決此一困境，而是抱持著一種謙虛但必要的目的：提供另一個視野去檢視色盲觀點落實在我們社會中最重要的機構之一——學校。

作者並未設定最初會發現何種問題，但如同研究者會對一個專為改善族群關係所設立的多種族學校之潛力深感興趣，作者便著手設計一個人類學的研究，去了解在標榜廢除種族隔離之學校中，同儕關係的本質，與在這些關係中的學校政策、結構及文化（Schofield, 1989）。作者所選擇研究的特殊學校，是處在一個強烈贊同色盲觀點的環境；並且，隨著時間的流逝，作者研究中發現在組織結構中所支持的色盲觀點，使學校的教育者得到非預期、且難以認同的結果。因此，色盲觀點成因與結果成為本研究中聚焦的一部分。

作者認為，有兩個基本觀點可了解對於運用色盲觀點的重要性。第一，研究的證據顯示，此一觀點廣布於美國與其他地方的學校，無論是官方政策或是其他非正式但十分有力的社會規範，皆運用於多種情境下（Eaton, 2001; Gillborn, 1992; Jervis, 1996; Pollock, 2000; Rist, 1978; Sagar & Schofield, 1984; Sleeter, 1993）。其次，色盲觀點也經常被視為在多種領域追求目標的方式，包括職業僱用與評判的過程等。這個研究讓作者提出以下的結論，即使在很多方面，色盲觀點所呈現出的美國，長久以來一直支持與強調的個人主義，但還是輕易地在真實的落實層面被誤導，其允許、有時甚至是鼓勵去歧視少數族群的成員，如同本章接下來所要闡釋的部分。

研究地點：衛克斯勒（Wexler）中學

在選擇研究場域的部分，作者採用Cook及Campbell（1976）的策略——「目標性範例的歸納」（generalizing to target instance）。其目的並

非去研究那種在典型的廢除種族歧視的學校中所發生的事，而是在如此條件下，去發掘非裔美人與白種人的同儕關係是否朝向理論所述及的正向發展。

在Allport（1954）的經典《偏見的本質》（*The Nature of Prejudice*）一書中提到，群體之間的接觸可能會增強先前的刻板印象，並提高種族之間的敵意，除非此一接觸是建基於以下幾種方式：(1)提供多數族群與少數族群的成員之間平等的地位；(2)鼓勵往分享、共同強烈渴望之目標的方向去合作；(3)提供法律、權力、習俗等正向關係的支持。這些意見在之後被多種理論與實際經驗不斷提煉與精緻化（Amir, 1969, 1976; Cook, 1969, 1985; Hewstone & Brown, 1986; Pettigrew, 1986, 1998; Pettigrew & Tropp, 2000; Schofield, 2001; Schofield & Eurich-Fulcer, 2001; Stephan & Stephan, 1996），成為了解族群間接觸之結果極有效用的基礎。舉例而言，即使對等的地位不僅不可或缺，而且有足夠的條件去改變，仍會浮現極具助力的觀點（Amir, 1969, 1976; Brewer & Brown, 1998; Brown, 1995; Cohen, 1975, 1997; Cohen, Lockheed, & Lohman, 1976; Cook, 1978, 1985; Norvell & Worchel, 1981; Pettigrew, 1998; Riordan, 1978; Schofield & Eurich-Fulcer, 2001; Stephan & Stephan, 1996, 2001）。甚且，研究建議相互合作朝向彼此渴望的目標，實際上是具有廣泛的傳導性可改善群體間的關係（Aronson & Patnoe, 1997; Bossert, 1988/89; Cook, 1978, 1985; Johnson & Johnson, 1982; Johnson, Johnson, & Maruyama, 1984; Johnson, Maruyama, Johnson, Nelson, & Skon, 1981; Schofield, 2001; Sharan, 1980; Sherif, 1979; Slavin, 1995; Slavin & Cooper, 1999; Stephan & Stephan, 1996, 2001）。

衛克斯勒中學是構築在東北方的一座大城市，以高品質的族群融合教育而著名。當其首次招收學生時，衛克斯勒中學有著近乎精確的50％非裔美人與50％白人學生，並反映出此城市的白人與黑人之公立學校的比例。這間學校的六至八年級有一千二百位學童，這些學生是刻意被挑選出來的；因為學者Allport及其他幾位近代理論家的建議，將其合理地塑造出此一情境。從其人員、配備的政策之檢視可得知，學校致力於提供族群間教育的正向環境。學校的管理者、教職員等幾乎是二色人種並立，且有近乎25％的教職員為非裔美人。四位首席管理人員，有兩位是非裔美人、兩位是白人，這些跡象在在都顯示著學校支持提供二族群之間對等的地位。

對於衛克斯勒中學的情境，已詳細符合Allport及其後的追隨者的理念，認為此種發展可以改善種族間的關係，已在他處討論甚多（Schofied, 1989）。在此處，作者甚少將結論拉至此種討論——衛克斯勒已相當接近但並未做到最無種族歧視的目標的一間公立學校。在此，因為之前數種研究皆嚴重缺乏全面的檢視，在那些研究中，很多因素可歸類為社會的因素，是衛克斯勒難以甚至是無法控制的因素。舉例而言，先不論衛克斯勒認同的教職員僱用模式會提供非裔美人與白種人對等的地位，黑人教師在教職員中的比例遠比黑人學生來得少，因為在一間學校中，學校系統一般都不想放置太高比例的黑人教師。

甚者，多數在衛克斯勒的白人學生是來自中產或是中低收入的家庭；而非裔美人的學生僅有一些是來自中產階級，大多數是來自貧窮與勞工階級的家庭。學校亦將此種社會階級的差異運用至白人與非裔美人的地位上。舉例而言，在八年級中，將學生分為「普通班」（regular）及「資優班」（gifted）兩軌，在資優班中，絕大多數的非裔美人與白人皆是通過標準測驗。即使是在六年級與七年級，也有學術上分軌之班級，這些差異也影響學生的地位（Schofield, 1980）。簡言之，衛克斯勒致力於培育非裔美人與白人之間的正向關係，但仍落入明顯缺乏達成這些目標的理想環境。

資料蒐集

資料的分析是植基於四年來對於衛克斯勒的同儕關係之深度研究。基本的資料蒐集策略是在衛克斯勒的教室中、走廊、運動場，與飯廳之深度與廣度的觀察。研究者使用全然的田野筆記方式去蒐集他們所能見及的事件（Olson, 1976）。衛克斯勒學校中大量具有代表性的日常事件被觀察到，然而，重要的次群體事件因其直接關聯本研究的焦點，且發生的頻率過繁而易於被過度的取樣。Strauss（1987）稱此一策略為推理取樣（theoretical sampling），導致過度取樣的可靠動作，例如，教室內的情感教育，設計去幫助學生了解彼此，並與衛克斯勒的學生種族顧問團體會面，去處理學生在學校所面臨的種族特殊的問題。在此一研究的過程中，對衛克斯勒的學生與教職員的觀察超過五百個小時。

而其他廣泛多元的資料蒐集方式，則是來自社會計量學的問卷調查、

實驗研究、量化的觀察資料蒐集技巧等（Sagar & Schofield, 1980; Sagar, Schofield, & Snyder, 1983; Schofield, 1979; Schofield & Francis, 1982; Schofield & Sagar, 1977; Schofield & Whitley, 1983; Whitley & Schofield, 1984）。而訪談也廣泛地運用到各層面。舉例而言，一年有兩次會隨機抽樣學生參與開放式訪談；而教師們與主管們也多次接受訪談。甚且，在廁所或學校牆壁上的塗鴉也一再地被記錄，學校的公告亦被蒐集，及壁飾、公布欄與公共廣播系統的廣播等，亦被仔細地註釋。

本章運用的多種方式所蒐集與分析的資料，在空間上並不允許充分的討論。但是，本研究兩個普遍性原則應提及：第一，盡可能嚴格與系統化的蒐集、分析資料。舉例而言，在取樣的部分，僱用適宜、受訓過的人員，其對於種族與性別的特殊反應並無自覺，對開放式訪談的編碼使用本研究發展的信賴系統；所有的田野筆記皆有詳盡的索引，因此，所有有意義的註釋皆會給予主題，並予以檢視。

第二，因為全然高度精確的結果及田野研究的控制通常是不可能的，因此，本研究以有力的三角檢測的方式來檢視資料（Webb, Campbell, Schwartz, & Sechrest, 1966）。大量的心力投注於蒐集相同議題下的不同資訊，降低每個資料來源的潛在問題，且對於分析及闡釋在資料中無法排除的偏見具有高敏感度。量化資料的基本分析方式是借用Bogdan和Taylor（1975）、Campbell（1975）、Miles及Huberman（1984）、Strauss和Corbin（1990）等人的方法。細目資料的蒐集與分析會在他處呈現，如同運用策略去縮減觀察者的反應與偏見（Schofield, 1989; Schofield & Sagar, 1979）。

色盲觀點與其必然的結果

衛克斯勒的教職員在複合種族學校教育中，十分明顯地傾向同意色盲觀點。對於非裔美人與白人教師的訪談皆發現，在二者的族群中，多數人皆傾向視衛克斯勒為一個去幫助傳授中產階級價值觀與行為模式給下層階級的學生的機構，此種傳授可打破富人階級的循環，而使學生自身亦能成為中產階級。即使多數下層階級的學生皆為非裔美人，種族在課堂同化的過程中被視為安靜的因子。

一位非裔的主管帶著也許較其他白人教師與主管更公平坦率的看法，讓她對班級同化的目標十分明確，同時亦讓學生需要去同化的目標更為清晰：

　　當我在處理孩子們的問題時，我並沒有刻意讓自己在群體中特立獨行……我試著這樣對待他們，我不介意他們是誰，就只是孩子們而不管他黑、白、綠、黃……很多有困難的黑人的孩子是……來自沒有可靠保護的社區，而在這些正常情況下的對立與防禦……好像他們在學校也會找到似的。因此，讓他們去在乎與遵守規矩是比較困難的，因為他們在這裡……不是在他們社區……我認為，很多從大型社區來的孩子們有更正常的價值觀，就是人們比較想看到的那些，因此，將學校的情況複製過去就比較沒有那麼困難……那黑人小孩真的比較難適應，因為他們就是不習慣嘛。直到我們可以調整他們進入正確的行為模式……我不認為我們將繼續有這些問題。

在先前的談話中，所標示出的唯一非典型評議，便可以坦率地認知到，對典型非裔美人孩子們的覺察是，他們缺乏「人們通常想看到的正常價值觀」。更甚者，這種不言明的評論之強調，對於正在成長中的貧窮家庭或是低收入的鄰區有著負面的效應。

對於在美國傳統上因族群偏見所招致的不滿，色盲觀點的觀念之產生是可理解的，並且，從社會政策的立場來看是很值得嘉許的。然而，伴隨著衛克斯勒一些其他邏輯上的信念定位，則帶來大量的負面結果。這些在衛克斯勒中，社會的真實面所進行的信念與其偏見已付諸一一討論。之後，這種信念系統所帶來的結果會被詳細討論。

種族成為隱而不顯的特色

從色盲觀點到此是一個很大的跳躍，這述說著種族僅是社會性的分類，無關個人的行為與決策，相信個體不應甚至是不可以注意彼此的族群關係。在衛克斯勒，覺知到其他人的族群是被很多人視為偏見產生的可能訊號，如同以下的田野筆記中所陳述：

當我在整理、安排學生的訪談，我對小小先生（白人）提到他的班級僅有一個白人女孩。我詢問我關注到這個問題是否適當，而他回答：「嗯，等一下，我確認一下。」在看完班級名冊之後，他說：「你知道嗎？你是對的。我從未注意到這個耶……我猜那是件好事吧。」我們的資料發現，當研究者提出詢問時，教師們不只拒絕去注意孩子們的種族，而且在教師們之間亦同。舉例而言，當依從研究目的在課堂上對學生提出種族的問題，一位白人教師提出：「你們是否有發現這些教師們有人說：『我從未去注意他們是何種族』？」

即使在學生們是否注意到其他人的族群這個議題，比教師們去注意到更難以得到同意，在衛克斯勒，教職員聲稱學生甚少注意到族群的議題。這個觀點可由以下一位非裔美人科學教師為例子看出：

Monroes小姐：你知道，我常聽到學生打架的事件。就如同我以前說過的，那是些像是誰的鉛筆被拿了等等之類的蠢事。這不會是因為另一個人是黑的或白的……在這個年紀……我不認為這關乎黑的或白的。

訪　談　者：有些事情我滿疑惑的。這很難相信跟我們的社會不一樣，你們只是把孩子們放在一起，他們也不太覺知彼此？

Monroes小姐：他們就是做每天的例行公事啊，也不……我不認為他們會真的去思考這個……我看見他們彼此的互動是以成人為基礎的……他們不會真的在意膚色……或種族還是其他的。

訪　談　者：你真的不把那當作是因素……在他們的同儕關係？

Monroes小姐：不。

即使在衛克斯勒教職員看得見彼此的差異，但並未將其視角延展至學生，反而對於種族的差異既健忘又不去注意，各式且廣泛的資料顯示此種觀點的誤差性。多數在衛克斯勒的狀況，其整體的資料是由各式研究去形塑，與個人的觀感加以融合而成。此亦顯示，個體傾向於使用早已既存

的分類概念來接收與回應他種事務（Brewer & Brown, 1998; Brown, 1995; Fiske & Neuberg, 1990）。更特別的是，研究顯示，個體會自發地對他人的外在表徵進行人種的基本分類；甚者，此種分類會影響個體對他人的覺知，與他人對個體的回應（Devine, 1989; Dovidio et al., 1997; Duncan, 1976; Fazio, Jackson, Dunton, & Williams, 1995; Katz, Wackenhut, & Hass, 1986; Katz, 1976; Malpass & Kravitz, 1969; Sagar & Schofield, 1980; Taylor, Fiske, Etcoff, & Ruderman, 1978）。

衛克斯勒的教師與學生們在不同的種族間，皆有延伸一些個人的選擇，因此，與多數對大學生個人的覺知之研究比較起來，可以理解他們比較不傾向用種族去分類。然而，在美國，將種族在生活中多方面的社會分類是十分重要的，而衛克斯勒中個體不去注意到種族的差異，似乎是高度不可能普遍的傾向。

與學生的訪談更是清楚地發現到，多數學生對於自我的族群與他人的族群有清晰的意識，無庸置疑的，這對多數倡導族群平等的學校教育而言，是既新又具脅迫感的經驗。以下是由訪談中發現，其中一位受訪者事先並未提及種族，但是孩子們卻有顯著的分類。

訪談者：可以請你告訴我，你的朋友是哪些人嗎？
Beverly（非裔美人）：嗯，Stacey、Lydia和Amy，雖然她是白人。

相同的，從田野調查中發現，在七年級的班級有高於平均值的比例之非裔美人學生，對於族群間的關係之覺知有很深刻的經驗，因為教師們決定將很多低學業成就的孩童放入特殊班級。

Howard，一個白種男性，靠向我（一個白種女性的觀察者）說：「你知道，他們設立這個班級就是不公平啊，這裡有十六個黑人小孩而只有九個白人小孩。我在這裡無法學習。」我說：「怎麼會呢？」Howard回答：「他們學習複製了（種族是隱性的），而他們就如此對你挑釁，那就是不公平啦。」

種族成為禁忌的標題

本部分在討論兩個由色盲觀點所衍生的現象。第一種現象是色盲觀點發展出強硬的規準，去要求在真實情境中，在相關族群關係議題時所禁止使用的文字，如黑、白二字的使用便成為禁忌。因此，舉例而言，在衛克斯勒的第一年，近乎兩百個小時在教室內、走廊、教師會議等處對教職員與學生的觀察，僅有少於二十五項的議題直接涉及種族（Schofield, 1989）。因為若在任何個體或群體使用黑與白兩個字眼的脈絡下，會將相關議題分類至種族，就如同種族的特徵、文字與措辭，幾乎是專門在顯示一個族群的團結或是類似的意思。

更令人驚訝的是，我們的觀察包括廣泛的正式與非正式情境、從因社會救助法（Emergency School Assistance Act）撥款成立的工作坊、聯邦法律撥款成立的無種族隔離之學校去幫助處理因種族隔離而產生的特殊問題、與學生在操場與走廊的非正式互動等發現，內在分子所考慮內容對種族的涉及極度少數。

然而，學生對於禁忌的覺知在田野筆記十分清晰地顯現出來，筆記中講述了在衛克斯勒的一位白人社會工作者之對話，其所參與的課外活動計畫，是由地方基金會基於對種族關係之關懷所撥款成立的。在這些情境下，無可厚非的，她較其他的教職員更顯出極度不情願去處理這種不停發生的種族問題。

> Fowler小姐說，不久之前她有聽到Martin（黑人）說，另一個孩子做錯了一些事情。這錯誤十分嚴重，因此她想追溯至個人。她要求Martin敘述這個犯錯的孩子。Martin說：「他有一頭黑髮，身高頗高。」他並未交代另一個人的種族，即使他繼續完整的敘述。最後，Fowler小姐問：「他是白人還是黑人？」Martin回答：「我可以說嗎？」，Fowler小姐說可以……然後Martin說：「嗯，那男孩是白人。」

學生們意識到教師們對於種族的刻意抹除，且可能還覺得被冒犯了。

訪談者：你知道，不久前某一天我在校園逛，然後就聽到一位六年級的學生對老師描述，她必須找到這位七年級的學生，才能歸還她所遺失的東西。這位六年級的學生說，那位七年級的學生既高又瘦，她描述那位七年級學生的穿著與深色的頭髮，但是，她並未提及那位女孩是白人還是黑人……你認為她為什麼不提呢？

Sylvia（非裔美人）：如果她說了那人是黑人或白人，老師可能會抓狂。

訪談者：是不是有些老師對於類似的事情都會抓狂？

Sylvia：有些會啦……他們會大叫……

訪談者：現在，當你和一個黑人的小孩聊天，你會談到另一個人是黑人或白人嗎？

Sylvia：不會。

訪談者：那你跟一位白人的小孩聊天，你會提到嗎？

Sylvia：不會。

訪談者：你好像從不提種族耶，為什麼？

Sylvia：他們可能會覺得我有偏見。

社交網絡僅是人與人之間的關係

對於種族的觀點，一致認為種族不能、至少不應該是個體的顯著層面，且落實不談論種族，就是傾向於將社會生活概念化為人與人之間的網絡，而非族群間的關係，並就此假定人與人之間的關係不受種族的影響。如同一位教師所提及：

> 此處中學同儕群體的認同……跟族群毫無關聯。族群的存在有強烈的傾向是獨立於……種族疆界的……我們從9月開始就讓這些學生知道我們對此是認真的……你只是一個學生，而我們不在意你的膚色。

這種趨勢降低了群體間互動過程的潛在重要性，可清楚地由現職訓練講習解釋出來，其目的是為了讓教師有效地處理異質族群的學生。有一位來自地方基金會的白人臨床心理學家，開始去製作一些在學生之間對於文化差異的重要性陳述。即便是這位促進者試圖往前推進，且最後推動群體

去討論，學生的個體之人種混雜天性會影響同儕關係、適當的教材，以及結束討論的議題，如孩童們在教室內攻擊的問題之產生、過重的孩童對於得到同儕接納度的困難，及一些殘障孩童們受到同學們的嘲笑、辱罵等事實的問題。

相反的，教師們傾向支持教師與學生們對彼此的反應僅只是個體，而不強調群體的重要，反對人與人間互動的過程，是如同學生們願意與訪談者討論種族在衛克斯勒的社交生活所扮演的重要角色。

> 訪談者：我注意到……在（餐廳）常常是白種孩子與白種孩子坐在一起，而黑人孩子與黑人孩子坐在一起。你認為這樣如何？
>
> Mary（白人）：因為白人孩子有白人的朋友，黑人孩子有黑人朋友啊……我不認為族群的整合有效耶……黑人還是只跟黑人在一起，白人還是只跟白人在一起。
>
> 訪談者：你想過可能有任何白人孩子有少數黑人的朋友，而那些黑人孩子也有少數的白人朋友嗎？
>
> Mary：不太可能。

在多種狀況下，學生會因為族群而形成群體的趨勢十分明顯。舉例而言，在學校的第二年年底某個十分典型的一天，一百一十九位白人學生與九十位黑人學生參與七年級的午餐時間。在這兩百位以上的學生中，僅有六位坐在不同族群的旁邊（Schofield & Sagar, 1977）。

當然，可能種族本身並非全然造成此種互動模式的原因，但是，有些事物和種族是彼此相互關聯的，如社經地位、學業成就，或是彼此先前接觸的機會。這些因素真的是顯現出增強群體內部偏好的互動趨勢，這些與種族相關的因素，經常被教師們視為學生群體所組成的直觀明顯趨勢之實際成因。在衛克斯勒所做的實驗下所得到的結果，說明了種族本身即為同儕關係的真正因素之一。在此研究中，八十位衛克斯勒六年級男性在團體互動中，被仔細描繪出一連串常見的不明確侵略形式的圖像，如用鉛筆戳其他的同學。而每一種形式的互動，有些學生顯示出的圖像是兩位互動的學生皆為非裔美人；另一些圖像則顯示出兩位互動的學生皆為白人；還有一些圖像是人種混雜的一對，而黑人學生不是開始互動行為的那一位，就是引導整個互動過程的那一位。

這個研究結果顯示，個人所屬的種族對於其起始行為，會影響其意義與脅迫到他人對其行為的解釋（Sagar & Schofield, 1980）（見表11.1）。當然，如此的發現，與學生忽視他人的種族之概念不一致。而這對於群體對學生之間的互動無影響的概念也是一種矛盾，因為研究資料顯示，對個體行為的覺知是受到個人所表現之群體關係所影響。

表11.1　白人和黑人對白人和黑人行為者的模糊攻擊行為評量

受擊團體	攻擊者種族背景	評量等級：中數／威脅
白人	白人	8.28
	黑人	8.99
黑人	白人	7.38
	黑人	8.40

註釋：中數主要是由7等級的形容詞中的綜合而得，由1（一點也不）到7（剛好）。每個受擊者評量兩個白人和黑人攻擊者（譬如，模糊攻擊者）以及兩位白人和黑人的受害者。4×4的拉丁矩陣將種族排列視為單一因素的四個層次。在這因素顯著的F值，藉由ANOVA的誤差變項評估，合理化了攻擊者的種族背景、受害者的種族背景和簡易對照的互動結果。在中數／威脅等級，F(3, 192)＝3.02，p＜.05，就如同預期的——受害者傾向將黑人攻擊者的中數／威脅等級高於白人，t(144)＝2.90，p＜.01%受害者的種族中數並沒有降低，因為在此變項上並不顯著。

資料來源：From Sagar, H.A., and Schofield, J. W. (1980) Racial and Behavioral Cues in Black and White Chidren's Perceptions of Ambiguously Aggressive Acts. *Journal of Personality and Social Psychology, 39*(4)590-598, Copyright 1980 by the American Psychological Association. Adapted with Permission.

色盲觀點的功能、結果及其推論

姑且不論色盲觀點對於互動過程之事實及其推論，在衛克斯勒的實行所顯示出的不完全與不精確，它們仍呈現出在衛克斯勒的社會組織發展之一連串重要的結果，有些是正面的，有些是負面的。下面對於此種觀點的信念之討論，去了解為何色盲觀點的概念如此吸引教師們，及其如何影響衛克斯勒學生的教育及社會經驗。

削減了明顯衝突的可能

很多典型的廢除種族隔離之學校，通常會有新型顯著的廢除種族隔離的狀況，皆是很渴望去避免種族間的意見不合與衝突（Sagar & Schofield, 1984）。對於色盲觀點政策的採納，通常是認為其能達成此種目的，因為如果這樣的政策可以徹底實施應用，有助於防護機構與個人對於歧視之挑戰的責任感。這並不意味此一政策會引導群體的成員得到公平的結果。事實上，當在某個機構中，不同族群對於成功的標準之差異顯現出來時，這種政策似乎會導致與期待不符的結果，也就是某些人會稱之為制度性的種族歧視（Jones, 1997）。然而，如同之前所提及的，色盲觀點的概念是伴隨著美國長期以來一直搖擺不定的平等概念而來，也因此可以輕易地與之辯解。這樣的政策提供了明顯的偏好意義，亦即不論少數或多數族群的成員都十分可能冒出辯論與衝突的火花。

一個從衛克斯勒而來的例子，描繪出色盲觀點如何運作，並縮減極端差異的黑人與白人的衝突情況。在衛克斯勒的非裔美人輟學生大約是白人學生的四倍。在衛克斯勒的學生中，種族與社經背景的強烈關聯可以令人預見，非裔美人學生的行為與較符合優勢的中產階級規準的白人學生是不一致的。然而，此種色盲觀點的概念幫助衛克斯勒的教育訓練成為一種爭論的焦點。就作者的看法，輟學率的不平等從未被視為一種嚴肅的議題來討論。當研究者詢問教職員與管理者有關此議題時，有些人（也許不是全部）直接否認注意過此一議題，其他人則認為在每個學生都被公平對待下，這並不是個問題。事實上，相同的方式下，教師們通常都會強力地強調他們對於白人與非裔美人學生訓誡的問題有多努力去處理。

在一個相當少見的場合，當學生對於教師處理種族歧視的方式十分不悅時，教師們傾向漠視這些抱怨，並重複陳述他們對於無色差概念的承諾：

Wilson小姐（白人）：我試著讓自己不要去聽那些（對歧視的譴責）。因為我有時會問自己：「為什麼他會說這些？」但是我知道，在我心底我對種族是無歧視的……而且我不會讓某人去弄出一個這樣的議題，因為我知道我已經盡最大的努力。

只有某個老師，多半是非裔美人，會提出色盲觀點的落實有助於輟學率的不均等；這個議題稍後會再討論。如上所述，色盲觀點清楚地哺育了縮減不均等機會所產生之衝突的氛圍，然此一不均等本身不是聚焦於明顯的不滿就是積極的行動。

減少不適與難堪

很多在衛克斯勒的教職員與學生少有待在廢除種族隔離之學校的經驗；另外，他們多數住在不是白人聚集就是黑人聚集的鄰區。因此，在剛開始時，有著Stephan和Stephan（1985）所提的尷尬與焦慮之感覺。在此種情境下，去避免提及種族與個體間關聯的爭論，似乎是縮減了潛在的尷尬與難堪的社交狀況。這是相關於上述所提的信念中之避免衝突的功能，但此亦有概念上的區分，因為尷尬與難堪的感覺有可能但不總是會導致衝突。事實上，色盲觀點的概念與其對於提及種族的相關準則，似乎有助於維持那種偽飾的禮貌。如同Clement、Eisenhart及Harding（1979）所提的，那是在一些無種族隔離的情境下，對於種族關係的部分禮節。

要說明色盲觀點與其相關的信念與規準有助於對黑人與白人的社交關係平穩化的方式，就是去比較在衛克斯勒的情境與他種的互動情境，一開始的緊張關係，就像是殘障者與非殘障的互動。在這迷人的分析中，Davis（1961）曾提出，無殘障者的情緒在看見殘障者會生出一種張力，並會對於何種是合適的行為產生不確定性，而這張力會妨礙正常的互動模式。因此，對於殘障者互動反應的趨勢，變成是合適行為的關注與心懷模稜兩可。Davis認為，此類情況開始的互動通常是假意拒絕殘障者，及與其產生關聯的潛在效應，是一種假裝去忽視殘障者存在的傾向，這至少暫時緩和互動者去處理其內涵的必要意義。

相似的，某人可以在多人種的互動中去思索種族與個體的關係，他們是白人或黑人，是一種外觀形象式的殘障。就像是殘疾者，某人的群體可能會從他人得到情感性回應，他人本身可以預先避免此一情況，或至少在互動中喚起對於合適行為的問題。當然，某些個體會覺得種族的互動比與殘障者互動更尷尬，因此，個人很可能在與其他種族的人互動中更容易受影響。然而，不論個人是否覺知到平穩、放鬆與愉悅的互動中之潛在的威脅，處理的方式之一就是假裝將潛在的威脅視而不見。

即使Davis（1961）認為，人們對於殘疾者剛開始的互動會有一種虛構的否認特色，他亦提出經由時間的流動，此一功能便會消逝，因為基於明顯的虛假，固有的錯誤最後會導致不正常。相似的，作者以為色盲觀點與其伴隨而來的禁忌，在衛克斯勒，初始時可能會具有調節的功效，但是到最後會傾向於禁止非裔美人與白人學生的正向發展。這些學生鮮明地察覺彼此族群的差異與張力，而這些議題在色盲觀點的潮流下，無法用明確的方式去處理。因此，憤怒有時會惡化，而建立對這些狀況的充分討論的形式，可能會讓個體對於彼此的觀點更易察覺。

這並不是建議學校要負責運作一個巨大的訓練團體（T-group），或是擔任具有療癒性的機構，而是說明很多衛克斯勒的教職員拒絕去認知到種族在同儕關係中所扮演的十分重要之角色，這意味著其扮演著引導學生得到一個新的有時甚至是險惡的經驗，更勝於教師的結構性角色。Jervis（1996）在一間多種族的中學裡觀察一個類似的現象，而得到相似的結論。再者，這種不去討論種族議題的令人沮喪的規準，不僅暗中破壞學生與教師之間對於此議題的潛在互動，亦阻擋學生同儕間討論此議題。這雖明顯減少衝突的可能，但這亦縮減了這些討論潛在建構族群互動的影響。很多研究顯示，具有歧視或無歧視觀點的學生之間對於種族的討論，可以真的提前去降低歧視，而不是之後再去增加它（Aboud & Doyle, 1996; Aboud & Fenwick, 1999）。

增加教師行動的自由

色盲觀點與其推論無異會贏得一些吸引力，因為他們傾向於去簡化衛克斯勒的教職員生活，與增加他們行動的自由。有一個例子可以明確地陳述出此兩種觀點。在最近的學生會選舉之後，研究團隊詢問其中教師成員關於競選結果的看法，一位白種女性教師透露她是故意算錯選票，這樣一來「認真負責的孩子」（一個白人男孩）才能當選，並勝過確實有些許票數領先的那位「不可靠的孩子」（一位非裔美人女孩）。這位教師對其行為似乎有著矛盾的情緒，並有著些許的難堪，但是她所關注的焦點卻顛覆了民主的過程。她述說，她將兩位孩子都視為獨立的個體，並決定了某人是更令人滿意的學生會代表更勝於另一位。就作者從一個對她的延伸之討論發現，那位教師並不覺得她有意識到學生的族群。然而，她並未表現出

考慮到她的行為已使學生會的族群組成有所改變的事實。

　　未去考慮到這些議題的錯誤，便是清楚地簡化決策制訂的過程，因為具重要影響的項目已被分解了。因此，色盲觀點的方式增加了教師們的行動自由，因為有時那些行動會因為考慮到色盲觀點而變得易於接受，而若是行動未思及色盲觀點就變得較難以接受。事實上，色盲觀點及其推論哺育了一個環境，研究者發現，其為一個充滿歧視行為的環境，至少就個體方面而言，某些形式是如此。首先，Snyder、Kleck、Strenta及Mentzer（1979）的研究論證了，當人們願意表現出有立論基礎的行為，更勝於沒有其他明顯解釋的行為時，人們更傾向一致地表現他們不願意顯露的感覺。特別是，他們發現個體會避開身體有殘疾的人們，當這種迴避可以輕易地被歸因為偏好某種形式的影片。

　　然而，當情境中未能提供此種規避行為的基本原理，逃避軀體殘疾的人們之傾向便會消失。以此類推，某人可能會期待一個可以縮減種族重要性的環境，甚至禁止公然地思慮或討論到此一議題，如此便會釋放個體對於歧視的基本傾向（一個在衛克斯勒難以接受的規範定位）。多數的衛克斯勒教職員擁護基本的種族平等之看法，且亦十分有意地正氣凜然去歧視非裔美人的學生。在Gaertner與Dovidio（1981, 1986）的研究中，論證了當情境中具備傳導的性質時，某人並不需要舊式的種族主義者去歧視非裔美人。

　　特別是，Gaertner與Dovidio（1981, 1986）認為，很多自譽為自由的白人，對於維持他們本身並無種族或其他偏見的平等主義者之形象，具有高度的動機。然而，對於此種維持形象的渴望卻伴隨而來一些負面的效應，與某些預先負面回應非裔美人的信念。這些預先傾向的表達，起初在情境中不會危及平等主義者的自我概念，而在此一情境中的重要相關因素，則是在行為的問題上有益於無種族關聯的基本理由（Dovidio & Gaertner, 1998; Gaertner & Dovidio, 1986）。從色盲觀點與推論來看此一情境是十分精確的。它們有助於在有意識的思慮下轉移對種族的關注，並創造出對某人行為的其他解釋之相對顯著性。因此，他們釋放了人們對種族主義者去運作歧視的反感；甚者，從衛克斯勒的約束個體去挑戰其他人的行為，最終將被視為種族主義者的禁忌延展開來，其亦轉移了種族主義者的潛在障礙，因為其縮減了會危及自由主義者的自我概念之可能性。

忽視學生之間文化差異的真實性

　　即使色盲觀點及其推論提供了不少有用的目標，但仍有一些未覺知到的負面效應，如前所提。有一個重要的負面性結果，即為一種對於黑人與白人學生的文化差異，及其對學校運作的影響之忽視或否認的心態。舉例而言，非裔美人與白人學童的輟學率之不等，部分是起源於這些學生之間，Triandis與其同僚（Triandis, 1994; Triandis, Vassiliou, Vassiliou, Tanaka, & Shanmugam, 1972）稱之為「主觀文化」。特別是，從Sagar與Schofield（1980）的研究資料顯示，非裔美人的男孩比他們的白人同儕更易察覺到某些隱約帶有侵略性的行為，他們會將這些行為歸類為較不屬於卑劣與脅迫的，較是屬於開玩笑與友善的；而這些行為在學生間有時會造成衝突，甚至是輟學的行為。讓白人與黑人的孩童去覺知到這些行為中不同的意義，可能至少會減低黑人學生的輟學率。

　　其他的研究發現，黑人與白人在文化上的差異並不僅限於教育（Hill, 1971; Irvine, 1990; Jones, 1986, 1997; Lee & Slaughter-Defoe, 2001）。舉例而言，Kochman（1981）提出一個十分具說服力的論調，黑人與白人的學生在課堂討論上使用不同的形式，而文化差異性的誤解可能會導致學生與教師對行為好壞的誤判。這與Heath（1982）的研究，國小教師在教室內所慣於提及的問題形式之研究結果十分相似，且這些問題的形式是類似於中產階級的白人孩童的家庭所慣於使用，且本質上是迥異於貧窮的黑人孩童家庭所使用的。因此，可以假定若是一個完全依照色盲觀點的教師，就可能會排除自我的覺知，並使用對某一等級學生的教學最有幫助的結構性教材之知識，如同可以多方地解釋學生的行為一般。

無法回應與利用多元性

　　色盲觀點及其伴隨而來在複和人種學校內的落實，如衛克斯勒學生的損失——通常都是非裔美人學生的損失比白人學生多。其中一個明顯損失的影響，可延伸至致力使用慣性的教材與教學法，來反映出衛克斯勒的非裔美人學生之互動與生活經驗，有種方式被稱之為「文化回應式的教育學」（culturally responsive pedagogy）（Carter & Goodwin, 1994; Irvine, 1991; Nieto, 2004; Ramsey, 1987）。衛克斯勒的學校系統部分之運作，使

得某些人可以致力使用多元文化的文本。再者，某些不成比例的非裔美人教師，特別關注於教室內相關的工作，在黑人學生與白人學生身上，皆可以看到他們的關懷與興趣。

然而，目前優勢的傾向，是公開放棄編纂可以反映學生多元性的教材之責任。對於教師們的訪談可以發現到，很多人認為去探詢或發展非裔美人在我們社會的參與和貢獻之教材，是毫無理由的。舉例而言，有位數學老師所使用的教材內容滿是描述白人在爭論「數學就是數學」的論調，而在訪談中詢問是否可以使用多種族或多元文化的教材時，那位教師則認為不適當。更令人驚訝的，其他學科的老師亦有相似的主張，包括教導閱讀、語言藝術與社會科的老師們。

色盲觀點與其推論不但讓教職員個體間很可能會忽視學生試圖呈現被教材所激發出的相關之個人經驗，而且，他們實際上亦將教育上能提供給學生的東西壓縮了。舉例而言，在一堂討論古羅馬社會組織的課程中，有位社會科教師討論了羅馬社會的各階級，包括貴族與平民，但是卻全然不提奴隸。另一位教師亦將George Washington Carver列入偉大的美國人，在諸位偉大的美國人中，學生可以選擇各個學習的個體，但是要特別注意不能提及Carver是個黑人，免得衍生種族的議題；而教師們最好不要提及此類的議題，這樣學生才能對知名人物通常是白人沒有偏見。然而，在學校中，有位白人學生從我們的研究團隊中的某位成員得知，Martin Luther King, Jr.是非裔美人，而非白人，十分吃驚。而將非裔美人的成就凸顯出來，且讓學生了解並非所有的著名人物皆為白人，是十分合理的實踐。

在衛克斯勒，這樣基於避免種族問題而來的壓縮並非罕見。例如，Scherer與Slawski（1979）在無種族隔離的中學研究中發現，排除午餐時間與自修教室，並鬆弛對學生接觸的監察，似乎很可能導致衝突。然而，在衛克斯勒，這是經由色盲觀點與其推論所壓縮的本質。在衛克斯勒，對於忽視與避免此一議題為主要趨勢。這樣的趨勢不可否認是低危險性的，但是，就學生在教育過程中的資源而言，卻無法從衛克斯勒的學生之多元的經驗與觀點得到好處。再者，在一些案例中，所有學生接收了教師試圖去避免的潛在事實與議題，並扭曲了教育的意義。

✦總結

　　自從最高法院法官Harlan最先提及色盲觀點的社會是努力的目標，已經是一百多年前的事了，而色盲觀點仍經常被視為我們社會傳統中基於個人膚色而被歸類成下層階級的種族主義的解決之道。然而，本章從另一個角度來探討色盲觀點，了解其並非全然安全無虞的。它可能會減輕初始的張力與公然衝突的頻率，然而，它亦可能會哺育任何將種族或相關議題視為禁忌的現象，並拒絕去認知與處理存在於族群間緊張的問題。因此，它塑造了一個令人反感的種族主義者存在的環境，如前所提，這些人傾向於用歧視性的方式行動；甚者，其亦缺乏將問題結構性處理的認知。此外，色盲觀點可以讓具有內在的機會呈現多元論的團體無法實現，且挑戰面對此一團體所提供給學生迷人且有效的教育。

　　即使色盲觀點的方法清楚地呈現多種缺失，但此一研究的發現並不意味著，最好不間斷地引起學生對於族群關係的注意。對於族群關係，有幾個因素須被堅定且謹慎地強調。第一，有實質的證據顯示，對於相似性的覺知可以增強對他人的喜好（Berscheid & Reis, 1998），因此對於差異性的強調可能是徒勞的。第二，對於角色定型的現象，新興研究顯示，時常凸顯種族是不智的。例如，研究者研究此一現象發現，不僅是種族議題的產生，在學生指出其族群身分之前，學生先完成的作業可能導致非裔美人的學生發現其明顯成就表現有所差距，並對他們的自我能力呈現出負面形式的影響（Steele & Aronson, 1995）。另外，在本章先前所提及的大量社會心理學家之研究論證了，個體在族群內外的分類會傾向於促進角色定型與偏差行為。

　　那什麼才是學校最有效力的立場呢？本章就是一個完整的回答。然而，作者建議至少有三點是值得高度嚮往的。第一，整個教育系統需要一致努力回應我們社會的多元性，無論是課程的計畫、人員配備的選擇，並去思索如何對學生才是最好的。這似乎有助於讓來自不同背景的學生在學校機構可以彼此吸引與相互關聯，並提供他們更具廣度的知識與必要的觀點，使其有效地在我們這個多元性漸增的社會運作。第二，學校須幫助師生了解，群體是由具有獨一特質的個體所組成，而這些個體在群體內外可

能相似也可能相異，如此亦有助於破壞角色定型的趨勢，並視族群成員為個體特質的定義。最後，學校應提供學生機會去建構身為學校成員與社區成員的自我意義，而國家將補充與提供其意義，而不是取代或損害他們是特殊的社會族群之自我認同的意義。

第十一章 學校裡的色盲觀點：案例與成果

問題與活動

1. 根據本文作者所述，社會的脈絡如何影響種族主義與歧視的表現？

2. 什麼是*色盲觀點*？試舉例說明之。其基於何種信念與假設？

3. 色盲觀點如何在學校建立種族歧視與制度性的種族主義？試舉例說明之。

4. 色盲觀點如何經常導致作者所言的「錯誤呈現的真實」（misrepresentation of reality）？哪一種真實通常是經由色盲觀點所錯誤呈現的？

5. 為什麼衛克斯勒中學的教師們拒絕對學生的族群有覺知？他們的拒絕如何與在學校中的許多關於種族的真實性事件產生矛盾？

6. 在與衛克斯勒中學的學生訪談中，學生對於種族的概念所呈現的觀點為何？他們對於種族的概念與教師們的差異為何？為何有這些差異？

7. 為何教師們常會欣然接受色盲觀點？根據作者所言，教師們會從中獲益與損失什麼？

8. 色盲觀點如何使號稱自由主義者的白種人教師更容易產生偏見？試從本文與你個人在學校的觀察、經驗、設施、脈絡，舉一些較為特殊的例子來說明。

9. 色盲觀點如何對多元文化課程的發展產生負面的效果？什麼是對中和色盲觀點最大有可為的方式？試舉例說明之。

References ••

參考文獻

Aboud, F. E., & Doyle, A. B. (1996). Does Talk of Race Foster Prejudice or Tolerance in Children? *Canadian Journal of Behavioral Science, 28*(3), 161–170.

Aboud, F. E., & Fenwick, V. (1999). Exploring and Evaluating School-Based Interventions to Reduce Prejudice. *Journal of Social Issues, 55*(4), 767–785.

Allport, G. W. (1954). *The Nature of Prejudice.* Cambridge, MA: Addison-Wesley.

Amir, Y. (1969). Contact Hypothesis in Ethnic Relations. *Psychological Bulletin, 71*(5), 319–342.

Amir, Y. (1976). The Role of Intergroup Contact in Change of Prejudice and Ethnic Relations. In P. A. Katz (Ed.), *Towards the Elimination of Racism* (pp. 245–308). New York: Pergamon.

Aronson, E., & Patnoe, S. (1997). *The Jigsaw Classroom* (2nd ed). New York: Longman.

Banks, J. A. (2001). Multicultural Education: Characteristics and Goals. In J. A. Banks & C. A. McGee Banks (Eds.), *Multicultural Education: Issues & Perspectives* (4th ed., pp. 3–30). New York: Wiley.

Bennett, W. (1987). *James Madison High School: A Curriculum for American Students.* Washington, DC: U.S. Department of Education.

Berscheid, E., & Reis, H. T. (1998). Attraction and Close Relationships. In D. T. Gilbert, S. T. Fiske, & G. Lindzey (Eds.), *The Handbook of Social Psychology* (4th ed., pp. 193–281). New York: McGraw-Hill.

Bogdan, R. C., & Taylor, S. J. (1975). *Introduction to Qualitative Research Methods: A Phenomenological Approach to the Social Sciences.* New York: Wiley.

Bonilla-Silva, E. (2003). *Racism Without Racists: Color-blind Racism and the Persistence of Racial Inequality in the United States.* New York: Rowman and Littlefield.

Bossert, S. T. (1988/89). Cooperative Activities in the Classroom. In E. Z. Rothkopt (Ed.), *Review of Research in Education* (Vol. 15, pp. 225–250). Washington, DC: American Educational Research Association.

Brewer, M. B., & Brown, R. J. (1998). Intergroup Relations. In D. T. Gilbert, S. T. Fiske, & G. Lindzey (Eds.), *The Handbook of Social Psychology* (4th ed., pp. 554–594). New York: McGraw-Hill.

Brewer, M. B., & Miller, N. (1984). Beyond the Contact Hypothesis: Theoretical Perspectives on Desegregation. In N. Miller & M. B. Brewer (Eds.), *Groups in Contact: The Psychology of Desegregation* (pp. 281–302). Orlando, FL: Academic Press.

Brewer, M. B., & Miller, N. (1988). Contact and Cooperation: When Do They Work? In P. A. Katz & D. A. Taylor (Eds.), *Eliminating Racism: Profiles in Controversy* (pp. 315–328). New York: Plenum.

Brown, R. (1995). *Prejudice: Its Social Psychology.* Oxford, UK: Blackwell.

Campbell, D. T. (1975). Degrees of Freedom and the Case Study. *Comparative Political Studies, 8*(2), 178–193.

Carter, R. T., & Goodwin, A. L. (1994). Racial Identity and Education. In L. Darling-Hammond (Ed.), *Review of Research in Education* (pp. 291–336). Washington, DC: American Educational Research Association.

Clement, D. C., Eisenhart, M., & Harding, J. R. (1979). The Veneer of Harmony: Social-Race Relations in a Southern Desegregated School. In R. C. Rist (Ed.), *Desegregated Schools* (pp. 15–62). New York: Academic Press.

Cohen, E. G. (1975). The Effects of Desegregation on Race Relations. *Law and Contemporary Problems, 39*(2), 271–299.

Cohen, E. G. (1997). Understanding Status Problems: Sources and Consequences. In E. G. Cohen & R. A. Lotan (Eds.), *Working for Equity in Heterogeneous Classrooms: Sociological Theory in Practice* (pp. 61–76). New York: Teachers College Press.

Cohen, E., Lockheed, M., & Lohman, M. (1976). The Center for Interracial Cooperation: A Field Experiment. *Sociology of Education, 49*, 47–58.

Cook, S. W. (1969). Motives in the Conceptual Analysis of Attitude-Related Behavior. In W. J. Arnold & D. Levine (Eds.), *Nebraska Symposium on Motivation* (Vol. 17, pp. 179–235). Lincoln: University of Nebraska Press.

Cook, S. W. (1978). Interpersonal and Attitudinal Outcomes in Cooperating Interracial Groups. *Journal of Research and Development in Education, 12*(1), 97–113.

Cook, S. W. (1985). Experimenting on Social Issues: The Case of School Desegregation. *American Psychologist, 40*, 452–460.

Cook, T., & Campbell, D. (1976). The Design and Conduct of Quasi-Experiments and True Experiments in Field Settings. In M. Dunnette (Ed.), *Handbook of Organizational Psychology* (pp. 223–281). Chicago: Rand McNally.

Davis, F. (1961). Deviance Disavowal: The Management of Strained Interaction by the Visibly Handicapped. In H. S. Becker (Ed.), *The Other Side: Perspectives on Deviance* (pp. 119–137). New York: Free Press.

Devine, P. G. (1989). Stereotyping and Prejudice: Their Automatic and Controlled Components. *Journal of Personality and Social Psychology, 56*, 5–18.

Dovidio, J. F., & Gaertner, S. L. (1998). On the Nature of Contemporary Prejudice: The Causes, Consequences, and Challenges of Aversive Racism. In J. L. Eberhardt & S. T. Fiske (Eds.), *Confronting Racism: The Problem and the Response* (pp. 3–32). Thousand Oaks, CA: Sage.

Dovidio, J. F., Gaertner, S. L., Voulidzic, A., Matoka, A., Johnson, B., & Frazier, S. (1997). Extending the Benefits of Recategorization: Evaluations, Self-Disclosure, and Helping. *Journal of Experimental Social Psychology, 33*, 401–420.

Duncan, B. L. (1976). Differential Racial Perception and Attribution of Intergroup Violence. *Journal of Personality and Social Psychology, 35*, 590–598.

Eaton, S. E. (2001). *The Other Boston Busing Story*. New Haven, CT: Yale University Press.

Fazio, R. H., Jackson, J. R., Dunton, B. C., & Williams, C. J. (1995). Variability in Automatic Activation as Unobtrusive Measure of Racial Attitudes: A Bona Fide Pipeline? *Journal of Personality and Social Psychology, 69*, 1013–1027.

Fiske, S. T., & Neuberg, S. L. (1990). A Continuum of Impression Formation, from Category-Based to Individuating Processes: Influences of Information and Motivation on Attention and Interpretation. In M. P. Zanna (Ed.), *Advances in Experimental Social Psychology* (Vol. 23, pp. 1–74). New York: Academic Press.

Gaertner, S. L., & Dovidio, J. F. (1981). Racism among the Well-Intentioned. In E. Clausen & J. Bermingham (Eds.), *Pluralism, Racism, and Public Policy: The Search for Equality* (pp. 208–222). Boston: Hall.

Gaertner, S. L., & Dovidio, J. F. (1986). The Aversive Form of Racism. In J. F. Dovidio & S. L. Gaertner (Eds.), *Prejudice, Discrimination, and Racism* (pp. 61–89). Orlando, FL: Academic Press.

Gaertner, S. L., Dovidio, J. F., Anastasio, P. A., Bachman, B. A., & Rust, M. C. (1993). The Common Ingroup Identity Model: Recategorization and the Reduction of Intergroup Bias. In W. Stroebe & M. Hewstone (Eds.), *European Review of Social Psychology* (pp. 1–26). Chichester, UK: Wiley.

Gillborn, D. (1992). Citizenship, Race, and the Hidden Curriculum. *International Studies in Sociology of Education, 2*(1), 57–73.

Heath, S. B. (1982). Questioning at Home and at School: A Comparative Study. In G. Spindler (Ed.), *Doing the Ethnography of Schooling: Educational Anthropology in Action* (pp. 102–131). New York: Holt, Rinehart & Winston.

Hewstone, M., & Brown, R. (Eds.). (1986). *Contact and Conflict in Intergroup Encounters.* Oxford, UK: Blackwell.

Hill, J. (1971). *Personalized Education Programs Utilizing Cognitive Style Mapping.* Bloomfield Hills, MI: Oakland Community College Press.

Hirsch, E. D. (1996). *The Schools We Need, And Why We Don't Have Them.* New York: Doubleday.

Irvine, J. J. (1990). *Black Students and School Failure: Policies, Practices, and Prescriptions.* Westport, CT: Greenwood.

Irvine, J. J. (1991, January). *Culturally Responsive and Responsible Pedagogy: The Inclusion of Culture, Research, and Reflection in the Knowledge Base of Teacher Education.* Paper presented at the annual meeting of the American Association of Colleges for Teacher Education, Atlanta.

Jaynes, G. D., & Williams, R. M., Jr. (1989). *A Common Destiny: Blacks and the American Society.* Washington, DC: National Academy Press.

Jervis, K. (1996). How Come There Are No Brothers on That List? Hearing the Hard Questions All Children Ask. *Harvard Educational Review, 66*(3), 546–576.

Johnson, D. W., & Johnson, R. T. (1982). The Study of Cooperative, Competitive, and Individualistic Situations: State of the Area and Two Recent Contributions. *Contemporary Education: A Journal of Reviews, 1*(1), 7–13.

Johnson, D. W., Johnson, R. T., & Maruyama, G. (1984). Goal Interdependence and Interpersonal Attraction in Heterogeneous Classrooms: A Meta-Analysis. In N. Miller & M. B. Brewer (Eds.), *Groups in Contact: The Psychology of Desegregation* (pp. 187–212). Orlando, FL: Academic Press.

Johnson, D. W., Maruyama, G., Johnson, R. T., Nelson, D., & Skon, L., (1981). Effects of Cooperative, Competitive, and Individualistic Goal Structures on Achievement: A Meta-Analysis. *Psychological Bulletin, 89*, 47–62.

Jones, J. M. (1986). Racism: A Cultural Analysis of the Problem. In J. F. Dovidio & S. L. Gaertner (Eds.), *Prejudice, Discrimination, and Racism* (pp. 279–313). Orlando, FL: Academic Press.

Jones, J. M. (1997). *Prejudice and Racism* (2nd ed.). New York: McGraw-Hill.

Jones, J. M. (1998). Psychological Knowledge and the New American Dilemma of Race. *Journal of Social Issues, 54*(4), 645.

Katz, I., Wackenhut, J., & Hass, R. G. (1986). Racial Ambivalence, Value Duality, and Behavior. In J. F. Dovidio & S. L. Gaertner (Eds.), *Prejudice, Discrimination, and Racism* (pp. 35–59). Orlando, FL: Academic Press.

Katz, P. A. (1976). The Acquisition of Racial Attitudes. In P. Katz (Ed.), *Toward the Elimination of Racism* (pp. 125–156). New York: Pergamon.

Kochman, T. (1981). *Black and White Styles of Conflict.* Chicago: University of Chicago Press.

Lee, C. D., & Slaughter-Defoe, D. T. (2001). Historical and Sociocultural Influences on African American Education. In J. A. Banks & C. A. McGee Banks (Eds.), *Handbook of Research on Multicultural Education* (pp. 348–371). San Francisco: Jossey-Bass.

Lee, Y. T., & Duenas, G. (1995). Stereotype Accuracy in Multicultural Business. In Y. T. Lee, L. J. Jussim, & C. R. McCauley (Eds.), *Stereotype Accuracy: Toward Appreciating Group Differences* (pp. 157–188). Washington, DC: American Psychological Association.

Levin, S. (2003). Social Psychological Evidence on Race and Racism. In M. J. Chang, D. Witt, J. Jones, & K. Hakuta (Eds.), *Compelling Interest: Examining the Evidence on Racial Dynamics in Colleges and Universities* (pp. 97–125). Stanford, CA: Stanford University Press.

第十一章　學校裡的色盲觀點：案例與成果

Malpass, R. S., & Kravitz, J. (1969). Recognition for Faces of Own and Other Races. *Journal of Personality and Social Psychology, 13*, 330–334.

Miles, M. B., & Huberman, A. M. (1984). *Qualitative Data Analysis: A Sourcebook of New Methods*. Newbury Park, CA: Sage.

Nieto, S. (2004). *Affirming Diversity: The Sociopolitical Context of Multicultural Education* (4th ed.). Boston: Allyn & Bacon.

Norvell, N., & Worchel, S. (1981). A Reexamination of the Relation between Equal Status Contact and Intergroup Attraction. *Journal of Personality and Social Psychology, 41*, 902–908.

Olson, S. (1976). *Ideas and Data: Process and Practice of Social Research*. Homewood, IL: Dorsey.

Pettigrew, T. (1986). The Intergroup Contact Hypothesis Reconsidered. In M. Hewstone & R. Brown (Eds.), *Contact and Conflict in Intergroup Encounters* (pp. 169–195). Oxford, UK: Blackwell.

Pettigrew, T. F. (1998). Intergroup Contact Theory. *Annual Review of Psychology, 49*, 65–85.

Pettigrew, T. F., & Tropp, L. R. (2000). Does Intergroup Contact Reduce Prejudice: Recent Meta-Analytic Findings. In S. Oskamp (Ed.), *The Claremont Symposium on Applied Social Psychology* (pp. 93–114). Mahwah, NJ: Erlbaum.

Pollock, M. (2000). *Racing, De-Racing, and Erasing: The Paradoxes of Racial Description in School*. Unpublished doctoral dissertation, Stanford University, Stanford, CA.

Ramsey, P. G. (1987). *Teaching and Learning in a Diverse World*. New York: Teachers College Press.

Randolph, G., Landis, D., & Tzeng, O. C. S. (1977). The Effects of Time and Practice on Cultural Assimilator Training. *International Journal of Intercultural Relations, 1*, 105–119.

Regents of the University of California vs. Baake, 76–811 U.S. (1978).

Riordan, C. (1978). Equal-Status Interracial Contact: A Review and Revision of the Concept. *International Journal of Intercultural Relations, 2*(2), 161–185.

Rist, R. C. (1974). Race, Policy, and Schooling. *Society, 12*(1), 59–63.

Rist, R. C. (1978). *The Invisible Children: School Integration in American Society*. Cambridge, MA: Harvard University Press.

Sagar, H. A., & Schofield, J. W. (1980). Racial and Behavioral Cues in Black and White Children's Perceptions of Ambiguously Aggressive Acts. *Journal of Personality and Social Psychology, 39*(4), 590–598.

Sagar, H. A., & Schofield, J. W. (1984). Integrating the Desegregated School: Problems and Possibilities. In M. Maehr & D. Bartz (Eds.), *Advances in Motivation and Achievement: A Research Annual* (pp. 203–241) Greenwich, CT: JAI Press.

Sagar, H. A., Schofield, J. W., & Snyder, H. N. (1983). Race and Gender Barriers: Preadolescent Peer Behavior in Academic Classrooms. *Child Development, 54*, 1032–1040.

Scherer, J., & Slawski, E. J. (1979). Color, Class, and Social Control in an Urban Desegregated School. In R. C. Rist (Ed.), *Desegregated Schools* (pp. 117–153). New York: Academic Press.

Schlesinger, A. M. (1992). *The Disuniting of America: Reflections on a Multicultural Society*. New York: Norton.

Schofield, J. W. (1979). The Impact of Positively Structured Contact on Intergroup Behavior: Does It Last under Adverse Conditions? *Social Psychology Quarterly, 42*(3), 280–284.

Schofield, J. W. (1980). Cooperation as Social Exchange: Resource Gaps and Reciprocity in Academic Work. In S. Sharon, P. Hare, C. Webb, & R. Hertz-Lazarowitz (Eds.), *Cooperation in Education* (pp. 160–181). Provo, UT: Brigham Young University Press.

Schofield, J. W. (1989). *Black and White in School: Trust Tension or Tolerance?* New York: Teachers College Press.

Schofield, J. W. (2001). Improving Intergroup Relations among Students. In J. A. Banks & C. A. M. Banks (Eds.), *Handbook of Research on Multicultural Education* (pp. 635–645). San Francisco: Jossey-Bass.

Schofield, J. W., & Eurich-Fulcer, R. (2001). When and How School Desegregation Improves Intergroup Relations. In R. Brown & S. Gaertner (Eds.), *Handbook of Social Psychology* (Vol. 4, pp. 474–494). New York: Blackwell.

Schofield, J. W., & Francis, W. D. (1982). An Observational Study of Peer Interaction in Racially-Mixed "Accelerated" Classrooms. *Journal of Educational Psychology, 74*(5), 722–732.

Schofield, J. W., & Sagar, H. A. (1977). Peer Interaction Patterns in an Integrated Middle School. *Sociometry, 40*(2), 130–138.

Schofield, J. W., & Sagar, H. A. (1979). The Social Context of Learning in an Interracial School. In R. Rist (Ed.), *Inside Desegregated Schools: Appraisals of an American Experiment* (pp. 155–199). San Francisco: Academic Press.

Schofield, J. W., & Whitley, B. E. (1983), Peer Nomination versus Rating Scale Measurement of Children's Peer Preferences. *Social Psychology Quarterly, 46*(3), 242–251.

Sharan, S. (1980). Cooperative Learning in Teams: Recent Methods and Effects on Achievement, Attitudes and Ethnic Relations. *Review of Educational Research, 50*(2), 241–272.

Sherif, M. (1979). Superordinate Goals in the Reduction of Intergroup Conflict: An Experimental Evaluation. In W. G. Austin & S. Worchel (Eds.), *The Social Psychology of Intergroup Relations* (pp. 257–261). Monterey, CA: Brooks/Cole.

Sidanius, J., & Pratto, F. (1999). *Social Dominance: An Intergroup Theory of Social Hierarchy and Oppression.* Port Chester, NY: Cambridge University Press.

Slavin, R. E. (1995). *Cooperative Learning: Theory, Research, and Practice* (2nd ed.). Boston: Allyn & Bacon.

Slavin, R. E., & Cooper, R. (1999). Improving Intergroup Relations: Lessons Learned from Cooperative Learning Programs. *Journal of Social Issues, 55*(4), 647–663.

Sleeter, C. E. (1993). How White Teachers Construct Race. In C. McCarthy & W. Crichlow (Eds.), *Race Identity and Representation in Education* (pp. 157–171). New York: Routledge.

Snyder, M. L., Kleck, R. E., Strenta, A., & Mentzer, S. J. (1979). Avoidance of the Handicapped: An Attributional Ambiguity Analysis. *Journal of Personality and Social Psychology, 12,* 2297–2306.

Steele, C. M., & Aronson, J. (1995). Stereotype Threat and the Intellectual Test Performance of African Americans. *Journal of Personality and Social Psychology, 69*(5), 797–811.

Stephan, W. G., & Stephan, C. W. (1985). Intergroup Anxiety. *Journal of Social Issues, 41*(3), 157–175.

Stephan, W. G., & Stephan, C. W. (1996). *Intergroup Relations.* Boulder, CO: Westview.

Stephan, W. G., & Stephan, C. W. (2001). *Improving Intergroup Relations.* Thousand Oaks, CA: Sage

Strauss, A. (1987). *Qualitative Analysis for Social Scientists.* New York: Cambridge University Press.

Strauss, A., & Corbin, J. (1990). *Basics of Qualitative Research.* Newbury Park, CA: Sage.

Tajfel, H. (1978). *Differentiation between Social Groups: Studies in the Social Psychology of Intergroup Relations.* New York: Academic Press.

Takaki, R. (1933). *A Different Mirror: A History of Multicultural America.* Boston: Little, Brown.

Taylor, S., Fiske, S., Etcoff, N., & Ruderman, A. (1978). Categorical and Contextual Basis of Person Memory and Stereotyping. *Journal of Personality and Social Psychology, 36*(7), 778–793.

Trent, W., Owens-Nicholson, D., Eatman, T., Burke, M., Daugherty, J., & Norman, K. (2003). Justice, Equality of Educational Opportunity, and Affirmative Action in Higher Education. In M. J. Chang, D. Witt, J. Jones, & K. Hakuta (Eds.), *Compelling Interest: Examining the Evidence on Racial Dynamics in Colleges and Universities* (pp. 22–48). Stanford, CA: Stanford University Press.

Triandis, H. C. (Ed.). (1976). *Variations in Black and White Perceptions of the Social Environment.* Urbana: University of Illinois Press.

Triandis, H. C. (1994). *Culture and Social Behavior.* New York: McGraw-Hill.

第十一章 學校裡的色盲觀點：案例與成果

Triandis, H. C., Vassiliou, V., Vassiliou, G., Tanaka, Y., & Shanmugam, A. (Eds.). (1972). *The Analysis of Subjective Culture*. New York: Wiley.

Webb, E. J., Campbell, D. T., Schwartz, R. D., & Sechrest, L. (1966). *Unobtrusive Measures: Nonreactive Research in the Social Sciences*. Chicago: Rand McNally.

Whitley, B. E., & Schofield, J. W. (1984). Peer Preference in Desegregated Classrooms: A Round Robin Analysis. *Journal of Personality and Social Psychology, 46*(4), 799–810.

Wolsko, C., Park, B., Judd, C., & Wittenbrink, B. (2000). Framing Interethnic Ideology: Effects of Multicultural and Color-Blind Perspectives on Judgments of Groups and Individuals. *Journal of Personality and Social Psychology, 78*(4), 635–654.

Yinger, J. M. (1994). *Ethnicity: Source of Strength? Source of Conflict?* Albany: State University of New York Press.

第十二章
語言的多樣性與教育

Carlos J. Ovando　著

陳美瑩　譯

　　語言是人們共享的，而且是文化本身的一部分，不在乎形式化的分類，而較在乎其生命力及彼此之間的關聯，及其對文化本身是否會消滅其純正或孤立。（Fuentes, 1988, p. 27）

　　本能顯示行為只是基本的表現，是種藉由調整呼吸時所發出的聲音，來進行關於誰對誰做了些什麼溝通訊息的本領。（Pinker, 1994, p. 19）

　　在美國，對少數及多數族群語言的學生而言，語言的多樣性對教育實際的內容與過程具有很大的影響。一個體系內的溝通，聯結聲音、書面或視覺符號與意義，而語言是分享文化內與文化間的知識、技能、價值和態度最基本的橋梁。語言擁有非常大的力量，可視為認知發展最重要的工具，且能開啟或關閉學術成就之門。因此，少數族群語言的學生常會感受到教育的不公平，將如何根據他們的能力範圍去了解、說、讀與寫標準英語呢？

　　本章分成三個部分，將語言的多樣性如何涉及教育的結果提出一個概覽。第一部分說明什麼是語言，以及孩童與成人如何習得他們的第一語言與第二語言。第二部分調查美國非標準英語（亦即非英語）的種類。第三部分討論教室裡如何適應符合少數族群語言學生的需要。

語言的社會文化本質與語言的習得

　　語言是文化中有力且具轉變的一部分。如同文化一般，語言是被學

習、分享的，而且隨時間不斷地發展與改變。語言不只是一串字彙和文法規則，它是個有力的工具，能提供個體、群體、社會機構和文化的認同。透過語言，我們可溝通彼此間的價值觀、態度、技能與抱負，好比文化傳遞者和文化的創造者。

語言可以從多個觀點來分析。在生理層次上，語言是一套聲音系統，且是種由聽者的聽覺系統運用人類肢體和解碼的活動。從認知的觀點來看，語言是表達思想的工具。從人類學的觀點來看，語言是文化裡一個複雜且無所不在的組成部分。由符號學的觀點來看，語言也被視為一套已由社會決定意義的符號與標誌系統（Shaumyan, 1987）。

由教育學的觀點來看，在特殊的語言裡，什麼是一個人已學習到其要增加的溝通能力？首先，有很多語言中相似的構成要素必須發展：

1. 語音學（phonetics）與音韻學（phonology）——聲音系統
2. 語言型態學（morphology）——意義單元如何形成字詞
3. 句法結構（syntax）——句子構成的語法
4. 詞彙（lexicon）——字彙

除了這四點構成要素，溝通能力的獲得還有其他與文化相關的範疇必須精熟。這五個範疇說明學習一種語言的細微與社會文化方面的過程：

1. 論述（discourse）——語言如何組成言論與寫作超越句子的層面。例如，段落或會話是如何構成的。
2. 適切性（appropriateness）——語言使用的方式是根據社會處境做安排。例如，「關燈，好嗎？」（Hit the lights, will ya?）與「請問你介意關燈嗎？」（Would you mind turning the lights off, please?）的對照。
3. 輔助語言學（paralinguistics）——說話者之間的距離、語調、音量與說話的音高、手勢、臉部表情，以及其他肢體語言。
4. 語用學（pragmatics）——論述、適切性與輔助語言學的相互配合。例如，語用學包含不明確與明確的文化標準，隨著是否適合談論、如何調整說話速度、正確的傾聽方式、何時要直接與何時要間接、如何在交談中輪流對話，與如何根據角色、社會地位、態度、背景和話題去修改語言。
5. 認知學術語言能力（cognitive-academic language proficiency）（Cummins, 1979, 1981, 1991a, 2000a）——語言技巧的精熟需要學習與發展抽象的概念，如數學、科學與社會學科等領域（Ovando, Collier & Combs, 2003）。

即使一份如此粗略地表列出關於語言的構成要素與範疇，仍清楚地表明語言的習得是一個複雜、細微、文化殊異與終身的過程。因此，教育工作者需要去了解一些事情，譬如英語與西班牙語的不同，甚或標準英語與黑人英語之間的差異，已不只是音韻學、語言型態學、句法結構與詞彙的變化（Ogbu, 1999; Perry & Delpit, 1998）。常有人說，一個人用其第一語言學習基本的溝通是一個簡單的過程——孩子在玩耍間學會說話。但審慎地檢視一個人其第一語言全面的發展時，包括語言的結構和功能有關的讀寫能力技巧與知識，是需要長久時間去獲得溝通能力的複雜過程。當老師們了解如此情況，他們應盡可能對教室內那些除了標準英語以外說任何語言的學生們，表現出尊重與敏感度。尤其是對說非英語的人，教師們應該要實際地探討多年的語言發展，如此對於那些人由基本的英語溝通轉至發展完整的溝通能力是必要的。

在某個限定的環境裡，語言是隨著交談的方式成長與發展。就此意義來說，沒有所謂對或錯的語言，只有在既定脈絡下合適或不合適的語言。語言和語言的種類發展與成長是因為社會的需求，如果一個社群裡的說話者發現有必要去保留一個語言，是因為這語言本身能夠滿足精神、社會、知識智能、技巧、科學、經濟或政治需求，那麼，這種特別的語言被社群保留下來的機會將可能大大提高。因此，譬如尤皮克語（Yupik，一種愛斯基摩－阿留申群島的語言），儘管英語具有強而有力的影響力，但其在阿拉斯加的阿契阿恰克（Akiachak）地區都還存在著，因為尤皮克語滿足那個社群人們延續傳統文化的需要。在英語本身的範疇裡，美國結合多種語言微觀文化，代表著經驗的多樣性——如美國印第安人多種的英語、克里奧爾語（creoles）、黑人英語（Black English），以及廣泛的地方性腔調、詞彙與語調（Ovando, 1999）。

透過多元文化教育，我們試著在不同的種族、族群、國籍、性別、社會階層、地區團體、宗教、特殊性、知識背景、年齡與語言背景上，去促進公平性與優質性，這對教育學者了解語言能幫助或抑制個人的教育實踐是非常重要的。就如同Hymes（1981）提到的：

　　國家的法律要求平等的教育機會不能因語言的不同而被否定。「語言」已被理解為特定專門的「語言」，如西班牙文；而結構上也有多種定義的語言，譬如黑人英語方言（Black English Vernacular）。假

第十二章　語言的多樣性與教育

如一個人定義「語言」，就如同我所說的，以其說話的方式來界定，同時涉及其使用的結構方面來考量，會有更深層的涵義，這個涵義無法從法律方面探討而得到。語言影響一個人在生活上的機會，不只透過腔調，同時也透過行動。能夠有機會進入學校、工作、職位、會員、社團以及家庭等，都可能有賴使用語言的方式，而這是一個人可能沒有機會去專精或者選擇不去專精的。（pp. vii-viii）

在學校內或者學校外，考慮人們在正式與非正式的情況下，如何獲得或評價第一語言與第二語言的特定型態，並選擇使用是重要的。因此，我現在轉向去探討學習第一語言與第二語言的一些學術研究，及其在教室裡的應用，並專注於非英語使用者獲得英語語言技巧的過程。

第一語言與第二語言的習得

過去三十年，語言學家與認知心理學家對第一語言與第二語言的習得進行相當多的理解。如果沒有他們，我們無法在這個領域上探索其複雜的層面（更多關於此領域的問題，參見Cummins, 2000a; Minami & Ovando, 1995）。這個章節主要從語言學習的觀點去關注少數族群語言學生的教育。

這些研究指出，語言學習是天生本能的，且其發展過程涉及可預測的階段。在孩童時期，我們在自然、有趣的環境裡，或在社會與實際環境中與人有意義的互動，來獲得我們的第一語言。在這樣的環境下，孩子們每一天幾乎都是跟同儕以及成人學習這些語言的模式。強而有力的脈絡化環境是說話者會傾向學習溝通的捷徑，譬如，不完整的反應、非口語的線索來表達或溝通。

Cummins（1981）提出一個語言的類型——基礎人際互動溝通能力（basic interpersonal communicative skills, BICS），雖然現在較普遍稱為社會或遊戲空間的語言。Cummins（1981, 2000a）以加拿大的英語學習者來做研究發現：在一個教學豐富的環境學習英語溝通技巧，非英語母語的學生能在兩年左右，達到與以英語為第一語言的孩子相近的程度。這種會話能力能讓英語學習者在每天的會話情境下，與他們說英語的同儕相互溝通，這樣的接觸在學生的濡化過程中，扮演非常核心的角色，尤其是對學

校文化的學習上。除此以外，面對面的溝通也提供平台，讓學生開始在社會關係中建立自我形象。換句話說，社會語言的獲得能對學習第二語言的學生在社會語言上，有舉足輕重的影響或幫助。

　　即使一個學生具備有限的英語能力，但其看來可能在英語的學習上進步神速，但有社會語言的能力並不代表這個學生已有足夠的英語認知能力，來應付學校的教材或課程。認知方面的需求在第二發展階段是超越會話上的需求，包括學校需求以及成人生活很多面向所需要的語言能力，在這裡脈絡是比較不清楚，溝通方面的層次主要是依賴說話者或寫作者本身的能力，去控制語言以及語法、論述的準確性／詞彙、句法以及論述風格的準確性（Ovando, 1983）。Cummins把這種型態的語言能力叫作學科的認知語言能力（cognitive-academic language proficiency, CALP）。話再說回來，Cummins（1981）所做的研究指出，只有一點點或之前沒有求學經驗的小孩子，若要同以英語為第一語言能力的小孩達到同樣的學科認知方面的語言能力，可能需要花五到七年的時間。過去十年，Cummins的研究已被Collier與Thomas（對其研究的綜述，參見Collier, 1995; Thomas & Collier, 1999）擴展成一系列的研究，為肯定Cummins早期的研究，他們的結論如下（引自Collier, 1995）：

　　　　在研究中，我們已發現美國學校所有的教學是透過第二語言（英語），非英語母語的學生如果沒有原來母語的就學經驗，可能就要花七到十年，甚至更多的時間，才能夠達到同樣年齡或者是同一年級同儕的能力。這些移民學生如果已用其母語在其國家接受教育二到三年的時間，則至少會花五到七年才能達到一般英語為第一語言學生的水準。（p. 8）

　　Cummins（1986）長期審視少數族群學生的學業成就成敗，強調教育者有方法增進少數族群學生和他們的父母及社區的權利，以使那些孩子能夠有自信，且在學術領域上能夠有所成就。為提供比較客觀的概念，我們應承認，有些研究者（Edelsky et al., 1983; MacSwan, 2000; Martin-Jones & Romaine, 1986; Wiley, 1996）不同意Cummins在學業與社會語言方面的觀點。譬如，Carole Edelsky（1991）強烈批評Cummins：在兒童社會與認知

語言能力方面的分析非常仰賴測驗分數。根據Edelsky的看法，當我們強調增權賦能給少數族群學生時，Cummins卻用傳統且具文化偏見的測驗分數來評量這些學生的學業成就。Edelsky提到，Cummins的測量與少數族群學童在學校環境中是否具備真正有自信與是否具有才能其實無關，她認為，Cummins的理想與實際其實是互相矛盾的。回應前面提到的研究者的批評，Cummins（2000b）指出，學業語言能力的建構不只是仰賴測驗分數作為支持的論點，還包括效度與教育的關係性。

因此，公平的評量對審視雙語小孩在語言能力的發展是有必要的。當然，標準測驗無法全面地了解少數語言學生不同優點的測量方式／途徑（Edelsky, 1991; McCloskey & Enright, 1992）。但如同Cummins強調，教育者與政策決定者的功能應該要為少數族群學生創造能增權賦能的情境。更進一步地說，Collier（1992）也提出不同的觀點，忽略少數族群學生在標準測驗中的表現，暗示著否定這些學生「接受優質與平等教育以使他們人生受益的機會」（p. 194）。除此之外，由學者專家、教育者、學校教師共同研發出來的雙語文字理解測驗（Bilingual Verbal Ability Tests, BVAT）反映出Cummins的觀點（1980, 1991b）──特別是CALP的啟示（Muñoz-Sandoval, Cummins, Alvarado, & Ruef, 1998）。這些測驗是為了：(1)評量個別學生的英語語言能力；(2)評量小孩的雙語口語能力（譬如，英語與日文混合的文字認知能力）；以及(3)預測學童學業成就進步情況。因此，BVAT主要目的是評量具雙語能力（英語和非英語）的個人認知與學業語言的綜合能力（進一步討論參見Minami & Ovando, 2004）。

這些不太會說英語或甚至都不會說英語的小孩，並不代表他們去學校的時候就腦袋空空，並無任何知識。這些小孩帶給我們的教室豐富的資源──家庭的經驗以及他們母語的能力，這種種提供了他們未來學習的基礎。再次強調，Cummins（1981）提到以自己母語學習所接受過的知識，可以轉向有關新語言方面種種的學習，這種學習遷移即所謂的共同基礎能力（common underlying proficiency, CUP）。譬如，菲律賓學生已學會菲律賓語（Tagalog，菲律賓國家的語言和英語的混合語）來解決詞彙的問題，那麼，他就會把這些能力轉向運用在他需要學習英語數學詞彙上。換句話說，透過學生的第一語言學習知識不只有效，而且，對學生在第二語言的持續認知發展也很重要（Ramírez, 1991）。實際上，很多個研究報

告證實第一語言在認知與學業上的發展，對於第二語言的教育或學習有正向的影響（要探討第一語言在第二語言學習所扮演的角色，參見Collier, 1995）。Cummins（1981）對於語言少數族群學生用家庭語言（第一語言）和英語（第二語言）的語言教學策略總結：

> 　　在雙語課程的研究結果顯示，少數族群的第一語言可以很輕易地幫助主要語言的熟練程度……這些資料清楚地顯示，施行良好的雙語課程，對學生發展學術的英語語言技巧有非常顯著的成效，而且已經證明比只有以英語為第二語言（ESL）的課程，對學生更有助益。（p. 28）

　　Collier（1995）追蹤並擴展了Cummins的工作，寫下了如此的報告：

> 　　在我們檢視許多不同研究單位的資料庫，我們已經發現學生最重要的背景變項，是其在第一語言所接受到的正式學校經驗到底有多久。橫跨所有的課程治療，我們已發現非英語為母語的人，以第二語言學習的時候，在受教育的早期表現相當優異（幼稚園直到二年級或三年級）。可是，從四年級直到中學甚至到高中，當學術和認知隨著課程的加重，學術和認知方面的需求急速增加，沒有用第一語言來從事學校正式教育的學生，則會隨著年級愈高表現愈差。
>
> 　　那麼，在美國接受雙語教育的學生情況又如何呢？這可能要花很長的時間，才有辦法達到像以英語為母語的人那樣的程度。但學生在雙語課程的表現，相對於全英文課程的差異就是，學生在所有學習的課程中，如果有用第一語言，則其成績可能會在標準或標準以上；如果用第二語言建立自己的學術能力，在經過四到七年在很優質的雙語課程之後，當學生用第二語言接受測驗時，他們就會達到甚至超越以英語為母語者的表現。因為他們在認知和學術的成長上並沒有落後，在這之間他們用第二語言來建立自己的學術熟練，接受雙語教育的學生保留了這個學術成就，甚至超越以單語接受教育的學生。（p. 9）

　　所以，在優質的雙語課程當中，藉由能讓學生了解的教學策略，學生

的母語能夠提供學術的發展，這樣的發展能夠應用在英語方面的學術和語言的成長。

美國的語言多樣性

　　作為一個語言實驗室，美國真的是非常優秀。好幾十個的美國印第安語言在與歐洲人接觸之前就存在了，無法抗拒地接受英語的同化後，大概有一百七十五種語言存留下來，而大概有三十五種還保留在加拿大（Krauss, 1995）。非英語的語言被其他殖民者用在北美洲——比如西班牙文和法文，不只存活下來，並且在不同地區持續作為溝通和文化的工具。一連串美國的移民潮提升了國家語言的豐富性（Ovando, 1999）。國家的語言資產，從像Navajo——幾百年前存在的語言，至今仍然在同樣的社區使用著——一直到Hmong，就是從寮國、泰國和柬埔寨高地來的難民所說的話。

　　除了語言的混合以外，語言接觸已產生很多不同的語言種類／類別，譬如洋涇濱語（pidgins）、克里奧爾語（creoles）以及方言（dialects）。*洋涇濱*語言是將接觸過的語言成分混合起來，而且已經有自己的文法系統。而*克里奧爾*語言是接受洋涇濱語言最為社區接受的語言。如同Anttila（1972）所說的：「這常發生在新世界（New World——比如早期的夏威夷、加州的農場、種植場之類的），在那個地方，說不同語言的奴隸被強迫去用洋涇濱語言來溝通，那是奴隸彼此之間，以及奴隸和主人所採用的溝通語言。而逃離之後、自由之後，或者革命之後，那種洋涇濱語言就是他們會的語言，最後變成那個社區的第一個語言。」（p. 176）美國的三個克里奧爾語言類別分別是古勒語（Gullah），這是英語和西非語言的混合，從美國卡羅萊納州一直到佛羅里達州北方。第二種叫作路易斯安那的法文混合語（Louisiana French Creole），和當地的兩種法文以及當地的英文共同存在。第三種叫作夏威夷—克里奧爾語（Hawaiian Creole），這已受夏威夷語、日語、中文、葡萄牙語、英語以及伊洛卡諾（Ilocano，譯註：居住於菲律賓呂宋島西北部之民族語言）的影響。黑人英語（Black English）是美國當地混語傳統的最佳例子，有很多非裔美人使用這個語言。為較能了解這些當地語言的類別，我們下一節將會進一步檢視古勒

語、路易斯安那的法文混合語、夏威夷——克里奧爾語和黑人英語的本質。

古勒語

古勒語是十八世紀時，住在南卡羅萊納州的非裔美國人（譯註：其實當時他們仍是黑奴，並不被視為人）所使用的語言。Nichols（1981）已經評量過在1980年代初期大概有三十萬的非裔美國人說古勒語，在南卡羅萊納州、喬治亞州、低北卡羅萊納州與北佛羅里達州。古勒語和標準英語有很多不同。譬如，在母音和詞彙方面不同，如goober就是"peanut"（花生）的意思，cooter就是"turtle"（烏龜），還有buckra 就是"White man"（白人）的意思（Nichols, 1981, p. 75）。

如意料中的，古拉語的使用與年齡和學校教育有關。耆老與稚幼的小朋友使用率遠比就學的學生來得高；就學的學生常在古拉語和英語之間切換——所謂的「鄉村談話」（country talk），尤其是為了讓那些不懂古拉語的教師了解，他們就自然偏向使用標準英語。

語言學家對古拉語已有廣泛研究，而其語音、語法、詞彙和社會語言學的用法也廣為人知。古拉語也藉由文學創作也日益受重視，Ambrose González的故事和普立茲得主Julia Peterkin（Nichols, 1981）的例子即是。可是，使用古拉語的孩童已經在學校受到污名化，而學校課程也沒有極力將古拉語與標準英語建起橋樑。雖然，部分教師將古勒語的學習視為語文發展的方式之一。不過，由於標準英語仍然是教學語言，使用古勒語的學生可能無法享受到平等教育的機會。

路易斯安那的法文混合語

就像古勒語一樣，路易斯安那的法文混合語的語言結構和英語不同；其語言使用者可能無法了解英語，反之亦然。路易斯安那的法文混合語是種現代的古勒語，因為需要共同的語言來溝通，而帶到法屬的路易斯安那州地區；其語言結構類似古勒語。比方說，*Li*的發音可同時使用在*he*和*she*。同時，就如同在古勒語中，*to be*這個動詞就不適用在對等子句。然而，相對於古勒語，大部分的路易斯安那的法文混合語源自於法語，加上非洲的一些詞彙，而非源自於英語（Nichols, 1981）。

　　雖然阿加迪亞語（Acadian）（譯註：譬如加拿大魁北克省的法語便
是）和標準法語都是屬於正式學校教育課程，但是路易斯安那的法文混合
語則沒有相同的地位。就如同說古勒語的學童一樣，以路易斯安那的法文
混合語作為母語的學童，可能就無法享有平等的教育機會。更進一步說，
這些學童以及他們的父母在學校的母語就會受到學校和社會的忽視。

夏威夷—克里奧爾語

　　對美國社會而言，夏威夷—克里奧爾語相對於本土的克里奧爾語算是
新的語言，開始使用日期可以追溯到十九世紀末。相對於路易斯安那的法
文混合語，學術界對於夏威夷—克里奧爾語的起源、結構和功能則較有詳
細記載（Nichols, 1981）。夏威夷—克里奧爾語是在十九世紀末期，從洋
涇濱英語轉化而來。當時，需要許多開放農場的工人，而夏威夷島本身也
受到從美國大陸本土來的說英語人士的影響。類似於古勒語，夏威夷—克
里奧爾語和英語有關，而詞彙基本上就是以英語為多，再加上夏威夷土
話、日語、中文、葡萄牙語和依諾果話。這種豐富的語言混雜性，使得語
言學家將夏威夷英語視為：「以洋涇濱英語、克里奧爾語和英語的方言三
者並存的形式，就是三種語言特徵綜合而成。」（Nichols, 1981, p. 48）

　　無論夏威夷英語是否屬於英語方言的一種或者是克里奧爾語，都是個
很複雜的議題。就如同在古勒語所存在的現象一樣，其與英語的相似度完
全是有連續性的，主要是與社區和環境脈絡有關。比方說，語言學家就
注意到，在類似Oahu的都會區，就有高度去克里奧爾語（decreolized）的
傾向，而類似在偏遠的Kauai與夏威夷就比較保有傳統的克里奧爾語特徵
（Nichols, 1981）。

　　無論如何，夏威夷—克里奧爾語是活生生的語言，而且對於許多夏威
夷學童社會生活和學業發展都扮演舉足輕重的角色。就如同島上居民所熟
知的，古勒語、路易斯安那的法文混合語、洋涇濱英語和夏威夷—克里奧
爾語等，都是屬於高度被污名化的語言，一直到了1970年代，才被教育決
策者視為夏威夷學童學習障礙的因素之一。根據 Nichols（1981）所述，
當時的政策是想要去克里奧爾語。然而，這對於夏威夷—克里奧爾語並
沒有成功；而自從那時候起，教育政策似乎就偏向接受。不過，似乎仍
然將這些語言視為「貧乏的語言」（deficient language），因此需要矯正

（Nichols, 1981, p. 86）。試著將夏威夷—克里奧爾語連根拔除的現象再一次確認：當一個族群的語言文化受到威脅時，其使用者就會試圖去捍衛。這種情況就發生於夏威夷島，使用夏威夷—克里奧爾語人士早就開始捍衛他們的語言，就像捍衛他們的主體性一樣。

黑人英語

　　能夠說標準的方言當然在某些情況下是占有優勢的，可是，也有可能在地方社區的準則下，對某些人造成困窘的狀態。並非每個人都需要在所有的社會情境下說標準的語言。再說，使用標準官話與地方語言其實都會產生一些結果。（Wolfram, 1987, p. 10）

　　雖然黑人英語是英語的地方語言而非克里奧爾語，但是，在歷史上兩者有平行發展的現象。黑人英語反應英國英語和美國英語，以及十六世紀時，以英語為基礎並融合由西非來的黑奴而發展出的洋涇濱英語。就語言接觸而言，了解社區社交關係的本質是相當重要的。主人與黑奴之間不人道的關係無法導向平等的溝通地位。不過，就是在這種社交限制的社會脈絡下，黑人英語和標準的英語就兼容並蓄，並且互相影響。從十七世紀末期一直到十九世紀初期，大約有90%非裔美籍住在美國南方（Whatley, 1981）。在具有如此高密度語言使用者情況下，黑人英語就發展為精緻並有規則性的「英語次系統語言」（Whitley, 1981, p. 64）。

　　不像古勒語、路易斯安那的法文混合語和夏威夷—克里奧爾語，黑人英語遍布全美國。二十世紀的時候，許多非裔美國人開始遷徙到北方的都會區。但當透過鄉村的南方和工業化的北方社區之間的聯繫，黑人英語持續在轉變中。就如同Whatley觀察到的：「喪禮、教堂中的返鄉慶祝以及家庭團圓等等，至少一年一次都將北方客帶回家。」（Whately, 1981, p. 94）無論是地區和家庭方面，南方和北方之間的緊密聯結使得新舊之間的溝通模式更加豐富。

　　另一方面，北方都會區的種族隔離傾向於將非裔美籍和白人社區隔離。也就是說，社會距離使得黑人英語和標準英語之間的影響降低到最小的程度。所以，黑人英語仍然按照自己的架構、功能形式和風格持續發展。

　　儘管黑人英語遍布全美，許多人對於黑人英語仍然存有許多被扭曲的偏見。就如同Whately指出的，大部分人對於黑人英語的了解，主要是透過好萊塢電影以及電子媒體。娛樂界已賦予黑人英語高度格式化和刻板印象化——打屁、抄襲、說髒話、誇張、說教、吵鬧等等。然而，這只是語言上的冰山，媒體還呈現很多有關黑人英語的觀點。（Whatley, 1981）

　　就如同其他語言一樣，在黑人英語當中也有相當大的不同形式。同時，言語表達也是高度脈絡化的。也就是說，個人傾向於評量不同的情境，而做不同的反應。大部分使用英語的學生，在日常生活當中使用形形色色的風格，而這些則依據社會地位和場合的正式程度而定。在非裔美國人的經驗中，稱讚、吵鬧、嘲弄、說謊、說教、打屁、誇張和開玩笑等等，都是根據年齡、性別和說話者的社會地位而定。比方說，非裔美籍社區的最年長者，在語言使用上擁有最大的彈性與優勢；而小孩子在語言使用上，則最無權力（Whatley, 1981）。當然，這並不代表非裔美籍的小孩不能以創意的方式和成人互動。真正的涵義是，說話的方式應該隨著年齡、社會地位、性別與場合而定（Smitherman, 1999）。

　　因為非裔美國人是個受到宰制的少數民族，白種人傾向於將黑人英語當作「黑人試著說標準英語所犯的錯誤」（Labov, Cohen, Robins, & Lewis, 1968, p. 366）。不過，非裔美國人所使用的語言類別是有效的語言學系統（Perry & Delpit, 1998; Smitherman, 1999），它們本身就跟其他語言一樣，有其結構和文法規則。譬如，*to be*這個動詞，在黑人英語和標準英語就有不同的用法。標準英語的使用者喜歡用縮寫的形式，譬如 "She's tall" 而不是 "She is tall"。黑人英語就完全將is刪掉，所以句子就變成了 "She tall"。黑人英語對於be動詞的用法，也有一些情況是標準英語沒有的。以下兩個句子說明語言學家所謂的「不變的*be*」："He always *be* walkin' on a desert on TV" 和 "He jus' *be* walkin' dere sometime"。這種使用方法常常是和行動動詞聯結，而經過很長的一段時間成為習慣性用法，而這在標準英語中則沒有可以相對應的（Whatley, 1981）。

　　多重否定可能是黑人英語使用者在學校中最為人詬病的。然而，這樣的污名化卻毫無邏輯根據。接不接受雙重否定只是歷史上偶然的事件。根據語言學者專家，雙重否定一直到莎士比亞時代都是英語語言融合的一部分。同時，雖然拉丁文對於英語單一關係否定的直接影響，但是，其他類

似西班牙文、法文和義大利文，都會在其標準語言中使用雙重否定的形式（Whatley, 1981）。

　　建立以學生的社會文化和語言背景為基礎的課程，是公平教育的開始，然而，使用黑人英語卻為黑人學生帶來負面的影響。許多學者在尋找非裔美籍學生在美國學校中未能蓬勃發展的原因時，就將黑人英語視為罪魁禍首。在過去，教育學者專家普遍認為，使用黑人英語者其實是語言貧乏的。由此觀點審視，使用黑人英語時決定學生認知發展的關鍵因素。然而，思考技能其實可以在任何語言中展現出來，而非只是標準英語的領域而已。將下列兩個使用黑人英語之間的對話作為例子（Whatley, 1981, p. 99）：

　　A：你知道有關的「因數」那鬼東西嗎？
　　B：是啊，我知道。
　　A：喔，你如何拿到50分的呢？
　　B：考試很難──反正，她不是好老師。
　　A：可是，你也上了其他數學課，就沒有像我們做因數這鬼東西。
　　B：對啊，可是我會拼字──你不會。

Whatley（1981）將上述趣味的互動詮釋如下：

　　　　很清楚的，A小孩蒐集特定的訊息來支持他自己的吹噓，而藉由一些看似無知的問題來設計B小孩。而這些策略與訊息都是事前安排好的。A小孩贏得上風，因為B小孩必須轉移主題，而新開另外一場的吹噓大賽。（p. 30）

　　雖然這些小孩不是使用標準英語，可是很明顯的，他們並不是語言貧乏的人。如果這一對小孩的對話反映出語言行為的高度創造性和即興特質，那麼，這就是我們將在認知發展上所高度渴望的。小孩子的語言是有異於標準英語的，不過，他們使用的語言並不是貧乏的，他們的語言行為和詞彙的創造非常符合他們溝通上的需要。

建基於學生的家庭語言

古勒語、路易斯安那的法文混合語、夏威夷－克里奧爾語和黑人英語有許多類似之處，它們就像標準英語一樣，都是有文法規則和合法的語言表現；它們連結到過去，而且有權利存在，並且應該獲得接受。不過，社會並不會太重視這些語言，反而，被視為偏離正道的次等語言。因此，許多教育者深恐這些語言會導致學生學習上的失敗。由於教學實踐並非總是在語言上有啟發性教導，語言可能成為學生受到污名化與不公平待遇的主要來源。

另外一方面，認知心理學家、教育者和人類學家告訴我們，我們的認知圖像其實是建立於先備知識、經驗、態度和技能而來（Ogbu, 1999; Perry & Delpit, 1998; Pinker, 1994; Wertsch, 1985）。這是一種層層相疊積沙成塔的過程。與其破壞我們以前所擁有的，教育者的目標應該是以學生的生活經驗為主，並由此建構。利用學生早期語言文化的社會化模式，可以幫助學生更有學習動機。同時，學生也會將他們的老師當作能夠了解他們非標準語言的專業人士。能夠尊重學生家庭語言的結構和功能的老師，可以幫助學生建構另外一種語言技巧，並助其能夠融合標準英語的特質，使得他們的人生有更多的選擇。

在社會中，語言的使用跟權力和認同議題有關。因此，語言文化相容的教學方法可能導致政治爭議的情況（Ovando & McLaren, 2000）。回應非裔美籍學生這種令人警醒的學習失敗、缺席率和留校察看的比例，在美國加州奧克蘭的非裔美籍任務團就建議學校董事會，應該在校內使用黑人英語。奧克蘭的成員辯稱，黑人英語會成為跳板，來肯定非裔美籍學生語言文化上的經驗、發展他們標準英語的能力，以及提升他們的學業成就。肯定這個任務團的推薦，學校董事會一致通過支持1996年12月21日伊巴尼克解決方案（Ebonics Resolution on Decemeber 21, 1996）。

由於受到媒體的批評，以及非裔美籍領導者在降低學業標準上做了讓步，在解決方案之後的口水戰就顯得相當緊張。這使得《再思學校功能》（*Rethinking Schools*）這個雜誌的編輯群評斷：「學校董事會通過的伊巴尼克解決方案，是不合理且帶有種族主義的論述；而這個通過方案使得在教育、政治和語言上無法有縝密的對話。」（引自Perry & Delpit, 1998, p. xii）

非英語背景學生的人口統計

　　由於人口改變的結果，美國學校學習英語的學生人數正在增加中。自從1968年雙語教育法案（1968 Title VII Bilingual Education Act）和美國最高法庭 *Lau v. Nichols* 的判決（Waugh & Koon, 1974），為美國學校的教育政策推波助瀾，能夠讓少數語言學生的語言學習權引起全國的注意。許多外國出生的學童來到美國學校時，只會說他們國家的語言。他們的家庭可能是志願移民或者非志願被連根拔除的難民（involuntarily uprooted refugees），譬如苗族；他們其實都是合法居住在美國的居民，或者是沒有註明居住地的移民（undocumented immigrants）。另外，也有其他是美國出生的少數語言族群的學生。這個社群包含美國印第安語言，如及其他在殖民時代或者早期移民時代的語言，包含西班牙語、法語、德語和瑞典語。迄至今日，這個社群其實包含這些移民的後代子孫。依入學狀況而言，這些學生其實使用許許多多各種不同的語言。有些學生可能只會說非英語的語言，有些學生會說母語和英語，以及主要以英語為主並會零散說祖先語言的學生。

　　在美國的語言多樣性著實令人大開眼界。在阿拉斯加的安克拉治，學生所使用的語言一共超過一百多種，這些來自全世界不同角落的語言已經被學校作為雙語教育課程。在1992年時，洛杉磯學區發現，學區內的學童至少使用八種不同的語言，因此提供使用西班牙語、廣東話、越南話、韓國話、菲律賓語和亞美尼亞語（Armenian）的雙語教學。加州因為擁有多數的少數語言人口，已經成為1990年代的艾利斯島（Ellis Island）。加州的少數民族人口大概有40％到50％，到學校學生超過50％是少數民族。

　　其他資料也顯示，在1980和1990年之間，美國的社會也變得更加多種族、多元文化和多語言。在最近這十年，人口成長了將近9.8％。然而，大部分少數語言對學生人口比例成長得更快。美國印第安人口（包含愛斯基摩人和阿留申島人）成長37.9％，亞洲和太平洋島嶼的則是107.8％，拉丁美洲西班牙裔美國人（Hispanic Americans）則是53％，而「其他的」則是45.1％（National Association of Bilingual Education, n.d.）。從拉丁美洲和亞洲來的移民可能是影響著人口圖像最大的因素。

　　移民人口大量的增加造成許多剛入學的學生的第一語言不是英語

（Minami & Ovando, 2004）。總括1980到1990年的人口調查，1993年4月28日的《紐約時報》（Barringer, 1993）就報導：以英語為外國語言／第二語言的居民增加近40％，達到三千二百萬人。美國的教育部（U.S. Department of Education, 1992）估計在1990至1991年時，將近有二百三十萬名的小孩是住在少數語言家庭中，並使用少數語言，而他們的英語能力不高。根據Stanford Working Group（1993）的研究，這類的小孩數量其實比想像的還多，可能有將近三百三十萬的小孩是五到十七歲之間。少數語言的學童是美國學校中最快速成長的人口（McKeon, 1992），其中又以說西班牙語的家庭成長最快。美國的人口調查（引自Martin & Midgley, 1999）估計到了2025年時，拉丁美洲裔人口將占有美國人口的18％。

這些數目至少是一窺少數語言學童，然而，卻沒開始想出對策來認定誰可以接受雙語教育和教育的年限。因此，如同Ulibarri（1986）所建議的：

在預估英語能力有限的人口之間的差異，是根據不同定義和資格解釋而來。這些議題都是決定什麼樣的語言少數學童需要英語教育和母語相關的教育服務。因此，這問題不僅是有資格接受此種教育服務的學童人數而已，也是因定義不同而符合資格的對象有所差異。（p. 57）

雖然學生的背景和受學校教育的機會有很大的差異，但不成比例的英語學習者學業成就低落。實際上，他們常在測驗分數最低的區塊中有超出學生比例（overrepresented）的現象。儘管我們在過去三十年以研究為基礎了解到，個體如何學習第一和第二語言，以及濡化和同化的力量如何影響移民和原住民；不過，在理論與實務上仍然有相當大的差距。比方說，儘管已經有許多證據顯示：英語語言學習者能夠透過雙語教育過程中使用母語的習慣，發展強烈的社會文化、語言和認知，並將這些態度和技能轉移到對其他語言文化的學習和認知發展；但是，想一想我們本身教育圈抗拒雙語教育的洪流是多麼地強烈。更進一步說，那些貧乏的長期追蹤記錄美國印第安學童教育者指出：大部分少數語言學童的學校教育常常是因政治和意識型態的爭議，而犧牲了完整的課程發展。

多元文化教室中語言的必要性

關於少數語言學生的學校教育，最主要需要考慮我們希望有哪種功能。學校教育有必要透過添加過程來肯定語言和文化多元主義嗎？或者，學校應該追求意識型態上，藉由削弱少數語言學生的語言文化來將他們同化嗎？

這些問題讓美國社會中的文化和語言的多元主義的困難議題凸顯出來。然而，與其思考二元化的多元主義或者同化主義，倒不如將美國社會視為有活動力並且相當複雜的文化和語言的有機體──隨著環境的本質而持續演化。透過這樣的架構，我們就可以看到建構性的多元主義，而文化和語言的保留、多樣性化與同化在瞬息萬變的環境中同時發生。在這種建構文化主義的氛圍下，我們不可以將學生的基因、環境、文化或者語言背景，作為英語掌控的學習環境下學習成就低落的代罪羔羊。可以透過課程與實務，來重新檢討對於所有少數語言學生的不公平待遇──這些使用污名化的非標準英語的學生，以及第一語言非英語的學生。然而，由於二十一世紀開始時的政治氛圍，要執行如此的課程方案就好像在淒風苦雨中划著獨木舟，要對抗巨大的潮流。另一方面，如果缺乏熱情，就好像捨棄最基本的多元文化教育所必備的基本精神與責任。

開始為少數語言學生設計公平教育的課程方案就是：審視提供給一般學生的教室氛圍是否能夠有學習效果，而將這些因素視為學校改革運動中重要的面向。對於1990年代在教育改革方面有關建構性的教室氛圍以達教學效果，Fosnot（1993）做了以下的論述：

> 建構主義不是教學理論，而是有關知識和學習的理論。就當代的認知心理學、哲學和人類學的知識而言，建構理論將知識定義為短暫的、發展性的、社會性和文化上的交融而得，因此，不是完全客觀的。由此觀點來審視學習，學習是解決個體內心認知衝突的自我約束過程；這些必須透過具體的經驗、合作論述和省思而達到效果。（p. vii）

Fosnot（1993）為這類建構教學法指出五個最主要的原則：(1)對學習者提出相關性的問題；(2)環繞主要概念建構學習；(3)探索並重視學生的觀

點；(4)修改課程以符合學生需求；以及(5)在教學的脈絡下評量學生的學習效果。

　　無論他們的語言背景是哪些，這些原則提醒了基本的教學實務工作如何符合所有學生的學習需求；而這些面向在我們試圖創造「特別」課程方案給少數語言學生時，是不容忽視的。儘管如此，在課堂教學中，各種的語言問題都是在討論少數語言學生的需求時的重要議題。

　　有關學生使用黑人英語、阿帕拉契英語和夏威夷—克里奧爾語等各種不同非標準英語的議題則是：是否應該在課堂中正式使用他們的母語。同時，學生是否應該被訓練成*雙方言*（bidialectical）呢？也就是說，他們能夠像家庭中使用的英語，因為不同的情境而轉化成標準的英語嗎？有些學者將雙方言主義當作是教育浪費，並且提議學生應該在幼稚園畢業之後，就捨棄他們的母語而以標準英語來代替。不過，大部分的語言學家提醒我們：壓抑母語會削減學生的學業和健全人格的發展。

　　過去五十年持續不斷努力要將非標準英語從學校中拔除的現象，如此的企圖並沒有對少數語言學生的學業成就有正向的影響（Ovando et al., 2003）。使用非標準英語本身並不能代表是學習落後的主因。如同Torrey所提出的：「老師不應該從學校遊樂園的語法來判斷學生的語言能力。」（Torrey, 1983, p.627）反而，學生學業成就低落的原因，可能是學校對於非標準英語的反應和態度所造成的。Torrey（1983）提出比較正向的教學觀：

　　　　肯定家庭語言的重要性，以及在社區使用的妥當性，因為學生同時也被教予標準的型態。肯定家庭語言代表的是，學生能夠在教室中使用母語來表達自己，而不用被告知他們是錯誤的，或者所說的語言是粗俗不雅的。教學方式應該要分析學生家庭方言和標準形式的差異：語法形式、發音、詞彙、各種不同的社會脈絡等。（p. 627）

　　對於英語語言學習者的挑戰並非污名化的型態，而是，他們的第一語言並非英語；有項重要的教學取向已經發展出來，以符合這些學生的特殊需要。如此的課程取向支持以下理念：創造少數語言學生和學校之間的橋梁，將會對於他們的認知、語言和文化學習效果有正面的影響。比方

說，在1980年時，美國加州雙語教育辦公室（California Office of Bilingual Education）發起的個案研究計畫（Case Studies Project），就利用在認知發展、第二語言學習和跨文化溝通上的主要理論。融合家庭語言的教學、以溝通為主的庇護教學模式和主流英語的統整課程，已經幫助少數語言學生在閱讀、語文領域和數學方面有卓越的效果。個案研究的五大教學原則如下（Crawford, 1999, p. 161）：

1. 家庭語言和英語的語言發展對於學生的學業成就都有正向的影響。
2. 語言的流暢度包含學業用語和日常生活會話面向。
3. 〔英語語言學習者〕應該在他們能夠利用英語來達到學業上的需要時，就能夠利用他們的家庭語言來達到某一型態的學業要求。
4. 英語語言技巧的獲得需要提供能夠讓學生了解的情境脈絡。
5. 學生與生俱來的社會地位以及使用的語言會影響學生的表現。因此，多數族群和少數族群的學生需要使用合作學習的教學策略。說英語的學生必須能夠有機會去學習少數族群的語言，而教師和行政人員應該要作為模範，在教學和非教學的目的下使用少數民族語言。

　　雙向雙語課程的目的主要是給家庭語言和英語相同的地位。使用英語為母語的學童在少數族群學生學習英語的同時，他們也在學習少數族群的語言。Collier（1995）發現，以下五個元素對於產生有效的雙向雙語教育是相當重要的。有趣且值得注意的是，這些面向其實注視社會文化和社區參與的有效雙向雙語教育的影響。

　　(1) 統整的學校教育，使用英語的學童和少數語言的學童必須透過彼此的語言來做學術上的探討；(2) 教職員、學生和父母都應該將這種雙向雙語教育的課程視為「資賦優異」課程，而導向對學生的表現有高標準的期待；(3) 兩種語言具有同等的地位，擴大其面向則是創造少數語言學生之間的自信；(4) 多數語言和少數語言學生父母的參與會提升學校和家庭之間的合作；(5) 教職員的專業發展必須持續，並且強調全語言取向，透過所有的學習科目讓學童自然習得語言、合作學習、互動式和發現式學習，以及顧慮到提升所有學習效果時認知發展的複雜性。（pp. 15-16）

　　既然雙語教育課程主要的目標，是要幫助這些少數語言的學生，在英語能力方面能夠達到一定的程度，因此，雙語教育就定義而言，包含了英語是第二語言（ESL）的面向。然而，許多社區卻因政治、有雙語資格的教師和人口比例，無法提供所有的少數語言學生雙語教學。在如此情況下，就只能提供英語語言學習者ESL的課程，而無法使用他們的母語來教學。有一些重要的教學技巧是ESL教師必須注意的：(1)在語言學習方面有扎實的理論基礎和教學方法；(2)對於學生在語言文化、認同和適應新環境等之間的關係能有所了解；以及(3)要有能力設計課程與教學，讓學生在數學、科學和社會等學習領域方面有成就，同時他們也在學習英語。

　　有關於語言習得的知識，ESL教師應該透過實際的溝通活動，力圖幫助這些非以英語為母語的學生發展音韻學、構詞學、句法學和詞彙，而非透過講述或無心的口頭重複（Heath, 1986）。Crawford（1987）描述這種「豐富－語言的教學法」（language-rich instruction）如下：

　　(a)內容設計以學生溝通上的需要為主；(b)脈絡化的教學策略；(c)教師完全使用英語而已，可是，會按照學生的程度而修正詞彙與表現方式，讓學生了解學習內容；(d)有必要時，學生可以使用母語來回答問題；(e)焦點是放在語言的功能或者內容上，而非語法形式；(f)文法的正確性要提升，但非過度矯正學生錯誤，而是提供能夠讓學生了解的教學策略與方法；(g)鼓勵學生很自然並有創意地回應問題。（p. 43）

　　對於文化知識方面，有效能的ESL老師並不一定要會說學生的第一語言，可是，他們必須盡量了解歷史、歌謠、傳統、價值觀、態度和當下的社會文化狀況。這樣的知識可以幫助教師更加了解ESL學生的行為，同樣重要的，這可以體現出學校教師重視家庭的文化背景，並且學生來到學校時並非無知的白紙，他們是具有豐富背景的特殊個體。

　　我們也必須考慮到，ESL老師幫助少數語言學生發展學術認知（cognitive-academic）語言能力過程中所扮演的角色。這兩種課程與教學取向是以溝通為基礎的保護型英語課（communication-based sheltered English classes）以及學術認知語言學習取向（cognitive-academic language learning approach, CALLA）。保護型英語課是一種浸濡的學習方式，以

「保護」（shelter）語言學習者「剛開始學習各種科目時，能夠以不需要語文密集方式呈現的，比如數學；之後語文的密集度就會漸漸提高，譬如社會學習領域」（Crawford, 1987, p. 177）。保護型英語課的教師可能對於學生的第一語言和文化有一定的熟悉度，而能夠調整學習科目內容和教學方法，以符合不同語言文化背景學生的英語程度（Richard-Amato, 1988）。就如同在個案研究設計中所反映的，保護型英語課需要：

> 教師將他們的說話速度放慢、限制使用的詞彙和句子長度、重複強調並且解釋關鍵概念，以及使用例子、道具、視聽設備和身體語言來傳達並強調意義。（引自Crawford, 1999, p. 132）

類似於保護型英語課，CALLA是由Chamot 和 O'Malley（1986）發展出來一種以學習科目為基礎的教學模式，來教導缺乏學習成就的少數語言學生。這模式主要是透過添加學業科目到ESL的課程中，並且循著特定的教學策略，英語學習者能夠準備好應付小學階段的課程內容（Chamot & O'Malley, 1994）。由於受到政治理論、研究和教室使用等的支持，CALLA將目標放在幫助這些英語語言學習者能夠達到高級或中級的韻律能力。如同Chamot和O'Malley（1994）所發展出來的，CALLA其實和這些橫跨課程、全語言、過程寫作（process writing）、合作學習和認知教學等教學傾向都互相融合。

回應本節對於雙語和ESL原則的省思，加州的教師資格委員會（California Commission on Teacher Credentialing, 1993）已經採用這種設計，以儲備教師來服務這些英語學習者。這包含了兩項資格種類──跨文化、語言和學業發展（cross-cultural, language, and academic development, CLAD）強調非雙語的脈絡情境；而雙語的跨文化、語言和學業發展（bilingual cross-cultural, language, and academic development, BCLAD）則強調雙語的脈絡情境。CLAD/BCLAD的資格取得包含六個領域的知識和技能：(1)語言結構、第一和第二語言的發展；(2)雙語教育的方法，英語發展和內容教學；(3)文化和文化的多樣性；(4)第一語言的教學方法；(5)強調文化；以及(6)強調語言（文化和語言的強調主要是針對教師將要教導的特定族群，譬如越南、韓國或中國）。

無論我們是在討論非標準英語的使用者或者非英語的使用者，或者是在討論雙語課程、ESL課程、主流文化教室等等，本章節的主要焦點是討論多元文化的教室中，各種不同語言背景學生的需求。首先，學生在教室的語言必須受到尊重，並且被視為他們認知發展的重要工具，以及是幫助他們學業成就所必須的語文技能的橋梁。第二，所有少數語言學生需要有機會去發展參與學校活動，以及成為有積極性的公民所需要的語言技巧。換句話說，只讓學生可以在遊樂場或者走廊上和他們的同儕對話，或者是朗誦標準英語中的幾個法則，是不夠的。他們必須能夠從印刷的字體中萃取文字意義，而降低依賴脈絡情境理解事務；以及能夠綜合和評價學習教材，並運用在寫作上。發展高層次語言技巧的重要性，在Collier（1987）的研究中有一些說明。他發現，七年級時轉進美國學校的學生，平日課堂中並無母語來輔助他們學習。因此，即使是在使用母語時有扎實學術背景的學生，在美國的學校系統中，他們似乎在標準測驗中落後於一般的學生，除了十一年級的時候，數學方面可能優於一般學生。Collier（1987）指出：

> 在他們精熟人際溝通技巧，而轉向發展學術英文時，他們可能落後一般的學生二到三年。這些語文能力的差距，也使得他們在高中時，因為教材的複雜性與困難程度而落後。（p. 12）

教室中社會語言背景的語言發展

在教導少數語言學生時，必須切記的一個原則是──不是使用英語就是非使用英語──他們的認知發展必須從現存的社會語言脈絡出發。世界上沒有不需要修改而普世通用的模式。如同Heath（1986）指出的，無論學生的族群背景為何，英語教育課程主要是假設所有小孩的語言發展都是同一路徑。然而，這些研究最主要是以使用英語的中產階級家庭為研究對象。只有在過去二十年，開始有針對少數語言族群的社區來做民俗誌研究，來確認不同語言文化的學童在語言社會化方面的經驗。這些語言發展的啟示是，少數語言學生的學業成就於某個程度而言，是關於這些學生如何能夠在不同情境中因不同目的而自然地使用語言，而非僅限於他們所使用的特定語言。

在本章稍前有提到語言的本質，我們將文化對於語言的影響跨越出音

韻學、構詞學、句法學和詞彙——這些面向包含身體語言、真實的程度、組織的風格、說話的風格，以及適當的聽說禮儀。與這些面向有關的是Heath在類型（genre）上的研究。無論是何種語言背景，某些特定的語言元素是和學業成就有關的，Heath（1986）總結他對於類型的研究，而有以下的定義：

> 一種有組織的單位再細分成較小的語言單位，例如會話、句子、條列或指定。每個文化社群都有其最基本的類型，重複發生在某些狀況；而每一個類型整體來說已經被模式化，所以，傾聽者能夠藉由節奏或者是將要出現的形式而期待是——笑話、故事，或者是細膩的經驗分享……更進一步說，每個社會文化社區承認並只使用人類所能產生的類型中的一小部分而已。（p. 166）

Heath（1986）說明，如果學生想要在美國的學校中表現良好，就一定要會使用美國教學的一些特定形式，比方說標籤探索（label quest）、意義探索（meaning quest）、重述（recounts）、描述（accounts）、事件表演（event casts）和故事。標籤探索指的是，大人會請小朋友說出或者指出一些事物的名稱——「這是什麼呢？」或者「這是哪一種呢？」。意義探索的活動中，未經詳細述說的意義可以從口述或寫作語言的來源中得到推論結果。比方說，老師可能會問，「作者寫著『Andy將擋路的書踢走』是什麼涵義呢？」重述的意義就是小朋友必須重複聽眾和訴說故事的人已經知道的經驗，而說話者可藉由大人的引導而訪問。描述常藉由學生的邏輯推理和可信度來決定。如此的描述方法是高年級做研究和創造性寫作所必要的過程。事件表演知識將正在發生或者將要發生的事件述說出來。比方說，在做果膠甜點時，可能就會伴隨著媽媽的說明（Heath, 1986）。

Heath（1986）指出，以活動為主的型態存在於美國的主流學校中，但是卻不一定存在於少數族群學生的家庭中。Heath進一步說明，學校有責任透過與這些少數族群社區的合作，以幫助學生習得這些語言表達類型。老師也因此能夠藉由這種跨文化方式，擴展自己的語言能力與體會，幫助學生有最大的機會來習得這些主流文化的類型。少數族裔語言的學生應該可以透過他們最熟悉的語言來獲得，因此應該鼓勵父母在家使用母語，而不是使用它們有限的英語詞彙與句型。如果使用他們有限的英語詞

彙與句型，可能就無法使用各種不同的類型，因而限制他們與孩子語言互動的品質和範圍。相反地，理想上的父母應該要用各種不同有趣類型的母語和孩子互動——無論是口述或者書寫——因為這是學校學習所需要的。Heath建議，教師應該與少數族裔語言社區有創造性的合作關係，而且也因更持續並有創造性地幫助這些學生能夠常常接觸到以主流文化為主的類型，同時也能夠將學生社區與家庭的語言類型作為學生的學習資本。

如前所述，沒有任何一個單一的模式可以說明少數語言學生在認知、語言和文化上的需要。不過，本章所闡述的設計原則以及應用則能夠幫助教育者，將我們過去三十年左右所習得有關第一語言和第二語言學習的知識，應用在我們的課堂上。有關兒童如何習得第一第二語言，有關他們在第一第二語言認知能力如何發展，以及有關他們在社會文化上如何適應主流文化。

語言多樣性是美國多元文化馬賽克中有力的元素之一，幫助這些語言使用者的生命更豐富。同時，也讓那些只會說英語的美國人在與非英語為母語的人士溝通、學習、生活和工作時，能有更豐富的經驗。作為教育者，我們有權力來保證，這些少數語言學生形形色色且具價值的語言經驗，不至於造成對他們認知、文化和語言上的負面影響。就如同本章所提議的，我們現在有概念、課程和方案上的能力來作為工具，以幫助我們開始採取行動。

很不幸地，雙語教育偏偏陷入「英語是唯一語言」運動（English Only movement）的紛爭中。1998年6月2日加州通過227提案（Proposition 227），廢除了雙語教育。如此的提案抹殺美國社會中的雙文化主義與雙語言主義的功能。同時，也將用母語教育少數語言學生的正向價值轉向負面。最後，也否定了過去二十五年來，語言學家、認知心理學家和雙語教育者所累積的知識與經驗——這些學者專家的知識與經驗告訴我們，有品質管控的雙語教育課程確實能夠對學生有正向的影響（Crawford, 2000; Ovando & Collier, 1998; Ovando & Pérez, 2000）。

摘要

本章強調語言議題對少數族裔語言學生其教育結果的影響力。第一部

分談到語言如何被文化的類型與價值交織混合。因此，語言的構成不只包含文法規則、字彙和一套聲音系統，還必須有適當的表情與肢體動作、內容、正確的談話、表達抽象概念的能力。

　　心理語言學家與認知心理學家研究指出，語言學習是一個可預測階段的發展過程。Cummins、Collier和Thomas指出語言精熟的兩個層級：社會語言技巧，大約需要兩年的時間發展；知識學科語言的精熟，需要五至七年的時間發展。加拿大的語言教育學家Cummins提出共同基礎能力與幼兒學習的兩個（或多個）語言之間互有關聯，也就是說，為了使第二語言學習有效，第一語言必須達到某一基本的程度。如果未達某一程度，則第二語言因缺乏堅固的基礎，就不容易學習成功，甚至成為第一語言進一步發展的障礙。如果幼兒兩個語言能力均低，那麼雙語教學的結果很可能產生負面的影響，其學習成效甚至於比單語的學童還不如。

　　第二部分調查美國語言的種類範圍。非標準英語和混合語強調語言的變化是符合社會歷史需求的。語言的產生來自於自己的文法語音規則和文化類型，合理有效的意義表達勝過不完全（缺乏）的語言系統。針對這個部分，有文件資料證明，來自非英語系背景的美國學生比例日漸增加，且數量可觀，遍布美國。

　　最後一部分敘述一些教導少數族裔語言學生的準則方法。英語不標準的人，其母語的習得不能歸咎於學校的失敗。相反地，一個學校和語言相關的失敗，是因為教師對母語呈現負面的態度。如果標準語言在合適的脈絡下提供使用，透過附加的過程，母語的價值會被肯定。

　　來自非英語系背景的學生，需要一套活潑主動、親身實踐的教學方式，而非講授式教學法。透過了解、概念、知識基礎和思考技巧，理應透過雙語教育發展母語，其中當然包括ESL的元素。ESL教學、社會溝通技巧可能很快地獲得，但學業成就不夠高。學校必須要持續支持少數語言族裔的學生，以幫助他們能夠達到學術認知需要的英語能力。

　　最後，必須持續發展與保持少數族裔語言學生家庭生活與學校生活間的社會文化橋梁。了解其在家庭社區中如何使用語言，將使教師敏於理解學校風格類型是不同的。努力使多數與少數學生在學校環境中的社會和語言地位平等，將對教室裡所有學生產生樂觀明確的結果，最後影響整個社會。

✦✦問題與活動

1. 語言的主要特徵有哪些？語言在文化保留上扮演什麼樣的角色？

2. 如何幫助那些非使用英語為母語和非使用標準英語的人，利用在家的經驗幫助他們發展標準英語的能力？

3. 對於黑人英語有哪些普遍的誤解，又該如何克服呢？對於黑人英語的了解如何對非裔美籍學生有助益呢？

4. 少數語言學生在學校會遇到哪些特別的問題呢？學校該執行哪些學習方案，以幫助這些學生有良好的學習經驗與結果呢？

5. 辯論雙語教育的優劣。

6. 訪問附近學區的官員，以了解當地語言的多樣性。了解當地社區學生使用多少種語言，以及有哪些學習方案是針對這些學生的需求。

7. 確認一些能夠幫助少數語言學生學習成功的原則。教師需要哪些支持與訓練以執行這些原則。訪問ESL教師、雙語教師，或者有使用非標準英語學生的教師。討論什麼樣的觀念、原則和方法才能夠幫助學生語言和學業上的發展。

References ··

Anttila, R. (1972). *An Introduction to Historical and Comparative Linguistics*. New York: Macmillan.

Barringer, F. (1993, April 28). Immigration in 80s Made English a Foreign Language for Millions. *New York Times*, pp. Al, A10.

California Commission on Teacher Credentialing. (1993). *CLAD/BCLAD: California's New Design for the Preparation and Credentialing of Teachers of Limited-English-Proficient Students*. Sacramento: Author.

Chamot, A. U., & O'Malley, J. M. (1986). *A Cognitive Academic Language Learning Approach: An ESL Content-Based Curriculum*. Washington, DC: National Clearinghouse for Bilingual Education.

Chamot, A. U., & O'Malley, J. M. (1994). *The CALLA Handbook: Implementing the Cognitive Academic Language Learning Approach*. Reading, MA: Addison-Wesley.

Collier, V. P. (1987, April). *Age and Rate of Acquisition of Cognitive-Academic Second Language Proficiency*. Paper presented at the American Educational Research Association meeting, Washington, DC.

Collier, V. P. (1992). A Synthesis of Studies Examining Long-Term Language-Minority Student Data on Academic Achievement. *Bilingual Research Journal, 16*(1 & 2), 187–212.

Collier, V. P. (March 1995). *Second Language Acquisition for School: Academic, Cognitive, Sociocultural and Linguistic Processes*. Paper presented at the Georgetown University Round Table (GURT), Washington, DC.

Crawford, J. (1987, April 1). Bilingual Education: Language, Learning, and Politics. *Education Week: A Special Report*, p. 43.

Crawford, J. (1999). *Bilingual Education: History, Politics, Theory and Practice* (4th ed.). Los Angeles: Bilingual Education Services.

Crawford, J. (2000). Language Politics in the United States: The Paradox of Bilingual Education. In C. J. Ovando & P. McLaren (Eds.), *The Politics of Multiculturalism and Bilingual Education* (pp. 106–125). Boston: McGraw-Hill.

Cummins, J. (1979). Cognitive/Academic Language Proficiency, Linguistic Interdependence, the Optimal Age Question, and Some Other Matters. *Working Papers on Bilingualism, 9*, 1–43.

Cummins, J. (1980). The Cross-Lingual Dimensions of Language Proficiency: Implications for Bilingual Education and Optimal Age Issue. *TESOL Quarterly, 14*(2), 175–187.

Cummins, J. (1981). The Role of Primary Language Development in Promoting Educational Success for Language Minority Students. In California State Department of Education, *Schooling and Language Minority Students: A Theoretical Framework*. Los Angeles: National Evaluation, Dissemination, and Assessment Center, California State University.

Cummins, J. (1986). Empowering Minority Students: A Framework for Intervention. *Harvard Educational Review, 56*(1), 18–36.

Cummins, J. (1991a). Language Development and Academic Learning. In L. M. Malavé & G. Duquette (Eds.), *Language, Culture and Cognition* (pp. 161–175). Clevedon, England: Multilingual Matters.

Cummins, J. (1991b). Interdependence of First- and Second-Language Proficiency in Bilingual Children. In E. Bialystok (Ed.), *Language Processing in Bilingual Children* (pp. 70–89). New York: Cambridge University Press.

Cummins, J. (2000a). Beyond Adversarial Discourse: Searching for Common Ground in the Education of Bilingual Students. In C. J. Ovando & P. McLaren (Eds.), *The Politics of Multiculturalism and Bilingual Education: Students and Teachers Caught in the Cross Fire* (pp. 126–147). Boston: McGraw-Hill.

Cummins, J. (2000b). *Language, Power and Pedagogy: Bilingual Children in the Crossfire*. Clevedon, England: Multilingual Matters.

Edelsky, C. (1991). *With Literacy and Justice for All*. Bristol, PA: Falmer.

Edelsky, C., Hudelson, S., Flores, B., Barkin, F., Altweger, J., & Jilbert, K. (1983). Semilingualism and Language Deficit. *Applied Linguistics, 4*, 1–22.

Fosnot, C. T. (1993). Preface. In J. G. Brooks & M. G. Brooks (Eds.), *In Search of Understanding: The Case for Constructivist Classrooms* (pp. vii–viii). Alexandria, VA: Association for Supervision and Curriculum Development.

Fuentes, C. (1988). *Myself with Others: Selected Essays*. New York: Farrar, Straus & Giroux.

Heath, S. B. (1986). Sociocultural Contexts of Language Development. In California State Department of Education, *Beyond Language: Social and Cultural Factors in Schooling Language Minority Students* (pp. 143–186). Los Angeles: National Evaluation, Dissemination, and Assessment Center, California State University.

Hymes, D. H. (1981). Foreword. In C. A. Ferguson & S. B. Heath (Eds.), *Language in the USA* (pp. v–ix). New York: Cambridge University Press.

Krauss, M. (1995, February 3). *Endangered Languages: Current Issues and Future Prospects*. Keynote address presented at Dartmouth College, Hanover, NH.

Labov, W., Cohen, P., Robins, C., & Lewis, J. (1968). *A Study of the Non-Standard English of Negro and Puerto Rican Speakers in New York City* (Report on Cooperative Research Project 3288). New York: Columbia University.

MacSwan, J. (2000). The Threshold Hypothesis, Semilingualism, and Other Contributions to a Deficit View of Linguistic Minorities. *Hispanic Journal of Behavior Sciences, 20*(1), 3–45.

Martin, P., & Midgley, E. (1999). Immigration to the United States. *Population Bulletin, 54*(2), 1–44. Washington, DC: Population Reference Bureau.

Martin-Jones, M., & Romaine, S. (1986). Semilingualism: A Half-Baked Theory of Communicative Competence. *Applied Linguistics, 7*, 26–38.

McCloskey, M. L., & Enright, D. S. (1992). America 2000: A TESOL Response. In *TESOL Resource Packet* (pp. 1–9). Alexandria, VA: Teachers of English to Speakers of other Languages (TESOL).

McKeon, D. (1992). Introduction. In *TESOL Resource Packet* (p. i). Alexandria, VA: Teachers of English to Speakers of other Languages (TESOL).

Minami, M., & Ovando, C. J. (1995). Language Issues in Multicultural Contexts. In J. A. Banks & C. A. M. Banks (Eds.), *Handbook of Research on Multicultural Education* (pp. 427–444). New York: Macmillan.

Minami, M., & Ovando, C. J. (2004). Language Issues in Multicultural Contexts. In J. A. Banks & C. A. M. Banks (Eds.), *Handbook of Research on Multicultural Education* (2nd ed., pp. 567–588). San Francisco: Jossey-Bass.

Muñoz-Sandoval, A. F., Cummins, J., Alvarado, C. G., & Ruef, M. L. (1998). *Bilingual Verbal Ability Tests: Comprehensive Manual*. Itasca, IL: Riverside.

National Association for Bilingual Education. (n.d.). *Fact Sheet: Need for Additional Funding for the Federal Bilingual Education Act*. Washington, DC: Author.

Nichols, P. (1981). Creoles of the USA. In C. A. Ferguson & S. B. Heath (Eds.), *Language in the USA* (pp. 69–91). New York: Cambridge University Press.

Ogbu, J. U. (1999). Beyond Language: Ebonics, Proper English, and Identity in a Black-American Speech Community. *American Educational Research Journal, 36*(2), 147–184.

Ovando, C. J. (1983). Bilingual/Bicultural Education: Its Legacy and Its Future. *Phi Delta Kappan, 64*(8), 564–568.

Ovando, C. J. (1999 April). *Bilingual Education in the United States: Historical Development and Current Issues.* Paper presented at the annual meeting of the American Education Research Association, Montreal, Canada.

Ovando, C. J., & Collier, V. P. (1998) *Bilingual and ESL Classrooms: Teaching in Multicultural Contexts* (2nd ed.). New York: McGraw-Hill.

Ovando, C. J., Collier, V. P., & Combs, M. C. (2003). *Bilingual and ESL Classrooms: Teaching in Multicultural Contexts* (3rd ed.). Boston: McGraw-Hill.

Ovando, C. J., & McLaren, P. (Eds.). (2000). *The Politics of Multiculturalism and Bilingual Education: Students and Teachers Caught in the Cross Fire.* Boston: McGraw-Hill.

Ovando, C. J., & Pérez, R. (2000). The Politics of Bilingual Immersion Programs. In C. J. Ovando & P. McLaren (Eds.), *The Politics of Multiculturalism and Bilingual Education: Students and Teachers Caught in the Cross Fire* (pp. 148–165). Boston: McGraw-Hill.

Perry, T., & Delpit, L. (1998). *The Real Ebonics Debate.* Boston: Beacon.

Pinker, S. (1994). *The Language Instinct: How the Mind Creates Language.* New York: Morrow.

Richard-Amato, P. A. (1998). *Making It Happen: Interaction in the Second Language Classroom.* New York: Longman.

Shaumyan, S. (1987). *A Semiotic Theory of Language.* Bloomington: Indiana University Press.

Smitherman, G. (1999). *Talkin That Talk: Language, Culture, and Education in African America.* New York: Routledge.

Stanford Working Group. (1993). *Federal Education for Limited-English-Proficient Students: A Blueprint for the Second Generation.* Palo Alto, CA: Stanford University.

Thomas, W. P., & Collier, V. P. (1999, April). *Evaluation That Informs School Reform of Programs for Language Minority Students.* Paper presented at the annual meeting of the American Educational Research Association Meeting, Montreal, Canada.

Torrey, J. W. (1983). Black Children's Knowledge of Standard English. *American Educational Research Journal, 20*(4), 627–643.

Ulibarri, D. M. (1986). Issues in Estimates of the Number of Limited English Proficient Students. In *A Report of the Compendium of Papers on the Topic of Bilingual Education of the Committee on Education and Labor House of Representatives, 99th Congress, 2nd Session.* Washington, DC: U.S. Government Printing Office.

U.S. Department of Education. (1992). *The Condition of Bilingual Education: A Report to the Congress and the President.* Washington, DC: U.S. Government Printing Office.

Waugh, D., & Koon, B. (1974). *Breakthrough for Bilingual Education.* Washington, DC: U.S. Commission on Civil Rights.

Wertsch, J. V. (1985). *Vygotsky and the Social Formation of Mind.* Cambridge, MA: Harvard University Press.

Whatley, W. (1981). Language among Black Americans. In C. A. Ferguson & S. B. Heath (Eds.), *Language in the USA* (pp. 92–107). New York: Cambridge University Press.

Wiley, T. (1996). *Literacy and Language Diversity in the United States.* Washington, DC: Center for Applied Linguistics; and McHenry, IL: Delta Systems.

Wolfram, W. (1987). *American Tongues: An Instructional Guide.* New York: Center for New American Media.

第十二章 語言的多樣性與教育

第五部分 特殊性

　　身心障礙學生得到擴展性的權益，主要是1960年代和1970年代公民權利運動的主要結果。1954年，最高法庭有關於Brown的判決建立了里程碑原則：以學生天生的種族背景作為隔離學生的單一因素，是不平等和不符合憲法精神。Brown的判決和其他在1960年代的法令和社會改革，鼓勵了許多身心障礙學生權益的倡導者來催促這樣的擴展性權益。如果因為學生的種族背景將他們隔離是不符合憲法，由此類推，由於學生的身心障礙而將他們隔離，也同樣需要受到挑戰。

　　1975年時，當國會頒定公法94-142／身心障礙兒童教育法（Education for All Handicapped Children Act）時，身心障礙學生的權益倡導者得到全面性的勝利。這法令是前所未有的革命性啟示：公立教育必須提供免費的、無歧視的評量和個別化教育方案（IEP）給所有的身心障礙學生，以及無障礙學習環境。這項要求是公法94-142最受爭議的部分——約有85%被歸類為身心障礙學生，其實是輕度障礙。

　　特殊性其實與性別、種族或者族群具有錯綜複雜的關係。男性和有色人種的學生通常比女生和主流文化的白人學生，更容易被歸類為特殊教育的學生——男性學生大概是女性學生的兩倍。因此，大部分的少數族群男性最容易被歸類為智障或者學習障礙。男學生和有色人種學生在特殊班級比例比較高的原因，主要是因為智力障礙是一種社會建構的類別（參見第一章）。

　　身心障礙和資賦優異學生都被視為是特殊的。特殊學生的學習和行為異於大部分學生，而需要在課程與教學上特殊的助益。1957年，蘇聯成功發射人造衛星「史波尼克」之後，美國對於資賦優異學生的關懷就提升很多。1978年，國會通過資賦優異學生教育法案（Gifted and Talented Children's Education Act）。然而，全國對於資賦優異法案則是相當矛盾，並且有爭議性。在1982年時，資賦優異在教育的專案經費與其他二十九個教育方案同時通過。爭議的原因主要是很多人相信那是屬於精英教育，或者認為資賦優異教育其實就是有權有勢的主流父母幫助他們的孩子在公立學校獲得優異教育的變相方式。另外一個因素是，只有極少部分的有色人種學生能夠進駐到資賦優異班級。

　　以下三章就要討論這些主要的相關議題、挑戰性，和提供給特殊教育學生平等機會教育的承諾——那些身心障礙以及資賦優異的學生。

身心障礙學生的教育機會均等

William L. Heward, Rodney A. Cavanaugh & Sara C. Ernsbarger　著

陳美瑩　譯

　　兒童彼此之間都有差異，看看任何教室或任何學校，你馬上就會發現兒童的身高、體重、服裝風格、頭髮、膚色，以及其他心理特徵都有差異。再近看一點，你就會發現這些孩童的語言和學術成就、社交技巧有明顯的差異性。近看學生彼此之間的互動、課程、教學，你就會開始看到個別學童對課程內容及教學方法的反應的個別差異。

　　兒童彼此之間的差異性，對一個偶然才觀察的人並非十分明顯。教育機會之間的差異和學童在學校所獲得的，則是兩個例子。性別、種族、社會階層、宗教、族群以及語言的多元性，不只影響小孩子對於課程與教學的回應，同時也影響一般教育制度的架構與設計。

　　當社會階層、種族、文化以及語言的多元性逐漸增加，每個教室也可能因為學生的*技術多樣性*（skill diversity）而各有突出。有些學生學得快又好，而且很容易把所習得的應用到新情況。其他孩童可能需要反覆練習，才能完成簡單的任務，然後隔天也有可能很難完成同樣的任務。有些學生一開始就有廣泛又大量的相關知識與背景。有些學生很受歡迎，並且有許多朋友，其他的就容易遭受到排擠，因為他們還沒有學得如何與人交往。

　　大部分的孩童之間技術性的差異相當少，讓這些學童可在普通教育中學習。當學童的生理、社會以及學術技術差異到某些程度，典型的學校課程或教學方法就不適當或有效；然而，有公平的機會可以享受教育課程的卻是憑運氣。

　　從1975年以來，聯邦政府法令規定身體殘障學習者的教育機會平等權──透過特殊教育的個別化課程。就像本書中其他章節一樣，本章並不是表面討論學童之間的差異性，也不是希望老師成為偶發性的觀察者。教

師必須有知識和技巧來認定，並且有教學策略的來回應這些身體障礙學生的需要。本章擴展多樣性的概念，包括殘障學生，並且，本章建立教師去審視有不同技巧學生的教育公平性。

本章簡略地描述出許多殘障學生受到排除，以及教育不平等的經驗。同時，也檢視在過去三十年的發展，特別注意到特殊教育個別方案（Individuals with Disabilities Education Act, IDEA），聯邦政府規定所有的小孩（無論身體是如何障礙）都應該要有自由和適當的教育。我們要看看這個里程碑法律的重要特徵、執行的效果，以及橫越這些身體障礙學生影響他們教育公平的問題。但是，首先，讓我們就近觀察、檢驗身體障礙的概念，和在特殊教育裡的技巧多樣性。

★ 誰是身心障礙的學生？

許多相關詞彙用來提及這些學童的特殊學習需要，當用來形容學生的時候，它包含學生有困難學習，以及學生的學習是超越平均值兩種。這些特殊兒童的表現與普通孩子的表現有差異（不是超越就是低於平均），因此，我們必須有特殊教育個別化的課程，來符合這些不同學生的需求。*例外的*是一種包含性的詞彙，不只是形容學生有嚴重的身體障礙，也指這些學生是資優的。本章專注於討論有身體障礙的學生──這些學生其實面臨著許多學習上的挑戰。

*身心有障礙*一詞代表著身體某個部分是失去或是降低它的功能性〔disability（*身心有障礙*）和impairment（*損傷*）是同義詞〕。一個身心有障礙的小孩，可能無法像沒有身心障礙的小孩一樣完成某些任務，譬如：走路、說話以及看見事物等。身心障礙並不代表殘廢，除非身心障礙造成教育、個人、社會、職業，或者其他的困難才是。比方說，只有一隻手臂的小孩，也可以在學校內外沒有特殊的輔助，而能正常運作，就不應該視為是障礙者。*障礙*指的是一個身心有障礙的人當和環境有互動時，其實有極度的困難。有些身心障礙者看起來是在某些環境有障礙，但在某些環境卻是如魚得水。有義肢的小孩（也就是說較弱勢的）和其他非身心障礙的同學在遊樂區時，可能是有障礙的，但是在教室裡卻非障礙者。身心障礙的個人也經驗到障礙的感覺，不是因為他們沒有辦法處理他們的無

能，反而是由於別人不適當的行為或負面的態度造成的，而其實無須去限制他們的學習、工作或者是社區活動的平等機會。

　　目前還沒被確認為障礙者，但可能比平常學童有較高機會成為身心障礙者，我們就稱之為*高危險群*（at risk）。這個詞彙適用於嬰兒和托兒所階段的小孩，因為他們在出生時或是家庭環境遭遇到一些困難，當他們愈來愈大，可能面臨發展上的問題。有些教育者同時也使用這個詞彙描述在普通教室有學習障礙的學生，因此就把他們稱為「高危險群」，代表他們有身心方面的缺陷，而且需要特殊教育。醫護人員同時也使用*高危險群*來指在小孩子出生的時候，他們生理或是認知上的發展可能會比一般小孩有較高的機率發生障礙。

　　生理、行為或者認知的障礙會被視為一種殘障，當它對學生的教育表現產生負面影響。有身心障礙的學生須接受特殊教育，因為他們生理或者行為上的表現符合以下一項以上有關身心障礙的類別：

- 智力障礙或是發展障礙（Beirne-Smith, Patton, & Ittenbach, 2002）
- 學習障礙（Mercer, 2001）
- 行為障礙或情緒困擾者（Kauffman, 2001）
- 溝通（說話或語言的）障礙（Shames & Anderson, 2002）
- 聽覺障礙或者無聽覺（Moores, 2001）
- 全盲或者低視力（Barraga & Erin, 1992）
- 生理或者健康障礙（Bigge, Best, & Heller, 2001）
- 嚴重腦部傷害（Hill, 1999）
- 嚴重和多重障礙（Snell & Brown, 2001）
- 自閉症（Scheuermann & Webber, 2002）

描述這些身心障礙者的特徵或者每一種型態教育的需求，是超越本章所能描述的，有興趣的讀者可以參考文獻中提到的資料，來獲得相關訊息。

　　無論這些詞彙是用在學生學業、職業和社會技巧各方面的表現，認為有兩種不同學生的概念是不對的——這些學生是例外特殊的，而另外這些是一般的。這些概念是錯誤的，其實所有學生都有某個程度的差異。這些例外的學生是有多樣化的技巧或能力，使他們能夠在經過精心設計的課程與教學中獲得教育平等的機會。

身心障礙的學生和其他學生的同質性比差異性高，所有的學生其實都一樣，只要他們透過適當的課程與教學，都能夠有所收穫，而這種適當的課程教育，其實能夠使學生做到在未接受教育之前所不能做的，且進一步能獲得獨立性及在快樂中學習。

身心障礙是社會建構？

認為有些（可能全部的）身心障礙的概念是社會建構的，造成在對這些特殊學生的教育機會公平性上引起廣大的討論（Danforth, 1995; Elkind, 1998; Smith, 1999）。這可能特別與多元文化教育相關（Huebner, 1994）。定義上，任何社群的會員制界定標準是社會建構的，那個標準是人類所創立出來的（Banks, 2000）。教育社群如何回應來自不同文化、族群、性別，以及不同社會階層的學童帶到學校的屬性，比他們如何成為某個社群成員的標準重要得多。教育界如何回應這些來自不同背景的學童，將會影響他們的學習成就以及社會對他們成就的判斷。

貧窮或者非白種歐裔美人的小孩，在資優教育裡的比例通常是低於學生人數比例，而在學習障礙的學生比例卻高於學生人數的比例（Artiles, Aguirre-Munoz, & Abedi, 1998; Daugherty, 2001; Ford, 1998; MacMillan & Reschly, 1998; Oswald & Coutinho, 2001; Patton, 1998）。這些小孩被稱為身心障礙的證據，最主要是由於他們的文化、社會階層，或者性別，由於以上這些因素，造成他們被視為身心障礙，而評量的過程也是一個因素（Gollnick & Chinn, 2002; Langdon, Novak, & Quintanar, 2000）。如同在本章稍後討論的，特殊教育的訴訟與法令其實也直接造成這些不公平。

如何解構傳統的社會政治對於特殊性的觀點，改變社群的會員權或者通過立法，可能不會減少身心障礙學生在學業、自我扶持、人際關係、社會技巧上的挑戰。但是，決定身心障礙的標準可能是人為的社會建構，由於教育的身心障礙造成的障礙則不是（Fuchs & Fuchs, 1995a; Sugai, 1998）。

那些發音與學習知識有問題，而達到學齡的身心障礙兒童，是教室中具有確切需要的真實的小孩。我們要很清楚，身心障礙就是社會建構的概念。如果我們能以正向光明的角度來看待他們，他就會有成就並且有良好的行為表現。這種樂觀浪漫的意識型態，通常很少是身心障礙者本身或他

們的父母和家人所提倡的。

　　我們和身心障礙學生的討論以及特殊教育應該扮演的角色，就是應該表達出學生的生理、行為或者認知的技術多樣性，其實是受到族群和社會階級等因素的影響。我們同時可以想像，這些身心障礙學生所經歷的挑戰，其實就是他們在人生旅途上，要成為獨立個體以及有美滿人生所必須跨越的重要鴻溝。許多因素會影響到身心障礙者學生的教育均等機會。最重要的是，應該用心規劃以未來做導向的課程與教學（Heward & Darding, 2001）。

有多少身心障礙學生呢？

　　基於以下理由，可能無法確切知道在美國有多少身心障礙學生：

- 因為不同的州和地方學校制度採用的標準不同。
- 不同學校所提供給學生的服務和預防中輟學生的方式和做到程度的不同。
- 由於主觀的詮釋評量資料所造成的錯誤。
- 有的學生可能在某一次被界定為身心障礙，而在另外一次則可能沒有。在美國，最完整以及有系統化而能知道身心障礙學生的人數，是在美國教育部每年給國會的報告。最新的資訊是2000到2001年的報告（U.S Department of Education, 2003）：
- 約有六百五十萬的小孩是身心障礙者，從出生一直到二十一歲，而在2000到2001年接受特殊教育課程。
- 接受特殊教育的學童從1976年起逐年增加。
- 早期預防的課程主要是從1986年起。在2000到2001年中，有620,195個學齡前兒童（三到五歲）和247,433名嬰兒（從出生到兩歲）接受了特殊教育。
- 身心障礙的學童約占所有學齡兒童的11.5%。
- 接受特殊教育的兒童從三到九歲逐年增加，而在九到十七歲之間反而減少。在十七歲之後，接受特殊教育的學生數急速下降。
- 在所有接受特殊教育學齡兒童中，有86%的人其實在以下四個類別中：學習障礙（49%）、語言（18.3%）、智力障礙（10.6%）和情緒障礙（8.1%）。

- 有學習障礙的學齡兒童接受特殊教育從1976年急速增加（從23.8％到49％），然而智力障礙的學生約下降一半（從24.9％到10.3％）。
- 男性接受特殊教育是女性的兩倍。
- 絕大多數（約有85％）接受特殊教育的學齡兒童「有輕度的障礙」。

身心障礙學生的分類

　　這些年來，特殊學生的分類已經引起廣大的爭論。有些教育學者相信，特殊學生的分類其實只是污名化，並將這些學生革除在主流的教育機會之外（Danforth & Rhodes, 1997; Reschly, 1996; Stainback & Stainback, 1991）。其他人則辯稱，分類的可行性制度其實是接受特殊教育有其必要性，而且對這些特殊學生教育機會均等的先決條件（Kauffman, 1999; MacMillan, Gresham, Bocian, & Lambros, 1998）。就如同大部分的複雜議題一樣，標籤化總是有正反兩面的觀點，從政治、倫理和情緒方面的考量（Luckasson & Reeve, 2001）。贊成與反對將學生貼上標籤的意見，對於他們學習的需要有以下的觀點（Heward, 2003a）：

標籤化的可能益處

- 貼上標籤可能會在學習或行為上可以區別學生，而這是必要並且是在回應差異性的第一步驟。
- 標籤化可以幫助專業人員彼此之間的溝通，並且能夠評量研究發現的用處。
- 研究特殊教育課程的經費和資源，基本上都是基於某些特定的類別而給予的。
- 標籤化可以宣導特定身心障礙的團體（譬如自閉症家長），能夠提倡特定的課程，並採取法律途徑來幫助這些特定兒童。
- 標籤化能夠使這些特殊學生的特殊需求得以凸顯。

標籤化潛在的負面影響

- 因為標籤化通常放在身心障礙和行為表現落差方面，以至於有些人就會聯想這些有身心障礙的個體根本就無法學習。
- 標籤化可能會將這些孩子污名化，導致受到其他孩子的拒絕和排擠。

- 標籤化可能負面影響孩子的自尊。
- 標籤化可能會造成其他人對這些身心障礙學童低期待的標準，導致他們自我實現欲望也低的現象。
- 描述學童行為表現有落差是標籤化造成的（譬如，「Sherry的行為表現異於常人是因為她有情緒障礙」）。
- 標籤化可能暗示那個小孩會有學習上的問題，或者有其他的缺陷，因此就會降低系統化的檢查，或者嘗試各種不同的教學策略。
- 這些概念想法特別會造成有害的結果，尤其是當教育者把自己無效的教學策略當成學生缺陷的一個藉口（譬如，「Jalen還不會閱讀就是因為她有閱讀障礙」）。
- 特殊教育的標籤其實有一定的持續性，一旦被貼上標籤，那麼這個小孩就難被當作正常的孩子。
- 標籤化可能會造成把學生排除在一般教室／主流教室的藉口。
- 特殊學生的分類所費不貲，並且需要有專業人士的涉入，倒不如將這些經費與時間用於計畫課程，讓學生接受教育。

對於分類和標籤的正反看法都有強烈的意見。有關評量貼標籤影響的研究很少，大部分的研究其實都沒有結論，而且在證據上也都是互相矛盾的。兩個重要的議題是，標籤的分類如何影響學童接受特殊教育的機會，以及分類後的教學品質。

特殊教育的資格

特殊教育的資格在目前的法令下，要接受個別化的特殊教育課程應和學童的需求相符。第一，學生應該要被鑑定是身心障礙，也就是說，學生必須被貼上特殊孩童的標籤（很少有例外情形），他們有可能被分為某一個類別，譬如說，學習障礙或是視覺障礙等。因此，在實務上，被貼標籤的學童也應該會有潛在性的劣勢。

Kauffman（1999）指出，標籤化的情況其實是要幫助在學習和行為上有差異的學生的第一個步驟。「無論他們的行為特徵或是發展上的危機，雖然普遍性的介入能夠在無標籤和沒有污名化的情況下來執行，但是介入方案不太可能沒有貼標籤。不是所有學生都同樣對待，否則就是將他們以不同的方式來教導。如果我們要符合不同學生的需要，那麼我們就無可避

免地要把他們貼上標籤。」（p. 452）

教學的影響

依據特殊學生的狀況來作為分類，主要是假設不同類別下的學生，是有共同的生理、行為、特徵，而這些其實在教育課程安排或教學上有重要的啟示。然而，如果認為一個小孩被鑑定為身心障礙時，他的教育需求也被鑑定出來，那就錯了。無論這些孩子被歸屬到哪一類，這些標籤其實都無法教導他們。三十年前，Becker、Engelmann和Thomas（1971）所提出的建議，至今仍然相當確切：「這些標籤大部分都不重要。他們幾乎無法告訴老師要以什麼方式來教育。我們可以在同一個孩子身上貼上五、六個標籤，但仍然不知道如何去教導他們。」（pp. 435-436）

身心障礙學生教育機會均等的歷史

如果我們以各種不同的人士受到待遇的方式來判斷，我們的教育制度就沒有一個輝煌的歷史。有不同背景的學生無論是種族、文化、語言、性別，或者是身心障礙，其實都沒有受到平等的教育機會，多年以來，對於身心障礙學生的教育機會其實不太存在。有嚴重身心障礙的學生被嚴重隔離在公立教育之外，1970年以前，許多州法令允許地方學區拒絕有生理或是智能障礙的學生來就讀，所依據的理由是他們無法從教學中獲得好處（Murdick, Gartin, & Crabtree, 2002）。

大部分身心障礙的學生都在學校註冊，但是全國有一半身心障礙的學生，其實是無法接受適當教育的，這即是H. R. Turnbull和A. P. Turnbull（2001）所謂的「功能性的排擠」（functional exclusion）。學生可以上學，可是卻無法擁有適合他們特殊需要的課程。輕度學習和行為有問題的學生仍然被安置在普通班級裡，但卻沒有給予特殊的幫助。如果他們沒有辦法在普通課程中獲得令人滿意的進步，那麼他們就會被標籤為「學習遲緩者」（slow learners）。如果他們在班級中表現異常，那麼就會被稱為「常規有問題」（disciplinary problems），而且會從學校中被迫休學。

對於接受不同課程與教學的學生，特殊教育經常指的是，從普通班級

中抽離出來，而特殊學校則從主流教育中獨立出來，這些學生會被貼標籤為*智能障礙、殘障*或*情緒障礙*。特殊教育通常指的是學生評量出來後，無法在普通班級上課。以下的一段話就是我們常見的典型例子：

> 我第一個特殊教育的工作，教室就在地下室火爐旁邊的一間教室。我有十五個「可教育的智能障礙」學生，大部分其實是從貧窮家庭來而尚未有閱讀能力的孩子。有一個學生被趕到我的班級，因為他對他的四年級老師嗆聲。而我的班級被指定到學生遊樂場另一邊，和「普通的」學生離得很遠，我是唯一沒有午休時間的老師。學校要求我要和智能障礙的學生一起吃飯，而其他老師可以離開他們的班級。
> （Aiello, 1976, p. 14）

隨著平等和自由正義的概念在社會中擴展出來，教育對於身心障礙的回應在過去幾十年來也漸有改變。教育機會慢慢從排擠到孤立，一直到融合和參與。但是，改變並不是那麼容易得來的，也不是偶然發生的。司法和立法單位開始修正教育上的不平等。最近的幾個法令確保身心障礙學生的教育機會均等，也可被視為公民權益運動的大成長。在1950和1960年代所有影響形塑社會議題的概念，也同時影響著特殊教育的發展。尤其是1954年*Brown v. Board of Education of Topeka*更是一個里程碑。這個案例挑戰著當時所流行的隔離學校教育政策，根據學生的種族而執行的學校隔離政策，美國的最高法庭裁定所有的小孩都必須有平等的機會接受教育，而種族隔離學校的所謂的隔離但平等的方式（separate but equal），在憲法來說是不平等的。

*Brown*裁定公立學校給予非裔美籍學生和白人學生的教育要基於平等原則，也使得學生家長開始質疑，是不是他們有身心障礙的孩子也能夠受到平等的對待。 許許多多的案例挑戰了排擠和孤立的案例。這些議題包括：(1)智力測驗的公平性，以及依據這些測驗分數安置學生的合法性。(2)智力測驗和評量工具不是以學生的母語呈現，或者有文化偏見。(3)學校辯稱他們無法提供完整的教育以滿足這些特殊教育學生的需求。而這些在教育機會均等發展中，最有影響力的案例就是賓州智障學童協會vs賓州福利協會（*Pennsylvania Association for Retarded Children v. Commonwealth of*

Pennsylvania, 1972）。賓州智障學童協會用行動案例來挑戰州法，而造成公立學校可以否定這些智障學生的受教機會，他們認為「沒有辦法使公立學校學生受益」。

因為那樣的狀態，既無法證明小孩子不能接受教育，也無法體現出一個合理的基礎，而必須將這些孩子從公立學校排除，法庭決定小孩子有接受免費公立教育的權益。其他的法庭案例也追隨相同的規定——特殊兒童就像其他在美國的人一樣，是被賦予相同的權益，在憲法第十四章中規定，每個孩子都具有同樣的權利和保護，宣稱所有美國人民不可以被剝奪他們的均等或自由，無論他們的種族、國籍或者宗教（想要得知這些法令案例的總結，可以看Heward, 2003a）。

進步融合（progressive integration）（Reynolds, 1989）已經被用來描述特殊教育的歷史，同時也用來確認所有兒童教育均等機會的過程。在這許多法庭案例中，牽涉到有關特殊教育兒童的教育，沒有任何單一的案例可造成旋風式的教育改革。然而，隨著立法，國會讓特殊教育個別方案更加完整。總括起來，這些發展有助於聯邦政府法令關切到身心障礙兒童的教育均等。

✿ 身心障礙的法案：法令上強制為所有身心障礙學生的教育均等

公法94-142（1975）原來是有關所有身心障礙學童的教育法案，可是自從被修改為身心障礙個人教育法案（Individuals with Disabilities Education Act, IDEA），到Gerald Ford總統時具體簽署這樣的法令。他表示，聯邦政府已經承諾國家能為身心障礙者做的，比這法令陳述的還多。在這法令通過不久之後，公法94-142就被宣稱為「最震爆立法」（blockbuster legislation）（Goodman, 1976），而這法令被高喊為「可能即將成為教育史上最有影響力的法令」（Stowell & Terry, 1977, p. 475）。

這些語言已經被證實為是正確的；身心障礙個人教育法案是在立法上一個重要的里程碑，且改變美國的教育面貌。這個法令已經影響到美國每一所學校，而且改變普通以及特殊教育的角色，也改變普通和特殊教育者、學校行政者、父母和其他有關教育過程中各式各樣人士的角色。這個通過的法案記載了許多教育者、父母和立法者共同努力的成果，使將這些

有關特殊教育兒童的教育能夠有一個較完整的法令來監督。這個立法反映著這個社會注意到，所有身心障礙的人其實也是完整的公民，他們也應該享有其他所有公民所能享有的權利。

身心障礙個人教育法案的目的是：

　　確定所有身心障礙的學童能夠有機會享有一個自由適當的公立教育，那是強調特殊教育並且能夠服務的公立教育，以符合這些身心障礙兒童的特殊需要。並且，能確認這些身心障礙學童的權利，或是他們的父母或保護人的權益能夠受到保護，並且讓州、地方區能夠提供身心障礙兒童的教育，也能評量且確認對於身心障礙兒童學習效果所盡的努力。（IDEA, 20 U.S.C. §1400[c]）

✵ 身心障礙個人教育法案的主要元素

身心障礙個人教育法案主要是由各州來主導，負責提供他們的居民教育均等機會。這些法令與規章主要是規定：身心障礙特殊教育法案能夠根據從1975年以來所訂立的四個大原則而訂立（Turnbull & Cilley, 1999；H. R. Turnbull & A. P. Turnbull, 2001）〔註：當本文對外公開時，國會正在辯論身心障礙教育個人法案的重新認可。那可能是身心障礙教育個人法案的一些要求與規定，在憲法修正案中有所改變〕。

✵ 零拒絕

學校必須教育*所有*身心障礙的學童，這個原則是天下皆準的，無論身心障礙兒童的輕重為何，沒有任何一個身心障礙的學童可以被排除在公立學校之外。法令上的要求主要是使所有的身心障礙兒童能從適當的教育中學習，並且獲益，因此，學校沒有任何權利去拒絕任何一個學童教育機會均等的權益。這樣的法令是要提供六歲到十七歲所有身心障礙的學生特殊教育。如果有任何一州能提供三到五歲，以及十八到二十一歲的身心無障礙學生教育服務，那麼，它也必須提供教育服務給在本年齡階段的身心障礙學生。每一個州的教育行政機關必須負責找到、確認，以及評量所有的學生，從出生一直到二十一歲居住在本州有身心障礙或者被懷疑有身心障

礙的學童。這個規定就叫作*發現兒童制度*（child find system）。

無歧視、認證與評量

身心障礙個人教育法案要求所有身心障礙的學生應該被公平地評量。所謂的評量必須是沒有歧視的。這個要求特別重要，因為有些不成比例的非白人或來自非說英語為母語族群的學童被認定為身心障礙，而這常常只是從標準化的智商測驗分數來作為評量的基準，這種智商測驗常常被用來認定學生是否有學習障礙，而它是依據白人、中產階級小孩的表現為基準。由於這些是以盎格魯撒克遜為中心的，這些測驗就常常被認為是對於來自多樣化的、不同文化族群的學生帶有偏見的眼光。而且，這些小朋友常常比較少有機會去學習到在所謂標準化智力測驗中的題目（Venn, 2000）。身心障礙個人教育法案陳述得非常清楚，一個測驗的結果不能被當作是特殊教育安置的唯一標準。Ortiz和其同事（Ortiz, 1997; Ortiz & Wilkinson, 1991）已經發展出比較沒有偏見，並且能夠避免不適當的安置多元文化族群學生進入特殊教育的測驗與方法。

除了沒有歧視的評量以外，測驗應該要多因素、多面向，而包含其他的測驗與觀察技巧，如同需要公平地去確認每一個學生的優缺點。例如，被指為需要去接受多面向、多因素評量的小孩，以便確定他是否有學習障礙，也必須透過幾種不同社會以及學術領域的評量。學校的心理學家可能會監督幾種不同的測驗，以得到有關該學童依成就程度的可靠資料。學校的諮商員也可以在各種不同的學術或是非學術情境中觀察小孩，譬如：在學校的遊戲場地或者午餐室裡。從該生的老師得到的資料，以及該生的學業或其他方面的範例，應該也必須受到重視。語言治療師、職業治療師、復健諮商師或者社會工作者應該要被囊括在評量的過程中。父母的意見以及小孩子自己需要的自我評量，可以讓這種多面向、多因素的評量更完整或更全面。這些努力的結果應該可以讓這個孩子從不同層面、方向的能力有正確的圖像，並且能夠指出該生比較適合哪一種教育方案。

免費及適當的公立教育

所有身心障礙兒童，無論他們的輕重程度如何，都應該接受免費而適

當的公立教育。這種教育必須是由政府支付——也就是說，應該是孩子的父母無須支付分文。一個所謂的*個別化教育方案*（individualized education program, IEP），必須為每一個孩子發展出來並加以執行。這樣的法令特別指出，個別化教育方案必須包含誰確實參與了個別化教育方案的過程。每一個個別化教育方案必須由一個*個別化教育方案的團體*（IEP team）所組成，這應該包含（至少）小孩子的父母（或者小孩子的保護人）、至少有一個該學童普通班的教師、至少有一位特殊教育老師、該學區的代表，以及如果適當的話，應該包含孩子本身。許多個別方案的教育團體，同時也包含了許多從各種不同領域來的專業人員，譬如：學校心理學、物理治療和醫學（如果想要了解個別化教育方案團體如何能夠有效地合作，並且有父母及身心障礙兒童參與個別化教育方案的過程，可以參看 Al-Hassan & Gardner , 2002; Martin, Hughes, Huber Marshall, Jerman, & Maxson, 1999; Menlove, Hudson, & Suter, 2001; Peters, 2003; A. P. Turnbull & H. R. Turnbull, 2001）。

個別化教育方案是特殊教育的基礎，以及身心障礙學生得到教育的相關服務。一個非常小心謹慎以及團結合作準備下的個別化教育方案，特別將特殊障礙學童所需要的技能指出，並且將他現在的表現程度做個聯結，以塑造合適的學習情境，並決定學習應該進行到哪一個程度的方法（Bateman & Linden, 1998）。雖然個別化教育方案的格式可能在不同學區有不同的變化，但是學校可以做到比法令規定的還多，並包含其他額外的資訊。所有個別化教育方案必須包含下面七個元素：

1. 有關於該特殊學童的教育表現的敘述應該包含：
   - 該特殊學童的能力障礙如何影響該生在普通課程中的參與或進度。
   - 對學齡前的兒童而言，如何適當地教育，他們的能力障礙如何影響該學童在一般適當的活動的參與性。

2. 關於可評量的目標敘述，應該包含基準點或者其他短期的目標，而有關於：
   - 符合該特殊學童的需要，由於他們身心障礙引起的需要，以幫助該學童能夠參與普通課程，並求得進步。
   - 能夠符合每一個身心障礙學童其他的教育需要。

3. 特殊教育的敘述以及相關服務和補充的幫助，應該是以該學童的利益為

出發點,而且有關於該教育方案的修飾或是學校人事方面的支持,應該要提供給該特殊學童:

- 為了要幫助特殊學童達到目標,應該讓他們適當地求進步。
- 在一般課程中的參與和進步,而且參與課外活動和其他非學術性的活動。
- 能夠受教育而且參與有身心障礙學童及沒有身心障礙學童的活動。

4. 如果在第三段中有任何需要,身心障礙學童不能參加普通班學童的活動,應該要具體說明身心障礙到何種程度,他們無法參加。

5. 有關下列幾點的敘述:

- 任何在州或者學區,學生成就評量因個人需要改變,是有必要的,以幫助該學童參與這樣的評量。
- 而且該個別化教育方案的團隊決定該特殊兒童不能參加州或者學區性的學生成就評量(或者是部分的評量),那麼就應該有以下的陳述:
    * 為何該評量不適用於該學生。
    * 那麼如何評量該學生。

6. 在第三段所陳述的開始日期,教育服務修正的日期,以及期待的頻率、位置和時間。

7. 有關於下列幾點的陳述:

- 在第二段所提到的該學童年度目標的進步,如何加以評量。
- 該特殊兒童的父母如何被定期告知(透過譬如:定期報告表),至少身心障礙學童父母被告知的次數應該和普通兒童一樣。
- 特殊學童達到年度目標的進度。
- 現在進度所能達到的成果,如何能有效達到年度目標。
- 個別化教育方案的年齡是十四或是十四歲以上,必須包含該特殊學童如何從學校轉接到成人生活,這方案必須能夠被提出並受到支持。(20 U.S.C. Section 1414[d] [1][A])

基本上,個別化教育方案是一種制度,目的包含:說清楚特殊學童在哪裡、他應該去哪裡、他如何達到那裡、他需要花費多久時間,以及當他達到目標時如何告訴他。雖然個別化教育方案是由學校人士和父母共同簽下

的文件，但卻不是一個合法的契約；也就是說，父母不可能將該特殊學童的老師或者學校抓上法庭，如果所有個別化教育方案裡所提到的目標沒有達成。然而，學校應該清楚地記錄，他們在個別化教育方案裡所能提供的服務，並且如何按照系統的方式努力，來達到這些目標（Yell, 1998）。個別化教育方案團體一年至少要檢驗個別化教育方案一次。

在身心障礙個別化教育方案的所有要求中，「可能是在法令當中最不受歡迎的一面，不只是因為需要許多勞心勞力的工作，而且因為計畫本身看起來就是已經被淹沒在堆積如山的檔案中」（Gallagher, 1984, p. 228）。將所有個別化教育方案所需要的元素都放在其中，並不能保證這份文件就會自動引導學生學習，以及老師在課堂中的教學，就如同身心障礙個人教育法案所企圖的。雖然大部分的教育者同意，個別化教育方案是理想化的概念，其呈現在文件上的資料與學生在課堂當中實際經驗其實不太連貫（譬如：Grigal, Test, Beattie, & Wood, 1997; Smith, 1990; Smith & Brownell, 1995）。

個別化教育方案的團隊已經發展出許多工具，可以用來使個別化教育方案比法律上所要求的更好，並且在「特別設計的教學中，對特殊障礙學童有意義」（譬如：Bateman & Linden, 1998; Gibb & Dyches, 2000; Lignugaris/Kraft, Marchand-Martella, & Martella, 2001）。例如，*為學生選擇成果和適應*（Choosing Outcomes and Accommodations for Children, COACH）是一個實地測驗的方案，這會引導研究學童的團隊透過評量以及個別化教育方案的計畫，以階段發展的方式，來幫助學生在融合的情境中習得技巧與學識（Giangreco, Cloninger, & Ivenson, 1998）。

❀ 無障礙空間

身心障礙兒童教育法案訓令身心障礙學生應該在*無障礙空間*（LRE）接受特別的教育。該法令陳述：

　　身心障礙學童包含在公立以及私立或其他教養中心學童，將與身心沒有障礙的學生一起接受教育，而且這些從學校中或者是將學生從普通的教育環境處理的特殊教育課程，可能發生在只有當該特殊的身心障礙已經嚴重到他沒有辦法在普通班級中利用輔助工具或是服務來

達到滿意的要求。（20 U.S.C. Section 1412[a][5]）

　　無障礙空間要求已經變成一個最有正義而且在身心障礙兒童教育法案被了解的面向。這條法案通過後的前幾年中，已經有一些專業的人士以及富有權勢的人說，這條法令代表著所有身心障礙的學生無論其嚴重程度如何，都應該被安置在普通班級中。其實，無障礙空間的要求是每一個有身心障礙的學生應該要在普通班級，或是與普通班級最類似的環境當中接受教育，而這種情境應該要符合他個人的需求。雖然很多人爭論，任何一個安置特殊教育兒童在普通班級或是學校都是不適當的，但部分教育者和父母了解到，特殊班級的安置可能會過分限制，如果該特殊學生的學業以及社會生活技能沒有達到符合標準。兩個有相同特殊障礙的學生不見得要被放在相同的情境中，無障礙空間是一個相對的觀念，無障礙空間對某個特殊障礙學生適合，但不見得對另外一個學生合適。

　　身心障礙學童需要廣大範圍的特殊教育以及相關的教育服務。今天大部分學校提供了*服務的延續性*（continuum of services），也就是說，一定範圍的安置以及服務選項以滿足特殊障礙學生的需求。這種延續性可以象徵性地描寫為金字塔，也就是說，從無障礙的安置過程（特殊班級安置）到最大限制的安排（特殊學校、住宿、醫院，或者是家庭教育方案）（見圖13.1）。普通班級在金字塔的最下面，而且可以從圖中看得出來，是最寬最廣，應該有大部分特殊學生被安置在那裡。如果從金字塔由下往上看，每一個連續性的安置選擇代表著該環境愈來愈有限制性、特殊化、密集的教育，以及相關服務需要被提供。很典型的，當身心障礙學童的障礙程度增加時，那麼提供的服務應該更特殊化。然而，如上所述，大部分接受特殊教育的學生其實都是輕微的能力障礙；因此，在金字塔的最上端就該愈來愈小，表示較多限制的環境其實只適用於少數學生。

　　特殊障礙學生的安置不應該被視為全部或者沒有，無論是在這種延續性的任何程度。個別化教育方案團體應該要考慮到某一種程度能夠有效地結合這三方面學生的生活——一般的課業活動、課後活動（例如：社團），以及其他學校的活動（例如：下課、用餐時間）。無障礙空間的提案「允許『混合以及配合的』，而在此所謂一個面向完全的融合是可行的，或者是在另一個層面的融合也是部分可行的」（Turnbull & Cilley, 1999, p. 41）。

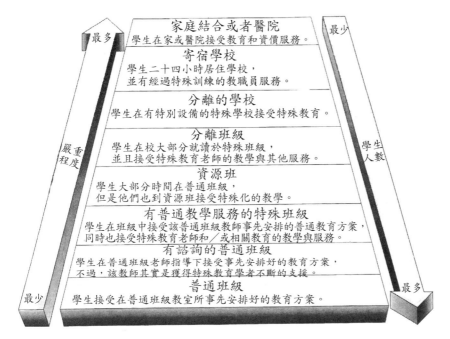

圖13.1　特殊教育身心障礙學生教育服務的連續

資料來源：From W.L. Heward (2003a). *Exceptional Children: An Introductory Survey of Special Education* (7th ed., p. 70). Upper Saddle River, NJ: Merrill/Prentice-Hall. Used by permission.

除此以外，安置絕對不可以被視為永久不變的。這種延續性的觀念是希望能夠依個人需要，保持彈性地將特殊障礙學生從一個安置轉移到另外一個安置。個別化教育方案團體應該定期檢視每一個小朋友的特定目標，最起碼一年得做一次——如果有新的發現，就應該有新的教育安置。注意到前三個教育安置的選擇，特殊障礙學生整天都在普通班級與普通學生上課。幾乎有四分之三身心障礙學生在普通班級與他們的普通班同儕接受教育（見圖13.2），然而，很多這樣的學生其實每一天在學校都還是會在資源教室。在資源教室，他們從接受過特殊教育訓練的老師身上接受個別化的教學，將近有五分之一的學生在公立學校中是在分開的教室裡。特殊學校以及居住的設備能夠提供約少於4％的身心障礙學生服務，通常是提供給那些最嚴重的特殊障礙學生。

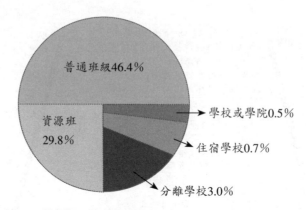

圖13.2　所有身心障礙學生的比例：3歲到21歲的6個教育安置

註：分離學校包含公立與私立分離學校。住宿學校包含公立與私立的住宿
設備。

資料來源：From U.S. Department of Education (2003). *Twenty-fifth Annual
Report to Congress on the Implementation of the Individuals with Disabilities Act*
(Table AS2). Washington, DC: U. S. Government Printing Office.

　　無論是身心障礙個人教育法案或者伴隨身心障礙個人教育法案的法律
規定，都清楚指出學區應該如何決定無障礙空間。經由審視事件有關無障
礙空間的訴訟裁判，Yell（1995）認為，法庭已經裁定身心障礙個人教育
法案特殊障礙學生不用安置在普通班級，但是100%支持服務的連續性。

　　雖然服務的連續性模型代表著建立良好的實務，但是並不代表沒有爭
議。有許多特定的批評已經產生。有一些評論辯稱，這些連續性其實太過
於以法令來約束這些安置，蘊含著特殊障礙的個人似乎只能在無障礙空間
生存，而可能侵略到身心障礙人士參與社區的權利（例如：Stainback &
Stainback, 1996; Taylor, 1988）。

　　提供普通班級外的服務給身心障礙學生的相關價值，尤其是提供
給分離教室，已經成為熱門的爭論議題（譬如：Fuchs & Fuchs, 1994,
2003; Giangreco, 2003; Kauffman & Hallahan, 1994; O'Neil, 1995; Sasso,
2001; Shanker, 1995; Taylor, 1995）。然而，所有的教育學者真誠地支持
責任性的融入，而在融入中，課程與教學有系統修正議題已提供身心
障礙學生在個別化教育法案上有意義的目標（Kochar, West, & Taymans,
2000; Schwartz, 2000; Smith & Hilton, 1997）。責任性的融入模型已經從

學前（Sandall, Schwartz, & Joseph, 2000）一直到高中（Bauer & Brown, 2001），而身心障礙的學生是從輕微（Hock, Schumaker, & Deshler, 1999）到嚴重（Fisher & Ryndak, 2001），許許多多的測驗發展成幫助教師、行政人員與學生一起合作，以建立融入式的學校與教室（Giangreco, Cloninger, Dennis, & Edelman, 2000; Salend, 2001; Snell & Janney, 2000; Thomas, Correa, & Morsink, 2001; Wood, 2002）。

公聽會

　　身心障礙個人教育法案認可身心障礙學生具有重要的法律權利。這個法令說得很清楚：學區對這些特殊障礙學生並沒有掌控權。學校對於這些身心障礙學生的教育方案不可以有單邊或專制的態度。

　　應有的過程是一個法令的概念，主要是透過一系列按部就班的程序，來確保身心障礙學生在學校制度、父母與學生之間有一個公平的待遇。特定的應有過程安全保護被融入在身心障礙個人教育法案，主要是因為過去許多對於身心障礙學生的不公平待遇。在過去，特殊教育安置通常是永久固定不變的，而且缺乏定期的再審查，以及只是根據老師的推薦當作基礎。其次，具有嚴重障礙的學生，通常自然而然被排除在公立學校之外，而被安置在住宿學校，且是教學品質非常差劣的住宿教育方案。事實上，從少數文化族群來的學生，通常是不成比例地被安置在特殊教育方案中，也是另外一個需要透過法令執行應有過程的原因之一。

　　應有過程中的成分與父母相關的有以下幾點：

- 在學校採取改變學童的教育方案之前，必須先書面通知家長（測驗、重新評量、改變安置）。
- 在應該要給予或者保留身心障礙學童接受測驗已有特殊教育服務，或者安置在不同教室或者教育方案的資格。
- 能夠看他們孩子所有的在校紀錄。
- 應該在公正的團體（不是學區的職員）前有公聽會，以解決有爭議之處。
- 在公聽會之後，應該要有書面決定的通知。
- 在應有過程可以跟州政府的教育廳上訴（學區也可以上訴）。

A. P. Turnbull和H. R. Turnbull（2001）是特殊教育者，也是一個身心障礙者的父母，形容應有過程其實就是法律技巧已達到公平、基效，以及權利平等。在專業人士傳統上有受保障的權利，而家庭常感覺到他們沒有辦法改變學校的教育。

家長和學生活動與決策參與

身心障礙個人教育法案肯定父母以及學生積極參與的好處。父母不只參與他們孩子的教育，他們也可以幫助專業人士選擇適合他們孩子的教育目標，並且能夠提供老師比較有效於孩子互動學習的訊息。如前所示（只要是恰當的時候），父母（和學生）應該要積極地成為個別化教育方案團隊的成員；他們的意見與希望一定要列入個別化教育方案目標、目的、安置決定，與相關服務需要的考量（譬如：手語的詮釋、特殊交通工具）。當然，父母不能被強迫去採取這些行動，而且有可能放棄他們參與的權益。

1973年復健法案的504條款

另外一個重要的法令，是由公民權利延伸到身心障礙的1973年復健法案的504條款。這個規定部分陳述，「沒有任何有資格的障礙人士會因為其障礙的理由而被拒絕參與、否定他們的利益，或者在任何方案或者聯邦政府經濟援助的活動中受到歧視。」這條法令幾乎跟1964年公民權利法案一模一樣（禁止基於種族、膚色或者國家出生地的歧視），並且承諾將這樣的機會擴大給身心障礙的兒童與大人，包含在教育、職業和其他各種情境。這是基於以下的提案：「對於聽覺、手部操作或者說話技巧有輔助工具的學生——例如，視盲學生、聾啞學生的翻譯者，以及幫助身心障礙學生轉移的人。」這樣的要求並不代表學校和職員必須隨時隨地都有這些輔助工具，這只代表這樣的法令要求：沒有任何一個身心障礙的人可以因為他們缺乏適當的輔助工具，而被排除在任何課程或方案之外。

對於有肢體和感官障礙的學生、老師或其他人士，建築上的設計與設備也是504條款重要的方案之一，這條法令並不要求一個完全無障礙的空間，強調的是活動的可親近性，不在於物理空間上的修改。譬如，如果化學課需要做有關醫學院的教育方案，那麼，大學可能會將這個課程重新設計，以適應身體障礙學生的需求。譬如，可以提供一個較容易到達位置的

教室，或者將不便到達的空間轉到讓學生比較容易到達的教室。所有這些條款可能沒有辦法全部都達到，但是，大學不可以將所有身心障礙學生指定到一個特定的班級而將之隔離。就如同身心障礙個人教育法案一樣，504條款要求沒有歧視的安置，而且在「最融入的適當空間」，以及能夠將所有身心障礙學生的歧視去除作為一個標準，尤其是在就業上的權利。

美國身心障礙法案

美國身心障礙法案（Americans with Disabilities Act, ADA, PL 101-336）是1990年7月26日簽訂的。在1973年復健方案的504條款將身心障礙人士的公民權利保護，擴展到放在私人機構就職、公家機關、所有公共設施、交通和電信方面等等。身心障礙的個人在美國身心障礙法案中被界定為：(1)有身心方面障礙的個人，導致限制其個人生命中所從事的活動（譬如走路、說話、工作與自我照顧等）；(2)有身心障礙方面的紀錄（譬如，有個人因為有心臟病就醫的紀錄，即使現在已經痊癒了，但是卻受到歧視）；或者(3)被視為有缺陷（譬如，有個人因為灼傷，而造成臉部扭曲；即使不影響到其日常生活，但是卻受到歧視）。美國身心障礙法案提供的保障如下：

- 有十五個或以上員工的僱主，不可以拒絕僱用或者升遷有資格並表現良好的身心障礙員工，僱主也必須提供適當合理的設備以便有良好的工作表現。如此在職業要求或者工作環境上的修正必須做到，如果它們沒有造成僱主過度的壓力。
- 所有大眾傳播公共系統所共用的交通工具，必須能夠讓身心障礙人士有使用的空間。所有火車站必須能夠有可讓身心障礙人士搭車的方式，而且在一列火車中最少要有一節車廂可讓身心障礙人士方便上下車。
- 公共設備如果有排除或者拒絕身心障礙人士的地方就是非法的。公共設施是例行的服務，例如：飯店、餐廳、雜貨店、公園等等。所有新的建築物必須讓身心障礙人士方便進出，並且，現行的設備必須在盡量少額外支出的情況下移除現有的障礙。
- 提供電話服務給一般大眾的公司必須再提供這些定性通訊設備給聾啞人士使用（譬如：TDDS），且全年無休。

身心障礙學生的教育均等：有進步但仍待改善

身心障礙個人教育法案到底造成什麼樣的影響呢？最明顯的效果就是，更多身心障礙學生正在接受特殊教育以及相關的服務，比以前法令通過時多很多。但是，這只是因為法令要求所產生的一個影響面向。

身心障礙學生的教育均等在今日學校的功能，就如同人力服務機關那樣的龐雜。自從身心障礙個人教育法案法令通過後，在特殊教育老師以及資源方面有急速的增加。提供相關的服務以符合各種不同學生的需求，需要要求非教師專業人數要約略相當於特殊老師的人數，如學校的心理學家、社會工作者、語言治療師、工作治療師、復健、物理治療師、聽覺專家、娛樂治療師、物理適應教育者、職業規劃專門師和心智衛生專家等等，以及他們的專業來支持以符合這些學生的特殊需要。

也許法令在身心嚴重障礙學生已經有了最大效果，他們有很多已經是完全被拒絕享有適當的教育；而自從這法令公布後，沒有學校再將這些身心障礙學生排除，而且這法令寫得很清楚，當地的學校有責任去修正課程內容以及教學方法，以配合每一個學生的需要。基本上，這個法令要求學校去適應身心障礙學生的需要，而非要求學校否定身心障礙學生不適合在他們學校接受教育的平等機會。很多人應該會同意，身心障礙個人教育法案對於身心障礙學生有極大的貢獻。但是，前頭仍橫跨許許多多障礙，而致使特殊障礙學生無法達到完全的教育均等機會。我們簡要地檢查下列五個議題，如果是一個真正對於身心障礙學生的教育均等機會，學校必須努力以達到：(1)建起理論和實務之間的橋梁，以有效的教學；(2)改善特殊教育以及普通教育間的合作；(3)提供較多較好的早期介入方案給身心障礙兒童；(4)提升身心障礙年輕人的成就，當他們從學校生活轉折到大人時；(5)確定提供給身心障礙學生各種文化背景的身心障礙相關與個別化的教育。

有效教學

身心障礙學生的教育機會均等在身心障礙個人教育法案中有所明示，這條法令可以藉由多面向因素的評量，個別教育方案應在無障礙的空間來達到標準。然而，沒有任何一個法令規定的過程可以教導學生家長或者老

師。真正對身心障礙學生的教育均等，要透過教學才可以達到（Heward & Dardig, 2001）。

特殊教育並不是普通教育的緩化或淡化的版本，而是一種系統性並有目的的取向來教導身心障礙學童，以助其日後能獨立生活、滿足並有生產力，而且希望能比在普通教育中更有學習效果。

有效的教學比單獨指定他們做某事而言更多。所有老師的角色（尤其是特殊教育老師）是確認他們所用的教學方法可以有效達到學生的需求，當這個目標可以達到時，那麼，身心障礙學生所得到的教育將會真的很特別（Heward, 2003b）。

特殊教育就是老師所提供的教學品質，當然，老師最後必須提供有效的教學給特殊學生。隨著這樣的責任帶來一個義務，特殊教育老師須與普通班級的同事與父母共同合作（Heron & Harris, 2001）。特殊教育與特殊教育者必須：(1)針對教學目標，而這目標能夠改善學生在學校、家庭、社區和工作情境中的生活品質；(2)運用理論上有效度的教學方法（Gersten, 1998; Lovitt, 2000）；(3)持續用學生的表現作為評量教學表現的直接方法（Greenwood & Maheady, 1997）；以及(4)改變一個沒有辦法提升學生表現的教學方案（Bushell & Baer, 1994）。

老師必須從他們的教學取向中要求教學效果。許多年來，習俗上的智慧已經傳下一個信念：教導身心障礙學生需要永無止盡的耐心。我們相信，這樣的過程是對於有特殊需要學生以及教師的一種傷害；對於特殊教育以及普通教育的老師，他們的工作是教導這些學生，老師不應該耐心地等待這些特殊學生去學習，而將他們的無法進步歸諸一些天生的因素上，例如：關於心智障礙、學習障礙、缺乏注意力，或者情緒障礙等。相反的，老師應該用直接或者常常評量學生的表現，作為改善教學效果的主要引導方針。我們相信，這是教育者真正的工作（Heward, 2003a）。

雖然身心障礙個人教育法案有陳述老師的工作是去改變行為，但是好老師會改變學生的行為，當老師使一個以前無法算加法、拼字、作文、繫鞋帶、申請工作或者交朋友的學生學會這些，那麼，學生的行為就已經有所改變了。有效的教學並不是偶然地改變學生的行為，而是經過深思熟慮的（Heward & Silvestri, in press）。憑空就想讓身心障礙學生有平等機會走向有生產力、獨立和滿足的生活的機運，幾乎是零。

為了能夠將身心障礙學生從等號中移除，特殊教育必須建立從理論、實務到教室裡的教學實務的橋梁（Carnine, 1997; Gersten, 2001）。相對於有些人的辯證，特殊教育的研究在教學實務上已經有可觀並可賴的知識（Spear-Swerling & Sternberg, 2001; Vaughn, Gersten, & Chard, 2000）。沒有任何一個知識淵博的人會認為，研究已經發現我們教特殊學生的所有要素，仍然有許多問題等待去解答，而這些無疑等著我們去追求與尋求解決方案。

深入了解、略知皮毛或全然無知之間有很大差距，但是，更令人沮喪的差距，在於研究已經發現有關於教學方面的研究，以及課堂方面實務上的落差。例如，科學研究已經幫助我們了解早期閱讀指導可以降低幼兒後來發展上的閱讀問題（Grossen, 1997）；以及在中等特殊教育方案中的元素，能夠提升學生從學校到職場的轉折（Wehman, 1998）。但是，對於許多教導身心障礙學生開始初期的閱讀指導以及轉接計畫，卻沒有反應這樣的知識。

400

普通教育和特殊教育的夥伴關係

傳統上，普通以及特殊教育被看作是不同的領域，它們各自服務不同的學生對象。今天，普通以及特殊教育的老師對於夥伴關係已符合所有學習者的需要。「你的小孩」和「我的小孩」的觀念通常已經被「我們的小孩」的觀念所取代。

傳統上，主流已經將身心障礙學生的融入普通學校或者班級當作一種過程。今天，*融合教育*（inclusive education）這個詞已經改變，不只是特殊教育改革的語言而已，並且是特殊教育的企圖。融合教育只有與所有跟特殊教育學生方案有關的人共同合作，才有可能成功（Bauer & Brown, 2001; Giangreco et al., 2000; Snell & Janney, 2000）。雖然並沒有特別指出主流化或者融入，但是，身心障礙個人教育法案藉由要求教育服務應該要提供無障礙空間，而形成普通與特殊教育者必須共同合作的前提。

身心障礙個人教育法案在普通教育的效果並非是完全清楚，也不是完全沒有爭議的。這種不協調其實在很多有關於討論特殊教育能夠如何改革，以確定身心障礙學生的利益與學習效果中，似乎更加複雜化（Fuchs & Fuchs, 1994, 1995a, 1995b; Taylor, 1995）。然而，更清楚的是，所有的

教育社群有責任盡力來符合所有學生學習各種技術的需求，在最後的分析中，標籤的議題、分類、教育安置，以及教學作業指定，其實是比教室內實質上的教學品質來得次要（Heward & Dardig, 2001）。

　　在特殊教育與普通教育之間的改革合作關係非常重要，不僅是為了在美國六百萬多身心障礙的學生。除此以外，有接受特殊教育的11.5％身心障礙的學齡兒童，同時10％到20％其實有中度或是輕微學習或行為問題，而這些影響到他們在普通教育班級中的能力表現與進步。特殊教育與普通教育者應該共同合作發展一些策略，並且分享他們的技能與資源，來避免這些數以百萬計的學生變成我們教育制度中的失敗者。

早期介入

　　從出生一直到學齡這階段，對孩子的學習和發展是非常關鍵的，一般小孩在進入學校時，已經具有知識、智力、語言、社會和生理上的一些基本能力，而由此繼續發展。對於許多身心障礙兒童，很不幸的，學齡前的階段代表著一段長時期失去的機會。沒有這些系統化的教學，大部分身心障礙的兒童無法獲得無身心障礙的同儕不費吹灰之力就得到的那些基本技能。關心他們的小孩無法達到重要里程碑的父母，經常被專業人士告知：「別擔心」、「他可能很快就會有所成長」，許多身心障礙的小孩結果就慢慢與沒有身心障礙的同儕差距愈來愈大，而在發展上一些小的差異通常造成發展上的遲緩，成為在他們到達學齡時最主要的差距。

　　二十五年前很少有給身心障礙的學童早期介入方案，今日，嬰幼兒期的特殊教育是最富發展的領域。如同到達學齡的特殊兒童，聯邦政府法令在早期介入法令中扮演主要的角色（Shonkoff & Meisels, 2000）。藉由通過公法99-457（1986年的身心障礙教育修正案），國會再次確認原來的公法94-142基本原則，並增加兩個早期介入服務的部分條款。

　　三到五歲學齡前身心障礙的兒童，只有約70％能夠符合身心障礙個人教育法案的標準而受到服務。身心障礙個人教育法案不要求各州提供免費的公立教育給六歲以下身心障礙的學生。公法99-457要求一州一定要呈現有服務三到五歲身心障礙學童的證據，以獲得任何學齡前兒童的相關經費。公法99-457所帶來的重大改變是：這些經費能夠讓各州發展早期的認證以及介入，以服務從出生到兩歲的嬰兒和學走路的兒童。這些服務必須

由跨領域團隊所計畫，包含小孩的父母，而且必須依據*個別化的家庭服務計畫*（individualized family services plan, IFSP），這和給身心障礙兒童的個別化教育方案概念很類似。

在今日，幾乎每一個特殊教育者都能體認到提供有中輟之虞或身心障礙學生早期介入的重要性，大部分也同意，愈早提供介入方案愈好（Guralnick, 1997; Sandall, McLean, & Smith, 2000）。很幸運的，很多教育者正極力從事發展嬰兒與學齡前兒童所需要的方案與服務，而這些嬰兒與學齡前兒童其實是因為貧窮，或者是在出生前便受到藥物、毒品或酒精的傷害，而慢慢發展出障礙現象（Carta, 2003; Howard, Williams, & McLaughlin, 1994）。早期介入是給這些身心障礙學童一個奮鬥機會所必須的，以便幫助他們進入學校時體驗教育均等的機會。

從學校到成人生活的轉變

如果教育均等提供給特殊學童的程度是需要受到判斷的，就如同我們認為他應該，就必須依據身心障礙學生能夠在每天的環境中獨立生活，然後，如果我們根據學生能夠獨立生活作為標準，那麼我們還有好長一段路得走。最終對於已經畢業或者離開公立學校的中等教育特殊方案的年輕人的追蹤研究，已經有令人驚訝的結果。根據國家長期轉介研究（National Longitudinal Transition Study, NLTS）的資料（Blackorby & Wagner, 1996），有一個對於八千多個身心障礙學生在離開中等特殊教育課程之後的研究，顯示36.5％左右離開中等學校三到五年都沒有就業機會。他們都是處於待業狀態，而找到兼職的大部分都是在最低薪資以下的工作。這對於有中等或者嚴重身心障礙的人，在社區找到工作又更低了。國家長期轉介研究（NLTS）發現，在高中畢業後三到五年有非常低的就業率。尤其以下的障礙類型更低：有肢體障礙的（22％）、視力缺陷的（29％）、多重障礙者（17％）。

就業的問題不是這些身心障礙年輕人面對的唯一障礙，很多有身心障礙的年輕人發現，成人生活也是一個挑戰（Knoll & Wheeler, 2001; Tymchuk, Lakin, & Luckasson, 2001）。譬如，在一個從愛荷華州中等特殊教育方案做的追蹤研究中，Sitlington、Frank和Carson（1993）發現，737名身心障礙學生中，只有5.8％有學習障礙，142名有心智障礙的學生中的

5個（3.5％），59個行為障礙學生中的1個，在完成高中後的一年被診斷出有「成功的成人適應」（p. 230）。

教育不能為所有身心障礙的成年人負責所有會面臨的困境，但是，這些研究結果很清楚地說明，很多年輕人離開公立學校特殊教育方案，而沒有學到在社區生活中所需要的技能。今天很多教育者了解到，特殊教育方案的發展必須讓這些特殊學生融入未來的社區生活中，以作為這些身心障礙學生能夠達到教育均等的評量（Patton, Cronin, & Jairrels, 1997; Sitlington, Clark, & Kolstoe, 2000）。

多樣性社會的特殊教育

在多樣性社會的特殊教育和普通教育間，都面臨提供相關個別化教育給這些來自不同文化背景的身心障礙學生（Correa & Heward, 2003）。很多身心障礙學生體驗過歧視或者不適當的教育方案，因為他們的種族、族群、社會階級或者性別不同於多數團體。來自於文化以及語言不同背景的學生，在特殊學童中常常是低於比例或是高於比例（Artiles, Aguirre-Munoz, & Abedi, 1998; Artiles & Zamora-Durán, 1997; Baca & Cervantes, 1998; Correa, Blanes-Reyes, & Rapport, 1995; Daugherty, 2001; Kauffman, Hallahan, & Ford, 1998; Oswald & Coutinho, 2001）。例如：美國印第安人中學習障礙的學生就有不成比例的高數目，而他們在資優班的比例卻相當低（Montgomery, 2001）。

在1997到1998年的學年度中，聯邦政府首次要求各州要報告接受特殊教育學生的種族和族群背景（U.S. Department of Education, 2000）。這些資料顯示，這些種族／族群在特殊教育的人口中是不成比例的，特別是非裔美籍學生。雖然他們約占普通教育人口的15％，非裔美籍學生卻占輕微心智障礙學生的34.3％，而在嚴重情緒障礙中占有26％。一個學生的族群或是語言絕對不是把他們納入或排除在特殊教育課程中的理由，這些從各種不同族群文化語言背景增加的學生人數，將會值得教育者去考慮三個很重要的議題。

首先，評量的準確性以及安置的過程必須要確定。多面向多因素的評量必須高度考慮學生的文化及語言背景，與確認特殊教育安置是學生的需要，而非有偏見的實務習慣所造成（Utley & Obiakor, 2001）。

　　第二，能夠提供回應學生文化和語言需要並能提升的服務，也許可以提升該學生的教育方案，譬如，雙語的輔助、教師的在職訓練，以及給同儕的多元文化教育，可能只可以確定該教育方案或者該學童的教育是有意義，而且能夠有最大功效的方式。

　　第三，教師和其他的學校教職員應該學習有關該學童在家庭中的價值觀，以及對行為的標準。既然大部分的老師是白種人（Nieto, 2000; Pavri, 2001），學習不只是去了解，並且是尊重以及欣賞該學童的文化，就如同該學童在他家庭裡所反映出來的，而這些其實是在教室以及跟父母溝通時，能夠了解該學童的行為方式（Harry, Rueda, & Kalyanpur, 1999; Robins, Lindsey, Lindsey, & Terrell, 2002）。當然，在文化敏感方面的良性企圖，可能對這些來自不同背景的身心障礙學童提供適當個別化教育方案的好處不大。這些教育者所使用的教材以及教學方法，必須能夠回應不同學生的文化背景。譬如：Gersten 和Baker（2000）發現，對學生的有效教學方法是，「比『好的』教學更棒。因為教學其實是需要能夠有耐心，調整到能夠適應學生，以及其他種種需要調整的，以幫助這些英語學習者找到適當的『道路』，而且能夠『聽懂』該教師所傳達的內容（也就是說，學生能夠發現教材是有意義的）」（p. 461）。

　　但是，這是代表有來自不同文化背景學生的教師就必須有四種不同的教學方法嗎？答案是「不是」，同時也是「是」。對於第一個答案，我們的觀點是，系統化的教學對所有來自不同背景的學生是相當有助益的。當身心障礙學生必須去適應新的或者不同文化語言時，那對該教師特別重要的是去計畫個別化的活動，個別化活動把他們的期待表達得相當完整，觀察並且正確記錄學生行為，以及給予該學童精準明確的即時回饋。當這些是以尊重的態度來加強時，這些過程就能夠提升大部分學生的學習動機與成就。

　　好老師必須回應學生個別表現的改變（或者缺乏改變）。因此我們也可以說，有效率的老師需要與教室學生一樣多的教學方法。文化多樣性則增加了另外一個面向，當系統化教學的基本方法運用到所有學習者身上時，能夠幫助來自各種背景不同身心障礙學生最有效的教師，也就是內心對於學生的傳統以及價值觀能夠尊重的教師。

　　在與所有身心障礙學生相處時，擁有來自不同背景學生的教師必須在

教學方法上非常彈性，建立一個學習的積極氛圍，以及使用不同的教學取向，以符合學生的需要。透過謹慎的行為評量與觀察，以及使用適當的教材和社區資源，教師就能夠使那些文化與語言多樣性的身心障礙兒童以及他們的家庭在學校有成功的經驗。

摘要

提供帶有不同技能的教育均等的任務，其實是相當巨大的。藉由擁抱這樣的挑戰，美國的學校已經對這些學生、家長和社會許下了一個承諾。雖然已經有長足的進步，但還有許許多多的障礙要去克服——如果我們想要維持這樣的承諾。我們社會的觀點一直在改變，而且持續被那些相信我們過去排除身心障礙的人士是不公平的人在改變。如同任何一個學院機構，教育反映社會改變的態度。

人道以及公平遊戲的表現體現出，所有兒童天生就是被賦予教育均等的機會；可是，排除以及對身心障礙學生不平等的歷史告訴我們：人道和公平的遊戲競爭其實在我們的法令或者訴訟上，還沒有讓很多的教育政策成立。當我們對於身心障礙學生的教育機會均等有長足進步時，其實還有很多工作需要持續努力。

對於身心障礙學童的教育均等，必須由這些學生在學校所受到的教育來評量。假如教育均等只是代表這些學生能夠接受學校的課程與教學，能夠和其他沒有身心障礙的學生一起接受同樣的課程與教學，看起來教育均等已經大大地提升，並且似乎都達到了。可是，只有均等的接受教育的機會並不代表著有平等的教育成果。特殊教育到最後也必須由身心障礙的個人能夠獲得的、持續發展的，和能夠改變他們生活的技術來決定是否成功。在二十一世紀裡，新的技巧可以提升這些身心障礙者的獨立性，以及在學校、職場和社區中的參與程度。

提供身心障礙者的教育機會均等，並不代表忽略學生的障礙或者假裝障礙不存在。身心障礙學童確實有異於普通身心正常的學童，可是，就如同本章開始所陳述的，特殊學生其實與其他學生的同質性比異質性高。每一個特殊學生首先必須能夠被視為個人，而不是屬於一個被貼標籤的團體或者歸類下的成員。

　　對於教育均等能夠立法到何種程度，其實是有些限制的，在很多案例中，似乎有可能達到法令的字面意義，但卻無法達到法令上的精神。對待每一個身心障礙學生，首先必須把他們當作一個學生；其次，要提供真正的教育均等給這些身心障礙學生，這樣的取向不是減少學生的特殊性，相反地，我們要給他們一個比較客觀和積極的觀念，使我們可以將身心障礙看成是特別的需求。把這些特殊學生當成是個人，提醒我們，我們其實還要努力創造許多讓他們達到教育機會均等的方法。

❋❋問題與活動

1. 為什麼身心障礙學生以及資賦優異學生都被視為特殊兒童？

2. 身心障礙學生在哪些方面與其他學生相似呢？

3. 被標籤為身心障礙學生有何優劣情況呢？務必從教育者、父母和學生的觀點來審視。

4. 公民權利運動如何影響到身心障礙學生的平等教育機會？

5. 訪問在地的特殊教育學校行政人員以決定：(a)學區內有多少學生受到特殊教育服務；(b)在這些學生中，有哪些是屬於英語的語言學習者、雙語的、男性、女性，和／或者有色人種學生；(c)這十種分類中的身心障礙學生各有多少人；以及(d)有多少身心障礙學生在普通班級中接受教育、每天在普通班級中的時數為何，以及每天在融合情境下接受的課程領域或者學生活動有哪些。

6. 何謂IEP？對於身心障礙學生有何助益呢？拜訪特殊教育班級老師，並探詢IEP對於在主流學校／班級中的特殊教育學生有何影響？

7. 討論無障礙空間觀念對於身心障礙學生的安置有何影響？

8. 所有身心障礙學生都應該在普通班級中接受教育嗎？為什麼？

9. 為什麼特殊教育班級教師與普通班級教師之間的合作，對於身心障礙學生的平等教育機會有舉足輕重的影響呢？

10. 就你的觀點而言，對於這些特殊學生最主要的挑戰是什麼？你有何建議可以幫助他們更能順利地面對這些挑戰呢？

References •••

Aiello, B. (1976, April 25). Up from the Basement: A Teacher's Story. *New York Times*, p. 14.

Al-Hassan, S., & Gardner, R., III. (2002). Involving Immigrant Parents of Students with Disabilities in the Educational Process. *Teaching Exceptional Children, 35*(2), 12–16.

Artiles, A. J., Aguirre-Munoz, Z., & Abedi, J. (1998). Predicting Placement in Learning Disabilities Programs: Do Predictors Vary by Ethnic Group? *Exceptional Children, 64*, 543–559.

Artiles, A. J., & Zamora-Durán, G. (1997). *Reducing Disproportionate Representation of Culturally Diverse Students in Special and Gifted Education*. Reston, VA: Council for Exceptional Children.

Baca, L. M., & Cervantes, H. T. (1998). *The Bilingual Special Education Interface* (3rd ed.). Upper Saddle River, NJ: Merrill/Prentice-Hall.

Banks, J. A. (2000). *Cultural Diversity and Education: Foundations, Curriculum, and Teaching* (4th ed.). Boston: Allyn & Bacon.

Barraga, N. C., & Erin, J. N. (1992). *Visual Handicaps and Learning* (3rd ed.). Austin, TX: PRO-ED.

Bateman, B. D., & Linden, M. L. (1998). *Better IEPs: How to Develop Legally Correct and Educationally Useful Programs* (3rd ed.). Longmont, CO: Sopris West.

Bauer, A. M., & Brown, G. M. (2001). *Adolescents and Inclusion: Transforming Secondary Schools*. Baltimore: Brookes.

Becker, W. C., Engelmann, S., & Thomas, D. R. (1971). *Teaching: A Course in Applied Psychology*. Chicago: Science Research Associates.

Beirne-Smith, M., Patton, J. R., & Ittenbach, R. (2002). *Mental Retardation: Foundations of Educational Programming* (6th ed.). Upper Saddle River, NJ: Merrill/Prentice-Hall.

Bigge, J. L., Best, S. J., & Heller, K. W. (2001). *Teaching Individuals with Physical, Health, or Multiple Disabilities* (4th ed.). Upper Saddle River, NJ: Merrill/Prentice-Hall.

Blackorby, J., & Wagner, M. (1996). Longitudinal Postschool Outcomes of Youth with Disabilities: Findings from the National Longitudinal Transition Study. *Exceptional Children, 62*, 399–413.

Brown v. *Board of Education of Topeka*. (1954). 347 U.S. 483.

Bushell, D., Jr., & Baer, D. M. (1994). Measurably Superior Instruction Means Close, Continual Contact with the Relevant Outcome Data. Revolutionary! In R. Gardner III, D. M. Sainato, J. O. Cooper, T. E. Heron, W. L. Heward, J. Eshleman, & T. A. Grossi (Eds.), *Behavior Analysis in Education: Focus on Measurably Superior Instruction* (pp. 3–10). Pacific Grove, CA: Brooks/Cole.

Carnine, D. (1997). Bridging the Research to Practice Gap. *Exceptional Children, 63*, 513–521.

Carta, J. J. (2003). Perspectives on Educating Young Children Prenatally Exposed to Illegal Drugs. In W. L. Heward, *Exceptional Children: An Introduction to Special Education* (7th ed., pp. 168–169). Upper Saddle River, NJ: Merrill/Prentice-Hall.

Chinn, P. C., & Hughes, S. (1987). Representation of Minority Students in Special Education Classes. *Remedial and Special Education, 8*, 41–46.

Correa, V. I., & Heward, W. L. (2000). Special Education in a Culturally Diverse Society. In W. L. Heward, *Exceptional Children: An Introduction to Special Education* (6th ed., pp. 82–114). Upper Saddle River, NJ: Merrill/Prentice-Hall.

Danforth, S. (1995). Toward a Critical Theory Approach to Lives Considered Emotionally Disturbed. *Behavioral Disorders, 20*(2), 136–143.

Danforth, S., & Rhodes, W. C. (1997). On What Basis Hope? Modern Progress and Postmodern Possibilities. *Remedial and Special Education, 18,* 357–366.

Daugherty, D. (2001). IDEA '97 and Disproportionate Placement. Retrieved June, 20, 2003, from http://www.naspcenter.org/teachers/IDEA_disp.html.

Elkind, D. (1998). Behavior Disorders: A Postmodern Perspective. *Behavioral Disorders, 23,* 153–159.

Fisher, D., & Ryndak, D. L. (Eds.). (2001). *The Foundations of Inclusive Education: A Compendium of Articles on Effective Strategies to Achieve Inclusive Education.* Baltimore: Association for Persons with Severe Handicaps.

Ford, D. Y. (1998). The Underrepresentation of Minority Students in Gifted Education: Problems and Promises in Recruitment and Retention. *Journal of Special Education, 32,* 4–14.

Fuchs, D., & Fuchs, L. S. (1994). Inclusive Schools Movement and the Radicalization of Special Education Reform. *Exceptional Children, 60,* 294–309.

Fuchs, D., & Fuchs, L. S. (1995a). What's "Special" about Special Education? *Phi Delta Kappan, 76*(7), 531–540.

Fuchs, D., & Fuchs, L. S. (1995b). Sometimes Separate Is Better. *Educational Leadership, 52*(4), 22–25.

Fuchs, D., & Fuchs, L. S. (2003). Inclusion versus Full Inclusion. In W. L. Heward, *Exceptional Children: An Introduction to Special Education* (7th ed., pp. 80–81). Upper Saddle River, NJ: Merrill/Prentice-Hall.

Gallagher, J. J. (1984). The Evolution of Special Education Concepts. In B. Blatt & R. J. Morris (Eds.), *Perspectives in Special Education: Personal Orientations* (pp. 210–232). Glenview, IL: Scott, Foresman.

Gersten, R. (1998). Recent Advances in Instructional Research for Students with Learning Disabilities: An Overview. *Learning Disabilities Research and Practice, 13,* 162–170.

Gersten, R. (2001). Sorting Out the Roles of Research in the Improvement of Practice. *Learning Disabilities Research and Practice, 16,* 45–50.

Gersten, R., & Baker, S. (2000). What We Know about Effective Instructional Practices for English-Language Learners. *Exceptional Children, 66,* 454–470.

Giangreco, M. F. (2003). Moving toward Inclusion. In W. L. Heward, *Exceptional Children: An Introduction to Special Education* (7th ed., pp. 78–79). Upper Saddle River, NJ: Merrill/Prentice Hall.

Giangreco, M. F., Cloninger, C., Dennis, R., & Edelman, S. (2000). Problem-Solving Methods to Facilitate Inclusive Education. In J. S. Thousand, R. A. Villa, & A. I. Nevin (Eds.), *Restructuring for Caring and Effective Education: Piecing the Puzzle Together* (2nd ed., pp. 293–327). Baltimore: Brookes.

Giangreco, M. F., Cloninger, C. J., & Iverson, V. S. (1998). *Choosing Options and Accommodations for Children: A Guide to Educational Planning for Students with Disabilities* (2nd ed.). Baltimore: Brookes.

Gibb, G. S., & Dyches, T. T. (2000). *Guide to Writing Quality Individualized Education Programs.* Boston: Allyn & Bacon.

Gollnick, D. M., & Chinn, P. G. (2002). *Multicultural Education in a Pluralistic Society* (6th ed.). Upper Saddle River, NJ: Merrill/Prentice-Hall.

Goodman, L. V. (1976). A Bill of Rights for the Handicapped. *American Education, 12*(6), 6–8.

Greenwood, C. R., & Maheady, L. (1997). Measurable Change in Student Performance: Forgotten Standard in Teacher Preparation? *Teacher Education and Special Education, 20,* 265–275.

Grigal, M., Test, D. W., Beattie, J., & Wood, W. (1997). An Evaluation of Transition Components of Individualized Education Programs. *Exceptional Children, 63,* 357–372.

Grossen, B. (1997). *Thirty Years of Research: What We Now Know about How Children Learn to Read: A Synthesis of Research on Reading from the National Institute of Child Health and Human Development.* Santa Cruz, CA: Center for the Future of Teaching and Learning.

Guralnick, M. J. (1997). *The Effectiveness of Early Intervention.* Baltimore: Brookes.

Harry, B., Rueda, R., & Kalyanpur, M. (1999). Cultural Reciprocity in Sociocultural Perspective: Adapting the Normalization Principle for Family Collaboration. *Exceptional Children, 66,* 123–136.

Heron, T. E., & Harris, K. C. (2001). *The Educational Consultant: Helping Professionals, Parents, and Mainstreamed Students* (4th ed.). Austin, TX: PRO-ED.

Heward, W. L. (2003a). *Exceptional Children: An Introduction to Special Education* (7th ed.). Upper Saddle River, NJ: Merrill/Prentice-Hall.

Heward, W. L. (2003b). Ten Faulty Notions about Teaching and Learning That Hinder the Effectiveness of Special Education. *Journal of Special Education, 36*(4), 186–205.

Heward, W. L., & Dardig, J. C. (2001, Spring). What Matters Most in Special Education. *Education Connection,* pp. 41–44.

Heward, W. L., & Silvestri, S. M. (in press). The Neutralization of Special Education. In J. W. Jacobson, J. A. Mulick, & R. M. Foxx, (Eds.). *Fads: Dubious and Improbable Treatments for Developmental Disabilities.* Hillsdale, NJ: Erlbaum.

Hill, J. L. (1999). *Meeting the Needs of Students with Special Physical and Health Care Needs.* Upper Saddle River, NJ: Merrill/Prentice-Hall.

Hock, M. F., Schumaker, J. B., & Deshler, D. D. (1999). Closing the Gap to Success in Secondary Schools: A Model for Cognitive Apprenticeship. In D. D. Deshler, J. B. Schumaker, K. R. Harris, & S. Graham (Eds.), *Teaching Every Adolescent Every Day: Learning in Diverse Middle and High School Classrooms* (pp. 1–51). Cambridge, MA: Brookline Books.

Howard, V. F., Williams, B. F., & McLaughlin, T. F. (1994). Children Prenatally Exposed to Alcohol and Cocaine: Behavioral Solutions. In R. Gardner III, D. M. Sainato, J. O. Cooper, T. E. Heron, W. L. Heward, J. Eshleman, & T. A. Grossi (Eds.), *Behavior Analysis in Education: Focus on Measurably Superior Instruction* (pp. 131–146). Pacific Grove, CA: Brooks/Cole.

Huebner, T. A. (1994). Understanding Multiculturalism. *Journal of Teacher Education, 45*(5), 375–377.

Kauffman, J. M. (1999). How We Prevent the Prevention of Emotional and Behavioral Disorders. *Exceptional Children, 65,* 448–468.

Kauffman, J. M. (2001). *Characteristics of Emotional and Behavioral Disorders of Children and Youth* (7th ed.). Upper Saddle River, NJ: Merrill/Prentice-Hall.

Kauffman, J. M., & Hallahan, D. K. (1994). *The Illusion of Full Inclusion: A Comprehensive Critique of a Current Special Education Bandwagon.* Austin, TX: PRO-ED.

Kauffman, J. M., Hallahan, D. P., & Ford, D. Y. (Guest Eds.). (1998). Special section: Disproportionate Representation of Minority Students in Special Education. *Journal of Special Education, 32,* 3–54.

Knoll, J. A., & Wheeler, C. B. (2001). My Home: Developing Skills and Supports for Adult Living. In R. W. Flexer, T. J. Simmons, P. Luft, & R. M. Baer (Eds.), *Transition Planning for Secondary Students with Disabilities* (pp. 499–539). Upper Saddle River, NJ: Merrill/Prentice-Hall.

Kochar, C. A., West, L. L., & Taymans, J. M. (2000). *Successful Inclusion: Practical Strategies for a Shared Responsibility.* Upper Saddle River, NJ: Merrill/Prentice-Hall.

Langdon, H. W., Novak, J. M., & Quintanar, R. S. (2000). Setting the Teaching–Learning Wheel in Motion in Assessing Language Minority Students. *Multicultural Perspectives, 2*(2), 3–9.

410

Lignugaris/Kraft, B., Marchand-Martella, N., & Martella, R. C. (2001). Writing Better Goals and Short-Term Objectives or Benchmarks. *Teaching Exceptional Children, 34*(1), 52–58.

Lovitt, T. C. (2000). *Preventing School Failure: Tactics for Teaching Adolescents* (2nd ed.). Austin, TX: PRO-ED.

Luckasson, R., & Reeve, A. (2001). Naming, Defining, and Classifying in Mental Retardation. *Mental Retardation, 39*, 47–52.

MacMillan, D. L., Gresham, F. M., Bocian, K. M., & Lambros, K. M. (1998). Current Plight of Borderline Students: Where Do They Belong? *Education and Training in Mental Retardation and Developmental Disabilities, 33*, 83–94.

MacMillan, D. L., & Reschly, D. J. (1998). Overrepresentation of Minority Students: The Case for Greater Specificity or Reconsideration of the Variables Examined. *Journal of Special Education, 32*, 15–24.

Martin, J. E., Hughes, W., Huber Marshall, L., Jerman, P., & Maxson, L. L. (1999). *Choosing Personal Goals.* Longmont, CO: Sopris West.

Menlove, R. R., Hudson, P. J., & Suter, D. (2001). A Field of IEP Dreams: Increasing General Education Teacher Participation in the IEP Development Process. *Teaching Exceptional Children, 33*(5), 28–33.

Mercer, C. D. (2001). *Students with Learning Disabilities* (6th ed.). Upper Saddle River, NJ: Merrill/Prentice-Hall.

Moores, D. F. (2001). *Educating the Deaf: Psychology, Principles, and Practices* (5th ed.). Boston: Houghton Mifflin.

Nieto, S. (2000). *Affirming Diversity: The Sociopolitical Context of Multicultural Education* (3rd ed.). New York: Longman.

O'Neil, J. (1995). Can Inclusion Work? A Conversation with Jim Kauffman and Mara Sapon-Sevin. *Educational Leadership, 52*(4), 7–11.

Ortiz, A. (1997). Learning Disabilities Occurring Concomitantly with Linguistic Differences. *Journal of Learning Disabilities, 30*, 321–333.

Ortiz, A. A., & Wilkinson, C. Y. (1991). Assessment and Intervention Model for the Bilingual Exceptional Student (AIM for the BEST). *Teacher Education and Special Education, 14*, 35–42.

Oswald, D. P., & Coutinho, M. J. (2001). Trends in Disproportionate Representation: Implications for Multicultural Education. In C. Utley & F. Obiakor (Eds.), *Special Education, Multicultural Education, and School Reform: Components of Quality Education for Learners with Mild Disabilities* (pp. 53–73). Springfield, IL: Thomas.

Patton, J. M. (1998). The Disproportionate Representation of African Americans in Special Education: Looking behind the Curtain for Understanding and Solutions. *The Journal of Special Education, 32*, 25–31.

Patton, J. R., Cronin, M. E., & Jairrels, V. (1997). Curricular Implications of Transition: Life-Skills Instruction as an Integral Part of Transition Education. *Remedial and Special Education, 18*, 294–306.

Pavri, S. (2001). Developmental Delay or Cultural Differences? Developing Effective Child Find Practices for Young Children from Culturally and Linguistically Diverse Families. *Young Exceptional Children, 4*, 2–9.

Pennsylvania Association for Retarded Children v. *Commonwealth of Pennsylvania.* (1972). 343 F., Supp. 279.

Peters, M. T. (2003). Someone's Missing: The Student as an Overlooked Participant in the IEP Process. In W. L. Heward, *Exceptional Children: An Introduction to Special Education* (6th ed., pp. 64–65). Upper Saddle River, NJ: Merrill/Prentice-Hall.

Public Law 94–142: The Education of All Handicapped Children Act. (1975). Section 612(5)B.

Reschly, D. J. (1996). Identification and Assessment of Students with Disabilities. *Future of Children, 6*(1), 40–53.

Reynolds, M. C. (1989). An Historical Perspective: The Delivery of Special Education to Mildly Disabled and At-Risk Students. *Remedial and Special Education, 10*, 6–11.

Robins, K. N., Lindsey, R. B., Lindsey, D. B., & Terrell, R. D. (2002). *Culturally Proficient Instruction: A Guide for People Who Teach*. Thousand Oaks, CA: Corwin.

Salend, S. J. (2001). *Creating Inclusive Classrooms: Effective and Reflective Practices* (4th ed.). Upper Saddle River, NJ: Merrill/Prentice-Hall.

Sandall, S., McLean, M. E., & Smith, B. J. (Eds.). (2000). *DEC Recommended Practices in Early Intervention/Early Childhood Special Education*. Reston, VA: Council for Exceptional Children, Division for Early Childhood.

Sandall, S., Schwartz, I., & Joseph, G. (2000). A Building Blocks Model for Effective Instruction in Inclusive Early Childhood Settings. *Young Exceptional Children, 4*(3), 3–9.

Sasso, G. (2001). The Retreat from Inquiry and Knowledge in Special Education. *The Journal of Special Education, 34*, 178–193.

Scheuermann, B., & Webber, J. (2002). *Autism: Teaching Does Make a Difference*. Belmont, CA: Wadsworth.

Schwartz, I. (2000). Standing on the Shoulders of Giants: Looking Ahead to Facilitating Membership and Relationships for Children with Disabilities. *Topics in Early Childhood Special Education, 20*, 123–128.

Shames, G. H., & Anderson, N. B. (2002). *Human Communication Disorders: An Introduction* (6th ed.). Boston: Allyn & Bacon.

Shanker, A. (1995). Full Inclusion Is Neither Free Nor Appropriate. *Educational Leadership, 52*(4), 18–21.

Shonkoff, J. P., & Meisels, S. J. (Eds.). (2000). *Handbook of Early Childhood Intervention* (2nd ed.). New York: Cambridge University Press.

Sitlington, P. L., Clark, G. M., & Kolstoe, O. P. (2000). *Comprehensive Transition Education and Services for Adolescents with Disabilities* (3rd ed.). Needham Heights, MA: Allyn & Bacon.

Sitlington, P. L., Frank, A. R., & Carson, R. (1993). Adult Adjustment among High School Graduates with Mild Disabilities. *Exceptional Children, 59*, 221–233.

Smith, J. D., & Hilton, A. (1997). The Preparation and Training of the Educational Community for the Inclusion of Students with Developmental Disabilities: The MRDD Position. *Education and Training of Mental Retardation and Developmental Disabilities, 32*, 3–10.

Smith, P. (1999). Drawing New Maps: A Radical Cartography of Developmental Disabilities. *Review of Educational Research, 69*, 117–144.

Smith, S. W. (1990). Individualized Education Programs (IEPs) in Special Education: From Intent to Acquiescence. *Exceptional Children, 57*, 6–14.

Smith, S. W., & Brownell, M. T. (1995). Individualized Education Programs: From Intent to Acquiescence. *Focus on Exceptional Children, 28*(1), 1–12.

Snell, M. E., & Brown, F. (Eds.). (2000). *Instruction of Students with Severe Disabilities* (5th ed.). Upper Saddle River, NJ: Merrill/Prentice-Hall.

Snell, M. E., & Janney, R. E. (2000). *Practices for Inclusive Schools: Collaborative Teaming*. Baltimore: Brookes.

Spear-Swerling, L., & Sternberg, R. J. (2001). What Science Offers Teachers of Reading. *Learning Disabilities Research and Practice, 16*, 51–57.

Stainback, S., & Stainback, W. (Eds.). (1991). *Teaching in the Inclusive Classroom: Curriculum Design, Adaptation, and Delivery*. Baltimore: Brookes.

Stainback, S., & Stainback, W. (Eds.). (1996). *Inclusion: A Guide for Educators* (2nd ed.). Baltimore: Brookes.

Stowell, L. J., & Terry, C. (1977). Mainstreaming: Present Shock. *Illinois Libraries, 59*, 475–477.

Sugai, G. (1998). Postmodernism and Emotional and Behavioral Disorders: Distraction or Advancement. *Behavioral Disorders, 23,* 171–177.

Taylor, S. J. (1988). Caught in the Continuum: A Critical Analysis of the Principle of Least Restrictive Environment. *The Journal of the Association for Persons with Severe Handicaps, 13,* 41–53.

Taylor, S. J. (1995). On Rhetoric: A Response to Fuchs and Fuchs. *Exceptional Children, 61,* 301–302.

Thomas, C., Correa, V., & Morsink, C. (2001). *Interactive Teaming: Enhancing Programs for Students with Special Needs* (3rd ed.). Upper Saddle River, NJ: Merrill/Prentice-Hall.

Turnbull, A. P., & Turnbull, H. R. (2001). *Families, Professionals, and Exceptionality: A Special Partnership* (4th ed.). New York: Macmillan.

Turnbull, H. R., & Turnbull, A. P. (2001). *Free Appropriate Public Education: The Law and Children with Disabilities* (6th ed.). Denver, CO: Love.

Turnbull, R., & Cilley, M. (1999). *Explanations and Implications of the 1997 Amendments to IDEA.* Upper Saddle River, NJ: Merrill/Prentice-Hall.

Tymchuk, A. J., Lakin, K. C., & Luckasson, R. (2001). *The Forgotten Generation: The Status and Challenges of Adults with Mild Cognitive Limitations.* Baltimore: Brookes.

U.S. Department of Education. (2000). *Twenty-second Annual Report to Congress on the Implementation of the Individuals with Disabilities Education Act.* Washington, DC: U.S. Government Printing Office.

U.S. Department of Education. (2003). *Twenty-fifth Annual Report to Congress on the Implementation of the Individuals with Disabilities Education Act.* Washington, DC: U.S. Government Printing Office.

Utley, C. A., & Obiakor, F. E. (2001). Learning Problems or Learning Disabilities of Multicultural Learners: Contemporary Perspectives. In C. Utley & F. Obiakor (Eds.), *Special Education, Multicultural Education, and School Reform: Components of Quality Education for Learners with Mild Disabilities* (pp. 90–117). Springfield, IL: Thomas.

Vaughn, S., Gersten, R. L., & Chard, D. J. (2000). The Underlying Message in LD Intervention Research: Findings from Research Syntheses. *Exceptional Children, 67,* 99–114.

Venn, J. J. (2000). *Assessing Students with Special Needs* (2nd ed.). Upper Saddle River, NJ: Merrill/Prentice-Hall.

Wehman, P. (1998). *Developing Transition Plans.* Austin, TX: PRO-ED.

Wood, J. W. (2002). *Adapting Instruction to Accommodate Students in Inclusive Settings* (4th ed.). Upper Saddle River, NJ: Merrill/Prentice-Hall.

Yell, M. L. (1995). Least Restrictive Environment, Inclusion, and Students with Disabilities: A Legal Analysis. *Journal of Special Education, 28,* 389–404.

Yell, M. L. (1998). *The Law and Special Education.* Upper Saddle River, NJ: Merrill/Prentice-Hall.

第十三章 身心障礙學生的教育機會均等

學校融合與多元文化上的特殊教育議題

Luanna H. Meyer, Jill Bevan-Brown, Beth Harry & Mara Sapon-Shevin　著

王派仁　譯

　　在公法94-142於1975年國會通過之前,如果身心障礙學生不能在學業表現上達到同儕年齡的水準,將被完全排除在公立學校系統之外。如果他們就讀公立學校,學校沒有義務採用符合他們教育需要的課程與教學,不過,他們終究也能具有優異成人角色的資格而畢業。

　　如此情況,則因著名的身心障礙個人教育法案(IDEA)而徹底改變情況:身心障礙個人教育法案要求所有的學生,不論其身心障礙的嚴重性或程度,都應被提供一個自由而適當的教育。不同的合法訴訟程序保護也被涵蓋到此一法律中,以確保學校不只不可以拒絕提供就學機會,同時也必須修改課程,以適應不同學生的需求,而且沒有例外。

　　在特殊教育整個歷史中,表明了對公平教育機會的提供,並達到個別學生需求。特殊教育也和一般教育內的運動互相貫穿,例如多元文化教育——聚焦於教學改革以達到滿足現今學校中多樣性的學生人口。特殊教育與普通教育間有複雜關係,此一複雜關係能夠提供檢驗公立教育系統,正傳承其對教育機會均等公平性的程度。

　　本章凸顯了此一關係,且挑戰讀者去承認與促進,包括不會在此一基本責任妥協的多元文化教育與特殊教育的未來發展。我們相信多元文化教育與特殊教育的領域會被概念化而區分了。原本在特殊教育服務結構中愈來愈被覺知的不公平待遇,正對此兩領域的交流做出呼籲。三個主要的期刊——《教師教育與特殊教育》(*Teacher Education and Special Education*)(Tyler & Smith, 2000)、《嚴重身障人員協會期刊》(*The Journal of the Association for Persons with Severe Handicaps*)(Park & Lian, 2001),以及《治療與特殊教育》(*Remedial and Special Education*)(Torres-Velasquez, 2000),最近發行了有關此議題的特別專輯,聚焦於

「倫理、權利、優勢」，以及特殊教育中的社會文化觀點中理論或經驗的部分。正如同Patton 和Townsend（1999）所說的，現在是特殊教育關鍵分析的成熟時機，並且是從「介於學生和／或家庭中的研究，轉變為導致非裔美人學習者非倫理結果的教育過程與結構的批判」（p. 284）。

特殊教育授權教導所有的兒童

特殊教育已經逐漸占據了「許多當代教育論辯的制高點」，而且位處於「教育革新與司法改革的最前線」（Richardson, 1994, p. 713）。隨著國家立法的通過，特殊教育起而去挑戰，導致重大教育成就，甚至是那些曾經被貼上「不可教」的學生的多樣教學策略（Horner, Meyer, & Fredericks, 1986）。再者，此一在公立教育的有效專門化服務的進化，出現在一般教育持續對於多數的部分維持相同性——「放諸四海皆準」的途徑——迷思的時機。特殊教育變成改革者，他們樂意去滿足教育孩子成為是他們自己的複雜性，而不是他們被預期應該成為的人，這是特殊教育歷史的普遍與理想性的詮釋。

特殊教育變成與主流隔離

另外的觀點則是Richardson（1994）提出，描述義務教育在連結兒童三個世界——典型的、行為偏差與特殊的結果。由於義務教育法令，過去被排除或志願不想上學的學生，現在開始得上學。在國家立法通過之前是早期特殊教育運動的領導者Richardson從加州的資料中指出，能夠對一般教育中所要求的出席率的必要條件狀況做很好的說明，1947年，一個自1883年就作為墨裔美人在學校被隔離的依據而被攻擊的「種族分離條款」，還是保持未被攻擊。但是加州法庭裁定因為墨裔美人並不是「偉大人種」之一，所以他們不能被隔離。Richardson主張此一判決成為隔離設置基礎的動力，在加州的特殊教育班級學生被診斷為可教育的心智障礙者（EMR）。同時，因為義務教育出席率的必要條件（Divergent Youth, 1963；Richardson, 1994），而使得學校對那些行為偏差學生長期中止上學的運用有急遽的增加。特殊教育最初作為提供方案給心智障礙學生的功

能，也涵蓋了新的行為種類——教育上的障礙者——那些原本排除在學校外的兒童則快速成長。

特殊教育在此早期時，是被視為特殊班級的同義詞，而後者較類似於現在許多兒童的安置，而這些兒童之前是被排除於學校外。因此Richardson（1994）認為，特殊教育的出現主要不是達到個別需求，相反地是提供一種機制，持續將一些學生送到非主流學校以外。Dunn（1968）在他一份具有影響力的文章——〈提供給輕度智能不足的特殊教育：它大都是公平的嗎？〉（Spencial Education for the Mildly Retarded: Is Much of It Justifiable?），也主張相同的觀點。他凸顯了在隔離的特殊教育班級中，有色人種學生不符比例的過多人數，並且指出在1950年代到1960年代此一隔離方案的增加。正如同*Brown v. Board of Education*以另類方式挑戰種族隔離。Dunn也呈現了特殊教育班級不是如此特殊的證據：在隔離方案的孩子並不比留在一般教育中、且無特教服務的孩子，在學業表現上好到哪裡去。Dunn指出，特殊教育只是用來成就社會可接受的種族隔離。他嚴厲的批判，在後來的數年中引起廣泛的討論，且持續伴隨著有色人種學生不符比例的過多數量出現在特殊教育方案。

Mercer（1973）研究此一現象並且提出所謂「六小時智能不足兒童」，這是用來諷刺那些在學校被診斷為EMR，但是在校外與他們的社區中卻表現良好的兒童。他主張包括了學校結構以及用來鑑別新制遲緩的診斷措施性質，都是偏愛盎格魯兒童，而不利於有色人種兒童。因此，在運用這些測驗來診斷盎格魯兒童為EMR時會偏向保守，因此會導致對於那些需要特殊教育兒童的更精準的辨認。相反地，大多數經由現在測驗而被貼上EMR的兒童，根本不是智能不足兒童，但卻被貼上不應該的標籤。為了修正此一情況，Mercer（1979）發展一套稱之為「多元文化評估系統」（System of Multicultural Assessment, SOMMA），而這也變成一套去文化的認知評估。他的先驅工作也成為在設計特定程序性保障融入身心障礙個人教育法案的工具，其主要是提供了必需的非歧視性評估，以及兼具包含智能與適應行為評鑑以及創設一項合乎特殊教育的服務。當然，一項作為診斷輕度智能不足的困境仍然存在，而且同時也屬於一個議題類別，像是學習障礙（learning disabilites）與情緒困擾：有一種「軟性的」智能不足，起因於診斷主要是由被現存教室生態所影響的專業判斷（Adelman & Taylor, 1993）。

特殊教育成為種族歧視

對於「可教育的心智障礙者」在觀念與實施上的攻擊變得更加顯著，也產生了診斷形式的轉變。在1970與1980年代被貼上EMR（最近幾年是指輕度心智障礙）標籤的學生數急遽減少，然而被貼上學習障礙（learning disabled, LD）或教育性障礙（educationally handicapped, EH）則相對地急遽增加。而全國性來看，EH類別成為一種「嚴重情緒困擾」（Serious emotional disturbance, SED），而且成為一種鑑別類型與指稱是有問題的（Webb-Johnson, 1999）。G. Smith（1983）注意到非裔美人持續在美國一些地方，EMR班級有較高比例；而那些EMR類別減少的地方，則被貼上LD，比例也相對應增加。逐漸地，有色人種學生於EMR班級人數較高，和LD與EH／SED方案有類似的情況（Argulewicz, 1983; Finn, 1982; MacMillan, Jones, & Meyers, 1976; Oswald, Coutinho, Best, & Singh, 1999; Tucker, 1980）。Meier、Stewart 和England（1989）最近在兩百所學校進行的大規模研究，以檢驗社經地位與種族的教育機會。他們發現了「第二代歧視」的大規模證據，這包含導致非裔美人學生在特殊教育班級，以及懲罰與中輟的統計數字的較高人數。相反地，「白人學生被診斷為資優的機會是非裔美人學生的3.2倍」（Meier et al., 1989, p. 5），Gottlieb、Alter、Gottlieb和Wishner（1994）在他們的紐約市參考型態中發現，在1992年的樣本中，只有15％的學生，確實符合此一診斷智能不足的規準，而大多數的兒童是低成就與在認知測驗上低分的貧窮兒童。他們認為，這些發生的事不過是特殊教育被要求去接受「正規教育的餘波」（p. 458），他們接著補充「現在城市的教育現況，關於其需求是可怕的拮据，僅有稀少的機會提供學生獲得特殊教育以外的有效資源」（p. 459）。

Oswald和他的同事（1999）在1992年秋天，分析將近四千五百個美國學區承諾民權運動的資料。他們發現非裔美人學生和其他非非裔美人比較起來，被診斷為EMR的可能是兩倍，而被診斷為SED的可能是非常接近。作者認為這些議題被國家的兩種身心障礙類別的低標鑑別更複雜化。然而，他們分析的主要目的是，去控制貧窮的效果與其他人口變項，而這些也是被熟知為和彰顯特殊教育真正需要的輕度發展遲緩，與情緒及行為問題有關——可能也是合法的。族群的弱勢狀況被認為與美國的貧窮更有

關。明白了弱勢族群在特殊教育統計數字上的過高比例，可能會真正地成為貧窮影響的作用，進而形成一套介入運用。然而，Oswald和他的同事發現，即使人口變項的影響被列入考慮，特殊教育的安置上，族群還是具有重要的影響。

然而，要為造成弱勢族群在特殊教育統計數字上的過高比例負責的，可能是歧視性的措施，而貧窮的潛在效果也不能被忽略（Donovan & Cross, 2002; Fujiura & Yamaki, 2000）。國家科學研究院已經表示在這事件上包含了學校和社區的環境（Donovan & Cross, 2002）。對於那些生活在貧窮中弱勢兒童的健康與發展，其定性環境影響資料是嚴肅的，而我們詮釋這些成為美國社會中結構性歧視的進一步例子。

即使在控制人口變項的效果之後，族群弱勢團體在特殊教育的不成比例人數的資料，需要我們再修改與改革歧視性的教育措施。由於在美國教育系統中有為數眾多的教師與行政人員是白人，廣大弱勢族群兒童遠離主流的參考數據（不管是進入特殊教育或因中輟被排除），都意味著對所謂教育機會均等的挑戰。

排除教育措施的種族偏見

Oswald和他的同事（1999）結論為「進一步的工作是決定其他因素的衝擊，被保證不包含在這些模式中，像是教育者在轉介前、轉介、評估或是認定的過程中，誤認為文化的差異成為認知或行為的障礙」（p. 203）。Patton（1998）相信，一般的與特殊教育基本的學校結構，代表的是優勢的盎格魯歐洲文化，如此一來，我們的知識基礎與教育措施，難免貶抑非裔美人在所有層面的貢獻。他挑戰運用性質不同的知識產生途徑的研究社群，而這途徑是「文化與異文化間認可的」（p. 27）。在紐西蘭的Aotearoa，毛利人（Maori）在學校與社會的地位也引起同樣的關心。這是一個正式致力於毛利—盎格魯雙文化主義的國家，但是卻也反應了先天優勢的盎格魯文化基礎結構。為原住民去對抗傳統研究方法論的文化特定研究呼籲，被視為是對非歐裔團體的非賦權化，而是聚焦於去殖民方法論與毛利知識的確認（Smith, 1999）。在紐西蘭毛利兒童的教育，包含強調從早期到大學階段中毛利學校的融入，在一些教育單位與機關中只能說Te Reo毛利語。大學教育全程使用原住民語言，而且是植基在毛利原住民知

識，而不是將西方知識轉譯成Te Reo毛利語。

Artiles（1998）除了定位某一文化內的能力，並且強調，我們必須深化我們對於教師如何面對教室中的多樣性。當代關於多元文化教育的作品，不是主要固守對於種族歧視的修補，以及在學校中採用不具偏見的教育措施，現今的多元文化教育理論和措施，凸顯了文化脈絡的教學，而且規劃了一個文化多樣性學習者，將能發現重視與發展個別行為模式，與實施文化特定知識基礎教育的教室或學校（Banks & Banks, 2001）。

因此，Cronin（1998）、Townsend（1998）和Webb-Johnson（1999）運用師生間在文化所有部分的衝突檢驗與介入的研究，以解決今天教室中非裔美人與其他種族多樣性學生的地位，乃重要的一步。如果其結果是希望教育系統不再是被制度化的宰制性西方文化結構、價值與措施所歧視，那麼一個更基本的改革便是職前教師教育階段是必須的。由Artiles和Trent與其同事們所做的研究，檢驗了學習在文化多樣性學校教學的過程（Artiles & McClafferty, 1998; Artiles & Trent, 1994, 1997; Trent, Artiles, & Englert, 1998）。他們的方法是依賴資料，其策略最終都是藉由與成果有關的證據而更靈通，而不是根據教師需要知道該怎麼做的專業意見。

Bevan-Brown（1998a, 1999）的文化審核過程（Cultural Audit Process）被設計給在紐西蘭的Aotearoa教師使用，以確保其教學實施對毛利學生是文化適當的。Bevan-Brown把其*文化適當*的定義，植基在傳統與應得的權利〔例如：毛利人和英國簽的Waitangi條約〕，構成了合作夥伴的規準、參與、主動保護、賦權和自決（tino rangatiratanga，毛利語）、平等和機會以及融合。在學校中所提供的方案與服務的不同內涵，被認為是違反了這些規準，教育者被要求去描述特定的行動，以達成在此架構上的交叉點。經由統計個別教師反應，與組織所有學校內教師、教師助理與校長的協同計畫，一個毛利的文化輸入行動計畫可以為全校發展，包含對目標的詳述、達成目標的計畫性策略，以及誰負責與什麼目標日期的設計。藉由包括以教師與學校為分析單位的持續研究，提供評鑑此一保護計畫的基礎。

植基於這些原則，Bevan-Brown（2001）發展了作為特殊教育族群適當性評鑑與研究的通用性檢核表（詳見表14.1），提供給來自優勢專業文化的教育者作為關於來自不同文化的學習者的評估、評鑑和／或研究。了

解優勢學生與其家庭和弱勢學生的差異性，以及優勢的教育者、行政者與研究者在文化與語言認同差異的可能性（Tyler & Smith, 2000），比較能促進文化適當系統性的教育思考與行動（Trent, Artiles, Fitchett-Bazemore, McDaniel, & Coleman-Sorrell, 2002）。

表14.1　特殊教育族群適當性評鑑與研究的檢核表

正確的對象

- 訪談者是否與被訪談者或接受特殊教育者來自同一個族群？
- 如果不是，訪談者是否具有訪談不同文化者所須具備的跨文化能力，並且能夠確實詮釋所得到的訊息？
- 訪談者是否與被訪談者有合適的相互對應（例如相同的性別、相似的年齡與社經地位）？
- 訪談者被僱用所屬的族群團體——吸收成員的方法具有文化的適當性嗎？訪問者是否獲得適當的訓練？對於訪談者是否有參與賦權的經驗？

問正確的問題

- 有特殊需要的族群團體是否被融入評鑑／研究中？
- 不同的文化觀念、信仰、價值、態度、規範、經驗、技能、知識和實施被考慮進去了嗎？
- 文化適當性和相關的標準與作為，被用來評鑑特殊教育服務嗎？
- 不同的語言形式、認知結構與方言被考慮進去了嗎？
- 評鑑／研究是否對有關的族群是重要的、有意義的、賦權的與有利的？
- 是否服務掃供者和族群團體在形成評鑑／研究問題時都被涵蓋到？

屬於正確對象的

- 評鑑／研究是否包含寬廣的、深度的諮詢？
- 在選擇適當的受訪者時，相關的族群團體是否被徵詢？

用正確的方式

- 文化適當性實務和規則是否被融入評鑑／研究的過程中？
- 是否有獲得來自於有關團體或代表，對於評鑑／研究的贊成與支持？
- 是否運用文化適當性的工具，而且在展開訪談前允許有充足的時間去建立關係？

- 是否運用文化適當性的設計與方法？
- 是否提供受訪者可以選擇邀請其家人或同事在訪談情境中支持他們？
- 訪談者是否採用被訪談者的第一語言進行訪談？
- 詮釋者用在什麼地方？這個人是否恰當？自信心與隱私的部分是否被提供？
- 是否避免使用術語？
- 當評鑑／研究完成，是否運用適當的工具和被訪談者與有關的族群團體分享發現？

在正確的地點與時間

- 訪談是否在被訪談者認為既方便又舒服的地方？
- 訪談地點能提供隱私嗎？
- 訪談時間適合被訪談者嗎？

資料來源：Bevan-Brown, J. (2001). Evaluating Special Educacion Services for Learners from Ethnically Diverse Groups: Getting It Right. The Journal of the Association for Persons with Severe Handicaps, *26*, 138-147. Reprinted with Permission of the author.

父母親參與及多元文化特殊教育

父母親參與的重要性不僅是針對特殊教育而已，但是，父母親參與對於那些身心障礙的兒童而言特別重要，這是基於以下兩項理由。首先是身心障礙的兒童，因為他們的表現與行為很容易經由不當和不正確的評估而受到傷害；具有語言或認知障礙的學生，可能無法向其父母報告遭遇到輕忽的與辱罵的事情。父母親的加入，不僅確保對學生的專業理解，而且在保護學生上都是基本的。其次，具有重大身心障礙的學生，在傳統上總是被排除在那些需要更多詳盡學生權利的學校之外的歷史事實，因此需要父母能確保有充分的教育服務給這樣的孩子的權利。

因為有色人種的小孩在特殊教育服務上的較高比例，再加上這些家庭有身心障礙兒童，負面衝擊可能變得更加嚴重（Park, Turnbull, & Turnbull, 2002）。父母親的參與具有保護的作用，以防止來自強勢文化專業的文化行為差異錯誤詮釋。然而，低收入和弱勢團體父母是最不可能參與他們孩子的學校教育（Harry, 1992）。

在此段中分析父母親參與在特殊教育中扮演的角色。了解了這些父母為什麼很明顯得為特殊教育系統去除其力量，幫助我們去發展替代性的策略，使得家人能為他們的孩子需求做有效的鼓吹。此處討論是聚焦來自於多樣文化家庭，而他們被用來設計成為滿足優勢文化價值的特殊教育結構。

在特殊教育脈絡中父母親參與的結構

身心障礙個人教育法案詳述了一系列關於父母─專業合作關係的必要過程基本條件。而這樣的關係應該被反映在對一個特殊兒童的轉介、評鑑、安置和教學的所有步驟中（Turnbull, & Turnbull, 1997）。特殊教育中的政策制定者、執行者、研究者和理論家，想要以最佳的期望執行一個公平的父母─專業基礎，以達到服務的規定，來滿足兒童個別的需求。不幸的是，特殊教育模式的設計者設置了一個固著於西方歐洲文化價值的文化性偏見結構。許多執行那個模式時發生的困難，是因為那一模式對於多元文化人口並非最適合的。再者，參與的專家團隊最有可能不是白人，就是中產階級背景，而也因此產生了和那些接受特殊教育服務者的不連續性。特殊教育文化的緊張包含以下幾項：

1. 特殊教育對於不當行為和對於成為介入目標者的焦點，不是一項放諸四海皆準的文化。

例如，太平洋國家和美國原住民可能會認為，許多身心障礙個人教育法案的原則或措施在文化上是外來的，包含個別化教育方案與對其個人的焦點，以及在正式專業計畫中結構化他或她的行為與技能。以下對在一所融入的毛利學前學校Kohanga Reo就讀的兒童的父母訪談中，一對父母就提到：

在確認問題後，第一步總是去談論它，你知道的，對毛利人而言，他們總是會先和長輩、他們的家人溝通……他們寧願這樣做，而不是和那些專家坐在辦公室……那是令人害怕的，對於父母親來說，變成這種情況是使人氣餒的。其他的事也是，談論你自己是不適當的，身為毛利人不是你自己的問題。地瓜並不會跑過來談論自己是多

麼地甜……那也就是為什麼我們會和家人討論。（引自Bevan-Brown,
1998b, p. 6）。

2. 對於應有過程的正式指定，是植基於盎格魯法律傳統，因此文字化的允
諾和法定的權利，造成文化多樣性家庭的失去自主性。

　　身心障礙個人教育法案指出了父母親必須答應最初的評鑑；如果他們
不同意評鑑的結果，他們可以找尋獨立的評鑑。父母親也須正式參與年度
個別化教育方案過程，而且必須簽署在個別教育方案會議中為其孩子規劃
的介入計畫。在某種層次上，這些從轉介、安置以及遍及整個特殊教育安
置的父母權利將會受到尊重，在應有的過程中，看起來似乎是合理的。

　　然而，這些正式的法律性的解釋觀念，在多數家庭中的互動模式可說
是大相逕庭。關於這樣的父母會議中顯示，專業人員抱持父母在這樣的會
議中參與的低期望是不尋常的（Turnbull, & Turnbull, 1997）。會議的觀
察也顯示了父母親通常不會被期盼去主動參與，而會議的程序也常常呈現
是一種讓父母親處於對專業意見的被動接收者，和對他們的推薦簽名同意
的結構（Bennett, 1988; Harry, 1992; Mehan, Hartwick, & Meihls, 1986）。
Harry、Allen和McLaughlin（1995）提到一位非裔美人母親的評論：「他
們就是這樣做出來（IEP），如果有疑問，你可以問他們，然後簽名。」
（引自p. 372）

　　毛利父母親會期望帶他們的家人到這樣的會議，而家人可以組成一個
較之專業團隊更大的團體，每一個在家庭中的成員會參與目標的設定，一
項滿足某一孩子需求的介入，也會被視為對整個家庭的一種干擾。在和一
位某個融入的毛利國小的父母的訪談中，一位父母親這樣說：

　　　這是我們為什麼一起來的理由……因為這樣所有引發的議題我們
　　可以一起處理……我們不會只是去注意一個人。這就是家人……我們
　　具有文化的特性，我們具有語言的特性……（我們需要）獲得能注
　　重我們整體性、我們的家人的服務……他們能注意到這些孩子是孤立
　　的。（引自Bevan-Brown, 1998c, pp. 3, 9, 10）

3. 進一步的文化不連續性，是來自於文化的影響是鑲嵌在提供特殊教育的所有面向。更詳細地說，我們在此提出過程的因素，像是溝通類型、目標設定和心理評估。

　　特殊教育中書面溝通與面對面會議的結構，分派給父母被動的角色。除非他們能具有專業的語言、文化與法律技巧，且融入此一過程中；否則許多低收入與勞工階級的父母會對中產階級家長的性質覺得格格不入。

　　Coyne Cutler（1993）自己也身為父母，在其提供給父母的指引中勸告父母去發展不同的技巧，為孩子用以下的方式鼓吹：做有效的電話訪問和寫正式的信函給校長和其他專家，檢視學校紀錄和自己保留紀錄。這些建議活動中的生產性自信與對抗的結構，說明了對低社會地位與教育程度低的父母鼓吹，是有多麼困難，而他們的知識能力或是關於學校與官僚的經驗尚不足以應付這些工作。

　　因為教育團體本身多數是白人或中產階級，而多數身心障礙孩子的父母既不是白人，也不如中產階級穩定。不管是在這兩組事件之內或之外，並沒有管道聽到不運用此語言系統父母的聲音。較之關於特殊教育系統本身無數的結構與過程的障礙，參與的邏輯障礙像是欠缺交通和照顧兒童的需求是很容易克服的。例如，Bennett（1988）運用加勒比海西裔家庭的人種誌資料，來說明學校人員決定在個別化教育方案會議中要說什麼，當然也包含做什麼，而很有效地排除了一個父母對於成為其孩子教育因素的教室氣氛的關心。由Figler（1981）、Harry（1992）與Harry、Allen、McLaughlin（1995）等對波多黎各與非裔美人家庭的研究，提供父母逐漸疏離的鮮明圖像觀點，這些父母在面對法律與正式的診斷架構，被形容成不相容於父母所較熟悉的，且更個別化與低科技性質的文化。這些研究也辨識了一種讓父母為過程的真正反應戴上面具的禮貌性父母行為。

　　優勢文化專業團體也常常假定，促使其介入與目標設定的價值是普世皆認可的。Kalyanpur和Harry（1999）已經主張一般化的原則，然而對於身心障礙的個別化計畫的強有力工具，是在其本身就具有文化的特定性，而且也是那些來自於公平與個別主義，不被高度重視的社會中家庭的不連續性的經常性來源。Geenen、Powers和Lopez-Vasquez（2001）在一個服務提供者與文化語言多樣性傳遞計畫的觀點研究中發現：對「父母參與」不

同的詮釋，服務提供者認為歐裔美人家庭計畫的參與上，高於西裔和非裔美人家庭，然而後兩者覺知他們自己在年幼者轉變為成人是高度參與的，但是他們的家庭與植基社區的焦點，和由服務提供者想像的正式與植基方案目標卻大相逕庭。

關於心理評估，被假定是一實際上總是代表文化特定行為通則的認知過程，已經在診斷過程中成為制度化，正如同一位毛利母親所解釋的：

> 這些巨大障礙之一……是那些被訓練成專家的人們，他們對毛利語一竅不通，不懂毛利學前學校中語言的說法與運用……這些專家將會做這些把戲，且總是問不到問題的重點。我不斷地告訴她，她不知道你在說什麼，她只聽得懂毛利語。我們不會去談論外頭是什麼，我們只談論這裡是什麼……那是語言的文化，語言的結構以及你如何執行它，你說話的方式。毛利人不會問那裡沒有什麼，我們只會問：「在你面前是什麼，你看到什麼，你知道什麼？」他們不會問你不知道的事。這也是我為什麼一直告訴這位專家，而她很年輕，她始終對我置之不理……因為她一直那樣的問問題，而成為文化上的不恰當。

協助父母參與的支持措施

為了確保有色人種家庭成員參與的有效措施，將會需要展開介於父母與專業之間的信任。這樣的策略不只是藉由參加正式會議與那些由專業人員所安排的選定會議上簽名等法律參與框架。更進一步而言，正式會議在哪裡舉行，可能在團體會議的結構與組成，應該轉向包含兒童的家庭成員——只要是有關的家庭成員覺得和教育過程有關，而不能僅限制參加一些選擇性的鼓吹會議。

我們也建議其他家庭與學校間持續溝通，可以變成由教師的協助來執行的重要角色，而這些教師是來自於學校社區，也因此更可能和家人分享文化的共同感（Meyer, Park, Grenot-Scheyer, Schwartz, & Harry, 1998）。同樣地，Evans、Okifuji和Thomas（1995）描述由其社區學校所聘用的專業人員的學校夥伴角色，他們扮演調節者與中間者，他們同時為教師與父母宣傳，並詮釋每個團體的需要，並且阻止敏感的「跨越邊界者」的效率。正如同Harry（1992）描述，一個文化敏感的美國家庭聯絡工作者，

成功地促進了波多黎各父母的參與。因為他努力去為父母做個別化與澄清特殊教育的過程。家人覺知這項服務提供者從「一個美國女人」變成「一個你可以相信的人」，然而那被達成了，只有家庭與學校之間的持續溝通，才能促使一個真正的夥伴關係形成。

教育社團必須提出介於教師（大部分是白人中產階級，會說英語）與家庭（漸增各種類型，且英語非第一語言）之間的文化不連續性。Harry（1992）和Harry、Grenot-Scheyer和同事（1995）已經指出一些專業人員所能做也有效的策略，即使文化不連續性存在，也能達成示範性的親師會議。成功的會議是敏銳的個別專業人員或團體，對於在那些會議中表達其關切所做出反應的結果。當然，真正的示範性會議必須植基於融入父母參與的系統性結構，而非只是依賴良好的意志與個別專業人員的個人特徵和父母的採取措施（Correa, 1987; Glodstein & Turnbull, 1982; Malmberg, 1984; Thompson, 1982）。更多的關於確認成功會議溝通的確實策略研究是必須的，並且可作為教育者專業的準備的一部分（Harry & Kalyanpur, 1994）。有一些研究者也強調質化方法運用增加的需要性，因為質化的方法可以運用來自於被剝奪社區的家庭聲音，來指導那些主流的專業（Sanchez, 1999; Skinner, Rodriguez, & Bailey, 1999）。我們也認為選擇在文化多樣性學校工作的教育人員，將需要對多元文化主義盡一己之力，並且去發展藉此進入教育專業的超越單一文化經驗的豐富個人文化全方位能力——他們需要去展現Lindsey、Robins和Terrell（1999）所說的「文化專業領導能力」。

高品質的融合教育：建立學校社區

身心障礙個人教育法案已經是一個勇敢的社會實驗，彰顯了我們接受教育所有兒童的責任。然而，當我們堅守對所有兒童的義務教育原則，我們關於其本身實施證據許多變化的貼標籤和隔離兒童的策略，讓我們感到猶豫不決，而這些兒童似乎還是落在假設的、而且仍然無法容納多樣性的主流邊界之外。有色人種兒童在特殊教育的持續高比例，可能因為身心障礙本身是社會性判斷的，而此對於文化多樣性兒童與其家庭所下的社會判斷，大都是由優勢學校文化做出來的。

只要占據優勢模式的特殊教育包含隔離主流，特殊教育將變成一個持續推動隔離不同於優勢文化規範兒童的推手。特殊教育的動機是高貴的，但是其措施可能因為其仍然像過去服務所有兒童的工作，而再度延誤公立學校的進步。學生在許多方面都是多樣的，沒有對此多樣性的一種單一反應是恰當的。有些差異是眾所周知的，有些則是需要重新定義，有些則是需要再次修正。每一個對於多樣性的反應在教育方案如何被組織，服務如何被傳送，都具有其意涵。所有的學校都是具有目的異質性，並且在一個共享的、一般性的社會脈絡下，設法去滿足個別教育需求，而不需要或要求一個孩子去別的地方得到服務（Meyer, 1997; Roach, 1994; Sapon-Shevin, 2001）。

在特殊教育與一般教育中，融合教育運動正在促進身心障礙學生到其鄰近學校與他們的同儕教室就讀開始（Will, 1986）。然而，全面性的教育運動正集中在常態分班、融合的更寬廣的事項，而在之前提供給兒童的是破碎的、具類別性的服務（Cohen, 1994/1995; Meyer, 1997; Roach, 1994; Sapon-Shevin, 1994）。從此一更寬廣的觀點，在一個更具向心力的學校社區——接受兒童的差異，而不是希望所有的兒童都一樣（Ayres, 1993; Sapon-Shevin, 1999），去全面性承擔一個能敏銳與建設性的反映種族、族群、宗教與所有其他學生的差異。需要學校在一般教育的教室中去接納所有兒童，被認為是創造取代單一文化學校，成為多元文化學校的基礎，而前者是排除與隔離兒童成為區分你我的單一文化。在實際的措施上，我們如何對待身心障礙的學生，就可能是我們如何對待文化上不同於主流的學生；而學校所傳遞誰屬於主流教室的訊息，顯示了我們更大的、終身的、關於誰真正屬於我們社區的議程。

Ramsey（1998）作為從多元文化教育觀點教學的目標，代表人際間與人自己本身態度與行為的種類，對於高品質融合教育也被視為是關鍵的。這些目標包含教導學生去欣賞與重視別人的貢獻，把自己看成是更大社會的一分子，尊敬不同的觀點和接受社交的環境與社會的責任。教導學生對於差異成為知識豐富的，對別人的支持，改變對不同團體的壓迫結構，都可以從一個完整的教室開始。即便是涵蓋那些嚴重身心障礙的學生，現在都已有了有效的策略，而Fisher和Meyer（2002）已經指出，融合品質方案比較起由學生在自我控制的環境中的獲益，和發展與社會能力測量的獲益

有更重大的關聯。我們現在有一個豐富的資料基礎，來展現對於個別學生的利益，專業學校人士與社區則具有了融合品質教育發展的功能（Meyer & Park, 1999）。

在一般教育的脈絡中傳遞特殊教育

在融合教育中，滿足個別需求的特殊服務，是在一般教育的教室脈絡中提供。例如Shakira可能需要語言治療，語言治療師和一般教育的教室中的教師一起計畫，在一般教室中滿足其語言上治療的需要，而不是將學生送去參加一個十五分鐘的抽離式個別語言治療課。語言治療師應該來到教室，和Shakira以及一群小朋友一起工作，而這群小朋友對於她或治療師也可能是積極的模式，否則，治療師很可能難以知道和Shakira年齡相近的小朋友是如何講話與對話。此外，語言治療師也可以教老師在一般的閱讀小組活動中，如何和Shakira一起閱讀。因為Shakira是一個非裔美人，語言治療師必須對於黑人英語中的議題具有敏銳度，以計畫演說型態，並確定什麼確實需要，而什麼確實不需要矯正。Shakira必須被視為一個具多重身分的個人，而此多重身分必須成為在教室內與社會脈絡下的融入方式去處理（Vygotsky, 1978）。

所有的個體都是多面向的。Banks（見第一章）強調所有的人都帶著其種族身分、族群背景、年齡、宗教、社會階級以及其他團體的認同互動。Mee Wong是一個十歲的小女孩，她也是一個韓國人，住在城市，有兩個勞工階級的雙親，也是一個佛教徒。具有學習障礙可能是其身分的一部分，但不會就因此而定義她是誰，所有的特徵都成為她是誰的定義，而且學校都必須受到尊重。具有學習障礙並不能因此排除她參與其同儕團體的教育經驗，而佛教徒的身分也不能拒絕其和鄰居同儕的互動。Grant和Sleeter（第三章）解釋種族、社會階級和性別被用來建構一個人在社會中主要的團體。因為所有的學生都是這三種團體的成員，每個團體和團體間的互動影響學生的覺知與行動。當身心障礙的議題被加入這些類別中，互動的數量與影響的範圍將會以指數的方式增加。Joshua是腦性麻痺而且要運用一種溝通板。當我們知道他是一個猶太教徒並不慶祝聖誕節時，我們為Joshua採用一個聖誕節的工藝，因為考慮聖誕節對他個人的身分可能是不適當或不應該的反應。如果我們僅依照其某一身分來定義Joshua，我們

將不能達到其需求與不夠重視他。Shamika是一個非裔美人，和她媽媽住在一起，她有閱讀障礙。當她收到其程度的書，我們必須考慮關於不可以限制其閱讀材料為描寫歐裔美國、有健全雙親的書籍。我們應該創造一個讓所有的兒童都覺得很自在、去揭露對他們有意義的背景與經驗的所有部分的教室環境。

教室必須支持學生的多樣性，經由回應他們每個人的身分，和不應該依照他是什麼人的單一面向和窄化觀念而有刻板印象。社會脈絡最終對所有學習都是關鍵的，而小朋友學習新事務的基礎就是其經驗（Tharp & Gallimore, 1989; Vygotsky, 1978）。把有關用來作為學習的社會脈絡的教育理論變成行動，需要我們在貫穿其整個一般教育教室中學術生涯，塑造兒童個人和社會生活的事實。

Sapon-Shevin（1992, 1999）已經詳細指出，教師可以如何結構化其教室的方法，讓學生學到有關種族、文化、家庭、性別、宗教和能力上的差異，成為課程的一部分。這樣的訊息不該只被限定於有關其他團體的事實的學習，而是要加以延伸，這樣學生才會主動去了解與克服他們在學校或社會中所遭遇的偏見。由Derman-Sparks、ABC Task Force（1989） 與Cronin（1998）的作品中，提供了即使是非常年幼的兒童，也能經由反偏見課程而給予賦權，去挑戰社會中的不正義與不公平。融合教室社區必須塑造那些在學校外的多元文化社區，建立終身能力的成人與兒童的社會與學術互動。合作學習可以促使學生在反映學生多樣性的積極脈絡，與合作的社會互動中達成良好學業成就。這些取代能力分班與能力分組的作法可以被用來涵蓋教室中所有的差異，而且他們也能傳送為了達成目標，關於個人一起去工作的責任強而有力的訊息（Meyer & Fisher, 1999; Sapon-Shevin, Ayres, & Duncan, 2002）。

Meyer和Minondo等人（1998）描述了兒童生活中可能的社會關係範圍，很顯然的，那可以被教育的措施與學校教育的組織培養。他們的研究凸顯了執行融合教育的重要性，而這絕對不只是身心障礙學生出現在教室中，或是在一般教育環境中提供特殊教育的服務。他們發現，當老師經由不能完全融合特殊教育兒童的行動和語言溝通，孩子就會在其同儕互動中反映他們的社會形式。所以，當老師總是提到幫助身心障礙學生，而非一起工作，也沒提供達成學業參與的機會給身心障礙學生時，沒有身心障礙的學生很可能把他們身心障礙的同學視為需要特殊待遇的，而和他們

的互動會很像是和一個年齡很幼稚的小孩相處或甚至是一個玩具（Evans, Salisbury, Palombaro, Berryman, & Hollowood, 1992）。當教室措施支持發生在學校的全部學業，和社會活動完全參與，即使是最嚴重的身心障礙學生，也能經歷在某種脈絡下成為團體的一部分，以及享受正常與最棒的友誼（Meyer, Minondo, et al., 1998; Schnorr, 1997）。圖14.1提供了一些例子，讓教師知道如何能評估他們的措施，去支持在融合教室中給孩子不同的社會結果。

非正式評估兒童社會關係可以問的問題

　　鬼／客人：孩子是否常常被忽略，宛如她或他不在場似的？只要一有問題，職員是不是就談論另一個安置計畫？

　　融合兒童：教師會說「我有二十七個學生，外加二個融合兒童」？

　　我將會幫助：每當他們提到和小朋友一起度過的時間時，同學是使用「一起工作」或是「幫助」？

　　另一個兒童：兒童是否被期望去和其他每一個兒童一起參與班級活動？

　　一般朋友：兒童是否曾經被同學邀請去參加派對？

　　最好的朋友：兒童是否有一個或更多在家裡打電話給他的朋友和／或在放學後或週末時來找他？

圖14.1　六項描述一個學生在學校社會關係的友誼架構

資料來源：H. Meyer, H. Park, M. Grenot-Scheyer, I.S. Schwartz, & B. Harry(Eds.)(1998). *Making Friends: The Influences of Culture and Development* (p. 216). Baltimore: Paul H. Brookes. Reprinted with permission of the publisher.

融合教室與融合教學

一個融合的教室，不只需要所有背景的學生出現在教室而且受到尊重，更包含了能回應和涵蓋這些差異的教學。假定所有學生以相同的方法獲得最好的學習，並且在教學上帶來相同經驗、背景、學習風格和興趣的方式，是一種窄化而欠缺彈性的教學措施，不但不能涵蓋也無法回應學生需求。融合教學可以就教什麼與教學過程來加以描述。

Banks（第十章）討論了「主流中心課程」可以被修改成融入多元觀點的方法；他指出了融入多元文化內容的四種取向（這些取向的進一步討論請見第十章）。在符合Banks融入的取向，正常與障礙的議題也可以被融入到每一取向的教與學的實施中，隨著現狀的實質差異程度而被接受或挑戰。

在所謂*貢獻*取向，聚焦於英雄節日和個別文化元素。這種途徑的教學可以讓全班閱讀Helen Keller的書籍，然後教導一個關於盲人的單元。學生可以去欣賞一個能做出重要貢獻的盲人，然而此一取向卻未去挑戰一個更加基本的觀念，就是大多數盲人是被隔離與排擠的，而且不被視為能做出傑出貢獻。

在*附加*取向，教師將未經重新組織的族群內容放到課程中（Banks, 2001, p. 232），一項類似於附加取向的特殊教育，是讓特殊教育需求的兒童主流化，但是卻讓課程原封不動。特殊活動可能為身心障礙學生執行，但是那些活動卻未融入教室中的主流生活與課程。在操作上，僅僅這樣的取向將造成主流中的孤島，當全班同學在從事一個更大團體與真實的學業活動時，一個特殊教育學生或小型團體和特殊教育者在分開的活動中工作。早期的融合範例不同於今日在一般教育教室中，他們創造小組教學基本實施的融合努力，而非去修改促使身心障礙學生充分參與的持續教學活動。

在*轉化*取向上從不同族群與文化團體的觀點，「改變課程的基本假定，並且使學生去檢驗觀念、議題、事件和主題」（Banks, 2001, p. 233），此一取向從融合的觀點，包含不只是讓具特殊需求的學生成為教室的一部分，同時也去再次思考與再次發明課程，如此才可能成為融合與多元取向的。所有的學生——跨越多樣能力與需求——將參與適合他們

取向、而且是一般主題焦點與課程一部分的教育經驗（Putnam, 1998）。

在*社會行動*取向上，「包含所有轉化取向的因素，但增加需要學生去做決定，和採取在學習單元中與觀念議題和問題有關的行動」（Banks, 2001, p. 236）。這也需要包括重新塑造與重新發明一般教育教室中的性質，與促使他們成為多元取向與融合，以及思考學校與教學如何能成為一個改變隔離的專斷與限制性的能力、期望與需求的更寬廣目標（Bigelow, Harvey, Karp, & Miller, 2001）。此一取向具有作為關於結果評鑑、文憑、學生測驗和課程設計的植基於學校和全系統的決定。學生成果的檔案評估——被反對去作為制式心理測量——是一個較有效容納所有學生與其成就全部作品豐富性的彈性教育措施例子（Kleinart, Kearns, & Kennedy, 1997）。其他在此階段的基本改變例子是全國數學教師協會（National Council of the Teachers of Mathematics, 1993），在概念化更廣泛成果的標準，像是批判思考與問題解決。這些目標有意義的闡述數學在生活中的運用，而且可以被預先修改成代表在任何現存教室中，所發現的廣大範圍的學生數學能力層次。因此，具備與不具備身心障礙的學生，可以去從事他們的數學問題解決技能，但是每一個學習者將會有一個個別適當的學習者目標，而教學單元將被修改成接受差異，而不是假定每一個人都是在同一層次學習。

融合教學

融合教學可以被描述成一組承認學生差異與對多樣性做回應的教學措施與結構。Banks（第十章）的轉化與社會行動取向代表融合教學、合作學習與其他支持多層次教學，是可以成為結構融合性教學的例子（Kagan, 1998; Putnam, 1998: Sapon-Shevin et al., 2002）。在合作學習的例子中，學生一起努力去達成一般的目標。社會技能（傾聽、妥協、提問、鼓勵）被正式與非正式的教導，因為任務是結構化的，所以學生必須一起努力去達到成功的成果。例如，一個合作性質的結構化數學課，可能包含學生的產出，然後解決他們自己多步驟的數學問題。一個無法書寫的身心障礙學生，可以成為團體中的檢查工作者，藉由計算機處理與確認此一問題。任務也可以被結構化為學生產出和他們自生活與經驗有關的問題。因為學生是一起努力，所以學生的差異可以促進成功任務執行的完成，而不是某些

標準課程的障礙。

多層次教學包含結構性課程不同形式、不同內容區域和不同層次的操作，都可以被容納在現今的教育措施（Putnam, 1998）。一個關於家庭的主題單元，可以被建構在包含數學活動（畫出家庭人口圖）、語言（寫家庭成員傳記、做口述歷史），以及關於不同文化的藝術和音樂的活動探討。所有的學生都能參與適合其層次與興趣的閱讀、寫作和數學活動，所以即使是一個非常嚴重的身心障礙學生，也可以在這樣的單元中達成其教育目標。

例如，一個具多重障礙的學生可能會去操作一個按鍵來啟動電腦、小型用具或是錄音機來工作。依據學生的溝通目標，有兩個需求可以在此一假設的家庭的主題單元中達成。首先，這個學生可以藉由其列出兄弟姐妹的描述事實，說出一個家庭成員傳記。這可能是學生參與描述其重要家庭個人特徵，和運用一項擴大的溝通系統去描寫此一清單溝通目標的一部分。其次，學生操作一個按鍵來啟動錄音，錄下那些由同學所讀出來的清單來工作。當輪到那學生為全班讀出傳記時，她或他必須啟動錄音機按鍵，然後在結束的時候按掉。有許多藉由修改好的教學和對所有學生最佳的教育措施，融入了具特殊需求學生成功的例子（Fisher, Bernazzani, & Meyer, 1998; Hedeen, Ayres, & Tate, 2001; Meyer, Williams, Harootunian, & Steinberg, 1995; Ryndak, Morrison, & Sommerstein, 1999; Salisbury, Palombaro, & Hollowood, 1993; Sapon-Shevin et al., 2002; Smith, 1997）。

融合學校支持和教師教育

在品質融合教育出現前，特殊教育的提供是現在獨立的學校、教室和／或資源教室。包含一般和特殊教育者都被施以專業的準備，然後在各自的環境中教導其各自的學生。教師教育、課程、教室組織、教學措施以及支持學生的教育團隊結構，在數十年之後，已經進化成兩個平行的系統——一般和特殊的Winn和Blanton（1997）描述，如果融合學校成為一個事實，在教師教育和學校合作上，主要意涵的改變將是需要的。早期關於將特殊教育學生融入到一般學校的運動，其特點是藉由移植特殊化的特殊教育途徑進入主流中（Meyer & Park, 1999）。相反地，當代融合教育運動承認基本的學校改革運動，需要特殊與一般兩者——事實上，合併

成為統合的教育系統——如果高品質融合教育成為一個事實（Gartner & Lipsky, 1987; Meyer, 1997; Pugach & Johnson, 1995）。

Goessling（1998）藉由在十四個不同小學中特殊與一般教育者，在他們決定提供特殊教育服務於八年級的教室中，描述那需要在思考上與實施上的改變。她對照了特殊與一般教育兩者的傳統（如同質vs.異質）、語言（如活動和時態vs.目標和受詞）、儀式（如報告表vs.IEP）和符號（如工作表vs.學生執行圖）作為背景，成為其樣本中十四個學校採取的重新結構的成果，例如特殊教育中傳統移出式的遞送服務系統，已經被一個更具協同性的模式所取代，一種所有的特殊教育服務活動，是在一般教育活動與課程的脈絡下提供。她的報告紀錄「同化的過程」提供給特殊教育教師，特別是在從特殊教育到一般教育時。他們在一般教育教室中出現，對於他們以及一般教育文化本身產生衝擊：

> 這個研究顯示這十四個重度身心障礙學生被同化成一般教育的文化，而他們的出現可能帶來一般教育文化本身的改變……重度身心障礙學生的出現，似乎影響了學校在結構成果的往前進。而且也幫助創造了較不官僚以及個人化與關懷的學校……或許幾年後會有另一個不討論特殊教育教師同化到一般教育的研究，但卻不是第三種融入兩者最佳部分的學校文化。（Goessling, 1998, p. 249）

教師發展出的此一方法與資源（M & R），取代傳統特殊教育教師成為特殊化學校支持人員，而且這些人員也和教室中的教師一起協同合作。Porter和Stone（1998）描述M & R教師的角色與責任，以及植基學校學生服務團隊的結構，而這些乃來自加拿大的New Brunswick，因為此學校學區曾經致力於品質融合教育。學區官員肯定教師的重責大任和再結構，是實現融合所必須的。此一模式並不會將身心障礙學生放在沒有支持服務的主流中，也不會拒絕實在有身心障礙且需要重要服務的學生。此一模式確實改變了那些支持服務的性質，而且創造了一種新的「特殊教育」，且和教師一起工作，以達到所有學生的多樣性——不只是那些身心障礙學生——需求的教師角色。

一項在支持品質融合教育的最主要爭論是容納量：在那樣的學校中，學校與教師將得致力於且能夠遞送有效的教導給所有的孩子，而不是那

些依照不同規準被判斷為典型的或分流的孩子（Gartner & Lipsky, 1987; Roach, 1994; Sapon-Shevin, 1994）。然而證據顯現，今日的教師對於其處理與照顧其教室中，所有不同學生特徵的能力顯得信心不夠。Gottlieb等人（1994）指出，63％任教於特殊教育的老師說，他們不曉得什麼樣的資源能使他們去教導其學生。只有16％的教師相信，他們能夠被訓練成具有技能，使他們教導他們所指出的孩子。只有10％指出一般教育教師，能夠描述他們所能做的，去接納為那些孩子做的課程修改。因此，這也難怪Gottlieb和他的同事（1994）指出，沒有大多數「教職員發展的努力」，此主流化運動將不可能促進孩子的學業地位（p. 462）。

同樣的，在1994年紐約市的研究中，再次顯現特教學生不符比例的情況，而他們和其他學生的需求是非常不一樣的。其實，在尋找安置到其他地方前，教室中的教師僅做過一次嘗試來滿足學生的需求。那一次嘗試並不包含課程的修改、調整教學，或是從學區或校內尋找專業技術的協助；反而是老師打電話到學生家裡，要求父母親去處理問題。由於經濟狀況欠佳，以及在文化和語言上與學校的專業教職員不同，我們很難想像，父母親被期望去滿足其孩子在學業學習與行為差異是什麼情況。

那麼，誰會是未來品質融合學校的職員？做好在特殊或一般教育教師教育準備方案的教職員工意涵是什麼？我們相信正如同文化多樣性要求所有教師在多元文化教育的準備一樣，個別學習差異（包含身心障礙）和多元智能（Gardner, 1993），對於新一代教師具有能滿足融合教育要求的所有價值與策略。州教育委員國家協會（National Association of state Boards of Education, 1992）認可作為教師準備方案的融入，且要求教師教育能符合特殊與一般教育融合的新方向。歷史上來看，許多職前教師教育方案，已經包含了特殊與一般教育雙證書的選擇，但是一個真正的融合多元文化教育，以及特殊與一般教育方案的教育準備還是非常少見（Winn & Blanton, 1997）。

1990年在Syrcuse大學執行的方案是，較早的融入與統合融合教育教師方案（Meyer, Mager, Yarger-Kane, Sarno, & Hext-Contreras, 1997）。他們對學生有很高的要求，而對於其畢業生的追蹤調查，顯示其具有在成功的融合上，有奉獻與專業的全方位技能（Meyer et al., 1997）。Ornelles和Goetz（2001）描述夏威夷大學的招收與訓練較佳文化能力教師的學士後

課程，這些教師在面對具有特殊需求的文化差異學生，能有較佳的先備基礎（其他例子可參見Blanton, Griffin, Winn, & Pugach, 1997）。最近由特殊兒童協會（CEC）教師教育分會所協調的Wingspread協會，聚焦在如果我們要教師做好和多樣性學生一起學習，所需要的引導原則和特定行動步驟的發展（Dieker, Voltz, & Epanchin, 2002；可能見CEC, 2001）。達成品質融合學校將需要各個階層教師教育的重大改革，當然這包含職前與在職的教育。

🧩 多樣性與關懷社區：作為社會福利的成果

　　我們相信解決學生差異的抽出方式的存在與持續，將無可避免產生一些可能是非所欲的，但確實具有負面邊際效益：

1. 只要堅持一般教育教室是同質性的信念，差異的呈現循環將會繼續，而且最終將超越被邊緣化系統的資源。

　　我們現在特殊與一般教育的雙系統，鼓勵學校去概念化同質性典型團體分類，成為教與學的唯一功能結構。顯示差異的最理想反應，是使他們看不見的語言是特別有問題的，因為他並不能幫助教師或學生在面對差異時，學習去回應和前瞻（Sapon-Shevin, 2001）。允許和甚至鼓勵承諾與容納的窄化系統去服務多樣性需要，而這是一種期望學生去適應課程，而非修改學校教育來滿足學生需求。經由此一隔離與能力分班的制度化差異辨認，將會顯著降低對差異的容忍與抗拒那些被視為是典型，以及誰被認為是屬於此一團體的範圍。當新移民團體貧窮人數逐漸增加，特別高比例數量的文化與語言差異學生與家庭，是美國生活的事實，在此時是很不正常的。而此一無法避免的結果將是一個循環增加的情況，此一情況最終將會促進在主流社會既被邊緣化，也被貶抑的不同特殊系統的資源。

2. 從長遠來看，降低班級規模的努力，與限制準備要學習的學生更小團體的一般教育將會失敗。相反地，當學童離開主流教室時，資源就跟著走，然後就一直重覆循環著。

Gottlieb和他的同事（1994）提到，現今特殊教育系統降低對一般教育系統的任何需求，而發展在一般教育教室中給孩子的有意義教學與學生支持方案。教師似乎相信他們降低班級是短期內面對他們的教學挑戰的唯一機制，——在許多都市地區，這意味著持續在一個獨立的教育環境安置。然而，當孩子確實離開一般教育，也必須提供給他們新環境資源，而這些資源必須來自於其他地方。漸漸地，隨著許多名稱方案的增加，一般教育的資源也隨之減少。然而，其關聯性並非如此單純；我們相信降低的資源將會散布得更加稀疏——而且，最後，這些資源會來自同一預算，並且影響一般教育中班級的大小。

品質融合教育支持者所提出來的主要爭論，是我們的教育系統不能提供分離的與破碎的系統。具有身心障礙學身必須回到一般教育教師，且和他們的同儕一起上學。但是支持他們的資源也必須一起回歸，但那些資源需要被重新建構，且容納量也必須被更加的提升以服務所有兒童，當然包含具有和不具有身心障礙的兒童。

3. 當一般和身心障礙兒童在彼此獨立的環境長大，每一個人都將失去一些事物。孩子將會「做得像我所做的，而不是做得像我所說的」。如果我們遵循隔離和拒絕在一個社會系統中，如同公立學校一般成為民主制度的中心，當隔離模式在日常生活範疇中消失時，我們將有許多待回答的事情。

當具有身心障礙的兒童和他們不具標籤同儕隔離時，他們失去作為一個主要教與學環境的主流社會脈絡。他們變得更依賴教師教導、高度結構化學習，與特別是那些成為所有新知識與支持資源的成人。另一方面，他們放棄同儕團體與鄰里及社區參與。漸漸地，隨著來自於發展的阻礙自然增加，身心障礙的人們將變得更加依賴昂貴的專業與付費服務，去填滿空虛。

五十多年前，Adorno、Frenkel-Brunswick、Levinson 和Sanford（1950）提出一種理論，那是對某個被視為不同的人態度的一部分，是影響此一個體行為與信念的所有部分。他們對於種族偏見與政治保守主義的研究，假定在文化接受性是與民主原則有關聯，以及所謂促進文化接受，將因此有更多做社會福祉的利益。當提出忽略現在主宰美國學齡兒童人口

的多元性的徒勞，教育的多樣性運動製造一個相同點。學習去接受個別差異，以及慶祝多樣性成為一項豐富經驗，是和民主價值一致的大原則，與支持兒童成長與發展的關懷學校的創立。

除了多元文化教育，其他不同的一般教育改革運動強調關懷學校社區的需求。Berman（1990）建立了一個這樣的學校社區例子，如果我們要滿足我們民主的社會需求，而達到「培養我們的年輕人社會責任與社會效能感」（p. 1）方面；他語帶諷刺的指出，「我們藉由實際去操作來教閱讀、寫作與數學，但是卻用演講來教民主」。Noddings（1992）長期以來即強調支持學習的教育環境，包含創造關懷的社區環境，此一社區環境中，教師支持以關係的倫理與道德教育來強調學業優良表現。她強調教師必須經由他們的教學以及與學生的互動來形塑關懷，而這可以追溯到John Dewey的作品。

Wells和Grain（1994）指出，三十年來有關學校隔離文獻常聚焦於種族融合對個別學生的影響——他們的成就、自尊與他們團體內關係的立即效果。這些學者主張另一個聚焦非裔美人的生活機會需要長期注視。依照「永存理論」的社會邏輯觀點是：「去隔離的目標也是打破隔離的循環，並增加獲取高階層機構機會，以及他們內部的社會網絡。」（p. 531）我們的教育系統和美國的公立教育的目的是什麼？它是否特別地想要滿足個別兒童的需求？我們認為不是。至少在一些部分，我們的教育系統被概念化為到達民主社區的道路，以及其所有公民的改進。當然，我們的挑戰是用達成介於獨特需要和建立社群的較佳平衡的目標，去檢驗教育系統內的辭令與措施。

問題與活動

1. 依照作者的看法，為什麼有色人種學生與低收入學生在特殊教育班級與方案的出現比例過高？

2. 為什麼對於有色人種與低收入家庭父母在參與其孩子的特殊教育班級與方案特別重要？有哪些方法可以使那些父母有效地參與特殊教育？

3. 為什麼父母，特別是對於有色人種與低收入家庭的父母，儘管有相關法律去確保其參與，但是仍常覺得在參與有意義的特殊教育方案上感到困難？

4. 由Jane R. Mercer研究與評估的報告中，以什麼方式所揭示的特殊教育是社會建構的？舉出本章中特定的例子，來支持你的回應。

5. 依照作者的看法，哪些是品質*融合學校*的主要特徵？他們是基於什麼主要的假定與信念？作者所描述的融合學校如何成為範例與促使「學校成為一個社區」的觀念？

6. 作者所謂的「融合教學」是什麼意思？舉出此一觀念的特定例子。

7. 作者相信特殊教育學生應該與一般教育學生在同一學校與教室被教導，此一措施對於教室中的教師會造成什麼問題與機會？在教師的教育中，什麼樣改變需要產生，以便讓教師做好在融合教室中的準備？作者提供哪些可能有助於教師處理由融合教育所造成的挑戰與問題引導原則、建議與洞察？

8. 作者堅持一個對於融合教育的原則與實踐的奉獻，不只對於特殊教育學生有利，而且能反映多樣性，因此能夠實行於所有具有身心障礙與不具身心障礙的教室與學校。完全融合學校如何能夠讓我們的學生，對於完全融合社區做好準備？

References

參考文獻

Adelman, H. S., & Taylor, L. (1993). *Learning Problems and Learning Disabilities: Moving Forward.* Pacific Grove, CA: Brooks/Cole.

Adorno, T. W., Frenkel-Brunswik, E., Levinson, D. J., & Sanford, R. N. (1950). *The Authoritarian Personality* (Vols. 1 & 2). New York: Wiley.

Argulewicz, E. N. (1983). Effects of Ethnic Membership, Socioeconomic Status, and Home Language on LD, EMR, and EH Placements. *Learning Disabilities Quarterly, 6,* 195–200.

Artiles, A. J. (1998). The Dilemma of Difference: Enriching the Disproportionality Discourse with Theory and Context. *The Journal of Special Education, 32,* 32–36.

Artiles, A. J., & McClafferty, K. (1998). Learning to Teach Culturally Diverse Learners: Charting Change in Preservice Teachers' Thinking about Effective Teaching. *The Elementary School Journal, 98,* 189–220.

Artiles, A. J., & Trent, S. C. (1994). Overrepresentation of Minority Students in Special Education: A Continuing Debate. *The Journal of Special Education, 27,* 410–437.

Artiles, A. J., & Trent, S. C. (1997). Forging a Research Program on Multicultural Preservice Teacher Education in Special Education: A Proposed Analytic Scheme. In J. W. Lloyd, E. J. Kameenui, & D. Chard (Eds.), *Issues in Educating Students with Disabilities* (pp. 275–304). Mahwah, NJ: Erlbaum.

Ayres, B. J. (1993). *Equity, Excellence, and Diversity in the "Regular" Classroom.* Unpublished doctoral dissertation, Syracuse University, Syracuse, NY.

Banks, J. A. (2001). Approaches to Multicultural Curriculum Reform. In J. A. Banks & C. A. McGee Banks (Eds.), *Multicultural Education: Issues and Perspectives* (4th ed., pp. 225–246). New York: Wiley.

Banks, J. A., & Banks, C. A. McGee. (Eds.). (2001). *Multicultural Education: Issues and Perspectives* (4th ed.). New York: Wilcy.

Bennett, A. T. (1988). Gateways to Powerlessness: Incorporating Hispanic Deaf Children and Families into Formal Schooling. *Disability, Handicap, and Society, 3*(2), 119–151.

Berman, S. (1990). The Real Ropes Course: The Development of Social Consciousness. *ESR Journal: Educating for Social Responsibility, 1,* 1–18.

Bevan-Brown, J. (1998a). *A Cultural Audit for Teachers: Looking Out for Maori Learners with Special Needs. SET: Special Education 2000.* Wellington, New Zealand: New Zealand Council for Educational Research.

Bevan-Brown, J. (1998b). [Kohanga reo interview transcript, No. 3]. Unpublished raw data.

Bevan-Brown, J. (1998c). [Kura kaupapa Maori interview transcript, No. 1]. Unpublished raw data.

Bevan-Brown, J. (1999). *Catering for Maori Learners with Special Needs.* Paper presented at the 23rd Annual International Conference of the Association for Persons with Handicaps, Seattle.

Bevan-Brown, J. (2001). Evaluating Special Education Services for Learners from Ethnically Diverse Groups: Getting It Right. *Journal of the Association for Persons with Severe Handicaps, 26,* 138–147.

第十四章　學校融合與多元文化上的特殊教育議題

Bigelow, B., Harvey, B., Karp, S., & Miller, L. (Eds.). (2001). *Rethinking our Classrooms: Teaching for Equity and Justice* (Vol. 2). Milwaukee, WI: Rethinking Schools.

Blanton, L. P., Griffin, C. C., Winn, J. A., & Pugach, M. C. (Eds.). (1997). *Teacher Education in Transition: Collaborative Programs to Prepare General and Special Educators.* Denver, CO: Love Publishing.

Cohen, F. (1994/1995). Prom Pictures: A Principal Looks at Detracking. *Educational Leadership, 52*(4), 85–86.

Correa, V. I. (1987). Involving Culturally Diverse Families in the Educational Process. In S. H. Fradd & M. J. Weismantel (Eds.), *Meeting the Needs of Culturally and Linguistically Different Students: A Handbook for Educators* (pp. 130–144). Boston: College Hill.

Council for Exceptional Children (CEC). (2001). *What Every Special Educator Must Know: The Standards for the Preparation and Licensure of Special Educators.* Reston, VA: Author.

Coyne Cutler, B. (1993). *You, Your Child, and "Special" Education: A Guide to Making the System Work.* Baltimore: Brookes.

Cronin, S. (1998). Culturally Relevant Antibias Learning Communities: Teaching Umoja. In L. H. Meyer, H. S. Park, M. Grenot-Scheyer, I. S. Schwartz, & B. Harry (Eds.), *Making Friends: The Influences of Culture and Development* (pp. 341–351). Baltimore: Brookes.

Derman-Sparks, L., & ABC Task Force. (1989). *Anti-Bias Curriculum: Tools for Empowering Young Children.* Washington, DC: National Association for the Education of Young Children.

Dieker, L., Voltz, D., & Epanchin, B. (2002). Report of the Wingspread Conference: Preparing Teachers to Work with Diverse Learners. *Teacher Education and Special Education, 25,* 1–10.

Divergent Youth (Report of the Senate Fact Finding Committee on Education: Subcommittee on Special Education). (1963). Washington, DC: U.S. Government Printing Office.

Donovan, S., & Cross, C. (2002). *Minority Students in Special and Gifted Education.* National Academy of Sciences. Washington, DC: National Academy Press.

Dunn, L. (1968). Special Education for the Mildly Retarded: Is Much of It Justifiable? *Exceptional Children, 35,* 5–22.

Evans, I. M., Okifuji, A., & Thomas, A. D. (1995). Home–School Partnerships: Involving Families in the Educational Process. In I. M. Evans, T. Cicchelli, M. Cohen, & N. P. Shapiro (Eds.), *Staying in School: Partnerships for Educational Change* (pp. 23–40). Baltimore: Brookes.

Evans, I M., Salisbury, C. L., Palombaro, M. M., Berryman, J., & Hollowood, T. M. (1992). Peer Interactions and Social Acceptance of Elementary-Age Children with Severe Disabilities in an Inclusive School. *Journal of the Association for Persons with Severe Handicaps, 17,* 205–212.

Figler, C. S. (1981). *Puerto Rican Families with and without Handicapped Children.* Paper presented at the Council for Exceptional Children Conference on the Exceptional Bilingual Child, New Orleans. (ERIC Document Reproduction Service No. ED 204 876)

Finn, J. D. (1982). Patterns in Special Education Placement as Revealed by the OCR Surveys. In K. A. Heller, W. H. Holtzman, & S. Mesrick (Eds), *Placing Children in Special Education: A Strategy for Equity* (pp. 322–381). Washington, DC: National Academy Press.

Fisher, M., Bernazzani, J., & Meyer, L. H. (1998). Participatory Action Research: Supporting Social Relationships in the Cooperative Classroom. In J. Putnam (Ed.), *Cooperative Learning and Strategies for Inclusion: Celebrating Diversity in the Classroom* (2nd ed., pp. 137–165). Baltimore: Brookes.

Fisher, M., & Meyer, L. H. (2002). Development and Social Competence after Two Years for Students Enrolled in Inclusive and Self-Contained Educational Programs. *Research and Practice for Persons with Severe Disabilities, 27,* 165–174.

Fujiura, G. T., & Yamaki, K. (2000). Trends in Demography of Childhood Poverty and Disability. *Exceptional Children, 66,* 187–199.

Gardner, H. (1993). *Multiple Intelligences: The Theory in Practice.* New York: Basic Books.

Gartner, A., & Lipsky, D. K. (1987). Beyond Special Education: Toward a Quality System for All Students. *Harvard Educational Review, 57,* 367–395.

442

Geenen, S., Powers, L. E., & Lopez-Vasquez, A. (2001). Multicultural Aspects of Parent Involvement in Transition Planning. *Exceptional Children, 67,* 265–282.

Goessling, D. P. (1998). Inclusion and the Challenge of Assimilation for Teachers of Students with Severe Disabilities. *Journal of the Association for Persons with Severe Handicaps, 23,* 238–251.

Goldstein, S., & Turnbull, A. P. (1982). The Use of Two Strategies to Increase Parent Participation in IEP Conferences. *Exceptional Children, 48,* 360–361.

Gottlieb, J., Alter, M., Gottlieb, B. W., & Wishner, J. (1994). Special Education in Urban America: It's Not Justifiable for Many. *Journal of Special Education, 27,* 453–465.

Harry, B. (1992). *Cultural Diversity, Families, and the Special Education System: Communication for Empowerment.* New York: Teachers College Press.

Harry, B., Allen, N., & McLaughlin, M. (1995). Communication vs. Compliance: African American Parents' Involvement in Special Education. *Exceptional Children, 61,* 364–377.

Harry, B., Grenot-Scheyer, M., Smith-Lewis, M., Park, H.-S., Xin, F., & Schwartz, I. (1995). Developing Culturally Inclusive Services for Individuals with Severe Disabilities. *Journal of the Association for Persons with Severe Handicaps, 20,* 99–109.

Harry, B., & Kalyanpur, M. (1994). The Cultural Underpinnings of Special Education: Implications for Professional Interactions with Culturally Diverse Families. *Disability, Handicap, and Society, 9*(2), 145–166.

Hedeen, D. L., Ayres, B. J., & Tate, A. (2001). Getting Better, Happy Day, Problems Again! The Ups and Downs of Supporting a Student with Autism in Her Home School. In M. Grenot-Scheyer, M. Fisher, & D. Staub (Eds.), *At the End of the Day: Stories of Ordinary Lives of Children and Youth in Inclusive Schools and Communities* (pp. 47–72). Baltimore: Brookes.

Horner, R. H., Meyer, L. H., & Fredericks, H. D. B. (Eds.). (1986). *Education of Learners with Severe Handicaps: Exemplary Service Strategies.* Baltimore: Brookes.

Kagan, S. (1998). New Cooperative Learning, Multiple Intelligences, and Inclusion. In J. W. Putnam (Ed.), *Cooperative Learning and Strategies for Inclusion* (2nd ed.). Baltimore: Brookes.

Kalyanpur, M., & Harry, B. (1999). *Culture in Special Education: Building Reciprocal Parent–Professional Relationships.* Baltimore: Brookes.

Kleinert, H. L., Kearns, J. F., & Kennedy, S. (1997). Accountability for All Students: Kentucky's Alternate Portfolio Assessment for Students with Moderate and Severe Cognitive Disabilities. *Journal of the Association for Persons with Severe Handicaps, 22,* 88–101.

Lindsey, R. B., Robins, K. N., & Terrell, R. D. (1999). *Cultural Proficiency: A Manual for School Leaders.* Thousand Oaks, CA: Corwin.

MacMillan, D. L., Jones, R. L., & Meyers, C. E. (1976). Mainstreaming the Mildly Retarded: Some Questions, Cautions and Guidelines. *Mental Retardation, 14,* 3–10.

Malmberg, P. A. (1984). *Development of Field Tested Special Education Placement Committee Parent Education Materials.* Unpublished doctoral dissertation, Virginia Polytechnic Institute and State University, Blacksburg.

Meier, K. J., Stewart, J., & England, R. E. (1989). *Race, Class, and Education: The Politics of Second-Generation Discrimination.* Madison: University of Wisconsin Press.

Mercer, J. R. (1973). Labeling the Mentally Retarded: Clinical and Social System Perspectives on Mental Retardation. Berkeley: University of California Press.

Mercer, J. R. (1979). *System of Multicultural Pluralistic Assessment: Technical Manual.* Cleveland, OH: The Psychological Corporation.

Meyer, L. H. (1997). Tinkering around the Edges? *Journal of the Association for Persons with Severe Handicaps, 22,* 80–82.

Meyer, L. H., & Fisher, M. (1999). Participatory Research on Strategies to Support Inclusion. In *SET 1999: Special Education.* Wellington, New Zealand: New Zealand Council for Educational Research.

Meyer, L. H., Mager, G. M., Yarger-Kane, G., Sarno, M., & Hext-Contreras, G. (1997). Syracuse University's Inclusive Elementary and Special Education Program. In L. P. Blanton, C. C. Griffin, J. A. Winn, & M. C. Pugach (Eds.), *Teacher Education in Transition: Collaborative Progams to Prepare General and Special Educators* (pp. 18–38). Denver, CO: Love.

Meyer, L. H., Minondo, S., Fisher, M., Larson, M. J., Dunmore, S., Black, J. W., & D'Aquanni, M. (1998). Frames of Friendship: Social Relationships among Adolescents with Diverse Abilities. In L. H. Meyer, H.-S. Park, M. Grenot-Scheyer, I. S. Schwartz, & B. Harry (Eds.), *Making Friends: The Influences of Culture and Development* (pp. 189–221). Baltimore: Brookes.

Meyer, L. H., & Park, H.-S. (1999). Contemporary Most Promising Practices for People with Disabilities. In J. S. Scotti & L. H. Meyer (Eds.), *Behavioral Intervention: Principles, Models, and Practices* (pp. 25–45). Baltimore: Brookes.

Meyer, L. H., Park, H. S., Grenot-Scheyer, M., Schwartz, I. & Harry, B. (1998). Participatory Research: New Approaches to the Research to Practice Dilemma. *Journal of the Association for Persons with Severe Handicaps, 23*, 165–177.

Meyer, L. H., Williams, D. R., Harootunian, B., & Steinberg, A. (1995). An Inclusion Model to Reduce At-Risk Status among Middle School Students: The Syracuse Experience. In I. M. Evans, T. Chicchelli, M. Cohen, & N. Shapiro (Eds.), *Staying in School: Partnerships for Educational Change* (pp. 83–110). Baltimore: Brookes.

National Association of State Boards of Education. (1992). *Winners All: A Call for Inclusive Schools.* Alexandria, VA: Author.

National Council of Teachers of Mathematics. (1993). *Curriculum and Evaluation Standards for School Mathematics.* Reston, VA: Author.

Noddlings, N. (1992). *The Challenge to Care in Schools: An Alternative Approach to Education.* New York: Teachers College Press.

Ornelles, C., & Goetz, L. (2001). Considerations for Changing Populations: Supporting Nontraditional Students in Acquiring Special Educators Licensure. *Journal of the Association for Persons with Severe Handicaps, 26*, 171–179.

Oswald, D. P., Coutinho, M. J., Best, A. M., & Singh, N. N. (1999). Ethnic Representation in Special Education: The Influence of School-Related Economic and Demographic Variables. *The Journal of Special Education, 32*, 194–206.

Park, H. S., & Lian, M-G. J. (Eds.). (2001). Culturally and Linguistically Diverse Learners: Issues and Practices [Special issue]. *The Journal of the Association for Persons with Severe Handicaps, 26*(3).

Park, J., Turnbull, A. P., & Turnbull, H. R. (2002). Impacts of Poverty on Quality of Life in Families of Children with Disabilities. *Exceptional Children, 68*, 151–170.

Patton, J. M. (1998). The Disproportionate Representation of African Americans in Special Education: Looking behind the Curtain for Understanding and Solutions. *The Journal of Special Education, 32*, 25–31.

Patton, J. M., & Townsend, B. (1999). Ethics, Power, and Privilege: Neglected Considerations in the Education of African American Learners with Special Needs. *Teacher Education and Special Education, 22*, 276–286.

Porter, G. L., & Stone, J. A. (1998). The Inclusive School Model: A Framework and Key Strategies for Success. In J. W. Putnam (Ed.), *Cooperative Learning and Strategies for Inclusion: Celebrating Diversity in the Classroom* (2nd ed., pp. 229–248). Baltimore: Brookes.

Pugach, M. C., & Johnson, L. J. (1995). *Collaborative Practitioners, Collaborative Schools.* Denver, CO: Love.

Putnam, J. (Ed.). (1998). *Cooperative Learning and Strategies for Inclusion: Celebrating Diversity in the Classroom* (2nd ed.). Baltimore: Brookes.

Ramsey, P. G. (1998). *Teaching and Learning in a Diverse World: Multicultural Education for Young Children* (2nd ed.). New York: Teachers College Press.

Richardson, J. G. (1994). Common, Delinquent, and Special: On the Formalization of Common Schooling in the American States. *American Educational Research Journal, 31*, 695–723.

444

Roach, V. (1994). The Superintendent's Role in Creating Inclusive Schools. *The School Administrator, 52*(4), 64–70.

Ryndak, D. L., Morrison, A. P., & Sommerstein, L. (1999). Literacy before and after Inclusion in General Education Settings: A Case Study. *Journal of the Association for Persons with Severe Handicaps, 24,* 5–22.

Salisbury, C. L., Palombaro, M. M., & Hollowood, T. M. (1993). On the Nature and Change of an Inclusive Elementary School. *Journal of the Association for Persons with Severe Handicaps, 18,* 75–84.

Sanchez, S. (1999). Learning from the Stories of Culturally and Linguistically Diverse Families and Communities. *Remedial and Special Education, 20,* 351–359.

Sapon-Shevin, M. (1992). Celebrating Diversity, Creating Community: Curriculum That Honors and Builds on Differences. In S. Stainback & W. Stainback (Eds.), *Curriculum Considerations in Inclusive Classrooms: Facilitating Learning for All Students* (pp. 19–36). Baltimore: Brookes.

Sapon-Shevin, M. (1994). *Playing Favorites: Gifted Education and the Disruption of Community.* Albany: State University of New York Press.

Sapon-Shevin, M. (1999). *Because We Can Change the World: A Practical Guide to Building Cooperative, Inclusive Classroom Communities.* Boston: Allyn & Bacon.

Sapon-Shevin, M. (2001). Making Inclusive Visible: Honoring the Process and the Struggle. *Democracy and Education, 14,* 24–27.

Sapon-Shevin, M., Ayres, B., & Duncan, J. (2002). Cooperative Learning and Inclusion. In J. Thousand, R. Villa, & A. Nevin (Eds.), *Creativity and Collaborative Learning: The Practical Guide to Empowering Students, Teachers and Families* (2nd ed., pp. 209–221). Baltimore: Brookes.

Schnorr, R. F. (1997). From Enrollment to Membership: "Belonging" in Middle and High School Classes. *Journal of the Association for Persons with Severe Handicaps, 22,* 1–15.

Skinner, D., Rodriguez, P., & Bailey, D. B., Jr. (1999). Qualitative Analysis of Latino Parents' Religious Interpretations of their Childrens' Disabilities. *Journal of Early Intervention, 22,* 271–285.

Smith, G. R. (1983). Desegregation and assignment of children to classes for the mentally retarded and learning disabled. *Integrated Education, 21,* 208–211.

Smith, L. T. (1999). *Decolonizing Methodologies: Research and Indigenous Peoples.* London: Zed.

Smith, R. M. (1997). Varied Meanings and Practice: Teachers' Perspectives Regarding High School Inclusion. *Journal of the Association for Persons with Severe Handicaps, 22,* 235–244.

Tharp, R. G., & Gallimore, R. (1989). *Rousing Minds to Life: Teaching, Learning and Schooling in Social Context.* New York: Cambridge University Press.

Thompson, T. M. (1982). An Investigation and Comparison of Public School Personnel's Perception and Interpretation of P.L. 94–142. *Dissertation Abstracts International, 43,* 2840A.

Torres-Velasquez, D. (Ed.). (2000). Sociocultural Perspectives in Special Education [Special issue]. *Remedial and Special Education, 21*(2).

Townsend, B. L. (1998). Social Friendships and Networks among African American Children and Youth. In L. H. Meyer, H. S. Park, M. Grenot-Scheyer, I. S. Schwartz, & B. Harry (Eds.), *Making Friends: The Influences of Culture and Development* (pp. 225–241). Baltimore: Brookes.

Trent, S. C., Artiles, A. J., & Englert, C. S. (1998). From Deficit Thinking to Social Constructivism: A Review of Theory, Research, and Practice in Special Education. *Review of Research in Education, 23* (pp. 277–307). Washington, DC: American Educational Research Association.

Trent, S. C., Artiles, A. J., Fitchett-Bazemore, K., McDaniel, L., & Coleman-Sorrell, A. (2002). Addressing Theory, Ethics, Power, and Privilege in Inclusion Research and Practice. *Teacher Education and Special Education, 25,* 11–22.

Tucker, J. A. (1980). Ethnic Proportions in Classes for the Learning Disabled: Issues in Nonbiased Assessment. *Journal of Special Education, 14,* 93–105.

Turnbull, A. P., & Turnbull, H. R. (1997). *Families, Professionals, and Exceptionality: A Special Partnership* (3rd ed.). Upper Saddle River, NJ: Prentice-Hall.

Tyler, N., & Smith, D. D. (2000). Preparation of Culturally and Linguistically Diverse Special Educators [Special issue]. *Teacher Education and Special Education, 23*(4).

U. S. Department of Education, Office of Civil Rights. (1994). *1992 Elementary and Secondary Civil Rights Compliance Report*. Washington, DC: U.S. Government Printing Office.

Vygotsky, L. S. (1978). *Mind in Society: The Development of Higher Psychological Processes* (M. Cole, V. John-Steiner, S. Scribner, & E. Souberman, Eds. and Trans.). Cambridge, MA: Harvard University Press.

Webb-Johnson, G. C. (1999). Cultural Contexts: Confronting the Overrepresentation of African American Learners in Special Education. In J. S. Scotti & L. H. Meyer (Eds.), *Behavioral Intervention: Principles, Models, and Practices* (pp. 449–464). Baltimore: Brookes.

Wells, A. S., & Crain, R. L. (1994). Perpetuation Theory and the Long-Term Effects of School Desegregation. *Review of Educational Research, 64*, 531–555.

Will, M. (1986). Educating Children with Learning Problems: A Shared Responsibility. *Exceptional Children, 52*, 411–415.

Winn, J., & Blanton, J. (1997). The Call for Collaboration in Teacher Education. In L. P. Blanton, C. C. Griffin, J. A. Winn, & M. C. Pugach (Eds.), *Teacher Education in Transition: Collaborative "Programs" to Prepare General and Special Educators* (pp. 1–17). Denver, CO: Love.

招募與保留少數族群文化和語言團體的資優生

Donna Y. Ford　著

陳美瑩　譯

　　長久以來，最普遍的教育問題之一即非裔美人、墨西哥裔美人和美國原住民學生在資優教育的問題與服務中遠低於人口比例（underrepresentation）。其實，多年來的報告指出，這些學生一直都沒有在資優教育範疇內受到足夠的服務、設施、設備，且未被適當地呈現出來（Artiles, Trent, & Palmer, 2004; Donovan & Cross, 2002; Ford, 1998）。統計顯示，這三個族群的學生大概低於人口比例的50％至70％（U.S. Departmant of Education, 1993）。表15.1即支持美國黑人聯合大學基金會（United Negro College Fund）所流傳的說法：「浪費腦力（心智）是一種可怕的事」（a mind is a terrible thing to waste）。這些資料同時也傳達出除掉、刪除或畫掉心智也是一種可怕的事情。換句話說，很多非裔美人、墨西哥裔美人以及美國原住民的學生是資優生，但卻沒有被指認出來。因此，這些學生既沒有接受到應有的挑戰，也沒有被給予適當的機會去發展他們的特殊才能，以致才能漸漸衰退。

表15.1　資優教育課程人口統計

	學校人口百分比（％）	資優教育百分比（％）
白人	62.1	75.53
非裔美人	17.2	8.40
墨西哥裔	15.6	8.63
亞裔美人	4.0	6.57
美國原住民／阿拉斯加原住民	1.2	0.87

資料來源：Elementary and Secondary School Civil Rights Survey(1998): www. demo.beyond2020.com/ocrpublic/eng.　National Center for Education Statistics. (2001).

Common Core of Data (CCD). State Nonfiscal Survey of Public Elementary/Secondary Education,1999-2000 (Appendix E, Table 5). Washington, DC: U.S. Department of Education Available online at: http://nces.ed.gov/ccd/pdf/stNfis99genr.pdf.

本章假設

　　本章節探討資優課程中招募以及保留少數族群學生的障礙與建議。特別是，我將展現非裔美人學生在資優教育中低於人口比例的原因。然而，我尚未發現亞裔學生在資優教育方面是低於人口比例的，因此，本章節就不討論亞裔學生。有別於非裔美人、墨西哥裔美人以及美國原住民學生，亞裔美籍學生常體會到正面的刻板印象，有很多高成就者。雖然本章節略過亞裔美籍學生，但這並非代表我忽視他們在社會以及學校中所遭受的不公平待遇（Pang et al., 2004）。

　　本章基於幾個假設和前提。首先，我認為在低於人口比例的問題上，從以前至現在的努力再次宣告有失妥當，以致造成公立學校中最具隔離的課程。第二，資優教育是一種需要——並非特權。這些少數語言文化族群的學生被排除在資優教育之外，就是否定了教育設施必須符合學生需要的前提。因此，教育者需要審視他們有關普遍的教育目的以及資優教育的觀點。

　　第三個假設與考量是，沒有任何一個族群或團體能壟斷資賦優異。資賦優異存在於每一個文化族群中，並且橫跨所有的經濟階層（USDE, 1993）。所以，應該沒有任何少數族群學生在資優教育方面的表現是低於人口比例的。第四個假設與考量是，資賦優異是社會建構出來的；主觀性引導定義、評量，以及對資賦優異的認知（Sternberg, 1985）。這種主觀性在很多方面造成資優教育課程的隔離。Sapon-Shevon（1996）說：「資優教育界定、組成以及執行的方式，直接導致日益升高的隔離，並且使得資優教育機會多給予多數族群學生，而造成學童社會以及政治發展的損害。」（P. 196）

　　第五個假設是，所有的決定應該以所有學生的最大利益為考量。教育對學生而言應該是添加式的，而非減弱型的。我們應該以學生入學和畢業作為一個基準點來考量。最後，我相信招生以及保留或防止中輟少數族群

學生在資優教育課程裡，應該具全面性及系統性。教育者、家庭以及學童本身都應該共同合作，以確保資優教育不被隔離。

　　本章節主要分成三大節。第一節，主要討論招生以及各項可能障礙議題；第二節，則是招生建議；第三節，專注於防止中輟的建議。本章的引導問題是：我們怎麼招收更多少數族群學生進入資優教育，並使之留在資優教育課程中。

招生事宜及障礙

　　大部分的文獻詮釋學生就學人數與人口不成比例的現象，都專注在招生議題上，特別假設少數族群學生就學人數與人口不成比例的問題與篩選，以及鑑定的工具，尤其是在測驗上。防止中輟的問題很少受到重視，以下本章將會著重在資優教育方面。

　　探討少數族群學生人數與低於人口比例的第一步驟是專注於招生問題，招生與篩選、鑑定、安置。對於少數族群學生的認知，加上對於其文化了解的欠缺，嚴重削弱了教育者招收不同背景學生進入資優教育，以及讓這些學生留在資優課程中的能力。在其他地方，我也討論到「文化貧乏」的觀點應用於非裔美籍、墨裔美籍與美國原住民學生的現象（Ford, Harris, Tyson, & Frazier Trotman, 2002），以下將討論。

貧乏思考

　　如果我們從文化和人群中退卻得更多，那對於他們，我們就學得較少。當我們對他們不甚了解時，與他們相處時會比較不舒服。而我們與他們相處較不融洽時，那就更容易傾向退縮或與他們保持距離。與他們保持愈多的距離，那我們就會發現他們更多的缺點。當我們對於他們的文化不了解時，那我們似乎就傾向於不喜歡。最後，最糟糕的結果是，我們會開始相信自己創造出來自我安慰的謊言。（Storti, 1989, pp. 32-34）

　　本章主要的前提，有關於許多教育者相信的貧乏傾向，就如同以上所引用的那段話，這些觀念阻撓許多來自不同背景學生進入到資優班。這樣

的概念阻礙教育者對了解與認知來自不同族群、民族和語言社群的學生之
優點的意願和能力。當教育者將差異性視為貧乏、失能和劣勢時，貧乏思
想便立即存在。因此，許多不同背景的學生很快就會被貼上「中輟之虞」
學生的標籤，而且教師、行政人員只會看到他們的缺點而非優點。有了這
種貧乏的概念，差異性就被負面地詮釋，如同他們是不正常、非標準的或
者是劣等的。比方說，當學生說著非標準英語而學業成績表現優良時，他
有可能不會被推薦去參加資優班的甄選，如果老師不了解或者無法欣賞非
標準英語；同樣的，假如一個學生有如此優異的數學技巧但是寫作能力欠
佳，他可能無法被當作資優或者聰明的學生。所有的孩子都有優缺點，教
育者應該要超越貧乏思想的概念，以認知來自不同種族、民族和語言背景
的少數族群學生的優點。

有關種族的概念影響著對於定義、政策、實務方面來了解有關差異性
的發展。譬如，Gould（1981/1995）以及Menchaca（1997）指出，貧乏思
考對過去（無疑的，現在亦是如此）有關種族或民族以及智能的概念有所
影響。Gould把讀者帶回兩世紀以前，*證明*之前有關於不同族群的假設和
恐懼，尤其是對於非裔美國人的錯誤導向，或不誠實以及偏見的研究方
法、刻意的錯誤累積、方便研究，或自我忽略的細膩議題、錯誤的資料詮
釋等等，有關智能方面的研究。這些早期的假設或實踐使得現在瀰漫的一
些信仰有空間發展，而讓人類不同種族可以用一種線性的天平來衡量他們
的頭腦價值性，就如同Cyril Burt、Paul Broca和Samuel Morten的頭蓋骨測
量學（Gould, 1981/1995）。

稍後，當學區面對日益增加的族群或種族多樣性（通常是由於移民
的關係），教育者幾乎將這些標準仰賴具有偏見的標準測驗（Armour
Thomas, 1992; Gould, 1981/1995; Helms, 1992; Menchaca, 1997）。這些測驗
幾乎都顯示出，移民的學生以及這些少數民族的學生似乎不熟悉美國的習
俗、傳統、價值、準則和語言。這些測驗測量出對美國主流文化以及英語
的流暢度，而非智能。根據Gould（1981/1995）所述，智力測驗其實對這
些少數民族的學生並沒有太大的鑑別功效。這些測驗的結果通常限制了語
言文化背景不同學生的教育機會，而他們的分數似乎傾向偏低。Menchaca
（1997）陳述著：

在智能方面，種族之間的差異性其實是令人質疑的；而他們常解釋為種族之間的差異是天生的，基因上就已經決定的。而從這些研究發現有關於學校教育的是課程的改革確定「智能的劣勢」，以及社會的階層是造成這些學生和一般主流學生有較低層次及受到隔離的教學策略，因此造成他們智能方面的日漸低落。（p. 38）

《常態曲線》（*The Bell Curve*）這本書的出版（Herrnstein & Murray, 1994）重新引起大家對貧乏概念的思考，《常態曲線》嘗試著去影響社會以及學校的政策，Herrnstein與Murray就好像早期的這些研究者，他們詮釋或者是錯誤詮釋以及錯誤代表，他們的資料用來順從制度化的偏見。就如同Gould（1981/1995）指出，這些有關IQ天生遺傳下來的理論其實是美國社會的產品，而至今仍然在測驗、能力分班等方面實行著。

❀❀ 篩選與障礙

有關資優教育的安置問題，學生經常需要透過各種測驗以及評量作為篩選的標準（譬如，以分數作為遮斷機制）。如果學生能夠達到最低的篩選標準，他們就會給予另外的評量作為最後的安置。大部分學校的篩選樣本剛開始都是由老師推薦（Colangelo & Davis, 2003）。而這樣的作法影響到這些少數族群的學生利益，因為他們常常不會被老師推薦（Ford, 1996）。我特別要指出，如果有墨西哥裔美籍學生達到學區的標準，但是可能會被忽略掉，那是因為他沒有被老師推薦。老師不推薦這個學生的原因，可能是由於他個人的偏見與刻板印象（貧乏思考），因為學生的英語能力不是很強，或者因為老師們的概念以及態度上的問題。很自然的，老師的推薦多會作為篩選過程中做決定的重要指標。然而，如同以上的例子指出的，這樣的過程可能會對少數族群學生造成負面的影響。

同樣的，老師和其他成人（例如：諮商員、父母、社區人士）可能需要完成推薦學生的表格。如果這些名單忽略了文化的多樣性——在不同的文化中，資賦優異可能有不同的體現方式，那麼，這些來自非主流背景的資賦優異學生可能會得到較低的分數，以至於無法確實抓住他們的長處、能力和潛力。Frasier等人在1995年所提出來的架構描述：這些資賦優異主要的屬性會因文化而有所差異。他們認為教育者應該將各個不同文化社群

的資賦優異之定義和評量方式銘記在心。譬如說，有些資賦優異的核心特徵是要有敏銳的幽默感。而文字遊戲（或者連連看）在低收入的非裔美籍學生中不能代表「說髒話的遊戲」（Lee, 1993）。當非裔美籍的學生在玩說髒話的遊戲的時候，他們有可能會從資賦優異中被免除掉──其幽默感以及文字表達能力。老師對學生的這種幽默感覺到不舒服，而假裝他們沒看到這些學生資賦優異的特質。

　　資賦優異另外一個核心特徵是需要有很強的語文能力。然而，假如學生不說標準的英語（譬如，黑人英語）或只有少量的英語流暢度，那老師就不會認為這個學生有很強的語文能力。第三個例子是與獨立有關，這是另外一個資賦優異很重要的特徵。這些少數族群學生通常有社區取向的價值觀，譬如互相依賴、合作，或在團體中一起工作，而較不喜歡獨立完成某項任務（Ramírez & Castañeda, 1974）。在這種情況下，老師就不會認為這些學生是具有獨立作業的學生。

　　除了這些名單可能是「文化盲」，他們經常注意到學生能夠表現出的能力和行為。結果，他們忽略學生其實是相當資賦優異，可是缺乏機會來表現他們的特色。這些「有潛力的資賦優異」學生或資賦優異低成就的學生，通常是生活在貧窮或者是文化有益於主流學生的環境中。Smith、Constantino和Krashen（1997）的研究說明了這個議題。這些研究者比較了在加州三個社區中學校和家庭中的許多書籍。在比佛利山莊的小孩，每個家庭平均有一百九十九本書，而在Watts的小孩卻只有四本，在Compton的小孩更少，只有二‧七本。而以教室中的書本量而言，在比佛利山莊的平均有三百九十二本，Watts的有五十四本，而在Compton的有四十七本。很重要的是，由於接觸書本和教育機會的因素，比佛利山莊的小孩無論在家庭或學校中，似乎較能夠展現出他們資賦優異的特質（譬如：有大量的詞彙、能夠在很小時就開始閱讀），而比那些從貧窮地區來的小孩還好得多。很多在Compton和Watts的學童其實也是資賦優異的，可是，他們卻缺乏一些學術上的訓練和機會以發展他們的潛能。

　　1993年時，美國教育部承認，我們的學校其實有很多潛在的資優生。為了要幫助教育學者改善招收不同背景學生到資優班，教育部頒布以下對於資優的定義，而我們可以仰賴所謂天賦才能發展的意涵：

小孩子和年輕人有著傑出的天賦表現，或者與其他同年齡的人比較時有高程度的成就。這些學童表現出在智能、創造性或者藝術方面的高度才能表現，而且擁有突出的領導能力，或者在學術方面表現傑出。他們需要學校較特殊的安排以及活動。所謂的資賦優異才能其實是各種不同的文化族群、經濟階層，以及所有人類各方面各階層的小孩和年輕人都有可能具備這樣的潛能。（USDE, 1993, p. 3）

　　學區能夠接受這樣的定義、修改，或是具備這樣的版本的比例到底有多高，就不得而知了。不接受聯邦政府的定義，或甚至依照聯邦政府來修訂的可能性其實是很高的——不同的種族、族群和語言文化的學生，其實在資賦優異課程中仍然低於他們學生的比例。

評量與障礙

　　對於*資賦優異*的單一定義，其實造成了招收不同背景學生的障礙。單一思考的定義忽略人類一般的差異性，尤其是文化多樣性而造成的差別。它們忽略在某一文化中所認為的資優，其實在另一個文化裡可能是遭受到否定的。比方說，大部分歐裔美人其實把認知以及學業方面的能力，看得比對空間、音樂、人際以及其他方面的能力來得重要（Gardner, 1993），傾向於重視學業知識和技能，而忽略實用性的知識和技巧（Sternberg, 1985）。相反的，航行以及狩獵的技巧可能在另一個文化就會受到讚揚。這些差異性引起如此的思考：「假如一個學生在我的文化裡根本就不被視為資賦優異，那麼他是資賦優異嗎？」根據目前的情況，大部分來自非主流文化的學生比較不可能被視為資賦優異。

　　對於資賦優異的概念和定義，也影響到評量資賦優異的工具和測驗方式。現在已經有很多很多的智力和成就測驗。學區如何決定使用哪一種測驗工具呢？如果我們注重語言技巧，就會選擇能夠測驗出語文能力的工具；如果我們注重邏輯或解決問題的智能，就會偏向於使用能夠測驗出這些能力的工具；如果我們重視創造性，就會選擇能夠測驗出創造性的工具。我們不可能去選擇一個測驗工具，而其中的測驗內容或者是想測出的技術，是我們所不重視的。

由此推論，很多學校偏重於採用智力和成就測驗來評量資賦優異，測驗的成績其實在鑑定和安置上有決定性的角色。比方說，由Van Tassel-Baska、Patton和Prillaman（1989）所做的研究就顯示，88.5％的州主要是根據標準的測驗來鑑定資賦優異學生，包含經濟階層和文化背景的學生，有90％以上的學區使用這些分數作為標籤學生和安置的方法（Colangelo & Davis, 2003; Davis & Rimm, 1997）。這些測驗評量語文能力、抽象思考、數學技能以及資賦優異所需要的指標（或者是智力或成就），但相對的，他們就忽略了其他族群或社群可能重視的技巧和能力（譬如，創造性、溝通技巧、人際溝通技巧、解決問題能力、航行技巧、音樂技巧）。在此情況下，這些少數民族的學生可能會在測驗上處於不利的情況（Helms, 1992）。單一定義的結果造成了採用單一面向的思考，種族中心主義的測驗也傾向對單一種族的資賦優異課程有很大的影響。這些測驗在鑑定中產階級的白人學生可能是比較有效的，但是對於那些少數族群學生，尤其是低社經地位（SES）的學生，則可能有所偏差。

另外一個有關智力測驗的考量，是前面所提到的捷徑分數。最常用捷徑分數的方式是用IQ130以上來作為標準，以及平均IQ100以上的兩個標準差。幾十年來的資料顯示，類似非裔美人、波多黎各裔美人和美國原住民，他們通常IQ分數平均數低於白人學生，即使他們是來自比較高的社經背景。大致而言，非裔美籍學生的IQ平均數是83到87，而白人學生的則是97到100（見Helms, 1992; Kaufman, 1994）。我跟幾個心理學家諮詢過，他們相信，因為非裔美人的「平均」IQ是85，而資賦優異是需要IQ115以上。如此的觀點其實對於來自低社經地位的小孩也如此看待，他們的平均IQ是大約85。

令人悲傷的是，這些種族歧視的意識型態就轉變成這些差異是遺傳而來，也就是資賦優異是天生的。如此的觀念蘊含著環境其實比天生的遺傳來得不重要，這樣的觀點其實是反教育的。

相反的，那些了解環境和文化對學習表現有影響的，通常把這些不同分數歸屬於社會、環境和文化的因素。比方說，在許多的研究中已顯示「環境的種族主義」，像是貧窮、營養不良和不愉快的教育經驗都會負面影響到測驗分數（Baugh, 1991; Bryant & Mohai, 1992; Bullard, 1993; Dwight, 1994; Grossman, 1991）。因此，這些如同被截斷的分數不能武斷

地用來選擇，也不能在文化盲的潮流中使用。若使用了，那麼我們也應該很謹慎地使用，而且，也應該要考慮到不同種族、族群、文化和語言等社群的平均數。

最後跟測驗有關的重要議題是如何詮釋結果。如果考慮到其他的面向，那麼，就有可能選擇採用可以有效評量少數族群學生的工具。然而，觀感和認知可能會使得老師、諮商者或者心理學家無法以文化公平的方式來詮釋這些分數。但如果一個老師、諮商者、心理學家對於非裔美人持有負面的刻板印象，結果又將如何呢？如果諮商者對於只有有限英語能力的學生有負面的刻板印象，那又會是如何的情況呢？那如果這兩個社群的學生在IQ或者成就測驗獲得了很高的分數，那又是如何呢？這樣的話，又如何影響心理學家和諮商者對這些結果的分析呢？測驗的詮釋是相當主觀的，而這些詮釋者對於不同文化和族群的工作經驗和訓練在質跟量方面的多少，都會影響到他們的詮釋。如果詮釋者對於文化如何影響測驗結果僅略知一二的話，所謂從「好的測驗」得到的結果，可能反而會被詮釋得不盡理想。

在合作之下，美國教育研究協會（American Educational Research Association, AERA）、美國心理學會（American Psychological Association, APA）、國家教育評量協會（National Council on Measurement in Education, NCME）（1999）討論到解釋測驗分數的各式各樣問題。他們指出，錯誤解釋測驗結果的有害影響，尤其是對那些少數族群的學生，「適當地使用測驗和詮釋最主要是決定於測驗使用者。由這樣的假設出發，使用者必須對於測驗的妥當使用和使用的對象是否妥當有深入的了解」（p. 112）。他們建議，如同其他（比如National Council for Gifted Children, 1997）測驗的使用者必須蒐集大量的學生資料，並且在測量的評量過程中採取全面性的方式（Armour-Thomas, 1992; Helms, 1992）。當我們在詮釋結果的時候，測驗使用者應該要考慮到測驗和過程的效度，以及學生的文化特徵。

總而言之，蒐集所有學生的資料應該是要多面向的，也就是要從各種不同的管道來蒐集各式各樣的資訊。比方說，從學校的人事室、家庭成員和社區成員。有關智力、成就、創造性、動機和學習方式的資料，其實在做決定時是相當重要的。在這個將測驗視為舉足輕重地位的時代，教育者應該要傾向於「太多」資訊而非太少。

　　蒐集到的資料也應該要多種模式，而且從各種管道來蒐集。資料也應該來自口述（如訪問、對話）和非口述（如觀察、寫作、表演），而這些都是客觀和主觀應該要蒐集的資訊。進一步說，假如學生的第一語言並非英語，教育者應該僱用翻譯者。很重要的，評量應該要以學生的需要為主，而「沒有傷害」的原則應該要牢記在心，並擴散出來。就如同Sandoval、Frisby、Geisinger、Scheuneman和Grenier（1998）指出的：「在任何情境下，尤其是有高度影響的評量，受試者應該要有機會展現他們要受測的能力、知識或者屬性。」（p. 183）當評量是族群中心和單一面向時，平等、機會幾乎就很少，而當解釋測驗結果時，也會忽略或者看輕文化的影響。

　　在篩選之後，下一個步驟是安置的問題。隨著篩選，安置可能會更加複雜而且隱藏許多問題。

✿ 安置與障礙

　　資賦優異常常和成就或者生產力畫上等號。對很多老師和外行人，「表現低於水準的資賦優異生」看似有點矛盾、似是而非。然而，任何教過資賦優異學生的老師就知道，資賦優異學生可能而且一定有表現低於他們的潛能，有些沒有動機，有些做事拖拖拉拉不積極，有一些有學習障礙，而有一些對學校一點也不感興趣。在我研究的非裔美籍學生中，我觀察到，大概有80％的學生是表現低於該有的能力（Ford, 1996），其他的研究者，譬如Rimm（1995）和Silverman（1993）相信，至少有20％的資賦優異學生成就低於他們的能力，尤其是資賦優異的女生（Reis & Callahan, 1989）。

　　所以，與安置有關聯的問題是，相信資賦優異學生如果是高成就者，並很有動機，則他們應該要得到資賦優異教育的服務。也就是說，成就是需要體現出來（譬如，成績優異或者高成就測驗分數）。表現低於能力的資賦優異生就不太可能被推薦或者安置在資優班。如果真的被安置在資優班，通常也都是很短暫的，比方說，有一些學區就會將GPA成績（grade point average）低於所規定的、有某個科目不及格，或者無緣無故缺席太多的資賦優異學生，從資優班除名。在能夠達到資優班教育標準，可是表

現卻低於他們潛能的情況下，這種問題就會浮現出來，當測驗只有單一面向時，教育者通常只注意到學生的IQ分數。相反的，如果智力和成就是在篩選的過程中被蒐集的，教育者就會知道，他們的學生是：(1)資優生並且達到能力表現；(2)或者資優但表現低於能力水準。而他們就會用這些資料來做安置的決定，比方說，他們可能會把資優但表現低於能力者放在資優班，並且提供一個私人指導者。目標就是要幫助資優但表現低於能力的學生能夠達到他們該有的表現水準，並且能夠在資優班裡有成功的經驗。許多少數民族的學生很有可能是資賦優異但表現低於能力者，或者可能是潛在的資優生（Ford, 1996）。很多教育者不希望將這些學生放在資優班，因為他們相信，學校課業的程度和速度可能會讓他們覺得很挫折。理論上，這些資賦優異學生表現低於該有水準的議題充斥在資優班，而且是值得我們注意的，最主要是我們要了解為什麼學生表現低於該有的表現。在實務層面上，這樣的作法已經傷害到少數民族的學生。

教育者並沒有支持或者幫助這些少數民族的學生克服他們的弱點，反而用愛他主義作為藉口，把抗拒降低到最低（「我不希望他受到挫折」、「她將會很不快樂」、「他只是會退步並落後別人更多」等），當我們在尋求方法以免學生受挫折時，我們應該問：「我們會做什麼來幫助學生，以降低他們的挫折呢？」私人教導的方式、諮商和其他的支持系統是有必要的。當我們的安置是和支持系統結合，這些資賦優異而表現低於該有能力的學生，就比較有可能在資優班中表現良好。

如同以下所描述的，招收來自多樣背景學生到資優班是一回事，而留住他們又是另一回事。什麼樣的政策、實務、過程、哲學理念，和支持應該做什麼，以幫助這些少數民族學生留在資優班呢？

★ 招生建議

招收少數民族學生到資優班，對解決他們在資優班的比例低於學生比例上，只做到一半而已。如以下所描述，招收學生應該包括所謂天賦發展的哲學理念、改變標準測驗和評量方式、文化敏感的測驗、多元文化的評量方式，以及政策和過程的發展。

天賦發展

　　支持天賦發展理念和對於資優定義有文化敏感的教育者，會比其他人有更多的準備來幫助少數民族學生。比方說，學區在幼稚園和低年級階段就開始篩選和安置學生。目前大部分的資優課程都是在二到四年級階段，通常被稱為二年級症狀；而這有可能對發現有潛能成為資優學生和低成就的資優生，就有點晚了。能力和天賦應該在兒童幼齡階段就發現，並且加以培養（USDE, 1993），尤其是對於一些有潛能而被誤認為中輟之虞的學生。

改變標準測驗和評量方式

　　這些以中產階級白人所研發出來的測驗將會存在，儘管實際上它們是存有歧視，且偏向這些優勢族群（Sowell, 1993）。然而，那些關心改善少數族群學生測驗表現的老師可能就有很多選擇。第一也是最重要的，他們自始至終都不該選用以及詮釋這些沒有以少數族群學生為主而發展出來一些根據的測驗。第二，他們必須把該社群的文化特質考慮在評量過程中，而且，這些測驗應該要基於文化敏感度，以及持續用嚴謹的研究方法來確認（Suzuki, Meller, & Ponterotto, 1996）。在本質上，平等和文化敏感的評量需要改變態度、更多知識的累積、深思熟慮的實務經驗，和對於人類行為的動力有很敏銳的洞察能力（Heubert & Hauser, 1999; Kornhaber, 2004; Sandoval et al., 1998）。如果某個測驗還缺乏其他客觀的訊息，那麼就不應該給予這測驗太多的公信力。測驗只是幫助教育者做*有條件式的可能陳述*（Sandoval et al., 1998）。

文化敏感的測驗

　　測驗在指導語言和測驗的項目裡，多少都會有變化。教育者需要認知到，我們從中產階級白人學生的標準測驗得到的訊息是相當有限的。很多資料指出，這些測驗的結果可能會低估少數族群和少數語言學生的能力，以至於對他們的行為有錯誤的判斷，而造成不適當的介入方案；實際上，他們可能在某個不同的文化脈絡裡是很正常的（Dana, 1993; Mercer,

458

1973）。為了要討論這些議題，教育者需要包含更多文化敏感的測驗，譬如，在篩選和鑑定的過程中使用非語文的測驗（Naglieri & Ford, 2003; Sandoval et al., 1998）。直到目前為止，最能夠測驗出非裔美籍學生優點的評量工具，是非語文的智力測驗，譬如Naglieri、Non-Verbal Abilities Test，和類推測驗，譬如Raven's Matrix Analogies Tests，這是因為它們似乎比傳統的測驗帶有較少的文化偏見（Kaufman, 1994; Saccuzzo, Johnson, & Guertin, 1994）。

與一般大眾迷思相反的，非語文測驗並不代表學生是沒有語文能力的。其實，非語文測驗的評量用非語文的方式來評量學生的能力，而較不重視語文流暢度。因此，英語能力有限的學生、雙語言的學生，和說著非標準英語學生的智力，有可能就較不需要語文能力來測驗。Jensen（1980）把裝滿文化的測驗和降低文化的測驗區分出來。降低文化的測驗通常是根據學生表現，而且包含抽象的概念和非語文的測驗內容。至於裝滿文化的測驗常常有印刷出來的指導手冊，需要有閱讀能力和語文的內容，而且常常重視寫作回答等等。本質上，非語文測驗降低了語言技巧在測驗上的影響力，也因此提升了少數族群學生被鑑定為資賦優異的機會。

能夠符合少數族群學生最大利益的配合方式，包含了使用被翻譯成種種不同語言的評量工具；當學生的英語能力不是很流暢時，則聘請翻譯者；而且，盡量能夠由雙語或雙文化的人士或老師來執行測驗。

多元文化評量的準備

最後，有關於測驗的議題，多元文化評量的準備，其實對於那些要評量少數族群學生的行政人員、翻譯者和教育者非常重要（AERA, APA, & NCME, 1999）。如前所述，測驗的結果要能和測驗的情況一樣好，那就要注意執行測驗老師的資格和能力。Comas-Diaz（1996）發展了有關文化評量變項的細目表，有了這細目表，教育者就應該對於製作綜合性評量和詮釋結果較為熟悉。文化評量變項包含學生個人的宗教、移民歷史、兒童照顧方式、對於同化的觀點、語言能力、性別角色，和對權威與家庭結構的觀點。

策略和程序

篩選資賦優異學生應該要根據多元的資料來源，然後利用這些不同的資料來了解學生的優缺點。因此，招生就變成有診斷與預測學生可能需要的服務，優點是將學生放在資賦優異的資優班，而缺點則是用來補救，而非用來作為排除某個學生進入資優班的藉口。

假如教師的特意介入是篩選和安置過程中的第一步，而這些少數民族學生的受推薦人數低於學生比例，那麼老師就應該做守門員，而學校應該重新評價實施方式。為了要讓這些資源成為有效的參考資料，老師最起碼需要具有以下三方面的準備：(1)資賦優異教育；(2)弱勢學童和多元文化教育；以及(3)多元文化評量（Ford & Frazier Trotman, 2001）。對這些領域的準備可以讓教育者了解少數民族學生資賦優異的情況，以及測驗的限制。

留住資賦優異學生建議

使力於隔離資賦優異的一半精力應該用來招生，而另一半則用於留住學生的策略。本節所關心的幾乎是多元文化教育策略與方法用於資賦優異班中留住少數族群學生。同樣重要的，老師需要在多元文化教育方面具備很扎實的知識與準備，以保證課程與教學是文化回應與文化責任（Ford & Frazier Trotman, 2001）。

多元文化教導

Boykin（1994）、Saracho和Gerstl（1992）以及Shade、Kelly與Oberg（1997）這些只是少數一些學者呈現出，我們的研究報告能夠支持文化影響學習方式和思考方式。因篇幅有限，本章只能探討Boykin（1994）的意見和建議。但討論之前，我希望能夠提醒大家：如同Irvine 和 York（2001）所提出的，我們絕對不能只執著於一般的通則和架構，否則將形成刻板印象。Irvine 和 York指出：「假如教師將對於有色人種學生的觀察採用一般和抽離脈絡的方式，而沒有認知到學習方式標籤化的限制，負面的教師期待則會更強烈。」（p. 492）儘管我們每個人都隸屬於好幾個社群，然而最重要的是，我們都是獨立的個體。

Boykin（1994）在以非裔為中心的模式中，指出他們有九個共通的文化風格：靈性、和諧、口述傳統、情感取向、團體主義、生命力、韻律、社交時間的觀點，和表達個人主義。所謂的韻律，指的是非裔美人是非常優秀的肢體動作學習者，這種喜好常常表現在他們的學習經驗中。他們在肢體和生理上都是非常投入的學習者。如此，他們可能就會常常分心而沒有達成任務。和諧指的是能夠了解環境的能力，以及能夠觀察了解非語文行為的能力。所以，覺得自己在班上不受歡迎的學生，可能就會因此變得沒有學習動機，並且對學習失去興趣。團體主義者指的是他們無論是在生活或是在學習上，都喜歡合作和互相依賴，在此情況下，競爭——尤其是和朋友——是不被提倡的。有著特殊學習喜好的學生，可能在高度個人主義和競爭的環境中失去學習動機，而偏向喜歡以團體方式學習。

和諧與團體主義可能可以解釋，為什麼有愈來愈多的非裔美籍學生——尤其是國中和高中——選擇不要在資優班。他們認知到，資優班基本上是白人學生所組成的，而表現出排外和隔離的感覺（Ford, 1996）。另外，團體主義可能會造成非裔美籍學生刻意逃避去上資優班，因為高成就其實是「假裝白人」（acting White）（Fordham, 1988; Fordham & Ogbu, 1986）。花時間去了解少數族群學生的教育者能夠避免所謂「虛晃的教學」（drive-by teaching）——這些教育者開車進入少數族群的社區，教導像陌生人一樣的學生，然後在教學完後馬上就開車離開。虛晃教學對學生反而有負面影響。虛晃教學並沒有給教育者時間去了解他們的學生，因此，也沒有提供這些學生時間用有意義的方式去了解他們的老師。

老師應該要學習去修正他們的教學風格，以適應學生不同的學習風格。比方說，老師可使用合作學習策略，將學生分組教學以適應有團體主義取向的學生（Cohen & Lotan, 2004）。另外，教師可讓學生去寫並表演短劇、做口頭報告、辯論，以作為這些來自有口述和韻律傳統學生的學習方式。Ford（1998）和Shade等人（1997）和Lee（1993）都提出，老師能夠利用文化回應教學活動來適應少數族群學生。

♣❀多元文化的資優課程

在留住學生的領域裡，課程的考量其實也相當重要。如何去教導資賦優異學生，以及他們應該要學習什麼，其他學者已經討論了很多（譬如，

462

表15.2 Ford-Harris 多元文化資優教育架構——層次的描述

	知識	了解	應用	分析	綜合	評價
貢獻取向	學生學習文化工藝品，歷史事件，以及其他的文化因素。	學生能對文化產品或社群有所了解。	學生要會使用所學之文化概念和主題。	學生能分析目比較所學文化之文化知識和歷史事件。	學生能從學到的文化知識中創造新產品。	學生能夠評鑑這所學校的文化概念和主題。
附加取向	學生學習以及了解文化族群的相關概念。	學生學習並了解概念和主題。	學生須能應用所學之文化知識和主題。	學生學習去分析重要的文化知識和主題。	學生須能綜合文化知識中的重要訊息。	學生能評斷族群的文化知識。
轉化取向	學生學習重要文化成分，並能了解不同族群的觀點。	學生能從不同觀點了解文化概念和主題，且能將其呈現出來。	學生能從不同的觀點應用所習得之文化概念和主題。	學生能從一個以上的觀點審視重要的文化概念和主題。	學生能從其他族群或創新的觀點去創造文化產品及知識。	學生須有能力從不同的觀點（如：少數族群觀點）來評論重要的文化概念和主題。
社會行動取向	基於文化工藝品的知識或其他文化知識，學生能夠提出社會行動的建議。	以了解重要觀念和主題為基礎，學生能提出社會行動的建議。	學生必須能夠應用所了解的重要社會及文化議題，並針對議題提出建議以執行社會行動。	學生必須能從不同的觀點分析社會及文化議題，並採取社會行動。	學生能夠發展出有關社會及文化議題的計畫，尋求重要的社會改變。	學生能評論重要的社會及文化議題，且能在國家或國際上做出改變。

註：行動一詞在社會行動的層次上，可從直接性和極小（譬如教室和學校），到中級（譬如社區和地區），直到大規模（州、國家和國際層面），學生能根據他們的行動採取真正的行動以改變社會。

資料來源：Ford & Harris, 1999. 引自 Banks, Chapter 10, this volume; Bloom, 1956.

Maker & Nielson, 1996; Tomlinson, 1995; VanTassel-Baska, 1994）。由於篇幅限制，這些策略，譬如課程的排列、獨立研究、增加累積、跳級等等，都不會在本章節中討論。當這些教學策略對於少數族群資賦優異學生是合適的，那麼，同樣重要但卻被忽略的留住資賦優異學生方案，就是必須創造文化回應的學習方式（Gay, 2000），而能確保他們給資賦優異學生的課程是妥當的。

Ford和Harris（1999）已經利用Bloom（1985）的分類和Banks（2002，本書第十章）的多元文化教育模式，發展出一個架構來幫助教育者，發展有挑戰性並符合多元文化教育原則的課程與教學。這結果一共有二十四個指標，這模式呈現在表15.2。二十四個層次中的四個模式描述如下（進一步討論此模式的資料，請參考Ford & Harris, 1998）。

在知識—貢獻的層次，學生學習到有關文化英雄、節慶、事件和工藝品等等的訊息。譬如說，學生可能會學到Martin Luther King, Jr.，而之後可能需要再測驗中回想三個相關的事實。他們有可能學到Cinco de Mayo，而需要在該節日的時候去朗誦〔譯註：Cinco de Mayo 是為了紀念 1862年5月5日墨西哥戰敗法國軍隊，稱之為 "Batalla de Puebla" on the fifth of May；很多人常把它誤認為是1810年9月16日的墨西哥獨立紀念日。這節日對美國的拉丁美裔具有非凡的意義（http://clnet.ucla.edu/cinco.html，檢索日期2006/09/08）〕。

在理解—轉化的層次，學生需要去解釋他們學到了什麼——但是從其他的社群或者個人的觀點來剖析。比方說，學生可能需要解釋有關於美國農奴而引起的一些事件，然後討論這些被奴隸的人可能會有如何的經驗和感覺，由於被拘禁，他們可能會從美國原住民的觀點來討論「淚的路徑」（Trail of Tears）。

在分析—社會行動的層次，學生需要從一個以上的觀點來分析同一事件。學生可能需要去比較並對照在美國奴隸階段的一些事件，而這又和今日美國的童工法令有所關係。隨著這些比較，學生接著就必須發展社會行動計畫，以降低非法的童工。

在評鑑—社會行動的層面，學生可能要求當地的商店做有關於偏見的調查。這些消息可提供給商店的老闆，以及隨著改變的行動計畫，譬如發展多樣性—訓練的課程。

多元文化教育能夠讓學生參與，並給予他們有機會能夠去認同，覺得
與課程有所關聯；其包含了深思熟慮、持續進行的、規劃性的和有系統性
的機會，去避免虛晃式的教學——能夠使學習有意義、和學生生活經驗有
關聯，以及提供這些少數族群學生一面鏡子，讓他們自己了解課程中他們
被呈現的情況。多元文化資賦優異教育在文化、情感、學術以及認知上都
對學生有挑戰性。

多元文化諮商

Fordham和Ogbu（1986）、Fordham（1998）以及Ford（1998）都從
事一些研究來檢查有關高成就、資賦優異的非裔美籍學生。他們共同的發
現是：這些學生往往因為他們的學業成就，而被其他非裔美籍學生譏笑為
「假裝白人」。如此的控訴令人覺得很沮喪，並且會使學生變得不起勁、
沒有學習動機。所以，反成就的倫理應該在學校課程中呈現，教育者應該
提供學生——那些遭受到控訴以及控訴者——社會情緒和心理上的支持。
那些被控訴為表現得像白人的學生需要學習處理衝突和憤怒的技巧。這些
控訴者將需要幫助以了解那些負面的——自我潰敗的思想和行為——反成
就的倫理。同儕團體諮商蘊含解決這些議題的強而有力方法。

以技巧為基礎的支持

留住學生的努力同時也需要討論，並且修正技巧上的缺點。如前所
示，許多少數民族學生是資賦優異，可是他們需要支持系統以保持一定的
成就水準。支持系統包含接受測驗的技巧、學習技巧、時間管理的技巧和
組織的技巧。

在多元文化教育和諮商持續進行的專業發展

為了要能執行以上的建議，教育者應該要參與多元文化教育和諮商的
研習與各種準備。無論是正式上課或者是工作上的形式，如此的專業知識
提升與準備，應該專注於幫助教育者在文化上具有相當的知識和能力，簡
述如下：

1. 了解文化多樣性和文化多樣性在(a)教學、(b)學習、(c)評量的影響。
2. 了解偏見和刻板印象在(a)教學、(b)學習、(c)評量（譬如推薦、考試、期待）的影響。
3. 積極並有效地和(a)來自各種不同語言文化種族的少數民族學生、(b)他們的家庭、(c)他們的社區積極密切合作。
4. 創造多元文化的(a)課程和(b)教學。
5. 創造文化回應的(a)教學和(b)評量的環境。

摘要與總結

資賦優異學生在一天二十四小時都是資賦優異的，少數族群學生也是二十四小時都是少數族群學生。

在1954年，美國高等法院判定學校隔離政策是違憲的（de jure）。然而，實際（de facto）隔離政策一直持續在一般學校和資賦優異教育中。教育者應該更加廣泛、持續性和系統性地去了解，不利於少數民族學生在資賦優異教育中低於人口比例的現象。我已經說明，教育者因為缺乏對於少數族群學生文化的了解，而在資賦優異教育中瀰漫著貧乏取向。有所謂文化缺乏概念的，絕對不容於教育。相反的，教育者應該要了解在世界、美國和學校中，本來就是多樣性的，並且尋求各種資源和擴展自己所需的專業能力，讓自己成為文化回應和文化責任的專業人士。文化知識充足的教育者就是少數學生的支持者。教師多元文化的理念和準備，會影響他們推薦學生、工具的選擇、測驗的詮釋和安置決定等等，而這些都是招收和留住少數族群學生在資優班課程中必備的條件。

問題與活動

1. 根據作者所言，為什麼少數族群學生和低收入戶學生在學校的資賦優異教育中的比例，低於他們的學生人數比例呢？

2. 作者所謂在教育者中的「貧乏取向」與資賦優異的少數族群學生有何關聯？以他的觀點而言，所謂的貧乏思想，對少數族群學生在資賦優異班中低於學生人數比例有何影響？

3. 為什麼許多少數族群和低收入戶學生有成為低成就的取向呢？描述幾個特定的行動和方案來說明老師能夠採取的行動以鑑定這些學生，並且能提供他們支持，使他們能夠有較高的成就。

4. 作者描述了文化影響學習和思考的一些方法。但是，有關於文化和學習的理論，譬如Boykin、Shade和他的同事們，如何幫助老師更能夠發展自己的專業知識，而以其幫助資賦優異的少數族群學生？這些理論到底有沒有限制或不好的面向呢？如果有，則又是哪些呢？

5. 拜訪在你社區中的一所學校，並且訪問老師來決定：(1)用來鑑定學生進入資優班的標準；(2)少數族群學生在資優班的人數比例；以及(3)學校在招收和留住資優的低收入和少數族群學生所採取的步驟。

References

American Educational Research Association (AERA), American Psychological Association (APA), & National Council on Measurement in Education (NCME). (1999). *Standards for Educational and Psychological Testing*. Washington, DC: Author.

Armour-Thomas, E. (1992). Intellectual Assessment of Children from Culturally Diverse Backgrounds. *School Psychology Review, 21*, 552–565.

Artiles, A. J., Trent, S. C., & Palmer, J. D. (2004). Culturally Diverse Students in Special Education: Legacies and Prospects. In J. A. Banks & C. A. M. Banks (Eds.), *Handbook of Research on Multicultural Education* (2nd ed., pp. 716–735). San Francisco: Jossey-Bass.

Banks, J. A. (2002). *An Introduction to Multicultural Education* (3rd ed.). Boston: Allyn & Bacon.

Baugh, J. H. (1991). African Americans and the Environment: A Review Essay. *Policy Studies Journal, 19*(2), 182–191.

Bloom, B. (Ed.). (1956). *Taxonomy of Educational Objectives: The Classification of Educational Goals*. New York: McKay.

Boykin, A. W. (1994). Afrocultural Expression and Its Implications for Schooling. In E. R. Hollins, J. E. King, & W. C. Hayman (Eds.), *Teaching Diverse Populations: Formulating a Knowledge Base* (pp. 225–273). Albany: State University of New York Press.

Byrant, B., & Mohai, P. (Eds.). (1992). *Race and the Incidence of Environmental Hazards: A Time for Discourse*. Boulder, CO: Westview.

Bullard, R. D. (Ed.). (1993). *Confronting Environmental Racism: Voices from the Grassroots*. Boston: South End Press.

Cohen, E. G., & Lotan, R. A. (2004). Equity in Heterogeneous Classrooms. In J. A. Banks & C. A. M. Banks (Eds.), *Handbook of Research on Multicultural Education* (2nd ed., pp. 736–750). San Francisco: Jossey-Bass.

Colangelo, N., & Davis, G. A. (2003). *Handbook of Gifted Education* (3rd ed.). Boston: Allyn & Bacon.

Dana, R. H. (1993). *Multicultural Assessment Perspectives for Professional Psychology*. Boston: Allyn & Bacon.

Davis, G. A., & Rimm, S. B. (1997). *Education of the Gifted and Talented*. Boston: Allyn & Bacon.

Donovan, M. S., & Cross, C. T. (Eds.). (2002). *Minority Students in Special and Gifted Education*. Washington, DC: National Academy Press.

Dwight, H. (1994). Overcoming Racism in Environmental Decision Making. *Environment, 36*, 10–27.

Ford, D. Y. (1996). *Reversing Underachievement among Gifted Black Students: Promising Practices and Programs*. New York: Teachers College Press.

Ford, D. Y. (1998). The Under-Representation of Minority Students in Gifted Education: Problems and Promises in Recruitment and Retention. *The Journal of Special Education, 32*(1), 4–14.

Ford, D. Y., & Frazier Trotman, M. (2001). Teachers of Gifted Students: Suggested Multicultural Characteristics and Competencies. *Roeper Review, 23*(4), 235–239.

Ford, D. Y., & Harris, J. J., III. (1999). *Multicultural Gifted Education*. New York: Teachers College Press.

Ford, D. Y., Harris, J. J., III, Tyson, C. A., & Frazier Trotman, M. (2002). Beyond Deficit Thinking: Providing Access for Gifted African American Students. *Roeper Review, 24*(2), 52–58.

Fordham, S. (1988). Racelessness as a Strategy in Black Students' School Success: Pragmatic Strategy or Pyrrhic Victory? *Harvard Educational Review, 58*, 54–84.

Fordham, S., & Ogbu, J. (1986). Black Students' School Success: Coping with the "Burden of 'Acting White,'" *The Urban Review, 18*, 176–203.

Frasier, M. M., Martin, D., Garcia, J., Finley, V. S., Frank, E., Krisel, S., & King, L. L. (1995). *A New Window for Looking at Gifted Children*. Storrs: University of Connecticut, National Research Center on the Gifted and Talented.

Gardner, H. (1993). *Frames of Mind: The Theory of Multiple Intelligences*. New York: Basic Books.

Gay, G. (2000). *Culturally Responsive Teaching: Theory, Research, and Practice*. New York: Teachers College Press.

Gould, S. J. (1995). *The Mismeasure of Man* (rev. ed.). New York: Norton. (Original work published 1981).

Grossman, K. (1991). Environmental Racism. *Crisis, 98*(4), 14–17, 31–32.

Helms, J. E. (1992). Why is There No Study of Cultural Equivalence in Standardized Cognitive Ability Testing? *American Psychologist, 47*, 1083–1101.

Herrnstein, R. J., & Murray, C. (1994). *The Bell Curve: Intelligence and Class Structure in American Life*. New York: Free Press.

Heubert, J. P., & Hauser, R. M. (Eds.). (1999). *High Stakes: Testing for Tracking, Promotion, and Graduation*. Washington, DC: National Academy Press.

Irvine, J. J., & York, D. E. (2001). Learning Styles and Culturally Diverse Students: A Literature Review. In J. A. Banks & C. A. McGee Banks (Eds.), *Handbook of Research on Multicultural Education* (pp. 484–497). San Francisco: Jossey-Bass.

Jensen, A. R. (1980). *Bias in Mental Testing*. New York: Free Press.

Kaufman, A. S. (1994). *Intelligent Testing with the WISC-III*. New York: Wiley.

Kornhaber, M. (2004). Assessment, Standards and Equity. In J. A. Banks & C. A. M. Banks (Eds.), *Handbook of Research on Multicultural Education* (2nd ed., pp. 91–109). San Francisco: Jossey-Bass.

Lee, C. (1993). *Signifying as a Scaffold for Literary Interpretation: The Pedagogical Implications of an African American Discourse Genre*. Urbana, IL: National Council of Teachers of English.

Maker, J., & Nielson, A. B. (1996). *Curriculum Development and Teaching Strategies for Gifted Learners* (2nd ed.). Austin, TX: PRO-ED.

Menchaca, M. (1997). Early Racist Discourses: The Roots of Deficit Thinking. In R. Valencia (Ed.), *The Evolution of Deficit Thinking* (pp. 13–40). New York: Falmer.

Mercer, J. R. (1973). *Labeling the Mentally Retarded*. Berkeley: University of California Press.

Naglieri, J. A., & Ford, D. Y. (2003). Addressing Under-Representation of Gifted Minority Children Using the Naglieri Nonverbal Ability Test (NNAT). *Gifted Child Quarterly, 47*, 155–160.

National Council for Gifted Children. (1997). Position Paper on Testing. Washington, DC: Author.

Office of Ethnic Minority Affairs. (1993). Guidelines for Providers of Psychological Services to Ethnic, Linguistic, and Culturally Diverse Populations. *American Psychologist, 48*, 45–48.

Pang, V. O., Kiang, P. N., & Pak, Y. K. (2004). Asian Pacific American Students: Challenging a Biased Educational System. In J. A. Banks & C. A. M. Banks (Eds.), *Handbook of Research on Multicultural Education* (2nd ed., pp. 542–563). San Francisco: Jossey-Bass.

Ramírez, M., III, & Castañeda, A. (1974). *Cultural Democracy, Bicognitive Development, and Education*. New York: Academic Press.

Reis, S. M., & Callahan, C. M. (1989). Gifted Females—They've Come a Long Way—or Have They? *Journal for the Education of the Gifted, 12*, 99–117.

Rimm, S. B. (1995). *Why Bright Kids Get Poor Grades—and What You Can Do about It.* New York: Crown.

Saccuzzo, D. P., Johnson, N. E., & Guertin, T. L. (1994). *Identifying Underrepresented Disadvantaged Gifted and Talented Children: A Multifaceted Approach* (Vols. 1–2). San Diego: San Diego State University.

Sandoval, J., Frisby, C. L., Geisinger, K. F., Scheuneman, J. D,, & Grenier, J. R. (1998). *Test Interpretation and Diversity: Achieving Equity in Assessment.* Washington, DC: American Psychological Association.

Sapon-Shevon, M. (1996). Beyond Gifted Education: Building a Shared Agenda for School Reform. *Journal for the Education of the Gifted, 19*, 194–214.

Saracho, O. N., & Gerstl, C. K. (1992). Learning Differences among At-Risk Minority Students. In H. C. Waxman, J. Walker de Felix, J. E. Anderson, & H. P. Baptiste (Eds.), *Students at Risk in At-Risk Schools: Improving Environments for Learning* (pp. 105–136). Newbury Park, CA: Corwin.

Shade, B. J., Kelly, C., & Oberg, M. (1997). *Creating Culturally Responsive Classrooms.* Washington, DC: American Psychological Association.

Silverman, L. K. (1993). *Counseling the Gifted and Talented.* Denver, CO: Love.

Smith, C., Constantino, R., & Krashen, S. (1997). Differences in Print Environment for Children in Beverly Hills, Compton, and Watts. *Emergency Librarian, 24*(4), 8–9.

Sowell, T. (1993). *Inside American Education: The Decline, the Deception, the Dogma.* New York: Free Press.

Sternberg, R. J. (1985). *Beyond IQ: A Triarchic Theory of Human Intelligence.* New York: Cambridge University Press.

Storti, C. (1989). *The Art of Crossing Cultures* (2nd ed.). Yarmouth, ME: Intercultural Press.

Suzuki, L. A., Meller, P. J., & Ponterotto, J. G. (Eds.). (1996). *Handbook of Multicultural Assessment: Clinical, Psychological, and Educational Adaptations.* San Francisco: Jossey-Bass.

Tomlinson, C. A. (1995). *How to Differentiate Instruction in Mixed-Ability Classrooms.* Alexandria, VA: Association for Supervision and Curriculum Development.

U.S. Department of Education (USDE). (1993). *National Excellence: A Case for Developing America's Talent.* Washington, DC: Author.

VanTassel-Baska, J. (1994). *Comprehensive Curriculum for Gifted Learners.* Boston: Allyn & Bacon.

VanTassel-Baska, J., Patton, J., & Prillaman, D. (1989). Disadvantaged Gifted Learners At-Risk for Educational Attention. *Focus on Exceptional Children, 22*, 1–16.

第十五章　招募與保留少數族群文化和語言團體的資優生

第六部分 學校改革

　　學校改革讓所有學生都有均等的機會成功，是需要教育的心願以及建議參與改革的社會行動者。在第六部分討論到，在多元文化架構下，如何有效地概念化以及執行學校改革。在第十六章，Sonia Nieto分析如何利用多元文化觀點的五種情況，來提升學生的學習成就。根據Nieto的看法，學校應該：(1)是反種族主義和反偏見的；(2)能夠了解並接受所有學生有足夠的天賦與才能來提升他們的教育；(3)以批判教育學的觀點來考量學校改革；(4)必須要有與教學和學習最相關的人來參與；(5)必須對所有的學習者有高期待水準與標準。

　　在第十七章，Cherry A. McGee Banks討論到父母參與學校的方法。她強調父母的參與是學校改革與學生成就的重要因素之一，而父母能成為學校改革的夥伴；父母其實是比其他任何團體更能激勵社區來支持學校改革的關鍵。父母對於學校效率有直接接觸的經驗，並且能夠鼓勵改革。身為教育服務的消費者，父母能夠提出教育專業教育者與行政人員難以啟齒的問題，譬如：「在特殊教育班中，男性學生的比例為何？」以及「在數理前段班中，各族群學生的比例又是如何？」

　　Banks強調說，當父母參與學校教育時，他們比較願意為學校改革而努力。當父母能夠按照他們的興趣、技能和動機來參與學校教育時，他們就比較可能參與。Banks提出如何擴展傳統上對於父母參與的概念，以增加父母參與學校教育人數和可能的各項活動。

學校改革與學生學習：多元文化的觀點

Sonia Nieto　著

陳美瑩　譯

　　學習是學校教育的核心，在這種認知下，學生的學習就是學校改革努力的焦點。這意味著：教育政策和實務須從學習如何提升效率及學生的學業成就來著手。但有些學校政策很少注意到，學生是否能真正學習以及其學習程度，特別是從1983年發表《國家在危機之中》（*A Nation at Risk*, National Commission on Excellence in Education, 1983後的改革運動，以及現在透過政府所宣告的「不讓每一個孩子落後法案」（No Child Left Behind）的政策，以及其他各州相關的法令。這些改革的努力最後通常會停止處罰那些無法達到政治家、政策制定者、與對學校了解不多的人事先所定下來的成功標準的學校、老師、學區與學生。延長學校每天上課時間與學年的上課天數、嚴格的留級政策、依鑑定的學校分班、以及更多的高風險測驗（換言之，這些測驗其實是被當作班級編班與大學入學等重要決定的唯一或基本效標）、很少注意教學與課程等等，就是這些改革的結果。這些面臨不適應教育的中輟生，常常是受這些改革之害最深的學生。

　　本章開始就有一個假設：學生學習其實是可透過學校政策，以及實務上的改變而有積極的影響，而這些必須能夠肯定學生的認同，並透過學校有系統的改革方式來達到。根據這種學校教育的社會本質，就不可能將學生的學習與學校教育之間歸因為一個固定的因果關係。許多複雜的因素影響學生的學習效果，包含個人、心靈、社會、文化、社區和機關學校等因素（Erickson, 1993; Nieto, 2004）。也就是說，我們不能只利用消弭能力分班就認為可幫助學生有所成就，或是透過母語的教學，也能夠保證所有少數語言族群的學生有成就。同時，我們也不能認定文化回應教學（culturally responsive pedagogy）就永遠是答案。雖然這些改變事實上或可改善某些學生的學業成就，但是如果我們獨立來看待，它們可能沒有辦

法反應學生學習原本的複雜因素。

對學習成就的影響採多因素的解釋，有助於說明為什麼有些學生在學業成就上表現很好，有些則不然。比如說，許多年前，我的同事Manuel Frau-Ramos和我做了有關於波多黎各學生在某一特定城市輟學的研究。我們發現，沒有參加雙語學程的學生有68%中輟，有參加雙語學程的學生只有39%中輟（Frau-Ramos & Nieto, 1993）。這個輟學比率的差異是引人注目的，可是39%的輟學率仍舊很高，這表示可能有其他影響因素，包括：學生對於融入程度的感覺、學生的教育準備度、教師對學生背景的有限知識、教師對多樣性學生的負面態度、學校政策和實務導致有些學生覺得自己是局外人。在這種情況下，雖然雙語教育在補救學生留在學校方面扮演重要角色，但仍無法完全確保所有的學生學業成就。

*文化回應教育*是一種基於學生認同和背景作為學校教育的重要來源，而其實施能使那些文化上被邊緣化、否認或者在學校疏忽的學生，能夠長期改善他們的教育（Au & Kawakami, 1994; Gay, 2000; Irvine, 1997; Ladson-Billings, 1994）。這樣的取向填補學生學業成就影響因素不足之處，且具有關鍵性的深度考量，如歧視來自附屬團體的成員，然而，文化回應教育本身無法保證學生有學習效果。比方說，若只是單純的「文化敏感」或是在課程中涵括的一些活動，則文化回應教育無法在本質上有所改變。更進一步說，*即使*這些被邊緣化的學生是在所謂文化不相容情境下接受教育，*仍*有很多是高成就的。由此觀點出發，乍看之下，天主教學校或許對某些小孩不太合適，因為這些學校常沒有雙語教育，班級學生人數也太多，然而，卻有許多非裔美籍和拉丁裔背景的學生在天主教學校中學業成就相當優異（Bryk, Lee, & Holland, 1993; Irvine & Foster, 1996）。

以天主教學校而言，我們一定要超越文化回應來解釋學生的學業成就。由於天主教學校資源有限，因此，除了很清楚地明示對社會的責任以外，其傾向於提供學生較沒有區別性的學習過程，較少的能力分班，但卻有較多學術性的課程（Bryk, Lee, & Holland, 1993; Irvine & Foster, 1996）。乍看之下，從文化相容性的觀點來說可能相當不妥當，卻反映出對所有學生的高期待水準。這個例子說明了，學業成就其實與許多因素和情境有關，沒有單一簡單因素或解決方案即可搶救學業落後的情況。

474

本章中，我試著去探討學校改革的意義，從多元文化的觀點來考慮學生學習的涵義。先從多元文化觀點去定義學校改革，學校的政策和實務可能隱晦地描述了誰有資格得到高品質教育，也就是說，某些學校政策和實務可能強化了現今社會所存在的不平等。繼之，從多元文化觀點來描述五種成功學校改革的複雜情況，這些情況彼此關聯密切，但我試著分開解釋這五種情況，希望能夠提升學生的學業成就。

多元文化觀點的學校改革

　　許多人假設，多元文化教育就是比敏感訓練、降低偏見、文化工藝品或者民族節慶等單獨獨立的課程，多一些深度與廣度。有時候，這代表著教育是對於貧民窟學校（inner-city school），或者更確定地說，教育其實是給非裔美籍學生的。如果我們以這種有限的方式來加以干預的話，多元文化教育對學生的學習即不具影響力。

　　當我們將學校改革廣泛地概念化後，多元文化教育對學生如何學習，以及應學到何種程度，就會有重要的影響。當多元文化教育注重學生、注重如何幫助學習落後學生時，多元文化教育就會幫助教育者去尋求各種解決的方案，且對學生的學業成就落後有所貢獻；這包含著建立一個有效的學習環境、多元化的教育策略，更深層地了解文化和語言如何在學習上具有的影響力。

　　從多元文化觀點來進行學校改革，我們必須在*社會政治脈絡*（sociopolitical context）下了解多元文化教育（Nieto, 2004）。社會政治脈絡強調教育受到社會以及政治情境的影響，例如，由於種族、社會階級、性別和其他的異質性，造成階層化的不平等，從此觀點出發，能力分班、高標準關鍵性測驗、母語教育、保留、課程改革和教學法等等，其實都是受到社會政策的影響。

　　如同Freire（1985）所論述的，無論從教室、城市、州或者國家的層面，每一個教育決定其實都蘊含在某種意識型態的框架之下。如此的決定，就好像一個教室是否應該要按照行列排列整齊而且面對老師，或者應該以分組為主而將桌椅排列成合作學習模式，或者應該要以不同的學習任

務而決定各種不同的座位排列方式，這種決定就如同決定課桌椅一樣簡單。從另一個角度來看，這些決定也可能難以達成，如同在整個學校制度中消弭能力分班，或者教導少數語言族群的學生母語和英語，或只使用英語。在每一個教育政策決定下，對於學習的本質其實都有所假設；有關一些特定的學生可能有辦法達到學習成就，有關誰的語言是受到重視的，以及誰應該是教育過程中的核心等等。即使是一些很無知的決定，也有可能是背負著意識型態和哲學的大包袱，而這也是最直接或間接地影響學生。

如同被廣泛討論過的，從社會政治脈絡的觀點來定義多元文化教育（Nieto, 2004）：

針對所有學生的全面性學校改革和基本的教育過程，多元文化教育挑戰並拒絕種族主義，以及在學校或社會中其他形式的歧視，而接受並肯定多元文化論（族群、種族、語言、宗教、經濟、性別等），這必須要能反映出學生社區和學校的多元文化論。多元文化教育包含學校課程、教學策略，教師、學生和家庭之間的互動，以及學校教學和學習本質概念化的方式。因為多元文化教育使用批判教育學作為教育理念，並將知識、省思和行動〔實踐（praxis）〕作為社會改革的基礎。多元文化教育提倡社會正義的民主原則。（p. 346）

上述的多元文化教育定義假設：全面性的學校改革努力，並非只是表面地在課程中加入某些元素，或對於多樣性議題爆出某些火花，譬如，教師的工作方案或者學生的會議等。如同以上所說，我將利用這個定義來檢視，系統化的學校改革是否能夠提升學生的學習效果。

多元文化觀點的系統學校改革

學習失敗並不是無中生有，而是經由政策、實務、態度和信念產生的。具體來說，學校教育的不平等可以藉由案例來解釋：社會相信年輕人能夠有什麼作為，以及他們應該獲得什麼。比方說，只提供低程度課程給那些少數民族學生或者低收入的年輕人，就明顯地表示他們並沒有被期待要有高成就；在相似的情況下，如果考慮到「中輟之營」的學生，純粹是

因為他們的族群、母語、家庭、社會階層，如此有些學生就因為他們的認同而被謠傳為不可教育。

如此一來，談到教育改革時，我們就必須從微觀與巨觀兩方面來看，影響學生學習的因素有哪些。微觀方面包含文化、語言、學生和他們家庭的經驗，以及這些在學校政策與實務中所扮演的角色是否能被列為考慮（Cummins, 1996; Nieto, 1999）；巨觀方面則包含不平等的種族階層化、學習資源有賴學校提供與否（Kozol, 1991; Orfield, 2001; Spring, 2002）。除此以外，學生和其家庭如何看待他們在學校和社會上的地位，也必須列入考慮。如Ogbu（1994）所稱：學校表現落差持續的原因是，種族階層化、受宰制族群所受的不平等教育，以及受宰制族群對這些經驗的回應。

因為學校間財政的不平等（National Center for Education Statistics, 2000），學校管理不具代表性（Meier & Stewart, 1991），大班級（Mosteller, 1995）可能在提升學生的低成就中扮演強有力的角色。比方說，不平等的學校政策在Jonathan Kozol（1991）的研究中，已顯示出其重要意義（National Center for Education Statistics, 2000），但改革策略，如增加在校時數、提高更嚴格的畢業標準、增加標準化測驗等等，也都列入考慮。譬如，學校大小其實對學生的學習方面具有一定的影響，因為它可能影響到學生的歸屬感，因此也與他們的學習有關。如某研究發現：學生人數四百人以下的學校，老師們似乎對於學生的學習有共同的責任感，且學生數學的成就似乎也比較高（Lee & Loeb, 2000）。實際上，若將經費和班級大小這兩個與學校狀況密切相關的選項予以平等化，在學生的學習上可能會有極大的改善，特別是學生還沒有從經費與班級大小得到益處者。

學校改革策略若不承認巨觀方面的不平等，將會是不妥當的，因為他們假設，學校提供所有學生一個公平的競爭平台。以下所描述的狀況，當我們承認有這些不公平時，我們其實也給予學校制度平等的經費或者小班級的狀況。與其等待這些改變發生，學校和老師其實可以開始有效地改善學習環境。以下所描述的五種情況（在Nieto, 1999所描述的會更具體詳細），在經費以及資源分配上的改變，或可創造出讓所有學生有更好學習機會的學校環境。

學校改革應該是反種族主義和反偏見

反種族與反偏見的觀點是多元文化教育的核心。這是因為很多人相信，多元文化教育會自然地消弭掉種族主義，可是這實在有點偏離現實。事實上，如果只是偏向表面的文化觀點，或將民族的一些小元素加入課程中，未彰顯反種族主義的多元文化教育，反而會讓最壞的刻板印象永續不移。

相反的，種族主義代表著，我們必須注意到有些學生可能在某方面比其他學生有較多的利益，包括課程與教學、篩選政策、學校老師和社區，以及學生的互動和關心。忠於多元文化教育的學校必須仔細檢查學校政策、教職員態度與行為，來決定這與學業落後是否具有相關性。如果學校和老師能夠有此期待與作為（Nieto, 2000/2003; Zeichner, 1996），無論使用母語是被允許或被禁止（Gebhard, Austin, Nieto, & Willet, 2002）、篩選是如何發生（Oakes, Wells, Jones, & Datnow, 1997），以及教室組織、教學、課程如何影響學生的學習，都應該一一列入考慮（Bennett deMarrais & LeCompte, 1999）。

為了成為反種族主義者，學校必須考慮課程會如何造成永久的負面影響及扭曲，或是對某些族群的負面印象。很不幸的，許多教科書和童書仍然充斥著種族主義和性別主義的傾向，而且也對來自低社經、低收入社區的學生與成員有鄙視的描繪。雖然這種情況在改善中，這些刻板印象也不再像以前那麼突兀、令人驚嚇，但仍有許多不妥當以及負面的刻板印象（Harris, 1997; Loewen, 1995, 2000; Willis, 1998）。

相關的理念下，在標準課程中，多數男男女女被描繪成英雄或者英雌——無論是宰制或非宰制文化——所以他們很「安全」；也就是說，他們並不會挑戰現況的不公平。而其他一直為了社會正義而奮鬥的人士則常被忽略，且常被描繪成奇怪或不正常，亦常貶低他們的貢獻以塑造安全的環境。Kozol（1975）有一篇文章提到，學校如何將Helen Keller或Martin Luther King, Jr.描繪成最有熱情和勇氣的英雄，或將他們變成是無聊或者是較不可信的漫畫諧角。Kohl（1993）在一篇擁有充分證據的文章中提到，Rosa Parks（美國公民運動之母）其實被描繪成一個不願意在公車上放棄座位的疲憊婦人，而不是一個勇敢的民主鬥士（Kohl, 1993）。另外

一個例子就是，很少小孩學習到有關Nat Turner（Aptheker, 1943/1987）其實是反奴隸的先驅者，大部分人學到「Abraham Lincoln解放黑奴」。這些都是被錯誤引導的最佳例子，而最糟糕的是，這些皆是種族主義的代表。

屬於都市族群的學生藉由此類的課程學習到準則（norm），因此他們常常假設，只要在文化或學識上跟他們有異質性的，即處於不利的地位或屬於弱勢。在另一方面，被宰制文化的學生可能會認為，其文化、家庭、語言和經驗是降低層次的訊息加以內化，他們會學習，但他們會覺得次人一等，這樣的結果或許就是所謂的「刻板印象威脅」（stereotype threat），或是對黑人的影響，其他有色人種，或者學校和社會中對於女性的歧視（Steele, 1999）。所有學生都因為這些錯誤訊息的灌輸而遭殃，可是，被宰制族群的學生其實是最受影響的。

學校機關的影響力在這裡也顯而易見。種族主義的意涵即為對某些族群的*個人*偏見。這樣的觀念其實可以掩飾學校機關自己本身如何造成對於美國印第安人、非裔美籍、拉丁裔、貧窮的歐裔美國人、女性，和其他受宰制族群學生的傷害。*個人種族主義*（individual racism）和*制度種族主義*（institutional racism）最主要不同是權力的有效運用，因其主要是透過能夠掌控機關學校的人，用來強化並壓制使政策合法化（Tatum, 1997; Weinberg, 1990）。也就是說，當種族主義已被視為體系問題，那麼就不關乎個人喜歡某特定團體與否，且可較為了解其負面和破壞性的效果。

我並不期待去降低個人偏見和歧視的影響效果，這不只是單方面的提到個人歧視，譬如白人打非裔美國人。沒有任何團體可以掌控偏見與歧視，它們來自四面八方，有各種不同型態與方向，即使是在團體之間亦是。但族群間的仇視和個人的偏見，並無法代表*制度*種族主義和偏見所帶來的長期影響。例如，在測驗方面可能是制度方面的歧視，這些來自不同文化和社會、受宰制族群的學生，因其測驗結果被視為次等（McNeil, 2000）。這些測驗蘊含的目的或破壞性的效果，並不是審視測驗本身，反而導致學生常被責怪（Orfield & Kornhaber, 2001）。除此以外，教科書公司發展測驗以獲得高利潤的現象常常是隻字未提，這也是一種事實（Kohn, 2000）。

反種族主義的觀點在學校裡也相當明顯，尤其當學生被允許、鼓勵去發表他們受到種族主義和其他偏見的歧視。當課堂中討論到種族主義時，

許多白人教師會覺得相當不舒服。他們不舒服的原因有以下幾種：他們缺乏面對如此有爆發性議題的經驗，而且他們其實也是對種族主義保持沉默的共犯（彷彿他們不說就覺得種族主義會消失一樣），白人教師對於成為宰制族群的一員並從種族主義中獲利感到愧疚，他們常常假設自己是住在一個色盲的社會，或者是混合這些理由的原因（Fine, 1991; Kailin, 1999; McIntyre, 1997; Sleeter, 1994; Tatum, 1997）。然而，若給予學生時間和支持來表達他們的觀點時，結果可能是相當震撼的，因為他們的經驗已被合法化，並且強過他們的學習。比方說，Levin（2001）和Landsman（2001）提出教室中討論種族主義和歧視的影響。在相關的議題下，Donaldson（1996）描述，市區高中學生如何運用本身及所屬團體所經驗過的種族主義，作為一個同儕教育課程的內容。這種結果嚴格檢視種族主義在教育中扮演的角色，這些研究者發現，與其將這些主題棄於一旁，直接面對有關偏見的相關議題，或可幫助學生成為積極、具反思行為的學習者。

在我自己的研究中，有學生提到種族主義以及其他學校老師和學生有的偏見（Nieto, 1994）。Manuel是維德角共和島（Cape Verdean）的學生，十一歲搬到美國，他如何受到同學的嘲笑，「當美國學生看你的時候，如果你已跟他們有不同的文化，那就很難跟他們和平共處；而且不同的文化會有不同的習性，譬如穿著之類的，那麼你就很難跟他們相處。所以這些小孩會看著你並嘲笑你，你知道的，在剛入學的時候。」（p. 414）Avi是猶太裔美國人，他討論過有關於反閃族（anti-Semitism）的相關議題，包括曾有一個學生走到他的旁邊，並在耳朵邊輕聲說：「你已經準備好第二次的猶太大屠殺（Second Holocaust）了嗎？」其他學生會討論有關老師的歧視。波多黎各的學生Marisol和越南學生Vinh特別提到語言歧視是主要的問題。在Marisol的案例中，老師不允許學生在課堂中用西班牙語，對Vinh而言，那就是老師對於他母語的態度。他解釋著：「有些老師不了解該語言，所以有時候，我的母語聽起來反而有點好笑。」（p. 414）

以上這些例子顯示，若要學生開始賦予平等的學習環境，學校中的反種族主義觀點是必要的。反種族主義的觀點是很重要的路徑，透過這條路徑，我們可以分析學校的政策和實務，包括課程、教學、測驗和能力分班、紀律、聘請教師、保留學生與家長的態度和互動。

學校改革應反映出對所有學生的認識與接受，這些學生擁有提高他們的教育成就之才能與優勢

許多教育者相信，文化弱勢族群學生在經驗或者文化上的弱勢，對他們的教育其實不見得有正面影響。最典型的例子是Ryan（1972），他創建了「責怪犧牲者」這個詞句，代表將教育的失敗歸咎於學生和他們的家庭。這些學生通常來自於低收入或屬於有色人種族群，而且常常被認為平凡或者「文化剝奪」，這些是在1960年代相當普遍的詞（Reissman, 1962）。可是，Ryan將這種「文化剝奪」的概念轉向，並寫道：

> 當我們面對文化剝奪小孩時，看起來似乎是不如我們處理正在文化上剝奪學生的學校。這並不是透過修正或修復這些貧乏的小孩而達到，而是我們要轉化氛圍，並能將學校改變成對學生教育有貢獻的機制。（p. 61）

學生可能會認為是文化上被剝奪，但這只是因為他們的母語不是英語，或者因為他們是來自單親家庭或貧窮家庭。有時候，他們只因為其種族或者民族而被貼上標籤，與其用這樣的貧乏觀點作為開始，我們應該產生一種更正面積極、實務與有希望的觀點。因此，學校改革評量主要是基於所有來自不同家庭的學生，他們帶著自己的家庭以及族群文化來接受教育，而這些能透過有利的學習環境來達到他們的教育目標。Moll和González（1997）關於「知識資本」（funds of knowledge）的研究中，將知識資本融入課程中，意即運用所有家庭的經驗和技能鼓勵學生的學習，以一種較有前景和生產力的方式來接近家庭，而不是將家庭視為有缺失而需要修正的。

如果我們以這樣的前提出發，那麼，學生和他們的家庭就有足夠扎實的知識去了解學生的學習，這對於改善學校教育品質有一些啟示（Kiang, 1995）。與其把學習失當完全歸諸學生，教師需要更加了解自己本身的偏見如何阻礙學生的學習，同時也需要考慮學生的最佳學習方式，以及本身教學技巧上的改變，可能會有哪些爭議的效果。這代表著，教師需要去學習文化回應的方式，以符合所有學生的需求（Irvine, 2003; Ladson-Billings, 2001）。

老師同時也需要考慮學生的母語如何影響他們的學業成就。若要使這樣的意念發生，老師們需要「去除學習」（unlearn），去除學習有關母語使用的迷思（Snow, 1997）。比方說，在學校裡會試著去說服那些英語非母語的父母，在家引導他們的小孩說英語。但這樣的建議其實不見得有太大的意義，至少基於以下三種理由。首先，這些父母本身會說的英語字彙不多，英語能力不強，也因此無法提供他們的孩子適當的英語用法與模式。其次，這樣的導向常常削減親子之間的互動，而非激勵。如此一來，如果年輕人學習英語時必須放棄他們的母語，而不是將母語和英語並行學習，則可能造成學生和其家庭成員以及社區有斷層現象（Beykont, 2000; Wong Follmore, 1991）。

比較合理的建議是，我們應彰顯父母給予孩子教育的貢獻，鼓勵父母與其孩子說母語，而非阻礙，意即應該常說母語，並且一致且連貫地使用母語。在學校裡，學生不會因為說母語而遭受迫害，相反的，應鼓勵孩子們說母語，這也是他們應享受的學習福利之一（Fránquiz & Reyes, 1998）。一個非常豐富扎實的溝通傳統應該是我們想看到的結果，無論是在學校或家庭中。

另外一個使用學生和家庭優點失敗的例子，就是課程方面。小朋友通常接受到的訊息是與他們日常生活無關的社區成員形象，其實，學校和教師應該要肯定學生和他們家庭的才能與經驗的觀點，並融入課程裡。此外，不只是小孩子應該要學習這些社區協助者，如警察、郵差和老師，他們也應該學習在地的商人、社區運動者和街頭小販。他們常常是社區的協助者，即使他們常不包含在正式的課程中。

更進一步考量學生和其家庭優勢的觀點，就是Cummins（1996）所提的學校「權力關係」（relations of power）。從「高壓」、「合作」權力關係的提議，Cummins稱，傳統老師為中心的傳遞模式，可能會限制學習潛力，尤其會貶抑那些在文化和語言上受到宰制的團體。比方說，Poplin和Weeres（1992）對學校深度的研究中發現，學生常感到無聊，而且學校的課程對他們的生活及日後的發展關係性很低。這些研究者下了個結論：愈來愈標準化的課程、教材和學習，使學生愈感到教材與他們所想的、所期待的脫節（Poplin & Weeres, 1992）。也就是說，愈來愈多的學校經驗其實與自己的社區經驗愈來愈不相關，而學校教育也與學生所期待的愈來愈脫節。

他們的發現提示我們，若將學生和其家庭視為發展教材的共同發展者，可以幫助學生學習。藉由鼓勵共同合作的權力關係，學生能開始肯定他們以前所忽略的一些知識，這樣的取向或多或少能影響學生的學習效果。

學校改革應考慮批判教育學的因素

根據Banks（2003）的研究，多元文化教育主要目的是幫助學生發展政策決定和社會行動的技能。因此，當學生學習從各種不同的觀點來觀察情境和事件時，批判性思考、省思和行動力也隨之提高。批判教育學和多元文化觀點的關聯性，其實是擴展並在教育哲學架構有所歧視（Lee, Menkart, & Okazawa-Rey, 1998; May, 1999; Sleeter & McLaren, 1995; Walsh, 1996）。批判教育學是一種教育取向，主要鼓勵學生和老師從批判的觀點來看待他們學習的事物，或套用Freire（1970）的話，藉由學習閱讀「詞彙和世界」（the word and the world）。根據Freire所述，批判與增能賦權取向的反面就是「儲存式的教育」（banking education），而學生只是學習去記憶或是消極地接受他們所接收到的知識。另一方面，批判式教育期待學生能去尋找自己的答案，且對於問題或是解答有一定的好奇心。

許多學生並沒有機會去接觸各種不同的觀點，但這樣的機會有其必要性，如果他們想發展批判式的判斷和政策決定的技巧，以幫助他們能在一個民主社會中成為具生產性的成員。因為批判思考重視各種不同的觀點，並且鼓勵批判思考、省思和行動；學生是被增能賦權的學習者，因為他們是其他成員問題的解決者。批判教育學是運用學生目前的實際情況作為基礎，以促進他們的學習，而不只是輕蔑他們所知道或者他們是誰的情況。所以，批判教育學肯定各式各樣形形色色的多樣性，而不是壓抑多樣性。

Shor（1992）關於批判教育學的分析是具有教導性的。基於這樣的角色是因為沒有一個課程是完全中立的，幫助學生擴展視野是學校的責任，使其能批判地認知到社會變遷中所需要、所接觸的服務。因此，批判教育學並不只是將知識從老師方面轉到學生。批判的觀點不是只用一個事實來取代另一個事實，反之，學生受到鼓勵去省思多元且相互矛盾的觀點，能更加充分了解現今社會。比方說，學習關於日裔美國人和日本後裔在第二次世界大戰中被關在集中營的情況，學生本身具有的知識並非批判教育學，當學生分析各種不同的觀點，並運用這些觀點去了解、發現不一致

時，才是批判的觀點（Daniels, 1971）。學生也開始了解種族主義者、經濟剝奪者，以及集中營提倡者所扮演的角色；同時，他們也能從國家的理想來判斷這些事件。

對缺乏批判觀點的學生而言，事實就如同停滯的、完成的或平鋪無奇的，但深層蘊含的衝突、問題，和所存在的矛盾卻被忽略。如同我們所觀察到的，所有科目的教科書常教一些不受歡迎的觀點，或忽視社會中被剝奪權的團體觀點。而且，極少教科書能公平地說明是誰建造了國家：受奴役的非洲人、移民過來的藍領階級，即使他們是我們社會的中堅分子（Zinn, 2003）。

如此一來，美國許多族群共同分享的移民經驗，常被視為一種很浪漫、成功的漂流記，而非被扭曲、失落的經驗。除此之外，歐洲移民經驗常在歷史課本中提到，因為它是所有移民者的歸因模式，雖然在十九世紀末或二十世紀初來到美國的移民者所承受的歷史脈絡、種族政治和仇恨、經濟的結構，其實迥異於歐洲移民者（Carnoy, 1994; Takaki, 1993）。

使用批判教育學作為學校改革的基礎，與傳統的學校改革模式在政策上有很多不同處。除基本地提升教材選擇的重要性，批判教育學還有助於擴展老師和學校對學生知識及學業能力的觀點。至於學生方面，運用批判教育學可幫助他們成為學習的操控者或經營者，且能在具生產或批判方面運用所學，學到的知識能擴展到學生生活中的推論，並能設計改變實際生活的策略。

教室裡的批判教育學有許多強而有力的例子，這對教師引導學生學習有增能賦權的影響。Mercado（1993）和Marceline Torres針對某中等學校老師和其學生設計了一個方案，方案中將這些年輕人的身分在所屬的Bronx社區裡轉變為研究者。學生學習到許多細膩的學術經驗，同時也能更深層地思考自己的情況，譬如藥物濫用、無家可歸、青少年懷孕和隔代衝突等。在很多情況下，學生運用其在社會行動方案中的研究技能去改善他們的社群。

在現代古典的文章中，Peterson（1991）寫下他如何運用批評教育學來教導語文、神話，並提供五年級學生豐富的學習環境。他描述班級會議如何成為「提出問題」（problems-posing）的方式（Freire, 1970），當學生寫下他們關心的議題，以及想討論的議題之後，接著決定時間來討論。

他寫下五個步驟的計畫，以求得學生所需要的答案：

1. 問題是什麼？
2. 你確定這是個問題嗎？
3. 我們該如何做呢？
4. 試試看。
5. 如何才能有效呢？（p. 166）

　　Peterson（1991）並沒有將這樣的過程作為萬靈丹。反之，他描述到：「當來自貧窮或少數族群的學童或社區面臨無法馬上解決的問題時，提出問題的教學方式可以鼓勵學生思考，為什麼會有這樣的議題產生，而且他們可以去找出他們行動的方案，無論這方案多小，他們都可以開始去討論。」（p. 166）

　　最近，Patty Bode是將多元文化觀點融入教學中的天才藝術老師，在某些書籍中，反映出她所任教的一年級學生有不公平的情況。在Kaeli的一封信（A Letter from Kaeli，Nieto, 1999）一文中，Patty提到她在信箱收到一個一年級學生採用自我發明的拼字方法的書信：

Dear!!!!!! mis Boudie

Ples! halp. my moom was spcing to me abut wite piple leving bran and blak piple out of books.

Love Kaeli

[Dear Mrs. Bode

Please help! My mom was speaking to me about White people leaving Brown and Black people out of books.

Love, Kaeli]（p. 125）

親愛的Bode老師：

　　請幫忙！我媽媽正向我說明，美國課本將棕色與黑皮膚的人排除在課本外。

　　Patty送還Kaeli這封信時，寫著：「我很高興你來求救，這是我們必須互相幫忙的一個問題。我們必須向自己的朋友、老師和家庭求救，並且互相合作……或許我們應該在藝術課上討論這個問題。」（p. 126）後來，

當Kaeli的班級上藝術教室時，她大聲地念出那封信，同時也展示那本書給她的班級，指出有偏見之處。這是關於人體構造的一本書，是由相當著名的出版社所出版的，此書許多插圖中，Kaeli發現只有少數的圖是關於黃種人與黑人。當學生討論為什麼這可能是一個問題時，Patty重新說明：

> 在一年級和六歲大小孩的詞彙裡，他們討論著「公平」和「不公平」、「歧視」、「刻板印象」及其他字彙等等。透過對話，在沒有我的協助情況下，他們認為，如果某些書是在描述某一特定的家庭或事件，那麼整本書只描繪黑人、黃種人或白人，這是沒有問題的。但是，如果書籍強調的是「人類的身體」（Human Boday）或是關於「世界的人類」（People of The World），則需要更加仔細地審視一年級的課程。（p. 127）

透過參與許多藝術活動，包括色彩理論、自畫像、臉龐角度等，學生們討論這些詞彙，並探討各種不同族群、種族和社會族群如何用較適當的名詞來描繪他們。最後學生們下結論說：「使用如*黑人*或者*非裔美國人*、*白種人*或者*歐裔美國人*、*拉丁裔*或者*西班牙裔*，以及*亞裔*或者*華裔美國人*這些名詞時，其實是需要多思考的。」（p. 127）Patty同時也給予學生各種不同書籍的範例來做分析。從這個觀點出發，學生們覺得出版社應接受他們所傳達的訊息，且應公平地呈現各種不同種族族群的圖片。Erika是一年級學生，他同樣使用倒裝的拼字法，寫出下面的信件：

> *Dear publisher,*
> *Make your books faire! And if you don't me and my famyuliy will never by or read your unfaire books. we want fairenes.*
>
> *From, Erika*
> *[Make your books fair! And if you don't, me and my family will never buy or read your unfair books. We want fairness.]* （p. 128）

讓我們的書本公平吧！如果你不改，那麼我和我家人永遠都不會買你那些不公平的書，我們要公平。

在課程與教學的影響下，Patty繼續描述當他準備以布告欄討論教科書呈現的多樣性時，他說：

我將藝術教室的牆壁填滿孩子們臉龐的照片。我花了很多時間來選擇這些圖像，以呈現各種不同種族族群、不同的類型與複雜性。有一個歐裔美籍的小男孩看著展示的照片說：「Bode老師，白人不在照片裡面。」（p. 127）

Patty問他，他認為有不同背景的人數有多少（透過這樣的活動，他了解到辨認各種不同背景的人數到底有多少並非容易的事），而且讓這個小男孩驚訝的是，他發現這個布告欄實際上包含很多白種人。當Patty問他為什麼他會覺得歐裔美國人沒有被呈現在展覽當中時，他回答：「我想可能是因為我習慣看到更多。」（p. 128）

Patty的省思可以下列幾句話來統整：

這個單元對我來說是個很好的提醒，也提醒我們整個社區應該要共同為社會正義而奮鬥，個人或者單一團體可能無法成為社區或族群奮鬥的力量，同時也無法倖免民族的責任。那需要更多的觀察、傾聽和批判思考來幫助社會政治的覺知，尤其是在一年級的教室中。（pp. 128-129）

如同Patty Bode的經驗，強調批判的多元文化教育不應只留在大學教室或歷史課及英文課，即使在六年級的藝術課，也可埋下批判思考和社會正義的種子。批判教育學已轉換成行動，大部分前線教室所描繪的，其實都包含在《再思學校功能》（Bigelow, Christensen, Karp, Miner, & Peterson, 1994; Bigelow, Harvey, Karp, & Miller, 2001）和《為改革而教育》（*Teaching for Change*, Lee et al., 1998）當中，這些討論特定教材和教學改革的文獻，是批判教育學促進學生學習效果的重要因素。

與教學學習最相關的人物（教師、家庭和學生）須積極參與學校改革

Fine（1994）形容學生1988年在費城開始的改革運動中寫著：「民主改革讓人覺得很沮喪、吵鬧，但是卻具有可能性。」（p. 10）實際上，關於家庭、學生和教師參與學校改革的研究已持續顯示，與學習者最接近的成員參與學校改革能大幅改善學習。這在都會學校尤其普遍，而學校提供

服務給貧窮、非裔美籍學生、拉丁裔和移民學生也是如此（Epstein, 2001; Olsen, Jaramillo, McCall-Perez, White, & Minicucci, 1999），但這些人常是學校改革對話或實踐上被排除的對象。

Cummins（1996）重新檢視以學生增能賦權為目標的課程方案之後，發現其鼓勵學生去發展正向的文化認同，透過師生互動能發展出在學業成就上有積極的洞見。學校改革評量強調，教師、家庭和學生的參與有別於傳統取向，是深具意義的。這些團體對學生學習已有一些本質和很深入的觀點，而不是想出一些迴避意見的方式，學校改革積極尋求學生、家庭和教師參與已發展的具體政策、教材發展、能力分班和測驗上的決定。同樣的，在課程中容許學生對任何議題有積極批判性的參與，可以肯定所有學生有參與論述的合法性，譬如，所有語言在學校中受到重視。

同時，這些討論也肯定學習的必要性，而且會讓社會大眾對這些議題更覺坦然（Delpit, 1995）。除此之外，讓家庭參與課程發展可以豐富課程，肯定家長所提供的，並且幫助學生克服因為文化、語言、價值觀，或來自文化弱勢團體所造成的羞辱（Nieto, 2004; Olsen, 1997）。

學校改革需基於對學習者的高期待與嚴格標準

許多學生在一天之間會碰到許多複雜和困難的議題，包括貧窮、暴力、種族主義、喪失功能性的家庭、缺乏健康保險和困窘的居住環境。除了這些情況之外，許多家庭對於學校的經驗和情況，似乎是將學生放在中輟之營的情境當中，這些教師和學校認為，不會說英語或是屬於某一特定種族或族群，都可能造成學習困難，但從這個觀點出發，亦會讓教師和學校產生稍縱即逝的曙光。與其將語言和文化上的差異視為學習障礙，不如將其視為學生接受教育的資源。由此出發，不因少數族群學生的抑制心而作為其他標準的合理化因素，其實，這些抑制心可以用來提升學生的學習。除此以外，在我們的社會，我們總是期待學校提供學生均等與平等的教育，而不只為那些生活無虞沒有煩惱，或者那些種族、族群、社會階層或語言能力符合所謂成功學生的形象者。在美國，給予所有不同背景學生的均等教育策略仍未實現，這可從一個古典的迷思中去了解——「偉大的平衡器」（the great equalizer）（Bowles & Gintis, 1976; Katz, 1975; Spring, 1989）。然而，平等的教育機會理想其實是值得捍衛，並在實務層面極力

推廣。

　　無可否認的，多數學生面臨許多無法想像的疑難雜症，而學校似乎也無意去解決這些問題。我們既不能否定許多老師在有限的經費和資源下，極力努力幫助學生，同時也教導學生在險惡的環境中接受各種挑戰。然而，學生所面對的這種困難情境，並不需要把它當作是無法超越的困境，尤其是在他的學業成就上。我們通常對學生低期待水準的情況，確實會產生更多的障礙。比方說，如果學生不說英語，老師可能會假設他們無法學習；或者如果他們沒有接觸圖書館、博物館，或者其他文化機構的經驗，這些老師就會認為他們可能還沒有準備好要學習。

　　如果我們很嚴肅地面對學生，提供更多生活上的選擇，尤其是對那些來自資源貧乏社區學生，那麼，我們必須假設這些學生無論是在個人或是團體層面，在學業上都可以有高成就。太多學生已被視為無法教育，這只是因為他們生下來時沒有優良的物質環境或家庭情況。這普遍的態度讓學生到校之後無法學習，甚至無法超越種族優劣基因說，進而造成他們可能很不幸地淪為次等學生（Herrnstein & Murray, 1994）。

　　許多成功的例子顯示，所有學生都有學習的潛能。比方說，若考慮到加州東洛杉磯的Garfield中學，學生多屬墨西哥裔，而他們的教師是Jaime Escalante，他就是在《為人師表》（*Stand and Deliver*）這部電影中所呈現的英雄，他在高等數學方面幫助學生獲得高成就。實際上，當他們接受高等微積分測驗時，他們考試成績相當優秀，而測驗者卻不以為然。因此，他們必須再考第二次，而第二次考試的結果甚至比第一次還優異。

　　在麻州劍橋地區幾何學方案的成功，也是另外一個鮮明例子。這個方案當中，以前沒有機會學習代數的學生反而成為數學方面的高成就者。當他們繼續升學到高中的時候，從這個課程方案畢業的第一屆學生中，有39％是被安排至幾何資優班或者代數資優班；而未從這個方案中畢業的學生，則被安排在低程度的數學課中。這個代數的課程方案現已擴展到全美的學校系統中（Moses & Cobb, 2002）。

　　在紐約東哈林區的中央公園小學，是主要由拉丁裔和非裔美籍學生組成的學校。他們提供另外一個鮮明的例子來證明：許多被認為無法學習的學生，其實是相當有學習潛力，並可具有高成就的（Meier, 1995）。這個學校接受非精英或不受歡迎族群的學生，而且也有令人驚訝的成就：在一

個七年級畢業班的深度研究中發現，有90％的學生拿到高中文憑，三分之二的學生繼續升學，而這幾乎是全市比例的兩倍。

雖然學生的認同常被認為對他們的學習有障礙，但這是具有同化主義的觀點，鼓勵語言文化霸權，因此，學生的許多文化價值觀和傳統其實在研究的文獻上已經都有一些說明（Deyhle & Swisher, 1997; Igoa, 1995; McCarty, 2002; Nieto, 2004; Soto, 1997; Zentella, 1997）。這樣的結果讓我們無可避免地結論，在學生、學校和社會需要有所修正之前，也許應該改變我們的想法：將學生都視為有能力的學習者。

 總結

490

沒有一個簡單的公式可以提升學生的學習效果。學校改革階段性藍圖，可能有點不切實際或不妥當，因為每所學校在基本的結構、目標和人際關係上，都有所不同。除此以外，譬如，學校經費和學習資源分配的不平等，同時也有助於解釋，為什麼有些學生很成功，而其他卻沒有。不過，有些情況或可大幅改善現今被邊緣化的學生，這些邊緣化常在學校政策、實務上，基於貧乏理論的基礎。如果我們假設，學生不能達到高成就，那麼，他們的背景就如同是一個貧乏且令人困惑的因素，如此一來，多元文化教育就變成細目支解，那麼，學校改革策略可能成功的希望就很小了。

本章所呈現與分析的五種情況，是以多元文化觀點來提升學生的學習成就：

1. 學校改革應是反種族主義和反偏見的。
2. 學校改革應該反映出：了解和接受所有的學生都有提升他們教育的才能和優點。
3. 學校改革應是從批判教育學的理念出發。
4. 與教學和學習最有關的人（教師、父母和學生本身）必須積極且有意義地參與學校改革。
5. 學校改革需要基於對所有的學習者有高期待水準和標準。

本章最主要是基於一個相關的假設：(1)學生、家庭和教師其實都會將他們的優點和才能帶進教學和學習；以及(2)全面性的多元文化教育取向可以提供一個學校改革省思的重要架構。如此假設之後，我們可在有效學習和使學校成為肯定所有來自不同背景學生的重要場景及提供學習成就場所。

❀問題與活動

1. 作者所謂的「文化回應教育」涵義為何？為什麼如此重視？根據作者的說法，文化回應教育可促進有色人種學生和低收入學生的學業成就嗎？為什麼呢？

2. 「多元文化教育必須在社會政治脈絡下實行」的真正涵義為何？為什麼在執行多元文化教育時，社會、政治和經濟因素必須列入考慮？

3. 作者認為，要改善學生學業成就的五種情況是什麼？這些因素之間又有何相關性？

4. 作者如何區分*個人*和*制度種族主義*？為什麼這種區分很重要呢？提供你個人的經驗和觀察。

5. 何謂反種族主義觀點？為什麼作者認為，反種族主義觀點是執行多元文化教育時所必須的，提供你熟悉的反種族主義的教學例子和實踐方法。

6. 作者簡要地描述Moll所提倡的，將社區當地知識融入課程中。這樣的觀念如何幫助教師實踐「文化敏感」教學？

7. 何謂批判教育學？根據作者所述，批判教育學如何用於加強多元文化教育？

8. 父母和學生可以做什麼以創造有效的多元文化學校？請提供具體例子。

References ••

參考文獻

Aptheker, H. (1987). *American Negro Slave Revolts*. New York: International Publishers. (Original work published 1943)

Au, K. A., & Kawakami, A. J. (1994). Cultural Congruence in Instruction. In E. R. Hollins, J. E. King, & W. C. Hayman (Eds.), *Teaching Diverse Populations: Formulating a Knowledge Base* (pp. 5–24). New York: State University of New York Press.

Banks, J. A. (2003). *Teaching Strategies for Ethnic Studies* (7th ed.). Boston: Allyn & Bacon.

Bennett deMarrais, K., & LeCompte, M. G. (1999). *The Way Schools Work: A Sociological Analysis of Education* (3rd ed.). New York: Longman.

Beykont, Z. (Ed.). (2000). *Lifting Every Voice: Pedagogy and Politics of Bilingual Education*. Cambridge, MA: Harvard Educational Publishing Group.

Bigelow, B., Christensen, L., Karp, S., Miner, B., & Peterson, B. (Eds.). (1994). *Rethinking Our Classrooms: Teaching for Equity and Justice* (Vol. 1) Milwaukee, WI: Rethinking Schools.

Bigelow, B., Harvey, B., Karp, S., & Miller, L. (Eds.). (2001). *Rethinking Our Classrooms: Teaching for Equity and Justice* (Vol. 2) Milwaukee, WI: Rethinking Schools.

Bowles, S., & Gintis, H. (1976). *Schooling in Capitalist America: Educational Reform and the Contradictions of Economic Life*. New York: Basic Books.

Bryk, A. S., Lee, V. E., & Holland, P. B. (1993). *Catholic Schools and the Common Good*. Cambridge, MA: Harvard Educational Review.

Carnoy, M. (1994). *Faded Dreams: The Politics and Economics of Race in America*. New York: Cambridge University Press.

Cummins, J. (1996). *Negotiating Identities: Education for Empowerment in a Diverse Society*. Ontario, CA: California Association for Bilingual Education.

Daniels, R. (1971). *Concentration Camps, U.S.A.: Japanese Americans and World War II*. New York: Holt.

Delpit, L. (1995). *Other People's Children: Cultural Conflict in the Classroom*. New York: New Press.

Deyhle, D., & Swisher, K. (1997). Research in American Indian and Alaska Native Education: From Assimilation to Self-Determination. In M. W. Apple (Ed.), *Review of Research in Education* (Vol. 22, pp. 113–194). Washington, DC: American Educational Research Association.

Donaldson, K. (1996). *Through Students' Eyes*. New York: Bergin & Garvey.

Epstein, J. L. (2001). *School, Family, and Community Partnerships: Preparing Educators and Improving Schools*. Boulder, CO: Westview.

Erickson, F. (1993). Transformation and School Success: The Politics and Culture of Educational Achievement: In E. Jacob & C. Jordan (Eds.), *Minority Education: Anthropological Perspectives* (pp. 27–51). Norwood, NJ: Ablex.

Fine, M. (1991). *Framing Dropouts: Notes on the Politics of an Urban Public High School*. Albany: State University of New York Press.

Fine, M. (Ed.). (1994). *Chartering Urban School Reform: Reflections on Public High Schools in the Midst of Change*. New York: Teachers College Press.

第十六章　學校改革與學生學習：多元文化的觀點

Fránquiz, M. E., & Reyes, M. de la Luz (1998). Creating Inclusive Learning Communities through English Language Arts: From *Chanclas* to *Canicas*. *Language Arts, 75*(3), 211–220.

Frau-Ramos, M., & Nieto, S. (1993). "I Was an Outsider": An Exploratory Study of Dropping Out among Puerto Rican Youths in Holyoke, Massachusetts. In R. Rivera & S. Nieto (Eds.), *The Education of Latino Students in Massachusetts: Issues, Research, and Policy Implications* (pp. 147–169). Boston: Gastón Institute.

Freire, P. (1970). *Pedagogy of the Oppressed.* New York: Seabury.

Freire, P. (1985). *The Politics of Education: Culture, Power, and Liberation.* South Hadley, MA: Bergin & Garvey.

Gay, G. (2000). *Culturally Responsive Teaching: Theory, Research, and Practice.* New York: Teachers College Press.

Gebhard, M., Austin, T., Nieto, S., & Willett, J. (2002). "You Can't Step on Someone Else's Words": Preparing All Teachers to Teach Language Minority Students. In Z. Beykont (Ed.), *The Power of Culture: Teaching across Language Difference* (pp. 219–243). Cambridge, MA: Harvard Educational Publishing Group.

Harris, V. J. (Ed.). (1997). *Using Multiethnic Literature in the K–8 Classroom.* Norwood, MA: Christopher-Gordon.

Herrnstein, R. J., & Murray, C. (1994). *The Bell Curve: Intelligence and Class Structure in American Life.* New York: Free Press.

Igoa, C. (1995). *The Inner World of the Immigrant Child.* Mahwah NJ: Erlbaum.

Irvine, J. J. (Ed.). (1997). *Critical Knowledge for Diverse Teachers and Learners.* Washington, DC: American Association of Colleges for Teacher Education.

Irvine, J. J. (2003). *Educating Teachers for Diversity: Seeing with a Cultural Eye.* New York: Teachers College Press.

Irvine, J. J., & Foster, M. (Eds.). (1996). *Growing up African American in Catholic Schools.* New York: Teachers College Press.

Kailin, J. (1999). How White Teachers Perceive the Problem of Racism in Their Schools: A Case Study of "Liberal" Lakeview. *Teachers College Record, 100*(4), 724–750.

Katz, M. B. (1975). *Class, Bureaucracy, and the Schools: The Illusion of Educational Change in America.* New York: Praeger.

Kiang, P. N. (1995). Bicultural Strengths and Struggles of Southeast Asian Americans in School. In A. Darder (Ed.), *Culture and Difference: Critical Perspectives on the Bicultural Experience in the United States* (pp. 201–225). Westport, CT: Bergin & Garvey.

Kohl, H. (1993). The Myth of "Rosa Parks the Tired." *Multicultural Education, 1*(2), 6–10.

Kohn, A. (2000). *The Case against Standardized Testing: Raising the Scores, Ruining the Schools.* Portsmouth, NH: Heinemann.

Kozol, J. (1975, December). Great Men and Women (Tailored for School Use). *Learning Magazine,* pp. 16–20.

Kozol, J. (1991). *Savage Inequalities: Children in America's Schools.* New York: Crown.

Ladson-Billings, G. (1994). *The Dreamkeepers: Successful Teachers of African American Children.* San Francisco: Jossey-Bass.

Ladson-Billings, G. (2001). *Crossing over to Canaan: The Journey of New Teachers in Diverse Classrooms.* San Francisco: Jossey-Bass.

Landsman, J. (2001). *A White Teacher Talks about Race.* Lanham, MD: Scarecrow.

Lee, E., Menkart, D., & Okazawa-Rey, M. (1998). *Beyond Heroes and Holidays: A Practical Guide to K–12 Anti-Racist, Multicultural Education and Staff Development.* Washington, DC: Teaching for Change.

Lee, V. E., & Loeb, S. (2000). School Size in Chicago Elementary Schools: Effects on Teachers' Attitudes and Students' Achievement. *American Educational Research Journal, 37,* 3–31.

Levin, M. (2001) *"Teach Me!" Kids Will Learn When Oppression Is the Lesson.* Lanham, MD: Rowman & Littlefield.

Loewen, J. W. (1995). *Lies My Teacher Taught Me: Everything Your American History Textbook Got Wrong.* New York: Free Press.

Loewen, J. W. (2000). *Lies across America: What Our Historic Sites Got Wrong.* New York: New Press.

May, S. (Ed.). (1999). *Rethinking Multicultural and Antiracist Education: Towards Critical Multiculturalism.* London: Falmer.

McCarty, T. L. (2002). *A Place to Be Navajo: Rough Rock and the Struggle for Self-Determination in Indigenous Schooling.* Mahwah, NJ: Erlbaum.

McIntyre, A. (1997). *Making Meaning of Whiteness: Exploring Racial Identity with White Teachers.* Albany: State University of New York Press.

McNeil, L. (2000). *Contradictions of School Reform: Educational Costs of Standardized Testing.* New York: Routledge.

Meier, D. (1995). *The Power of Their Ideas: Lessons for America from a Small School in Harlem.* Boston: Beacon.

Meier, K. J., & Stewart, J., Jr. (1991). *The Politics of Hispanic Education: Un Paso Pálante y Dos Pátras.* Albany: State University of New York Press.

Mercado, C. I. (1993). Caring as Empowerment: School Collaboration and Community Agency. *Urban Review, 25*(1), 79–104.

Moll, L., & González, N. (1997). Teachers as Social Scientists: Learning about Culture from Household Research. In P. M. Hall (Ed.), *Race, Ethnicity, and Multiculturalism* (Vol. 1, pp. 89–114). New York: Garland.

Moses, R. P., & Cobb, C. E. (2002). *Radical Equations: Math Literacy and Civil Rights.* Boston: Beacon.

Mosteller, F. (1995). The Tennessee Study of Class Size in the Early School Grades. *The Future of Children, 5*(2), 113–127.

National Center for Education Statistics. (2000). *Trends in Disparities in School District Level Expenditures per Pupil.* Washington, DC: U.S. Department of Education, Office of Educational Research and Improvement.

National Commission on Excellence in Education. (1983). *A Nation at Risk: The Imperative for Educational Reform.* Washington, DC: Author.

Nieto, S. (1994). Lessons from Students on Creating a Chance to Dream. *Harvard Educational Review, 64*(4), 392–426.

Nieto, S. (1999). *The Light in Their Eyes: Creating Multicultural Learning Communities.* New York: Teachers College Press.

Nieto, S. (2002/2003). Profoundly Multicultural Questions. *Educational Leadership, 60*(4), 6–10.

Nieto, S. (2004). *Affirming Diversity: The Sociopolitical Context of Multicultural Education* (4th ed.). Boston: Allyn & Bacon.

Oakes, J., Wells, A. S., Jones, M., & Datnow, A. (1997). Detracking: The Social Construction of Ability, Cultural Politics, and Resistance to Reform. *Teachers College Record, 98*(3), 482–510.

Ogbu, J. U. (1994). Racial Stratification and Education in the United States: Why Inequality Persists. *Teachers College Record, 96*(2), 264–298.

Olsen, L. (1997). *Made in America: Immigrant Students in Our Public Schools.* New York: New Press.

Olsen, L., Jaramillo, A., McCall-Perez, Z., White, J., & Minicucci, C. (1999). *Igniting Change for Immigrant Students: Portraits of Three High Schools.* Oakland, CA: California Tomorrow.

Orfield, G. (2001). *Schools More Separate: Consequences of a Decade of Resegregation.* Cambridge, MA: Harvard Civil Rights Project.

Orfield, G., & Kornhaber, M. L. (Eds.). (2001). *Raising Standards or Raising Barriers? Inequality and High-Stakes Testing in Public Education.* New York: Century Foundation Press.

Peterson, R. E. (1991). Teaching How to Read the World and Change It: Critical Pedagogy in the Intermediate Grades. In C. E. Walsh (Ed.), *Literacy as Praxis: Culture, Language, and Pedagogy* (pp. 156–182). Norwood, NJ: Ablex.

第十六章 學校改革與學生學習：多元文化的觀點

Poplin, M., & Weeres, J. (1992). *Voices from the Inside: A Report on Schooling from Inside the Classroom*. Claremont, CA: Claremont Graduate School, Institute for Education in Transformation.

Reissman, F. (1962). *The Culturally Deprived Child*. New York: Harper & Row.

Ryan, W. (1972). *Blaming the Victim*. New York: Vintage.

Shor, I. (1992). *Empowering Education: Critical Teaching for Social Change*. Chicago: University of Chicago Press.

Sleeter, C. E. (1994). White Racism. *Multicultural Education, 1*(4), 5–8, 39.

Sleeter, C. E., & McLaren, P. L. (1995). *Multicultural Education, Critical Pedagogy, and the Politics of Difference*. Albany: State University of New York Press.

Snow, C. (1997). The Myths around Bilingual Education. *NABE News, 21*(2), 29.

Soto, L. D. (1997). *Language, Culture, and Power: Bilingual Families and the Struggle for Quality Education*. Albany: State University of New York Press.

Spring, J. (1989). *The Sorting Machine Revisited: National Educational Policy Since 1945*. White Plains, NY: Longman.

Spring, J. (2002). *American Education* (10th ed.). Boston: McGraw-Hill.

Steele, C. M. (1999). Thin Ice: "Stereotype Threat" and Black College Students. *The Atlantic Monthly, 284*(2), 44–54.

Takaki, R. (1993). *A Different Mirror: A History of Multicultural America*. Boston: Little, Brown.

Tatum, B. D. (1997). *"Why Are All the Black Kids Sitting Together in the Cafeteria?" and Other Conversations about Race*. New York: HarperCollins.

Walsh, C. E. (Ed.) (1996). *Education Reform and Social Change: Multicultural Voices, Struggles, and Visions*. Mahwah, NJ: Erlbaum.

Weinberg, M. (1990). *Racism in the United States: A Comprehensive Classified Bibliography*. Westport, CT: Greenwood.

Willis, A. (Ed.). (1998). *Teaching and Using Multicultural Literature in Grades 9–12: Moving beyond the Canon*. Norwood, MA: Christopher-Gordon.

Wong Fillmore, L. (1991). When Learning a Second Language Means Losing the First. *Early Childhood Research Quarterly, 6*, 323–346.

Zeichner, K. (1996). Educating Teachers to Close the Achievement Gap: Issues of Pedagogy, Knowledge, and Teacher Preparation. In B. Williams (Ed.), *Closing the Achievement Gap: A Vision for Changing Beliefs and Practices* (pp. 76–96). Alexandria, VA: Association for Supervision and Curriculum Development.

Zentella, A. C. (1997). *Growing Up Bilingual: Puerto Rican Children in New York*. Malden, MA: Blackwell.

Zinn, H. (2003). *A People's History of the United States: 1492–Present* (rev. ed.). New York: HarperCollins.

社區、家庭和教育者共同為改善學校努力

Cherry A. McGee Banks　著

陳美瑩　譯

　　Watson先生很氣憤地看著Taylor老師，而且一直搖頭。Taylor老師其實不太確定應該說些什麼，所以，她就沉默不語。Watson先生是樹藤中學（Vine Middle School）的校長，而Taylor老師則是學校學術委員會（Academic Council）的主席。他們才剛和東岸學業表現促進委員會（Eastside Improvement Club）的幾個會員開完會議，這是在當地社區非常有影響力的團體。他們看過最近新聞報紙上刊載的，有關他們學校有非常低的測驗分數之後，東岸學業表現促進委員會決議將他們的精力用來改善學校的學業成就。而樹藤中學在該學區的測驗分數表現最低。

　　Watson先生在他來到樹藤中學不久之後，就組織了學術委員會，學術委員會包括從各個領域來的教師代表。在Taylor老師領導之下，該委員會已經開始討論課程方面的議題、再次審慎各學科的過程、調查學生和父母對課後輔導課程的意見，以及如何鼓勵家長和社區團體來參與社區的各項活動。即使該委員會才成立不到一年，在樹藤中學被視為是重新生龍活虎的指標，老師也充滿了鬥志。老師對於他們的工作覺得相當士氣高昂，而且彼此之間也會商討如何相互合作，以幫助樹藤中學的學生。Watson先生相信，這是一個非常重要的改變，而且是改變學校學業成就的必要基礎。

　　當東岸學業表現促進委員會自動提供服務給學校時，他們的教職員工非常高興。校長Watson先生和老師們相信，該促進委員會的聲譽以及他們在社區成員的影響力，將會為他們學校打開大門，並且幫助樹藤中學在校外教學、學校設備，以及其他學校無法供給的資源上有所幫助。當東岸學業表現促進委員會提供額外資源給學校時，其實

他們的援助並不是免費的。就好像一個老師評論著:「每當我往上看時,東岸學業表現促進委員會的人就是在大樓裡,你永遠不知道他們的人會不會在教室門口出現。」Watson校長也覺得很驚訝,他到底花了多少時間?也很驚訝為什麼會花這麼多時間,來跟這些促進委員會的委員討論他以及樹藤中學學校教師試圖改變的事物。然而,他們的討論似乎已經比較偏向辯論而非對話,經過幾個月之後,委員會的委員們實際上仍然無法了解學校如何運作,或者是了解一個學校的改革需要多少時間,或者他們真的似乎無法了解影響學生成就的複雜性。不只一次,Watson校長無意中聽到,東岸學業表現促進委員會表示:「他們看起來似乎只關心分數。」校長同時也聽到老師說:「他們表現出似乎他們比我們更懂得教育。」不像其他學校中有自願參加的社區和父母團體,這些東岸學校學業促進委員會的委員似乎想在各方面都干涉學校的決定。他們想要觀察老師的教學,並且選擇新教材——而他們不在乎、理直氣壯地告訴老師,他們喜歡或者不喜歡什麼。

這些委員會的委員也對於樹藤中學的測驗分數仍然在學區中的最後一名,感覺到非常失望。他們告訴Watson校長及Taylor老師,他們希望樹藤中學的學術委員會少說多做。他們威脅想要撤掉他們的援助,假如今年學生的測驗分數仍然沒有改善,他們將會撤掉對學校所有的援助。

當Taylor老師沉思不語想像到底發生了什麼事時,她終於發現她所要找的字眼了。她轉向Watson校長說:「即使我不想承認,東岸學業表現促進委員會的委員其實有一個重點,這已經是採取行動的時候了。可是唯一的問題是,我們對於什麼是行動(action)的定義不太一樣。」老師們認為我們已經採取行動了,但是,該委員會的委員卻不認為如此,而且他們不在乎我們的一小步,而他們在乎的是巨大的改革。Watson校長說:「你是對的,但是我們如何跟社區中強而有力的團體一起合作,如果這個關係能夠成功,我們就可以變成一個團隊一起合作,現在我們看起來更像是仇家。」

這個假設性的事件提醒了我們,社區團體與父母該如何以及什麼時候參與學校的事務。譬如,父母以及社區成員在課程決定以及教學和甄選學

校人才方面，應該參與到何種程度？那麼，學校和社區團體變成學校的夥伴時，代表的意義為何？父母以及教師在夥伴關係中所扮演的角色又是什麼呢？對於父母、社區團體的成員和教師有不同意見，以及這些人有不同背景時，又該如何互相合作，那麼這又有什麼樣的重要性呢？既然社區團體沒有辦法100％地呈現父母所關心的議題，以及他們考慮的面向，那麼，學校要確定父母不會被排除在政策決定之外，又是如何重要呢？

　　這些問題是Watson先生和Taylor老師還有其他在樹藤中學的老師們需要去合力解決的，以便能夠和東岸學業表現促進委員會及其他社區成員、家長和家庭成員合作。他們仍然需要有社交技巧、有自信能夠和社區成員和父母合作共同努力，以及能夠很清楚為何學校和家長成為夥伴關係時，就能對學生有最大的助益。如果教師無法認真看待家長和社區成員共同努力的重要性，並且似乎有困難和這些有重要代表性的父母和團體一起合作，並達到效果時，他們可能就很難和父母以及社區團體共同合作。那麼，學校教師就有可能會因此對於父母和社區成員的意見、關心和利益，產生偏頗的看法。

　　當類似東岸學業表現促進委員會提出來的觀點和學校教職員的意見有所衝突時，Watson校長、Taylor老師和其他在樹藤中學的老師們會下結論說，大部分的家長和社區成員其實只關心測驗分數。結果，他們可能就會將精力只放在測驗成就上。可能會造成一種不太好的結果，因為有很多的研究以及現象證實，如果只關心到高標準的測驗結果，可能不見得對師生有益。關於高標準的關鍵性測驗的研究，亞利桑那州立大學（Arizona State University）發現，即使學生在全州層面的測驗表現較好，他們也不見得在其他的測驗成就上就會比較好。當學校的課程只注重到全州考試的層面時，學生就會有困難去了解與應用他們解決問題的能力（Winter, 2002）。對於教育學者而言，能夠將這些議題和事實與父母和社區團體溝通是相當重要的。

　　要成為有效的溝通者，老師必須是優良的傾聽員，Watson校長、Taylor老師需要能夠去傾聽，並且很有誠意地去回應東岸學業表現促進委員會對於測驗分數的關心。委員會成員可能對於影響學校學業成就的複雜性沒有完全正確的了解，或者，怎樣執行才能改變學校，但是社區成員中具有相當舉足輕重的影響力，因而不可被忽視。作為學校的領導者，

Watson校長、Taylor老師應該要扮演的是促進會成員的資源。他們可以和委員會的成員分享資訊、邀請他們來閱讀瀏覽學校所使用的教材、安排他們和能夠了解學校目標的父母一起討論，並且邀請他們成為改善樹藤中學的積極成員，如此一來，委員會成員就不是單純站在批評老師和學校的一方而已。他們已經成為學校的一員，同時，他們也是擁有接受目前學校困境及改善機會的所有者，這些步驟能夠降低溝通上的障礙，並且，當信任與尊重缺乏時，又能夠提升彼此之間的信任。

除了以上不同的意見之外，教師們必須很清楚各種有可能限制教師和社區成員溝通的文化上的疆界。當我們討論父母參與學校時，我們專注於宗教、語言和族群的特徵。這些差異可能會造成父母和老師之間溝通的障礙。這個例子由東岸學業表現促進委員會參與的過程中，就可以看到這種文化疆界，尤其當他們比學校教師有較高的學經歷、收入和文化資本時，這種文化疆界就提升了。在這種情況下，彼此之間都需要去跨越這種文化疆界，尤其當彼此雙方的溝通與信任已經受到質疑時。在學校社區中，如果是擁有多數的低收入父母，那麼，學校的教育者就應該專注怎樣能夠展開雙手來支持社區父母的參與。在這樣的社區中，教育者可能會覺得他們比父母或社區成員高一點，而把他們自己看成是良善的救援者；社區的教育者如果是擁有較多的中上階級父母，可能就會覺得他們似乎和東岸學業表現促進委員會沒有太大的差異。在這些案例中，父母和社區團體成員可能會覺得，他們比學校教師高一點，而將他們的成員看成是一個幫助學校的救援者，儘管很客氣，卻又堅持學校必須傾聽，並且回應他們的需要。

父母和社區團體的多樣性，以及他們關心的形形色色的議題，都描述著家長參與學校時，有許多很重要的複雜面向（De Carvalho, 2001）。這樣一個複雜性可能會反映在各種不同的互動模式、期待、關懷方面，而使父母和社區參與學校時變得更加複雜，即使不是負面的（DeSteno, 2000）。當父母和社區團體不參與學校過程時，教育者就失掉一個改善學校的聲音。他們可能可以給予學校一個相當特殊和重要的觀點，並且能夠提供學校、社區所擁有的資源與機會。

對於家長參與有全面性研究探討的Henderson和Berla（1994）發現，父母參與其實對學生成就有非常積極的影響。父母的參與也和學生的上學率、社會行為有關係。然而，為了要將父母和社區參與的好處加以實質

化，這些策略可能還要更廣泛地被概念化。父母可能藉由不同的情境和參與不同層次的教育過程，讓父母有一個機會參與學校改善（Mannan & Blackwell, 1992）。譬如，有些父母可能想要將他們的精力放在家庭中，教育自己的小孩；其他父母可能想要成為政策決定委員會的一員；可能有其他的父母只想提供對老師課堂上教學活動有所幫助的事。

父母、其他的家庭成員以及社區團體可以一起和老師合作，以改善學校。有關於重新建構學校的很多任務，譬如，設定學校教育目標和分配資源等，最好透過問題解決的方式來達成，而其中可以透過教育者、父母、家庭和社區成員來共同達成（Mannan & Blackwell, 1992）。

家庭和社區成員能夠組成Goodlad（1984）所稱的「有貢獻團體的必要合作」（the necessary coalition of contribution group）（p. 293）。教育改革需要他們的支持改革和影響實際行動。學校高度的依賴能夠支持他們的公民，同時也很容易受到干涉改革公民的傷害。家庭成員和社區領導者可以在教育改革議題上有一個討論，這是可以超越教育改革的網絡，而且能夠在社區中產生有效的助益，家庭成員和社區領導者也可以提出理念、動機和社會行動等等教育改革所需要的面向。

⭐為什麼家長和家庭成員參與學校活動很重要？

家長參與很重要，因為代表著父母認識到他們孩子對父母的重要，並且，父母會將社區裡的各種多元價值觀和觀點傳承給學童、提供合作解決問題的工具，以及提升所有學童在學校學習的機會。然而，家長並不只是支持並對照顧孩子有貢獻的成人而已。祖父母和其他家庭成員以及主要的照顧者，其實也愈來愈重要。在2000年，有十八歲以下的四百五十萬學童其實是住在祖父母家，這是從1990年以來增加了29.7％。在所有的族群都有祖父母照顧孫子的狀況，大約有三分之一的兒童是與祖父母同住，而沒有與父母親同住（U.S. Bureau of Census, 2000）。

當父母和家庭成員參與學校時，學生、家長和教師其實都會有收穫（Comer, Ben-Avie, Haynes, & Joyner, 1999）。當父母在家幫助小孩時，小孩在學校就會表現較好（Booth & Dunn, 1996）。雖然我們不是100％了解為什麼當父母參與學童的教育時，學生就會表現較良好；但是，我們卻很

清楚因為家長的參與，代表著有更多人來支持學童的學習。父母參與同時
也提升了學童學習活動的時間。

父母參與同時也允許老師去強化一些技術，並且提供一致性的學習期
待和標準環境。父母同時也變得對孩子的學校有較清楚的概念，並且對於
學校的政策與教職員可以比較了解，可能比較重要的是，父母參與其實提
供了家長和兒童相處的時間。在那段時間，父母可以將他們對孩子的教育
價值觀、努力重要性和較高的關心傳達出來。

父母和家庭成員通常是兒童第一和最重要的老師。學生帶著他們從父
母和社區所學到的知識、價值觀和信仰來到學校，父母直接或間接地幫
助孩子表述他們的價值系統、學習的方向和態度，以及世界觀（Stratton,
1995）。大部分的家長希望他們的孩子在學校表現優異。學校可以將大部
分家長對教育的期待作為一種資本，以創造尊敬家庭和社區的學校學習環
境（Hidalgo, Sau-Fong, & Epstein, 2004）。當學校和學生的家庭和社區有
衝突時，他們也可以從家庭和社區中把學生區隔出來。

為了要創造學校、家庭和社區間的和諧關係，老師必須了解學生的社
區和家庭生活。教師需要去了解父母對孩子的教育期待、家庭中使用的語
言、家庭中的價值和規範，以及家庭和社區如何教導學生。父母可能也需
要有關學校的訊息。他們需要去了解學校期待他們的學生了解什麼，學校
如何教導他們的小孩，以及學校中會使用的教材等等。最重要的是，父母
需要去了解老師如何評量學生，以及他們如何援助他們孩子的成就。

認識家長的教師和家長就會對兒童有較高的尊重，並且有較積極的態
度（Berger, 2003）。教師通常會將有參與的父母視為支援學校的個人，沒
有參與學校的父母通常被視為不重視教育。

綜觀歷史

父母參與教育並不是新鮮事，而它的重要性和目的其實隨著時間而
變，而國家的早期歷史中，家庭通常是教育兒童的唯一負責對象，兒童從
家庭和社區中的其他家庭學習到價值觀和技能。

當教育的正式系統建立時，父母持續影響他們孩子的教育。在殖民時
代，學校就被視為家庭的延續，父母和社區的價值觀其實是在學校中加以
強化。教師通常是社區人士，而且通常也認識學生家長，並分享他們的價

值觀。

在二十世紀初期，許多移民湧入美國時，學校開始成為同化移民小孩融入美國社會的工具（Banks, 2003）。一般來說，父母並不受學校的歡迎，學生被以他們父母說話的方式、他們的思考模式教導的，通常被視為不如美國主流社會的小孩，在Waller（1932/1965）的教育社會學研究中，父母和教師是處於一種互相否認和仇恨的狀態下，然而，也有許多重要的例外。

如此一個例外的學校是紐約東哈林區的Benjamin Franklin 高中。當此學校的校長Leonard Covello在1930年代成立了跨族群教育，父母就開始在Benjamin Franklin 高中受到歡迎，而且老師也鼓勵學生去欣賞他們父母的語言、價值觀和風俗習慣。社區的各種團體也積極參與高中的活動。Covello將父母及社區參與學校活動視為提升民主價值觀、降低偏見，以及提升跨文化了解的方式之一。

隨著時間而逝，當社會改變，教育變得漸漸脫離父母的直接影響，而且傳授知識也漸漸由家庭和社區中轉移到學校手中，教育已變為一種訓練過的專業。學校變成自治的機構，而且常常是社區與家庭中不認識的陌生人來擔任教職員工。教師不見得是住在學生的社區中，或了解認識學生的父母或共享他們的價值觀。學校已經被授予愈來愈多的責任，而這些是傳統上家庭和社區所該有的責任。學校其實已經是在代父母職（in loco parentis）的假設下運作，而教育者被要求要擔任教師和替代父母的雙重角色。

在一個多元化的社會中，學校老師是誰以及學校教師如何運作教學，可能會造成父母和學校間的緊張狀態。這裡面可能可以從學校教師對於女性的地位，一直到主流的身心障礙學生對於學校教師、父母和社區領導者的要求和如何共同合作都有（Schneider & Coleman,1996）。然而，父母、教師、社區領導者在教育的過程中，未必永遠都是在合作或夥伴關係上有永遠一致的看法（Cibulka & Kritek, 1996）。

家庭日益改變的面貌

父母／家庭的多元化反映學生的多樣性。父母參與學校代表著，教師必須準備好與各種不同的父母合作，其中包括單親父母、特殊需求的

父母、低收入的父母、有身心障礙情況的父母，及不擅英語的父母。與這種多樣性背景的父母工作，需要對他們的情況與世界觀有相當的了解（Chavkin & Gonzalez, 1995; Kagan, 1995; Pena, 2000; Schneider & Coleman, 1996）。

教師對於各種不同種族與社群背景的學生和父母的文化，具有一定的敏感度與了解，是特別重要的。美國學校的族群景觀包含了日益增加的阿拉伯、猶太、非洲和歐洲學生（Pollard & O'Hare, 1999）。非裔在1999年時，占有全美國外出生人口的8％。在2000年時，在國外生的人口約有80％來自拉丁美洲，其中有63％來自加勒比海（U.S. Bureau of the Census, 2000）。這些人的族群認同比他們的種族認同更重要。譬如，這樣的個人就會把他們視為古巴裔美國人或者波多黎各人，而非黑人或者白人。然而，他們的外表體型特徵可能會跟傳統上在美國身體識別特徵有些衝突。比方說，一個有棕色皮膚的古巴裔美國人可能會將自己視為白人。

這些在各種不同種族之間的界限愈來愈模糊。有持續不斷增加的學生和父母其實可能是來自兩種以上的種族。其實，跨種族婚姻到目前為止仍然是特殊情況，而非規則性的，但是愈來愈多的人有跨種族婚姻，結果，有各種不同種族背景的父母和祖父母的學生人數持續增加著。在2000年時，美國的人口約有2.4％或者約有六百八十萬人宣稱他們自己有兩個或兩個以上的種族背景（U.S. Census Bureau, 2000）。然而，這個是美國人口相當少的比例，在多種族人口的比例在特定的地理區域或者次族群時，比例則會比較明顯並引人注意。比方說，兒童會比大人有多族群的可能，而人數比較少的種族族群，則會有比較高的比例是多種族的人口。此外，則城市地區會比鄉村地區有較多的跨種族婚姻的比例。2000年時，美國的大人約有1.9％指認他們自己為多種族，兒童則有4.0％。

在所有種族當中，美國印第安人是最有可能與外族結婚的（Pollard & O'Hare, 1999）。從2000年的人口調查中可以發現，約有40％的美國印第安人是多種族背景的。亞裔也傾向於和亞裔外的族群結婚，因此，也有許多的亞裔是多種族背景的。2000年的種族調查顯示，約有14％的亞裔人口是多元種族的，而黑人是5％，白人是3％（Lee, 2001）。多種族人口大約有52％是亞裔和白人的混合。歷史上，這種人口我們稱為美亞人，而且是指二次世界大戰與越南大戰後與亞洲國家的跨族群婚姻。今天，"Hapa"

這個詞是一個夏威夷詞，指的是一半白人一半夏威夷血統的人士，而常常是用來指有混合種族祖先的亞裔（Krebs, 2000）。

跨種族婚姻的增加形成了跨種族族群兒童的增加。在1977和1997年之間，跨種族婚姻所產下的小孩從低於總出生率2%增加到5%。在1997年，這些跨族群的出生率幾乎是全美所有族群與種族中最大的出生率。在加州，跨種族人口已經超越亞裔、黑人、印第安人的出生人口。在所有族群與種族中，跨種族出生人口略高於美國印第安人。在1997年所出生的印第安人中約有50%是雙種族的，亞裔女性生產的約有20%，非裔美國女人生的約5%（Pollard & O'Hare, 1999）。同時，也有許多跨種族增加的數字是從其他國家領養來的。外國出生小孩通常是亞裔。通常由美國白人家庭領養，而由白人領養的數量正持續增加。在2000年，移民簽證簽給了從中國來的5,053個孤兒，4,269個來自蘇俄，1,794個來自南韓。而大多數被領養的是女孩（Lee, 2001）。

在父母與社區族群中的多樣性，可能是學校一個重要的資產，也有可能是潛在衝突與緊張的因素，有些父母特別難參與學童的教育。他們拒絕參與有幾個原因（Harry, 1992; Walker, 1996）。在一個全國性的調查中，父母指出，他們沒有時間是最主要的原因（Clark, 1995）；賺錢維生的壓力和照顧家庭中的其他小孩，也造成了許許多多的壓力。在一天結束之後，有些父母只想休息，其他父母不相信他們有足夠的背景來參與學校的教育。他們覺得被教育者嚇到了，而相信教育應該留給老師，但是仍有其他人覺得，他們被孩子的學校排除了，因為他們在學校有的負面經驗，或者因為他們覺得學校沒有支持他們的價值觀（Berger, 2003; Clark, 1995; Rasinski, 1990）。

有三個父母的團體通常在學校中活動是比人口比例還低的：特殊需要的父母、單親父母和低收入父母。他們參與學校活動的比例低於他們的人口比例。然而，他們不是唯一在學校活動中低於人口比例的團體，他們的經驗和需要說明了特殊的問題領域。這些受到討論的父母團體不應該被視為是這些團體中難以參與學校教育的指標，或者是所有這些團體的父母都拒絕參與學校教育。所有從各種團體來的父母分享著學校以下所討論的許多議題。此外，以下所討論的每一個從不同團體來的父母，其實是積極參與學校的。

有特殊需求的父母

有特殊需求的父母包含了廣大範圍的個人，他們在所有族群、種族和收入團體中都可以找到。長年失業的父母、慢性疾病的父母、施虐傾向的父母和有問題的父母，都是屬於特殊需求的父母。受父母虐待的學童需要學校特殊的關懷，大部分的學校對於要處理這些受到忽略或是特殊需要的學童有一些政策。這些政策應該要在人事室上有明文規定，並能找得到法源。所有的州都需要學校報告這些兒童虐待的案例。

雖然有特殊需求的父母常常有無法對學校公開的問題，教師不應該忽略與他們建立關係的重要性。了解學生在家中可能面臨的種種困境，可以幫助老師創造一個有支持性的學習環境（Swadener & Niles, 1991）。學校能夠幫忙這些有困難學習環境的學生，來補強他們在家裡缺乏的經驗。對某些學生而言，學校是他們一天之間有受到滋養的地方。

雖然有些特殊需求父母可能拒絕學校的幫忙，他們的問題可能會影響他們孩子學校的表現。與這些父母合作時，可以告訴這些有困難家庭環境的學生，其實他們不是寂寞的、孤獨的。大部分父母希望感受到他們是有受到重視，能夠幫助他們孩子成功的人們。當他們願意去參與學校時，並不想受到污辱（Berger, 2003）。

某些有特殊需求的父母將能夠積極地參與學校，但是許許多多父母無法持續參與，老師與這些有特殊需求的父母合作的重要目標是：讓溝通的網絡持續開放。最重要的是，試著去了解這些父母。在還沒與這些父母溝通之前，不要接受任何一種刻板印象。鼓勵父母成為積極的參與者，無論什麼時候，當他們覺得他們可以參與的時候。而且，準備好介紹適當的社區經營或管理團體給這些父母。試著了解你學生的家庭，對於學生家庭有一個清楚的面貌，以便能在學校提供適當的介入。

有參與學校的社區成員可能願意作為學校和沒有參與父母間的協調者，而在有些案例中，可以作為鼓勵父母的技術。在一個貧民區的民族誌調查中，Shariff（1988）發現，大人其實會分享好處，並彼此互相幫助。教育者能夠有這種所謂大家庭的感覺，而讓社區的許多支持團體聯結起來，以幫助那些沒有參與學校教育的父母和學生。

與這些有特殊需求的父母一起合作是相當複雜並有挑戰性的。然而，不管這些學生在家庭中所遇到的環境如何，教師有責任去幫助他們達到最高層次的表現。學校大多數的父母有特殊需求，需要有經驗和優秀的教師。然而，傳統上，這些學校裡有許許多多新進教師，而有一些可能也在他們的教學領域中是不適任的（Darling-Hammond, 2004）。

單親父母

　　在過去三十年中，美國社會最主要的改變之一是：與一個父母居住的兒童增加的比例。在1997年，美國家庭中有32％的十八歲以下青少年是與單親父母同住。這樣的單親父母家庭尤其是在非裔美國人社區特別多。在1997年時，約有64％非裔美國人單親家庭有十八歲以下的青少年（U.S. Census Bureau, 1998）。十八歲以下未成年者有26％的白人和36％的西班牙裔家庭來自單親家庭（U.S. Census Bureau, 1998）。

　　大部分與單親父母居住的小孩是來自離婚家庭或者是未婚媽媽。在1997年，將近有50％的婚姻其實是離婚收場（U.S. Census Bureau, 1998）。在第一次婚姻失敗一直到再婚之間，對女人而言，會因種族有巨大的差異。在離婚之後一年內再婚的，白人女人有21.9％，而黑人女性則有10.9％；離婚之後五年內，有53％的白種女人再婚，黑人女性只有25％（U.S. Census Bureau, 1998）。

　　這個潮流反映這個國家未婚的人口持續增加，而五十年來結婚的家庭數目逐年下降。在2000年時，只有51.7％的家庭有結婚的夫婦。回顧以往，在1990年是55％，1980年是60.8％，1970年是70.5％，1950年是78％（U.S. Census Bureau, 2000）。如果這個潮流持續著，未來美國大多數的家庭可能都是由未婚的成年人來當戶長。

　　單親父母的家庭也擁有許許多多的希望、喜悅和關懷，這些和雙親父母家庭是一樣的，因為這些父母比較少參加學校的活動，常被視為不關心學校教育，當老師敏感地注意到這些父母的需要和限制時，他們也能夠成為老師們熱心服務的夥伴。以下有四個建議是針對如何和單親父母合作，這些可能都能用在不同的團體。

1.提供一個彈性開會時間，譬如，早上、晚上和週末。
2.當學校有活動時，提供托育服務。

3.與沒有監護權的父母聯絡溝通可行的程序。比方說，在什麼情況下，沒
　有監護權的父母可以被通知了解他們孩子的成績、學校行為和出席？當
　有些問題是不適合告知這些沒有監護權的父母時，又如何取消呢？
4.使用父母正確的姓。有時候學生會從父母親那邊得到不同的名字。

低收入父母

　　美國的貧窮率在2001年是11.7％，有六百八十萬家庭和三千二百二十九
萬人口生活於貧窮中。從2000到2001年增加了一百三十萬人口。這些生活
在貧窮中的兒童，在2001年增加了16.3％。這個貧窮的程度是由政府估計一
個家庭維持基本生活的最低收入。貧窮比例因家庭心態而有所改變。由單
身女性做戶長的家庭最高貧窮比例是28.6％。對於那些結婚的夫妻，貧窮比
例是5.7％（Proctor & Dalaker, 2002）。在2000年，四個人的家庭的所有收
入少於18,104美元，就會被視為低於貧窮線（Proctor & Dalaker, 2002）。

　　即使有色人種的個人在最高收入的那一欄，自從1980年以後已經是
兩倍多了，可是，種族仍然是貧窮的重要因素。貧窮比例在1990年對於
非西班牙裔的白人是7.8％，非裔美人是22.7％，而亞裔和太平洋島嶼裔
是10.2％。大部分的少數族群收入比白人低，亞裔卻是所有族群中收入
最高的。在2001年，他們的平均收入是每年53,635美元，非西班牙裔的是
46,305美元，西班牙裔是33,565美元，而美國印第安人和阿拉斯加人則是
32,116美元，而黑人則是 29,470 美元（U.S. Census Bureau, 2002）。

　　低收入父母通常是教育最強而有力的支持者，把教育當作改善他們
孩子的生活方式，然而，他們可能會定義成「支持教育並認為他們的角色
與學校教職員工不同」。此外，他們常常把自己的能力限制在購買物質方
面，以經濟來鼓勵他們孩子校外教學或課外活動的表現，作為參與學校活
動的方式。那些提供給單親父母的建議，同時也適用在低收入的父母。學
校同時提供習作簿或者其他在家庭中可使用的教材，以作為學校活動和會
議的一種溝通工具。學校也可以藉由建立社區服務方案，來支援低收入父
母。譬如，學生可以幫忙打掃社區，並且能夠宣傳有關於社會服務等訊
息，學校也能提供桌椅。

　　可能學校和這些低收入父母合作的最終方法是：承認他們能夠對孩子
的教育有重大的貢獻。即使他們的貢獻不是傳統上與父母參與有關，他們

也能對老師和學生相當有助益。這些父母傳達給孩子正向的價值觀和態度，以及他們強烈需要他們的孩子得到教育與美好人生，可能比支持學校的各種方式來得重要。

教師關心父母和家庭參與

　　雖然教師們常常說希望父母參與，可是，有很多其實也不太確認父母對他們的期待是什麼。有些老師認為，父母可能要打斷他們的規律性，可能沒有和學生合作的技巧；而且可能在教室中不太方便有的一些方式，並且可能只關心照顧他們自己的小孩而非整個班級。即使老師希望父母來參與，但也不確定父母是否有時間、技能或者知識，讓老師認為他們已經有太多要做的事情了，因此，讓父母參與學校活動，而和父母一起合作，可能會讓他們的工作壓力和分量過大。

　　這樣的一個考量是從父母參與的可能性極微小觀點出發。經常的，當父母和老師想到讓父母參與，就應該是在學校做一些事情，或者讓學校教育家長成為更好的老師。在瞬息萬變的時代裡，與其鼓勵父母參與學校活動，倒不如鼓勵父母和老師合作。大部分父母和老師一起參與是屬於內建型的性別和階級歧視，且讓一些男性與低收入的父母有參與的障礙。其次，他們似乎傾向於父母而非社區團體。在全國注意到教育上，愈來愈多的社區團體希望能與學校合作，這些我們都需要加以考慮，想出更好的辦法有效與社區團體合作。對於學校有企業或者社區的支持者不是很普遍的，然而，這些通常是很支持並且有合作關係的，他們能夠有時間來幫助學校接受新挑戰。教育者必須更加仔細地考慮，如何讓這些團體參與學校教育、他們對於彼此關係的期待，和他們建立的目標如何評量。

　　當父母參與被視為是支持學校的一種方式，那麼，父母就會被鼓勵去烘焙餅乾、募款，或者在學校教室、遊樂場、圖書館或辦公室中做志工。這種父母的招募方式通常是純家庭主婦。然而，這種沒有全職工作或者在家工作的媽媽參與卻在下降中。在1997年，71.1％有六歲兒童的結婚婦女在家庭以外做全職的工作（U.S. Census Bureau, 1998）。

　　家長就如同協助者的概念，主要是針對那些有技能、時間和資源的家長成為學校的協助者，並非所有的家長都希望或者覺得他們能夠、或者應該為學校做事。父母是否願意到校，主要是看父母對學校的態度。這種態度的形成，部分原因是父母本身的學校經驗。

　　文化觀點在父母參與的取向上扮演重要的角色，Bullivant（1993）指出了解社會團體文化方案的重要性。為了要有效率，給予家長和社區參與的策略，應該反映Bullivant所謂的學校團體文化方案的中心，其中包含有關該團體的行為、工藝品和價值，以及該團體價值觀相關的知識和觀念。

　　當學校教師不了解一個團體的文化方案時，他們可能將父母參與視為幫助貧乏父母成為較優秀父母的一種方法（Linn, 1990），這種父母參與的觀點常常直接導向文化差異和低收入的父母（Jennings, 1990）。老師在為人父母方面呈現出比真正的父母還有技巧。要幫助父母和老師能夠密切合作，這種態度反而會造成障礙，藉由暗示父母是造成在學校學習失敗的原因，父母和老師甚至可能成為兒童情感上爭奪的對手（Lightfoot, 1978）。

　　基於「需要為人父母技能的父母」這種觀點出發，對父母適當的方法是父母也需要去學習的。「父母如同協助者」和「父母需要為人父母技巧的父母」這樣的兩種概念，最主要是源自於當代懷疑父母能力，並且反映一個狹隘的文化觀念。

增加父母和家庭成員參與的步驟

　　教師是父母和成員參與的主要元素，他們扮演著多重角色，包含了協助者、溝通者和資源發展者。他們在執行有效的父母／社區參與方案的成功，是和他們在溝通以及父母／社區團體一起合作的技能有關。老師的態度也非常重要。父母支持教師，支持那些相信他們的孩子並且希望他們孩子成功的教師。對於學生有負面態度的老師，將會對他們的學生家長也有類似的態度。教師傾向於將他們父母的社經地位作為學生社經地位的代表，教師用這種階級、種族、性別和民族性的特質來決定學生的社會類別。

　　有五個步驟可以用來增加父母／社區參與教室的方式：建立雙向溝通、列出教職員工和學生支持的名單、從社區中列出支持學校的名單、發展可在家庭中使用的資源教材，和列出包含父母參與的活動。

建立學校和家庭雙向溝通

在學校和家庭中建立雙向溝通，是父母參與的一個重要步驟（Decker & Majerczyk, 2000）。大部分的父母很願意參與孩子的教育，如果你讓他們知道，你想要達成什麼樣的目標，和父母如何協助，教師應該要準備能夠推廣到父母，而不要消極地等他們來參與。而且，要積極地從父母對於教室和學校活動的想法中誘引一些資訊。當你和家長以及和社區成員溝通時，一定要做個積極的傾聽者，傾聽他們的感覺以及特定的資訊。以下所列是你能夠建立並且保持雙向溝通的七種方法。

1. 如果可能，在你的教室中有門戶開放政策，讓父母知道他們是很受歡迎去協助你的教室。當父母來拜訪時，確認他們有事可做。

2. 送一些書寫的訊息給家長，包括學校作業和目標，所以家長能清楚知道教室裡發生什麼事、做些什麼。鼓勵父母也能夠寫下他們的意見，如果他們有任何疑問或考量時。

3. 和父母電話聯繫，讓父母知道他們什麼時候能夠用電話聯絡到你。定期打電話給父母，並且讓他們知道一切都沒問題。而且打電話時，一定要知道要討論什麼。留下一些時間讓父母可以問問題，或是給予一些評論。

4. 將問題報告給家長知道，例如，成績不良時，這些應該是在學生不會在太晚採取修補行動時。讓父母知道你希望父母做什麼樣的參與，並且他們能夠幫助些什麼。

5. 了解你的學生的社區，而且在他們的社區裡走走看看。拜訪社區中心，參加他們的宗教活動。當你要進入社區拜訪時，讓父母知道，並且知道你願意和他們聊聊。

6. 如果你是在小學任教，試著最少一年要有兩次的親師會。可能時，也將學生安排在會議中，而且應該要準備好向父母解釋清楚課程，並且將書和教材提供給他們去檢查，讓父母知道他們的小孩子在上課時做些什麼。發現父母對他們孩子成就的看法，並且讓他們知道你對他們孩子現階段學業的想法。告知父母對於孩子能夠從事以改善他們成就的方式，並且讓父母了解他們如何協助他們的孩子。

7. 從父母方面來了解對於教育的觀點。能夠確認他們對於孩子的教育目標，他們想要支援孩子教育的方式，以及他們對學校的考量等等。有很多方法可以從父母得到訊息，例如，包含請學生帶問卷回家，請家長填寫完畢交給你，做電話調查，以及要求你的學生訪問他們的父母。別忘記用高科技的方式來和他們的父母保持聯繫，包含學校的網頁、家庭作業熱線、視訊會議等等。

教職員和學生的協助

　　教師需要職員、學生、校長和學區行政人員的支持，以支援並提升他們家長的參與活動。教師通常在教室中有一些彈性，但是並非永遠有能力去影響形成家長強而有力的參與方案。比方說，當老師被問及他們教室該購買的物品時，他們應該要決定是否希望有足夠的文具品，以便送紙張、鉛筆和其他的教材回家，使父母能夠和他們的孩子一起使用。如果學校不能提供額外的補給品給老師讓學生帶回家時，社區團體可能可以提供。同時，假如老師被允許去修改他們的行程，他們可能有時間去打電話給家長、寫字條或書信，並且能夠在早上和晚上與父母開會。此外，學校的氛圍也影響父母的參與，可是學校的氛圍並不是由個人決定，而是受到許許多多的個人影響，包含學生、教師、校長和學校秘書。

　　你的學生能夠幫忙去找到父母和社區成員的支持。在你的學校帶著學生逛校園一周。要求學生想一想如果請他們的父母來學校，他們會有什麼看法。給學生兩個明顯的問題是：有沒有拜訪者可以做的地方呢？有沒有歡迎的海報來歡迎他們來到辦公室呢？要求你的學生把他們能夠讓學校變成一個對父母更友善的地方列出來。

　　邀請你的校長來你的教室，並且與你的學生討論所列的事項。將班級分成許多小組，並且讓他們討論他們想要父母如何參與他們的教育。要求他們和他們的家長談一談，並得到一些觀點。要每一個小組寫下他們的父母如何參與教育的報告。每一小組可以在其他教室報告他們怎樣提升父母參與學校教育。他們也能夠出版一個有關家長參與學校的通訊，這樣的通訊也能夠寄給學生、家長和學區中的其他學校。

假如經費或者其他資源是從學區得到，而要提升父母參與的，就讓學生寫下他們申請經費的申請書，並且懇請學校教師、學生和父母連署。當他們所有的簽名都拿到時，可以呈現給適當的學區行政人員。這樣的請願書可能可以用於通知社區團體有關學校的議題，並且懇請他們的幫助。

　　建立校長和學區人員能夠給予教師的支持有以下各項：

1. 幫忙創造並且保留正向的父母／社區參與的氛圍。這個可能包含讓老師有彈性的時間，可以在教室外與父母共同合作的教材，老師也能夠給予在教室外工作，而沒有負面地影響學生。時間可能可以從中等教師的行程中湊集起來，藉由一天在自己的班級，一星期一天，和其他教師協同教學，或者由每章節考試中不同的部分湊集起來。在小學任教的協同教學，可以在特殊科目如音樂、美術的時候釋放出來的時間，或者是由校長請代課老師來提供一些彈性時間。

2. 設立家長室可以有許多功能，包含社區成員可以隨時拜訪的中心，父母也可以和其他父母見面喝一杯茶，這個地方也可以當作父母參與學校活動時使用的空間，而不會去侵犯到教師休息室，也可以用來作為學生或教職員工的等待室。

3. 舉辦家長夜，而在家長夜中，教師讓父母更了解學校的一切，課程、教職員工等。

4. 讓學生把個人的通知帶回家給父母，當學生上了榮譽榜或者是有突出表現時，讓學生帶回家。

5. 發展並傳送包含學生姓名電話、親師會（PTA）或其他父母團體，和教職員工通訊錄。

6. 校長和秘書確認訪客是受到歡迎的，他們來到學校並且給予需要的指引。

7. 鼓勵學生去和訪客寒暄，並且幫助訪客在各大樓間找到他們所需要的。

請求社區協助

　　為了請求社區協助，要了解相關事務，下面幾個問題你必須要會回答。

1. 在社區裡有沒有任何的戲劇、音樂、舞蹈，或是藝術團體？

2. 在社區中是否有年長者的團體、公立圖書館，或者是合作的推廣服務？

3. 社區中有沒有類似像州立就業安全部門的就業服務呢？

4. 有沒有類似像都市聯盟（Urban League）、反中傷聯盟（Anti-Defamation League）或國家有色人種促進協會（National Association for the Advancement of Colored Peoele, NAACP）這樣的公民權利組織在社區中活躍著？

5. 社區有沒有推薦人到救世軍（Salvation Army）、親善團（Goodwill），或者是公立緊急有關房屋食物和衣服方面的救援？

6. 社區有沒有心智健康中心、家庭諮詢中心，或者危機處理診所呢？

7. 社區有沒有給予年輕人的方案和活動——如男女生的俱樂部、營隊、男童軍、女童軍、男青年會、女青年呢？

就如同你對社區的了解一樣，你可以開始對社區的資源做一個細目，並且通知能夠對於你支持家庭和學生共同合作，和提供給學生服務的地點。對於你學生的社區所蒐集到的資料，並且發展社區的各種通訊方式，可以被視為是長期的計畫。配合你的行程和時間，將你所蒐集到的資訊寫在筆記本上。如果有幾位教師共同合作，那麼過程就會縮短。每個老師可以專注社區不同的部分，並且分享資訊。

社區團體可以在許多方面提供援助，他們可能發展為大哥哥或者大姐姐（big sister and big brother）的方案給學生，提供學生安靜的地方，讓學生在放學或者週末可以讀書，貢獻教育方面的需要，幫助在校外教學的經費，設立導師制的方案和幫學生補習。

以社區為主的機構和團體，也可以提供學生機會去參與社區為主的學習方案。社區為主的學習方案提供學生一個機會，去學習課本以外的真實生活。他們給學生一個機會去了解知識如何融入，當應用到真實世界時，這種方案使他們跟各種不同的人接觸，並且讓他們了解一般人如何面對環境的各種挑戰。社區為基礎的學習也提供生涯規劃發展。社區為基礎的機構也能夠幫助學生學習，幫助學生獲得信心與了解自己的優缺點。學生能夠學習去規劃、做決定、協調和評價他們的計畫。這裡有幾個例子是學生能做的社區工作：

- 幫生病的鄰居粉刷公寓。
- 幫年長者打掃巷道與前後院。
- 當人們生病時，幫他們寫信。

- 閱讀給那些無法閱讀的人。
- 準備一個空盪的區域讓小孩子可以玩耍。
- 種蔬菜園給那些需要的人。
- 蒐集並回收報紙。

發展學習資源讓父母在家使用

　　教師在學校使用的許多學習教材，其實也可以讓家長在家使用，以幫助學生在家改變他們的技能。這些教材應該是可以讓學生帶回家的形式，而且也能夠提供在家完成的仔細方向。父母可以藉由寫下一些話語，讓老師知道他們喜歡的程度，或者給予孩子口頭傳達，或者打電話到學校讓老師知道他們喜歡教材的程度。Clark（1995）寫下了一系列在家參與數學活動，是從幼稚園到八年級的。這些活動包含一些小書，幫助學生提升數學，創造性的活動加強在學校的技能。這些教材對於老師和父母都很方便使用。

　　對老師有教材能夠讓家長使用是相當重要的，這讓家長能夠提升他們孩子的學習，而這是你需要他們協助的地方。簡單告訴父母要他們和孩子共同合作是不夠的，家長通常需要很明確的建議。當父母知道你想要讓他們做什麼時，有一些會開始發展他們自己的教材，其他的父母可能會幫忙購買教材。所以，給予特定的書、遊戲和其他的教材讓父母去購買。

　　有些父母不會有經濟資源、時間、足夠教育背景去教育他們的孩子，去發展或購買學習教材。由你們校長的幫忙或者社區團體幫忙，可以為父母設立一個學習中心。這個學習中心可包含紙張、鉛筆、書、遊戲、可攜帶的打字機、手提電腦，和其他適當的資源。這個學習中心應該有關於教學技巧、班級規則、該學年度的教育目標和一些讀本、有關的錄音或錄影的片子。父母和學生可以從學習中心中借用一些教材，在家裡使用。

擴展家長和社區參與的觀念

　　許多對於家長／社區參與障礙可能可以藉由廣泛的概念化家長／社區參與而削減。根據他們的興趣、技能，父母可以扮演許多角色。對於家長扮演各種不同的角色是相當重要的，這樣才能夠有更多父母來參與，可以

確認有些在家裡執行的角色，也可以在學校中擔任。以下有四個方法是家長和社區成員能夠在校參與的方式。有些規則可以透過老師來執行，其他需要從校長或者中央行政人員的援助和資源來達成。

與自己小孩共同合作

與他們自己小孩共同合作，是父母在教育過程中扮演的最重要角色。父母能夠幫助他們的小孩發展一個正向的自我概念，對於學校的正向態度以及努力如何影響成就。大部分的父母希望他們的小孩在學校表現良好，並且有所成就。老師能夠提升他們所需要的資源，如果藉由讓父母更清楚他們小孩在學校的各種活動，老師對於他們小孩的期待，以及他們提供給父母作為提升他們小孩學習效果的方式。

以下的三種方法，老師能夠和父母共同合作來支援教育過程：

1. 要求父母在孩子的功課上簽名，以監督孩子的課業。
2. 要求父母在他們的小孩有良好出席率時，簽下一個恭喜的賀卡。
3. 如果他們的父母在成績單上簽名、參加親師會，或者給他們簽名時，就可以加分。

有些父母希望能夠和學校有更積極的合作關係。這些父母希望去幫忙教導他們的小孩，以下是三種你可以用來幫助父母和他們孩子一起合作，提升他們的學習效果：

1. 鼓勵家長去分享他們的喜好和遊戲、討論新聞和電視節目、討論學校的問題與各種活動。
2. 讓家長了解閱讀給孩子聽的重要性，並給予一個閱讀單，可能一頁的單字帶回家寫。「最好的方式之一是讀給他們聽。當你討論故事、確認字母和字義，大聲朗讀是最好的方式。鼓勵休閒閱讀，閱讀成就是和小孩閱讀的量多寡有關，能夠提升字彙和閱讀的流暢度。」列出學校圖書館書目，並可以讓學生帶回家的書單。
3. 提供父母能夠和小孩一起合作以發展技能的教材。學生可以幫助製作數學遊戲、填字遊戲，以及其他家長可以用於家庭的教材。

教學專業支援人才

　　許多家長和社區成員其實有很多的技能可以和學校分享，他們也可以和學校師生共同合作，這些人常常在家長與社區參與中被忽略。如果家長或社區成員是大學教授時，那麼，我們就可以請他們來對專業成長的工作方面主講一些議題。而有雙語的家長或社區成員，則可以幫助這些說外國語言的學生，用自己的語言來閱讀以該母語寫作的書籍和雜誌。喜歡閱讀或藝術的父母，則可以請求他們來幫助，上課前或放學後的一些人文成長課程，或是請他們推薦教材。常常參與學校活動或做志工的家長或社區參與成員，則可以作為學生的角色模範，讓學生可以了解社區中教育的重要性。這些家長或社區參與成員也可以體現出社區教育的重要性。我們再來複習一下以下所列的清單，然後想想你如何能夠讓班上的家長或社區成員參與學校活動。家長和社區成員可做到以下幾點：

* 成為助教。
* 利用他們的雕塑技能來幫學校建造事物。
* 在上學或放學後從事家教活動，或者輔導學生課業。
* 發展或者確認學生教材或社區資源。
* 與學生或者教職員分享他們的專長。
* 提供上課前、放學後，或者是教學或上課期間的額外課程，例如，對於重要鉅著或者藝術欣賞課程等。
* 為學校的戲劇表演縫製戲服。
* 幫助打字和編輯學校通訊等。

一般志工

　　有些家長願意付出他們的時間，他們不想從事需要特定機能的工作，當我們為這些一般的志工想到活動時，一定要確認這些活動是可以在學校或者是在家進行的。這些可能的活動包括：

* 在遊戲場做一個援助者。
* 在教室中做一個援助者。
* 在家裡準備一些剪紙或其他教材，以便在上課中使用。
* 打電話通知其他家長有關會議事項。

政策決定者

有些父母喜歡參與學校的政策決定，他們希望幫助學校制定政策、選擇教材、課程、審查預算、人才甄選，或是做面談工作。這些家長和社區成員的角色，包含學校董事會、委員會成員和學校在地的委員會成員。作為學校在地委員會，是讓父母參與政策決定的一個絕佳方式。在校委員會是希望提升學生父母在校參與度、增能賦權於在校的老師，以及他們容許在學校層面可做的所有決定。

Comer（1995; Comer et al., 1999）的模式是一個讓家長、老師和其他教育者在做政策決定時的有效方法。Comer（1997）相信，當學校是以鼓勵和支持家長和教育者之間某種模式的理念來重新建構時，那麼學校就會更加有效率。Comer在馬里蘭州的Prince，做了許多有關父母參與和學校重建的前瞻性研究。他執行了兩個委員會——學校計畫與經營團隊（School Planning and Management Team, SPMT）和學生教職員團隊（Students Staff Services Team, SSST）。

SMPT包含了學校校長、教室老師、家長和支援的職員，在做決定時一定達成共識。前委員會同時也有一個無錯誤政策，SPMT就是鼓勵家長不要去責怪學校和教育者，而教育者也不責怪家長。SPMT降低了分裂成片段的功能，並發展活動非公務的方案。同時，他也發展了全面性的學校計畫、設計學校全面性的活動行事曆，並監督及評量學生的進步。SPMT一個月最少碰面一次，這些SPMT的次要委員可以更頻繁地接觸。

Gomer執行的第二個委員會，就是SSST，包括學校校長、諮商員、教師和支援的職員，職員包含心理學家、健康援助，以及其他的人事安排等。教師和家長被鼓勵去參加這樣的團體，如果他們有任何關心的議題，應該公開討論時，SSST也帶來學校人士一起討論學生個人考量的事項；同時，他們也讓整個學校保持一致性和有秩序，讓學生得到的服務能夠保持連貫性和次序性。

🧩摘要

　　家長和社區參與是一個很機動有活力的過程，能夠鼓勵、支持和提供機會給教師、家長和社區成員一起努力合作，來改善學生的學習。家長和社區參與同時也是學校改革和多元文化教育重要的一環，家長和社區團體能夠幫忙提供教育改革中所需要的教學理念、動機和社會行動。

　　每個人都能夠從家長／社區獲得好處。學生傾向於在學校有較好的表現，而且會有更多的人來支持他們的學習。父母知道在學校所發生的事，知道學校發生的事愈多，就有更多的機會和孩子的老師溝通，而且能夠幫助他們的孩子的學習效果，老師也就可以在教育上得到夥伴。老師也可以透過家長和社區的接觸學習到更多有關於他們學生的事情，而且能夠用這些訊息來提供這些學生的學習表現。

　　其實研究已經很一致地展現出：學生在他們的家長支持和鼓勵學校活動時，其實對他們在學校的表現是有助益的，可是，並不是所有家長都能夠了解怎麼樣來幫助和援助他們孩子的教育，或許覺得他們有時間、精力或其他的資源來參與學校教育。有些家長特別是在時間上無法支援他們孩子的教育。有三類的父母，像低收入、單親和有特殊需要的這三類就是特別困難，這些類別的父母常常會被誤認為是不支持教育的父母。然而，他們也希望他們的孩子在學校有優良表現，而且當學校能夠和他們溝通，並且回應他們的需求時，他們也很樂意和學校合作。

　　要建立一個有效的家長／社區參與的方案，必須要建立父母和社區團體雙向溝通。請求社區的協助，並且要有可使用的資源，讓家長可以和他們的孩子一起使用。要擴展家長／社區參與，如何來概念化提升家長和社區成員能夠參與的人數，家長能夠扮演許多角色。家長和社區成員參與的方式，包括家長和自己的小孩一起合作、家長和社區成員與學校分享他們的專業智能、家長和社區團體在學校當志工，以及家長和社區成員能夠在學校改革方面一起共同做決定。

第十七章　社區、家庭和教育者共同為改善學校努力

❖❖❖ 問題與活動

1. 比較由殖民時代迄至目前，父母在學校所扮演角色的差異。確認並且討論你期待看到父母參與學校可能有的變化。

2. 思索下列敘述：無論學生在家的經驗或關鍵為何，教師都有責任去幫助學生達到最高的成就。你同意嗎？為什麼呢？

3. 訪問具有雙語能力、少數民族、宗教少數族群，或者低收入學生的父母，以了解父母對於學校和教育目標的看法。不過，蒐集到的資訊卻不能將之普遍化於這些社群成員，然而，卻是了解我們社會中各種不同社群的起點。

4. 思索下列敘述：所有的父母都希望他們孩子在學校表現優異。你同意嗎？為什麼呢？

5. 訪問班級教師和行政人員，以了解他們對於父母／社區參與學校教育的觀感。

6. 寫一篇有關於你個人認為父母／社區參與學校教育的優缺點的短文。

7. 與班級中其他兩個成員形成一個組別。其中一人為教師、一人為父母、最後一人為觀察者。教師和父母將扮演親師會。之後，討論看看身為父母和教師的感覺。如何做才能夠使父母和教師感覺比較舒坦？在親師會上分享的經驗有用嗎？觀察者可以分享他對於親師互動的看法。

References ··

Banks, J. A. (2003). *Teaching Strategies for Ethnic Studies* (7th ed.). Boston: Allyn & Bacon.

Berger, E. H. (2003). *Parents as Partners in Education: Families and Schools Working Together* (7th ed.). New York: Macmillan.

Booth, A., & Dunn, J. F. (Eds.). (1996). *Family–School Links: How Do They Affect Educational Outcomes?* Mahwah, NJ: Erlbaum.

Bullivant, B. M. (1993). Culture: Its Nature and Meaning for Educators. In J. A. Banks & C. A. M. Banks, *Multicultural Education: Issues and Perspectives* (2nd ed., pp. 29–47). Boston: Allyn & Bacon.

Chavkin, N. F., & Gonzalez, D. L. (1995). *Forging Partnerships between Mexican American Parents and the Schools*. Charleston, WV: Clearinghouse on Rural Education and Small Schools, Appalachia Educational Laboratory.

Cibulka, J. A., & Kritek, W. J. (Eds.). (1996). *Coordination among Schools, Families, and Communities: Prospects for Educational Reform*. Albany: State University of New York Press.

Clark, C. S. (1995). Parents and Schools. *CQ-Researcher, 5*(3), 51–69.

Comer, J. P. (1995). *School Power: Implication of an Intervention Project*. New York: Free Press.

Comer, J. P. (1997). *Waiting for a Miracle: Why Schools Can't Solve Our Problems—And How We Can*. New York: Dutton.

Comer, J. P., Ben-Avie, M., Haynes, N. M., & Joyner, E. T. (1999). *Child by Child: The Comer Process for Change in Education*. New York: Teachers College Press.

Darling-Hammond, L. (2004). What Happens to a Dream Deferred? The Continuing Quest for Equal Educational Opportunity. In J. A. Banks and Cherry A. McGee Banks, *Handbook of Research on Multicultural Education* (2nd. ed., pp. 525–547). San Francisco: Jossey-Bass.

De Carvalho, M. E. P. (2001). *Rethinking Family–School relations*. Mahwah, NJ: Erlbaum.

Decker, J., & Majerczyk, D. (2000). *Increasing Parent Involvement through Effective Home/School Communication*. Chicago: Saint Xavier University. (ERIC Document Reproduction Service No. ED 439790)

DeSteno, N. (2000). Parent Involvement in the Classroom: The Fine Line. *Young Children, 55*(3), 13–17.

Goodlad, J. I. (1984). *A Place Called School: Prospects for the Future*. New York: McGraw-Hill.

Harry, B. (1992). Restructuring the Participation of African-American Parents in Special Education. *Exceptional Children, 59*(2), 123–131.

Henderson, A. T., & Berla, N. (Eds.). (1994). *A New Generation of Evidence: The Family Is Critical to Student Achievement*. Washington, DC: National Committee for Citizens in Education.

Hidalgo, N. M., Sau-Fong, S., & Epstein, J. L. (2004). Research on Families, Schools, and Communities: A Multicultural Perspective. In J. A. Banks & C. A. M. Banks (Eds.), *Handbook of Research on Multicultural Education* (2nd ed., pp. 631–655). San Francisco: Jossey-Bass.

第十七章　社區、家庭和教育者共同為改善學校努力

Jennings, L. (1990, August 1). Parents as Partners. *Education Week*, pp. 23, 35.

Kagan, S. L. (1995). *Meeting Family and Community Needs: The Three C's of Early Childhood Education.* Paper presented at the Australia and New Zealand Conference on the First Years of School, Tasmania, Australia.

Krebs, N. B. (2000). For Students with Multicultural Heritage. *Multicultural Education, 8*(2), 25–27.

Lee, S. M. (2001). *Using the New Racial Categories in the 2000 Census: A Kids Count/PRB Report on Census 2000.* Baltimore, MD: The Annie E. Casey Foundation.

Lightfoot, S. L. (1978). *Worlds Apart: Relationships between Families and Schools.* New York: Basic Books.

Linn, E. (1990). Parent Involvement Programs: A Review of Selected Models. *Equity Coalition, 1*(2), 10–15.

Mannan, G., & Blackwell, J. (1992). Parent Involvement: Barriers and Opportunities. *Urban Review, 24*(1), 219–226.

Pena, D. C. (2000). Parent Involvement: Influencing Factors and Implications. *Journal of Educational Research, 94*(1), 42–54.

Pollard, K. M., & O'Hare, W. P. (1999). America's Racial and Ethnic Minorities. *Population Reference Bulletin, 54*(3), 1–48. Washington, DC: Population Reference Bureau.

Proctor, B. D., and Dalaker, J. (2002). Poverty in the United States: 2001. Washington, DC: U.S. Government Printing Office.

Rasinski, T. (1990). Reading and the Empowerment of Parents. *Reading Teacher, 42*, 226–231.

Schneider, B., & Coleman, J. S. (Eds.). (1996). *Parents, Their Children, and Schools.* Boulder, CO: Westview.

Shariff, J. W. (1998). Free Enterprise and the Ghetto Family. In J. S. Wurzel (Ed.), *Toward Multiculturalism: A Reader in Multicultural Education,* (pp. 30–54). Yarmouth, ME: Intercultural Press.

Stratton, J. (1995). *How Students Have Changed: A Call to Action for Our Children's Future.* Arlington, VA: American Association of School Administration.

Swadener, B. B., & Niles, K. (1991). Children and Families "At Promise": Making Home–School–Community Connections. *Democracy and Education, 6*, 13–18.

U.S. Census Bureau. (1998). *Statistical Abstract of the United States* (118th ed.). Washington, DC: U.S. Government Printing Office.

U.S. Census Bureau. (2000). *Statistical Abstract of the United States, 2000* (120th ed.). Washington, DC: U.S. Government Printing Office.

Walker, V. S. (1996). *Their Highest Potential: An African American School Community in the Segregated South.* Chapel Hill: University of North Carolina Press.

Waller, W. (1965). *The Sociology of Teaching.* New York: Wiley. (Original work published 1932.)

Winter, G. (2002, December 28). Rigorous School Tests Grow, but Big Study Doubts Value. *New York Times*, p. A1.

附 錄

Multicultural Resources ·······················

多元文化資源

議題和觀念

Banks, J. A. (Ed.). (1996). *Multicultural Education, Transformative Knowledge, and Action: Historical and Contemporary Perspectives.* New York: Teachers College Press.

Banks, J. A. (1997). *Educating Citizens in a Multicultural Society.* New York: Teachers College Press.

Banks, J. A. (2001). *Cultural Diversity and Education: Foundations, Curriculum, and Teaching* (4th ed.). Boston: Allyn & Bacon.

Banks, J. A. (Ed.). (2004). *Diversity and Citizenship Education: Global Perspectives.* San Francisco: Jossey-Bass.

Banks, J. A., & Banks, C. A. M. (Eds.). (2004). *Handbook of Research on Multicultural Education* (2nd ed.). San Francisco: Jossey-Bass.

Dilg, M. (1999). *Race and Culture in the Classroom: Teaching and Learning through Multicultural Education.* New York: Teachers College Press.

Gay, G. (2000). *Culturally Responsive Teaching: Theory, Research, and Practice.* New York: Teachers College Press.

Howard, G. (1999). *We Can't Teach What We Don't Know: White Teachers, Multiracial Schools.* New York: Teachers College Press.

Irvine, J. J. (2003). *Educating Teachers for Diversity: Seeing with a Cultural Eye.* New York: Teachers College Press.

May, S. (Ed.). (1999). *Critical Multiculturalism: Rethinking Multicultural and Antiracist Education.* Philadelphia: Falmer.

Nieto, S. (1999). *The Light in Their Eyes: Creating Multicultural Learning Communities.* New York: Teachers College Press.

Noguera, P. A. (2003). *City Schools and the American Dream: Reclaiming the Promise of Public Education.* New York: Teachers College Press.

Sleeter, C. E., & Grant, C. A. (2002). *Making Choices for Multicultural Education: Five Approaches to Race, Class, and Gender* (4th ed.). New York: Wiley.

Vavrus, M. (2002). *Transforming the Multicultural Education of Teachers: Theory, Research, and Practice.* New York: Teachers College Press.

社會階級

Anyon, J. (1997). *Ghetto Schooling: A Political Economy of Urban Educational Reform*. New York: Teachers College Press.

Blank, R. M. (1997). *It Takes a Nation: A New Agenda for Fighting Poverty*. New York: Russell Sage Foundation.

Collins, C., Leondar-Wright, B., & Sklar, H. (1999). *Shifting Fortunes: The Perils of the Growing American Wealth Gap*. Boston: United for a Fair Economy.

Conley, D. (1999). *Being Black, Living in the Red: Race, Wealth, and Social Policy in America*. Berkeley: University of California Press.

Gans, H. (1995). *The War against the Poor: The Underclass and Antipoverty Policy*. New York: Basic Books.

Hernandez, D. J. (Ed.). (1999). *Children of Immigrants: Health, Adjustment, and Public Assistance*. Washington, DC: National Academy Press.

Lucas, S. R. (1999). *Tracking Inequality: Stratification and Mobility in American High Schools*. New York: Teachers College Press.

Quint, S. (1994). *Schooling Homeless Children: A Working Model for America's Public Schools*. New York: Teachers College Press.

Romer, D. (Ed.). (2003). *Reducing Adolescent Risk: Toward an Integrated Approach*. Thousand Oaks, CA: Sage.

Wilson, W. J. (1999). *The Bridge over the Racial Divide: Rising Inequality and Coalition Politics*. Berkeley: University of California Press.

宗教

Bowker, J. (1997). *World Religions: The Great Faiths Explored and Explained*. New York: DK Publishing.

Carpenter, J. A. (1999). *Revise Us Again: The Reawakening of American Fundamentalism*. New York: Oxford University Press.

Corbett, J. M. (2000). *Religion in America* (4th ed.). Upper Saddle River, NJ: Prentice-Hall.

Doniger, W. (1999). *Merriam-Webster's Encyclopedia of World Religions*. Springfield, MA: Merriam-Webster.

Eck, D. L. (2001). *A New Religious America: How a "Christian Country" Has Become the World's Most Religiously Diverse Nation*. New York: Harper.

Esposito, J. L. (1998). *Islam: The Straight Path* (3rd ed.). New York: Oxford University Press.

Housden, R. (1999). *Sacred America: The Emerging Spirit of the People*. New York: Simon & Schuster.

Lippy, C. H. (2000). *Pluralism Comes of Age: American Religious Culture in the Twentieth Century*. Armonk, NY: Sharpe.

Lippy, C. H., & Williams, P. W. (Eds.). (1988). *Encyclopedia of the American Religious Experience* (Vols. 1–3). New York: Scribner's.

Nord, W., & Haynes, C. (1998). *Taking Religion Seriously across the Curriculum*. Alexandria, VA: Association for Supervision and Curriculum Development.

Sears, J. T., with Carper, J. C. (Eds.). (1998). *Curriculum, Religion, and Public Education*. New York: Teachers College Press.

Swatos, W. H., Jr., & Wellman, J. K., Jr. (Eds.). (1999). *The Power of Religious Publics: Staking a Claim in American Society*. Westport, CT: Praeger.

Yoo, D. K. (Ed.). (1999). *New Spiritual Homes: Religion and Asian Americans*. Honolulu: University Press of Hawaii.

性別

American Association of University Women Foundation. (1998). *Gender Gaps: Where Schools Still Fail Our Children*. Washington, DC: Author.

Andersen, M. L., & Collins, P. H. (Eds.). (1998). *Race, Class, and Gender: An Anthology* (3rd ed.). Belmont, CA: Wadsworth.

Anderson, K. (1996). *Changing Women: A History of Racial Ethnic Women in Modern America*. New York: Oxford University Press.

Anzaldúa, G. E., & Keating, A. (Eds.). (2002). *This Bridge We Call Home: Visions of Transformation*. New York: Routledge.

Benedek, E. (1995). *Beyond the Four Corners of the World: A Navajo Woman's Journey*. New York: Knopf.

Boyd, H., & Allen, R. L. (Eds.). (1995). *Brotherman: The Odyssey of Black Men in America—An Anthology*. New York: Ballantine.

Collins, P. H. (2000). *Black Feminist Thought: Knowledge, Consciousness, and the Politics of Empowerment* (2nd ed.). New York: Routledge.

Guy-Sheftall, B. (Ed.). (1995). *Words of Fire: An Anthology of African-American Feminist Thought*. New York: New Press.

Harding, S. (1998). *Is Science Multicultural? Postcolonialisms, Feminisms, and Epistemologies*. Bloomington: Indiana University Press.

Harfo, J., & Bird, G. (Eds.). (1997). *Reinventing the Enemy's Language: Contemporary Native Women's Writing in North America*. New York: Norton.

Katz, J. (Ed.). (1995). *Messengers of the Wind: Native American Women Tell Their Life Stories*. New York: Ballantine.

Kimmel, M. (2000). *The Gendered Society*. New York: Oxford University Press.

Maccoby, E. E. (1998). *The Two Sexes: Growing Up Apart, Coming Together*. Cambridge, MA: Harvard University Press.

Maher, F. A., & Tetreault, M. K. (1994). *The Feminist Classroom*. New York: Basic Books.

Mankiller, W., Mink, G., Navarro, M., Smith, B., & Steinem, G. (Eds.). (1998). *The Reader's Companion to U.S. Women's History*. Boston: Houghton Mifflin.

Morales, A. L. (1998). *Remedios: Stories of Earth and Iron from the History of Puertoriqueñas*. Boston: Beacon.

Moya, P. (2002). *Learning from Experience: Minority Identities, Multicultural Struggles*. Berkeley: University of California Press.

Orenstein, P. (1994). *School Girls: Young Women, Self-Esteem, and the Confidence Gap*. New York: Doubleday.

Pollack, W. (1998). *Real Boys: Rescuing Our Sons from the Myths of Boyhood*. New York: Holt.

Sadker, M., & Sadker, D. (1994). *Failing at Fairness: How America's Schools Cheat Girls*. New York: Scribner's.

Sarasohn, E. S. (Ed.). (1998). *Issei Women: Echoes from Another Frontier*. Palo Alto, CA: Pacific Books.

Zinn, M. B., & Dill, B. T. (Eds.). (1994). *Women of Color in U.S. Society*. Philadelphia: Temple University Press.

種族、種族特點和語言

Banks, J. A. (2003). *Teaching Strategies for Ethnic Studies* (7th ed.). Boston: Allyn & Bacon.

Banks, J. A., & Banks, C. A. M. (Eds.). (2004). *Handbook of Research on Multicultural Education* (2nd ed.). San Francisco: Jossey-Bass.

Beykont, Z. F. (Ed.). (2000). *Lifting Every Voice: Pedagogy and Politics of Bilingualism*. Cambridge, MA: Harvard Education Publishing Group.

Crawford, J. (1999). *Bilingual Education: History, Politics, Theory, and Practice* (4th ed.). Los Angeles: Bilingual Educational Services.

Delpit, L., & Dowdy, J. K. (Eds.). (2002). *The Skin That We Speak: Thoughts on Language and Culture in the Classroom*. New York: New Press.

Garcia, E. (2001). *Hispanic Education in the United States*. Lanham, MD: Rowman & Littlefield.

Gay, G. (Ed.). (2003). *Becoming Multicultural Educators: Personal Journey toward Professional Agency*. San Francisco: Jossey-Bass.

Ladson-Billings, G. (2001). *Crossing over to Canaan: The Journey of New Teachers in Diverse Classrooms*. San Francisco: Jossey-Bass.

Moreno, J. F. (Ed.). (1999). *The Elusive Quest for Equality: 150 Years of Chicano/Chicana Education.* Cambridge, MA: Harvard Educational Review.

Ovando, C. J., & Collier, V. P. (1998). *Bilingual and ESL Classrooms: Teaching in a Multicultural Context* (2nd ed.). Boston: McGraw-Hill.

Romero, M., Hondagneu-Sotelo, P., & Ortiz, V. (Eds.). (1997). *Challenging Fronteras: Structuring Latina and Latino Lives in the U.S.* New York: Routledge.

Smith, V. (Ed.). (1998). *Not Just Race, Not Just Gender: Black Feminist Readings.* New York: Routledge.

Smitherman, G. (1999). *Talkin That Talk: Language, Culture, and Education in African America.* New York: Routledge.

Stephan, S. (1999). *Reducing Prejudice and Stereotyping in Schools.* New York: Teachers College Press.

Suárez-Orozco, C., & Suárez-Orozco, M. (2001). *Children of Immigration.* Cambridge, MA: Harvard University Press.

Valdés, G. (2001). *Learning and Not Learning English: Latino Students in American Schools.* New York: Teachers College Press.

特殊性

Artiles, A. J., & Trent, S. C. (2000). Representation of Culturally/Linguistically Diverse Students. In C. R. Reynolds & E. Fletcher-Jantzen (Eds.), *Encyclopedia of Special Education* (2nd ed., Vol. 1, pp. 513–517). New York: Wiley.

Artiles, A. J., Trent, S. C., & Palmer, J. D. (2004). Culturally Diverse Students in Special Education: Legacies and Prospects. In J. A. Banks & C. A. M. Banks (Eds.). *Handbook of Research on Multicultural Education* (2nd ed., pp. 716–735). San Francisco: Jossey-Bass.

Baca, L. M., & Cervantes, H. T. (1997). *The Bilingual Special Education Interface.* Englewood Cliffs, NJ: Prentice-Hall.

Bauer, A. M., & Brown, G. M. (2001). *Adolescents and Inclusion: Transforming Secondary Schools.* Baltimore: Brookes.

Bireley, M. (1995). *Crossover Children: A Sourcebook for Helping Children Who Are Gifted and Learning Disabled* (2nd ed.). Reston, VA: Council for Exceptional Children.

Carrasquillo, A. L., & Rodriguez, V. (1995). *Language Minority Students in the Mainstream Classroom.* Bristol, PA: Taylor & Francis.

Cummins, J. (1984). *Bilingualism and Special Education: Issues in Assessment and Pedagogy.* Bristol, PA: Taylor & Francis.

Ford, D. Y., & Harris, J. J., III. (1999). *Multicultural Gifted Education.* New York: Teachers College Press.

Gallagher, J. J. (1994). *Teaching the Gifted Child* (4th ed.). Boston: Allyn & Bacon.

George, D. (1995). *Gifted Education: Identification and Provision.* Bristol, PA: Taylor & Francis.

Golomb, C. (Ed.). (1995). *The Development of Artistically Gifted Children: Selected Case Studies.* Hillsdale, NJ: Erlbaum.

Grossman, H. (1994). *Special Education in a Diverse Society.* Boston: Allyn & Bacon.

Harry, B. (1992). *Cultural Diversity, Families, and the Special Education System.* New York: Teachers College Press.

Heward, W. L. (2003). *Exceptional Children: An Introduction to Special Education* (7th ed.). Upper Saddle River, NJ: Prentice-Hall/Merrill.

Lombardi, T. P. (Ed.). (1999). *Inclusion: Policy and Practice.* Bloomington, IN: Phi Delta Kappa.

Mercer, C. D., & Mercer, A. R. (1998). *Teaching Students with Learning Problems* (5th ed.). Upper Saddle River, NJ: Prentice-Hall/Merrill.

Meyer, L. H., Park, H., Grenot-Scheyer, M., Schwartz, I., & Harry, B. (Eds.). (1998). *Making Friends: The Influences of Culture and Development.* Baltimore: Brookes.

Putnam, J. W. (Ed.). (1993). *Cooperative Learning and Strategies for Inclusion: Celebrating Diversity in the Classroom.* Baltimore: Brookes.

Sapon-Shevin, M. (1999). *Because We Can Change the World: A Practical Guide to Building Cooperative, Inclusive Classroom Communities*. Boston: Allyn & Bacon.

Shapiro, A. (Ed.). (1999). *Everybody Belongs: Changing Negative Attitudes toward Classmates with Disabilities*. New York: Garland.

學校改革

Banks, J. A., Cookson, P., Gay, G., Hawley, W. D., Irvine, J. J., Nieto, S., Schofield, J. W., & Stephan, W. G. (2001). *Diversity within Unity: Essential Principles for Teaching and Learning in a Multicultural Society*. Seattle: Center for Multicultural Education, University of Washington.

Cohen, E. G., & Lotan, R. A. (Eds.). (1997). *Working for Equity in Heterogeneous Classrooms: Sociological Theory in Practice*. New York: Teachers College Press.

College Board. (1999). *Reaching the Top: A Report of the National Task Force on Minority High Achievement*. New York: Author.

Comer, J. P. (1997). *Waiting for a Miracle: Why Schools Can't Solve Our Problems—And How We Can*. New York: Dutton.

Comer, J. P., Ben-Avie, M., Haynes, N. M., & Joyner, E. T. (1999). *Child by Child: The Comer Process for Change in Education*. New York: Teachers College Press.

Darling-Hammond, L. (1997). *The Right to Learn: A Blueprint for Creating Schools That Work*. San Francisco: Jossey-Bass.

Gardner, H. (1999). *The Disciplined Mind: What All Students Should Understand*. New York: Simon & Schuster.

Hidalgo, N. M., Siu, S.-F. & Epstein, J. L. (1995). Research on Families, Schools, and Communities: A Multicultural Perspective. In J. A. Banks & C. A. M. Banks (Eds.), *Handbook of Research on Multicultural Education* (2nd ed., pp. 631–655). San Francisco: Jossey-Bass.

Levine, D. U., & Lezotte, L. W. (2001). Effective Schools Research. In J. A. Banks & C. A. M. Banks (Eds.), *Handbook of Research on Multicultural Education* (pp. 525–547). San Francisco: Jossey-Bass.

McNeil, L. M. (2000). *Contradictions of School Reform: Educational Costs of Standardized Testing*. New York: Routledge.

Mehan, H., Villanueva, I., Hubbard, L., & Linta, A. (1996). *Constructing School Success*. New York: Cambridge University Press.

Meier, D. (1995). *The Power of Their Ideas: Lessons for America from a Small School in Harlem*. Boston: Beacon.

Oakes, J., Quartz, K. H., Ryan, S., & Lipton, M. (2000). *Becoming Good American Schools: The Struggle for Civic Virtue in Educational Reform*. San Francisco: Jossey-Bass.

Olsen, L. (1997). *Made in America: Immigrant Students in Our Public Schools*. New York: New Press.

Perkins, D. (1995). *Outsmarting IQ: The Emerging Science of Learnable Intelligence*. New York: Free Press.

Rethinking Our Classrooms: Teaching for Equity and Justice. (1994). Milwaukee, WI: Rethinking Schools.

附 錄

Glossary ....

詞彙表

非裔美國人（African Americans）

具有非洲人生物與文化遺產與認同的美國居民與公民，這個名詞與*黑人*（Blacks）及*黑皮膚的美國人*（Black Americans）同義並交互使用。這些名詞既使用於描述某一種族，同時也在描述一文化族群。依據美國的人口調查顯示，2000年時，美國國內的非裔美國人人口有34,658,190，這個數字不包括西班牙裔的非裔美國人。

非裔美國人自1980到2000年增加了33％，已經占美國總人口數的12.3％。美國人口統計局（2000）指出，到2050年非裔美國人將占美國人口的14.7％，2000年時其人口數是些微地低於西班牙裔的人口數。今日，非裔美國人是占美國人口的12.3％，而西班牙裔是占美國人口的12.5％。有一套介紹非裔美國人的百科全書是《非洲人：非洲人與非裔美國人經驗百科全書》（*Africana: The Encyclopedia of the African and African American Experience,* Appiah & Gates, 1999）。

非洲中心課程（Afrocentric curriculum）

從非洲人與非裔美國人觀點來觀察概念、議題、問題與現象的一種課程取向，這種課程所植基的前提是，學生從他們自己的文化觀點來看待一些情境與事件時，會學習得最好（Asante, 1998）。

美國印第安人（American Indian）

見*本土美國人*。

盎格魯裔美國人（Anglo Americans）

在生物與文化遺產上源於英格蘭的美國人，或生物與文化遺產是其他

民族但已同化為美國支配或主流文化的美國人。此一名詞常用來描述主流的美國文化或白人文化。

反種族中心主義的教育（Antiracist education）

　　此一名詞常用於英國與加拿大，是指教師與其他的教育人員消除來自於學校與社會中制度化的種族主義，以幫助學生發展非種族主義的態度之過程。當學校中實施反種族中心主義的教育改革時，課程教材、編班實務、僱用政策、教師態度與期望、學校政策與實務都會被檢驗，並且會採取各種步驟以消除學校中各層面的種族主義。在美國有一個較聚焦於個體而不是制度的教育改革運動，即是著名的「降低*偏見*」（見Stephan, 1999）。

亞裔美國人與太平洋島民(Asian Americans and Pacific Islanders)

　　在生物與文化遺產上是源自於亞洲大陸或太平洋地區的美國人，2000年時，美國國內最大族群的亞裔美國人是中國人、菲律賓人、印度人、越南人、韓國人與日本人。其他的群體尚包括寮國人、泰國人、苗族人、台灣人、柬埔寨人、巴基斯坦人、印尼人。亞洲人是美國境內成長最快速的民族，從1980到2000年，亞洲人成長了194％，2000年時美國有一千零二十萬的亞洲人，美國人口統計局指出，到了2050年時，亞洲人將占美國總人口數的9.3％（Pollard & O'Hare, 1999; Population Reference Bureau, 2003; U.S. Census Bureau, 2000, 2002）。

文化同化（Cultural assimilation）

　　這種現象是發生於某一民族或文化群體吸收了另一民族的行為、價值、觀點、民族精神與特質，且捨棄了自己民族的文化特質時（自1960年代以後，美國各民族的同化之進一步討論，請見Alba & Nee, 2003）。

文化（Culture）

　　一群人所共有的觀念構成、符號、行為、價值與信念，*文化*也可界定為某一族群在其環境中為求生存與適應的計畫。文化多元的國家，如美國、加拿大與澳大利亞都是由包羅萬象的文化所組成，稱為*巨型文化*，即

所有的個人與族群均在國家的共同文化內。這些國家也包含了較小型的文化，稱為*微型文化*，與巨型文化在許多方面是不同的，或包含一些與巨型文化不同的文化成分（對文化的進一步討論請見第一、二章）

殘障（Disability）

指阻止或限制個人在某些特定任務上的表現之生理或心理的特質。

歧視（Discrimination）

根據種族、民族、性別、性取向、社會階級或特殊性之基礎，使個人或群體受到差別性的待遇。

民族（Ethnic group）

指一個微型文化的群體或集合體，他們因分享了共同的歷史、文化、價值、行為與其他的特質，而能使群體的成員擁有共同的認同。民族情誼（Sense of peoplehood）是民族最重要的特質之一。同一民族也擁有共同的經濟與政治上的利益。一個民族的主要屬性是文化的特質而不是生物的特質。民族是不同於*種族*的，有些民族是由分屬不同種族的個人所組成，例如美國的波多黎各人。白種盎格魯撒克遜清教徒、義大利裔美國人，與愛爾蘭裔美國人是民族的例子。一個民族的個別成員認同於族群的程度是相當不同的，有些個體對特定的民族具有強烈的認同，然而有些成員在對族群的認同上就顯得很弱。

少數民族（Ethnic minority group）

一個民族會有幾種可區別的特質，少數民族也會有可區別的文化特質、種族特質或是二者都有，而可以使其他群體的成員很容易地認識他的成員。某些少數民族具有獨特的文化特質，例如猶太人。非裔美國人也有獨特的文化與身體特質。少數民族的獨特屬性使他們很容易地成為種族中心主義與被歧視的標的。少數民族通常是該社會中人口數量上的少數。然而，南非的黑人在他們的國家雖然是人口數量上的多數，但是常被社會學家認為是社會學上的少數民族，因為他們擁有很少的政治權力，直到1996年南非共和國憲法創立之後（Moodley & Adam, 2004）。

民族研究（Ethnic studies）

　　針對受民族特性與民族成員有關之變項影響的行為，進行科學的、人文的分析。這個名詞常用來提到特殊的學校、大學與學院課程與學程，這些課程與學程是針對在特殊的種族與民族，並研究與民族特性有關的各變項，這些課程或學程的各層面均會正確地提到民族的研究。換言之，民族研究能統整於主流的課程範圍之內。

歐洲中心課程（Eurocentric curriculum）

　　此課程基本上是從歐洲各民族與文化的觀點來看概念、事件與情境，或是強調西方文明。這種課程取向所植基的前提是，歐洲人已對美國及世界的發展做出了最重要的貢獻。支持這個取向的課程理論家被認為是*歐洲中心主義者*或*西方傳統主義者*。

歐裔美國人（European Americans）

　　見*盎格魯裔美國人*。

特殊的（Exceptional）

　　此一名詞係在描述一些在學習與行為特質上與大部分學生不同的學生，而且這些學生在教學方面需要特別的注意。資賦優異的學生與殘障的學生都被認為是特殊的。

性別（Gender）

　　係指由一些受社會的、文化的、心理的因素所影響的行為所建構的類別，這些因素是與社會中的男子氣概與女子氣概有關。適切的男性與女性角色是源自於個體在族群中社會化的結果。

性別認同（Gender identity）

　　係指個人對性別歸屬的觀點，以及個人分享群體中對男性、女性依戀的感覺。

全球教育（Global education）

　　係指關懷人類在世界村生存有關的議題與問題之課程改革運動，國際

研究是全球教育的一部分，但是全球教育真正的焦點是人類與其共同命運的互賴關係，而不受限於人類所生活的國界之內。許多老師將全球教育與進行民族研究的國際研究相混淆，該種民族研究只是處理在一個國界內（如美國）的民族而已。

身心障礙主義（Handicapism）

指對殘障者的不平等待遇，及增強與正當化對殘障者之歧視的態度與信念，有些人認為*殘障的*（handicapped）這個詞是負面的，所以較喜愛用*有缺陷的*（disabled）這個詞。*失能的人*（people with disability）這個詞被認為是比*有缺陷的人*（disabled people）這個名詞較易感知的，因為優先用*人*（people）這個詞且受到強調。

西班牙裔美國人（Hispanic Americans）

係指共有源於西班牙文化、遺產與語言的美國人，大部分居住於美國的西班牙裔在文化上是源於拉丁美洲。許多居住於美國的西班牙裔正如本書的編者一樣較喜歡用*拉丁美洲人*（Latino）這個詞，而較不喜歡用*西班牙裔*（Hispanic）這個詞。但是美國人口統計局卻使用*西班牙裔*這個詞。美國大部分的西班牙裔是說西班牙語而且是混血兒。*混血兒*（mestizo）是指在生物遺產方面混合的人，美國的大部分西班牙裔是印第安人與西班牙人的混血，許多的西班牙裔也具有非洲的生物與文化遺產。

在美國最大的西班牙裔族群是墨西哥裔美國人（Chicanos）、波多黎各人，與古巴人。依美國人口統計局之調查，2000年時，居住於美國的西班牙裔有三千五百萬人，占美國總人口數的12.5％，其中墨西哥裔有二千零六十萬人，波多黎各裔有三百四十萬人，來自古巴的有一百二十萬人，來自於其他國家的有一千萬人（U.S. Census Bureau, 2000, 2002）。

西班牙裔是美國有色人種族群中人口成長最快的族群，自1980到2000年之間成長了142％，即從一千四百六十萬成長到三千五百三十萬人，但美國的總人口在同一時間卻只成長了24％（Pollard & O'Hare, 1999; U.S. Census Bureau, 2002）。美國人口統計局（2000）的資料顯示，到了2050年，西班牙裔的人口將占美國總人數的24.3％。

將西班牙裔視為一個民族是一種誤導，有些西班牙裔相信*西班牙裔*

（Hispanics）這個字有助於統一不同的拉丁族群，因此可以增進其政治權力。美國大部分的西班牙裔其基本認同卻是他們自己特定的族群，例如墨西哥裔美國人、波多黎各裔美國人、或古巴裔美國人。

主流美國人（Mainstream American）

係指那些共有美國國內支配民族與文化族群之特質的公民，這些人通常是白種盎格魯撒克遜清教徒，而且屬於中產階級或高社會階級的地位。

主流中心課程（Mainstream-centric curriculum）

係指只從美國（白種盎格魯撒克遜清教徒）主流社會與支配族群文化的觀點來呈現事件、概念、議題與問題的一種課程。主流中心課程通常也從盎格魯男性的觀點來呈現課程。

回歸主流（Mainstreaming）

係指將身心障礙的學生安置在普通班級之中以進行教學的過程。這些學生可能在學校上課時有部分或全部時間被統整於普通班級。這個作法是起於對公法94-142的回應（美國國會於1975年通過），其目的是希望身心障礙的學生能在最少限制的環境中接受教育。

多元文化教育（Multicultural education）

係指設計來改變整體的學校環境，使來自不同種族、民族、性別、特殊性與社會階級的學生，能在中小學、大學、學院中獲得均等的教育機會的一種教育改革運動。多元文化教育的主要前提是，有些學生因為他們特定的種族、民族、性別與文化特質的關係，而比屬於其他族群、不同文化與性別特質的學生，在教育制度中擁有更好的成功機會。對多元文化教育進一步的討論可參見《多元文化教育研究手冊》（*Handbook for Research on Multicultural Education,* Banks & Banks, 2004）第一章。

多元文化主義（Multiculturalism）

係指一種哲學立場與運動，它假定文化多元社會中的性別、民族、種族與文化多樣性應反映所有的教育機構中的制度化結構，包含教職員、規範、價值、課程與學生。

本土美國人（Native Americans）

　　係指其生物與文化遺產可追溯到當前美國境內的起源居民的美國公民，*本土美國人*此一名詞有時是與*美國印第安人*同義的。2000年時，美國國內大約有二百五十萬本土美國人（包括美國印第安人、愛斯基摩人、阿留申人）。2000年時，只有查拉幾族（Cherokee）、納瓦荷族（Navajo）、齊佩瓦族（Chippewa）、蘇族（Sioux）等四族的人口超過十萬人，大部分的部族人口都少於一萬人，最大的族是查拉幾族（二十八萬一千人），其次是納瓦荷族（二十六萬九千人）（Banks, 2003; U.S. Census, 2002）。

有色人種（People of color）

　　係指在美國或其他國家的一些族群，這些族群因為獨特的生物特徵，而在歷史上經歷了歧視，那些生物上的特徵使得歧視者很容易辨識出來。美國的非裔美國人、亞裔美國人、西班牙裔都是*有色人種*的族群。今日這些族群的大部分成員都曾經歷各種形式的歧視。

定位（Positionality）

　　係指源自於女性主義學術的觀念，這個觀念認為個人的性別、階級與種族等變項，都是個人在社會與經濟脈絡中的關係定位的記號，而且這些變項也影響了個人所產出的知識。因此，有效的知識需要確認認知者在特定脈絡之內的定位（見第七章）。

偏見（Prejudice）

　　係指一些針對特定的個人或族群的嚴厲與令人不喜歡的態度，而這個被賦予偏見的個人或族群並不具該事實。偏見是一些常導致歧視的態度，而對特定的個人與族群有差別的待遇。

種族（Race）

　　係指體質人類學嘗試依照他們的身體特質去區分人類族群的名詞，因為在現代社會中的人類族群在身體上是高度的混合，所以目前已證實要區分種族非常困難。所以，現在常存有不同的與衝突的種族類型。一本描述種族的好書是《不同顏色的潔淨：歐洲移民與種族煉金術》（*Whiteness of a Different Color: European Immigrants and the Alchemy of Race, Jacobson, 1999*）。

種族中心主義（Racism）

係指人類族群可依其生物特質分成不同的族群，這些經確認的族群先天的一些特定的心理、人格與文化特質，會決定他們的行為。然而種族中心主義不僅僅是一些信念，而且當某一族群擁有權力時，會根據這些信念制定法律、制度與規範，這時也會化為實務而壓迫與獸化其他族群。一本具教育性的種族中心主義的參考文獻是《種族中心主義的簡史》（*Racism: A Short History, Fredrickson, 2002*）。

宗教（Riligion）

係指一些信念、價值特別是有關宇宙的起因與本質的說明，個人或族群對這些信念、價值與說明有很強的忠誠與執著。*宗教*通常具有增強與傳達信仰的道德律、儀式、制度。

性別（Sex）

區別男性與女性的生物性因素，例如：染色體、荷爾蒙、解剖學上的、心理的特質。

性別中心主義（Sexism）

某一種性別族群勝過其他性別群體的社會、政治與經濟的結構。每一種性別群體的生物特質的刻板印象與誤解會增強並支持性別歧視。在大部分的社會中，女性是性別中心主義的犧牲者，然而男性也是性別中心主義的信念與實際的犧牲者。

社會階級（Social class）

係指具有相似的社會經濟地位的個人之集合體，社會經濟地位是以收入、職業、教育、價值、行為與生活機會等指標為基礎所定出來的。在美國的社會階級一般都區分為*低層階級*、*勞工階級*、*中產階級*、*上層階級*。

Reference ●●●●●●●●●●●●●●●●●●●●●●●●●●●●●●●

Alba, R. D., & Nee, V. (2003). *Remaking the American Mainstream: Assimilation and Contemporary Immigration.* Cambridge, MA: Harvard University Press.

Appiah, K. A., & Gates, H. L., Jr. (Eds.). (1999). *Africana: The Encyclopedia of the African and African American Experience.* New York: Perseus.

Asante, M. K. (1998). *The Afrocentric Idea* (rev. ed.). Philadelphia: Temple University Press.

Banks, J. A. (2003). *Teaching Strategies for Ethnic Studies* (7th ed.). Boston: Allyn & Bacon.

Banks, J. A., & Banks, C. A. M. (Eds.). (2004). *Handbook of Research on Multicultural Education* (2nd ed.). San Francisco: Jossey-Bass.

Fredrickson, G. M. (2002). *Racism: A Short History.* Princeton, NJ: Princeton University Press.

Jacobson, M. F. (1999). *Whiteness of a Different Color: European Immigrants and the Alchemy of Race.* Cambridge, MA: Harvard University Press.

Moodley, K. A., & Adam, H. (2004). Citizenship Education and Political Literacy in South Africa. In J. A. Banks (Ed.), *Diversity and Citizenship Education: Global Perspectives* (pp. 159–183). San Francisco: Jossey-Bass.

Pollard, K. M., & O'Hare, W. P. (1999). America's Racial and Ethnic Minorities. *Population Bulletin, 54*(3), 1–48. Washington, DC: Population Reference Bureau.

Population Reference Bureau. (2003). *A First Look at Asian Americans in the Census.* Retrieved June 12, 2003, from http://www.prb.org/pdf/asianamericans.pdf.

Stephan, W. (1999). *Reducing Prejudice and Stereotyping in Schools.* New York: Teachers College Press.

U.S. Census Bureau. (2000). *Resident Population by Race and Hispanic Origin—Status Projections: 2005 to 2050.* Retrieved June 12, 2003, from http://www.census.gov/population/www/projections/natsum-T3.html.

U.S. Census Bureau. (2002). *USA Statistics in Brief—Population and Vital Statistics.* Retrieved June 12, 2003, from http://www.census.gov/statab/www/poppart.html.

國家圖書館出版品預行編目資料

多元文化教育：議題與觀點 / James A. Banks,
　Cherry A. McGee Banks主編；陳枝烈等譯.
--初版.--臺北市：心理, 2008.06
　面；　　公分.--（教育基礎系列；41207）
　含參考書目
　譯自：Multicultural education: issues and perspectives

　ISBN 978-986-191-149-6（平裝）

　1. 多元文化教育　　　　　　　　2. 美國

　520　　　　　　　　　　　　　　　97009023

教育基礎系列 41207

多元文化教育：議題與觀點

主　　　編：James A. Banks & Cherry A. McGee Banks
譯　　　者：陳枝烈、陳美瑩、莊啟文、王派仁、陳薇如
執 行 編 輯：林怡倩
總 編 輯：林敬堯
發 行 人：洪有義
出 版 者：心理出版社股份有限公司
地　　　址：231新北市新店區光明街 288 號 7 樓
電　　　話：(02)29150566
傳　　　真：(02)29152928
郵撥帳號：19293172 心理出版社股份有限公司
網　　　址：http://www.psy.com.tw
電子信箱：psychoco@ms15.hinet.net
駐美代表：Lisa Wu（lisawu99@optonline.net）
排 版 者：菩薩蠻電腦科技有限公司
印 刷 者：竹陞印刷企業有限公司
初版一刷：2008 年 6 月
初版四刷：2020 年 1 月
I S B N：978-986-191-149-6
定　　　價：新台幣 600 元